经以修也
建德商事
贺教方印
重大攻关项目
心里之作

季羡林
九十有八

教育部哲学社会科学研究重大课题攻关项目

中国法制现代化的理论与实践

THEORIES AND PRACTICES OF MODERNIZATION OF LEGAL SYSTEM IN CHINA

徐显明

等著

经济科学出版社
Economic Science Press

图书在版编目（CIP）数据

中国法制现代化的理论与实践／徐显明等著．—北京：经济科学出版社，2011.5
（教育部哲学社会科学研究重大课题攻关项目）
ISBN 978-7-5141-0313-7

Ⅰ．①中… Ⅱ．①徐… Ⅲ．①法制－研究－中国
Ⅳ．①D920.0

中国版本图书馆CIP数据核字（2011）第001097号

责任编辑：于　源
责任校对：杨晓莹
版式设计：代小卫
技术编辑：邱　天

中国法制现代化的理论与实践
徐显明　等著
经济科学出版社出版、发行　新华书店经销
社址：北京市海淀区阜成路甲28号　邮编：100142
总编部电话：88191217　发行部电话：88191540
网址：www.esp.com.cn
电子邮件：esp@esp.com.cn
北京中科印刷有限公司印装
787×1092　16开　31印张　580000字
2011年3月第1版　2011年3月第1次印刷
ISBN 978-7-5141-0313-7　定价：76.00元
（图书出现印装问题，本社负责调换）
（版权所有　翻印必究）

课题组主要成员

(按姓氏笔画为序)

马怀德	马得华	王人博	王贞会	王茂庆
乐　斌	冯诏锋	朱　珠	刘　飞	刘井玉
许身健	孙德鹏	芦雪峰	李红勃	李秀群
李　昕	李居迁	李振涛	李　哲	何　挺
汪　栋	宋英辉	张小雪	张守东	宦盛奎
郭云忠	郭道晖	陶　杨	黄建军	常永达
梁迎修	蒋劲松	舒国滢	雷小政	雷　磊
蔡定剑	廖希飞	樊　强	魏建新	

编审委员会成员

主　任　孔和平　罗志荣
委　员　郭兆旭　吕　萍　唐俊南　安　远
　　　　　文远怀　张　虹　谢　锐　解　丹
　　　　　刘　茜

总　序

　　哲学社会科学是人们认识世界、改造世界的重要工具，是推动历史发展和社会进步的重要力量。哲学社会科学的研究能力和成果，是综合国力的重要组成部分，哲学社会科学的发展水平，体现着一个国家和民族的思维能力、精神状态和文明素质。一个民族要屹立于世界民族之林，不能没有哲学社会科学的熏陶和滋养；一个国家要在国际综合国力竞争中赢得优势，不能没有包括哲学社会科学在内的"软实力"的强大和支撑。

　　近年来，党和国家高度重视哲学社会科学的繁荣发展。江泽民同志多次强调哲学社会科学在建设中国特色社会主义事业中的重要作用，提出哲学社会科学与自然科学"四个同样重要"、"五个高度重视"、"两个不可替代"等重要思想论断。党的十六大以来，以胡锦涛同志为总书记的党中央始终坚持把哲学社会科学放在十分重要的战略位置，就繁荣发展哲学社会科学做出了一系列重大部署，采取了一系列重大举措。2004年，中共中央下发《关于进一步繁荣发展哲学社会科学的意见》，明确了新世纪繁荣发展哲学社会科学的指导方针、总体目标和主要任务。党的十七大报告明确指出："繁荣发展哲学社会科学，推进学科体系、学术观点、科研方法创新，鼓励哲学社会科学界为党和人民事业发挥思想库作用，推动我国哲学社会科学优秀成果和优秀人才走向世界。"这是党中央在新的历史时期、新的历史阶段为全面建设小康社会，加快推进社会主义现代化建设，实现中华民族伟大复兴提出的重大战略目标和任务，为进一步繁荣发展哲学社会科学指明了方向，提供了根本保证和强大动力。

高校是我国哲学社会科学事业的主力军。改革开放以来，在党中央的坚强领导下，高校哲学社会科学抓住前所未有的发展机遇，紧紧围绕党和国家工作大局，坚持正确的政治方向，贯彻"双百"方针，以发展为主题，以改革为动力，以理论创新为主导，以方法创新为突破口，发扬理论联系实际学风，弘扬求真务实精神，立足创新、提高质量，高校哲学社会科学事业实现了跨越式发展，呈现空前繁荣的发展局面。广大高校哲学社会科学工作者以饱满的热情积极参与马克思主义理论研究和建设工程，大力推进具有中国特色、中国风格、中国气派的哲学社会科学学科体系和教材体系建设，为推进马克思主义中国化，推动理论创新，服务党和国家的政策决策，为弘扬优秀传统文化，培育民族精神，为培养社会主义合格建设者和可靠接班人，做出了不可磨灭的重要贡献。

自 2003 年开始，教育部正式启动了哲学社会科学研究重大课题攻关项目计划。这是教育部促进高校哲学社会科学繁荣发展的一项重大举措，也是教育部实施"高校哲学社会科学繁荣计划"的一项重要内容。重大攻关项目采取招投标的组织方式，按照"公平竞争，择优立项，严格管理，铸造精品"的要求进行，每年评审立项约 40 个项目，每个项目资助 30 万~80 万元。项目研究实行首席专家负责制，鼓励跨学科、跨学校、跨地区的联合研究，鼓励吸收国内外专家共同参加课题组研究工作。几年来，重大攻关项目以解决国家经济建设和社会发展过程中具有前瞻性、战略性、全局性的重大理论和实际问题为主攻方向，以提升为党和政府咨询决策服务能力和推动哲学社会科学发展为战略目标，集合高校优秀研究团队和顶尖人才，团结协作，联合攻关，产出了一批标志性研究成果，壮大了科研人才队伍，有效提升了高校哲学社会科学整体实力。国务委员刘延东同志为此做出重要批示，指出重大攻关项目有效调动各方面的积极性，产生了一批重要成果，影响广泛，成效显著；要总结经验，再接再厉，紧密服务国家需求，更好地优化资源，突出重点，多出精品，多出人才，为经济社会发展做出新的贡献。这个重要批示，既充分肯定了重大攻关项目取得的优异成绩，又对重大攻关项目提出了明确的指导意见和殷切希望。

作为教育部社科研究项目的重中之重，我们始终秉持以管理创新服务学术创新的理念,坚持科学管理、民主管理、依法管理,切实增强服务意识,不断创新管理模式,健全管理制度,加强对重大攻关项目的选题遴选、评审立项、组织开题、中期检查到最终成果鉴定的全过程管理,逐渐探索并形成一套成熟的、符合学术研究规律的管理办法,努力将重大攻关项目打造成学术精品工程。我们将项目最终成果汇编成"教育部哲学社会科学研究重大课题攻关项目成果文库"统一组织出版。经济科学出版社倾全社之力,精心组织编辑力量,努力铸造出版精品。国学大师季羡林先生欣然题词:"经时济世　继往开来——贺教育部重大攻关项目成果出版";欧阳中石先生题写了"教育部哲学社会科学研究重大课题攻关项目"的书名,充分体现了他们对繁荣发展高校哲学社会科学的深切勉励和由衷期望。

　　创新是哲学社会科学研究的灵魂,是推动高校哲学社会科学研究不断深化的不竭动力。我们正处在一个伟大的时代,建设有中国特色的哲学社会科学是历史的呼唤,时代的强音,是推进中国特色社会主义事业的迫切要求。我们要不断增强使命感和责任感,立足新实践,适应新要求,始终坚持以马克思主义为指导,深入贯彻落实科学发展观,以构建具有中国特色社会主义哲学社会科学为己任,振奋精神,开拓进取,以改革创新精神,大力推进高校哲学社会科学繁荣发展,为全面建设小康社会,构建社会主义和谐社会,促进社会主义文化大发展大繁荣贡献更大的力量。

教育部社会科学司

前　言

自清末沦为殖民地半殖民地社会以来，中国面对西方列强的侵略和扩张，最终选择了现代化作为救亡图存、富国强兵的战略，由此中国社会也开始了一个由传统向现代迈进的转型过程。迄今为止，这个转型过程已经持续了一百多年，其间尽管社会在不断发展和进步，但迄今仍然不敢说已经彻底完成了社会的转型。也正因为如此，通过现代化推动社会转型仍是我们坚定不移的战略选择。只不过在经历了数不尽的曲折反复之后，无论中国的政治精英还是普通民众都愈发意识到，社会转型的成功高度依赖于法制的现代化改造。[①] 依法治国、建设社会主义法治国家已被作为治国方略写入国家根本大法，各种各样的法制现代化工程也正在如火如荼地进行。如果我们放眼全球的话也不难发现，这种以实现法治为目标的法制现代化改革并非中国所独有，而是一种世界性现象，尤其是与中国有着类似境遇的许多发展中国家都在做着同样的事情。

为什么在经历了无数次的探索之后，中国还是最终选择了法制现代化？为什么法制现代化会成为今日大多数发展中国家的一致选择？这其中是否蕴含着某种历史的必然性，或者说体现了社会规律的客观要求？无疑，思考这样的问题一方面是为了探寻历史发展的内在逻辑，

[①] 在20世纪70年代的官方话语中，现代化仅仅被理解为"农业、工业、国防和科学技术的现代化"（简称"四个现代化"），直到20世纪80年代初的中国共产党第十二次代表大会上，才提出要把社会主义现代化事业全面推进到21世纪。之后，我国才出现了法的现代化的表述。参见葛洪义：《法律与理性——法的现代性问题解读》，法律出版社2001年版，第461页。

另一方面也是在思索法制现代化战略的正当性依据。也许有人认为，在法治几乎已经成为意识形态的今天，这样的追问显得多余。然而，事实可能并非如此，因为社会中始终存在着反法治的思潮，比如后现代法学，在无形地消解民众对法治的信仰。甚至在某些情况下，这种后现代的思潮有可能同前现代的观念结合起来，对法治事业设置阻碍。在法治观念未能扎地生根的国度，对法治提供合法性论证的作业始终具有实践意义，职是之故，笔者在此对法制现代化的必然性作一简要剖析。

需要申明，我们所讨论的是发展中国家法制现代化的必然性。对西方法治发达国家而言，法制的现代化过程已经完成，讨论法制现代化的必然性也就失去了意义。但对于发展中国家则不然，因为其对是否实施法制现代化战略还拥有选择空间，因此在此讨论其法制现代化的必然性，有助于坚定对法治的信仰。在笔者看来，绝大多数发展中国家之所以会最终选择法制现代化，影响因素很多。但从根本上讲，是由其国内情况和国际环境决定的。就国内情况而言，发展中国家为了实现国家富强的目标而采取现代化策略来推动社会转型，在此过程中必然会引发法制现代化。法制现代化一方面是为了适应社会变迁，另一方面也是为社会转型创造法律前提。从国际环境来看，随着经济全球化进程的深入，出现了法律全球化，当发展中国家参与到全球化进程中时，由于受到来自于国际的压力，必须进行相应的法律改革并实现法制现代化。亦即，经济的全球化为法制现代化提供了新的推动力。

如果要追问中国乃至大多数发展中国家推动法制现代化的原因，必须从考察这些国家的发展战略开始。自近代以来，最早崛起的西方资本主义强国在亚非拉进行了大规模的殖民扩张，这种对东方的掠夺在使西方更加富裕的同时，加剧了东方的贫困。第二次世界大战之后，亚非拉许多原为殖民地、半殖民地的国家纷纷取得了民族的独立。独立之后这些国家都面临着一个采取何种发展战略尽快实现国家富强的问题。发展中国家从西方发达国家的历史得出的经验是必须通过现代化，尽快推进社会由传统社会转型为现代社会，唯有如此才能尽快实现国富民强，避免屈辱历史的重演。

那么何谓现代化？现代化理论一般认为，西欧社会在14～17世纪发生了革命性的变化和转型，他们将转型之前的社会笼统地称为传统社会，而转变之后的社会称为现代化社会。由传统社会向现代社会转变的过程就被称为现代化。W. 穆尔认为，"现代化就是传统社会像西方国家那样向经济富裕、政治稳定的社会的总体过渡。根据西方的经验，要先有工业化才能推动社会的现代化，而工业化要得以产生又必须具备如下条件：（1）在价值观念上，由亲属优先（任人唯亲）的思想方法过渡到业绩优先（任人唯贤）的思想方法，以及建立在国粹主义基础上的国民统一；（2）在制度上，建立能够为经济生产而动员土地和资本的可转让的所有制，以及使劳动力能够自由流动的劳动市场制度和促进流通的商品交换系统；（3）在组织上，建立专业化、金字塔式统制的科层制组织和得当的国家财政组织；（4）在个人动机上，培养有创造精神的个性、业绩主义志向、向上的积极性以及对教育的渴求和活动热情。"这样，在工业化之后而来的现代社会就具有如下鲜明特色："（1）在经济组织方面，具有较高水平的技术和受过高度训练的专家，广阔的市场和相互依存的组织结构；（2）在人口结构方面，首先是由工业化初期阶段的死亡率降低所引起的人口爆炸，继而是随着工业化进入成熟阶段普及了家庭计划，实行人口控制，过渡到了低出生—低死亡—老龄型的人口结构；（3）最后，在社会结构方面，其特点是亲属群体和家庭功能的缩小和解体，个人主义的进一步加强，妇女地位的提高以及社会控制的减弱等。"[①] 另一位学者列维则将"现代社会"与"非现代社会"的结构特点概括为八个方面的差别："（1）现代化社会的政治组织、经济组织、教育组织等诸单位的专业化程度高，而非现代化社会的专业化程度则比较低；（2）在现代化社会，由于专业化程度比较高，诸单位是相互依存的，功能是非自足的，而在非现代化社会，亲属群体和近邻共同体的自足性比较强，缺少功能的分化；（3）在现代化社会，伦理具有普遍主义的性质，而

[①] ［日］富健永一：《"现代化理论"今日之课题——关于非西方后发展社会发展理论的探讨》，载［美］塞缪尔·亨廷顿等：《现代化：理论与历史经验的再探讨》，罗荣渠主编（译），上海译文出版社1993年版，第112页。

在非现代化社会，由于家庭、亲属的社会关系比较密切，伦理具有个别的性质；(4) 现代化社会的国家权力是集权但不是专制，而非现代化国家的社会权力如同封建制一样，即使在权力比较分散的情况下，其性质仍然是专制的；(5) 现代化社会的社会关系是合理主义、普遍主义、功能有限和感情中立，而非现代社会的社会关系是传统的、个别的、功能无限和具有感情色彩的；(6) 现代化社会有发达的交换媒介和市场，而在非现代社会，交换媒介和市场尚未发展起来；(7) 现代化社会具有高度发达的科层制组织，而在非现代社会，即使有科层组织也是建立在个别的社会关系之上；(8) 现代化社会的家庭结构是多样化的，家庭功能也是多重的。"①

可以看出，现代社会在经济、政治、文化等许多方面具有不同于传统社会的特征，这些特征也被视为是现代性的要素和指标。发展中国家如果要实现发展和富强，就应该参照这些现代性指标，推动本国社会的全面转型。不过对于发展中国家而言，由于面临着强大的外部压力，已经不可能再像西方发达国家那样，通过自然演进的方式实现现代化，而必须由政府采取主动的变革措施，通过强制性的社会变迁来实现现代化，这就不可避免地要引发法制的现代化。对于社会变迁而言，法既是反应器又是启动器。② 就发展中国家的现代化战略而言，法制更多的是被当作启动器，被用作推动社会转型的工具和手段，以法制的变革推动社会的转型。

发展中国家在社会转型过程中首先要解决的是经济发展的问题，而经济发展需要必要的法律前提，这是发展中国家推动法制现代化的最重要的动力。德国著名社会思想家韦伯曾在其名著《新教伦理与资本主义精神》中提出了著名的设问：为什么工商业资本主义文明兴起于西方而不是别的地方？③ 在回答这一问题的过程中，他发现了法律

---

① [日] 富健永一：《"现代化理论"今日之课题——关于非西方后发展社会发展理论的探讨》，载 [美] 塞缪尔·亨廷顿等：《现代化：理论与历史经验的再探讨》，罗荣渠主编（译），上海译文出版社1993年版，第113页。

② Wolfgang Friedmann *Law in a Changing Society* (2nd Ed.). Columbia University Press, 1972.

③ [德] 马克斯·韦伯：《新教伦理与资本主义精神》，于晓、陈维纲译，三联书店1987年版，第4页。

与资本主义经济组织方式之间的密切关联。在韦伯看来,现代资本主义企业主要依靠计算,其前提是要有一套以理性上可以预测的方式来运作的法律和行政管理系统,人们至少可以在原则上根据其确定的一般规范来进行预测。如果没有它,可以有冒险性的和投机性的资本主义以及各种受政治制约的资本主义,但是不可能有个人创办的、具有固定资本和确实核算的理性企业。这样一种法律制度和这样的行政机关只有在西方才处于一种相对合法的和形式上完善的状态。[①] 通过对西方法律的考察,韦伯认为西欧社会由于受到一系列文化因素,比如自然法传统、法律职业培养的模式等因素的影响,逐渐产生除了具有形式合理性的现代法律,而这种形式合理性的法律由于其在实体上及程序上都受制于一般、确定的方式,它的运作并不是根据个案来决定,所以能够满足资本主义对于可预测、可计算的法律的需求,从而促进了资本主义的发展。韦伯特别强调了法律在现代化的西方社会形成中的极端重要性,把法律视为西方资本主义形成与发展的重要推动力。[②] 制度经济学派的代表人物、美国著名的经济史学家道格拉斯·诺斯和罗伯特·托马斯认为,经济增长的关键在于制度因素,一种提供适当的个人刺激的有效的制度是促进经济增长的决定因素。他们对西欧经济史的研究表明,并不像大多数经济史学家所主张的那样,西欧经济发达的主要原因并不是技术革命的推动,而是得益于其独特的制度环境,在这种环境下能够产生有效率的经济组织。这种有效率的经济组织能够对个人造成一种刺激,将个人的经济努力变成私人收益率接近

[①] [德] 马克斯·韦伯:《新教伦理与资本主义精神》,于晓、陈维纲译,三联书店1987年版,第14页。

[②] 马克思也曾强调了现代法律制度对于资本主义发展的重要性。但是两者的论证思路不一样,马克思认为是资本主义利益促进了现代法律制度的产生。而韦伯则不同意这一点。韦伯指出,如在其他情况下一样,资本主义利益毫无疑问也反过来有助于为一个在理性的法律方面受过专门训练的司法阶级在法律和行政机关中取得统治地位铺平道路,但是,资本主义利益绝非独自地促成了这一点,甚至在其中也没有起主要作用。因为这些利益本身并没有创造出那种法律。各种全然不同的力量在这一发展过程中都曾发挥过作用(《新教伦理与资本主义精神》,第14~15页)。韦伯论证了一个理性的、普遍性的、部分自治的法律制度,对于欧洲和英国的资本主义的产生极为关键,而具有这些品质的法律制度在很大程度上又是基于与经济无关的一些原因而在这些地方发展起来的。既然如此,那么提出这样的看法可能就不会是毫无道理的,即,那些现代法律被引进其他国家后能够产生大致相似的结果。参见姚建宗:《美国法律与发展研究运动述评》,法律出版社2006年版,第97页。

社会收益率的活动。这才是西方世界兴起的真正原因。① 所以，适当的法律制度设计是经济增长的关键因素，这也再次证明了法律制度对于经济发展的重要意义。

20世纪60年代兴起于美国的法律与发展研究运动中的部分学者也一再强调，不同的经济基础需要不同的法律制度。现代法律制度是现代社会的必然伴生物，只有现代法律才能促进社会发展，传统社会要向现代化社会发展，就必须建立现代的法律制度。"现代法律被看作是工业化（隐含着假定发生于一个资本主义经济框架之内）的一个功能先决条件，就如同电力供应和会读书写字一样。通过提出一系列稳定的前景，现代法律能够促使国内投资从短期投机转向长期的生产性投资，并通过为私人企业家提供比其在传统法律制度下所得到的更大的确定性，来激励经济，并限制国家对私人经济的干预。通过提供非国有化保证，亦即针对惩罚性税收、进口限制和利润汇出限制等的保证，现代法律也能够鼓励外国投资，并因此而刺激资本和技术的引进。如果工具性地考虑问题，那么，通过税收政策、社会福利措施等方式调整信贷、土地使用权、外汇交易、进出口活动与工资，法律也能够引导或者产生出对于国家的经济发展有利的经济活动。而传统法律保持了太多的传统价值、缺乏工具性取向，也没有足够的弹性以发展出为工业化经济所需要的新的法律，因此它太缺乏可预测性、不能为投资者提供安全感，所以传统法律对社会发展不利。"② "如果一个社会需要有经历某种剧烈的政治和经济变化的计划，它就必须进行法律上的激烈变化。如果他想进行现代化，特别是如果他想更快地现代化，其法律制度就必须迅速改变，甚至被完全替换。因为，这是很清楚的，即，任何剧烈的社会变迁都意味着一个在法律上的剧烈变化。当一个社会从部落制向国家形态和商品经济运动时，法律也将被迫改变。如果法律传统不能依靠自己来支持这些计划，那新的法律——有

---

① ［美］道格拉斯·诺斯、罗伯斯·托马斯：《西方世界的兴起》，厉以宁、蔡磊译，华夏出版社1999年版，第1~7页。

② 姚建宗：《美国法律与发展研究运动述评》，法律出版社2006年版，第100页。

时是大量的——就必须被创制或从外部引进来。"①

从上述学者的理论可以得出结论,经济的发展必须以拥有法律为前提。作为后发展国家来说,如果承认西方的经济发展得益于其独特的法律制度,那么就应该模仿西方的法律制度来启动法制现代化的工程,以便为经济的发展创造良好的法律环境。事实上,大多数国家之所以推动本国的法制现代化,主要是基于此种考虑。

然而我们也应注意到,发展中国家的法制现代化的动因,主要在于发展经济,但并不仅仅限于此种因素。众所周知,法治往往同民主、理性、自由、平等以及人权保障等联系在一起,具有道德上的吸引力,伴随着社会公众民主意识、人权观念的强化以及本国民主政治的发展,发展中国家的政府也愈发感觉到,在当今时代,必须通过实行法治才能获得统治合法性,因此发展中国家推行法制现代化并非仅仅出于经济的考虑。另外,随着发展中国家市场经济的发展,也会带来社会结构的一系列变化,经济活动越来越复杂,社会人员流动越来越频繁,也需要通过法制现代化才能予以有效的社会控制。

自20世纪90年代开始,伴随着世界范围内经济的一体化和非国家化,出现了被称为经济全球化的发展趋势。资本主义生产方式开始突破民族国家的界限,要求在全世界范围内统一市场,进行有效的资源配置。经济的全球化并不单纯是经济的,它必然是以国家的政策与法律的变革为先导,同时又推动了国家政策与法律的变革,导致出现了法律全球化的趋势。② 法律的全球化主要有两种方式:国内法的国际化和国际法的国内化。③ 国际法的国内化,又被称为"地方化的全球主义"(Localized Globalism)④,是指国际组织的条约和规章为成员

---

① Lawrence M. Friedmann *Legal Culture and Social Development*. 4 *Law and Social Review*, 1969, p. 37.

② 当然,法律全球化并不仅仅源于经济因素的推动。从更一般的意义上来讲,法律的全球化还可归因于人类的观察性学习的天性。由于人具有观察性学习的天赋,人们在比较各国法律的优劣之后,会"择其善者而从之"。借助于信息传播的便利,各地的人们纷纷学习最先进的法律理论,模仿最适宜的法律模式,久而久之,就会朝同一个方向发展,出现全球化现象。

③ 朱景文:《比较法社会学的框架和方法——法制化、本土化和全球化》,中国人民大学出版社2001年版,第567~568页。

④ See Boaventura de Sousa Santos *Toward A New Common Sense*, *Law*, *Science and Politics in the Paradigmatic Transition*. New York Routledge, 1995, pp. 250 - 378.

国所接受，转变为对成员国具有法律拘束力的规则。现代国际组织在国际事务中的作用越来越大，不同的国家都需要通过国家组织这个平台来解决与自己国家利益有关的国际问题。越来越多的国家加入到某一个国际组织中，从而使得该组织统一制定的规则被众多的国家所接受，转变为国内法，这些规则即逐渐成为全球性的法律规则。这样，在全球范围内，就出现了一种不同国家之间的法律趋同化现象。国内法的国家化，又被称为"全球化的地方主义"（Globalized Localism）[①]，即在一国或一个地区范围内通行的法律制度由于某种原因而在全球范围内流行。这种形式的全球化，往往与某一个国家在经济或者政治中的主导地位密切相关，而就接受国而言，或者出于依附地位，或者受到文化的影响而被动或者主动借鉴或者移植某些国家的法律制度。自近代以来，这种形式的法律全球化也发生过数次。19世纪中叶以来直到20世纪从欧洲开始扩展到世界的依照法国民法典和德国民法典的编纂法典运动；第二次世界大战以后在欧美兴起并扩展到亚、非、拉第三世界的以建立司法审查制度为标志的法律改革；在20世纪50年代发生的以"援助第三世界国家"为名，由发达国家到发展中国家传播西方法律模式的法律与发展运动；以及发生在20世纪90年代的前苏联及东欧国家的以市场为导向的法律改革，都属于这种类型的法律全球化。

这样，在发展中国进行法制现代化过程中，又遭遇了法律的全球化，使其法制现代化的过程同全球化重合在一起。在法律全球化的过程中，由于西方国家占据主导地位，而且西方的法律制度在全球范围内属于强势的法律文明，因此所谓的法律全球化，就其外在表现来说，不可避免地表现出就是西方化和美国化的倾向。按照世界体系理论和依附理论的分析，西方国家在世界体系中处于中心地位，而发展中国家处于边缘地位，发言权有限，因此在制定国际规则的过程中，自然反映西方的意志更多一些。不过，抛开意识形态上的争论，在客观上

[①] See Boaventura de Sousa Santos *Toward A New Common Sense, Law, Science and Politics in the Paradigmatic Transition.* New York Routledge, 1995, pp. 250–378.

法律全球化推动了发展中国家法制的现代化。

　　从上述分析可以看出，对于发展中国家来说，由于其社会中比较缺少现代性要素，推动法制现代化是一种必然选择，发展中国家应当坚定不移地将法制现代化进行下去，尽早建立现代法治。然而，正当发展中国家将法治视为文明和进步的象征而为之奋斗时，以"怀疑、解构、批判、否定"为特征的后现代法学扑面而来。这种激进的法学思潮颠覆了西方法治的神话，并消解着发展中国家公众对于法治的信仰。在此之前，法治作为一种意识形态，具有一种无可置疑的正当性，其往往同理性、个人权利、社会契约、正当程序联系等理念联系在一起，这些理念相互论证，共同证明法律是现代文明的外壳，它保证人们追求理性的理想和幸福。理想的法治有一系列充满诱惑的主张和承诺：理性的个人是社会活动主体，法律的使命就是把人们的社会活动纳入理性范围之内，即尊重并且遵守规则；规则是客观的而且对任何人都是平等的，它们由职业的、不受任何社会和政治因素干扰的法官和其他的法律职业者来操作，不仅规范社会行为，而且规范政治行为；为了保证规则的实施，严格的法律推理和符合法律初始含义的法律解释不仅仅在技术上，而且在制度上保证法律精神的实现。这是一个"法律的帝国"，其使命是矫正和引导一个理想的现代社会。[①] 然而，后现代法学对于现代法学的核心主张一一予以反驳：首先，理性的个人作为自治的法律主体并不存在，在资本主义社会里，法律主体是被法律制造出来的，而不是自然的，更不是自治的，也没有什么自由。法律在创造出来理性个人这个主体的同时，也创造出了资本主义的经济结构，西方法治传统中法律的主体不是"我们"或者"人们"，而是政治权力或者说是法律精英。其次，现代社会的"进步"是虚幻的。现代社会并不是解放人的社会，而是压抑人的社会，其并没有给人们带来幸福，反而带来人的异化。再次，法律的普遍性是虚拟的"宏观话语"，法律中立的原则仅仅是一种假设。法律由国家制定，它不可能是中立、

---

① 信春鹰：《后现代法学：为法治探索未来》，载朱景文主编：《当代西方后现代法学》，法律出版社2002年版，第20~23页。

客观的，而是为一定的阶级或者集团的利益服务的。①

不能否认，后现代法学对于现代法治的批判有其合理成分，其以一种看似不负责任的方式来表达自己的社会责任感，在置疑现代法治的同时也在为法治探索未来。在高度法治化的西方社会，由于现代法治仍然牢牢占据主流地位，后现代法学这种激进的法学理论倒也难以动摇法治的根基。然而，对于正在进行法制现代化建设进程中的发展中国家，包括中国来说，倒是有可能会造成负面的影响。正如学者季卫东所指出的那样，由于后现代法学的许多主张与中国传统的法律文化现象之间具有不同程度的相似性，而中国现实的法律制度也存在某种"超现代"的成分，因此，后现代法学理论很容易被用来替传统辩护，阻碍对传统的批判和改革。"后现代的西方学界对于'地方性知识'（C.吉尔兹）和特殊性问题的关心，已经在中国唤起了怀古之幽思，甚至传统中的某些负面因素也因'本土化'问题的提出而受到了法律研究者的垂青。"② 对于后现代法学的负面影响，包括中国在内的发展中国家应当有足够的戒备，因为这些国家的"现代化程度还远远没有资格患'后现代综合症'"。③ 况且，对于尚未完成法制转型的发展中国家来说，建构是第一位的，而后现代法学除了批判之外，并未提供任何能够替代法治的措施，所以，"后现代法学在很大程度上只不过是为了解决中国法制现代化的结构性难题而划的一条辅助线，它绝不应该是在传统中固步自封的正当化根据。"④

既然法制现代化不可避免，那么对于发展中国家来说，需要认真思考的就是如何成功进行法制现代化的问题。与西方已经高度法治化的国家相比，发展中国家的法制现代化属于后来者模仿先行者而进行的有意识的法制变革，其并非一个自然的演变过程。为了成功推进法制转型，发展中国家必须解决两个最基本的问题：一是要确定法制现

---

① 信春鹰：《后现代法学：为法治探索未来》，载朱景文主编：《当代西方后现代法学》，法律出版社2002年版，第20~23页。
② 季卫东：《法治秩序的建构》，中国政法大学出版社1999年版，第399页。
③ 舒国滢：《中国法治建构的历史语境及其面临的问题》，《社会科学战线》1996年第6期。
④ 季卫东：《法治秩序的建构》，中国政法大学出版社1999年版，第400页。

代化的评价标准,为法制变革提供一张蓝图;二是要选择一条适宜的法制现代化的道路。前者是提供一个理想目标来作为行动的指针;而后者考虑的是实现目标的具体途径。

法制现代化的成功能够为社会的顺利转型提供强有力的法律保障,作为当代中国的法学研究工作者,应当致力于为这伟大的事业提供科学的智力支持和科学的理论指导。科学的法制现代化理论的创建有赖于所有法学部门的共同努力。

基于以上的背景分析,本课题拟分五编来分别探讨中国法制现代化的理论和实践之诸多复杂问题:

第一编旨在阐释法制现代化的理论基础,为理解、研究法制现代化提供一个基本的理论框架。它通过分析现代化理论中的一些基础概念,如近代、现代、现代化、现代性、西方化、全球化,将对法制现代化进行概念界定,探讨法制现代化的价值基础,回顾中国法制现代化的历史并总结其中的经验教训,分析法制现代化的基本模式,并探讨中国法制现代化模式选择问题。

第二编从历史的角度考察晚清以来中国法制现代化发展的进程,分析中国传统法律制度及其困境、清末法制变革的思想积累、清末立宪、修律、司法改革,考察民国初年及南京政府的法律思想、宪政实践、立法和司法制度,叙述新中国成立以后社会主义法制思想的建立与发展、社会主义法制体系的建立、曲折发展和恢复重建的过程,试图从思想史和制度史上描述、解释中国法制现代化的动力、成因、制度实践的经验和教训。

第三编探讨法制现代化与宪政深层的内在关系和它们的动态过程,从历史与现实的角度考察中国近代的宪政变革和中国当前的宪政化改革,研究全球化对宪政发展的影响,从而寻找一条从法制通往宪政的路。

第四编着重探讨法治政府理论的基本内容、行政体制的现代化、法治政府与司法审查制度现代化之间的互动关系,在对中国法治政府的背景作出分析的基础上,研究法治政府制度构建的因素,提出建设有中国特色法治政府的可行性和基本路径。

第五编基于对司法现代化含义、要素、实现目标和标准的确定，试图揭示司法现代化的社会和文化基础以及中国司法现代化的实现机理，从理论和实践两个层面分析中国司法现代化的模式选择和中国司法现代化的制度构建。

摘 要

本成果由五编十六章组成。第一编"法制现代化的理论基础"旨在奠定法制现代化的基本理论框架。第一章对法制现代化进行概念界定，第二章探讨法制现代化的标志、价值基础和内容；第三章分析法制现代化的基本模式及其选择问题。第二编"中国法制现代化的历史考察"试图从思想史和制度史上解释中国法制现代化的经验和教训。第四章描绘清末法制变革的思想积累、清末立宪、修律、司法改革；第五与第六章考察民国初年及南京政府的法律思想、宪政实践、立法和司法制度；第七章叙述新中国成立以后社会主义法制思想的建立与发展。第三编"法制现代化与宪政"。第八章探讨法制现代化与宪政深层的内在关系和它们的动态过程，第九章从历史与现实的角度考察中国近代的宪政变革和中国当前的宪政化改革，第十章研究全球化对宪政发展的影响。第四编"法制现代化与法制政府"。第十一章探讨法治政府理论的基本内容，第十二章对中国法治政府的背景作出分析，第十三章提出建设有中国特色法治政府的可行性和基本路径。第五编"司法现代化"试图揭示司法现代化的社会和文化基础以及中国司法现代化的实现机理，第十四章至第十六章分别从主体、体制与程序的角度，以及理论和实践两个层面分析中国司法现代化的模式选择和中国司法现代化的制度构建。

Abstract

This final work consists of five parts and sixteen chapters. Part 1 "Theoretical Foundations of Modernization of Legal System" aims to give a fundamental theoretical framework to modernization of legal system. Chapter 1 defines the concept of modernization of legal system, chapter 2 discusses the symbols, value foundations and contents of modernization of legal system, chapter 3 analyses the basic models and their selection for modernization of legal system. Part 2 "Historical Observation of Modernization of Legal System in China" tries to explain the experiences and lessons of modernization of legal system in China from the view of history of thoughts and institution. Chapter 4 describes thought accumulation, constitutionalism, legal and judicial reform in later Qing Dynasty. Chapter 5 and 6 explore the legal thoughts, practices of constitutionalism, legislation and judicial systems in early period of Republic of China and that of Nationalist Government of Nanjing. Chapter 7 gives an account for establishment and development of socialist legal thoughts after 1949. Part 3 has "Modernization of Legal System and Constitutionalism" as its title. Chapter 8 discusses the deep and internal relationship between modernization of legal system and constitutionalism, chapter 9 observes the constitutional reform in modern and current China in history as well as at the moment. Chapter 10 studies on the influence of globalization on the constitutional development. Part 4 circles around "Modernization of Legal System and Law-based Government". Chapter 11 discusses the basic contents of Law-based Government, chapter 12 analyses the background of Law-based Government in China, chapter 13 suggests the possibility and basic approaches of construction of Law-based Government with Chinese characteristics. Part 5 "Judicial Modernization" tries to reveal the social and cultural basement of judicial modernization, and mechanism of achievement in modernization of legal system in China. Chapter 14 to 16 expound the model selection and systematical construction of judicial modernization in China from the perspectives of subject, system and procedure, and the levels of theories and practices.

目录

第一编

法制现代化的理论基础 1

第一章 导论 3

第一节 现代化与法制现代化 3
第二节 法制现代化理论的流变 9

第二章 法制现代化的标志、价值基础和内容 18

第一节 法制现代化的标志 18
第二节 法制现代化的价值基础 25
第三节 法制现代化的内容 36

第三章 法制现代化的模式与选择 40

第一节 法制现代化的缘起 42
第二节 法制现代化的推动力量 54
第三节 中国法制现代化模式的选择 70

第二编

中国法制现代化的历史考察 91

第四章 晚清 93

第一节 中国传统法律制度及其困境 93

第二节　法制变革的思想积累　98

第三节　清末立宪　104

第四节　清末修律　110

第五节　司法改革　117

第五章 ▶ 民国初期的艰难探索　130

第一节　民国初期的法律思想　130

第二节　宪法观念与实践　134

第三节　北洋时期的立法　141

第四节　司法制度　144

第六章 ▶ 南京国民政府时期　157

第一节　法律思想　157

第二节　宪法理论与实践　163

第三节　六法体系的建立　167

第四节　司法制度　170

第七章 ▶ 新中国成立以后　176

第一节　社会主义法制思想的建立与发展　176

第二节　社会主义宪法　189

第三节　社会主义法制体系的建立　191

第四节　社会主义的司法制度　199

第三编

法制现代化与宪政　207

第八章 ▶ 中国语境下的宪政理论　209

第一节　宪政及其制度形态　209

第二节　从法制到宪政　223

第九章 ▶ 中国的宪政化　241

第一节　中国近代的宪政经验　241

第二节　中国当前的宪政化改革　243

第十章 ▶ 全球化对宪政发展的影响　255

第一节　概述　255
第二节　国际人权保护制度对宪政的影响　258
第三节　加入WTO对法制的影响　269
第四节　国际规则的接受　280

第四编

法制现代化与法治政府　283

第十一章 ▶ 法治政府的理论　289

第一节　中国背景下的政府法治理论　291
第二节　行政体制的现代化　300
第三节　法治政府与司法审查制度现代化的关系　309

第十二章 ▶ 中国法治政府建构的背景分析：过程与问题　315

第一节　中国法治政府建构的历史背景　315
第二节　中国法治政府建构的全球化背景　320
第三节　中国法治政府建构的相关性问题　322

第十三章 ▶ 建设有中国特色法治政府的可行性和基本路径　331

第一节　建设有中国特色法治政府的障碍　331
第二节　法治政府建设的可行性分析　335
第三节　法治政府建设的基本模式选择　338
第四节　建设法治政府的基本路径　342
结语　347

第五编

司法现代化　353

第十四章 ▶ 司法主体现代化　355

第一节　司法主体现代化的内涵　356

第二节 司法主体现代化的历史考察　358
第三节 司法主体现代化的基本内容　365
第四节 裁判理性视角下的司法主体现代化　377

第十五章 ▶ 司法体制现代化　387

第一节 审判体制现代化　387
第二节 检察体制现代化　392
第三节 司法行政体制现代化　403

第十六章 ▶ 司法程序现代化　412

第一节 司法程序现代化概述　412
第二节 刑事诉讼程序现代化　421
第三节 民事诉讼程序现代化　436
第四节 行政诉讼程序现代化　444
第五节 证据制度现代化　453

Contents

Part I

Theoretical Foundations of Modernization of Legal System   1

Chapter 1   Introduction   3

   1.1   Modernization and Modernization of Legal System   3

   1.2   Theoretical Development of Modernization of Legal System   9

Chapter 2   The Symbols, Value Foundations and Contents of Modernization of Legal System   18

   2.1   The Symbols of Modernization of Legal System   18

   2.2   Value Foundations of Modernization of Legal System   25

   2.3   Contents of Modernization of Legal System   36

Chapter 3   The Models and its Selection of Modernization of Legal System   40

   3.1   Origin of Modernization of Legal System   42

   3.2   Drivering Forces of Modernization of Legal System   54

   3.3   Selection of Models of Modernization of Legal System   70

Part II

Historical Observation of Modernization of Legal System in China   91

Chapter 4 Later Qing Dynasty   93

    4.1 The Traditional Chinese Legal System and its Dilemma   93

    4.2 The Thought Accumulation in Reform of Legal System   98

    4.3 Constitutionalism in Later Qing Dynasty   104

    4.4 Legal Reform in Later Qing Dynasty   110

    4.5 Judicial Reform   117

Chapter 5 Uneasy Exploration in Early Republic of China   130

    5.1 Legal Thoughts in Early Republic of China   130

    5.2 The Opinions and Practices of Constitutional Law   134

    5.3 Legislation in Beiyang Period   141

    5.4 Judicial System   144

Chapter 6 The Period of Nationalist Government of Nanjing   157

    6.1 Legal Thoughts   157

    6.2 Theories and Practices of Constitutional Law   163

    6.3 The Establishment of "Six-Law-System"   167

    6.4 Judicial System   170

Chapter 7 The Period after 1949   176

    7.1 Establishment and Development of Socialist Legal Thoughts   176

    7.2 The Socialist Constitutional Laws   189

    7.3 Establishment of Socialist Legal System   191

    7.4 Socialist Judicial System   199

Part III
Modernization of Legal System and Constitutionalism   207

Chapter 8 Constitutional Theories in Chinese Context   209

    8.1 Constitutionalism and its Models   209

    8.2 From Legal System to Constitutionalism   223

Chapter 9 Constitutionalism in China   241

    9.1 The Constitutional Experiences in Modern China   241

9.2　The Constitutional Reform in Current China　243

Chapter 10　The Influence of Globalization on Constitutionalism　255

    10.1　Outline　255
    10.2　International Protection of Human Rights and its Influence on Constitutionalism　258
    10.3　The Influence of Participation in WTO on Legal System　269
    10.4　Reception of International Rules　280

Part IV
Modernization of Legal System and Law-based Government　283

Chapter 11　Theories of Law-based Government　289

    11.1　Theories of Law-based Government in China's Context　291
    11.2　Modernization of Administrative System　300
    11.3　The Relation between Law-based Government and Modernization of Judicial Review System　309

Chapter 12　Background Analysis of Law-based Government in China: Process and Problems　315

    12.1　Historical Background of Construction in Law-based Government　315
    12.2　Global Background of Construction in Law-based Government　320
    12.3　Relevant Problems of Construction in Law-based Government　322

Chapter 13　Possibility and Approaches of Construction in Law-based Government with Chinese Characteristics　331

    13.1　Obstacles of Construction in Law-based Government with Chinese Characteristics　331
    13.2　Possibility of Construction in Law-based Government　335
    13.3　Selection of Basic Models of Construction in Law-based Government　338
    13.4　Basic Approaches of Construction in Law-based Government　342
    13.5　Conclusion　347

Part V

Judicial Modernization   353

Chapter 14   Modernization of Judicial Persons   355

    14.1   Meaning of Modernization of Judicial Persons   356

    14.2   Historical Observation of Modernization of Judicial Persons   358

    14.3   Fundamental Contents of Modernization of Judicial Persons   365

    14.4   Modernization of Judicial Persons in Perspective of Rational Judicial Decision   377

Chapter 15   Modernization of Judicial System   387

    15.1   Modernization of Judgement System   387

    15.2   Modernization of Prosecution System   392

    15.3   Modernization of Judicial Administration System   403

Chapter 16   Modernization of Judicial Procedure   412

    16.1   Outline   412

    16.2   Modernization of Criminal Procedure   421

    16.3   Modernization of Civil Proceedings   436

    16.4   Modernization of Administrative Process   444

    16.5   Modernization of Evidence System   453

第一编

法制现代化的理论基础

第一章

导 论

内容提要： 厘清基本概念的含义与历史是对主题的内涵进行清晰阐述的前提。本章主要处理两个问题：第一，法制现代化的基本概念。法制现代化的概念在逻辑上由"现代化"与"法制"两部分构成。"现代化"这个表述的周围经常围绕着理论上的迷雾，它由哪些层次组成，它与西方化、全球化等概念又有何区别？"法制"的现代化又有哪些特点？第二，法制现代化理论的流变。在发展阶段上，法制现代化理论大体可分为早期法律发展理论与经典现代化理论两个阶段，它们各自的背景与理论主张分别是什么？本章将处理这两个问题。

第一节 现代化与法制现代化

一、现代化与西方化、全球化

"现代化"是我们理解法制现代化的时代语境和知识前见，而讨论现代化问题，我们需要了解近、现代历史的阶段划分和发展过程。

现代化是一个历史过程，包括从传统经济向现代经济、传统社会向现代社会、传统政治向现代政治、传统文明向现代文明的转变等。

关于现代化的内涵或范畴，亨廷顿引用丹尼尔·勒纳的话说："城市化、工业化、世俗化、民主化、普及教育和新闻参与等，作为现代化的主要层面，它们的出现绝非任意而互不相关的。"① 而我国的权威学者研究指出：现代化实际上是在统一基础上对如下八项内容的基本追求：（1）现代化总是意味着去扩大"对时间和空间的压缩能力"。从古代到现代，人的活动半径扩大（空间压缩能力）与人的行动速度增加（时间压缩能力），有着连续的和显著的提高。现代化的过程代表了人类在获取物质、获取能量、获取信息的能力上，总是随着对时空压缩程度的提高而提高。（2）现代化总是意味着去扩大"对物质、能量和信息的支配能力"。人不仅要具有获取物质、能量和信息的能力，还必须对所获取的初始资源，进一步提高其萃取能力、支配能力和使用能力。现代化的过程，事实上表现了这种支配能力的不断提高。（3）现代化总是意味着去寻求"对科学技术发展具有革命性提升的创新能力"。科学技术的革命性进步本质上是时空压缩能力和物质、能量和信息支配能力的基本手段和工具的提高。现代化的过程，应当把科技创新能力的持续性进步，作为推动现代化进程的手柄和动力。（4）现代化总是意味着去寻求"配置生产力要素的优化能力"。无论是传统的工业化时代，还是进入 21 世纪的知识经济时代，生产力要素优化配置将会在不同组合、不同水平、不同广度和深度上的结构性优化与功能性提高。现代化的过程，可以合理地归纳为此类生产力要素在层次上和台阶上的优化。（5）现代化总是意味着去寻求"对社会公正的实现能力"。社会公正程度及消除贫富之间的不均衡、消除区域之间的不平衡与消除国家之间的不平等是社会中人际关系、代际关系和区际关系中的最高准则，是保障社会稳定与有序运行的基础。现代化的过程，必然体现出以公理完善、道德完善、制度完善、法律完善去支持社会公正性的提高和最终公正社会的实现。（6）现代化总是意味着去寻求"对物质文明与精神文明的协调能力"。一个现代化的社会，不能只是满足对物质财富的积聚和扩大，它同时还应当满足对精神的追求和文明进步的整体响应。现代化的过程，同时也是物质财富创造能力与精神财富集聚程度的和谐统一。（7）现代化总是意味着去寻求"提高制度的整合能力和规范社会的有序能力"。在健康的哲学理念和积极的价值取向导引下，制度的、法律的、道德的不断完善和与之相应的政治体制、民主方式与社会关怀的适宜性选择，是构成现代化人文环境的基本主题，也是提高现代化组织程度与认同能力的保证。（8）现代化总是意味着去寻求"对可持续发展目标的实现能力"。最大限度地追求"人与自然"和"人与人"两大关系的平衡与和谐是可持续发展的本质，它与现代化所追求的理想目标是完全一致的，因此，现代化的过程就是对可持续发展的能力建设不断提高的过程。②

---

① ［美］亨廷顿：《变化社会中的政治秩序》，三联书店1989年版，第30页。
② 《国家现代化与人类文明进程的透视》，http://www.china.com.cn/chinese/zhuanti/265259.htm。

结合上述分析，现代化的主要内涵或范畴可以概括为下列几个方面。

其一，政治现代化。简单地说，民主化、法治化、科层化、民众的普遍参与，是政治现代化的主要内容。从政治运作方面看，现代社会普遍具有一个高度差异和功能专门化的一体化政府组织体制，它采用理性化、科层化和世俗化的程序形成政治决策，人民怀有广泛的兴趣积极参与政治活动，各种条例的制定主要是以法律为基础，而传统社会则多数不具备这些特点。[①] 政治现代化还特别强调民主化，民主是现代政治的突出标志。社会的现代化发展，要求在最广泛的社会基础上，使更多的社会成员参与对社会生产和社会生活的管理，发挥全体社会成员的主动性和创造性，而不是依赖于少数政治精英。同时，政治的现代化还包括了法制的现代化，就是以理性和个体自由为目标建构起来的一系列制度，主要是民主的政治制度、自由的经济制度以及与此相关的形式化的官僚管理系统等。这样一个社会自然发育出一套不同于古代的法律来，同时，这一法律成为现代社会生发的制度与精神力量，成为现代社会的一个重要组成部分与标志。[②]

其二，经济现代化。经济现代化意味着工业化、专业化、规模化以及经济持续而迅速的发展。经济增长的首要标志是以农业为主转变到以工业为主，即工业化。工业化是现代化社会的基本标志，也是同传统社会的主要区别。20世纪50年代后期以来，在已实现了工业化的国家中，现代经济发展结构的趋势是，第三产业的发展逐渐超过了工业，在国民经济中占据主导地位。"从经济方面看，认为现代社会是工业和服务业占绝对优势的社会或所使用的全部能源中非再生资源占绝对优势的社会，而传统社会则是第一产业占绝对优势的社会或所使用的全部能源中生命能源占绝对优势的社会。"[③] 当然，工业化的出现是与经济生产的专业化和规模化分不开的，没有专业分工就没有效率，而没有规模化经营也就不可能创造出超额的利润。

其三，社会现代化。社会现代化意味着城市化、流动化、信息传播和社会结构日趋分化。在现代社会中，城市人口不断增加，农村人口向城市转移，即使是在农村中，城市的特质也在不断增长。城市化是人类居住方式的变化，也是社会经济、社会关系、生活方式迈向现代化的综合反映。一般来讲，一个国家城市化的水平是同整个国家的现代化水平成正比的。城市生活把人口大量集中起来，这样必然导致社会结构发生巨大的变化，因此，"从社会结构来看，现代社会是高度分化的社会，各组织之间的专门化程度和相互依赖程度很高；社会流动率也很

---

① 中国现代化战略研究课题组：《中国现代化报告2002》，北京大学出版社2002年版。转引自 http://www.china.com.cn/chinese/zhuanti/265422.htm。
② 蔡宝刚：""法的现代性与中国法治"高层论坛学术综述"，《比较法研究》2007年第1期。
③ 中国现代化战略研究课题组：《中国现代化报告2002》，北京大学出版社2002年版。

高；人口大规模集中于城市；角色和地位的分配主要依据个人的能力和业绩；调节人际关系的规范是标准的、普遍主义的；科层制度普遍发展，家庭功能缩小、地位下降等。传统社会则相反。"①

其四，人的现代化。在现代化的诸多内容中，人的现代化是核心和关键。人的现代化意味着人的开放性、参与性、独立性、平等性以及价值观念和生活方式的变革。在现代化过程中，与经济、政治等变革相适应，全体社会成员的心理、思维模式、价值观念和生活方式也在发生着巨大的变化，他们开始由保守、传统的生活方式转变到文明、科学的生活方式，由安于现状、惧怕变革、墨守成规的价值观念，转变到积极、向上、进取的精神状态。从人的个性与行为特征上看，现代社会的成员有强烈的成就动机，在处理事务时有高度的理性和自由性，对新事物有高度的开放性，对公共事务有强烈的参与感，对生活在其中的世界有较高程度的信任感等。② 从参与公共事务和政治生活的层面讲，传统社会里的臣民正在转化为现代意义的公民。

其五，文化现代化。在现代社会，科技进步和经济进步带动了整个社会的发展，其中既包括文化的现代化，也包括人类精神世界的伟大变革。如果说传统文化是一种超验文化，那么现代文化的特点则是理性主义和人道主义，现代社会应当不迷信权威、客观认识自己，认真对待人的自由和权利，创造一种完全不同于传统的精神文明。"从文化层面看，认为现代社会的文化强调理性主义、个性自由、不断进取、效率至上、能力至上等观念。传统社会的文化则强调超经验的、反个性的、知足常乐的、天赋至上的、情感至上的价值观念。"③

现代化不等于西方化，但现代化的很多要素是由西方世界贡献的，而现代化的实践最早也是在西方出现的，所以，非西方国家在走向现代化过程中要保持理性的态度，要认真地对待西方因素。如果简单地把现代化看成"西方化"因而排斥现代西方的种种社会文明现象，那么显然就走入了一个认识的误区。事实上，现代化的发展并非只有西方一种或者几种模式，而是完全可以结合自己国家和民族的具体情况而找到适合自己的发展道路。从历史看，现代化也绝非有固定的模式。在理论上，学者一般把现代化的基本模式分为"内生的"（Endogenous）现代化和"外源性"（Exogenous）现代化两种。后者一般或者是由殖民帝国强迫，或者是自己政府主动推进改革，一开始就不可避免地具有"精英主义"的特征，在发展秩序上，也形成了自上而下、由外而内、由城市到农村、由工业

---

① 中国现代化战略研究课题组：《中国现代化报告 2002》，北京大学出版社 2002 年版。
② 中国现代化战略研究课题组：《中国现代化报告 2002》，北京大学出版社 2002 年版。
③ 中国现代化战略研究课题组：《中国现代化报告 2002》，北京大学出版社 2002 年版。

到农业的与西欧现代化方向相反的过程。①

全球化（Globalization）是20世纪80年代以来在世界范围日益凸显的新现象，是当今时代的基本特征。全球化还没有统一的定义，全球化的较早表现是指货物与资本的越境流动，分别经历了跨国化、局部的国际化以及全球化这几个发展阶段。货物与资本的跨国流动是全球化的最初形态。在此过程中，伴随出现了相应的地区性、国际性的经济管理组织与经济实体，以及文化、生活方式、价值观念、意识形态等精神力量的跨国交流、碰撞、冲突与融合。因此，总体来看，全球化是一个以经济全球化为核心、包含各国各民族各地区在政治、文化、科技、军事、安全、意识形态、生活方式、价值观念等多层次、多领域的相互联系、影响、制约的多元概念。②"全球化"可以概括为科技、经济、政治、法治、管理、组织、文化、思想观念、人际交往、国际关系等多个方面的全球化。现代化与全球化紧密不可分割。"无论怎样表述，世界的全球化过程不是新事物，而是从16世纪就已经开始了。全球化只是人类历史上现代化进程的一个方面的现象，即现代性在全球展现的过程。"③ 确实如此，无论从文化与文明的传播上理解，还是从资本主义生产方式和世界市场的扩展上理解，"全球化"都不是新事物，而是现代性的世界性扩展。按照吉登斯的话说，全球化无非是"现代性的基本后果之一"，是现代性从社会扩大到全球，"从本质上说，现代性正在全球化"④。

法制现代化是我国法学界深入研究的重要论题之一，目前的研究成果颇为丰富，专著及相关文章中不乏真知灼见者。综观他们的研究思路，大致分为以下三类：一是从本体上界定何谓"法制现代化"；二是法制现代化的资源选择；三是法制现代化的研究方法或者分析工具。学者们智识上的努力，推动了中国法制现代化的研究，但是，从研究所取得的成果来看，对一些基础性概念并没有厘清，尤其是对何谓"法制现代化"，更是没有作出细致而深入的探讨，仍然或是人云亦云，或者是对此避而不谈。这样就无法进一步推进对法制现代化相关问题的深入研究，所以目前虽然研究文章较多，但真正能在知识增量上作出贡献者却是凤毛麟角。本书试图从"法制现代化"概念出发，认真探究这一概念所内涵的意义，以期为法制现代化研究作一个基础性的贡献。

---

① 现代化学者布莱克曾把世界各国的现代化分为七种模式，分别是：英、法模式，英、法的殖民地模式，德国、北欧、东欧、南欧模式，拉丁美洲模式，俄、日、中等国模式，东南亚、中东伊斯兰模式，黑非洲模式。参见［美］布莱克：《现代化的动力》，景跃进、张静译，浙江人民出版社1989年版，第97~115页。
② "全球化"，百度百科http：//baike.baidu.com/view/25886.htm。
③ 伊保云：《什么是现代化》，人民出版社2001年版，第303页。
④ A. Giddens The Consequences of Modernity, Stanford. CA：Stanford University Press, 1990, pp.175~177.

二、法制现代化

法制现代化作为现代化的一个特殊组成部分，虽然具有独特性，但从共性上讲，也要受到现代性和现代化理论的制约。

立足于对"法制"和"现代化"概念的分析，学者从自己的研究视域出发来界定法制现代化的概念。有人认为"法制现代化是指一个国家和社会伴随着社会转型而相应地由传统型法制向现代型法制转化的历史过程。在这一过程中，该国家和社会的法律制度以及法制运转机制都将发生重大的质变，其标志是法制更加适应发展着的和变化了的各种社会实践需要，并且能够充分体现现代社会的各种价值目标和价值需求。"[①] 所以，法制现代化表现为一个国家或地区从法的精神到法的制度的整个法律体系逐渐反映、适应和推动现代文明发展趋向的历史过程。由于现代化进程的复杂性和多变性，要对法制现代化下一个明确完整的定义十分困难。法制现代化作为现代化大系统中的一个组成部分，其必然既有自己独立的发展轨迹，同时也必然受到系统内其他子系统的影响。因此，有学者认为现实的理性的研究方法是通过法制现代化的不同层面来进一步把握和体认法制现代化的概念内涵。应当从以下三个方面来理解法制现代化的内涵：第一，把法制现代化看作一个世界性的从传统法制向现代法制转变的历史变革进程。法制作为一种历史现象，面临着一个从传统型向现代型的历史变革进程，即社会法律系统由以自然经济为基础的传统"人治型"法律价值规范系统，向以市场经济为基础的现代"法治型"法律价值规范系统的历史转型。第二，法制现代化由不同层面的要素构成，既是一个静态的概念，又是一个动态的过程。在法制现代化中，它既包括静态的法律观念、法律制度的现代化，又包括动态的法律制定过程、法律操作过程和法律实现过程的现代化。法制现代化不是法律制定、法律实施孤立运动的结果，而是与法律观念的现代化紧密相连、不可分割的。第三，法制现代化是形式合理性、价值合理性和法律效益化的有机结合。现代化实际上是一个发展问题，而人类的发展从根本上说是一个理性的增长过程，是一个不断的合理化的过程。因此，世界上每一个国家和地区现代化发展模式和途径都各具其特殊性。法制现代化作为现代化的构成要素和目标之一，不仅是指形式合理意义上的法律规范化体系的现代化，还应指兼顾法律效益化实质合理意义上的法律价值取向上的现代化。[②] 也有学者认为法制现代化既是一个发展的、系统的、比较

---

① 刘作翔：《法制现代化概念、释义和实现目标》，《宁夏社会科学》1999年第3期。
② 侯强：《法制现代化内涵类览及反思》，《探索》2002年第5期。

的概念，又是一个多层面、多维度的概念。因此，解读法制现代化概念除了要关注传统法制向现代化法制的变革、变迁这种表面现象外，更要从以下六个方面来全面把握法制现代化概念的深刻内涵。第一个方面，法制现代化是法制形式现代化与法制价值现代化的统一；第二个方面，法制现代化是法制现代化相对独立性与法制现代化对社会现代化整体依存性的统一；第三个方面，法制现代化是社会法律生活的整体变迁与实体和程序法律规范体系变革的统一；第四个方面，法制现代化是西方国家法制现代化、非西方国家法制现代化的本土化和法制现代化的全球化过程的统一；第五个方面，法制现代化是多样化目标模式与多样化过程的统一；第六个方面，法制现代化是传统法制与现代化法制之间的对立和统一，法制现代化意味着现代法制对传统法制的突破、超越或者说是一种历史的否定。①

上述观点基本上总结了目前关于法制现代化的各种观点，体现出法制现代化问题的复杂性。法制现代化是一个整体性概念，它具有几个层次：首先从法制现代化的哲学基础来看，它和现代性紧密相关，现代化的描述只是一个过程的演进，本身并不表示一种价值理念；第二，法制现代化的价值取向是尊重人的基本权利；第三，法制现代化的目标是建立一套促进人的基本权利得以实现和保护的法律制度体系；第四，法制现代化的基本内容，并不仅是建立一套整齐划一的制度，而是根据一国具体情况所建立的具有现实可能性的制度，并且仅仅只有制度仍然不够，还需要法律意识和法制理念的现代化。总之，法制现代化的核心问题是如何把现代性所揭示的内容贯彻到法制理念中去，这一过程我们可以称之为法的合理化、理性化或者形式化。

第二节 法制现代化理论的流变

法制现代化理论属于法律发展论或者法律变迁论的范畴，法律发展论所要探究的是社会发展变迁与法律变迁之间的互动关联结构，它所要建构的是法律变迁的一般模型。在法律发展论框架下，法制现代化理论关注的重点，是从前现代社会法律系统向现代社会法律系统的转变这一特定过程，寻找这一变迁的内在机制。②

---

① 张爱球：《法制现代化的概念解读》，《扬州大学学报》（人文社会科学版）第4卷第5期。
② 公丕祥：《法制现代化的理论逻辑》，中国政法大学出版社1999年版，第2页。

就西方学术界而言，系统的法制现代化理论是 20 世纪 60 年代，由美国法律与发展运动的一些学者所提出的，由于其全面性、系统性和代表性，我们不妨将之称为经典法制现代化理论。不过，在经典法制现代化理论之前，有关社会发展与法律变迁的研究已经有了很长的历史，这些研究为经典法制现代化理论的产生奠定了部分理论基础。另外，自 20 世纪 70 年代开始，经典法制现代化理论也日益遭到许多理论，比如依附理论和世界体系理论的批判，在与这些批判理论交锋的过程中，法制现代化理论也在不断地发展。为了更好地理解法制现代化理论的内在理路，有必要对法制现代化理论的流变作一简要的梳理。

一、早期的法律发展理论：法制现代化理论的基础

在经典法制现代化理论被提出之前，西方已经有不少学者对西方传统社会向现代社会过渡过程中的法律变迁进行了卓有成效的研究。这些学者不限于法学家，还包括了哲学家和社会学家。这方面的代表人物有黑格尔、梅因、韦伯、杜尔凯姆等人。

德国哲学家黑格尔把整个自然的、历史的和精神的世界描写为一个过程，即把它描写为处在不断的运动、变化、转变和发展中，并企图揭示这种运动和发展的内在联系。他认为人类社会历史发展的基础是"绝对理念"或者"世界精神"，一部世界历史的过程，就是"绝对精神"的展开。因此，法律现象的历史发展完全不在现实的利益，甚至不在于政治的利益，而在于纯粹的思想。黑格尔通过对世界历史的比较考察，把东方世界、希腊罗马世界和日耳曼世界的历史视为世界精神中展现的三个历史阶段，由此也产生了三种不同形态的法律文明。东方世界是世界历史及法律文明发展的第一个阶段，在这个阶段，世界精神湮没于"自然"之中，没有脱离"天然"的精神状态，在东方的国家生活里，虽然可以看到一个实现了的理性的自由，但却没有发展成为主观的自由，整个国家生活都系于君主。希腊世界和罗马世界是世界史演进及法律变迁的第二个历史阶段。不过，在这两个世界之间也有所差异。在希腊的世界里，个性逐渐形成，自由意识成为社会生活的原则，但由于它是从直接的自然状态中刚刚分离出来，所以自由意识还仅仅是主观的而尚未达到普遍性的程度。在这里，"法律是有了，依照它的内容，乃是'自由的法律'——它是合理的，依照它的直接性，它是合法的，就是因为它是法律。"① 与希腊世界不同，罗马国家体现着一种客观的目的，具有抽象的普遍性和抽象的自由。在罗马世界，不依赖于意见和心灵的外在的形式

---

① ［德］黑格尔：《历史哲学》，王造时译，三联书店 1956 年版，第 296 页。

法律，成为一个基本的权利原则，这是罗马人对世界历史的一个贡献。"成文法律的渊源和发展应该归功于罗马世界抑制的、非精神的和非感性的理智。"① 世界历史及法律文明行程中的第三个阶段，亦即最后一个阶段是基督教日耳曼世界。在它的现代发展中，特殊的自由意识和自由形式提升到了纯粹的普遍性，进而成为"意志自由"。而意志本身的自由，是一切权利的原则和实体的基础。在这个世界，体现合理性的法律成为社会生活的基础，政府从根本上讲乃是正式执行法律、维护法律权威的机构；个人对法律的诚服，不是单纯的习惯的服从，而是承认法律和宪法是在原则上固定不变的，并且强调各个人的特殊意志应当服从法律为最高的义务。②

英国历史法学派的奠基人和代表人物梅因在其名著《古代法》中，论证了法律制度是在一定的模式或次序下发生变化的。他认为，早期的法律是家长式的，家庭是权利义务的基本单位，一个人的义务和权利取决于他的家庭身份。在这种法律生活中，一个人的身份决定着其社会地位和法律地位。随着社会的发展，个人逐渐摆脱家庭的束缚，个人义务也成长起来，个人取代家庭而成为民事法律所关注的对象。他认为，在这一过程中，取代身份而成为社会组织的基础的是契约。他认为，社会似乎已经逐渐迈向了这样一种秩序：所有的法律关系都产生于单个人的自由约定。他得出结论，现代社会是建立在个人成就的基础上的，而对成就、契约和个人的强调，则是经过几个世纪演化的结果。由此，梅因提出了其名言："所有进步社会的运动，到此处为止，是一个由'身份到契约'的运动。"③

法国社会学家杜尔凯姆在《社会劳动分工论》一书中也讨论了早期法的性质，暗含着法律发展理论。他认为，在早期社会中，基本上不存在或者只有很少的社会分工。社会连带是"机械的"，规则和规范被社会共同拥有，并因此而把社会粘连在一起。对这些规则或者规范的违反威胁到社会连带的真正基础，从而构成犯罪。所以，早期社会的法律大多是刑法，极其简单，其机构也是非专业化的，强制执行法律是整个社会或直接代表整个社会的机构的责任。相反，现代社会扎根于"有机联系"之中，这是一个复杂的以广泛的劳动分工为特征的社会。现代法律和现代社会的实质，乃是社会秩序不同部分的彼此依赖。因此，契约是现代法律的主要关注点，它是产生现代社会的各种复杂关系的工具。法律惩罚也因而是民事的和补偿性的，其意不在惩罚，而是达到"单纯的恢复原状"。为了校正经济的或契约的不平衡，社会发展出了各种专业化的

---

① ［德］黑格尔：《历史哲学》，王造时译，三联书店1956年版，第333页。
② 参见公丕祥：《法制现代化的理论逻辑》，中国政法大学出版社1999年版，第27页。
③ ［英］梅因：《古代法》，沈景一译，商务印书馆1984年版，第97页。

法庭和机构。①

德国社会学家马克斯·韦伯对社会变迁与法律发展之间的内在关联进行了深入的分析。他认为,作为现代社会,西方世界的确与非现代世界存在着裂痕。现代的、西方的、资本主义的社会,与其他所有社会的一个重要区别在于其具有理性特征。因此,理性概念是理解现代西方法律是如何区别于所有其他法律制度的一把钥匙。韦伯认为,制定法律和发现法律可以是实质上或者形式上理性的,也可以是实质上或者形式上是非理性的。因此,法律可以分为四类:实质合理性的法律、形式合理性的法律、实质非理性的法律和形式非理性的法律。现代社会、资本主义社会中的法律是形式的和理性的,韦伯将之称为"形式合理性法律"。它考虑的仅仅只是案件事实的那些清楚明白的一般特征,它明确地建立在一般原则基础上。在形式理性的法律当中,各种事实的若干相关法律特征是通过对意义的逻辑分析而被揭示出来的。只有这样,在各种高度抽象的规则形式中,明确而固定的各种法律概念才得以形成和运用。这种形式合理性的法律因为具有高度的可预测性和可计算性而促进了资本主义生产方式的发展。韦伯认为,现代法律是理性的,而古代、前现代和早期社会的法律显然是非理性的。现代法律与前现代法律之间的基本区别就在于其理性的范围和程度存在差异。②

除了上述学者之外,还有庞德、拉德布鲁赫等法学家对不同发展阶段的法律的特征也进行过细致的考察。这些学者对法律发展与社会发展之间内在关联的考察揭示出了法律发展中的一些客观规律,尤其是对西欧社会现代化前后法律变迁的分析为后来系统的法制现代化理论的产生奠定了理论基础。

二、经典法制现代化理论:法律与发展研究运动中的法制现代化理论

(一)经典法制现代化理论出现的历史背景

经典法制现代化理论是在20世纪60年代由美国法律与发展研究运动中的一些学者提出的。③第二次世界大战结束之后,许多国家面临着国家的恢复和重建任务,这些新独立国家需要解决急迫的发展问题。于是,以美国为首的西方发达国家和一些国际性组织和机构纷纷卷入以经济援助为中心的发展援助之中,为了

---

① Lawrence M. Friedman *On Legal Development*, *Rutgers Law Review*. Vol. 24, 1969, pp. 17 - 18.
② 姚建宗:《美国法律与发展研究运动述评》,法律出版社2006年版,第95~97页。
③ 关于美国法律与发展运动的详细介绍,请参见姚建宗:《美国法律与发展研究运动述评》,法律出版社2006年版。下文中对法律与发展研究运动中的法制现代化理论的梳理主要参照了此书。

保证这种发展援助的安全和有效，它们纷纷资助有关学术机构和学者开展发展研究，以便为发展援助实践提供实用性的政策和模式。因此，发展研究在很短时间内迅速成为一门显学。在发展研究的早期，主要是由经济学家主导，因为发展研究主要解决的是经济发展问题。后来政治学家、社会学家以及其他社会科学家也纷纷加入，但是法学家却迟迟没有加入发展研究的行列。这种情况直到20世纪50年代才得到改变。当时一些眼光敏锐的法律工作者和发展研究学者开始对法律在发展中的作用发生兴趣，并展开了有关研究和讨论，有关援助机构和基金会也开始有意识地吸收法律工作者参与发展计划的制定和实施。与此同时，在经历了一系列发展援助计划的实践之后，一些发展学家也开始感到法律可能妨害或者阻碍他们的活动，因而对于探究法律与发展奥秘的学术努力也产生了兴趣，在这种背景下，法律研究与发展研究结合在一起，形成了一个法律与发展研究的学术运动。因此，法律与发展研究是在第二次世界大战之后的发展援助政策和发展研究的促动下兴起的。

法制现代化理论的出现和发展受到了发展理论的巨大影响，在某种程度上甚至可以说，法制现代化理论就是发展理论在法律领域内的运用。要理解法制现代化理论的许多立场和观点，离不开发展理论。因此有必要先了解发展理论的演变。根据姚建宗教授的观点，发展理论中有三大理论派别：现代化理论、依附理论和世界体系理论。下文分别予以简要介绍。

（1）现代化理论是在社会进化论的基础上发展起来的，该理论认为，按照一些特定的标准，可以把世界上所有的国家分为传统社会和现代社会两种类型，而社会的进步乃是从传统社会迈向现代社会。第三世界发展中国家的发展道路乃是一个由传统社会过渡到现代社会的过程。也就是以西方为榜样，通过实现工业化而达到西方发达国家的现代化水平。因此，第三世界发展中国家的发展，其实质就是西方化。该理论强调，社会发展（现代化）的主要动力来自于社会内部，第三世界发展中国家发展的最大障碍在于其社会内部，为了使发展中国家得到真正的发展，顺利实现现代化，必须彻底改良发展中国家的社会土壤。

（2）依附理论是在对现代化理论的批判中，主要由广大发展中国家特别是拉丁美洲学者自己创造的一种理论。依附理论坚决摒弃了现代化理论对社会的"传统"与"现代"的绝然二分，否认现代化理论关于发展中国家之所以不发达的根源在于其内部原因的观点，而主张将发展中国家的不发达现状和西方发达国家的发达联系起来，着重从发展中国家的外部因素来解释其原因。依附理论认为，发达国家之所以发达正是因为发展中国家的不发达，而发展中国家的不发达乃是发达国家发达的必然结果和伴生物。在整个资本主义的发展过程中，实际上在世界资本主义体系当中形成了"都会—卫星"（或称"中心—边缘"、"核心—边陲")的一种不平等的结构格局,处于"都会"地位的西方发达国家控制并支配着被迫处于"卫星"地位的发展中国家,"都会"和"卫星"的关系是一种剥削与被剥削的关系。不仅如此,在发展中国家内部,也广泛地存在着类似的不平等的结构关系。而这种不平等的结构才是发展中国家落后的原因。基于对发展中国家不发达原因的分析,依附理论拒绝了同样否定现代化理论基于对社会所作的"传统"与"现代"的绝然划分而设想的发展中国家的发展模式和发展道路,即走西方国家已经走过的以工业化为先导的现代化发展道路。依附理论强调,既然"在世界性的'都会—卫星'的结构内,都会得以发展,卫星则只能低度发展",那么可能"这些卫星一旦减弱它们与中心都会的连接,它们的经济发展,特别是传统资本主义工业的发展反而能够快速起飞"。因此,依附理论主张发展中国家坚决斩断与西方发达国家的联系,与西方国家真正脱钩,走独立自主的社会发展道路。

(3)世界体系理论是在依附理论的基础上发展而来的一种理论,在许多基本立场上,该理论与依附理论并无多大差别。只不过与依附理论相比,其视野更为宽广。世界体系理论认为,到目前为止的现代世界只有一个源于16世纪但持续至今的资本主义世界经济体系。处于这一世界体系之中的,作为这个世界整体的部分的各个社会,是彼此相互依赖的,即是一种双向多边依赖关系,而所有这些社会都共同依赖作为这个整体的世界体系。之所以存在这种依赖,乃是由于存在业已形成的世界性职能与区域分工。因此,单独的一个国家或地区由于在世界体系中的角色是特定,并无多大的自主性,其发展也要由世界体系来决定。由此认识出发,世界体系理论认为,基本的分析单位应该是世界经济体,这是一个由"中心"、"半边陲"和"边陲"三个层次构成的历史性的体系。自16世纪以来,世界上各个国家和地区就被逐渐纳入资本主义的世界体系之中,并因其历史条件和机遇而已经分别居于"核心"、"半边陲"和"边陲"的位置上。

(二)经典法制现代化理论的核心主张

经典法制现代化理论是在发展理论中的一个重要派别——现代化理论的基础上发展而来。在发展研究运动的早期,现代化理论占据主流地位,于是20世纪60年代以前的绝大部分法律与发展研究的学者,毫不迟疑地全盘接受了现代化理论及其进化论的主张,并循着现代化理论的思维逻辑而从法律的角度进行了有关法律与社会发展的关系模式的推演,提出了系统的法制现代化理论。他们一致认为,在社会发展中,法律扮演着非常重要的角色。在广大不发达国家的经济和政治发展中,法律改革将发挥重要作用。这些国家法律改革的方向应该是在本国建立与西方世界相似的法律制度。法律与发展研究运动中的学者在现代化理论的指引下，把自己的工作确定为："（1）确定'现代法律'的特点；（2）具体说明第三世界法律体系和文化的非现代的方面；（3）寻求改变第三世界法律体系的方法，从而使它们真正'现代化'。"①

主张发展中国家法制现代化的这些学者们认为，通过比较传统社会与现代社会的法律制度，可以更清楚地看到现代法律的性质。在传统社会，行为模式是由一些主要的社会集团如村庄、家族或部落来明确限定和维持的。结果规范性的规定随着地理位置和社会地位而变化：每个村庄或部落都有不同的"法律"，适用于权贵的"法律"对于农奴或者市民并不发生效力。相反，现代法律是由一般性规则组成的，并由专门机构普遍地、无差别地适用于所有地区和社会阶层。同时，现代法律也是相对自治的，独立于其他规范性命令。这样，一个单一的（统一的）、超越性的社会实体——现代法律制度（体系）——取代了村庄或部落在社会控制中的地位。另外，目的概念也构成了现代法律与传统社会秩序的重大区别。一般说来，传统社会的各种规定是从历史和习惯之中形成的；而现代法律则是有意识的和理性的。比如法律与发展研究运动的健将之一、美国著名学者杜鲁贝克就曾指出，现代法律的特征之一就是，它是人类的有目的行为的一种形式。② 因此，现代法律可以被视为一种工具，通过这种工具，可能会达到各种可能的社会目标，它不仅仅只是从传统的规范和价值的束缚下解放了人，而且它也带给了人们某种手段以形成他生活于其中的世界。现代的法律观强调，社会生活能够由某种社会愿望形成。例如，一个现代化的精英集团可以通过制定、颁布法律并加以强制执行而引导发展。不过，现代化论者也同时指出，虽然目的和规则是必要的，但这不是可行的现代法律制度的充分条件：这样的法律只有在其本身服从于国家的有组织的力量时，才能对社会秩序施加影响。如果没有一个强大的、相对中央集权化的国家，法律规则将既不会形成而又无力决定社会生活。它们将仅仅是停留在纸面上的规则，既无力抑制冲突，又没有能力达到有意义的目标。与此同时，法律的存在也强化了国家的权力。国家创造出了规则系统、法院和其他机构以制定、适用和强制执行法律；现代法律的出现取代了各种地方性的、特殊的以及传统的力量，并因此而成为国家取代社团或传统的权力的工具。现代法律的理性化与普遍化也加强了国家的力量。③

---

① ［美］戴维·杜鲁贝克：《论当代美国的法律与发展运动》（上），王力威译，潘汉典校，《比较法研究》1990年第2期。

② D. Trubek *Towards a Social Theory of Law: An Essay on the Study of Law and Development.* 82 *Yale Law Journal* 1972, pp. 4–6.

③ 姚建宗：《美国法律与发展研究运动述评》，法律出版社2006年版，第99~100页。

总之，法制现代化论者得到的结论是，现代法律是现代社会的必然伴生物，只有现代法律才能促进社会发展，传统社会要向现代化社会发展，是决不能依靠传统法律的，必须进行法律制度的改良，实现法律的现代化。既然如此，第三世界广大发展中国家在实践中，把西方的法律制度移植到亚洲、非洲和拉丁美洲去，是使这些地区尽快实现现代化、走向现代社会的比较简单而实用的有效途径，而法律与发展研究应该努力去发现进行法律移植的有效方法。在实践中，法律与发展的学者采用的法律移植方法是多种多样的，包括从西方输入完整的法典、制定法律、进行法律教育改革等。

在这一时期的法律与发展研究中，除了绝大多数学者接受了进化论及其基础上的现代化理论外，还有小部分学者并不赞同进化论与法律移植，而是采纳了一种法律的工具观。法律工具论者对现代化与进化论者及其法律移植主张中包含着的西方种族优越感和西方中心主义持反对与批判态度，认为这种立场对与第三世界发展中国家接受法律改革计划有害无益，因而应当予以舍弃。法律工具论者主张尽可能从第三世界发展中国家本身而不是从西方发达国家来考虑问题。"工具论者确实同意，'现代法律意识'是存在的，而且这种意识对于第三世界各国的律师和法律体系是重要的，但是在那些具有较强工具论思想倾向的人看来，'现代的'法律意识，并非来自对于较'现代的'或者较'先进的'国家的法律体系怎样运作的详细的知识，而是来自对于第三世界自身的法律体系怎样运作或不运作的实际的知晓。那些采取纯粹工具论观点方法的人认为，必须从西方向第三世界引进的首要的东西，是这种观念，即法律是自觉的社会改革的实用工具。一旦第三世界的律师学会了像社会工程师那样思考问题，他们就能够依靠自己想出他们的法律体系需要进行什么变革；他们将学会怎样通过法律手段，最恰当地进行社会的和经济的改革。"① 显然，工具论者仍然是依据西方特别是美国社会工程法学的观点来表达其法律的发展观并向发展中国家提供法律改革策略的，因此它并没有真正摆脱西方中心主义。工具论者意识到了这一点，但他们认为自己对"美国和西欧的兴趣到此也就为止了"，即只对它们的法律工具观感兴趣，"与进化论者不同，工具论者认为第三世界法学者不应该向美国或者欧洲寻求法律楷模。相反，工具论者告诉第三世界的法律家，要留心自己的社会，学会理解他们的领导者们的目标，确定那些能够实现国家规划的法律措施，并且成功地落实国家的目标的法律障碍。"②

---

① ［美］戴维·杜鲁贝克：《论当代美国的法律与发展运动》（上），王力威译，潘汉典校，《比较法研究》1990 年第 2 期。

② ［美］戴维·杜鲁贝克：《论当代美国的法律与发展运动》（上），王力威译，潘汉典校，《比较法研究》1990 年第 2 期。

由于法律工具观本身的实际内容及其所提出的法律与发展实际操作措施，依然是站在西方立场，以西方为中心来考虑问题的，它并未真正摆脱进化论的思维模式，并未真正超出现代化理论的理论与实践框架。因此，它也被学者归入法律与发展研究的现代化理论的倾向之中。

第二章

法制现代化的标志、价值基础和内容

内容提要：本章主要处理三个问题，法制现代化的标志、价值基础和内容。法制现代化的标志是识别一国法制是否已进入"现代化"这一特定历史阶段与价值范畴的标准，它可以从法律的主体性、职业化、合理化与法学的独立性四个方面加以考量。法制现代化的价值基础可以通过与传统社会法制的价值相比较而得出，它包括了平等、自由、民主、权力约束等要求。法制现代化的内容则可以区分为建设法治国家的目标、法律观念、法律制度的现代化三个层面。

第一节 法制现代化的标志

从人类法制发展历史看，法制现代化是世界范围内不可回避的历史进程，世界各国的法制发展或迟或早要走向这条道路。但同时我们也应当注意到，现代世界由一个个主权国家组成，而各国之间又有着不同的历史背景和法律文化传统。因此，法制现代化又具体地表现为每个主权国家和社会的法制现代化独特之处。这样法制现代化的模式因地域、民族、文化、经济发展水平等因素，体现出各种模式。在法制现代化进程中，既存在着体现人类法律文明共同属性的普遍性构成要素，同时法制现代化也会体现出具体民族和国家的文化烙印，从而具有独具个性的特征。但法制现代化不是一个孤立封闭的过程，而是一个开放式的国际性的法律发展过程。在法律现代化的进程中，必然会有不同文化背景的交流，传统与现代，本土与国际之间冲突与融合。正如有学者主张，法制现代化是一个从传统法制向现代法制转变的历史过程;法制现代化既是一个世界性的历史进程,又是一个国度型的历史进程;法制现代化是一个从理想目标转化为现实目标的历史过程。① 而对于现代法律的特征,弗里德曼总结了六点:他认为现代法律的第一个特征是,现代法律制度像其所处的社会一样处于不断和迅速的变化之中。第二个特征是法律的稠密性,即法律的无处不在。第三个特征是有关使法律合理化的理论。第四个特征是,现代法律充满了权利,有些权利被认为是基本的。第五个特征在于法律的个人主义,现代法律仍把社会看作是由或多或少自治的个人组成的,这些个人在法律面前是平等的。第六个特征是日益增强的国际性,即全球化。② 上述对法制现代化特征的总结,不难看出,前者是从宏观上对于法制现代化的演进过程所作的一种总结,而后者则是从现代法制所体现出的精神及其价值理念为标准所作的描述。如果对西方法制文明的演进进行分析的话,可以发现现代化的法律应当包含如下三个核心要素:个体自律的生活态度;权利请求作为具有公共性的实践理性;合理化理性言说。这三个核心要素互相牵连影响,缺一不可。个体自律的生活态度,意指个人自觉的守法状态,即我们通常所讲的规则意识。这必然需要发达的规则存在,客观上促使法律朝向形式合理化发展,形成完备的法律制度和体系。法律的性质从传统社会的义务型转向现代的权利型,使法律的价值理念发生了革命性的变化,使得西方的生活世界朝向实质合理化发展,但实质合理性的实现,不可避免地带有主观恣意性。为了尽量降低这种恣意性,应对价值中立观的批评,有学者创立了论证理论,又被称为合理性理性言说,这样法律体系与生活世界合为一体,成为形式且实质的合理化社会。③

一、主体性地位的确立——法制现代化的核心理念

现代法与传统法的最大区别在于对法律主体的态度。传统法制中,法律主体的权利与义务是分离的,特权阶级只享有权利,被统治者是法律的奴仆,而现代法制的核心是人的现代化。法制现代化能否达到现代性所设定的标准,在很大程度上取决于作为法制现代化构建主体的人,取决于他们的能动性和创造性以及对于法律的忠诚。法制现代化也可以说首先是从事这一变革主体自身的法律意识和观念的现代化。法制观念现代化的基本价值指向,就是要培养公民信任法律、尊重法律的思想意识,确立法律至上的现代法治观念。只有通过在全社会范围内进

---

① 刘作翔:《法制现代化概念、释义和实现目标》,《宁夏社会科学》1999 年第 3 期。
② [美] 弗里德曼:《法治、现代化和司法制度》,宋冰:《程序、正义与现代化》,中国政法大学出版社 1998 年版,第 96 页。
③ 王崇名:《法律与社会》,扬智文化事业股份有限公司 2004 年版,第 87 页。

行法律意识启蒙,提高全民族的法律意识水准,才能够实现人的现代化,进而推动法制现代化。人的现代化是一个国家法制现代化必不可少的重要因素之一。法制现代化也是一种精神现象,是人的法律价值观念和行为方式由传统向现代的转变过程。① 法制现代化从根本上说是一个人文主义逻辑现代化的转化过程。② 它必须认真对待人文主义,以人为中心并给予其严肃认真的人文关怀,法制现代化是人文主义逻辑的内在要求,权利至上,以权利为本位构建公法与私法、公权力与私权利体系,以帮助人们确立人之生存意义、行为方式、理性信仰和精神追求等人文幸福生活模式。法律作为一种媒介,它记录了合乎伦理的具体人性进步,创造了下一个发展阶段的条件。法律制度的发展必须服务于人性的表达之发展。③

二、法律的职业化——法制现代化的制度保障

职业化是法学的一个重要特征,法学的产生是以职业法学家的出现为契机的。法律职业化,既是法学的内在要求,同时也受法律语言不断专业化的影响。如果缺乏训练有素的专家的决定性合作,就不可能有正式阐述的法律。正如柯克向詹姆士一世抗争司法的独立性时所讲,法学不是自然理性,而是一门技术理性,需要经验。法学既然是一门以法律适用为己任的技术性学问,必然有其独特的操作技术与方法,门外汉对此往往无法知其妙处。西方法学发展的历史证明,法学家地位高,则法学兴;法学兴,则国家兴。罗马法的产生与发展并不是靠着它的市民法、万民法,而是依靠法学家的解释。通过法学家对解决具体案件的指引,使罗马法走向成熟。同样罗马法的复兴也是在法学者的推动下得以广泛流传,多少有志之士,负笈求学,来到意大利的各个大学。当他们学成回国后,也把罗马法的精神带了回去。在法学者的推动之下,法律走上体系化,这也为法律的统一化倾向埋下了伏笔。④ 西方法律职业化是在法学的统一化过程中逐步形成,最初公元 1~3 世纪罗马时期初步形成专业化的法律职业阶层,这一时期被称为法律的黄金时期,此时已有少量法律的存在,但是更为重要的是已经存在了专门的裁判官和相应的诉讼程序,正是这个简单的制度设计促进了法学的发展。一方面由于市民法和万民法之间的矛盾的现实需要,法官需要解决针对个案解决

---

① 公丕祥:《法制现代化的概念架构》,《法律科学》1998 年第 4 期。
② 杜宴林:《论中国法制现代化的现实关切与终极关怀》,见 http://www.legalinfo.gov.cn/gb/xueshu/2003-04/14/content_23714.htm。
③ [英] 韦恩·莫里森:《法理学》,李桂林等译,武汉大学出版社 2003 年版,第 181 页。
④ 参见 [葡] 叶士朋:《欧洲法学史导论》,中国政法大学出版社 1998 年版,第 90 页。

法律冲突问题；另一方面，裁判官也被授予了解释法律的充分自由，因此作为咨询者的法学者的意见开始受到重视，最后直接成为法源。另外，罗马采用的程式诉讼和严格的诉讼标准使非专业的认识望而却步，因为只要程序选择不符合要求，便要承担败诉危险。上述原因在客观上促进了法律的专门化，以及职业化群体的诞生。法律职业化的第二个黄金时期是伴随着罗马法的复兴而出现的。民族国家的兴起，世俗权力和教权的斗争，都客观上在需要罗马法的复兴，为其提供支持。其中前期的注释学派和后期的注释学派对罗马法在欧洲的统一化起到了重要的作用，由于当时法学是用拉丁文授课，因此关于法的话语权被有效的控制，在解决法律问题时只能由专业人员解决。这种专业化也使法学形成了一套法律概念、法律术语，一套自身的知识系统。法律语言虽然来自于日常生活，但经由法律人提炼已经具备特殊含义，比如"善意"、"合理注意"等词已经发生了意义的嬗变，非法律人无法理解其内涵。而且随着一些新的哲学思想的诞生和亚里士多德《逻辑学》的发现，法学中开始运用一些新的方法，"在一种逻辑性解释的幌子下，法律学说实现了一项高度创意性的工作，在一套精心制作的逻辑—辨正工具的帮助下'强解'法律文本"①。以致后来由于受自然科学精确化知识要求的影响，法律进入了实证主义阶段，法学者按照康德关于知识体系化才是科学的要求，把法律变成了一套金字塔式的体系，其极端者，当推潘德克顿法学。职业法律群体的存在同时也促进了法学的发展，首先是产生了大量的法学专业词汇或者是术语，并且客观上促进法的体系化发展，尤其是在近代大规模的法律编纂活动中，法学家起了积极的推动作用，比如德国的温得夏德之于《德国民法典》，瑞士的胡贝尔之于《瑞士民法典》。对法律专门知识日益增加的需求，促使专业从事法律的工作者出现。这一需求，再加上对法律合理性的追求，以及商品经济的发展，必然要求法律专家参与到其中。因为要解决层出不穷的新问题，没有经过专业性和合理训练的法律人员是不可想象的。法学家们的兴趣集中在法律"合理化"的方式与结果，可以说法律制度是以各种方式被合理化的。这些形式上的发展是以"内在法学"为条件，而这种所谓的内在法学条件是与专业性地影响法律发展的那些人所具有的特点分不开。虽然一般的经济和社会条件间接地影响了这一发展，但现有的法律教育的方式，即对法律实践者的训练方式显得越来越重要。②

  法律职业化不仅是指法律者有自己的知识体系，自己的法言法语，而且还应当具备自己的职业伦理和道德操守。法律者与门外汉的不同之处，不仅在于思维

---

① [葡]叶士朋：《欧洲法学史导论》，中国政法大学出版社1998年版，第110页。
② [德]马克斯·韦伯：《论经济社会中的法律》，张乃根译，中国大百科全书出版社1998年版，第86页。

方式、法律知识等方面，而且还在于前者有独特的价值追求，独特的正义观，他们不仅受制于普通大众的道德观，而且也要受自身的职业理念的制约。他们有自己的法律信仰和一套处理问题的方式。在审判案件时，他们最需要做的就是尽可能地保持价值中立。他们只相信证据和法律，并受法定程序的限制，同时他们只对法律负责，具有极大的独立性。法律人的这种超然地位的形成，标志着一个真正的法律职业群体的诞生。

三、形式合理性且实质合理化——法制现代化的目标

（一）形式合理性

法律制定和适用可以是合理的，只要建立在一般规则之上，这种规则不是由任何宗教的、道德的、政治的或其他意识形态的体系来决定的，也不是由感性观察决定的，而是由抽象的一般概念形成。用韦伯的话来说，法律制定和适用是以逻辑方式形成的形式合理性，只要在逻辑解释的过程中确定法律上相关的事实，并且作为确定的法律概念是以严格抽象的规则形式创设和适用的。[①] 现代法律所固有的形式化和理性化过程使它完全适合于表达与分类，界限划分与社会评价的整理程序。[②] 形式化过程是简约性的，通过把现实简约为一个或一些决定性的性质，他使社会现实的开放性便于理解、便于管理。通过这些技术，现代法律能够构成自己的真理，有助于创造一个新的社会真理。[③]

形式主义的审理主要是双方当事人之间的辩论，其目的是在发现真理的过程中处于优先的地位。诉讼的动力来自当事人，而不是国家。法官不会强制当事人做任何他们不愿做的事情。正是如此，法官不能以判决的方式来达到某些政治的或伦理的要求，这种判决将影响到具体案件审理的适当性和衡平。形式正义确保了当事人表述其形式上的法律利益的最大自由。但是由于经济权力分布的不平衡（它得到了法律的承认），这种自由会产生与宗教伦理或政治适当性背道而驰的结果。因此，形式正义与所有的权威，不论是神权的或是世袭的权力均格格不入。因为形式正义削弱了人们对这些权威的依赖性。然而民主也与形式正义不符，因为它减少了人们对于法律实践以及个人对判决的依赖性。冲突双方在法庭

---

① ［德］马克斯·韦伯：《论经济社会中的法律》，张乃根译，中国大百科全书出版社1998年版，第24页。
② ［英］韦恩·莫里森：《法理学》，李桂林等译，武汉大学出版社2003年版，第304页。
③ ［英］韦恩·莫里森：《法理学》，李桂林等译，武汉大学出版社2003年版，第305页。

上以和平方式论争，会进一步促使经济社会权力的集中化。在所有这些情况下，由于形式正义必然具有的抽象性，因此会损害实体正义的理想。①

（二）实质合理性

现代性的一个主要成就在于以科学理论作为我们判断任何问题的价值标准，用自然科学的模式来理解我们在这个世界上的意义，并用以取代诸如史诗、圣经等经典叙事。然而，那种在自然科学中奏效的解释模式根本不可能告诉我们想要知道的关于人类的事务。从某种意义上说，这是现代主义的困窘。② 不过，不是对艺术质量失去信心，而是已经站在对我们的法律制度的公正性失去信心的门槛，或者说是对我们鉴别公正之特定能力已经或正在失去信心。③ 西方法制现代化最重要的成果在于西方的法律发展成为一种具有自主性的系统，也就是法律形式合理化。但是无情的社会现实，尤其是纳粹大屠杀使人们开始审视形式合理性，掀起了对法律实证主义的清算，自然法学经过大屠杀的炼狱终于升华，目前，现代西方法理学关于什么是法律的争议，大致上有五种看法：实证主义法学的法律作为一种客观存在的事实；新自然法学的法律是一种自律与重视权利请求的道德；德沃金的诠释主义法学法律是一种藉有解释的整体性理解；波斯纳的实用主义法学的法律是一种效用，对于欲望与利益的承认；阿列克西则认为法律是一种理性论证。④ 从对法律性质的界定的发展来看西方的法律也有其实质合理化的另一面。法律作为一种交往理性，在交往过程中基于主体的自律精神，承认自己与他人的利益——成为权利的请求，然后经由合理化的言语辩论和沟通，确立自己与他人的立场。最后，并藉有这种一系列的交往行动达到一种社会的存在——完成了自我认识，也理解了整体社会的存在意义。现代法学的发展对于道德的扬弃或修正，让道德跟着法律一起向形式且实质合理化的演进，正是作为后现代法学出现的基础。现代法学与后现代法学并未形成决裂的局面，也未自掘坟墓，而是让以形式合理化的现代法学更为实质合理化。⑤ 法律体系作为形式合理化的最高成就，运用交往理性，让生活世界的实质合理化可以修正法律系统的过分形式合理化，同时法律系统的形式合理化也可藉由交往理性，让生活世界的实质合理化变得比较形式合理化。系统的生活世界之间与之内都朝向形式且实质合

---

① ［德］马克斯·韦伯：《论经济社会中的法律》，张乃根译，中国大百科全书出版社1998年版，第228页。
② ［美］戴维·鲁本：《法律现代主义》，苏亦工译，中国政法大学出版社2004年版，译者引言，第9页。
③ ［美］戴维·鲁本：《法律现代主义》，苏亦工译，中国政法大学出版社2004年版，第472页。
④ 王崇名：《法律与社会》，扬智文化事业股份有限公司2004年版，第86页。
⑤ 王崇名：《法律与社会》，扬智文化事业股份有限公司2004年版，第18页。

理化发展。①

四、法学的独立性——法制现代化的重要表现

几乎每一个学科都有自己的价值取向，比如经济学基本价值观是效率第一，它追求以最小的投入获得最大产出。社会学的基本价值追求是社会得到有效的控制。法学也不例外，但它不同于其他学科，法学是一门关于正义的学问，法学是获取公平之术，因此法学所追求的核心价值应当是公平正义。法律价值具有两个层面的意义，一个是法律本身所具有的价值，即法律的自身性质或法律的内在价值，所谓内在价值，是指其本身就是良好的，是人们所追求的目标，而不依赖于人们用它达到其自身以外的目的；另一个是法律作为存在客体的原因，及其对社会生活或者人的效用，即法律的外在价值或者法律的手段价值，所谓法律的外在价值，是指法律的适用所带来的社会效果，符合人们所追求的价值观，它是从手段意义上来对法律的价值作出界定的。法律的内在价值，属于法律的本质性规定，而法律的外在价值作为法的内在价值的体现，主要表现为：自由、公平、秩序、效率、人权、利益等所构成的一个综合的价值体系。在这个综合价值体系中，何者占据主要地位，发生冲突时应当如何抉择，是法学所应当予以关注的。实际上这已经超出了一般法律理论所探讨的范围，进入了法律哲学领域。新康德主义者拉德布鲁赫从相对主义立场出发，对正义、合目的性、安定性之间的关系做了论述。他认为法律作为一个文化概念是一个涉及价值的概念，法律按照其意义必然服务于法律理念。他把法律理念分为三个层次：正义，分配正义的实质是平等，相同的相同对待，不同的不同对待；合目的性是从相对主义来理解，无法清楚的回答，受法律观、国家观和党派观的影响；安定性指法律的实证性。对于三者的关系，拉德布鲁赫的立场以第二次世界大战为界所持相异。前期他坚持法律实证主义的立场，主张法的安定性优先；后期由于纳粹借用法实证主义进行残暴统治所带来的巨大危害，迫使拉德布鲁赫转变其价值立场，承认法律正义的优先性，《法律的不公正和超越法律的公正》一文中即表达了此观念。历史证明，正义是法律的首要价值，只有在正义的前提下才能坚持法的合目的性和安定性。

法学的价值趋向与追求确定性的自然科学不同，法学追求的目标是一种可接受性，而科学所追求的终极价值是如何找到真理。也即法学是一门探求正确性的学问，其侧重点不是探求真实性。从这一层次来说，法学是一门说服式的学问，

---

① 王崇名：《法律与社会》，扬智文化事业股份有限公司 2004 年版，第 86~87 页。

它的目标不是要再现事实的真相（而这也是不可能的），而是如何解决和平息当事人之间的争议，它的最终目的是让双方当事人都能够获得一个可接受性的结果。对于法律者来说，对于"什么是正义？如何去实现正义？"这些问题，如果仅仅限于文字上的争论的话，可能永远也不会得到一个满意的答案。应该说，只有裁判的可接受性，才是正义最具有说服力的解说。新修辞学就是佩雷尔曼在寻找如何实现正义的过程中创立的，他通过引入听众与共识的概念，并以此为基础提出了一种新的法律论证理论，可接受性就成为他的法律论证的正当性标准，这也是其论证理论的独特之处。①

第二节　法制现代化的价值基础

　　法制是人类历史上一种久远的社会现象。当我们讨论法制现代化的价值基础这一问题时，有必要了解传统法制的价值有哪些。首先这可以使我们将传统社会的法制价值和现代化社会的法制价值作一个大致的区分；其次可进一步讨论哪些传统社会的法制价值即使在现代化社会仍然是法制的基本价值，而哪些价值不能成为现代化社会的基本价值。然而，传统社会的法制不但不统一，相反差别很大，如古罗马的法制、古代英格兰的法制、欧洲中世纪封建社会的法制和中国封建社会的法制之间就存在很大的差别。但我们可以选取其一些共同的价值进行讨论。

一、传统社会法制的基本价值

　　第一，秩序。任何一个政府制定法律的基本目的必然包括维持社会的秩序。因为维持社会的秩序不仅是政府的职能，更重要的是社会秩序的紊乱将会削弱并威胁政府的统治。民主的国家固然不希望社会秩序受到破坏，专制的政府更害怕失去对社会的控制。所以，在几乎一切国家制定的法律中，杀人、盗窃、抢劫等行为都是被禁止的。

　　第二，法律公开。公开是人们守法的前提条件。尽管传统社会中，并不是所有的时期，也并不是所有的法律都公开的，如中国春秋之前，法律并不是公开的，他们认为"临事制刑，不豫设法"可以使"刑不可知，则威不可测"，所以后有

---

　　① 李秀群：《法律论证的正当性标准》，《山东警察学院学报》2005年第1期。

子产"铸刑鼎"、邓析"制竹刑"公布成文法的改革。但总体上而言,在人类进入现代社会之前很长的一段时间,法律就已经是公开的了。

第三,法律应具有公信力。令行禁止是法律最基本的要求。亚里士多德将法律获得服从视为法治的首要含义。法律不能得到遵守对法律的权威,进而对社会秩序的危害都是巨大的。因为社会秩序恰恰是通过法律的有效实施而实现的。并且这种危害在某些方面比没有法律给社会带来的危害更大。没有法律可以遵守时,人们不存在破坏法律、挑战权威的问题,而一旦存在法律但不能得到遵守,则会使人们养成无视规则甚至是肆意破坏法律的习惯,这将加大以后法律得到遵守的难度。

关于此点,中国法制史上一个极为著名的例子就是商鞅为实行变法,对搬运圆木者给予重金奖赏,而太子违法时,则"刑其傅公子虔,黥其师公孙贾"。结果"秦人皆趋令。行之十年,秦国道不拾遗,山无盗贼"①。

第四,法律规范的普遍性及被统治者平等适用法律。法律之所以成为法律,一个重要的特征是,它是针对不特定人的行为,而不是针对具体的人,具体的事。管子对法有一个形象的定义:"尺寸也,绳墨也,规矩也,衡石也,斗斛也,角量也,谓之法",②并指出"法者,天下之程式也,万事之仪表也"。③ 法律规范的这种普遍性特征必然意味着在法律适用上是平等的。然而,上文所引用商鞅因太子违法而对太子师傅处罚的例子表明,君主(包括君主的家庭)是有特权的,是可以不受法律约束的。所以传统社会法律适用上的平等仅局限于君主之外的被统治者。

第五,维护君主的意志。"生法者,君也;守法者,臣也;法于法者,民也"。④ 在大多数传统社会中,君主不但不受到法律的制约,并且君主的意志还是法律的来源。"法政独制于主而不从臣出"。⑤ 在现代社会,法律和命令是不同的,这一点众所周知。命令针对具体的人或者事情,但传统社会君主的命令往往可以成为普遍适用的法律。罗马法就存在这样的规定:君主的决定具有法律的效力。⑥ 而在中国封建社会,皇帝的意志是法律的最主要的来源。如中国古代的"敕"是皇帝的命令,它不但具有法律效力,有时地位甚至还在"律令"之上。即使在古英格兰,国王同样有权力制定法律,只不过国王也要遵守法律,这一点也正是英国法律优于别国之处。

---

① 《史记·商君列传》。
② 《管子·七法第六》。
③ 《管子·明法解第六十七》。
④ 《管子·任法第四十五》。
⑤ 《管子·明法解第六十七》。
⑥ [古罗马]查士丁尼:《法学总论—法学阶梯》,张企泰译,商务印书馆1989年版,第8页。

随着社会的发展，法制也在发展变化之中，然而法制现代化对传统法制是一种扬弃的过程，而不是彻底否定。

首先，有些法律的基本价值是永远不会变化的，如秩序，这是任何一个法制社会的必然要求。此外法律应公开、具有公信力、法律的普遍性以及平等适用法律，这些都是法律的基本价值，法制缺乏这些价值，就不能称为法制。其次，有些法律基本价值应进一步发展。如法律的平等适用，在大多数传统社会，君主是不受法律制约的，此外其他所有人，包括皇室贵胄都要受到法律或多或少的制约。尽管只有一个人不受法律约束，然而由于其掌握的巨大权力，其可以将一个社会的法制彻底破坏。在现代社会不允许任何人不受法律的约束，尤其是掌握着巨大权力的人。第三，有些价值必须予以否定，这就是维护君主的意志。在现代社会，民主观念已经普及世界。民主社会中的法制维护的是这个社会中全体公民的权利和利益，而不是任何个人、利益团体的利益。因而现代社会法律不仅不应是任何个人意志的产物，也不应是任何团体意志的产物。

对今天正在迈入现代社会的中国而言，固然需要研究实现法制现代化的路径，但这并不意味着我们在一些传统法制价值的实现方面就不存在问题了。相反的是，虽然中国现在 GDP 已经跃居世界第二，但法律的公信力与这种经济地位严重不符。这方面最突出的表现就是"执行难"。在改革开放后不久，这种问题就已经出现。1988 年，时任最高法院院长的郑天翔在第七届全国人大第一次会议上所作的《最高人民法院工作报告》中指出："当前，经济审判工作中最突出的问题是判决难以执行。据不完全统计，经济纠纷案件判决后未能执行的，1985 年、1986 年均为 20% 左右，1987 年上升到 30% 左右，有的省高达 40% 以上……执行难的状况仍在继续发展，这主要是因为：地方保护主义和本位思想严重，使法院判决的执行受到阻挠和干扰。"① 然而直到今天，执行难的问题仍然十分突出。最高人民法院院长肖扬 2006 年 10 月向全国人大常委会作报告时表示，目前人民群众反映强烈的"执行难"问题尚未得到根本扭转，尽管经过一年多来对执行积案的集中清理，现尚有 80 余万件积压案件未能执行。② 而就在前不久，又发生了两起在现代法制社会看来不可思议的案件。2007 年 1 月 29 日，江苏省仪征市人民法院的干警在山东省莱芜市依法进行案件诉讼保全时，一名法官竟遭案件被告有组织地挟持，遭遇非法拘禁 14 个小时。2007 年 3 月下旬，河南省"全国十大优秀法官"丁建民在湖北执法时竟被打昏。③

---

① http://law.chinalawinfo.com/newlaw2002/SLC/SLC.asp? Db = blgf&Gid = 704643078。
② 《全国尚有 80 余万件积压'执行难'案件未能执行》，http://news.xinhuanet.com/legal/2006 - 10/30/content_5268457.htm。
③ 《法官咋变成了过河泥菩萨》，http://news.xinhuanet.com/legal/2007 - 04/02/content_5903492.htm。

法律不能得到执行，甚至抗拒法律的执行是对法律威信的严重损害。一个民众和官员对法律没有敬畏心理的国家是十分危险的。因为在一个法律在人民心目中没有地位的国家，人民心中实际上也不会有国家的观念。社会能够维持秩序的原因是人民对政府权力的畏惧，而不是出于内心对法律的尊重，这就使政府更多地使用压制的手段去控制社会，增大政府管理社会的成本，并使社会容易出现官僚机构与群众的对抗。并且，在一个群众心目中没有法律的国家，掌握政府权力的官员往往也不会敬重法律（其中原因下文论述），这不但会使官员利用权力侵犯群众的利益，还会使政府内部之间的关系由于官员们无视规则而不确定，地方政府与中央政府之间的关系将建立在权力比例这样极不确定的因素之上，从而对国家政策的统一乃至对国家政权和领土的统一都带来危险。因此，法制不能得到切实遵守的社会不但不能形成和谐社会，相反，社会将处于一盘散沙的状态下，整个国家缺乏凝聚力。

从目前来看，地方保护主义、部门保护主义是法律难以执行的一个主要原因。① 因此，我国目前法律缺乏公信力，责任主要在政府。因为在一个社会中，政府掌握着立法、执法和司法的权力，而民众主要扮演的是守法的角色。如果政府在立法、执法和司法方面尽职尽责，民众难以不守法，毕竟民众在大部分情况下都没有正当的理由和权力挑战法律的权威。因为对法律的挑战实际上是对政府、国家乃至全社会的挑战。而政府由于掌握着各种权力，有能力抗拒法律的实施，如果位高权重的政府官员能够严格遵守法律，必然能够在社会中发挥榜样作用，引导社会守法的良好风气。当政府部门不遵守法律或阻碍法律的实施时，如果没有相应的权力约束和惩罚，一则给法律的威信带来严重的损害，因为掌握立法、执法、司法权力的人都不遵守法律，法律对社会有何威信可言，二则会在社会上引发示范效应，造成法律在社会中的严重失信。因此，对上述法官在执行过程中人身权利受到侵犯的案件，如果不能得到依法处理，势必会给其他各地法院的执行带来困难，并诱导不法之徒抗拒法律的执行。法律不能得到遵守和实施，对国家有百害而无一利。在这一方面，牢记商鞅确立法律公信力的苦心是十分必要的。

此外，在平等适用法律方面，我国目前也存在比较严重的问题。在现代社会，立法、司法和执法者应受法律约束是毫无疑问的，然而我国行政诉讼法实施

---

① 肖扬院长 2002 年在谈到人民法院工作面临的形势时指出："由于司法体制等原因，地方和部门保护主义对司法活动的干扰仍然十分严重，'关系案'、'人情案'难以克服，一些地方司法秩序混乱，司法环境较差，严重影响了国家的司法权威，损害了社会主义法制的统一。"肖扬：《在全国高级法院院长会议上的讲话（摘要）》（2001 年 12 月 17 日），《最高人民法院公报（2002 年卷）》，第 102 页。还可参见万鄂湘：《当代司法制度与司法公正——在北京市人大常委会举办的法制讲座上的讲话》，《最高人民法院公报（2001 年卷）》，第 143 页。

之难显现我国在法律平等适用方面还存在问题。此外，在贪腐案件、涉及政府及国有企业的民事案件、劳资纠纷案件之中，平等适用法律都需要进一步加强。

二、法制现代化的价值基础

上文指出，现代化国家实行的都是市场经济，因此市场经济所必须的基本法律价值自然可视为是法制现代化的价值基础。然而由于现代化绝不仅仅指的是物质文明的现代化，还包括精神文明的现代化，因此市场经济所必须的基本法律价值不能完全涵摄法制现代化所有的基本法律价值。此外，当市场经济所必须的基本法律价值如果与人类精神文明发展所必须的法律价值有所抵牾的话，还必须进一步辨析，以确定其适用范围。因此，下文将重点讨论精神文明现代化所必须的基本法律价值。

讨论这一问题之前，我们首先需要明确，在现代社会，人类组成政府的目的是什么。因为在现代社会，政府将立法、执法、司法权力集于一身，政府的目的将决定其制定法律、执行法律的目的，也就是一个国家法制的根本目的。

（一）法制现代化的目的

对个人而言，其所从事的一切活动的目的都是为了追求自己的快乐和幸福。这一点从古至今并没有发生变化。变化的是，当个人与个人联合在一起形成社会后，这个社会中政府的目的是什么。虽然传统社会中各个国家的组织形式不完全相同，但有一个比较共同的特点（古希腊、古罗马是例外），即一个国家的最高统治者，或者是君主，或者是皇帝，并且这种职位在正常情况下总是在家族内部继承、分配。因此，在这样一种社会中，政府实际上是为一个家族甚至是一个人服务的，它并不是一个以服务公众为目的的公共机构。尽管它也履行一部分公共职能，如追究违法犯罪行为，应对各种灾情，保证生产，使民众安居乐业，但其履行这种职能的目的只是为了确保最高统治者的利益不受到损害，并使其能够永远保持最高统治地位。在传统中国，这种"家天下"的统治方式是众人皆知的事实，并且这种统治理念——儒家思想也是当时社会的主要思想。[①]

而现代社会，科学的发展破除了"君权神授"的神话，君主或皇帝权力来源的合法性受到挑战。现代社会一个比较普遍的共识是，人人生而平等，人人都是自己的主人，没有人可以任意把自己的幸福建立在他人的痛苦之上，没有人可以主宰他人的生活。因此，政府组成的目的不再是服务一个人、一个家族或者少

[①] 孟子的"民贵君轻"论并不足以说明中国古代传统的思想就是以民为本的。

数人，而是为这个社会中所有成员的利益服务的。所以，现代社会人类联合的目的就是：让每一个人在不侵犯他人追求、享有幸福权利的基础上自由追求、享有自己的幸福，除此之外，社会本身并没有任何实质目的。国家安全与和平的最终目的仍然是为了实现个人的幸福。因此，法制现代化的目的就是保障每个人自由追求、享有自己幸福的权利。

（二）法制现代化的价值

根据法制现代化的目的，除传统法制中应予保留并发展的价值外，法制现代化还应有以下价值：

1. 法律内的平等

传统社会强调法律适用上的平等，但如果法律本身就对不同的人作出不平等的规定，那么法律适用上的平等是没有意义的。如中国传统社会的"八议"、"官当"制度就是如此。谁可以成为官员或者成为"八议"的对象，谁就享有特权，如果认为法律适用上是平等的就是平等，那么这样一种规定就是合理的。然而，任何没有经过人民充分讨论并许可的特权都与人人平等的原则相冲突。

之所以要求法律平等对待每一个人，是因为每一个人都有尊严，每一个人都有追求幸福的权利，任何人的尊严和幸福都是不能随意侵犯和牺牲的。即使为了最大多数人的最大幸福也不可以随意牺牲一个人的尊严、幸福和权利。对任何一个人尊严的肆意侵犯，就是对人类尊严的蔑视。如果说存在什么最大多数人最大幸福的话，那么这就是保护每一个人追求幸福的权利。这一点恰如上文布莱克斯通所言，最大的公共利益就是个人权利。

然而，平等并不是同一。法律如果规定所有人的权利义务都完全相同，那么形式上看似平等，实际上是不平等。譬如，劳动法如果规定妇女、儿童应与成年男性在所有的劳动条件下都应一样对待，那么就不是一种平等的规定。因为妇女、儿童的体质与成年男性是不同的，她们不宜从事矿山、井下等超过安全等级的危险作业，尤其是在妇女怀孕期间。因此，法律可以对不同的人有不同的对待，但不允许法律对人做出不合理的区分并区别对待。如法律可以规定发生严重医疗事故的医生被吊销执照后不得再报考医师职业资格，但如果规定被吊销执照的医生不得再报考钢琴等级考试，就是不合理的。

我国目前法律法规中还存在一些比较严重的不平等的规定，如宪法上对农村农民和城市居民选举人大代表规定的比例就不同，这是不合理的。如果认为农民文化程度比较低或者"素质"不高不能有效参与国家决策的话，那么人大代表就不应广泛选举，因为没有多少人大代表在表决物权法时能真正理解物权法的各种制度规定，也没有多少人大代表可以读懂政府预决算草案。人大代表并不一定需要具有法律、财政等方面的专业知识，关键是他要能够反映其所代表的人民的利益诉求。更何况"素质"一词是与文化程度高低并不是高度相关的，并且也很难界定。现在白领、官员犯罪也很多。一旦可以根据这种标准对人进行区分，那根据其他标准，诸如财富、性别、职业等对选举比例作出区别的做法，则很难说是不合理的。而这些做法在现代化国家已没有存在的市场。此外，现在农民和居民在社会保障方面也存在巨大的差别，这已成为影响我国社会稳定的一个严重的因素，并进而对我国经济社会发展形成严重的制约。所幸国家正在逐步改变这种不平等的状况，但还应加快步伐。

2. 民主

人人平等意味着没有人可以任意决定他人的事务，没有人可以主宰他人的生活，自己的事情由自己做主，众人的事务只能由众人做主。民主在当今世界已成为一种普世价值。由于法律规范社会中所有人的行为，因此法律的制定必须允许社会中所有人参与。故民主对现代社会的法制而言是一个基本价值。这是现代社会法制与传统社会法制最显著的区别之一。哈贝马斯指出，民主不实现，法律就没有自主性可言。①

民主是一个复杂的概念。对个人而言，它要求自己事务自己做主，对社会事务而言，它要求的是有效参与。选举只是有效参与的一种方式。民主不仅仅是一个对社会事务作出决定的过程，更重要的是在作出决定之前对社会事务充分、自由讨论和协商的过程，因此意见表达自由是民主的一个必要条件。

民主十分有利于法制现代化和社会的现代化。在传统社会中，生产方式和生活方式在一个较长的时间内基本上都没有太大变化，法律的规定也没有显著变化。然而在现代社会，科技的日新月异和经济的迅速发展，使人们的生产方式和生活方式都不断发生着变化并日趋复杂化，不断给人们带来一些前所未有的问题，如网络、基因对人类生活方式和伦理道德的冲击。就立法解决社会问题而言，民主一方面可以赋予其合法性，另一方面又可以使法律法规集中众人的智慧而使其具有可执行性，并易取得民众的服从，因此可以使法制比较充分地适应社会的发展变化，同时减少社会的摩擦和对抗。而这正是法制现代化的必然要求。

民主作出的决定同样会出现错误，但是通过民主方式作出的决定如果发生错误，由众人承担责任，而由政府单方面作出的决定发生错误，则由政府承担，这显然会削弱政府的威信，并引发民众对政府的不信任，加剧政府管理的难度。这个道理对中国的一些官员来说是十分浅显的，因为中国实行的是民主集中制。许

---

① ［德］哈贝马斯：《在事实与规范之间——关于法律和民主法治国的商谈理论》，童世骏译，生活·读书·新知三联书店2003年版，第616页。

多重大决策的失误都因民主集中制而无人承担责任,许多官员也都会将一些风险较大的问题通过这种方式予以解决以避免承担责任。因此,如果政府换一个思路,把许多棘手的问题交由民众作决定不免更是一个明智的决定,如当前城市养狗问题就是一例。

3. 自由

在市场经济中,自由允许人们通过各种合法的方式追逐财富的最大化。而在社会生活中,自由则允许人们通过各种方式追求自己的幸福。自由本身不但可以成为一种幸福,更重要的它是实现其他幸福的必要条件。从事文学、艺术、科学研究,需要思想自由和出版自由;参与政治活动,需要言论自由;参加宗教活动,需要信仰自由;与他人共享相同的兴趣、爱好,互助合作,需要结社自由;从事各种经济活动和社会活动,需要人身自由以及迁徙自由。可见,没有自由,就不可能会有幸福。从这个角度而言,自由比平等、民主对个人的幸福更直接、更基本、更重要。

在一个没有自由的社会,也很难会有平等和民主。而在一个人人平等、民主的社会里,不可想象人们会通过立法限制自己的自由。就平等与自由之间的关系而言,不平等必然伴随着有的人不自由,因为平等要求人人之间享有的自由是平等的。孟德斯鸠曾说:"在共和国政体下,人人都是平等的;在专制政体下,人人也都是平等的。在共和国,人人平等是因为每个人'什么都是';在专制国家,人人平等是因为每一个人'什么都不是'。"① 而当人们失去言论自由、结社自由后,其对社会上的不平等现象或者自己不平等的处境无能为力,结果是难以改变社会或自己的不平等状态。

而民主与自由同样是不可分离。因为不民主本身就是一种政治不自由的表现。然而,从历史上来看,古英格兰和中国香港虽然不是民主社会,但却被公认为是自由社会。这种社会虽然政治自由不完全,但其他形式的自由却是存在的,甚至是健全的,如自由竞争、贸易自由、契约自由等等,因此市场经济并不必然存在于民主社会,专制社会同样可以发展市场经济。但没有自由,却不会有真正意义上的民主。我们在历史上可以发现这样奇怪的例子,法国大革命的民主竟然产生了专制皇帝,德国通过民主竟然选举出了希特勒,中国的"文革"在形式上也与民主相符,但却产生了个人崇拜,给社会发展带来巨大的损害。民主竟然具有反民主的倾向。这其中的原因需要讨论。

民本身是一种人们共同解决社会事务的方式。任何人都不会否认这一点:解决问题应通过理性分析和思考的方式,而不能感情用事,因为感情在多数情况

---

① [法]孟德斯鸠:《论法的精神》(上),张雁深译,商务印书馆1961年版,第76页。

下对解决问题不但于事无补，反而会使问题变得更加严重。只有经过理性的讨论和协商作出的决定才是我们所需要的民主的决定。如果民主成为一种宣泄感情的方式和场所，那么就背离了民主决定社会事务的本质。然而，根据人们日常的基本经验，当人们聚集在一起讨论问题时，很难保持一种冷静、心平气和、理性、深思熟虑的态度，也很难接受他人的观点并承认自己的错误，人们总是容易受感情的影响，人数越多越是如此。麦迪逊说："在所有人数众多的议会里，不管是由什么人组成，感情必定会夺取理智的最高权威。如果每个雅典公民都是苏格拉底，每次雅典议会都是乌合之众。"① 学术会议按理而言是最接近理想商谈情境的场合，但学者们发言时违反程序、发言语气比较激烈、不承认对方合理的观点、争论得不欢而散的情形并不少见，可见，麦迪逊此言非虚。对政客们而言，激起民众的感情是达到自己目的的最好方法，几乎所有政客都会通过激昂、雄辩的演讲或其他能够煽情的方式打动民众的心理。因而在公开场合讨论问题人们很容易凭感情决定解决问题的办法，而不是理性。其结果就是，民众往往根据感情作出决定，最终葬送了民主。而一旦失去民主，再重新将之建立便十分困难，因为此时通过煽动民众情绪获得最高权力的人会通过各种方式限制人民的自由，瓦解民众，进而维护其权力。因此，民众根据感情作出反民主的决定是对民主最大的威胁，而防止这种反民主情况的发生，就必须确保个人的言论自由、结社自由等一系列自由以及被称为积极自由的选举权，因为这是实现民主的前提条件，只有这样才能使民主常盛不衰。

4. 任何权力都必须受到法律约束（法律至上）、权力制衡和司法中立

任何权力都会侵犯个人的自由和权利，即使这种权力是全体人民赋予的，同样如此。从理论上说，人民赋予的权力怎么会侵害人民自己的权利呢？然而从现实中可以发现，不仅中国的人大代表有腐败的情况，世界各国的人民选举出来的人民代表都会有辜负人民信任的情况。因为人民不可能总是集体行使权力，他必须将权力授予一个一个的人行使，然而人是会追逐自身利益的，因此被人民授予权力的人背叛人民的信任并非不可理解。所以，为保障人民的自由和权利，为保障人民保有自己的权力，任何权力都必须受到法律的约束，包括全体人民授予的权力，如立法权力。

从理论上说，人民主权意味着人民的权力是最高的，然而人民的权力不能毁灭人民权力——即人民主权本身，因为一旦毁灭了人民权力本身，人民就不再拥有最高权力，人民主权原则就不再存在，从而背叛了人民主权原则。假设某一代人真的愿意放弃自己的权力可不可以呢？从理论上而言是可以的，人民完全可以

---

① ［美］汉密尔顿等：《联邦党人文集》，程逢如、在汉、舒逊译，商务印书馆1980年版，第28页。

放弃自己的权力，就如同放弃自己的权利一样。但放弃自己权力的这一代人没有权力放弃下一代人当家做主的权利。如果放弃自己这一代人权力的人不能使下一代人获得自己当家做主的权利，那么他们就侵犯了下一代人的民主权利。没有人可以保证获得某一代人民权力的人会将自己从人民那里获得的权力还给下一代人民，如果说有什么保证方式的话，那么就是把下一代人民实现民主的权利通过法律的形式永久地规定下来，这些权利就是上文所说的自由权和平等权。并且，这样一种规定并不妨碍某一代人真的愿意放弃自己的权力，因为他可以不行使自己的选举权、自由权，从而在实际上放弃了自己的权力，同时又不剥夺或妨碍下一代人享有自己权力的权利。因此，这些实现人民主权所必须的权利不能受到任何权力的侵犯，对这些权利的保护不但不是限制人民主权，恰恰相反，它是在保护人民主权。

如何保护这些基本的权利不受到权力的侵犯，仅仅有法律的规定是不会产生效果的。有法律规定但却不能践行法律的例子在人类历史上比比皆是。日常生活经验告诉我们，比目的更重要的是实现目的的方法。因此，比把权利规定在法律中更重要的是实现这些权利和保护这些权利不受侵害的方法。没有切实可行的方法，只是在文字上作出规定无异于画饼充饥。因为法律不会自动执行。因此有学者将控权制度的存在和权力制衡作为法治首要的实体条件。① 我国自新中国成立后，历部宪法一直都规定了人民的基本权利，但是在保护人民权利的方法上，我国还需进一步完善。

防止权力侵害权利的方法有多种，彻底消除权力可能是最有效的方法。譬如说我国在孙志刚案件后取消了政府收容遣送的权力就是一例。然而，国家许多权力是无法消除的。若欲有效约束国家的权力，一方面须赋予人民有效制约它们的权力，如选举权、结社权；另一方面通过其互相牵制、互相制约，防止其结合起来压制人民监督、制约它们的权力，只有这样才能有效防止权力侵害人民的权利。权力是一种力量，平衡一种力量只能通过另一种力量，这也是常识。

在约束国家权力侵犯个人自由和权利的制度设计中，有一种权力是必不可少的，这就是根据法律对国家权力与个人权利的冲突进行裁判的权力。由于现实社会生活是复杂的，并且是具体的，每一个事件都是独一无二的，而人类的语言则是对社会生活进行概括、分类、抽象的产物，现代社会的法律总是通过语言的形式表现出来，因此其对个人权利和国家权力的规定是一种原则性的规定，两者在现实生活中不可能如同在法律文本中那样"和谐相处"，必然会发生双方都认为

---

① 徐显明：《论"法治"的构成要件——兼及法治的某些原则和观念》，《法学研究》1996年第3期，第38页。

自己行为是"合法"的冲突；更重要的是，国家超越权力界限侵犯个人权利、个人滥用自己的权利妨碍国家权力正常行使的情况也会在实际生活中发生。当这样的情况发生时，必须有一个独立于两者之外的中立的裁判机关根据法律对双方的权力和权利进行界分，并确定双方行为的合法性。裁判的中立性是保证裁判公正的必要条件，尽管裁判的中立未必能保证裁判的正确与合理，但裁判如果不中立，必然难以排除人们对裁判公正性的合理怀疑，因而裁判的结果就很难为被裁判者以及旁观者从内心接受。这将会导致人们对裁判失去信任，进而失去对法律的信赖，其结果就是一个社会的法制遭受破坏。①

在法制社会中，这样一个裁判机关的中立性表现在，它既要与国家保持距离，又要与人民保持距离。它既不能让国家的权力干涉它的裁判，又不能让它的裁判受到人民情绪化的影响，它只根据法律理性地裁判案件。因此，这样一个机关的设置必须具有与两者保持距离、不受其干扰的独立性。但裁判机关必然由裁判者个人组成，因此裁判机关的独立具体表现为裁判者独立。保证裁判者的独立性仍然要从人性的角度出发。他的收入应足以满足其本身和其家庭的生活需要，他的职位应不受国家权力和人民情绪的影响。只有这样才能保证其在作出裁判之后不担心报复。

然而，由于这样一个裁判机关本身掌握根据法律裁判的权力，它本身也要受到法律的约束。这样一种约束主要表现在，裁判者自身的行为必须符合法律对其中立性的要求，裁判的程序必须符合法律。除此之外，它根据法律作出的裁判有终局的约束力。否则，如果再有另外一个机关判断其作出的裁判是否符合法律，那么就面临着另外这个机关作出的裁判由谁来对其是否符合法律进行监督的无穷无尽的追问。因此，只要在裁判机关内部设置一定的制约机制，如两次裁判终局，裁判应通过多数裁判者的民主方式决定，在裁判机关外部，对裁判者本身违法的腐败行为进行监督，并将裁判向社会公开接受社会的检验，即可满足制约裁判机关的要求。

这样一个裁判机关今天主要表现为司法机关，而裁判中立就是司法中立。裁判者独立，就是法官独立。

综上所述，任何权力必须受到法律约束，它同权力制衡和司法中立实际上是三位一体、不可分割的。

---

① 这个道理其实在现实生活中普遍存在。我们可以任意假设一个例子。假设中国队在世界杯上与巴西队相遇，如果比赛的裁判员是巴西人的话，尽管中国队也许根本不可能战胜巴西队，中国队的输球也不会让中国队乃至世界球迷心悦诚服。如果整个世界杯的比赛采用这样一种裁判员制度的话，那么世界杯必将不存在，不仅对世界杯如此，几乎所有的国际赛事都不会存在，取而代之的必然是现存的、一个裁判员不属比赛双方国家的制度，没有人会怀疑这一点。

第三节 法制现代化的内容

法治国家构成了我国法制现代化的目标。法治国家决定了法制现代化的发展方向，规定了法制现代化的基本性质。我国法制现代化包括法律观念的现代化与法律制度的现代化。其中，法律制度的现代化分为立法制度的现代化、行政执法制度的现代化与司法制度的现代化三部分。

一、法制现代化的目标：法治国家

现代化乃是一个社会的经济、政治、法律、文化等领域的整体化变迁过程。法制现代化是现代化的重要内容和确证形态，它以法律的形式确认和保障现代化的成果和进程。作为现代化整体的子系统，法制现代化包括立法、执法、司法以及法律观念的现代化。作为一项具有明确目的价值追求的事业，法制现代化的目标决定着法制现代化的内在规定性和标准。"法制现代化运动的本质乃是从传统的人治型统治体系向法治型统治体系的历史性变革。"[①] 人类的历史经验和教训已经证明，法治国家与人治国家相比，能够更好地实现民主、自由、人权以及正义价值，法治优于一人之治。法制现代化的核心就是实现立法、执法、司法等国家权力的法治化，而国家权力法治化的内在价值追求就是民主、自由、人权、正义等价值。因此，法制现代化与法治国家在内在的价值追求上是一致的，国家权力的法治化即构成了法制现代化的核心内容。因此，法治国家构成了法制现代化的目标。

近百年来中国已经不可逆转地走向了民主、法治之路。改革开放以来的几十年间，尽管没有过去的血雨腥风、跌宕起伏，但是变革却是最全面、最深刻，也是最持久的。特别是自"依法治国，建设社会主义法治国家"提出并启动以来，我国的法制现代化进程呈现出加速发展的态势。1996年，第八届全国人民代表大会第四次会议制定的国民经济和社会发展"九五"计划和2010年远景目标，明确指出到21世纪初要初步建立社会主义法治国家。中国共产党的十四届六中全会通过的《关于加强社会主义精神文明建设若干重要问题的决议》再一次肯定了依法治国，建设社会主义法制国家的社会理想。1997年，十五大的政治报

---

① 公丕祥：《法制现代化的理论逻辑》，中国政法大学出版社1999年版，第76页。

告首次明确提出了"建立社会主义法治国家"的目标。1999年3月，全国人民代表大会又对1982年宪法进行了修改，明确规定："中华人民共和国实行依法治国，建设社会主义法治国家。"将法治、法治国家进行了宪法确认，并从中国共产党的政治目标转变为国家的政治目标。因此，建设社会主义法治国家已经成为中国人民的必然选择，法制现代化的趋势已经不可逆转。

二、法律观念的现代化

法制现代化包括法律观念的现代化和法律制度的现代化。法律观念的现代化是法制现代化的重要内容。法律观念的现代化可以促进法律制度现代化的实现。没有法律观念的现代化，立法、行政执法到司法就不可能遵行现代化的法理念，就不会实现法律制度的现代化。因此，从某种程度上说，法律观念的现代化是法制现代化的条件，是法制现代化的先导，应该处于优先地位。反过来，法律制度的现代化会保障和强化法律观念的现代化，只有立法、行政执法和司法实现了现代化，才能够强化、固化已经形成的现代化的法律观念，也才能引导人们在潜移默化中逐步形成现代化的法律观念。

那么，什么是法律观念的现代化？所谓法律观念的现代化就是现代法律观念，即以市场经济为经济基础、以民主为政治基础、支配和维护现代法律制度有效运行的一系列现代法律观念。我们可以从宏观和微观两个层面来理解现代法律观念，从宏观上看，现代法律观念包括人权观念、民主观念、法治观念、自由观念、权力制约观念等等；从微观上看，作为直接支配人们特别是公职人员行为的思想观念，现代化的法律观念在不同的领域有不同的内容：在立法领域，立法观念的现代化，就是要确立民主、科学、合法的现代立法观念；在行政执法领域，就是要树立合法、合理的行政执法观念；在司法领域，需要依法裁判、公平、公正等观念。宏观现代法律观念与微观现代法律观念之间有着密切的关系。宏观、抽象的现代法律观念往往作为"前见"或者"前理解"影响或者渗透到微观、具体的法律观念之中，从而间接地支配人们特别是国家公职人员的行为；而微观、具体的现代法律观念则直接支配人们特别是公职人员的行为，在具体的立法、执法、守法、司法实践中会不断形成、丰富、完善已有的法律观念，反过来会加深对宏观法律观念的理解和接受。

法律观念的现代化，不仅仅意指现代化的法律观念，而且还有现代化法律观念之形成过程的内涵。"那些完善的现代制度以及伴随而来的指导大纲，管理守则，本身是一些空的躯壳。如果一个国家的人民缺乏一种能赋予这些制度以真实生命的广泛的现代心理，如果执行和运用着这些现代制度的人，自身还没有从心理、思想、态度和行为方式上都经历一个向现代化的转变，失败和畸形发展的悲剧结局是不可避免的。再完美的现代制度和管理方式，再先进的技术工艺，也会在一群传统人的手中变成废纸一堆。"① 因此，可以说法律观念的现代化构成了整个法律制度现代化的关键环节。有学者指出，"法制现代化的核心问题是法律精神现代化的问题。法律精神的功能在于为法律的运动提供一般性的精神指引，抑或为法律运动各环节的协调提供统一的'基因编码'。"② 法律观念的现代化在我国不仅具有必要性，而且具有可能性。

三、法律制度的现代化

现代化的法律制度的规定性和标准构成了我国法律制度的现代化的基本内容，除此之外，我国法律制度现代化的内涵包括现代化的过程。这里重点论述立法的现代化及其标准，分别从立法的法制化、立法的民主化、立法的科学化和立法程序的正当化四个方面加以分析。

现代化的立法活动必然是法治化的。所谓立法的法治化，即立法权受到法律的制约，立法权限、程序以及内容必须符合宪法、法律的要求。"立法的法治化主要体现为立法权限的法制性、立法内容的合法性和立法程序的法定性。"③ 立法的法治化需要解决一个悖论，即立法产生法律，而立法又受法律约束。立法产生法律，但是在一定法律约束下制定出来的，那么约束立法的法律又是从哪里来的呢？应该说还是来自立法机构的立法，而立法机构的立法又是在一定法律约束下制定的，因此，这里面有一个螺旋式的上升、循环，制约立法的最终上位法就是宪法。因此，宪政是立法法治化的根本保障。因此，立法的法治化离不开健全有效的违宪审查制度。

立法的民主化是立法制度现代化的必然要求。从立法过程来看，立法的民主化主要包括立法决策的民主化、立法起草的民主化、立法程序的民主化以及立法内容的民主化。④ 从内涵上看，首先，立法的民主化意味着民主立法。法律乃天下之公器，与每一个人的权利、命运息息相关，立法必须是人民意志的集中反映。在现代社会，代议制度是实现民主立法的主要形式，因此，民主立法主要表现为议会立法。而且，民主立法可以集中多数人的智慧，避免立法中的恣意，最大限度地保障立法的科学化。其次，立法民主化意味着立法民主。只有民主立

---

① 殷陆君编译：《人的现代化——心理·思想·态度·行为》，四川人民出版社1985年版，第4页。
② 齐延平：《法制现代化：一个西方的"幽灵"》，《政法论坛》2007年第2期。
③ 周旺生：《立法学》，法律出版社2000年版，第123页。
④ 李林：《立法理论与制度》，中国法制出版社2005年版，第56页。

法，才能实现立法民主。所谓立法民主，主要是指立法体现公意，是多数人意志的反映，而不是个别人、个别利益集团意志的反映。只有实现了立法民主，才有可能实现立法的公平、正义。最后，立法的民主化还意味着立法过程中的公众参与。专制集权者进行立法活动也可能征求社会公众的意见、倾听社会上不同的声音，但是这不是真正的民主立法。没有民主立法，立法中的公众参与就会成为骗人的把戏。

立法的科学化要求立法要尊重客观规定性，法律不能要求不可能实现的事情。法律创制中存在着客观规定性，主要有自然规律的规定性—法律创制中的天人关系、社会经济要求的规定性—法律创制中的群己关系以及立法者认知的规定性—法律创制中的身心关系。① 但立法毕竟是一项具有创造性的活动。如何处理立法中的主观能动性与客观规律性的关系，是实现立法科学化的关键。处理二者关系的一个基本原则就是尊重客观规律性。需要注意的是，对客观规律性的把握往往不是以赞成人数多少为标准的，真理往往掌握在少数人手中。但是，立法毕竟是一件多数人的事业，多数决定是立法合法化的根据。因此，在立法的民主化与立法的科学化之间存在一定的紧张关系。在民主立法过程中发挥专家的作用，加强立法调研，是化解二者紧张关系的有效途径。

立法程序的正当化是实现立法民主化、科学化的重要保证，因此构成了立法制度现代化的重要内容和标准。那么，什么是立法的正当程序呢？有学者指出，立法正当程序的内容包括程序本身的公正本质、程序的技术理性、程序的社会理性以及程序的经济理性。② 立法公开制度、立法回避制度和立法听证制度构成了立法正当程序的主要内容。

---

① 谢晖：《价值重建与规范选择——中国法制现代化沉思》，山东人民出版社1998年版，第384~390页。

② 汪全胜《论立法的正当程序》，《华东政法学院学报》2006年第2期。

第三章

法制现代化的模式与选择

内容提要： 在明确了什么是法制现代化（含义、标志、价值、内容）这一问题之后，亟须解决的一个问题是如何来实现它，这就涉及了法制现代化的模式问题。本章在三个依次推进的层次上讨论这一问题。就其历史缘起而言，法制现代化的研究者们分别主张三种现代化模式，即外发型现代化、内发型现代化与混合型现代化。就其推动力量而言，法制现代化可以被区分为政府主导型、社会演进型与互动型法制现代化三种模式，这些模式各有优劣。中国对法制现代化模式的选择不能脱离具体的时空环境，这里既有内部时空环境，也有外部（国际）时空环境问题。基于对当代中国复杂因素的分析，一种倾向于以政府主导与移植为主，而兼及社会力量与本土资源的现代化模式是可欲的。

法制现代化研究的核心问题有两个：一是什么是法制现代化？二是如何实现法制现代化。对这两个问题的探讨在中国的法制现代化研究中始终占据主导地位。不难想见，这两个问题其实是密切相关的。目标是选择道路的前提，在目标缺位的情况下，所有寻找道路的努力都将付诸东流。但在目标一定的情况下，对于道路的选择也可以是多种多样的。

当然，在"道路"和"模式"的讨论中必须引起我们注意的几点有：其一，任何模式的划分都是相对的，都只是一种理论的建构，法制现代化的各种模式也不例外。从这个意义上说，它们都是韦伯意义上的理想类型（Ideal-types）。这种理想类型具有三个特点：（1）它一方面通过对现实中的典型因素予以强调和综合而成，另一方面又属于逻辑的建构，在现实中没有它的纯粹形态存在；（2）它具有一定的"价值关联"，也就是说研究者的问题结构中蕴含着一定的价值判断，而理想类型本身也必须能够对研究对象包含的意义结构作出解释；（3）理想类型方法的目的主要在于辨析各种法律文化间的差异。① 就法制现代化的模式而言，这些模式既在各国现代化的历史进程（主要是西方社会）中具备现实基础，又是学者们对众多的"个殊"现实进行"共相"因素提炼、加工、建构的结果。一般而言，它们中的大多数隐含着一种"进步史观"，即相信历史处于一种达尔文式的不断进化之中，尽管有的学者认为这种进化的路线是单一的，有的认为是多元的，或是一元多线的②。再者，各种模式类型或多或少以西方样板为参照系（不同于"西方中心主义"史观），即使是那些坚持"内部视角"与"本土资源"的学说也同样如此，因此模式的目的之一也在于辨析法律发展的不同道路和文化基础的差异。其二，既然法制现代化的各种模式都只是理论的建构，那么现实中各国法制现代化的道路往往是各种模式要素的结合。这并非否认了"模式"的重要意义，而认为其只是一种学术游戏。相反，"模式"的意义在于让后发型现代化认清楚本国进行现代化制度建构时所具备的"开端"、所能借助的主要"资源"以及所要追求的主要价值目标，尽管它们可能是多元的。这就使得我们可以将有限的制度和时间成本放在效益最大化的框架之下，以一种长时间渐进式的协调理性加阶段性的建构理性的方式构筑现代化之路。这在当下世界的"时空结构"中无疑是较为切合实际的做法。其三，各种模式都是从某一个角度对现代化方式的划分，它们之间存在着内在勾连。例如，内发型现代化一般都是社会内部自然演进的结果，更侧重于地方性知识和本土资源的运用；外发型现代化则大多迫使本国政治力量在外压之下采用一种政府推进的、建构的方式进行现代化，多强调与"国际化"、"西方化"的接轨。所以，我们必须以一种"整全主义"的视角去看待法制现代化的模式，而不应当将它们分离开来进行孤立、片面的考察。

　　从 20 世纪 80 年代起，国内法学界自复苏之始就开始关注中国法制现代化发展道路的研究。学者们从不同的角度、根据不同的标准提出了诸多发展模式：以法制现代化起源为标准，法制现代化的模式可以区分为内源的法制现代化和外源的法制现代化；③ 以法制现代化的最初动力来源为标准，可以区分为内发型、外发型和混合型；④ 以法制现代化的主要推动力量为标准，可以分为国家推进型

---

① 参见郑戈：《法律与现代人的命运：马克斯·韦伯法律思想研究导论》，法律出版社 2006 年版，第 59 页。

② 有关"一元多线历史观"的具体描述，请参见罗荣渠：《现代化新论》，商务印书馆 2004 年版，第 56~75 页。

③ 参见吕世伦、姚建宗：《略论法制现代化的概念、模式和类型》，《法制现代化研究》第 1 卷，南京师范大学出版社 1995 年版。

④ 参见夏锦文：《论法制现代化的多样化模式》，《法学研究》1997 年第 6 期。

和社会演进型；① 以主要的资源取向为标准，可以分为现代化（西方化）型与本土化型；② 以法制现代化起步的时间为标准，可以分为早发式和晚发式；③ 以实现手段为标准，可以分为渐进改良型和急进革命型；④ 以社会变迁程度为标准，可以分为主动渐变型、剧变型和被动渐变型。⑤ 目前，有关中国法制现代化道路选择的讨论主要集中在前三类模式的取舍上，即中国法制现代化的历史基础、推动力量和目标取向等问题。

第一节 法制现代化的缘起

法制现代化的缘起，探究的是中国走上法制现代化之路的最初动力来源问题。与推动力量和资源取向模式的研究不同，这种模式划分带有明显的历史——文化主义和社会实证考察的印记。然而，这种考察并不比建构式的理论研究更轻松，因为迄今为止的历史学研究尚未摆研究者价值预设的痕迹，达致韦伯所说的"价值中立"的可能；相反，它总是处于一种诠释学所说的"效果历史"之中，历史在一代又一代"后人"的理解中赓续其生命的同时，也增加了其"多面向"的可能。

依照历史起源的不同，法制现代化的模式可以分为外发型现代化、内发型现代化和混合型现代化。这种划分方式显然受到了诸多历史学研究成果的影响。⑥所谓外发型现代化，又称作外源的法制现代化，主要是指在一国内部社会需求软弱或不足的情况下，由于外来因素的冲击和强大压力，而被迫对法律制度和法律体系所实行的突变性改革。这是一种被动型或曰消极型法制现代化模式，属于第三世界的各个欠发达国家的晚近的法制现代化当是其典型。相反，所谓内发型现

---

① 参见蒋立山：《中国法制现代化建设特征分析》，《中外法学》1995年第4期。
② 尽管学界多以"现代化"与"本土化"相对应，但在支持这一对应的同时学者多在西方化的意义上来理解现代化。参见江帆：《法治的本土化与现代化之间》，《比较法研究》1998年第2期；田成有：《中国法的本土化与现代化、国际化》，《法商研究》1998年第2期。
③ 参见公丕祥、夏锦文：《法制现代化进程中的东西方关系》，《法学》1997年第7期。
④ 参见谢晖：《价值重建与规范选择》，山东人民出版社1998年版，第256页。
⑤ 参见刘国利：《论当代中国的主动渐变型法制现代化道路》，《南京社会科学》2002年第3期。
⑥ 历史学家罗荣渠将通向现代化的多样化道路概括成两类不同的模式："一类是内源的现代化，这是由社会自身力量产生的内部创新，经历漫长过程的社会变革的道路，又称内源性变迁，其外来的影响居于次要地位。一类是外源或外诱的现代化，这是在国际环境影响下，社会受外部冲击而引起内部的思想和政治变革并进而推动经济变革的道路，又称外诱变迁，其内部创新居于次要地位。"（罗荣渠：《现代化新论》，商务印书馆2004年版，第123页）

代化，又称作内源的法制现代化，是指在一国内部社会需要的基础上，通过自发的或自觉的对法律精神、法律制度和法律体系的渐进变革所实现的法制现代化，由于不存在外部压力，其动力源来自社会内部，因而这是一种主动型或曰积极型法制现代化模式，西欧各国和美国的法制现代化可归入此种模式。① 此外，有学者从中国、韩国及新加坡等东亚国家的实践经验出发，提出了一类兼有内发型基础和外发型条件的混合型法制现代化模式。该模式是指因各种内外部因素互动作用的合力所推动的一国法制走向现代化的变革过程。②

一、外发型法制现代化

"外发型法制现代化是因一个较先进的法律系统对较落后的法律系统冲击而导致的进步转型。"③ 该模式的推动力量主要来自社会外部，由于社会内部的生产力等经济因素和其他条件的不足，入侵的外国资本主义因素的经济成为主要的冲击力，这导致了内外两种生产方式在经济和文化上的全面冲突。面对外来的较为先进的法律系统的冲击与渗透，受冲击的较为落后的国度或社会被迫变革。日本、俄国和印度等国的法制现代化是这种模式的代表。外发型法制现代化的主要理论依据有"冲击—回应"和"帝国主义"两种模式。

（一）"冲击—回应"模式（"Impact-Response" Model）

这一理论模式的典型代表有汤因比和费正清。

汤因比将"西方问题"作为东方社会跨入现代社会的关键概念，尽管他直接使用了"西化"这一概念而没有使用"现代化"的字眼。他仔细分析了西方文化对中国和日本进行输出的过程，认为之所以16世纪前半期中国和日本社会都能抵抗住处于早期阶段的西方，而到了18、19世纪却未能抵抗住西方文化的侵入，是因为技术取代宗教成为西方文化的最高价值。而正是技术，使得中国和日本面临真正的"西方问题"的冲击，而迫使它们不得不作出回应。日本社会比中国社会的回应更迅速，除去日本人的"崇利"心理更强外，还因为日本这一狭小的岛国所处的地理和政治形势比陆上大国更加岌岌可危，因为西方列强的扩张往往从海上开始。同时，也正是中央政府的迟钝与难以为继，为

---

① 前引吕世伦、姚建宗：《略论法制现代化的概念、模式和类型》，《法制现代化研究》第1卷，南京师范大学出版社1995年版，第13页。
② 夏锦文：《论法制现代化的多样化模式》，《法学研究》1997年第6期，第67页。
③ 夏锦文：《论法制现代化的多样化模式》，《法学研究》1997年第6期，第64页。

了应对强大的西方文明的冲击，中国和日本都面临着一个革命问题——推翻和取代根深蒂固的全国政府，只不过日本的西化派更有效率。此后，中国比日本更复杂之处在于前者在1949年后面临了两个"西方问题"：共产党中国既有一个俄式马克思主义的"西方问题"，也有一个西方式的"西方问题"。中国和日本分别代表了西方世界的两种主要文化输出品——共产主义和资本主义，同时，将这两种西方潮流联结起来的是同一种"深水潜流"，即西方的技术成就。而这种西方技术输出品很可能丧失作为外来文化因素的怪异性质，变成一切或大多数社会视为理所当然的构成因素。① 可见，西方问题是东方社会变革的症结。

受其影响，费正清将西方文化的广泛入侵看作是在近现代中国历史发展过程中起主导因素的作用。按照这一模式，近现代中国社会的一切变化大都归之于西方文化的冲击，西方法律文化在中国的广泛传播，也就成为中国法制由传统型向现代型变革的强大和主要的动力，中国的法制现代化运动是西方法律文化激荡的历史产物。② 从朝贡制度到条约制度演变，就是这一过程的一个缩影。朝贡制度是儒家学说在对外事务上的反映，它意味着"中央之国"的君主具有伦理依据来行使政治权力，沐化"夷狄"，它是中国中心主义的体现。它是一种天朝四方的恩典和特权，主要具有政治意义。但是随着中国在鸦片战争等一系列近代战争中的失败，各种以军事实力为后盾的条约使得这种学说在"文明的冲突"中彻底失败，即使在一开始的时候，清朝的统治者们依然自欺欺人地将割地、赔款视为是对蛮夷的恩惠。但在"世界秩序的重构"过程中，中国人心目中的世界图景完全被颠倒过来了，他们突然发现世界已经不再需要他们的文化，而在开启的另一轮历史进程（现代化进程）中，他们已经处于被边缘化和滞后的位置。③ 因此，面对这种令人窒息的冲击，中国人必须作出回应——无论是自己独特的回应还是所谓通入（西方）世界秩序。无论如何，这样一种世界场景是以西方为中心的。与此模式相应和，一般认为，作为中国法制现代化开端的清末修律的直接原因在于要求取消领事裁判权和不平等条约，而回应西方借口中国传统法律野蛮落后而要求"治外法权"的行为。更有学者指出，治外法权所引起的民教冲突在19世纪最后十年愈演愈烈，最后导致了1900年的义和团运动，而清末修律的

---

① ［英］阿诺德·汤因比：《历史研究》，刘北成、郭小凌译，上海世纪出版集团2005年版，第358～365页。

② 参见费正清：《伟大的中国革命（1800～1985）》，世界知识出版社2000年版，第79～93页；费正清编：《剑桥晚清中国史》（上卷），中国社会科学出版社1985年版，第229～235页。

③ 笔者个人认为，严复所译的《天演论》及其带来的社会达尔文主义和随后进步史观在中国思想界主流地位的确定是这种危机意识的重要基础。也只有当发现各文明正沿着同一种道路前进且可对文明用物理标准进行评价孰优孰劣时，方有"现代化"命题提出的可能。

直接肇因就是义和团运动这一最大的"教案"及其所引发的一系列事变。①

(二)"帝国主义"模式

用"帝国主义"的扩张和侵略来解释世界的现代化起源是马克思—列宁主义的首创,这无疑是一种带有强烈意识形态色彩的现代化史观。并且,由于在落后国家,现代化的问题又往往与民族独立、国家富强等问题纠缠在一起,所以"帝国主义"模式很容易获得落后国家民族精英和民族主义思想的认同。李泽楷认为,"启蒙"和"救亡"构成了中国近代史的主题②;毛泽东则主张,"中国近代史是一部帝国主义侵略中国,反对中国独立与发展资本主义的历史"③。

"帝国主义"模式,或称马克思主义的方法,又具有不同的流派,他们在解释帝国主义和现代化的关系方面具有截然不同的观点。有些受马克思主义影响的学者断言,中国社会没有启动现代化的固有能力,因而欧洲的渗透便成了这些社会走向现代发展的第一推动力,他们虽然责备帝国主义和殖民主义,但认为外国的渗透是不具备欧洲封建主义特征的国家最终实现社会主义的先决条件。另一些受马克思和列宁影响的学者却认为,如果没有帝国主义及与国际劳动分工相联系的新帝国主义剥削形式的存在,这些国家土生土长的"资本主义萌芽"本来是会很快成长起来的,而正是与西方国家的联系,才使这些国家自身发展动力的运作连续受阻,而走上了一条不得不与西方保持一致的"现代化"道路。④但无论是"正"是"负",也撇开"现代化"与"西方化"的关系不说,这一模式都认为帝国主义是中国近代各种变化的主要原因,是现代化的主要催化剂。

"帝国主义"模式一度成为我国史学界和法史学界对待现代化问题的主流观点,甚至是唯一观点,当然是与政治意识形态相关的。通过这一将法制现代化放在"侵略"与"反侵略"的背景下进行考察的模式,我们可以发现一个有意思的现象:一方面,它反对帝国主义对落后国家的宰制,认为强制输出式的西方文明不具有天然的正当性;另一方面,又默认了由此伴随而来的落后国家的现代化进程的正当性,无论将这种现代化看作是一种实质的正当性,还是对西方侵略的反抗手段,又或者两者兼具,也无论这种正当的现代化和不正当的帝国主义扩张之间存在着多么不可分割的密切关系。我们必须认识到这一理论模式潜伏的张力,尽管这两个方面未必构成悖论。

一般认为,外发型法制现代化模式的形成需要四个条件:其一,本国的社会

---

① 公丕祥:《中国的法制现代化》,中国政法大学出版社2004年版,第244页。
② 参见李泽楷:《中国现代思想史论》,天津社会科学院出版社2003年版。
③ 毛泽东:《新民主主义论》,《毛泽东选集(第二卷)》,人民出版社1991年版,第354页。
④ 参见[美]吉尔伯特·罗兹曼主编:《中国的现代化》,江苏人民出版社2003年版,第11页。

经济和法律系统相对落后。当一个国家的生产方式和法律文化水平落后于英、法、美等早发国家时，先进的早发国家的法律文化系统便有可能伴随着武力征服而对落后国家形成冲击，从而使得那些落后国家成为外来先进国家扩张和渗透的对象。其二，外来的经济、军事、文化和法律的冲击力量和作用足够强大。也就是说，由上述第一个条件决定，落后国家无法凭借自身内部力量启动并实现现代化，只有当外来因素的力量和作用强大到超过内部因素并足以摧毁该国经济、军事和政治防线时，才能为外来法律文化的入侵和渗透开辟道路，从而激发和推动该国法制现代化的发生和发展。其三，本国市民社会力量弱小，而政府的职能和作用较为强大。与内发型现代化的国家不同，外发型现代化国家的市场发育不成熟，工业化和商品化程度十分低下，其社会内部尚未形成一个自发的市民社会文化层。因而政府作为一种超经济的力量，不仅直接介入现代化过程，而且往往是直接组织者。其四，法律意识与法制现实之间缺乏内在张力。即在外发型法制现代化国家的社会内部，法律系统与法律观念意识是协调的、平衡的。两者都处于一个长期发展着的封闭的统一体中，社会内部并没有产生出变革法制的内在要求。因此，法制的变革和现代化只能是作为在外来法律文化冲击时的一种回应。

在这些条件下，外发型法制现代化呈现出三个特征：[①] 首先，外发型法制现代化是由外来的较先进的法律系统对自身较落后的法律系统的冲击而被迫引起的传导型的法制转型过程。尽管外发型法制现代化模式的社会内部也存在着促使法制由传统到现代发展的生长因素，但是由于社会内部现代生产力的低下和工业化条件的不足，法制的自我转型过程十分困难且缓慢，因此，强大的外来因素的冲击形成了外发型法制现代化的主要动力。而在现代化的过程中，国家自然地成为推动各种变革的现成的强大组织力量。其次，外发型法制现代化的启动一般以政治革命或改革运动为先导，变革的顺序是自上而下，政府（包括现代政党）作为有组织的社会力量在法制现代化过程中扮演主导力量、起主要推进作用。在外发型法制现代化国家，由于市场发育不全，资本主义经济因素薄弱，而国家作为组织经济生活与控制社会的集中性权力，多数是强大的。在改变旧的生产关系和促进新生产力的发展中，国家自然地成为推动各种变革的现成的强大组织力量。最后，外发型法制现代化的进程是法律形式主义运动单向度发展的过程，法律价值合理性的滞后或与法律形式合理性的背反是法制变革中的典型表征。外发型法制现代化是在外来因素的冲击下被迫进行的防御性现代化，其直接目的是尽快废除西方列强强加的不平等条约，收回列强在本国的治外法权，取得同西方列强同

[①] 夏锦文：《论法制现代化的多样化模式》，《法学研究》1997年第6期，第65~66页。

等的地位。因此，作为面对挑战的回应，能够立即采取的措施就是在法制建设上模仿西方列强，迅速奉行"泰西主义"的立法原则，加快立法和法律改革的步伐。法律价值合理性对于法律形式合理的滞后性，是所有外发型法制现代化发展过程的基本特征。

二、内发型法制现代化

韦伯和柯文这两位处于不同时代的德国、美国学者，虽然针对的问题不同（西方法律的起源/中国现代化的起源），但是两者都秉持一种内部视角和辨异性视角来解释历史。

（一）韦伯：法制的西方特质

韦伯从一个著名的问题（为什么现代理性法律首先出现在西欧而不是别的地方）出发，探讨了西方社会的独特结构对现代法律形成的影响。首先，他认为，在近代法律发展的过程中，一个决定性的因素是市场的复兴和商业贸易的发展（资本主义的发展）。市场不仅仅是一种交易的场所，而且是一种人们以理性的社会行动来建构理性的社会关系的过程性结构。它要求人们的行为具有可计算性和可预期性，而这样的"理性"行为方式又促生了相应的法律。因为"没有它①，可以有冒险性的和投机性的资本主义及各种受政治制约的资本主义，但是，绝不可能有个人创办的、具有固定资本和确实核算的理性企业。这样一种法律制度和这样的行政机关只有在西方才处于一种相对来说合法的和形式上完善的状态，从而一直有利于经济活动。"② 其次，近代法律发展的第二个推动力是新的职业法律家阶层的产生。市场经济对专业化的法律知识的需求显而易见，职业法律家提炼出来的市场交易中"某些共同的标准化表述"成为孕育新的法律规则的主要渊源之一。不断增加的对理性化、逻辑性决策的需求导致了对职业化的法律家需求的增长，这又反过来导致了法律的进一步理性化，而法律的进一步理性化又到了决策的进一步理性化和形式化。与社会经济条件相比，法律职业内部的驱动力是"法律形式化品质"的主要动力。最后，罗马法的持续性影响是西方近代法律产生的第三个推动力。罗马法的复兴对西方法律传统的形成有着重要

---

① 此处"它"指的是"一个可靠的法律制度和按照形式的规章办事的行政机关"。
② ［德］马克斯·韦伯：《新教伦理与资本主义精神》，三联书店1987年版，第14页。此外，必须注意韦伯关于经济与法律的"有选择的亲合性"的观点，即经济形态与法律并不存在严格对应的关系。这一点与马克思主义的观点不同。也可以部分反驳认为只要孕育市场经济形态就自然会生发出现代法律的观点。

影响。① 总之，韦伯认为正是西方社会的这些特质构成了近代法律产生的前提，也是为何中国社会没能产生理性法律的原因。在此基础上，昂格尔提出了现代法律秩序在西方形成的两个历史条件：多元利益集团和自然法观念的影响。② 正是这两个条件在欧洲自由主义社会条件下的特殊结合，奠定了现代法律或法制形成的坚实基础。这种特殊的条件和特殊的历史环境，是非西方社会不存在的。而中国正是这一特征的对立面。

（二）柯文：中国中心观的兴起

作为对"冲击—反应"模式的回应，美国学者柯文主张从中国社会的内部生活关系中来寻找近现代中国社会变革的动因。柯文提出了著名的"中国中心观"，他认为"冲击—反应"模式严重夸大了西方冲击的历史作用，陷入了"西方中心主义"的谬误。为此，他提出把中国历史的中心放在所谓"内部取向"的理论，强调以中国自身为基地从中国的情况出发来对待中国历史，把西方的冲击作用置于中国历史的具体过程之中给予有限评价。③ 而中国社会演变的动力来自社会内部，法制现代化要从中国社会的需要来寻求"剧情主线"。这是因为：其一，"西方"只是一个相对的概念，如果没有"东方"或"非西方"和它比较，西方根本就不存在，并因而"西方"所包括的地域中种种空间的划分就自然会不确定。没有这一整体性概念，我们就会发现所谓西方内部那些国家的差异是非常大的。其二，"作为整体"的西方从来就没有对任何社会产生过任何冲击，而只能是作为个别国家的英、美、法等国对中国的冲击。而这些个别的国家在不同的领域的冲击不能代表整个西方社会的影响。所以，当中国人谈论西方影响时，他们接触到的只是整体中的一部分，一个在接触过程中也在逐步蜕变的部分，更何况他们是在用经过精心挑选的、自己心目中的西方形象改造中国。其三，所谓的"中国回应"是一个过于抽象化的概念。中国在地理、种族、语言方面都极为复杂；在每个特定地区，少数上层社会人物和普通群众之间在世界观和生活方式上也存在很大差异。"中国回应"是一个太过简约的符号，是对历史现实平面化、单一化的不当理解。④ 所以，柯文认为，"冲击—回应"模式抹杀了与西方入侵没有关联的历史侧面，而中国上层的许多举措实际上对本土力量

---

① 郑戈：《法律与现代人的命运：马克斯·韦伯法律思想研究导论》，法律出版社 2006 年版，第 94～97 页。
② 参见 [美] 罗伯特·昂格尔：《现代社会中的法律》，吴玉章译，译林出版社 2003 年版，第 49 页。
③ 参见 [美] 柯文：《在中国发现历史——中国中心观在美国的兴起》，林同奇译，中华书局 1989 年版，第 173～174 页。
④ [美] 柯文：《在中国发现历史——中国中心观在美国的兴起》，林同奇译，中华书局 1989 年版，第 4～7 页。

而非西方作出的回应。因此，19世纪的中国历史应当分为几个层带（Zone）：（1）最外层带，包括晚清历史中那些显然是对西方入侵作出的回应，或是入侵产生的后果，如近代兵工厂与船坞的建立、总理衙门与海关等机构的设立；（2）中间层带，它包括的历史侧面不是西方直接产物，而是经由西方催化或赋予某种形式与方向的事物，如太平天国运动；（3）最内层带，它包括的历史层面在最漫长的时间内最少受到西方入侵的影响，如语言、书法、习俗等。① 总之，在这种视角下，法制现代化是作为整体的现代性事业的一部分，无论是清末的变法还是新中国成立初期的新法律体系的创制、20世纪80年代开始的"社会主义"法制建设，甚至是以反现代化面目出现的文革，都是同一历史进程中的统一事件。而中国的法制现代化是出于中国社会经济结构、政治权力重新分配的必然，外部力量只是提供了一个契机。而要从一个社会的内部去看问题，首先，就要了解这个社会的发展脉络，尤其是这个社会在漫长的历史时期中经常遇到并感到困扰的问题，探求它们与法治的可能联系；其次，重新审视传统与现代的关系，不能因为强调法制的现代性事业属性而简单抛弃传统；最后，要改变自上而下看问题的方式，尝试自下而上地看问题。②

内发型法制现代化一般具有四个社会历史条件：其一，具备由社会内部孕育积累而成的现代生产力，且其具有内在的工业化和市场化特点。现代生产力在社会内部形成的标志是工业化和市场化的发展使得商品经济的生产方式扩展到整个农业生产领域，并且带动社会其他方面的变革。其二，社会经济必须具有外在的先进性和革命性。"只有当一个国家的生产方式和生产力水平优于其他国家，从而排除了外来经济侵略或压迫的可能时，才能够为本国法制的自身演变提供必要的保障"。③ 其三，市民社会的力量较为强大，而政府的作用有限或者较为弱化，形成"大社会小政府"的局面。在社会经济市场化的前提下，社会经济生活都由民间开始，市民社会内部形成了自动运转的机制。新兴的市民阶级、商人、企业家等构成了经济、社会乃至法制现代化的基本推动力量，而政府只是"守夜人"，其主要职能是保证经济和社会的自由运转（内发型现代化与社会演进型的内在勾连）。其四，社会意识（包括法律意识）与社会现实（包括法制现实）之

---

① ［美］柯文：《在中国发现历史——中国中心观在美国的兴起》，林同奇译，中华书局1989年版，第42～43页。

② 参见梁治平：《法治：社会转型时期的制度建构——对中国法律现代化运动的一个内在观察》，载氏著：《在边缘处思考》，法律出版社2003年版，第101页。

③ 李力：《中国法制现代化模式论纲》，《法制现代化研究》第1卷，第119页以下。转引自夏锦文：《论法制现代化的多样化模式》，《法学研究》1997年第6期。

间具有一定的张力,从而激发社会变革和法制转型的精神需求。①

在此条件下,内发型法制现代化至少具备三个特点:② 首先,内发型法制现代化是一个由社会自身条件成熟而发展起来的自发的、渐进的法制变革过程。换言之,西方法制的现代化并非一蹴而就,而是随着社会经济政治的不断演进而逐渐发展的。夏锦文在论述这一特点时主要是引用伯尔曼的观点,后者认为,"法律的发展被认为具有一种内在的逻辑;变化不仅是旧对新的适应,而且也是一种变化形式的一部分。变化过程受某种规律的支配,并且至少在事后认识到,这种过程反映一种内在的需求。人们推定,在西方法律传统中,变化并不是随机发生的,而是由对过去的重新解释进行的,以便满足当时和未来的需要。法律不仅仅是处在不断发展中;它有其历史。它叙述着一个经历。"③ 其次,商品经济的发展是内发型法制现代化模式运行的内在动力。从现代化的动力来看,内发型法制现代化的形成是由内部商品经济因素的不断增长和发展,引发长期的渐进性的社会内部变革而推动的;从现代化启动的顺序来看,一般以商业革命和工业革命为先导,推动政治改革或革命,从而促进法制的变革。变革的总趋势是自下而上。最后,内发型法制现代化的成长过程,是以法律的形式合理性的发展为历史先导而现代法治观念和法律精神的弘扬与其紧密相伴的法制变革过程。法律的形式合理性即法律的形式化是现代法制区别于传统法制的显著的外部标志,任何法制现代化的历史运动首先表现为法律形式主义的扩展。在西方内发型法制现代化过程中,罗马法的形式化运动对近代西方法律的成长和发展产生了巨大的影响。

三、混合型法制现代化

我国学者中持此论的不乏其人,尤以公丕祥、夏锦文等人为代表。所谓混合型法制现代化,"是指因各种内外部因素互动作用的合力所推动的一国法制走向现代化的变革过程。"④ 它与内发型法制现代化模式的区别在于,该类型国家的社会内部虽然存在着促使法制由传统向现代转变的经济政治因素,但这些因素的力量不足以实现社会的自我转型。它与外发型法制现代化模式的区别则在于,西方法律文化的冲击虽然是引起法制变革的重要原因,但这种外部因素和外来力量

---

① 参见夏锦文:《论法制现代化的多样化模式》,《法学研究》1997年第6期,第63页。
② 有关特点的论述,参见夏锦文:《论法制现代化的多样化模式》,《法学研究》1997年第6期,第63~64页。
③ H·J·伯尔曼:《法律与革命》,贺卫方、高鸿钧、张志铭、夏勇译,中国大百科全书出版社1993年版,第11页。
④ 夏锦文:《论法制现代化的多样化模式》,《法学研究》1997年第6期,第67页。

毕竟不是导致法制变革的主要动因，它终究要通过该社会内部各种复杂的经济、政治、文化变革发生作用。中国的法制现代化进程是内部因素与外部因素相互作用的历史产物。

而在内因和外因两种要素中，又以内因为根本。公丕祥认为，西方法律文化的冲击是引起中国法制变革的催化剂和外部条件，但推动中国法制变革的主要根源来自于中国社会内部存在着的处于变化状态中的经济、政治和社会的条件。①因为西方的冲击不过是综合动力体系中的一个组成部分而已。尽管它很重要，但这种力量就其归属而言属于外在的力量范畴，它终究要通过内部的复杂变量发生作用。相反，19世纪的中国虽然在总体上仍然由自然经济主导，但在西方势力的冲击下，已经孕育了不少商品经济的因素，这最终必然要求一定的法律制度与之相适应，而引起法制的重构。延及近日，也正是社会主义市场经济的充分发展，成为了中国法制变革及其现代化运动的最为持久、强大的动力。②

形成混合型法制现代化模式的历史条件有二：其一，传统社会的历史悠久，社会内部经济的市场化程度很低，工业化起步晚，不具备自身发展转型的全部内在条件；其二，具有强大而牢固的法律文明体系或者被纳入某一法律系统内，该法律文明系统经过长久的演变和积淀而形成了自身发展的独特品格，其影响深远而强烈，但却具有一定程度的内在发展的经济基础。由此，混合型法制现代化模式的特征表现为两方面：③ 一方面，从现代化的启动方式来看，混合型法制现代化是具有外发型条件的现代化，西方法律文化的冲击和影响是激发和推动法制现代化进程的重要动因。近现代中国法制现代化的过程，就是西方法律文化向中国传统法律文化全方位、多层次地冲击和渗透的过程。西方法律文化的冲击对这些国家法制的变革起到了直接的催化作用，这一冲击释放了原本难以察觉的各种矛盾因素，使这些国家的法制经历了解放而又压迫、毁灭而又创新、得益而又付出代价的百年历程，使传统法制走上了现代化的转型之路。另一方面，从现代化的深层动力机制来看，混合型法制现代化又是具有内发型基础的现代化，社会内部存在着的处于变化状态中的经济政治基础和条件是推动法制现代化进程的主要动力根源，就中国的历史来说，西方法律文化的冲击只不过是法制现代化整个内外部综合动力体系中的一个组成部分，而中国社会内部不断发展着的经济基础和政治条件的综合作用，则形成了推进中国法制现代化的内在能量和能力。

混合型法制现代化模式虽然看上去思虑周全，但却并没有为我们揭示出更多

---

① 公丕祥：《外部影响与内发力量》，载韩延龙主编：《法律史论集》（第1卷），法律出版社1998年版；公丕祥：《中国的法制现代化》，中国政法大学出版社2004年版，第51页。

② 具体论述参见公丕祥：《法制现代化的挑战》，武汉大学出版社2006年版，第420~424页。

③ 夏锦文：《论法制现代化的多样化模式》，《法学研究》1997年第6期，第67~69页。

更有益的东西。

  首先,任何国家在任何历史发展阶段都有自己的内部因素和外部环境。理论模式是相对的,外发型法制现代化并不排斥内部因素的作用,内发型法制现代化也不否定外部因素的影响,关键在于判断这两种因素的重要性。在这个意义上,混合型法制现代化并没有超出前两种理论模式的独立价值。

  其次,许多主张混合型法制现代化的中国学者事实上存在一种偏好,即以"内部取向"为重心,主张法治现代化的"问题"是中国的,西方的扩张只是为这一问题本身的演发提供了一个历史"契机"。这一主张事实上预设了两个未必正确的前提:一方面,主张问题之本源性的重要依据是考证中国封建社会晚期的资本主义因素已经有相当的发展,因而假定在排除外来影响的前提下,经过漫长的自发发展,中国同样能够走上资本主义和现代化道路。这一点实际上是建立在马克思主义"经济决定论"的基础上。① 但是,历史现象的成因是复杂的,单向度的经济解释并不能囊括一切。韦伯的分析已经揭示了现代法制生成条件的复杂性,中国传统社会与西方社会相比,在经济发展、政治架构、文化底蕴等各方面都有重大差异。即使承认中国封建社会末期的经济条件可以逐步生出资本主义的要素,仍不能就此肯定中国社会会在"真空"的条件下生发出现代法制所需政治、文化条件。在这个意义上,也许正如韦伯所说,现代法制只是西方社会的偶然性产物。② 另一方面,在深层上,这一主张事实上还埋伏了一个马克思主义的哲学基础:内因与外因的关系。受内因是事物的根据而外因是事物的条件,这一理论也驱使许多学者做出"内主外辅"的结论。但是,撇开哲学上的问题不谈,哲学认识论观点并不能无条件地适用于特定历史情景中的具体时间。或许马克思主义对内外因关系的认识在哲学上是正确的,从长期历史发展的角度看也大体是合适的,但特定的历史时期往往具有"猝发"和"骤变"性,当内在要素很微弱而外在要素很强大时,外因也未必不可能成为推动事件的主要力量。

  最后,主张混合型法制现代化的学者的目的事实上在于彰显中国自身的主体价值和民族特质,因而这种理论在"中国民族复兴"的标号下,更多具有政治意义。除去这一主张的政治正确性不说,它实际上混淆了现代化的理想和可能这两个不同的问题层次。它所主张的更大程度上是我们"应当"追求一个不同于西方的现代化模式,而不是我们有可能走上与西方不同的现代化或已经走上了与

---

  ① 对此,参见公丕祥:《法制现代化的理论逻辑》,中国政法大学出版社1999年版,第319~320页。
  ② 当然,这里又牵扯到"现代化"与"西方化"的关系问题了。如果认为现代化等同于西方化概念,那么无疑这里的论述是成立的;而如果认为现代化是西方化的上位概念,那么有人可能会主张非西方的现代化并不需要西方的现代化条件,而只需经济基础一个条件即可。这里权且认为两者是一致的,并为毕竟大家公认的现代化的一系列特征:政治民主化、社会城市化、个人原子化等,都已经为西方化这一概念所包容了。

西方不同的现代化模式。所以，这些学者的论述大都停留在泛泛的理论说教，而缺乏认真深入的分析：我们的传统真的可能与现代化的那些特征相兼容吗？它们间的关系究竟如何？在"有中国特色"的口号下，我们进行了有多少有本土特色的制度建构？因为理论模式的重要性并不仅、不主要在于辨别不同价值观上的"正确性"，而在于分析在现实条件下能否摆脱西方模式的可能性，如果可能，又是怎样一种模式。混合型现代化并没有为我们指明方向。更可虑的是，不排除权力的既得者有可能在这种模式之下实现不合理的本土特质与西方法制外表的"技术性融合"，造成实质不合理性与形式合法性的背反，或者在"中国特色"的旗帜下为反现代性的传统要素张目，更有害于中国的法制现代化进程。

四、初步总结

模式的划分不是绝对的，任何事物都是各种因素综合作用的结果，历史事件尤其如此。理论模式的作用不在于指出这一事实，更重要的是，它需要作出一种判断，而这种判断会影响我们对于现代化问题本身的思考及对道路的选择。从这个意义上说，不存在韦伯意义上"价值无涉"的历史考察。笔者认为，在促使中国走上法制现代化的内外因素中，外部因素（西方问题）是主要的，这主要基于三个判断：其一，"个别历史情境"的思考方式。历史的无限延伸是历史展开的方式，但历史的具体存在方式又是个别的，不存在一种无差别的、统一的人类历史，而只有特定时空中的各个族群的历史。在不否认中国传统社会孕育部分现代化因素的前提下，也要看到，推断中国社会在经历漫长而自发的发展之后会走向现代社会毕竟只是一种推断，是一种"历史想象"，而不是历史现实。或许这种想象在"无时空"的条件下是成立的，正如无摩擦的力学定理一样，但是，中国毕竟是在个殊化的"历史时空"中走向现代化的，这是一种不可逆转的"逝去"。而在这一个别的历史情境中，就目前已经掌握的史料来看，西方的强大冲击和中国从不自愿到自觉的回应、应对是法制现代化历史的主轴。其二，法律制度属于一种制度文明。如果承认"器物（技术）—精神（思想）—制度"的事物发展顺序，那么我们看到，法制实际上处于这一顺序的末端。虽然清末修律被认为是法制现代化的肇始，但是制度变化的源头无疑可以追溯至西方技术在整个清朝末期的不断输入，以及由其引起的中国人的怀疑、惊诧与想象。而也正是伴随着一次又一次的对外抵抗的失败，国人才逐步认识到了由器物而制度的重要性。如果"放宽历史的眼界"，那么从西方技术到西方制度是一个渐进式的整体过程，它无疑是外来的。其三，尚有一个有条件的论据是，如果我们承认现代性的特别性（也即是说，主张现代性是西方的产物），而不是普世的理性的话，那么对于东方社会,现代性无疑是在"他者的视角"下一次重大的"地理发现",一场世界图景的重构。此外,虽然在物理形态上不存在"整体西方"对"整体中国"的冲击,但是法制现代化这一概念所包含的是西方法制的特性而不是个别的特点。在这个意义上(例如在司法制度上),无论我们受大陆讯问制度的影响,还是移植英美的抗辩制度,都无关紧要;并且,尽管中国的不同地区的反映程度不同,但毕竟中国是受到了影响,不管这一影响是显著的、微弱的,还是处于潜在状态。即使我们看到,中国社会(主要是中央政府)采取的许多变革举措的原因是复杂的——其中有对西方社会的回应,也有对本土力量的应对,但无论是作为"外部者"还是"内部者"的冲击,无可避免都是西方问题的产物或激发的产物,只是方式有所不同而已(直接或间接)。

正如前面的论述所显示的,法制现代化历史起源类型划分的主要依据是中国既有的法制现代化进程,且更多地是拷问一种"起源"问题。可以说,它是面向历史的"思"。这从法学者对于中国现代化模式的定位在相当程度上受到历史学界的影响可见一斑。在费正清提出的"冲击—反应"模式占据主导地位的时代,学者们多在外发型法制现代化模式的框架下理解中国的法制现代化。而随着标志费正清时代结束的《在中国发现历史——中国中心观的兴起》的出版,学者们开始从中国社会内部的因素来考察中国现代化的进程。采取这种观点的研究者极力尝试从中国历史的观点出发——密切注意中国历史的轨迹和中国人对自身问题的看法——而不仅从西方历史的期望的观点出发,去理解中国历史。之后又有王国斌等人开始从"非内非外"的角度寻求解释中国历史的立场,这一努力引起了学者们的重视,柯文也承认,王国斌"谨慎地建构和发挥了一套新鲜而不偏不倚的方法来进行比较历史的研究。这套方法没有偏执于世界上任何一个地方的历史轨道,因而使我们得以泯除偏见,就任何一个地方的历史都可以提出问题。"[①] 或许这说明,脱离一定历史观来谈论中国法制现代化的历史是不可能。

第二节 法制现代化的推动力量

学者们之所以对内发型还是外发型法制现代化的问题争论不休,或许在很大程度上是因为他们混淆了法制现代化的历史起源和推动力量这两个不尽相同

---

① [美]保罗·柯文:《变动中的中国历史研究》,http://www.china.org.cn/chinese/HIAW/813634.htm。

的命题。① 历史起源追溯的是现代化的"开端"问题，而推动力量则涉及当下和未来现代化的推动力问题，更具有理论上的建构力且直接关涉现代化道路的抉择。当然，两者间并不是绝缘的，相反，它们呈现一种"有选择的单向亲合性"。之所以说是"有选择的"，是因为它们间的关系是可能的而非必然的：外发型法制现代化并不意味着中国就一定要走政府推进型法制现代化的道路，但是作为历史的开端，外发型现代化毕竟为走政府推进型道路提供了更大的正当性，也使得"自上而下"的法制治理模式具有一种历史的惯性。之所以说是"单向的"，是说我们对历史起源的判断的确可能影响到推动力量的选择，但反之，推动力量的选择问题却会、也不应影响到对已发生的历史的判断。②

法制现代化的推动力量问题，是要解决法制现代化由哪一部分力量主导的问题，或者说，为某一集团主导法制现代化进程提供理论上的正当性资源的问题。这一问题之所以重要，是因为主导权的选择往往与现代化的目标休戚相关，也与现代化框架下各利益集团权力和权利的重新分配有着紧密干系，因为在某种意义上，现代化不仅是量变的增长，无疑也是经济、政治、文化、意识形态方面资源的"质变"重组。按照现行学界的划分框架，依照法制现代化主要推动力的标准，法制现代化模式可以区分为政府主导型法制现代化和社会演进型法制现代化，也称为国家推进型和社会推进型。③ 与历史起源相比，这种理论模式的选择性更强，因此不确定性也愈加明显，这使得学界在这一敏感问题上的讨论更显热烈。

一、政府主导型法制现代化

政府主导型法制现代化，指的是依靠政府对法治目标和实现步骤进行理性设计和战略规划，运用政府的权力制定大量的法律，形成完善的国家体系，并依靠政府的强制力推行这些法律，以达成实行法治的目标。④

---

① 典型论述见汪太贤、艾明：《法制的理念与方略》，中国检察出版社2001年版，第221~226页；公丕祥主编：《当代中国的法律革命》，法律出版社1999年版，第491页。

② 或许，许多学者正是因为预设了法制现代化的推动力量和目标取向，才对现代化的历史起源作了不当的假设。虽然前文说过，对于历史起源的判断不免受价值判断的影响，但这种倒推式的"价值前溯"是一种伪价值判断，应当为研究所尽量避免。

③ 参见蒋立山：《中国法制现代化建设特征分析》，《中外法学》1995年第4期。谢晖根据马克斯·韦伯的理论提出了权威推进和民众推进两种类型，由于国家和政府是其权威类型中的典型，因此也可归于本节的讨论框架下。参见谢晖：《价值重建与规范选择》，山东人民出版社1998年版，第256~274页。

④ 参见蒋立山：《中国法制现代化建设特征分析》，《中外法学》1995年第4期。

（一）理论基础

1. 现代化危机与强大政府

美国学者亨廷顿从分析发展中国家普遍存在（或曾经存在）的社会失范问题入手，涉及了现代化进程中建立一个强大的政府以及由政府主导进行现代化的必要性。他认为，目前落后国家（包括中国）社会失范的总体原因在于权威的失落，而后者又起因于它们正在进行的应激型现代化运动。事实上，未走上现代化之路的落后国家和已经完成现代化转型的发达国家由于社会内部各种因素间较为和谐，因此处于较为平稳的状态。而现代化所要确立的经济工业化、国家民主化、社会城市化和个人理性化的目标与传统格格不入，它是一种现代性不断排挤传统性的过程，在这个过程中会出现大量的不稳定现象，其潜台词是对新的国家权力形式和秩序缺乏认同、信任和忠诚。权威失落的一般机理在于经济和政治二架"齿轮"的不相磨合：由于落后国家的经济水平较低，国家优先考虑的是经济增长，而经济的进一步增长有赖于与之匹配的体制，以一方面满足通过社会动员被调动起来的人的期望值，另一方面去调整种种不公正的财富分配关系，但国家在短期内又无法建立比较健全的体制。这样一来人们的期望受挫，人们对新价值怀疑和不满，加之政府的软弱和一些官员的腐败，政府成为迁怒的对象，其所初创的法律体系也成为冷处理甚至反抗的对象。① 处于转型期的中国面临的正是这个问题：国家层面上的大传统和主流价值观在"进步与落后"的唯物史观话语体系中已被丢进历史的垃圾桶，新的体制和观念体系又迟迟得不到全面地建立，因而整个社会处于一种"失范"状态，茫然不知所归。

而欲根除国内政治的动荡和衰朽，就必须树立起强大的政府，也就是一种有能力制衡政治参与的政府。在这方面，亨廷顿给予了共产党政府以高度评价，认为共产党政府在消灭饥荒、改善健康水平、扩大国民生产、开创工业和最大限度地创造福利方面并不比自由政府强，但是他们的确为社会提供了有效的权威，保持了现代化进程中政治和社会的稳定。因为对于处于发展进程中后发型现代化国家而言，"首要的问题不是自由，而是建立一个合法的公共秩序。人当然可以有秩序而无自由，但不能有自由而无秩序"。② 必须先存在权威，而后才谈得上限制权威。在那些处于现代化之中的国家里，恰恰缺少了权威，因而政府不得不听任各种社会利益集团（只要它们足够强大可以影响政府）的摆布。亨廷顿甚至

---

① ［美］亨廷顿：《变革社会的政治秩序》，李盛平、杨玉生、李培华、张来明译，华夏出版社1988年版，第32~71页。

② ［美］亨廷顿：《变革社会的政治秩序》，李盛平、杨玉生、李培华、张来明译，华夏出版社1988年版，第26页。

将能否建立一种有效的统治秩序上升到道德的高度："一个制度化程序低下的政府不仅是个弱的政府，而且还是一个坏的政府。政府的职能就是统治。一个缺乏权威的弱政府是不能履行其职能的，同时它还是一个不道德的政府，就像一个腐败的法官，一个怯懦的士兵，或一个无知的教师是不道德的一样。在复杂的社会中，人们需要有道德基石的政治制度"①。亨廷顿的这一理论也成为我国学界上世纪末到本世纪初新权威主义理论一度盛行的圭臬。②

无疑，在这样一种权威型现代化的制度架构中，包括法制现代化在内的现代化的方方面面都需要政府权威的支撑。因为在这样的一种事业中，法制的现代化建设与其说本身具备一种独立的价值追求，不如说更具有对现代化进程中的各方利益进行制度化整合的工具必要性和优势。而观之发展中国家社会整体，任何别的社会力量都不足以担当有效、有序进行利益再分配的任务，而只有具备权威的政府能完成这一任务。同时，在现代化利益分配，同时也是政府权威的确立过程中，法律制度无疑是众多手段中最具备正当性特征的。这就决定了法制与政府相随而行的共生关系：法律因政府的权威而获得权威，同时法律的贯彻又进一步加强了政府的权威。

2. 国家治理与合法化重构

不少学者将制度现代化看作是国家实现对社会的治理以及两个层面的合法化重构的过程。强世功认为，所谓合法性就是社会对国家所谓维持的统治秩序的认可或同意，这种认可或同意是以自由沟通和相互交涉的制度机制为前提的，正是通过这样的制度机制，国家利用所掌握的各种资源对社会施加控制或管理，社会也利用自己的资源对国家进行批评、监督、抵制或反抗。一般而言，国家所拥有的资源包括文化资源和制度资源，由此也造成了国家在社会中确立合法性主要依赖两种不同的手段：意识形态的合法化和法律制度的合法化，以及两种合法化模式：控制模式和治理模式。③法制现代化归根到底是一种界定国家—社会关系的制度合法化模式，在其过程中国家逐步加强对社会的控制，而实现对社会的治理。在这样的视野下，中华帝国在晚清陷入前所未有的合法性危机并不是传统"夷夏之变"的政权危机，而是传统的儒法合一、以礼入法、依赖科举制度来沟通国家与社会这一独特的合法化统治秩序所面临的危机，是在传统的公共领域发

---

① ［美］亨廷顿：《变革社会的政治秩序》，李盛平、杨玉生、李培华、张来明译，华夏出版社1988年版，第12~26页。

② 新权威主义相关理论，参见郭洪纪：《新国家主义的崛起与东亚模式》，《社会科学研究》1997年第3期；李文辉：《新形势下维护中央权威探析》，《求实》2001年第1期；张伟：《从村庄到国家的新权威主义治理》，《江苏社会科学》2004年第1期。

③ 参见强世功：《法制与治理——国家转型中的法律》，中国政法大学出版社2003年版，第21~22页。

生结构性转变的情况下,如何重建国家与社会的关系问题。一方面,在国家层面,与意识形态领域"国家主义"的兴起相伴相随,在制度领域法律移植就成为制度合法化重构的努力。由此,晚清修律是各个集团在公共领域中交涉的结果,不过这种交涉的最后结果提供了可供制度化的知识资源。晚清的修律也不过是各个利益集团在公共领域中重新分配权力和利益的表象。另一方面,在乡村层面上,为了实现国家的现代化,为了实现对社会经济的全面治理和改造,国家必然依赖政权建设而将权力深入村庄,控制村庄的资源而实现现代化的目标。① 这种政权建设通常是借助政治、法律、意识形态等各种手段进行的。在这方面无疑共产党政权是成功的。在组织层面,他们通过在农村内部进行阶级斗争培育了自己的代理人和有效的动员机制,形成一个新的"权力的组织网络";在技术层面,则通过普遍的马克思主义法律意识、抽象的新型制度设计与具体适用中的"中国特色化"相结合的方式,实现了国家法与民间法妥协与合作。

可见,在这样一种"政治—法律"的分析框架下,整个法制现代化的过程就是一个政权通过现代化的方式获得合法性承认和国家治理的过程。无论是清末修律、民国移植六法全书,还是新中国的法制建设、甚至十年"文革",都是这一连续的进程中不可分割的部分。而在这一过程中,即便有社会(其实是乡村社会)自身的努力与反抗②,这一要素还是相当弱的。中国的知识精英和官僚精英们所选择的方式基本是借助于强大的国家机器自上而下地实现现代化的治理。所以我们看到在中国近代史的舞台上,不断上演政权更替和法制变更(从立宪史可见一斑)的事件。这种国家对社会的控制与治理在共产党政权的努力下达到了极致,在那里,社会甚至几乎丧失了其本身,国家通过权力的组织网络基本实现了对个人"原子式"的人身控制。而这种治理和控制的制度化形式,又是借助"政策—法律"的多层构造进行的。虽然一度受到政治意识形态和虚无主义的严重影响,但是国家政权一度并且如今又重新意识到了法律制度的重要性。韦伯的理论为我们提供了一个合理的解释:现代理性法律存在强制性、理性和正当性三重特点;而现代国家正是利用形式理性法来整合强制、理性化日常管理和使统治正当化这三种功能,从而有效地维持日益复杂的多元化社会中的社会秩序。在现代法治国中,具有一般性和普遍性特点的法律使暴力以文明和理性的方式渗透到社会的各个层面,全面影响人类的生活。而且,理性、客观的法律还使

---

① 参见强世功:《法制与治理——国家转型中的法律》,中国政法大学出版社2003年版,第35~72页。
② 如20世纪30年代的"乡建运动"。但是这一运动既得不到国民党高层,也得不到共产党高层的支持,后两者在通过国家治理社会方面的构想是如出一辙的(尽管效果不同)。结果是,许多乡建运动的领导人被斥责为走第三条道路的投机分子,在新中国成立后受到排挤。

暴力披上了正当化的外衣，使得触犯法律的人在法律的强制力面前失去了"公民的不服从"的权利，因为社会已将其视为"罪人"。①

（二）模式依据与理论缺陷

政府主导型法制现代化模式的提出有其现实依据。第一，中国现代化任务面临着紧张的外部压力与内部压力。外部压力是指近代以来，西方先发型现代化国家对中国的渗透与影响，包括意识形态上的"和平演变"、经济上的"一体化诱惑"以及思想上的"优先性"。内部危机，就是在西方压力背景下中国社会经济发展与体制僵化所造成的矛盾激化与爆发，尤其面对目前经济高速发展与政治体制改革滞后、社会整体利益的膨胀与利益分配失衡的张力所造成的巨大压力，政府无论是从巩固自己的执政地位与能力，还是实现现代化进程的继续深入，都需要主动进行抉择。外部压力与内部压力促使中国政府走上一条以赶超为核心的国家现代化道路，同时也走上一条以政府为主要推动力量的法律变革道路。② 第二，中国传统法治资源的贫乏。中国历史上是一个长期封建专制集权的国家，缺乏商品经济的发展，缺乏民主法治的传统，因此缺乏推进法治自然演进的本土资源和机制。第三，实现现代化时间的紧迫性。目前建设现代化面临着"时空叠合"的复杂结构。一方面，西方社会与中国社会以地域为界分，存在着"前"与"后"的进度之别；另一方面，在中国社会内部，在东、西、南、北各个不同的地域，存在着交错复杂的前现代、现代、后现代的多重因素。要在这样一种环境下进行现代化"建设"，而目标又是在于在世界时间表中重新获得领先优势，无疑仅依靠社会自身的演变是太过于迟缓的。而也只有一个强大的政府，才能保证在短时间内整合最大的资源，达成一个集中的目标。③ 就如日本曾经做到的那样。第四，中国现实政治资源的强大。中国拥有一个集中统一、相对稳定而又有很高威望的政府，这是推进经济现代化和社会法治化的强大力量。这一定意义上说明，政府主导型法制现代化对中国来说，不仅是历史和现实的客观选择，而且也是历史和现实的一种客观要求，并且在某种意义上说也是中国在现阶段的一种最适宜的选择。④ 第五，政府主导可以在法制现代化的进程中发挥重大作用：一是观念启蒙，即通过展开大规模的法律知识普及与法治意识启蒙，增强社会的法治观念，更新民族法律意识；二是进行总体设计，即设计出法制现代化的

---

① 郑戈：《法律与现代人的命运：马克斯·韦伯法律思想研究导论》，法律出版社2006年版，第120页。
② 蒋立山：《中国法治道路初探（上）》，《中外法学》1998年第3期。
③ 一个流露出此方面强烈情感的表述，卓泽渊主编：《法理学》，法律出版社1998年版，第434页。
④ 罗猛：《中国法治之路的现实选择》，《黑龙江政法管理干部学院学报》2002年第2期。

总体目标和实施方略,保证各方面的资源都进行合理分配,减少磨合成本;三是法制创新,即通过移植国外的法律,在相对较短的时间内创设一个现代化的、完善的法律体系,实现法律制度的完全创新;四是实施保障,即通过改革行政与司法体制,保障法律的实施和法制现代化目标的实现。① 而在现实中,政府主导的法制进程也或多或少完成了以上这些任务。因此,有学者指出,"法制现代化的过程离不开一定的政治机构的启动……拥有强有力的政府系统,是那些原先不发达国家(尤其在东方)迅速实现现代化的必要条件。"②

但是,政府主导型法制现代化却具有不可否认的内在缺陷。这其中最大的一个问题是权威与正当的背离。从历史经验看,共产党政权的权威是通过暴力革命而来的,完成"推翻三座大山、建立人民中国"这一民族主义重任使得新生政权具备了足够的正当性基础。新中国成立后,社会主义公有制度在初期所能体现出的巨大的动员能力和资源优势使得领导层的雄心一度壮大,也使得政权的正当性继续延续。但是随之而来的自然灾害使得制度的弊端日益显现,意识形态领域的偏激化也使得大量知识精英丧失了通过制度化渠道为现代化贡献才智的可能,中国曾一度退化到"个人魅力型"统治模式中,当然开国领袖的个性魅力加上"造神运动"的成功,使得正当资源维系在领袖个人的身上而继续。随着第一代领袖的相继过世,这种正当性方式也宣告终结。第二代领导集团对此的策略是强调经济问题而搁置政治体制问题,虽然中间存在1989年的小插曲,但执政党执政的正当性毕竟随着中国经济的高速发展而仍旧得到了认同。但是经济的进一步增长却遭遇到了"瓶颈",那就是政治体制问题。当市民社会不再满足于经济总量的绝对增长,转而主张政治权利的时候,一个最尖锐的问题凸现了:如果政府要继续将法制现代化推进深入,那么最终结果就有可能丧失自身政治权威③,而使得政府推进型法制现代化难以为继,这无疑也是政权享有者不愿意看到的;而如果政府为了保住政权而采取强力手段终止现代化的步伐,那么无异于失信于民,丧失执政的正当性基础,权威与正当在此就面临着决裂的境地,政府推进型法制现代化同样不能继续。正如蒋立山教授所言:"政府在推进法治改革和制度变迁中的角色是双重的,它既是改革的推动者,又是改革的对象,这也是中国改革问题中的难题所在。"④

权威性建立在正当性的基础上。法律得到人们遵守的内在基础在于迎合了社

---

① 参见汪太贤、艾明:《法制的理念与方略》,中国检察出版社2001年版,第237~238页。
② 公丕祥:《法制现代化的理论逻辑》,中国政法大学出版社1999年版,第215页。
③ 法理社会建立的基础——市场经济、民主政治和多元文化对主体的共同要求是自主自救的主体,这更使得主体的权威感淡化,自主感及自主能力增强。(参见谢晖:《价值重建与规范选择》,山东人民出版社1998年版,第260页)
④ 蒋立山:《中国法治道路初探(下)》,《中外法学》1998年第4期。

会的需要，得到人们的认可；法律不应是单纯依靠强制从外部强加于社会行动者身上的东西，而只有内化于社会的行为模式之中才能最大限度地发挥实效。法律是一种社会文化现象，需要人们的观念、价值、理想图景为"本体论之根"。否则，它就只能游移于本国的生活土壤之上而成为停留于决策者和知识精英口头的表征。中国正在进行的法治现代化建设的主要做法是借鉴西方的法律制度和法律原理、理念，它相对于中国的本土知识而言是具有异质性"他者"，并没有深厚的与生俱来的合法性根基。短暂时间内政府层面推进性法制的苦心经营和依法治国的全民共识，大规模的立法活动和声势浩大的执法行动，并没有完全改变人们的既有价值偏好，国家法的缺陷和供给不足、路径不畅、成本太大、预期不明等客观因素也影响了其实际作用的发挥，使得自身停留于纸面，成为纸上之法（Law in Paper）。这就是为什么政府主导下制定的法律往往缺乏实效的原因。

与上一方面相关，如果暂且承认中国的法制现代化运动是一种应激型法制现代化，那么由政府主导的法制建设又面临着价值偏离和动力衰竭的问题。法治，作为法制现代化的基本目标，其基本含义在于两个方面：一是基本价值向度，核心命题在于"权利保障"和"权力限制"，它们构成了法治的柔性内核；二是形式要件向度，强调政府的权力应受法律的制约，政府的全部行为必须有法律依据和法律授权，以及强调法律的权威、依法行政、法律的确定、明确等，它们构成了法治的刚性外衣。① 而由于政府推进现代化的动力在于应对外部危机，就有可能使得其在推进现代化的过程中片面强调法治的刚性部分，而有意无意地忽略了法治的柔性内核。这种注意力倾斜现象有可能使政府在推进法治的过程中导致法治的"异化"，剥离开法律的"合法性"（Legality）与"正当性"（Legitimacy），最终使得目的在于限制政府权力的法律成为巩固和扩大政府权力的屏障，成为一种"真实的谎言"。尤其是在目前中国立法体制中由"部门立法"主导的立法格局，更使得立法成为部门利益角逐的"私器"。而即使迫于民众与舆论的内部诉求以及西方国家的外部压力，政府对法治的实质价值适当予以保护和增进，往往也只是被动地承受，缺乏对真正实现法治价值的主动性制度安排，和为保障人权和限制政府权力提供一套可操作的制度。② 同时，随着法治向纵深的发展，一旦改革到了前面所说的触动根本政治体制的时候，甚或有时政府面临的压力与危机有所缓和，改革必然面临政府惰性和动力衰竭的问题。而同时，民众主体意识与法治观念的提高也将从侧面降低政府的权威，进一步使得政府主导改革的动力衰竭。

---

① 有关法治的基本内涵在西方法律思想史上的演变，可参见郑永流：《法治四章》，中国政法大学出版社 2002 年版，第一、二章。
② 参见汪太贤、艾明：《法制的理念与方略》，中国检察出版社 2001 年版，第 239~241 页。

此外，中国独特的政治生态结构也使得中央领导集团本身的意识与价值取向处于现代化建构的中心地位。在中国，政府在法制现代化中的作用发挥到什么程度，往往取决于在政府中占主导地位的领导集团的行为方式。而改革的动机与价值取向，则是领导集团行动的重要的原动力系统。也即是说，领导集团的注意力和思维制约着现代化行动的特定方向或目标，也决定着实现目标的手段和途径。① 这就是为什么我们的法制现代化建设在整个历史进程中呈现出一波三折、峰回路转之局。这无疑使得政府主导型的现代化建设存在不稳定性和不连续性的危险。

二、社会演进型法制现代化

社会演进型法制现代化的理论从近代资本主义国家的经验出发，认为法治是逐渐演化而来的，而不是政府理性设计的结果。因此，持这一观点的学者主张，中国的法治之路必须依靠中国人民的实践，而不仅仅是几位熟悉法律理论或外国法律的学者、专家的设计和规划。②

（一）理论基础

1. 自发社会秩序与地方性知识

社会演进型理论的第一条途径源于知识论进路。哈耶克从知识的运用和信息的利用出发，指出在各种人际关系中，一系列具有明确目的制序的生成，是极其复杂但却又条理井然的。然而，这既不是什么设计的结果，也不是发明的结果，而是产生于诸多未明确意识到其所作所为会有此结果的人的各自行动。在哈耶克看来，这种在人们的社会交往的行动过程中经由"试错过程"（Trail and Error Procedure）和"赢者生存"（The Survival of the Successful）的实践以及"积累性发展"（Cumulativ Growth）的方式而逐渐形成的社会秩序就是"自发秩序"。尽管哈耶克强调自发社会秩序是人们在社会交往中的相互调适中生成并经由一个演进过程而扩展的，但他认为，这种社会秩序的演进型构论，与社会达尔文主义的那种简单地照搬达尔文的"生物进化论"到社会科学研究中的分析理路是有区别的。哈耶克明确指出，生物学中的"自然选择"、"生存竞争"和"适者生存"等观念，在社会科学领域中并不适用，"因为在社会演进中，具有决定意义

---

① 公丕祥：《法制现代化的理论逻辑》，中国政法大学出版社1999年版，第218页。
② 苏力：《法治及其本土资源》，中国政法大学1996年版，第19页；程燎原：《从法制到法治》，法律出版社1999年版，第314页。

的因素并不是个人生理的且可遗传的特性的选择；而是经由模仿成功有效的秩序和习惯所作出的选择……一言以蔽之，就是通过学习和模仿而传播延续下来的整个文化的遗产"。因此他也认为，"自发秩序的型构，乃是这些要素（指社会秩序中行动着的个人）在回应他们的即时环境时遵循某些规则的结果"。从这一点出发，哈耶克甚至认为，所有人们所能刻意设计以及能够和已经创生出来的东西，也只不过是在一个不是由他们所发明的规则系统中怀着改进现存秩序的目的而进行的。①"自发社会秩序"是哈耶克理论的核心概念，也是法制现代化学者引述用来论证社会演进型现代化模式最有力的论据之一。

此外，吉尔兹的"地方性知识"理论构成了社会演进型现代化理论的另一个理论来源。地方性知识并不仅仅是一种知识类型或知识体系，而在更大的意义上是一种知识观念或对知识的认识方式。它不是单单的特定时空下或阶级下的知识分类，毋宁说作为一种伴随20世纪中后期的知识观念的变革的产物。地方性知识表达了这样一种意义——由于知识总是在特定的地域和文化情境中产生并得到辩护的，那么我们对知识的考察与其关注其普遍的准则，不如着眼于分析和重视形成知识的具体情境，即如吉尔兹所讲，"把对所发生的事件的本地认识与对可能发生的事件的本地联想联系在一起"②。在这种知识观下，他认为，法律作为知识的一种，就是一种地方性知识。通过对法律的地方性知识分析，吉尔兹阐释人类学的一个重要原则，即"文化相对主义"，承认他人有和我们一样的心智，应该以一种尊重和理解的方式去看待富有地域风情的文化习俗和社会治理方式，在这样的前提下，使人类的知识得以交流，也就是吉尔兹所说的，在另一个情境中发现我们自己。③ 这种观念实际上瓦解了法律的普适性本质的可能，而法律也只有在深入到"他者"的"内部视角"中才能得以正确的理解。

2. 民族精神与活法理论

社会演进型法治的另一条途径实际上是在"国家—社会"的框架下，坚持市民社会对政治国家的超越性与优越性；因此相应地，也相信民间社会所衍生出的习惯、活法对国家正式法律的优先性，认为前者才是法治现代化和法治的生长点。

历史法学派是其代表之一。萨维尼认为，不同社会中的法律具有迥异的形式

---

① 匿名：《哈耶克的"自发社会秩序"理论》，http：//publishblog.blogdriver.com/blog/tb.b?diaryID=10023611。

② ［美］克利福德·吉尔兹：《地方性知识：事实与法律的比较透视》，邓正来译，载梁治平主编：《法律的文化解释》（增订本），三联书店1998年第二版，第126页。

③ 王勇：《文化阐释道路下的知识观——读吉尔兹〈地方性知识：事实与法律的比较透视〉》，http：//www.xhfm.com/Article/minjian/200603/Article_ 1053.html。

与内容的原因在于，不同社会中的人们在与其他社会相对隔绝的长期共同生活中所形成的不同习惯或习惯性道德（民族精神）。习惯既是人们习以为常的生活方式，也是人们在这一社会生活中必须遵守的规范。法律的效力也来自习惯，它与习惯的区别只在于民族国家通过暴力来保障它的实施。耶林也同样指出了习惯与法律之间的互补性，他认为习惯的产生经历了三个步骤：首先是某一个具体的社会行动者作出了某种行为，随后是其他人对这种行为的模仿，最后则是这种行为方式成为社会成员的一种义务。其中前两个阶段产生习俗，习俗附加义务则成为惯例。它们都为法律的制定和实施提供了基础。

作为西方法社会奠基人，埃利希提出了法社会学的一个基本观点："无论现在或其他任何时候，法律发展的中心不在立法，不在法学，也不在司法判决，而在社会本身。"这意味着法律的权威不仅来自于国家的保证以及律师对法律效力的判断，法律同样需要根植于人们日常生活的道德权威以及人们对那些试图管理社会生活的规则的看法。所谓"活法"，即各种社会团体的内在秩序。它是"支配生活本身的法律，尽管不曾被制定为法律条文"，"活法的科学意义不限于对法律所适用的、供判决之用的规范，或对成文法的内容和影响。活法的知识还具有一种独立的价值，它构成人类社会法律秩序的基础。"活法的知识来源有两个：（1）现代法律性文件，主要是指商业性法律文件，其在现实生活中占统治地位；（2）对生活、商业、习惯、惯例等的直接观察。它不仅包括法律所承认和被法律条文所忽视、省略的东西，还包括法律条文所不赞成的东西。埃利希认为活法在法制建构和司法中的重要性要大于国家的正式法律，而活法正是在社会的自然生发演变中产生的。① 活法在社会中的地位从很大程度上说明了自然演进型法制现代化的必要性和可能性。

（二）模式意义与理论缺陷

社会演进型法制现代化模式的理论意义也是很明显的。首先，它打破了中国法学界长期以来存在的单一性、片面化思维，比较全面地揭示了市民社会及民众在建构中国法治进程中的作用，在"大传统"之外找到了另一股重要的动力来源。因为"人的理性认识和判断能力的局限性，决定了人们不可能按预先设定的计划去构建完备的法治秩序。法治和整个社会进程一样，在相当程度上是一个自发演进的过程。"② 因而中国的法制现代化就应当立足现实，在推进经济市

---

① 参见赵震江主编：《法律社会学》，北京大学出版社2006年版，第9页。
② 叶传星：《论法治的人性基础》，《天津社会科学》1997年第2期。

化、政治民主化及相应思想意识的转变基础之上，走渐进的法治之路。① 其次，社会演进模式的实施成本低、适应能力强。由于社会演进而成的制度是民众自己在长期的社会生活中创造或转化而来的，本身就与社会生活具有亲和性，一般也能为民众自觉地认同和遵守，无须国家强制力作后盾，因而其产生和运作的成本较低。同时，民众自己创造的制度反映了当地的自然条件、社会条件，具有很强的适应性与生命力。② 相反，"通过国家法造成活法（Lebendes Recht）秩序的解体和相应的个人与国家或公法与私法的两极化后，个人之间的有机结合的中介领域即遭到破坏，重新形成人民的政治无力状态。其结果，国家主权的妥协这一含义上的现代西方法律的本质特征不能反映出来，而所谓的'发展行政'的病态却无孔不入。"③ 此外，在法治激进主义甚嚣尘上之际，社会演进型法治作为一种保守主义和平民主义立场，将中国法治的建构限定在中国具体的历史语境中，指出法治的形成最终孕育在本国民众的社会行动之中，从一定程度上挫败了激进主义者脱离客观实际的目标设定，牵制了其急速冒进的推进步伐。④

但是，这种看似客观描述性的法制现代化之路却可能在实践中仅仅是法学家们受西方经验"启示"而幻想出的"乌托邦"方案。历史赋予了中国现代化独特的进程，在这一独特的历史进程中，法制现代化作为应激型现代化总体事业的一部分，镌刻着浓厚的"进步时间观"。在世界历史事件表上，中国与西方的关系被安排为"后"与"先"的关系。这种时间观将中国政府与百姓牢牢包裹住，"大干快上"、"赶英超美"、"早日实现现代化"、"尽快与国际接轨"等等都是这种意识的外显化。可以说，这种时间意识已经成为中国人根深蒂固的精神指南。但社会演进型法制现代化的反理性、反建构性、无意识性必然造成很长的时间成本，这种迟发效果将会与中国民众从历史中继承来的时间意识格格不入，最终可能进一步加剧民众恐慌的时间心理和焦躁的情绪体验，在遥不可及的期盼中，自行切断通向法治建构的动力线。⑤ 这也揭示了社会演进型法制现代化模式最大的缺陷：过于迷恋于"地方性"、"实践"等概念，结果跌入了从西方独特的法治经验中抽象出的一些"规律"，然后把这些规律移植到中国社会，认为中国也应当走那样一条道路。其结果是恰恰在本质上坚持了法治发展的普适性，而忽略了中国走上以及继续法制现代化的具体历史情景，没有从自己的历史观出发

---

① 张楠：《从法治的价值内涵看政府推进型法治之路》，《法学论丛》2001年第6期。
② 参见黄文艺：《论中国的法律发展模式》，载公丕祥主编：《法制现代化研究》（第七卷），南京师范大学出版社2001年版；谢晖：《价值重建与规范选择》，山东人民出版社1998年版，第272~273页。
③ 季卫东：《法治与选择》，《中外法学》1993年第4期。
④ 参见汪太贤、艾明：《法制的理念与方略》，中国检察出版社2001年版，第244页。
⑤ 汪太贤、艾明：《法制的理念与方略》，中国检察出版社2001年版，第245页。

去"遭际"中国所面临的经济、政治、社会文化条件。这也是这一模式的内在悖论所在。

世界的统一性与多样性决定了法律不单纯是一种"普适性知识",也不仅是一种"地方性知识"。作为人类向未来开辟出道路过程中所沉淀的经验积累,历史总会在一个较高层次上反映出某种具有普遍意义的知识。这也解释了为何在世界上不同的地方,总会产生某些相同或相似的制度、体验,尽管名称和具体的运作方式有所不同。从这个意义上来看,法治所蕴含的基本原则、精神、理想乃至反映人类共同价值追求的某些具体法律都是可以直接借用、移植的。同时,也应当看到,不同的人群在不同的时间、地点和场合,基于不同的信仰、见解、好恶和禁忌会创造出不同的法律。这时需要辨明的是,哪些法律是反映普适精神的,而哪些是反映特殊化文化特征的。但无论如何,文化差异所导致的法律的特殊性都不能抹煞法律的普适性;同样,法律的普适性也必须为法律的特殊性留下一定的空间,它们是互补存在的。因此,不能一概地留待所谓社会的自发演进,而放弃法律移植的必要和可能。

社会演进型法制现代化也不可避免地存在"应对不足"的问题。前已叙及,中国法制现代化的很大一个目标在于应对内外压力。政府在短期内所能调动的资源、形成的影响是自发、分散的民间社会无法比拟的。面对一个时空有限的具体历史情景,缓慢的、甚至一度是柔弱的、分散的民间习惯力量能否有能力,或者说历史是否有足够的条件留待社会力量去应对危机?这是很关键的一个问题,尤其是在所谓的"危机时刻"——社会的矛盾力量总爆发的时刻。实际上,通过仔细的历史观察我们会发现,西欧的法治发展并不是纯粹的社会演进的表现,君主专制的民族国家在这过程中发挥的作用同样很大。有学者在对法律变革进程中的政府功能进行研究后指出,国家对法律发展的功能关系有三种不同的性质和状态:第一种状态体现了国家对法律发展的积极作用;第二种状态反映了国家妨碍法律进步的消极作用;第三种状态兼有前两者的属性,既有积极的一面,也有消极的一面,表明了国家对法律发展产生功能影响的选择意义。[①] 从总体上说,西欧的专制国家在建构西方法治时更多是呈现第一种或第三种状态(呈现在封建君主与市民社会"合谋"反对封建领主的斗争过程中)。因此,不能完全抹煞政府在法制现代化进程中的作用。

此外,备受质疑的问题还在于,社会演进型法制现代化模式所推崇的习惯法、惯例能在多大程度上为中国的法治构建贡献力量?实现社会演进模式的国家更依赖相应的政治、经济、文化、思想、道德基础。一国如果缺乏这些必要的基

---

① 公丕祥:《法制现代化的理论逻辑》,中国政法大学出版社1999年版,第201页。

础，就很难通过社会自然演进来实现法制现代化。中国历来是一个人治传统浓厚的国家，在这种历史—文化氛围中形成的习惯法、惯例所蕴含的，能与现代法律精神相融洽的因素有多少殊值怀疑。即使如苏力所言，这些习惯法、惯例不仅包括从历史上继承而来的文化传统，更有在当下正在形成的各种蕴含着中国民众经验与智慧的习惯、惯例和潜规则，但哪些能体现"合理"的法治精神需要具体分析。因为，毕竟在许多习惯、惯例、潜规则形成的过程中，或多或少融合进了传统的因素。事实上，我们可以发现社会演进型论者的一个很明显的预设理论倾向：法治功能主义。这种观点将法律作为一种秩序形成的工具看待，将实效作为法治的核心要素，主张最好的法律是最有助于形成社会秩序、最能有效"解决问题"的法律。但是法治并不仅仅是一种功能主义视野下的工具，它还承载着某些核心的实体价值要素，如权利保护、权力限制、资格平等等。否弃了这些要素，也就动摇了整个法律帝国的大厦。如中国目前律师界流行的"打官司就是打关系"的潜规则，而在实践中这条潜规则也的确很"有效"，但并不能因此就认为它也应当构成我们法治资源的一部分。这也说明，社会演进型的法制现代化进程也具有一定的自发性和盲目性。由于在目标、程序上很少有建构的因素，只是遵循自身规律去发展，它缺乏明确的发展目标，所以在其发展过程中不可避免地具有一种机会主义的色彩。因此，我们不能仅用一种功能主义的态度去对待法制的现代化，而更应该在某些价值观的映照下对现有的习俗、惯例进行"反思均衡"。

三、互动型法制现代化

政府推进的不足之处正是社会演进的优点所在，反之亦然。因此，多数学者都倾向于整合这两种模式的优点以扬长避短。他们认为，在现代社会，这两种模式都是不可或缺的，而且很难分出主次高下，因此不能做出非此即彼的选择。一方面，在制度供给上，政府与社会是相互依存的。政府所供给的制度只有最终为社会所认可和接受，才能成为活生生的制度。与此同时，社会所供给的制度若能得到政府的支持，往往更具有持久性和生命力。另一方面，政府与社会又是相互制约的。在同一社会关系领域，社会原有的非正式制度制约着政府的制度创新与制度供给行为。通常，只有在政府供给的制度在实际功能上更优于原有的非正式制度时，才能成功地取代原有的非正式制度。政府并不能凭借其强制力随意地废除那些在社会生活中长期为人们所尊奉的有效的非正式制度。而政府所创立的大量的正式制度反过来也制约着民众的制度创新行为，构成了民众创新的外部约束条件。① 因此，以国家推进为主导，国家推进与民众推进相结合的合力推进模式，是中国法治建设的最佳行为模式。

在这些学者看来，在中国推进政府社会互动性法制现代化的优点是多方面的。它有利于在国家宏观法治指导下保证正确的法治方向；有利于加快中国法治进程，尽早实现法治目标；有利于社会民众的广泛参与，使依法治国拥有牢固的社会群众基础，进而保证法治旺盛的生命力和动力来源；有利于防止纯政府行为可能导致的急躁冒进的行为的发生，从而使中国法治的建构在稳定、健康、有序的轨道上运行。② 所以，这一模式被认为能保证国家权力与社会权力的平衡，保证法治之"质"与"量"的均衡，兼顾国家、社会、个人三方的意志，是对前两种模式的超越与扬弃。③

虽然互动型法制现代化模式看似对前两种模式的折中调和，取两者之长构筑自身自洽的理论体系。但大多数学者仅是从"应然"的角度论述这种模式的优点，是对前两种理论的"理论"反思，这种纯思维的理论优点是否能在中国当下具体的历史情景中展现出来，或者说中国的现实会否将这种理论上的优点"湮没"，是殊值怀疑的。因而我们所做的不应当是满足于逻辑上的自洽与理论上的完满感，而更应直面中国的"事情"本身，在一种暴风骤雨、支离破碎式的社会现实中支撑起最能持久的理论基石。

这一模式从价值取向上看是无可厚非的，但是在实现中如何采取具体的步骤与措施实现这一模式预设却是另一个问题。在此之前我们必须对中国的国家、社会、个人三方的关系有一个概观式的历史体察。政治国家与市民社会形成良性互动的前提是两者力量的大致均衡。但是反观自身，中国具有历史悠久的专制主义传统，虽然自近代以来，西方自由主义运动在中国的传播从未终止过，尤其是借助"五四"运动的契机，经过一大批知识精英的鼓吹而盛极一时。但是知识分子大都停留在辨析概念、宣扬内涵等理论"研磨"的工作上，而忽略了如何在中国这样一个"顺民工厂"培育市民社会的问题。因此，在中国式的启蒙运动中，"市民社会"作为一个处于国家与个人间的概念基本是在话语谱系中缺位的，其结果往往导致国家对个人的直接"逼视"与"规训"。新中国成立后，这种畸形的关系发展到了极致——国家政权借助户籍、档案、政治考察等手段直接

---

① 卓泽渊：《中国法制建设行为模式的选择》，《云南法学》2000 年第 1 期。谢晖从法治本质的角度论证了两种模式结合的必要性，他认为，"法治的本质是契约——国家与社会、权威与民众间的契约，法治的这一本质的确立必然使权威和民众，国家与社会共同成为法制现代化的动力。"参见谢晖：《价值重建与规范选择》，山东人民出版社 1998 年版，第 272 页。

② 参见汪太贤、艾明：《法制的理念与方略》，中国检察出版社 2001 年版，第 248 页。

③ 相关内容参见齐延平：《中国法治化的战略选择：国家积极与社会主动》，《世纪评论》1996 年第 5、6 合期；谢晖：《价值重建与规范选择》，山东人民出版社 1998 年版，第 271～272 页。

控制着每一个个体的人身，极端时甚至想要控制个人的思想和灵魂。社会被完全国家化了，社会横向整合个体关系，纵向阻隔国家对个人自由侵犯的功能几近消失。缺少了社会这个有效的隔离带和向国家主张权利的实体，个人无时不刻不生活在国家暴力的阴影下。① 而社会的消亡也必将导致个体的消亡。因为"对于国家而言，个人是不存在的。个人只有组织成社会，成为一种建制化的'个人'，'个人'才能构成国家的对应物，而这样的'个人'，在现代社会中，就是市民社会。"② 改革开放后，市场经济体制逐渐取代计划经济体制成为新的资源配置方式后，中国的市民社会开始形成。但是这种意义上的市民社会仅仅是具有经济意义的松散聚合体，而尚未具备政治上的意义。也就是说，这种微弱的市民社会力量依旧依附于国家而生存与发展（当然这在早期是不可避免的），而没有形成主张政治资源的另一股力量。因此，我们可以得出这样的结论，在现阶段的中国，市民社会与政治国家相比力量还十分微小，尚未达到良性互动的地步。

这或许告诉我们，中国的法制现代化进程并不是一站式的、直线演进的过程，更多的时候需要我们采取一种迂回的、间接的战术与智慧，采取一种分步骤与分阶段的递进式演进方案：首先，要借助于政治国家的力量，从宏观上拟定法治战略目标，完备本国的现代法律体系，推行法治的启蒙；其次，运用各种资源与手段，为市民社会的发展、壮大赋予制度性安排，初步建构起市民社会，形成国家与市民社会的二元结构。第二个阶段的主要目标是在第一阶段的基础上进一步完善市民社会，通过各种渠道对国家决策进行正面意义上的影响与刺激，形成良性互动。③ 无疑中国目前正处于第一个阶段，也尚未完成第一个阶段。在这个阶段上，中国法制现代化所借助的依旧主要是国家的力量；而即使在后面的几个阶段，比如市民社会的培育，依靠的也还是国家的力量。当然，在此我们又回到了前面提到的那个悖论上：当国家面临的压力减弱时，有多大的动力能促使其继续进行法制现代化建设。我们可以从历史发展的必然趋势入手论述这一过程的不可逆转性，也可以从经济与政治的马克思主义关系论阐述市民社会经济力量的继续壮大必然导致政治主张的凸现，而政治主张的凸现也必然导致国家的退让。但是当这些还停留在理论的"预测"时，而没有成为当下的"实在"时，我们还必须具有足够的耐心和充分的思想准备去应对各种与理论不尽一致的严酷现实。

---

① 参见汪太贤、艾明：《法制的理念与方略》，中国检察出版社2001年版，第250~251页。
② 许纪霖：《从范型的确立转向范例的论证》，《国家与社会》，浙江人民出版社1998年版，第305页。
③ 参见邓正来：《市民社会理论的研究》，中国政法大学出版社2002年版，第20~23页；汪太贤、艾明：《法制的理念与方略》，中国检察出版社2001年版，第252页。

因为我们在当下这个具体的历史情境中遭际的"实在"依然是国家的力量十分强大，市民社会还处于襁褓之中。所以在承认互动型法制现代化道路在大体框架上的可取性的前提下，还需要知识分子更多的政治智慧与技术策略向这一目标迈进。

第三节 中国法制现代化模式的选择

一、中国法制现代化道路的时空难题

1. 时间叠合

清末以来的历史表明，中国法制现代化的进程是在西方国家的侵略和冲击下被迫启动的。这意味着中国前现代的法制文明必须转变为强势的西方现代文明，至少应当以西方的现代文明为示范和参考。相对于西方法制现代化的历史演变，中国必须在较短的时间内迅速实现这一巨变。但是，西方国家的现代文明并非静待我们去学习和移植，当我们在由前现代向现代文明转变之时，西方国家已经面临后现代的挑战。在昂格尔看来，法治的特点是拥护普遍性和自治性，希望通过保证权力的非人格化而解决自由主义社会的困境，为此，法治有两个关键性的假定：一是最重要的权力必须集中于政府，二是权力能够受到规则的有效制约。但是，法治的这两种假定最终都被证明为基本上是虚构的。所有重要的权力并非集中于政府，规则会使权力非人格化和公正化同样十分脆弱，从而，法治理想根本上是虚构的。[①] 以昂格尔为代表的批判法学解构了现代法治的神圣性，而中国的法制现代化却要在偶像被破坏的同时向偶像致敬。这是一个两难，中国要面对的是历时性问题的共时性解决。套用舒国滢的话，"我们与西方发达国家处于同一个'地球村'和'共时态'结构。本来尚未完全成熟的法治建构，却鬼使神差地被抛入后现代主义（Postmodernism）的语境之中。中国的法治化，不得不与那些发达国家的法治一道，接受丹尼尔·贝尔（Danidl Bell）称的'后工业社会'挑战。尽管从总体上看，中国的现代化程度还远远没有资格患有'后现代综合症'（如经济、理性、动机、合理性的危机，政治的一元化与多元化的矛盾

[①] 参见昂格尔：《现代社会中的法律》，吴玉章、周汉华译，中国政法大学出版社1994年版，第165~168页。

与冲突，科学技术的进步与人类生存环境的恶化，等等），但随着当代国际间政治、经济、文化交流的日益频繁和密切，我们这样一个发展中的国家将不可避免被动承受'后工业社会'及其文化的负面效应。因此，在建构法治模式时，必须看到中国当代这个'共时态'结构中也包含有前现代（传统）、现代与后现代三种'历时态'法律文化的混合形态。也就是说，中国必须在两个极端的语境（前现代与后现代）的巨大张力之间来进行现代的法治（或法制）建设。一方面，中国的法治化将继续承受改造和继承传统（前现代）法律文化的巨大压力，尤其是消解以'封建专制主义'为特征的变态人治统治所造成的负面成本。另一方面，它又必须面对后现代主义、解构主义的'否定性'、'非中心化'、'反正统性'、'反权威'、'非连续性'、'不确定性'等反理性话语的冲击。中国的法治建构理论必须为以理性、科学为根基的法治'现代性'，提出足够合理的理论论证。"① 这段话概况而精辟地描述了中国法制现代化面临的时间困境，这一时间困境严重制约中国法制现代化道路的选择。

2. 政治经济发展不平衡的大国

（1）农村与城市的二元结构。前已述及中国面对西方面临的时间困境，同时也必须认识到，中国法制现代化建设还面临空间困境。尽管 20 世纪中国已发生了巨大的变化，中国的社会结构已经发生了较大的调整。但是，毫无疑问，中国最广大的区域仍然是农村，最广大的人口仍然居住在农村，基本上是一个熟人社会。现代的建立在工商社会和陌生人关系之上的现代法制对于农村和农民来说，还比较陌生，农村、农民对法制现代化的需求并不是那么的强烈。"秋菊"式的困惑并不是特例，而是常规。而且，尽管中国的城市地区已经相当程度的现代化了，但是，市民之间的关系并非全然陌生，基于血缘基础、地缘基础的熟人关系仍然占重要比重，市民也并非全然理解和尊重现代法制。综合这两方面来看，无论是在农村还是在城市，中国的法制现代化任重而道远。

（2）东部与西部的二元结构。中国不仅存在农村与城市之间的二元结构，由于历史和现实的原因，中国的东部和西部之间也存在二元结构。从历史上看，西方发达国家对中国的侵略始于东部沿海和大中城市，较早地瓦解了原有的社会结构，带来了新式文明的冲击。从现实来看，中国的改革开放政策也是从东部沿海地区开始的，并逐步向内地和西部拓展。这就决定了中国的法制现代化不可能是同时完成的，追求普遍性的首先为东部沿海地区接受的现代法律如何扩展到经济、政治、社会结构迥异的西部地区是一个历史性的课题。近年来中国政府提出"西部大开发"战略、鼓励帮助西部地区发展，就是考虑到东西部之间差距的不

---

① 舒国滢：《在法律的边缘》，中国法制出版社 2000 年版，第 153 页。

断拉大影响到了社会的和谐和稳定。

（3）大国因素。中国是一个区域性的经济大国、政治大国，不仅要实现国内的政治统一、经济发展，而且对整个世界的发展负有责任。在这个意义上，容易遭受其他大国的竞争和敌视。更不用说，一个多世纪以来中国争取民族独立的浴血奋战过程就是在与其他大国的斗争过程。同时，大国的法制现代化必然有不同于小国发展现代化的特点。在强世功看来，学者们现在"要么与东欧前社会主义国家的民主化作比较，要么与日本、韩国、新加坡和中国台湾这些儒教文明的国家和地区的民主化进行比较，试图说明中国民主化的发展道路。这些在法律技术层面的简单化比较恰恰忽略了这些小国或地区不仅本身容易实现转型，并不存在复杂的内部问题，或者这些问题在超级大国的庇护下比较容易解决。相比较之下，苏联民主化进程导致国家分裂、经济衰退、种族冲突等问题，倒值得中国吸取其中的教训，因为中国和苏联一样，是一个政治大国。而大国的和平崛起并在转型中维持统一和稳定，是它对整个世界的责任。"① 苏力也曾经指出："同样是'国家'，对于在概念层面思考的人来说，它们是同属于一个分析和思考的单位，是没有差异的。但对于现代化的实践来说，同样的概念无法掩盖这一概念背后的这一片土地和那一片土地之间的巨大差别。一个大国和一个相对来说的小国在统一和确立法治的难度上会有很大不同。大国意味着有更为繁复的小型社会的秩序体系，意味着形成统一的规则的艰难，这也就意味着更漫长的时间，意味着立法者必须考虑更多的即成的地方性秩序的利益，意味着有更多的地方性秩序会以各种方式反抗现代化的进程强加给它们，据说是为了它们的利益或它们的长远利益的法律，而这些旨在现代化的法律至少在目前以及在未来的一段时间内并不一定会给这些尚未现代化的或正在现代化的小型社会或社区带来利益，相反可能带来某些损害或不便。因此，一个社会的地域空间并不仅仅是一个空间的问题，它还意味着形成统一法治所面临的难度和所需要的时间。"②

二、中国法制现代化道路与全球化

全球化是一个公认的模糊概念。赞成全球化的人和反对全球化的人不但对全球化持有对立的态度，而且对什么是全球化也存在争论。抛开定义的烦恼，我们只需指出进入 21 世纪的世界无论是在经济交往、政治交往还是在文化交流上相

---

① 强世功：《迈向立法者的法理学——法律移植背景下对当代法理学的反思性考察》，《中国社会科学》2005 年第 1 期。

② 苏力：《道路通向城市——转型中国的法治》，法律出版社 2004 年版，第 36 页。

比于过去任何时代都更加密切和紧密，整个世界越来越不可分割。在这一过程中，法律的全球化成为不可阻挡的历史潮流。法律规则的统一、法律价值的趋同和法律理念的普适是法律全球化的主要内容。法律全球化对中国法制现代化道路有何影响呢？

有论者预测和分析了全球化对中国法治建设的十大挑战，具体包括对主权、立法、行政、司法、宪法革新、部门法协调、守法、法律服务、法律意识和法学研究等的挑战。① 也有学者认为，面对全球化的浪潮，首先，当代中国法制现代化运动的基本要求，乃是有条件地参与全球法律重构的历史进程。亦即是说，一方面，对那些反映全球市场经济运行规律和人类共同价值的基本法律准则及其制度架构，加以确认并且切实遵行，对相关国内法律进行必要的修改，以与国际准则接轨；另一方面，在全球法律框架与机制的形成过程中，要坚定地捍卫国家主权与民族利益，坚决排拒那些损害国家主权与民族利益的制度规范，充分意识到正在日益分化的世界对于全球法律重构的深刻影响，抵制全球化进程中的法律霸权。其次，国际规则本土化应当成为当代中国法制变革的范式选择。它起码有两个基本要求：一是在移植国际规则和外域法律制度时必须充分考虑到本国的国情条件。二是充分注意到传统的价值意义，将整合国际规则与弘扬固有传统结合起来。②

法律全球化与中国法制现代化并不遥远，中国加入 WTO 就是一个鲜活的例子。加入 WTO 后，中国的法制现代化将在前所未有的背景下全面进行。根据中国政府的承诺，我们应当制定相关的法律，修改与 WTO 相冲突的法律、行政法规、规章，清理法规的过程必然会加快我国法律体系的完善；WTO 的法律是站在市场主体的角度管政府，这意味着运用法律控制政府，有利于维护法制的统一性和公平性；在行政执法体制方面，我们也应当进行变革，因为 WTO 首先要解决的就是清理行政审批权；在司法体制改革方面，WTO 要求所有成员国都必须建立司法审查制度，这意味着法院对与 WTO 有关规定相关的行政行为有审查权，人们有权去法院起诉；此外，加入 WTO 还有利于中国法律职业的发展，促使人们的观念发生变革。③ 总之，加入 WTO 为中国的法制现代化提供了新的机遇，必将推动中国法制现代化的进程。

但是，我们仍然要冷静、理智地看待法律全球化，因为伴随着全球化时代的到来，伴随着中国对世界的开放，尤其是在中国经由加入 WTO 等国际组织而进入世界体系以后，我们所关注的中国，已经不再是一个地理意义上的孤立的中

---

① 参见朱景文：《法律与全球化：实践背后的理论》，法律出版社 2004 年版，第 70~85 页。
② 参见公丕祥：《全球化与中国法制现代化》，《法学研究》2000 年第 6 期。
③ 参见石泰峰：《加入 WTO 对中国法治建设的影响》，《特区理论与实践》2002 年第 5 期。

国,而是一个世界结构中的中国。对于中国来说,这才是三千年未有之真正的大变局。但是,中国参与其间的这一世界结构,虽说从形式上讲是一种所谓"平等"的主权国家之间的结构,但是却对中国的发展有着一种"强制性"的支配。这种强制性所依凭的并不是赤裸裸的暴力,而是中国就遵守当下世界结构所提供的规则或制度安排所做的承诺。①

三、中国法制现代化道路选择的争论

中国的法制现代化应当走国家主导、社会推动的互动型法制现代化道路。未来可能大体上按照这三个阶段进行。第一,从中国百年来的历史来看,我国的法制现代化是在内忧外患、时间叠合的背景下进行的,肩负的使命首先是救亡图存,从而政府始终处于主导"变法"的角色,这是我们曾经走过的也是现在正在走的道路;第二,从现实来看,全球化浪潮席卷世界,经济、法律全球化是大势所趋,欲在世界立足与国际接轨是必须进行的,历经15年的"入世"谈判开启了中国法律必须国际化的大门,政府必须按照WTO规则制定相关的法律、清理冲突的法律,换言之,今天的世界结构决定了中国是世界结构中的中国,政府必须承担中国在法律全球化中的重要角色;第三,我国的现代化建设包括经济建设、法治建设刚刚经历了二三十年的正轨,仍然是一个政治经济发展不平衡的大国,需要一个权威来统筹兼顾;第四,市场经济激发了人民的契约精神和自由、平等理念,利益驱动激发了人民对普遍、公正的法律规则的需求,经济人的假设正在成为现实,人民在政治上的参与意识更加强烈,从而社会力量必然形成对政治国家的强烈制约;第五,从理论上说,蒋立山代表的政府主导型模式也承认民众和传统资源的作用,苏力代表的社会演进型模式并不否认国家和法律移植的某些作用,两者并不是绝对地势不两立、非此即彼的关系,而是各自强调了其中的一个方面。因此,中国法制现代化的实践,只能是这两种模式的混合。其中既有政府的主导又有社会的推动,既有移植来的外来资源,又有自己的本土资源。

苏力是20世纪90年代初中国法学界本土资源论的代表人物。他的论文集《法治及其本土资源》一问世就成为法学界激烈讨论的中心。套用苏力本人的话说,"1996年我出版了第一本论文集《法治及其本土资源》,在法学界引出了一些动静。除了不少赞扬之外,也有不少怀疑和批评"。② 即使在十年后的今天,本

---

① 参见邓正来:《中国法学向何处去——建构"中国法律理想图景"时代的论纲》,商务印书馆2006年版,第9~15页。
② 苏力:《送法下乡:中国基层司法制度研究》,中国政法大学出版社2000年版,第1页。

土资源论仍然是法学界持续争论的焦点之一。例如，在 2006 年出版的《中国法学向何处去》一书中，邓正来对苏力的本土资源论进行了详尽的梳理和批判。有学者认为，"至少在我个人看来，'本土资源'说是迄今为止中国法理学界最有洞察力、最有深度，并因此也是最有学术价值的理论成果（如果不是'之一'的话）。说苏力提高了中国法学界的声誉，绝非夸大其辞。"① 既然苏力是本土资源论的代表人物，其理论十年来又始终处于学者们的关注中，那么我们有理由通过批判地阅读苏力及其批评者的文章来检视中国的本土资源对中国法制现代化的支持。

以国家推动为主导的中国法制现代化过程已逾一个世纪，但国家制定法与社会生活相脱节不能提供有效的救济早不是什么新鲜的发现。为什么会出现这种局面？在苏力看来，这是因为，清末以来中国法律制度的变迁大多数都是"变法"，这样的法律由于与中国人的习惯背离较大或者没有系统的习惯惯例的辅助，不易甚至根本不为人们接受，从而"中国近代以来法律现代化的努力不很成功"②。基于此判断，苏力提出本土资源论，作为更好地实现中国法制现代化的替代性方案。

苏力指出，从大量的实践来看，"变法"模式并不总是成功的，相反一些初看起来并不激烈的、甚至保守的法律制度变革却获得了成功。即使是被奉为法律移植成功范例的日本，其成功也是一种迷惑人的假象。因此从历史经验上看，中国的法治之路必须重视利用中国本土的资源。③ 当然，苏力是不会满足于仅仅通过举例子来证明本土资源论的正当性的。因为对方可以轻而易举地举出数量相当的例子并做出有利于自己的解释。借用强世功的话来说，"这样一种批评显然不能构成学术批评，倒像两个小孩子在吵架，相互挖老底揭丑"。④ 因此，即使苏力成功地证明了本土资源的重要性，也不能彻底摧毁法律移植的正当性。

于是，苏力便采取了另一种凸显"本土资源"重要性的论述策略。邓正来经过详细地梳理指出，苏力主要经由"地方性知识"、"有限理性和进化"和"法律多元"这三个概念而对"本土资源"做不断的强调。

第一，为了强调"本土资源"的重要性，借用了吉尔兹的"地方性知识"概念，这在苏力那里，基本上是在"书本知识"的参照下由这样三种知识构成的：(1)"默会的或实践性的知识"——"社会生活中有许多知识是无法用言语或一般命题表达的（而只是会做），要表达也是拙劣的。"(2)"一般化的技术知识"——"调解形式"或"炕上开庭"这类知识，"或多或少还是权力行使

---

① 桑本谦：《法治及其社会资源——兼评"本土资源"说》，《现代法学》2006 年第 1 期。
② 苏力：《法治及其本土资源》，中国政法大学出版社 2004 年版，第 13 页。
③ 苏力：《法治及其本土资源》，中国政法大学出版社 2004 年版，第 4～6 页。
④ 强世功：《法制与治理——国家转型中的法律》，中国政法大学出版社 2003 年版，第 303 页。

者……可以直接了解的,是或多或少已经一般化了的知识……或者是法官自己可以自由控制的知识……这些地方性的技术知识固然重要,但相对来说,还是比较一般化的'地方性知识',在某种程度上是可以进入书本进行交流的知识,并且有些事实上也已经进入了书本。"(3)"交流不经济的个人知识"——"这些知识并非悬浮在空中,你无法信手拈来,随取随用;这些知识也不见于书本,至少不全见于书本,因为这些知识不仅是地方性的,而且是非常个人化的,是交流起来不经济的知识,因此也往往是不值得规模化生产即进入书本的知识。因此,这些知识在很大程度上无法为正式法律制度所利用,并因此也是正式制度一般予以否认和拒绝的知识。"

第二,为了进一步强调"本土资源"的重要性,苏力指出,现代的作为一种制度的法治之所以不可能靠变法或移植来建立,而必须从中国的本土资源中演化创造出来,还有另外一个理由,即有限理性。因为一个活生生的有效运作的法律制度需要大量的不断变化的具体的知识。但是,如同计划不可能穷尽关于一个社会中经济活动的一切信息或知识,不能获得关于人们偏好的一切知识一样,任何法治建设的规划也不可能穷尽关于一个社会中法律活动的全部信息或知识,无法对社会中变动不居的现象作出有效的反应。因此,我们不可能仅仅依据我们心目中的理想模式或现有的理论来规划建立出一个能有效运作的现代法治。

第三,苏力又指出,法律多元是两种或更多种的法律制度在同一社会中共存的一种状况,因此法律多元的研究也就必然会涉及国家法与民间法的互动关系问题。由于法律多元是同一时空、甚至是同一问题上的多种法律共存,因此任何两极对立的划分,诸如民间法和国家制定法,在实践上都是一种错误。在任何具体的社会中,所谓社会制度都不仅仅是国家的正式制定的法律,而是由多元的法律构成的,这些多元的法律总是同时混缠于社会微观的同一运行过程中。仅仅由于这些民间法是一些非正式的、我们觉察不到的制度或惯例,因此它们对人们行为的影响,对社会正式制度的支持、补充或抵制往往被置若罔闻。中国与许多其他国家一样,也存在着"法律多元"现象。与民间法相比照,国家制定法并非"天然合理",所以苏力提出了这样一项主张,即在国家制定法和民间法发生冲突时,不能公式化地强调以国家制定法来同化民间法,而是应当寻求国家制定法和民间法的相互妥协和合作。

邓正来认为,苏力正是围绕着上述基本的论证理路,形成了他自己的有关"本土资源"的看法。[①] 在我们看来,邓正来的梳理基本上是忠实于苏力的原意

[①] 参见邓正来:《中国法学向何处去——建构"中国法律理想图景"时代的论纲》,商务印书馆2006年版,第228~233页。

的，除了指出苏力利用"法律多元"理论之外。因为在"变法，法治及本土资源"一文中，苏力还没有使用"法律多元"理论来论证本土资源论的正当性，而仅仅使用了知识的地方性和有限理性概念。而邓正来之所以指出苏力利用了"法律多元"理论是为了说明，"在这种隐而不显的分叉的论述进路中，亦即从'资源'或'功能'与从'法律多元'这两个根本不同或矛盾的视角看'国家法与民间法关系'的问题，在我看来，不仅使得苏力对这个问题给出了两种截然不同或彼此矛盾的回答，而且还使得'国家法与民间法关系'这个问题本身也发生了根本的变化，因为它使得这个问题本身演化成了两个性质截然不同的问题：在'现代化取向'这条进路的限定中，'国家法与民间法关系'这个问题具体转变成了"如何才能更有效更合理地把传统民间法'融合和转变'成现代国家法"的问题，而在'法律多元'的进路中，这个问题则具体转变成了'如何才能更有效更合理地使传统民间法与现代国家法共存'的问题"。① 可以看出，邓正来对苏力本土资源论的批判首先是指出苏力在不同文章中观点之间的零乱和自相矛盾，同时强调苏力的"现代化取向"进路是更为根本的，从而为接下来批判本土资源论受制于错误的"现代化范式"做好铺垫。

在我们看来，邓正来正确地指出了苏力的本土资源论存在的内部紧张以及受制于"现代化范式"。但是，苏力的本土资源论是否像邓正来所认为的那样没有提供中国法律理想图景是存在疑问的。因为苏力本土资源论显然是为了如何更好地解决实现中国的法制现代化问题。在这个意义上，中国法制现代化便是苏力描绘的中国法律理想图景。邓正来以反对"本质主义"为理由拒绝以更明确的方式阐明中国法律理想图景，② 结果中国法律理想图景似乎成为可以任意填充的空洞字眼。同理，我们完全可以说，中国法制现代化就是我们勾勒的中国法律理想图景，而中国法制现代化究竟是什么样子，则需要各位学者开动脑筋去思考中国人应当生活在何种性质的社会秩序之中。换言之，无论是中国法制现代化还是中国法律理想图景以及应当生活于其中的某种性质的社会秩序都是同一级别的抽象概念和愿望，究竟其具体内容为何，每个学者心里都有一杆秤。

另外，尽管邓正来反对苏力的本土资源理论，也反对利用"本土资源"实现中国法制现代化，但是他自己似乎并不反对利用"本土资源"。因为邓正来认

---

① 邓正来：《中国法学向何处去——建构"中国法律理想图景"时代的论纲》，商务印书馆 2006 年版，第 229~233 页。
② 邓正来：《中国法学向何处去——建构"中国法律理想图景"时代的论纲》，商务印书馆 2006 年版，第 269 页。

为,"由于苏力的'裁剪'或'切割','本土资源'并不包含'新传统'(亦即由移植法律所型构的各种新的'本土资源'),而唯有与国家制定法不同或相反对的东西才有可能成为他所说的'本土资源'……他对那些与西方因素重合但正在中国人日常生活中逐渐形成的鲜活的'本土资源'视而不见……"① 可见,邓正来并非认为本土资源毫无用处,只是苏力裁剪或切割了范围应当更大的本土资源。扩大了的或者邓正来理解的本土资源完全可以支持他的中国法律理想图景,而我们完全可以把他的中国法律理想图景命名为中国法制现代化,因为这两个词是同样的抽象和概括,可以容纳各式各样具体的描绘。

接着上面的论述,即便承认利用"本土资源"实现中国法制现代化是更好的方案,可"本土资源"究竟指的是什么呢?苏力曾经指出,"寻求本土资源,注重本国的传统,往往容易被理解为从历史中去寻找,特别是从历史典籍规章中去寻找。这种资源固然重要,但更重要的是要从生活中的各种非正式法律制度中去寻找。研究历史只是借助本土资源的一种方式。但本土资源并非只存在于历史中,当代人的社会实践中已经形成或正在萌芽发展的各种非正式的制度是更重要的本土资源。"② 在另一篇文章中,苏力做了新的解释,"本土资源"只是为了表述方便而使用的一个语词,因此它不是一个精心策划的对自己观点的概括,更不是一个必须固守的核心概念;是一个工具性的,而不是本质性的概念;是一种分析性的概念,而不是一种规范性的命题。要在对中国的国情以及一些自身问题考察的基础上考虑决策,以及使这种决策在实现中能够进入司法层面,并为了自身发展而进行法学教育。上述三个方面构成他所认为的本土资源的整体概念。③

邓正来认为,从分析的角度来看,"本土资源"这个概念无论如何都是苏力论证结构中的一个关键概念,因为正是他本人的论证把这个概念放在了一个他不得不"固守"的位置上;苏力的"本土资源"概念基本上是指中国当下社会实践中关涉立法、司法和法学共同体三个方面的非正式制度,是一种非正式制度形态的法律秩序。④

在我们看来,邓正来的上述判断是正确的。因为苏力的本土资源论是实践指向的,就是为了取代"变法"模式从而更好地实现中国法制现代化。因此,如果本土资源这个基石性概念没有特定的具体内容,那么苏力的本土资源论只能是

---

① 邓正来:《中国法学向何处去——建构"中国法律理想图景"时代的论纲》,商务印书馆2006年版,第247~250页。
② 苏力:《法治及其本土资源》,中国政法大学出版社2004年版,第14~15页。
③ 参见肖洪泳、何志辉:《湘江法律评论》第3卷,湖南人民出版社1999年版,第294~295页。
④ 参见邓正来:《中国法学向何处去——建构"中国法律理想图景"时代的论纲》,商务印书馆2006年版,第227~228页。

空洞的"口号",而这显然是为提供替代性法制现代化方案的苏力所不能接受的。生活中的各种非正式法律制度,就是苏力所理解的本土资源。

上文论述了本土资源对中国法制现代化的支持作用,接下来要做的就是寻找本土资源。从哪儿去寻找本土资源呢?苏力回答说,寻求本土资源、注重本国的传统,不应被理解为只从历史中或从历史典籍规章中去寻找,这种资源固然是重要的,"但更重要的是要从社会生活中的各种非正式法律制度中去寻找……当代人的社会实践中已经形成或正在萌芽发展的各种非正式的制度是更重要的本土资源"。①

但是,时至今日,苏力仍没有列举出足够数量的成功利用"本土资源"的范例,这显然是苏力所不愿看到的结果。于是,苏力在 2001 年进行了一个实证研究,试图通过文本研究的方法——利用计算机检索关键词(例如"习惯"、"风俗习惯"和"惯例"等)在大量制定法文本中出现的频率——来寻找当代中国立法中的习惯,并判断习惯在制定法中的地位和作用。结果却发现,"中国当代的制定法,除了在涉及国内少数民族和对外关系的问题上,一般是轻视习惯的"。② 苏力是不会满足于仅仅概括描述中国当代制定法中有关习惯之规定的基本格局的,这没有智识上的挑战。因此苏力试图对制定法中所展现的对习惯的轻视作出某种解释。他认为,"对中国当代制定法与习惯之关系最具支配力的一个因素可能是中国的现代化……法律所扮演的角色,就总体来看,就是要推进对现有社会秩序的全面改造和重新构建……作为传统之延续的'习惯'往往很自然会在某种程度上——或是在直觉上让人们感到——不利于社会的全面现代化……制定法或类似制定法的其他规范性文件(例如国家、执政党的政策性文件)几乎成为唯一的法律渊源,习惯受到了拒绝。"③

尽管当代中国立法中的习惯颇受轻视,但是苏力仍然坚持习惯之于中国法制现代化的支持性作用。他指出,习惯不总是"陋习",也并不是固定不变的。在当代中国急剧转型的历史条件下,一些新的、适应现代市场经济条件和现代国家需要的习惯或行业习惯已经或正在形成。由于它们是约定俗成的,因此,在制定法上注意研究并及时采纳习惯,不仅可以弥补制定法必定会存在的种种不足和疏忽,以及因过于严密细致的法律无法适应社会变化而可能带来的僵化;更重要的是,吸纳习惯也是保持宪法和法律富有生命力,使之与社会保持"地气",尊重人民首创精神的一种不可缺少的渠道。④

---

① 苏力:《法治及其本土资源》,中国政法大学出版社 2004 年版,第 14~15 页。
② 苏力:《道路通向城市——转型中国的法治》,法律出版社 2004 年版,第 95 页。
③ 苏力:《道路通向城市——转型中国的法治》,法律出版社 2004 年版,第 95~98 页。
④ 苏力:《道路通向城市——转型中国的法治》,法律出版社 2004 年版,第 106~107 页。

这个实证研究的结论是站不住脚的，首要的原因是苏力在研究方法上犯了一个根本性的错误。正如桑本谦所指出的，"通过用计算机检索关键词在法律文本中出现的频率来判断习惯在制定法上的地位是根本行不通的，因为习惯进入制定法不一定（实际上是通常不会）被立法者明确贴上'习惯'的标签。"① 如果使用苏力的研究方法去推断习惯在制定中的分量（假定技术条件许可），那么我们可以肯定地说，古今中外历史上的所有法典里面，习惯这个词语出现的几率一定不会很高。因为即使立法者认识到习惯的重要性并按照国家意志或根据现实需要对习惯进行规范化，他也不会给这个条文贴上"习惯"这个标签。为什么要说这是一个习惯呢？只需要把这个习惯的内容提炼成一个规范化的条文就可以了。就我有限的视野来说，还没有看到哪一部法典在某个制定法条文的后面加上个括号说该条文是个习惯。

　　事实上，苏力本人已经认识到他的研究方法所存在的问题。他在该篇文章的开头和结尾均指出，人们完全可以质疑，制定法重视习惯与否未必与制定法中出现"习惯"之类的字样的频率相关。一个重视习惯的制定法，完全有可能不出现或很少出现"习惯"的字样，而只是立法者在该法制定过程中注重了调查研究习惯，甚或是立法者自觉在制定法律规则时依从了社会的习惯。如果要考察中国当代法律中的习惯，仅仅考察制定法的文本以及一些关键词是不充分的。我们必须首先承认，绝大多数立法者在制定法律时，只要不是从天国中掉下来的，他们都会自觉不自觉地、或多或少地考虑到某种社会的习惯。但是，苏力却用一句话就抹煞了这个问题。"这种情况确有可能发生，但就本文研究的具体问题而言，在当代中国的语境下，似乎并不存在。"② 这种情况真的不存在吗？聪明的苏力这次没有给出合理的解释就钻到数据库里查找习惯这个词语了，他忘记了每一个法律条文都不会在自己的旁边或者后面贴上"法律"的标签。难道不是吗？制定法条文中的习惯也不会因为自己没有被贴上"习惯"的标签而闹着要离开制定法。它们知道，它们的生命在于内容，而不是贴上"习惯"的标签。

　　因此，我们可以说，苏力使用的错误的研究方法导致了他的研究结论的不可信。"习惯"这个字样在制定法中的罕见与习惯是否被制定法承认或认可没有相关性。我们中国的制定法中，还是有相当多的条文体现了我们的习惯，所以我们不会觉得中国的制定法在内容上有多么的陌生和非正义，相反，人们更多的是抱怨"有法不依，执法不严"。

　　苏力本人除了在中国立法中寻找本土资源外，还把目光投向司法。这体现于

---

① 桑本谦：《法治及其社会资源——兼评"本土资源"说》，《现代法学》2006 年第 1 期。
② 苏力：《道路通向城市——转型中国的法治》，法律出版社 2004 年版，第 89 页。

他的《送法下乡》一书特别是第七章"穿行于制定法与习惯之间"。他通过对发生在中国农村的一起"第三者"案件的分析,指出习惯性规则在当代中国社会中的普遍存在并会强烈地影响司法实践。毫无疑问,习惯要进入司法,必须首先得有乡民们依据他们所熟悉并信仰的习惯性规则提出诉讼或者在诉讼中以习惯作为辩护的理由,这是习惯进入司法的首要条件。人们认为自己遭受了伤害并依据习惯提出某种权利主张,这在任何社会中都是存在的。正如迷惑的秋菊,人们不会因为不知道制定法而丧失对伤害的感受和对一个"说法"的要求。

另外,法官对民间风俗习惯的下意识认同和分享是另一个重要条件。如果法官根本就没有对该习惯的了解或认同,那么法官是不可能在审判中适用习惯或根据习惯来解释制定法的。套用苏力的话说,"就司法而言,法官是唯一可以通过种种手段拒绝或在一定的限度内允许或承认习惯,并允许以习惯修改、置换国家制定法的人。如果他/她们不愿意,那么,任何一方当事人即使想依据习惯影响司法最终还是可能被法官拒绝。"① 这些法官为什么会允许习惯进入司法呢?苏力给出的解释是,法官在选择性允许习惯性规则进入司法,修改或置换制定法时,既不主要是由于他/她们没有正式法律的知识,也并非主要是出于某种文化的认同,或某种文化结构使然(文化认同仅仅在决定以什么规则来修改、置换制定法上起作用),而同样是由于种种涉及他/她们自身一系列合法利益(其中包括对职务责任的考虑)的制约条件促成的。在这一点上,他/她们与乡民们并无根本的不同。因为,至少是在某些案件中,只有运用这样的知识,法官才能使他/她们在当代中国基层社会的社会和制度环境中生活下去,并生活得好一点,安全一点。在某种意义上讲,这些法官的确是在运用策略,但这些策略并不是治国的策略,不是治理术,而更多是一种个人生存的策略。② 可见,从行动者的角度来看,无论是农民还是法官,都是为了自己的利益,而不断地在制定法与习惯之间穿行。哪一个支持他们,他们就选择哪一个。制定法与习惯的互动就体现于行动者基于自身利益的选择。只要人类社会存在,只要还有利益冲突,就会不断地产生新的习惯,人们就会通过权衡选择服从还是对抗国家制定法,法官就会通过解释将习惯纳入司法判决。

综上所述,中国法制现代化应当也可以利用中国的本土资源。立法者在立法的过程中,应当将眼光投向世俗的民间,努力查找、理解、提炼、认可民间习惯,从而使"书面上的法"更容易在行动中获得支持;法官在审判具体案件的

---

① 苏力:《送法下乡:中国基层司法制度研究》,中国政法大学出版社2000年版,第256页。
② 苏力:《送法下乡:中国基层司法制度研究》,中国政法大学出版社2000年版,第260页。

过程中，应当考虑当事人基于习惯的论辩，通过法律解释将习惯适用于案件的解决。

大多数研究认为，建立在自然经济、专制统治和宗法关系基础上的中国传统法律文化是不可能为建立在市场经济、民主政治基础之上的现代化法制提供土壤的。因此，必须充分利用外来资源，通过法律移植实现中国法制现代化。例如，谢晖认为，第一，中国所面对的前所未有的历史变革使传统成为变革的主要对象；第二，法治的本质要求是控权，而中国文化传统和制度设置却对控权重视不够；第三，中国传统习惯的分割性和非理性在根本上是法治统一性要求的破坏力量；第四，近20年中国改革的历史，确实是一个变法的历史，其突出的法律成果是与法治要求相适应的法律权利的不断扩大和深入人心。因而，中国的法治之路，开放引进他国的经验比整理国故更为重要。中国法制现代化的主要使命是移植和创造，而不是继承和弘扬。[①] 另外，在全球化时代，法律移植将成为各个国家法律变革与发展的主导性方式。主要原因在于：第一，法律文明的全球性交流为法律移植提供了便利条件，全球化进程使每一个民族比以往任何时候都容易了解、接触其他民族的法律文明。第二，全球化要求世界各国法律制度和谐一致，而主要方法就是各国共同移植"标本化"的法律。第三，独立的制度创新往往需要付出很长的实践和代价，而法律移植是一种简便与富有效率的法律发展方式。[②] 可见，外来资源也是中国现代化需要的重要资源。

虽然学者们对法律移植的探讨越来越深入，但对什么是法律移植仍然没有众口称是的答案，相反，似乎产生了越来越多的分歧。沈宗灵认为，法律移植是西方比较法学中经常使用的一个词，其含义一般是：特定国家（或地区）的某种法律规则或制度移植到其他国家（或地区），相当于国内所讲的对其他国家或地区法律的借鉴或吸收等。但有时，移植的含义似乎又比借鉴等词有稍多的意义，但也没有太大的差别。在西方比较法学作品中所使用的与"移植"相当的词还有"借鉴"（Drawing on Borrowing）、"吸收"（Assimilation）、"模仿"（Imitation）、"转移"（Transfer）、"传播"（Spread）、"引进"（Introducing）以及"接受"（Reception）等，但较普遍的还是"移植"。[③] 张文显的观点与沈宗灵的大同小异，他认为把"移植"这个术语引入法学领域，使之与"法律"构成一个合成概念——"法律移植"，是个了不起的学术发明和思想

[①] 参见谢晖：《价值重建与规范选择——中国法制现代化沉思》，山东人民出版社1998年版，第127~137页。

[②] 黄文艺：《全球结构与法律发展》，法律出版社2006年版，第128~129页。

[③] 参见沈宗灵：《论法律移植与比较法学》，《外国法译评》1995年第1期。

解放。法律移植是指"特定国家（或地区）的某种法律规则或制度移植到其他国家（或地区）"。它所表达的基本意思是：在鉴别、认同、调适、整合的基础上，引进、吸收、采纳、摄取、同化外国的法律（包括法律概念、技术、规范、原则、制度和法律观念等），使之成为本国法律体系的有机组成部分，为本国所用。①

何勤华提出了与前面两位学者不同的观点，他在对"移植"、"借鉴"、"影响"、"继受"、"本土化"等词进行了语义分析后认为：第一，从自然界和人类历史的发展历程来看，无论是生物学、医学，还是人文社会科学，都存在着大量移植成功的事例；而法律移植，既包括了学术理论方面的移植，也涉及制度方面的移植，同样也有大量成功的事例；第二，在法律移植的语境中，过分强调"借鉴"一词，具有消极的作用。因为在借鉴之场合，即使移植了外国的法律制度，但为了回避"照搬西方法律制度"的批评和指责，为了突出中国国情和特色，总要考虑把受移植的制度加以改造，这样，往往不仅使受移植的制度变形，丧失其功能，而且借鉴引进后，变得不伦不类。因此，"借鉴"与"移植"并不是一个层面的概念；第三，"影响"与"移植"还是有区别的：首先，影响具有更多的客观性，而移植具有更多的主观性。如影响的受体往往是在不知不觉当中，或者是在被动之中，模仿了或者学会掌握了影响的主体的思想和行动。其次，影响的程度有深有浅，对一件事或一个人而言，可以全部接受了别的事或别的人的影响，也可能受到了一点点影响。而移植的程度比较一致，即必须达到将别国的东西吸收进来，植入本国的制度之中，并予以施行的程度。再次，影响往往是一种事后的评价，事情过了以后，实际结果出来以后，人们评价说，这项制度的建立，受到了某某国家的影响，这个人的变化，受到了某某人的影响等等。而移植不仅仅是事后的评价，也可以是事情进展过程中的做法，甚至是事情进行前的计划；第四，在日本，也使用"移植"一词，主要表达的也是两个意思：一是移种、移栽，如"将南方的茶移植到北方"；二是医学上的移植，如"角膜移植手术"等。但是，在社会科学方面，将一种制度、一项原则、一种艺术等，尤其是法律移植到另一个地区或国家，在日本一般不用"移植"一词，而是使用"继受"这一用语；第五，因此，在法律移植之语境中，珍贵的恰恰是"移植"，而不是"借鉴"等概念。至于在"移植"状态下，如何解决受体对植体的排异，解决植体与受体的相容，应当做的不是加工、改造植体，而是改变受体的环境，营造能够使植体存活、生长的条件。在前述区分的基础上，何勤华把法律移植定义为，"一个国家或地区，将其他国家或地区的法律（体系或内容和形式

---

① 参见张文显：《法哲学范畴研究》（修订版），中国政法大学出版社2001年版，第269页。

或理论）吸纳到自己的法律体系之中，并予以贯彻实施的活动。"①

从以上学者的论述来看，他们都强调了法律移植的移植方面，甚至对"移植"这个概念以及相近的概念进行了详细地梳理和辨别。毫无疑问，这种研究是有意义的。但是，他们却对法律是什么这一重要问题置之不理。在他们眼中，似乎法律是什么根本就不是问题，或者是早已解决的问题。但是，先不说西方法学三大流派的争论，就是当下不成熟的中国法学界，对法律是什么这一问题也远没有达成共识，更不用说解决了。正如强世功所说，"只有全面考察当代主流法理学如何解决'法律是什么'这个问题，揭示它与法律移植之间的隐秘关联，才有可能在'文明国家'和'民族国家'转型的背景上，重新思考法律移植。"② 因此，当代中国学者对于法律移植之"法律"方面的缺乏反思，表明中国的法理学研究仍然处于一个较低的层次。只有把什么是法律与什么是移植做同等对待，法律移植的概念才能更具意义。

中国在现阶段应当进行法律移植，换言之，法律移植具有一定的必然性：第一，社会发展和法律的不平衡性决定了移植的必然性；第二，市场经济的客观规律和根本特征决定了法律移植的必要性；第三，法律移植是对外开放的应有内容；第四，法律移植是法制现代化的必然需要。③ 之所以要进行移植，还因为法律移植是法律发展的规律之一，具体来说：第一，从辩证唯物主义角度来看，法律移植是法律普遍性的必然要求。第二，从社会学角度来看，法律是社会发展的产物，而社会是互相联系互相制约的大系统，一个社会要取得发展，必须对外开放以吸纳不同的文化。第三，从文化学角度来看，法律是文化的一种，而文化是没有国界的。第四，从历史的角度来考察，法律的发展有历史的延续性，它是前人发展的继承，也是后人法律发展的基础。④ 从法律全球化的角度来看，法律移植也有其必然性。法律全球化已成为不可逆转的历史潮流，民族国家在全球化背景下发展现代法制又面临种种困境，法律移植是走出这种困境的一个重要手段。因为法律移植可以使民族国家在参与法律全球化的同时保持本国法律传统的连续性，可以在一定范围内防止法律殖民主义，可以缓解法律体系内部的不均衡。⑤

当然，并不是所有的学者都赞成通过法律移植实现中国的法制现代化，强调

---

① 何勤华、李秀清：《外国法与中国法——20世纪中国移植外国法反思》，中国政法大学出版社2003年版，第616~626页。

② 强世功：《迈向立法者的法理学——法律移植背景下对当代法理学的反思性考察》，《中国社会科学》2005年第1期。

③ 参见张文显：《法哲学范畴研究》（修订版），中国政法大学出版社2001年版，第269~271页。

④ 参见梁婧：《浅析法律移植及其本土化》，《邢台职业技术学院学报》第22卷第6期，2005年12月。

⑤ 参见黄金兰：《法律移植与法律全球化》，《山东公安专科学院学报》，2003年1月。

法治之本土资源的苏力"似乎"就不看好法律移植,学界也普遍认为苏力是法律移植的反对者。但是,苏力真的反对法律移植吗?

众所周知,苏力的第一本论文集《法治及其本土资源》在中国法学界不但影响颇大而且争议颇多。在作者自己看来,很多批评甚至包括某些赞扬都基于一些大而化之的误解,于是在《送法下乡》一书的自序中,苏力做了"世纪末日的交代","关于法律移植,我确实认为法律移植不大可能。我的观点基于字面上的法与实际的法的区分,或更大一点说,法学与法制/治的区分"。① 从苏力的这个交代来看,它验证了学界的判断。但是,就在苏力试图澄清的《法治及其本土资源》一书中,他却认为,"我也承认在今日之世界,不可能有任何国家可能或有必要完全依靠本国的法治,因此法律移植是不可避免的。但我们认为,我们首先要问的问题不应是我们是否应当移植西方的法律,而是应当问我们应当在什么基础上才能成功移植西方法律,为了谁,又对谁有利。"② 我们看到了两个不同的苏力。一个苏力认为"法律移植是不可避免的",只不过我们必须注意移植的基础;另一个苏力认为,"法律移植不大可能"。刚刚还说"不可避免",怎么现在又认为"不大可能"?

暂且放下这个疑问,让我们再看苏力的另一篇文章——"这里没有不动产",发表于 2005 年、副标题是"法律移植问题的理论梳理"。无论是从文章的发表时间来看,还是从主题来看,它应当是苏力关于法律移植问题的"总结陈词"了。苏力首先回顾了十多年来中国法学界有关法律移植的讨论,认为"法律移植的讨论其实是关于中国社会应当如何发展的一个讨论,是关于中国社会的生产方式、社会组织方式和治理方式的讨论,而不是仅仅关于法律本身。所有的参与法律移植之讨论的人,其实都分享了一个未言明的前提,即中国社会必须变革,中国必须是也已经是世界的一部分了。在这个前提下,才可能讨论法律应当且必须变革,必须现代化,必须满足和适应当代中国的需求。如果从这个意义上看,所有的讨论者的追求都是相同的,尽管他们的言辞和表达可能不同,甚至对法律移植能否成功的判断也不同……我完全可以自信地说,这一代中国法学人都是主张法律移植的。关于法律移植中国法学界有人主张有人反对这样的判断是一个纯粹的虚构,是一个为了获得社会关注而制造的无害谎言,或者是一个或为了标新立异或为了打压对方而形成的一种知识权力的策略……对于中国的法治来说,中国的法律是否是移植的或有多大成分是移植的,这不仅不重要,甚至在我看来并不是问题。即使我们最终努力获得的并不是原汁原味的某国法律,但只要

---

① 苏力:《送法下乡:中国基层司法制度研究》,中国政法大学出版社 2000 年版,第 3 页。
② 苏力:《法治及其本土资源》,中国政法大学出版社 2004 年版,第 36 页。

是它能促进中国的社会发展和转型,实现中国人民的富裕幸福,并为中国人民所接受和尊重,那么我或其他人会因为它是或不是移植的而拒绝或反对他吗?"①一言以蔽之,苏力是不反对法律移植的。当然,苏力还是忘不了提醒我们,"还必须重新认识和理解法律与社会生产生活方式之间的结构性联系,看到生产生活方式对于法律形式和内容在很大程度上的决定性作用,不能把法律视为社会生产生活方式转变的决定力量,希望通过移植我们认为可欲的法律来改变中国社会中我们认为不可欲的生产生活方式。"②

前面的分析表明,苏力既认为"法律移植是不可避免的"又认为"法律移植不大可能"显然是自相矛盾的。如果结合苏力的"总结陈词",我们可以断定:苏力的确不反对法律移植的实践,他只是反对目前的某些法律移植理论并提醒我们注意法律移植所需要的相关条件。既然学界一直认为的法律移植的反对者苏力也并不反对法律移植,那么,我们可以说法律移植的必然性不是问题。双方的交战只是一场"误会"。

中国的法律移植问题不仅是一个理论问题,更是一个实践问题。事实上,清末修律就是中国较早的法律移植的实践,也是中国法制现代化的重要一步。马作武认为,中华法系的终结和中国法制的现代化,寻根溯源,始自清末沈家本主持的法律改革。此次改革是在全面扬弃中国法律传统,全盘引进西方国家立法的基础上进行的。如果单从形式上看,毫无疑问,这次中国有史以来开天辟地第一次的大规模法律移植活动是卓有成效的:自成一体、源远流长的中华法系在国家法的层面上消亡了,取而代之的是以六法为中心的西方现代意义的法律体系,中国法制乃以此为契机,开始了向现代化的转型。③清末法制改革与中国法制现代化也具有极强的内在联系,因为这场法制改革具有双重性质:它既是清末封建统治集团为了挽救即将崩溃的专制帝国统治而进行的一场法制改良运动,又是在近代西方法律文化影响下所展开的一次法律改造工程。因此,清末法制改革既开始了法律结构的创新性过程,又表现了法律精神的某种价值转型,从而构成了中国法制现代化的历史发端。④

19世纪中叶以来的中国法制现代化运动有"移植西法"或"仿行西法"的共同偏好。而之所以形成这种选择的偏好,是因为:第一,国人以西法为强国之道,以为自强救国必须仿行西法;第二,民族原有制度文化整体落后,无能力创新也无思想资源可资创新,不整体抄袭西法则无法向新的竞争时代交卷。这种西

---

① 苏力:《这里没有不动产——法律移植问题的理论梳理》,《法律适用》2005年总第233期。
② 苏力:《这里没有不动产——法律移植问题的理论梳理》,《法律适用》2005年总第233期。
③ 参见马作武、陈影:《清末法律移植的现代反思》,《学术研究》2005年第2期。
④ 参见公丕祥:《清末法制改革与中国法制现代化》,《江苏社会科学》1994年第6期。

化取向在过去是可以理解的，但现在是对其得失进行反省的时候了。① 近来，又有学者另辟蹊径，引导我们把目光投向国家在民间社会中确立合法性权威的公共领域。该学者认为，把晚清修律放在合法性重建的背景之下，我们就会看到晚清修律不仅是收回治外法权的权宜之计，实际上也是社会各阶层在立法这一公共领域中相互交涉的结果。西方法与传统的国家法及民间习惯法一样，不过为这种交涉的最后结果提供了可供制度化的知识资源，晚清的法律移植不过是各个利益集团在公共领域中重新分配权利和利益的表象。当然，作者也承认，作为交涉的结果，西方法的移植从整体上改变了中华法系的结构，移植而来的西方法就作为国家正式法的主要部分而开始发挥其作用。②

何勤华、李秀清合著的《外国法与中国法——20世纪中国移植外国法反思》一书对鸦片战争以来中国在宪政法律、民商法律、刑事法律、司法制度和国际法等五个领域的法律移植进行了细致地梳理。该书具有三个方面的特点：一是注重史实，尤其是注重30年代前后对西方法的引进和50年代以后对苏联法的移植；二是设定专题，进行专题研究；三是突出反思，尤其是反思了中国法制现代化道路和法律移植的利弊。③ 近20年来中国立法借鉴了许多外国法律的实例。这种借鉴的内容是相当广泛的，几乎涉及我国包括宪法在内的所有部门法。例如，在宪法方面，借鉴了加强制定地方性法规权力的经验。在行政法方面，借鉴了建立行政诉讼制、国家赔偿制、听证制的经验。在刑法方面，借鉴了罪刑法定原则；确定了统一的刑法形式；规定不能说明超过合法收入财产来源的罪刑；规定单位犯罪、危害国家安全罪。在诉讼法方面，改变陪审制，加强辩论制，确定无罪推定原则，在民事诉讼法中实行督促程序。另外，在民商法、侵权行为法、知识产权法、海商法等各个领域也都借鉴了外国的法律。④

综上，学者们对近代中国法律移植的历史，尤其是清末修律进行了多视角的分析，得出的结论也不尽相同。但是我们不得不承认，整个20世纪，对于中国法和法学的发展而言，始终处在一个不断学习、借鉴、吸收、消化外国经验的过程之中。我国法制中的各项制度、原则和用语，几乎都是从外国移植而来，只是结合了中国国情而已。

如果将法律移植视为法制现代化的主要途径，那么是否会导致"全盘西化"

---

① 参见范忠信：《"中西会通"与中国法制现代化中的仿行西法偏好》，《学习与探索》2001年第6期。
② 参见强世功：《民族国家、宪政与法律移植——晚清国家转型中的合法性重建》，《战略与管理》1997年第6期。
③ 何勤华、李秀清：《外国法与中国法——20世纪中国移植外国法反思》，中国政法大学出版社2003年版，前言。
④ 沈宗灵：《法理学》，北京大学出版社2000年版，第97~98页。

呢？答案是否。除非出现某种极端情况（如某个民族被毁灭，或民族文化赖以存续的物质载体被毁灭），否则，任何民族国家的法律传统都不可能被彻底打断，无论法律移植来得多么强烈，都不可能导致完全西化。原因在于，从主体层面讲，主体的内心需求为民族国家法律传统之保存提供了人性基础；从民族法律本身讲，作为民族文化的制度性组成因素，民族法律总是深深扎根于本民族自己传统的生活方式及文化谱系之中；从全球法制现代化的政治现状来看，有一个支持自主决策的国家大环境；从各国的法制建设实践来看，几乎找不到完全去除传统而取得法制现代化建设成功的例子；从哲学解释学的角度讲，法律移植也不可能导致民族国家法制完全西化。①

在21世纪的今天，我们如何进行法律移植、移植哪些国家的哪些法律呢？这是一个具有挑战性的问题。我们认为，相对于法律移植的制度环境、过程等因素，建立全社会内法律移植的共识可能是一个更为紧要的问题。

当前流行的形形色色的法律移植理论大都在客观的角度，叙述、梳理、分析了历史上中国或者外国移植法律的历史。毫无疑问，这些学者的出发点是为了给今天中国的法律移植提供经验。但是，既然是为了我们今天进行的法律移植，那么，就一定要注意今天的、活生生的我们的需要和感受，而不是历史上的人的需要和感受。是我们今天的需要决定了我们在今天是否移植法律、移植哪一国的法律、移植哪一个法律，而我们今天的感受和需要远远不同于历史上的人。

刘星也指出，法学界针对法律移植而展开的理论研究一直存在着一种"历史主义"倾向。这种倾向的主要表现是：自觉或不自觉地借助历史事例、历史过程的叙述平台，以建立法律移植的可能性、条件、过程等普遍理论。其主要目的，是从历史的经验教训角度去论证法律移植的成功或失败的根据，在历史中寻求某一时刻（比如当下）法律移植行动的正当性。但是，历史主义的法律移植研究实际上不能解决法律移植的根本问题，尤其当这种研究的隐含目的指向未来的时候。当然，历史主义的法律移植研究并不是没有任何意义的。在刘星看来，法律移植实际上是广义的立法运动、法律变革乃至更为"耀眼"的法律革命的"代用词语"，进而又是"政治"主张的一种表达方式，并且，我们人人都在法律移植的过程中可能遭遇具体利益的获得和丧失，我们人人都有自己的具体需求和主张，那么，"在当下展开社会共识建立的工作"就是一个重要的基本选择。我们就需要在"法律与政治"应然关系的基础上将"现在进行时"的社会共识建立提到议事日程。②

---

① 参见周赟：《法律移植：民族国家法制现代化的根本途径——再谈全球化背景下民族国家法制现代化的路径选择问题》，《青年思想家》2006年第3期。

② 刘星：《重新理解法律移植——从"历史"到"当下"》，《中国社会科学》2004年第5期。

在我们看来，建立法律移植的法律共识，一方面，需要法学家认真、系统、细致地学习和了解国外法律制度的实际运作，进而达成共识体现于国家的立法活动之中；另一方面，社会大众需要从自身利益出发，积极广泛地参与到对法律草案的讨论中去，积极提出自己的意见和主张。如果法学家内部、民众内部和法律家与民众内部均可以达成共识，那么，法律移植的条件就完全具备了。此时，就应当大胆地进行法律移植。在我们看来，建立法律移植的法律共识，一方面，需要法学家认真、系统、细致地学习和了解国外法律制度的实际运作，进而达成共识体现于国家的立法活动之中；另一方面，社会大众需要从自身利益出发，积极广泛地参与到对法律草案的讨论中去，积极提出自己的意见和主张。如果法学家内部、民众内部和法律家与民众内部均可以达成共识，那么，法律移植的条件就完全具备了。此时，就应当大胆地进行法律移植。

第二编

中国法制现代化的
历史考察

第四章

晚　清

内容提要：中国的法制现代化是一个历史性过程。晚清是中国历史坐标上的一个重要时刻点，它既在事实的维度上意味着中华法制系统的更新，更在价值的维度上标志着中国从此开始跟跄地踏入到"现代化"这一世界性评价体系之中。背负着数千年传统法精神的历史包裹，中国在困境与挑战之中开始了全面的制度变革。这种变革首先围绕国家施政的根本性纲领——宪法展开，同时也通过对旧律法体系的修订与司法制度的改革得以体现。在这些不同层面的制度革新过程中，新旧势力、各派思想相互博弈，呈现出错综复杂的面貌。

第一节　中国传统法律制度及其困境

陈顾远先生在回顾中国法制的历史时说过，中国文化在历史上有两次重要的转变：其一，在观念层面上，东汉佛教传至中国，唐代又崇奉道教，演变而为宋明理学，社会礼仪，受其熏陶，循吏用法，蒙其影响；其二，在法律层面上，中国法律以儒家思想为灵魂，借用法家之体躯，完成中华法系之生命。[①] 而这一切

[①] 陈顾远：《中华法系之回顾及其前瞻》，载范忠信等编校：《中国文化与中国法系——陈顾远法律史论集》，中国政法大学出版社2006年版，第540~550页。陈顾远对中国法制史的概念亦有精典的阐释："治中国法制史之学者，遂有两派之分。一则以制ális法，纵不然，亦认为法自法、制自制，故对于中国法制史之范围，不仅限于法律一端，举凡典章文物刑政教化，莫不为其对象：是为广义的中国法制史。一则以法统制，纵不然，亦认为法制即刑法之谓，故对于中国法制史之范围，只以法律上之制度为限，举凡制之不入于法者，换言之，制之无关于刑狱律令者，皆除于外：是为狭义的中国法制史。"陈氏又认为："此不过编著体例上之争，尚非中国法制之史的重要问题"；其个人意见是："及现代之法理、政理而言，制度之条文固可曰法，制度之见诸于明令、为众所守，虽未定于律、入于刑者又何尝非法；即认为以法统制，亦应两者并举，不能以狱讼为限，故愚从广义焉。"参见陈顾远：《中国法制史》，商务印书馆1934年版，第2~3页。

都在清末"被欧美势力所笼罩,不得自拔"。

一、中国传统法的精神

作为东方文明重要支脉的中国社会是以血缘关系为主导的兼具地域性的组织机体,自然宗法关系的历史积淀形成中国法律精神的底蕴。① 我们可以用"血缘宗法"这一概念尝试着勾勒中国传统社会的诸多特性。②

摩尔根的《古代社会》将血缘亲属关系的演进,看作是理解人类从蒙昧时代经过野蛮时代向文明进步的一个"契机"。他认为,原始社会组织的基本单元是氏族而不是家庭。③ 与西方相同,中国父权制国家也是在冲破氏族血缘联系之后才出现,然而"极为相似的事情,但是在不同的历史环境中出现就会引起完全不同的结果"。④ 在古代中国,法权现象的历史起源过程较之西方社会来说,具有更为浓厚的血缘关系色彩。中国传统政体谓之宗法君主制,是由于这种政体保留较多的氏族制残余。中国上古国家由氏族战争中产生,"夏、商、周三代更替也不出一族一姓的兴衰之外"。⑤ 社会的统治者(包括异姓联盟)与被统治者同时可以根据族姓来划分。⑥ 同时,要注意的是,氏族本身也是内部分层的。氏族之下分为若干宗族:

宗族的成员彼此都有从系谱上可以追溯下来的血亲关系,而在同一个宗族之内其成员根据他们与主支(由每一代嫡长子组成)在系谱上的距离而又分成若干宗支。一个宗族成员在政治权力上和仪式上的地位,是由他在大小宗支的成员所属身份而决定的。因此,大的宗族本身便是一个分为许多阶层的社会。⑦

梁治平在《法辨》中论证,中国早期国家与以雅典为代表的希腊早期国家从氏族制中破茧而出时有着巨大的差异:

---

① 《马克思恩格斯全集》第19卷,人民出版社1961年版,第145页。
② 宗法,即以血缘、家族为本位。宗法制是由父系氏族社会的家长制演变而来,它是指一种以血缘关系为基础,以父家长制为内核,以大宗小宗为准则,按尊卑长幼关系制定的伦理体制,尊敬祖先,维系亲情,并规定人际关系和地位、权利、义务的法则和制度。参见左卫民、辛国清、周洪波:《中国传统社会纠纷解决机制研究论纲》(上),《西南民族大学学报》2003年第6期,第201页。
③ [美]路易斯·亨利·摩尔根著:《古代社会》(下册),杨东莼、马雍、马巨译,商务印书馆1997年版,第343页。
④ 《马克思恩格斯全集》第19卷,人民出版社1961年版,第131页。
⑤ 梁治平:《法辨》,中国政法大学出版社2002年版,第77页。
⑥ 参见田昌五:《中国奴隶制形态之探索》,《古代社会形态研究》。张光直:《中国青铜时代》,三联书店1983年版,第297~308页。周初大封建时,周王所赐物中至少有两项特别值得注意,那就是氏族的姓氏和以宗族为单位的人民。参见梁治平:《法辨》,中国政法大学出版社2002年版,第112~113页。
⑦ 张光直:《中国青铜时代》,三联书店1983年版,第19~20、110页。

在中国青铜时代到来之前，社会内部的分层正是循着血缘亲族的线索展开的，而当氏族之间的战争转而成为族姓的统治与被统治的时候，统治者内部基于血缘的分层就逐渐具有了国家组织的内蕴。①

他在这样说明中国早期国家的产生时，实际上是认同并引申了顾准提出的观点。②

中国血缘宗法制国家对中国法制乃至司法的影响，学术研究已经给予持久深入的关注。这种影响大都是参照西方背景进行分析的。如费孝通先生提炼的几个关键概念，"乡土中国"、"差序格局"、"团体格局"、"长老统治"等，对中西政体的差别就有很强的解释力。血缘宗法制社会的一个重要特点，据费孝通，"是稳定的，缺乏变动；变动得大的社会，也就不易成为血缘社会。……血缘是稳定的力量。在稳定的社会中，地缘不过是血缘的投影，不分离的。"③ 在血缘宗法制国家，其司法制度的特点是韦伯所谓的家长制司法——"卡迪审判"。④ 韦伯根据体现在法律中的知识类型而对法律进行了系统的分类，即四种法律类型：形式理性法、形式非理性法、实质理性法以及实质非理性法。⑤ 据韦伯，中国古代法属于实质非理性法，是与西方近代资本主义的形式理性法相反的类型。法律对资本主义的作用，主要在于使资本主义企业具有了可预期性和可计算性。韦伯说："现代资本主义企业主要依靠计算；其前提是要有一套以理性上可以预测的方式运作的法律和行政管理系统，人们至少在原则上可以根据其确定的一般规范来进行预测"。⑥ "司法形式主义使法律制度可以像技术性的理性机器那样运行"。⑦

中国法的精神可以归纳为两个命题：第一，中国古代社会是身份社会；第二，中国古代法律是伦理法律。⑧ 这与韦伯对中国法律的分析是一致的。中国法的这种精神在司法制度上的表现，就是家族主义、伦理价值对法的形式主义、理性化的优先。这种实质非理性的法，使得法律的普遍性、确定性和可预期性等价值难以实现。事实上，中国传统社会对法的这种价值期待并不突出，突出的是法

---

① 梁治平：《法辨》，中国政法大学出版社2002年版，第77页。
② 顾准：《希腊城邦制度》，中国社会科学出版社1982年版。
③ 费孝通：《乡土中国·生育制度》，北京大学出版社1998年版，第70页。
④ 按照宗教首领或者长者意志执行的法律体系。他们按照神的启示中他们所信奉的伦理原则决定案件。这种法律类型的典型例子是"卡迪审判"。穆斯林法官卡迪不参照任何规则或规范，而是以变通的方式使用证人的证言、证据和神的启示作出判决。
⑤ 吕世伦：《现代西方法学流派》，中国大百科全书出版社1999年版，第338页。
⑥ Marx Weber: *Economy and Society*. edited by Guenther Roth and Claus Withich, California Berkeley, 1978，pp. 1394.
⑦ ［德］马克斯·韦伯：《论经济与社会中的法律》，中国大百科全书出版社1998年版，第227页。
⑧ 梁治平：《法辨》，中国政法大学出版社2002年版，第19页。

的秩序价值。值得注意的是,中国法的这种秩序价值是独特的,最主要的是指宗法社会的秩序。儒家的社会秩序观否认社会是整齐划一的。认为人有智愚贤不肖之分,最关键的还是有贵贱上下之分。儒家主亲亲,以亲亲为人之本,① 宗法社会的秩序主要由五种社会关系构成,即以血缘远近为基础的五伦:君臣、父子、夫妇、兄弟、朋友。五伦是儒家思想的中心,政治最高的鹄的。②

如果说广义的法即指行为规范,那么,礼作为维持五伦关系的行为规范,是中国传统社会最主要的法。而中国的"法",则实质上是刑,作为对违礼行为的惩罚,是所谓"出礼入刑"。所以"礼者禁于将然之前,而法者禁于已然之后",③ 礼教之可贵在于"绝恶于未萌,而起敬于微眇,使民日徙善远罪而不自知"。④

中国古代的"法"与西方的"law"相差极大,"法"的内涵很狭窄,主要指法律制裁或者"刑",而"刑起于兵","大刑用甲兵,其次用斧钺,中刑用刀锯,其次用钻笮,薄刑用鞭扑,以威民也"。⑤ 中西法的精神,自它们各自产生时起就有差异,到近代,这种差异益发显著。如果说中西法的正义观有相同点的话,即都强调"适当、正当与各得其所"的价值,那么,它们的区别则在于这种价值的内容。中国正义观的内涵中普遍的人类平等观并不突出,宗法社会的身份等差抑制了这种抽象的人的价值理念。人在身份伦理的社会关系网络中是较为固化的义务聚合体,人与人之间形成稳定的有着贵贱上下之分的"差序格局"⑥。法更多地意味"刑"的力量,以居高临下的强制力维持这种社会秩序。因此,中国传统法律制度的若干特点,诸如君权至尊而司法附属之、刑法突出而民法精神发育迟缓等等,相比其他社会尤为明显。

二、困境与挑战

虽然中国古代的法存在着某些不足,但在遭遇西方以前,仍是治理社会的有效工具,只是在遇到西方后,才显现了难以克服的困难。芮玛丽在《同治中兴——中国保守主义的最后抵抗》中指出西方人通常认为的中国传统法律仅限

---

① 《礼记·大传》云:"人道亲亲也"。《中庸》云:"仁者人也,亲亲为大"。并以亲亲为天下国家九经之一。
② 瞿同祖:《瞿同祖法学论著集》,中国政法大学出版社1998年版,第307页。
③ 《大戴·礼记》卷二,《礼察》。
④ 《礼记·经解》则云:"夫礼,禁乱之所由生,犹坊止水之所自来也,故礼之教化也微,其止邪也无形,使人日从善远罪而不自知也"。
⑤ 《国语·鲁语(上)》。
⑥ 注意费孝通先生用"团体格局"的西方与之对照。

于刑法或认为它在维护社会秩序方面几乎无所作为的看法都是非常错误的。在她看来，在司法中虽然存在着办事拖沓，衙门中的胥吏对司法程序的干扰以及地方治安权力的滥用和刑罚过于苛刻等现象，但是在中兴时期（1862～1874年），中国的法律制度仍是维持地方统治的有效工具。她认为，最终引起这一制度崩溃的是那些难以克服的困难，而它的崩溃也证明了中国人的观念无论具有怎样的内在价值，也很难适应世界的经济和社会组织。① 芮玛丽认为"难以克服的困难"主要还是那些中兴中坚人物所奉为圭臬的儒家文化所追求的稳定与现代化的矛盾。我们虽不必认同芮氏对儒家文化在中国近代史中所起的作用的判断，但我们的传统法律在帝制的末期一定遭遇到难以想象的困难则是毋庸置疑的。杨鸿烈在论述这一时代背景时说：

……但自清朝道光时的鸦片战争以来，英美各国在华领事裁判权的确立，于是中国法系的本身就发生空前所有未有的打击！加以欧美学说大量输入，如"保障人权"和"权利"、"义务"的思想深入中国青年脑里，于是对过去那样"礼""法"分不清的法律或政治的制度自然深为不满。何况自与欧美通商，沿江一带的工商业团体应时兴起，社会经济逐渐发达，旧日比较简单落后的法制实在不足以应付新环境。②

不仅仅是外国用坚船利炮所挟裹的西方法律文化的传入，而且晚清皇朝内部的危机也让统治集团明白了"祖宗之法不可恃"，不得不考虑统治方略的变化，这也促使其"法制"越来越走向"现代化"。

李贵连先生指出了中国法律传统在近代遇到的三个困境：一是领事裁判，列强对中国法权的侵夺。确立于第一次鸦片战争后订立的第一个不平等条约——《虎门条约》，以及稍后的《中英五口通商章程》。而在第二次鸦片战争所订立的《天津条约》中系统化、完善化、领事裁判制度使得清王朝即丧失了对进入中国境内的外国侨民的法律管辖，原有的完整的司法权也因之而丧失；其结果，不但严重地破坏了中国原有的社会秩序，同时也给清王朝的统治带来严重的危机。二是太平天国武装起义也把斗争的矛头指向清王朝封建法制；而且为了应付太平天国的危机，中央授权全国各级地方官，对抓获的"土匪"即行"就地正法"；授权各地团练绅士缉拿"土匪"，可以"格杀勿论"。以快速、省事、严厉为特征的"就地正法"，使得原有的封建法制由此而被打乱；三是旧律与社会实际生活脱节，无力推动封建国家机器的正常运转。而且由于近代资本主义经济的产生而带来的社会生活的变化，是建立在自给自足的自然经济基础之上的旧律所无法应

---

① 芮玛丽：《同治中兴——中国保守主义的最后抵抗（1862～1874）》，房德邻等译，中国社会科学出版社2002年版，第169～173页。

② 杨鸿烈：《中国法律思想史》，中国政法大学出版社2004年版，第273页。

变的。陈旧的内容和日新月异的现实生活,逼迫它进行脱胎换骨的改造。①

第二节　法制变革的思想积累

一、大动荡时期的"百花齐放"

由于社会动荡以及政治危机,一部分开明的士大夫阶层开始警觉于清朝的衰落,提出变法的主张:"一祖之法无不弊","自古及今,法无不改,势无不积,事例无不变迁,风气无不移易"。② 对于旧有的法律制度,冯桂芬在《校邠庐抗议》中批评捐官制度造成了吏治的败坏,"近十年来,捐途多而吏治益坏,吏治坏而世变益亟,世变亟而度支益蹙,度支蹙而捐途益多,是以乱召乱之道也。居今日而论治,诚以停止捐输为第一义。"③ 包世臣指责清朝官吏在司法审判中官官相护,幕友胥吏操纵讼狱,朋比为奸,营私枉法,"视民瘼若儿戏,玩条例如弁髦",司法领域是以狱为市,"无非同有非,无罪同有罪",其黑暗难以言状。龚自珍则指责封建法律是帝王用以维护其权威的手段和束缚臣民的"长绳",在"不可破之例"的约束之下,大臣的才智受压抑,士大夫的廉耻道德之心被摧残,从而给社会造成极大的危害。

早期提倡变法的知识分子们,如林则徐、魏源等,在批判旧有法律制度同时,也开始接触欧美资本主义国家的一些法律知识。魏源在《海国图志》一书中辑录了英美等国的一些司法制度的资料,以及若干有关战争和贸易方面的法律条文。林则徐主持翻译了瑞典法学家和外交家瓦特尔(Vattel,旧译滑达尔)所著《国际法》中的大部分内容,译成汉文后定名为《各国律例》。知识分子们虽然做了许多努力,但他们并不能主导晚清的政治与法律变革。法律改革的进展取决于大的政治环境。中国社会在内忧外患中一步一步挣扎向前,法律制度也逐渐走向现代。

在洋务运动时期,变革的指导思想是"中体西用"。虽然早在《校邠庐抗议》中,冯桂芬就提出"以中国之伦常名教为原本,辅以诸国富强之术"。而

---

① 参见李贵连:《中国法律近代化简论》,《比较法研究》1991年第3期。
② 龚自珍:《上大学士书》,《龚自珍全集》(下册),上海人民出版社1975年版,第319页。
③ 冯桂芬:《校邠庐抗议》,《变捐例议》。

且，处在中西之际之局的李鸿章、郭嵩焘、薛福成也先后以不同的言词表达了同样的见解，但在张之洞的《劝学篇》中得到更为系统的表述。张之洞把"中学"的内容概括为经、史、子、集。其中，张之洞特别注重纲常名教，认为君为臣纲、父为子纲、夫为妻纲这"三纲"是"五伦之要，百行之原，相传数千年更无异义。圣人所以为圣人，中国所以为中国，实在于此。"他针对维新派提倡民权，抑制君权，倡导男女平等的改良主张，针锋相对地指出："知君臣之纲，则民权之说不可行也"，"知夫妇之纲，则男女平权之说不可行也"。

在"中体西用"这一思想的指导之下，洋务运动的法律思想更多是"稍变成法"，这是办洋务的重要大臣之一李鸿章"外须和戎，内须变法"洋务总纲的一部分。李鸿章主张变法的内容与洋务自强有密切关系，他的变法主张几乎都是通过奏折或函牍的形式予以阐述和表达，涉及较多的是兵制、官制和科举制度。①

虽然洋务运动不以法律变革为中心，但亦有一些成绩。如为了适应洋务外交与立法的需要，同文馆成立以后，便以翻译西方法学著作作为了解西方情况和输入西学的重要途径。张之洞说："尝考讲求西学之法，以译书为第一义，欲令天下人皆通西学，莫若译成中文之书，俾中国百万学人，人人能解，成为自众，然后可供国家之用"。不仅如此，洋务派还从实际需要出发，向西方派遣留学生。

洋务运动以军事为核心，历时约35年，建成号称亚洲第一的北洋海军，却在1895年惨败于日本。甲午战后，国人失望于既有之结果，亦为日本维新的成就所打动，因此政治革新成为新的选择。梁启超说："唤起吾国四千年之大梦，实自甲午一役始也。……吾国则一经庚申圆明园之变，再经早申马江之变，而十八行省之民，犹不知痛痒，未尝稍改其顽固嚣张之习，直待台湾既割，二百兆之偿款既输，而鼾睡之声，乃渐惊起。"② 谭嗣同在《上欧阳鹄书》写道："平日于中外事虽稍稍究心，终不能得其要领。经此创巨痛深，乃始摒弃一切，专精致思。"③ 此时的法律思想再也不是"稍变成法"了，它把中国的出路寄托在因势以变之中，其锋芒已经触到灵光圈里的"成法"。④ 正如维新运动的主帅康有为在《敬谢天恩并请统筹全局折》中所言："方今累经外患以来，天下亦知旧法之弊，思变计图存矣，然变其甲不变乙，举其一而遗其二，枝枝节节而为之，逐末偏端而举之，无其原本。故臣请变法，涣汗大号，以与施行。"⑤

在甲午战败后两年左右，严复翻译的《天演论》开始在知识分子间流传，

---

① 李青:《清务派法律思想与实践的研究》，中国政法大学出版社2005年版，第41页。
② 梁启超:《戊戌政变记》，中华书局1954年版，第133页。
③ 《谭嗣同全集》（上册），中华书局1981年版，第167页。
④ 陈旭麓:《近代中国社会的新陈代谢》，上海人民出版社1992年版，第166页。
⑤ 《敬谢天恩并请统筹全局折》，载翦伯赞等编:《戊戌变法》，第215页。转引自萧公权:《康有为思想研究》，汪荣祖译，新星出版社2005年版，第140页。

随后出版。严复诠释的进化论蕴含强烈的生存竞争思想，与近代中国救亡图存的历史使命相契合，同时也在哲学层面解构了中国传统的历史循环论。它的广泛传播引发了巨大的社会反响。胡汉民在《侯官严氏最近政见书》中称："自严氏书出，而物竞天择之理，厘然当于人心，而中国民气为之一变。"

严复在《天演论》中说："不变一言，决非天运。而悠久成物之理，转在变动不居之中。是当前之所见，经廿年卅年而革焉可也，更二万年三万年而革亦可也。特据前事推将来，为变方长，未知所极而已。虽然，天运变矣，而有不变者行乎其中。不变惟何？是名天演。以天演为体，而其用有二：曰物竞，曰天择。此万物莫不然，而于有生之类为尤著。"① 这便是在当时产生过巨大影响的《天演论》一文中对于"变"的描述，与中国传统思想中以循环论形式表现出来的"变"不同，此处所谈的变更多具有进化论的思想。

而在《孔子改制考》中，康有为也把进化论引入社会历史，宣称据乱世就是君主专制时代，升平世是君主立宪时代，太平世是民主共和时代。并指出当今之世即由"据乱世"进入"升平世"。"外来的进第论使传统的儒术有了全新的意义，而传统的儒术又能使外来的进化论取得了中国的形式。"② 维新派的思想家们大多以进化论为出发点和理论根据，以"变"的思想张扬改革的旗帜。

在法律革新方面，康有为认为清朝现行的法律已经处于非改革不可的落后状态，他认为："今之法例，虽云承祖宗之旧，……不过因其俗而已。……当今世而主守旧法，不独不通古今之治法，亦失列圣治世之意也。"③ 基于全变的思想，康有为提出改革清朝的法律制度，他指出："法既积久，弊必从生，故无百年不变之法"，主张效仿那些"治国有法度"的西方国家，用新法治天下。严复认为自秦以来，中国两千年的法律是"为上而立"的，是专制帝王用来驱迫束缚其臣民，使臣民"恐怖慑服"的"防奸"手段。清朝制定的许许多多的法令律例，都是用来束缚臣民思想行动的桎梏，"其什八九，皆所以坏民之才，散民之力，漓民之德者也。"他认为中国自"秦以来之法制"，是专制君主们为一己的私利而制定的，这种违反民意"为上而立"的法律，很少有"不悖于天理人性"的。只有"为民而立"的法律，才合乎"天理人情"，而且由于利民而为民所乐于遵行。这种法律才是"治国之法"，才有"保民之效"。

1901年，刘坤一与张之洞合奏《江楚三折》中，一折提出了设文武学堂、酌改文科、停罢武科、奖励游学等，二、三折中涉及教育方面的内容有广派儿留学生、广译东西各类书籍、破格起用人才、多办实业工艺学堂等。这三折成为了

---

① 严复：《天演论上》导言一，《察变》，《严复集》（5），中华书局1986年版，第1324页。
② 陈旭麓：《近代中国社会的新陈代谢》，上海人民出版社1992年版，第175页。
③ 严复：《辟韩》，《严复集》（1），中华书局1986年版，第34页。

清末实行近代化教育改革的总纲。

此外，为了"开启民智"，立宪派翻译编辑出版了上百种西方国家的政治、法学、财政、政党、历史、教育著作，其中重要的有：《民约论》、《政治学》、《宪法精理》、《代议政体》、《国家学纲要》、《政治原论》、《万国宪法志》、《万国官制志》、《英国宪法史》、《英国制度史》、《共和政体论》、《政治学新论》、《四大政治学说》、《政治学及比较宪法论》、《万国宪法比较》、《宪法研究书》、《宪政论》、《日本宪法议解》、《日本预备立宪过去史》、《日本议会法规》、《议会政党论》、《十六国议院典例》、《议院提要》、《选举法要论》、《自治论》、《欧洲大陆市政论》、《地方自治要鉴》、《地方自治规范》、《立宪国法制述要》等一系列著作，这些著作，在当时的中国对于建立最初的立宪体制起了积极作用。

与此同时，中国的学术思想也开始繁荣起来，维新运动最为成功的一项举措应算是报刊的创办。如立宪派除已创办的《东方杂志》、《新民丛报》，又创办了许多新的杂志和报刊，如《中国新报》、《大同报》、《政论》、《国风报》、《自治学社杂志》、《预备立宪公会报》、《宪报》、《宪政新志》、《法政新报》、《宪政旬报》、《宪政述闻报》、《自治公报》等，日报则有《时报》、《大公报》、《国民公报》、《宪志日刊》、《宪政日报》、《西南日报》、《中央日报》等。这些报刊，大张旗鼓地介绍西方国家的新的政治学说、民主学说，宣传西方国家的民主、自由、平等，对于促进当时中国的法制现代化和政治进步起到了积极作用。这些期刊的主持及参与撰述者，多是有理想的知识者，想借助期刊传播知识，同时他们也积极从事实际的政治活动，或参与立宪事务，或鼓吹开设国会，期刊正是他们推动宪政实践的有力工具。在中国政治、经济、社会、文化大变动的时代，期刊（杂志）既是促使这一大变动的动力，也记载了这一大变动的历程，因此，回顾和研究中国的宪政史，绝不能忽视作为宪政话语载体的各种期刊。①

二、废科举与兴新政

由于变法触及当权派的既得利益，1900年9月21日，慈禧太后发动政变，囚禁光绪帝，处决谭嗣同等"戊戌六君子"，再度垂帘听政。康有为、梁启超等被迫流亡国外。"百日维新"宣告结束。1901年1月29日，被八国联军"炮火"赶到西安的慈禧太后发布了第一道"变法"上谕，其中写道"法令不更，锢习

---

① 据统计，在清末民初创办的期刊杂志中，与法政知识传播和改革变法运动有关的主要有十二种，即《时报》、《时务报》、《清议报》、《新民丛报》、《新译界》、《宪政杂志》、《中国新报》、《法政学报》、《庸报》、《大同报》、《宪法新闻》等。参见张玉法主编：《清末民初期刊汇编（4）宪政杂志》，台湾经世书局1985年版，第1~2页。

不破，欲求振作，当议更张，……参酌中西政要，举凡朝章国故，吏治民生，学校科举，军政财政，当因当革，当省当并，或乏诸人，或求诸己，如何而国势始兴。"晚清"新政"终于拉开。但所谓"新政"只是几十年清洋务运动的强化而已，主要内容仍然是练兵、筹饷、育才。但"新政"也为清王朝带来一支新式陆军，发展了资本主义事业，并于 1905 年废除了沿用了一千多年的科举制度，建立了新式学堂和派遣大量留学生。

笔锋常带感情的梁启超在论及其所生之时代时曾写下这样激昂的文字：

今日之中国，过渡时代之中国也。……中国自数千年来，常立于一定不易之域，寸地不进，跬步不移，未尝知过渡之为何状也。虽然，为五大洋惊涛骇浪之所冲激，为十九世纪狂飙飞沙之所驱突，于是穷古以来，祖宗遗传、深顽厚锢之根据地，遂渐渐摧落失陷，而全国民族，亦遂不得不经营惨澹，跋涉苦辛，相率而就于过渡之道。故今日中国之现状，实如驾一扁舟，初离海岸线，而放于中流，即俗语所谓两头不到岸之时也。语其大者，则人民既愤独夫民贼愚民专制之政，而未能组织新政体以代之，是政治上之过渡时代也；士子既鄙考据词章庸恶陋劣之学，而未能开辟新学界以代之，是学问上之过渡时代也；社会既厌三纲压抑虚文缛节之俗，而未能研究新道德以代之，是理想风俗上过渡时代也。语其小者，则例案已烧矣，而无新法典；科举议变矣，而无新教育；元凶处刑矣，而无新人才；北京残破矣，而无新都城。①

科举既废，法典未成，中国在过渡时代付出了巨大代价。钱穆在《中国历代政治得失》一书中是这样评价废科举事件的："无论如何，考试制度，是中国政治制度中一项比较重要的制度，又且由唐迄清绵历了一千年以上的长时期。中间递有改革，递有演变，积聚了不知多少人的聪明智力，在历史进程中逐渐发展，这决不是偶然的。直到晚清，西方人还知采用此制度来弥缝他们政党选举之偏陷，而我们却对以往考试制度在历史上有过上千年以上根柢的，一口气吐弃了，不再重视，抑且不再留丝毫顾惜之余地。那真是一件可诧怪的事。"② 事实上，我们不能一意否认科举制度在历史上的意义和作用，科举制度在中国历史上承负着整合传统社会生活，并维系社会内部的文化生态平衡的功能。它对传统中国的政治、文化、思想、教育、经济与社会生活的运行均起到枢纽与调节作用。

中国传统社会的精英阶层，主要是由地主、士绅与官僚这三部分构成的。这些社会阶层各自在经济、文化与政治上承担着维系社会生命体的组织功能。这三个社会阶层之间事实上存在着一种独特的横向流动。而这种阶层之间的社会流

---

① 梁启超：《过渡时代论》，《清议报》1901 年 6 月 21 日。
② 钱穆：《中国历代政治得失》，三联书店 2002 年版，第 235 页。

动,主要是由科举制度来实现的。例如,地主与庶民子弟可以通过科举考试,取得秀才、举人这样的士绅的身份,士绅则又可以进一步通过更高层次的科举考试而成为官僚政治精英。而官僚精英则可以利用自己的权势与影响,通过所授予的职分田与以及通过购置田产,进而在经济上成为士绅地主。在传统中国社会里,由于官僚的身份不是世袭的,而一个官僚在退出仕途之后,在传统中国约定俗成的财产继承方式的制约下,他的田产又在几个儿子中均分,这样,其后人则很容易在二三代以后又下降为平民。而平民又可以通过科举考试进而取得功名,从而再次进入上述地主、士绅与官僚之间的精英循环过程。据余英时考证,当时朝臣奏罢科举的一个主要理由是说它"阻碍学堂",当时的社会舆论是以现代学校取代科举制度,士绅基本上都是持这样的看法。事实上,科举的起源与持续出于士绅阶层的要求,制度的设计与改进也操在他们手中。晚清的士绅阶层,无论在政治取向上是渐进的或急进的,都知道传统体制已绝不足应付"三千年未有之变局"①。因此他们"求变、求新"的方案,彼此之间虽相去甚远,但在以现代学校取代科举这一具体问题上,却达成了一致。对此,余英时指出:

  从社会结构与功能方面看,从汉到清两千年间,士在文化与政治方面所占据的中心位置是和科举制度分不开的。通过科举考试(特别如唐、宋以下的进士),士直接进入了权力世界的大门,他们的仕宦前程已取得了制度的保障。这是现代学校的毕业生所望尘莫及的。著眼于此,我们才能抓住传统的士与现代知识人之间的一个关键性的区别。清末废止科举的重大象征意义在此便完全显露出来了。②

  科举制的废除使朝廷失去了官僚体制自身的再造功能,朝野官民之间制度化的流通与平衡机制被破坏了,1905年,中国历史上发生了两件大事:一是废止科举,二是同盟会成立。青年才俊纷纷出国留学,天高皇帝远,加上现代西方思想洗礼,海外留学,就不是"留学科学",而是"留学革命"。事实上,在维新时代就产生了"新的社会类型的人",他们不同于传统的士大夫和读书人,"他们的出现,与新颖的思想风气、新的变革的组织工具以及正在成长的社会舆论一

---

① "数千年未有之变局"和"数千年未有之强敌"的命题由李鸿章提出,早在1865年,李鸿章就曾致函朱久香说:"外国猖獗至此,不亟亟焉求富强,中国将何以自立耶?千古变局,庸妄人不知,而秉钧执政亦不知,岂甘视其沈胥耶?鄙人一发狂言,为世诟病,所不敢避。"1872年和1874年,李鸿章又两次上奏朝廷说:"欧洲诸国百十年来,由印度而南洋,由南洋而东北,闯入中国边界腹地,凡前史之所未载,亘古之所未通,无不款关而求互市,我皇上如天之度,概与立约通商,以牢笼之,地球东西南朔九万里之遥,胥聚于中国,此三千余年一大变局也。"这个为人熟知的表述不仅仅源于中国惨败于英国以致门户洞开的惊叹,更重要的是向国人提出一个尖锐的问题:如何应对"自帝国之世界进入列国之世界"的新局面。参见李鸿章:《复朱九香学使》、《筹议制造轮船夫可裁撤折》、《筹议海防折》,《李文忠公全书》,以及汪荣祖:《晚清变法思想论丛》,台北联经出版事业公司1980年版,第2~3页。

② 余英时:《士与中国文化》(新版序),上海人民出版社2003年版。

起，构成了维新时代的主要遗产。"① 最初的同盟会员，绝大多数是"游学"的新式文人。辛亥革命在一定程度上是留学生与海外移民输入的革命。而革命之后，那些受过西式教育的新兴知识分子，又成为共和政治中活跃的政治家。废止科举从旧官僚体制中断了传统文人的仕进之路，同时也为新的共和政治准备了现代政治家。传统的知识与道德，不再能为权力提供合法性，那么就只有暴力与阴谋了。袁世凯的保定军校、蒋介石的黄埔军校，培养了一批职业军事冒险家，他们掌握着中国的命运，主宰了军阀混战与国共战争。这正如钱穆在《中国历史上的考试制度》一文中所说，科举制"因有种种缺点，种种流弊，自该随时变通，但清末人却一意想变法，把此制度也连根拔去。民国以来，政府用人，便全无标准，人事奔竞，派系倾轧，结党营私，偏枯偏荣，种种病象，指不胜屈。不可不说我们把历史看轻了，认为以前一切要不得，才聚九州铁铸成大错"。②

第三节 清末立宪

一、"宪法"词义考

《尚书注疏》中讲："宪，法也。言圣王法天以立教，臣敬顺而奉之，民以从上为治。"宪在这里是个动词，效法的意思，效法的对象是天。"宪"的根本性、合理性来源于它效法的对象。"宪与天的结合"，是理解儒学中宪及宪法的根本。在中国传统文化中，"宪"字在天理上与"道"相关；在人情上与"尊长"相关。"先王制礼必本天理人情之公。"这种使用不是一个习惯，而是礼教的一部分，"宪"字在古汉语中的使用"为礼教所支持并被礼教所约束"。在古汉语，也会将宪法连起来做名词使用，由于宪是个居于优势地位的"实词"，而非"修饰词"。宪又代表的是礼教。"德礼为政教之本，刑法为政教之用。"所以宪法的核心是宪，而不是法，在宪与法的关系中，宪是根本，法是辅助。而这个居于辅助地位的法，亦因"引礼入法"的存在，而为礼所掌控。所谓宪法者，是指有法效力的宪，而不是具有宪属性的法。

日本人看中了"宪法"一词中所包含的"正当性"、"根本性"的含义，用

---

① [美]费正清主编：《剑桥晚清中国史》（下卷），中国社会科学出版社1993年版，第92页。
② 钱穆：《国史新论》，三联书店2005年版，第260页。

它来翻译 constitution，这一译法为中国人所沿用。当"宪法"一词与"constitution"相对应后，两者的含义便开始相互侵蚀。中国人开始用古汉语的宪法观来理解 constitution，但这是次要的。由于日本与西方国家的优越地位，日本人借助 constitution 塑造的"新宪法"亦在汉语中居于统治地位。只是这个词意受东方人自身的需求和对 constitution 的理解所限，含意亦有模糊与不合逻辑的地方。经日本人改造过的"宪法"一词不是泛指一切根本性的制度或规范，而是特指立宪体制下的根本性制度或规章。它不适用于指称中国古代的那种王权体制以及与之相关的典章。在汉语语境中，原本宪法是中国式皇帝制度的理论基础，两者都是美好的词。但在宪法与 constitution 相关联后，它便成了中国的皇帝制度的对立面，后者有了一个新的名称：君主专制。

　　甲午战后的维新变法与甲午战争关系很大，日本亦成为效法的对象。像日本那样实行君主立宪制度亦为知识分子所主张。对于专制制度的危害，康有为指出："吾国行专制政体，一君与大臣数人共治其国，国安得不弱？盖千百万之人，胜于数人者，自然之数矣。"① 而梁启超更加深刻地揭露专制政体的危害，在《拟讨专制政体檄》一文中写道："使我数千年历史以脓血充塞者谁乎？专制政体也。使我数万里土地为虎狼窟穴者谁乎？专制政体也。使我数百兆人民向地狱过活者谁乎？专制政体也。我辈数千年前之祖宗，初脱草昧，团体未结，智力未充，或不能不稍有借于专制。今日我辈已非孩童，无所用人之顾复；我辈又非废疾，无所用人之扶持；我辈更非癫狂，无所用人之监守；我辈亦非犯罪，无所用人之锁拘。专制政体之在今日，有百害于我而无一利！"②

　　而建立君主立宪最得要的是建立议院制度，在《上清帝第二书》亦即著名的"公车上书"中，便有以设立议院作为立国自强之策和变法的核心内容，请求光绪皇帝"特诏颁行海内，令士民公举博古今、通中外、明政体、方正直言之士，略分府县，约十万户而举一人，不论已仕未仕，皆得充选，因用汉制，名曰议郎。……凡内外兴革大政，筹饷事宜，皆令会议于太和门，三占从二，下部施行"。这样才能消除君臣隔绝，官民隔绝的状态，实现"君民同体，情谊交孚，中国一家，休戚与共，以之筹饷，何饷不筹？以之练兵，何兵不练？合四万万人之心以为心，天下莫强焉。"③ 1898 年，在他的《请定立项开国会折》中写道："臣窃闻东西各国之强，皆以立宪法、开国会之故。国会者，君与国民其议一国之政法也。盖自三权鼎立之说出，以国会立法，以法官司法，以政府行政，而人主总之。立定宪法，同受治焉。……今变行新法，固为治强之计，然臣窃谓

---

① 康有为：《请定立项开国会折》，载汤志钧编：《康有为政论集》，中华书局 1981 年版，第 338 页。
② 梁启超：《拟讨专制政体檄》，《梁启超选集》，上海人民出版社 1984 年版，第 381 页。
③ 康有为：《上清帝第二书》，载汤志钧编：《康有为政论集》，中华书局 1981 年版，第 114~136 页。

政有本末，不先定其本，而徒从事于其末，无当也。"① 严复在 1896 年的《原强》一文中也强调了议院的作用，表示议会制和各地的民主自治是救治中国的不二法门，也是开民智、新民德的必由之路，"设议院于京师，而令天下郡县各举其守宰。是道也，欲民之忠爱必由此，欲教化之兴必由此，欲地利之尽必由此……欲民各束身自好而争濯磨于善必由此。"② 制定一部宪法无疑也是君主立宪制度的应有之意，在梁启超看来，宪法是"立万世不易之宪典，而一国之人，无论为君主、为官吏、为人民，皆共守之者也，为国家一切法度之根源。此后无论出何令，更何法，百变而不许离其宗者也。"于前述渐进式开国会相类似，宪法也不可立即实行，而是要等到民智稍开后方能行之的，在《政治学学理摭言》中，他拟定了从筹备立宪到行宪的步骤，自"首请皇上涣降明诏，普告臣民，定中国为君主立宪之帝国，万世不替"至实行宪法，共需二十年的期限。③

不过在立宪的支持者中，也有不少是在中国经验的基础上思考西方式的新问题。1907 年《新译界》刊载了汤化龙的《议会论》，在这位改良派的"进步"士人看来，"立宪政体之至理，固不外吾孔教所提倡之王道也。"

旅人涉沙漠，跨骆驼而前，途次蒸炎如毁，飞风卷尘，目眩喉喝，望呵须野斯而不至（须呵野斯为沙漠中清泉涌出，椰子繁茂之地），困顿疲惫，几于欲死。未几至矣，憩绿阴，酌清泉，神苏心爽，英气快复。念永留于此，非其初意，复跨骆驼，背呵须野斯而前进。吾数千年之历史，何相似耶？其时代则大沙漠也，社会则旅人也，王道则呵须野斯也，历朝则呵须野斯与呵须野斯之间也，霸术则骆驼也。社会者其初傲然驱霸术，意气扬扬而发轫，未几乱交至，霸术之力不能及，乃低徊顾步，俯思王道，至于命穷势亟，溃裂四出，渐返省而把王道之涓滴。姑苏其消沉颓废之气，以为后图之备，既再发轫，亦终役于霸术。文化不进，千年如一日。王道之所谓至理，与霸术不得分袂，故历朝惟异偏重势力之人，偏重势力遂长为立国之基础。社会久彷徨于偏倾之状态，然王道之至理，既

---

① 康有为：《请定立宪开国会折》，载汤志钧编：《康有为政论集》，中华书局 1981 年版，第 338 页。
② 严复：《原强修订稿》，《严复集》（第一册），中华书局 1986 年版，第 31～32 页。
③ "一，首请皇上涣降明诏，普告臣民，定中国为君主立宪之帝国，万世不替。次二，宜派重臣三人，游历欧洲各国及美国、日本，考其宪法之同异得失，何者宜于中国，何者当增，何者当弃。带领通晓英、法、德、日语言文字之随员十余人同往，其人必须有学识，不徒随方言者，并许随时向各国聘请通人以为参赞，以一年差满回国。（又此次所派考察宪法之重臣随员，宜其各种法律如行政法、民法、商法、刑法之类皆悉心考究。）次三，所派之员既归，即当开一立法局于宫中，草定宪法，随时进呈御览。次四，各国宪法原文及解释宪法之名著，当由立法局译出，颁布天下，使国民咸知其来由，亦视增长学识，以为献替之助。次五，草稿既成，未即以为定本，先颁之于官报局，令全国士民皆得辩难讨论，或著书，或登新闻纸，或演说，或上书于立法局，逐条析辩，如是者五年或十年，然后损益制定之。定本既颁，则以后非经全国人投票，不得擅行更改宪法。次六，自下诏定政体之日始，以二十年为实行宪法之期。"梁启超《立宪法议》，《饮冰室合集；饮冰室文集之五》，第 2～3 页。

发明于近世文明以前，近世文明，复载王道之至理以实现，动机所迫，不能强也，及至于今立宪政体之议喧阗朝野，使立宪政体而果行于吾国也，则自今以往，到于立宪实行之日……①

这一段阐释表明欧美只被中国视为某种手段，立宪也仅仅是解决治乱问题的新方法，"立宪政体者，永绝乱萌之政体也"。② 陈顾远先生认为，从法律层面来看，清廷"随同欧美"进行变法的根本目标在于：循王道，行霸术而后建立"中国本位的新法系"。③

二、中国宪政的"第一次预演"

1901年清廷颁布《新政改革上谕》，新政集中在兴办教育、裁撤冗员与筹饷练兵等方面，最引人注目的成就是废了科举制。新政施行五年后，没有立竿见影，人心思变。时逢日俄战争，日本战胜，人们以为是立宪的日本战胜了专制的帝俄，中国之不富强，是因为没有立宪的原故。当时中国的报业已经有所发展，一时"立宪之声嚣然天下"。在清廷内部主张立宪的人亦不在少数。1905年7月16日，清廷下诏派五大臣出洋考察政治。1906年考察团归国后，五大臣皆主立宪，端方与戴鸿慈上了《请定国是以安大计折》，载泽上了《奏请宣布立宪密折》。

1906年9月1日，清廷发布"上谕"宣布预备立宪，"上谕"中说：

我朝自开国以来，列圣相承，谟烈昭垂，无不因时损益，著为宪典。现在各国交通，政治法度，皆有彼此相因之势，而我国政令积久相仍，日处陡险，忧患迫切，非广求智识，更订法制，上无以承祖宗缔造之心，下无以慰臣庶治平之望，是以前派大臣分赴各国考察政治。现载泽等回国陈奏，皆以国势不振，实由于上下相暌，内外隔阂，官不知所以保民，民不知所以卫国。而各国所以富强者，实由于实行宪法，取决公论，君民一体，呼吸相通，博采众长，明定权限，以及筹备财用，经画政务，无不公之于黎庶。又兼各国相师，变通尽利，政通民和有由来矣。时处今日，惟有及时详晰甄核，仿行宪政，大权统于朝廷，庶政公诸舆论，以立国家万年有道之基。但目前规制未备，民智未开，若操切从事，涂饰空文，何以对国民吁昭大信。故廓清积弊，明定责成，必从官制入手，亟应先将官制分别议定，次第更张，并将各项法律详慎厘订，而又广兴教育，清理财务，整饬武备，普设巡警，使绅民明悉国政，以预备立宪之基础。着内外臣工，

---

① 汤化龙：《议会论》，《新译界》第七号，光绪三十三年（1907年）十一月。
② 梁启超：《立宪法议》，《饮冰室文集》之五，中华书局1989年版，第二册。
③ 陈顾远：《中华法系之回顾及其前瞻》，载范忠信等编校：《中国文化与中国法系——陈顾远法律史论集》，中国政法大学出版社2006年版，第549页。

切实振兴，力求成效，俟数年后规模初具，查看情形，参用各国成法，妥议立宪实行期限，再行宣布天下，视进步之迟速，定期限之远近。着各省将军、督抚晓谕士庶人等发愤为学，各明忠君爱国之义，合群进化之理，勿以私见害公益，勿以小忿败大谋，尊崇秩序，保守平和，以豫储立宪国民之资格，有厚望焉。①

诏书主要有三个方面的内容：第一，及时仿行宪政，大权统于朝廷，庶政公诸舆论，以立国家百年有道之基；第二，因目前百废待兴，民智未开，故须改革官制以除积弊，广兴教育以启民知，厘财备武，以资立宪之基；第三，待预备工作初具规模，再为妥议立宪之期，期限长短俟机而定。11月，颁禁烟章程，严禁鸦片；1907年7月，下诏满汉平等；8月，筹立资政院以为议院基础；9月，新修刑律草案，命各省筹设咨议局，改考察政治馆为宪政编查馆。这道"上谕"，可以说是清末预备立宪的"总纲"。首先，预备立宪的原则，是"大权统于朝廷，庶政公诸舆论"，也就是说，立宪的大政方针的决定权是掌握在清廷之手。这表明清廷从一开始就紧紧控制了立宪的内容与进程，一切都是根据清朝统治者的意志和"需要"来进行的。这事实上决定了这场立宪的性质；其次，预备立宪的目的，是"以立国家万年有道之基"，也就是说，继续清王朝的专制统治；最后，预备立宪的步骤，是先从官制改革入手，理由便是。"规制未备，民智未开"，因此先从制度改革，广兴教育入手，等取得成效之后，再行宪政。

1907年，宪政编查馆遵照清廷意旨，草拟宪法大纲，并制定了九年立宪计划，1908年8月27日，宪政编查馆会同资政院将《宪法大纲》、《议院法要领》、《选举法要领》、《逐年筹备事宜清单》上奏，当日朝廷批准颁布，并明定预备期限为九年。这部宪法大纲分为两个部分，第一部分"君上大权"十四条，第二部分"附臣民权利义务"九条，两个部分合计二十三条；② 其中十七条抄自日本宪法，而删去的恰恰是日本宪法中用以限制天皇权力的条文。故史

---

① 《清末筹备立宪档案史料》，中华书局1979年版，第43~44页。
② 宪法大纲共二十三条，包括正文"君上大权"和附录"附臣民权利义务"。有关君上大权的十四条抄自日本宪法，但删去了日本宪法中限制天皇权力的条款。大清帝国皇帝享有颁布法律、提交议案、召集及解散议会、统帅军队、订立条约、宣布戒严等广泛权力，同时还总揽司法权。宪法大纲还规定，法律虽然经过议会表决通过，但未经皇帝批准颁布的，不能实施；皇帝掌握用人权，议员不得干涉；一切军事行动及外交行动都有皇帝全权负责，议会不得干涉。臣民有纳税、当兵、遵守国家法律的义务，有在法律范围内的言论、著作、出版、集会、结社等自由。所谓的法律范围，是指清政府在此之前事先颁布了一些特别法规。例如，1908年宪政编查馆和民政部共同制定了《结社集会律》，规定各种集会结社凡与政治和公事无关的可以照常设立，关系到政治的必须事先申报。立宪的重要组成部分还包括1907年9月下昭筹设的咨议局和资政院。宗旨是为民众设立舆论之地，指出社会弊病，维持长治久安。各省咨议局讨论本省的预决算、税法、公债、单行章程规则的修改，选举资政院议员，接受本省自治会或人民陈请建议事件等权限。咨议局议定的事件，需取得本省督府同意才能生效。如果双方意见分歧，由中央资政院仲裁。

家一针见血地指出其"只可算为保障君权的宪法",①"不外永保君主地位,极度提高君主的权力。"② 这部宪法大纲和西方国家的宪法相比,固属等而下之,无丝毫值得夸耀的地方,然而对于中国的集权专制政体来说,无疑"已为超轶千古之举动"。③

　　清廷的预备立宪直接带来的结果是成立了宪政编查馆和筹建资政院,这是中国宪政之路上的"第一次预演"。④《钦定宪法大纲》作为近代中国第一个宪法性文件,只是规定以后起草宪法原则和依据的纲领,而并非正式的宪法,无任何法律效力。⑤《钦定宪法大纲》等文件颁布后,多数立宪派表示接受,却普遍认为预备期太长。事实上,"由《钦定宪法大纲》和它的宪草稿本所勾勒的制度是既利用着儒家传统的政治理念也利用着西方的'法理'、概念、术语经过某些人不断的努力奋斗而渐渐成熟的,它丰富了中国的政治词汇,失去的是宪政的真语言。"⑥

　　1908年清廷批准《议院未开以前逐年应行筹备事宜清单》。对1908～1916年这九年中中央与地方的立宪行为,逐年有"筹办地方自治"、"编定法律"、"普及教育"、"化除满汉畛域"、"调查户口"、"试办财政预、决算"等安排,计划于第九年颁布宪法,举行上、下议院选举,开国会。立宪派认为国家危在旦夕,九年才开国会时间太长,因此自1908～1910年连续三年发起速开国会的大请愿,各地督抚亦多有此种观点者,1910年资政院第一次常年会召开,表决国会请愿事项,全体通过速开国会的决议。11月4日,清廷下诏于宣统五年(1913)年成立国会。国会未成立以前,清廷的安排是先在各省设立咨议局,然后通过咨议局产生资政院,以为议会之基。1909年各省咨议局成立,1910年10月3日,资政院第一次常年会召开。至于《资政院章程》,自1908年颁布后,在1911年又经过两次修改,总的来说,资政院在最初是一个辅助君主进行决策的机构,并非通常意义上的国会,但到最后一次修改后,依据条文,资政院对于职权范围内的事项,已经有了决定权,即不用"请旨定夺",而是只需要"请旨颁布"。

---

① 李剑农:《中国近百年政治史》,复旦大学出版社2002年,第238页。
② 郭廷以:《近代中国史纲》(上册),中国社会科学出版社1999年,第375页。
③ 杨廷栋:《钦定宪法大纲讲义》弁言;商务印书馆1910年版。
④ 王人博:《中国近代的宪政思潮》,法律出版社2003年版,第126～130页。
⑤ 《钦定宪法大纲》并不是正式宪法,这在宪政编查馆和资政院关于宪法大纲的奏折中就已经说得很清楚:"宪法乃国家不刊之大典,一经制定,不得轻率更变,非如他项法律可以随时增删修改,故编纂之初,尤非假以时日详细研求,不足以昭慎重。惟条文之详备,虽非旦夕所能观成,而闳纲所在,自应预为筹定,以为将来编纂之准则",《宪政编查馆资政院会奏宪法大纲暨议院法选举法要领及逐年筹备事宜折》,《清末筹备立宪档案史料》上册,第55页;同日的《九年筹备立宪逐年推行筹备事宜谕》中也有"届时即行颁布钦定宪法"之语,见《清末筹备立宪档案史料》上册,第68页。
⑥ 王人博:《中国近代的宪政思潮》,法律出版社2003年版,第142页。

立宪以来,在支付巨额赔款的同时,百端并举,开支浩大,地方赋税极重,各地民变不断。慈禧与光绪又在1908年底先后去世,摄政王载沣为谋满族统治的延续,极力加强皇族的力量。1911年5月设立内阁,由庆亲王奕劻任内阁总理大臣,阁员十三人中,皇族七人,非皇族满人两人,汉人四人,人称"皇族内阁",如此安排,使立宪派感到失望。与此同时,清廷决定铁路收归国有,对于已交纳的款项,只给股票,不付现钱,于是保路运动兴起,西南已乱。又至10月10日,武昌起义爆发。由于统治形势的恶化,清廷在立宪问题上不再固守旧有立场,先是弛党禁、下罪己诏、任命袁世凯为内阁总理大臣,后又于11月3日公布《重大信条十九条》(以下称为《十九信条》),总的来说,十九信条与钦定宪法大纲截然不同,前者学习英国,采用虚君的议会制,文字表述的侧重点在于限制君权;后者学习日本,规定的是君主独裁制,文字表述的侧重点在于维护君主。《十九信条》缩小了皇帝的权力,扩大了国会的权力。它规定皇帝的权力以宪法规定的为限;宪法由资政院起草决议,由皇帝颁布;宪法提案权归国会;总理大臣由国会推举,由皇帝任命;皇族不得担任总理大臣及其他国务大臣并各省行政长官;国际条约不经过会决议,不得缔结;官制官规,由法律详加规定。

　　《十九信条》是中国历史上的第一部具宪法效力的文件,较之《钦定宪法大纲》有很大进步。《钦定宪法大纲》基本上是照抄日本《明治宪法》的条文,毫无立法技术可言,而《十九信条》则是采用了英国宪法的精神,结合了实际的情况;《十九信条》实行责任内阁制,对皇权大为削减,已经接近英国的虚君立宪制;《钦定宪法大纲》只是拟定宪法的纲要,本身并没有法律效力,而《十九信条》虽也不是正式宪法,却是先行颁布的宪法重要条款,具有法律效力。后来的一些宪法学家对其也有不错的评价,如杨幼炯《近代中国立法史》认为它是"有清一代之唯一宪法,亦我国历史上之第一次宪法也",陈茹玄《中国宪法史》(台湾文海出版社1985年版)引尚秉和语:"《十九信条》深得英宪之精神,以代议机关为全国政治之中枢,苟其施行,民治之功可期,独惜其出之太晚耳。倘能早十年宣布实行,清祚或因以不斩,未可知也!"

第四节　清末修律

　　1901年6月,刘坤一、张之洞合奏,提出改革法制事宜九条。次年张之洞参与同英国的商约谈判,提出中国改革法律,英国放弃在华领事裁判权势的要求。在取得英国代表马凯的首肯并列入条约以后,1902年清朝廷正式下达法律改革之诏，责成袁世凯、刘坤一、张之洞，"慎选熟悉中西律例者，保送数员来京，听候简派，开馆纂修，请旨审定颁行。"拉开了法律改革的序幕。1904年成立修订法律馆，以沈家本人为修订法律大臣，先后制定了《大清现行刑律》、《大清新刑律》等吸收了西方法制思想的新型法律，法治派与礼教派的大论战也随之而起。

一、"礼法之争"

清廷改革法律的宗旨，初期强调"参酌各国法律"，"务期中外通行"，重在取西法之长补中法之短，偏于西法之采用，颇有开明之面。等到统治危机稍有平息，其守旧的面目就又扭转回来。在改革中期以后，清廷强调法律本源"本乎礼教"，三纲五常"为数千年相传之国粹，立国之大本"，"旧律义关伦常诸条，不可率行变革，庶以维天理民彝之不敝"。并以此作为改革之"至要"宗旨。光绪三十二年（1906年）修订法律大臣沈家本、伍廷芳等人制定了修律中第一部法律，也是中国历史上第一本单行诉讼法规：《刑事民事诉讼法》，虽然"刑民合一"而编，但已严格区分于传统旧法"刑民不分"特点。该法上呈清廷后，清廷谕令各省督抚大臣"体察情形，悉心研究其中有无扞格之处，即行缕析条，据实具奏。"而立法者万没想到该法一出即遭到各地督抚将军的几乎一致批驳。广西巡抚林绍年奏称："新纂刑事民事诉讼各法，广西尚难行。盖俗悍民顽，全恃法律为驭驾，闻以不测示恩威。若使新法遽行，势必夸张百出，未足以齐外治，先无以靖内讧，下所司知之"。而直隶总督袁世凯奏称："新纂刑事民事诉讼法，内有扞格者数条，请饬再议"。张之洞是对新法驳议最为猛烈的一个，他在《遵旨覆议新编刑事民事诉讼法》中对该法草案进行了全面的否定。如，对父子异财、男女平等、律师制度、陪审员制度、废除比附法、规定控诉期限等都进行了批驳，随后这部新法即被清政府废除。这也是"礼法之争"的开始，可以说清末的修律自开始之时便伴随着"礼法之争"的争论。

对《刑事民事诉讼法》的驳议直接促成了清末法律改革中礼教派与法理派两大派别的形成，引发了长期的"礼法之争"的局面。虽然《刑事民事诉讼法》未及公布便胎死腹中，但随之另一部更具有影响的法典《大清新刑律》又出台了。由于新刑律中体现了法律与礼教分离的精神，这部法典无可避免地遭到了以张之洞为首的礼教派的群攻，"礼法之争"，进入高潮阶段。双方争论的焦点集中在《大清新刑律》是否应确定"无夫奸"、"子孙违反教令"是否为罪以及"干名犯义"条存废、"存留养亲"是否应编入刑律、"子孙卑幼对尊长可否行使正当防卫权"等问题上。以沈家本、伍廷芳、杨度为代表的法理派与以张之洞、劳乃宣为代表的礼教派展开了激烈的辩驳,最终以法理派的失败而告终。

经过"礼教派"和"法理派"的这场激烈的争论,尽管双方都不能完全以自己的意愿主导修律,但在双方的合力之下,一方面,新律吸收了现代性的法律形式,建立起了近代法律体系,引进了现代意义上的法律原则、制度,删减了旧法律中落后与野蛮的内容,如《大清新刑律》删去了纲常名教的基础:《五服图》,主张尊卑、良贱、男女在法律上平等,实行"罪刑法定主义";《刑事民事诉讼法》主张父祖子孙别籍异财、男女平等,否定了"宗法"、"家族"、"服制"的作用,并采取了律师制度和陪审员制度。另一方面,在礼教派坚持下,修律时最大限度地考虑到了礼教在中国的广泛影响,使礼教在新律中得以体现,如律后附《暂行章程》五条。

"礼法之争"使得中国在法律发展方面融入了世界,中国的法律不再独立于世界之外,而成为其中的一员,此后中国与世界法律的发展有了衔接,能够在结合国情的基础上及时吸收现代性的法律理论和原则。"礼法之争"在传播现代性的法律思想和理论上起到了一定的积极作用,对于以后的法制建设具有重要影响。"礼法之争"关系到法律的起草、签注、修改、审议、表决各部门,其中有修订法律馆、宪政编察馆、法部、资政院、中央各部,参与者中不乏身居高位的硕学通儒或封疆大吏,还有一般官吏、士人及在华的外国人。双方为驳倒对方,在新律中贯彻己方的主张,精心演习法律,著书立说。同时,外国法典的翻译,中国法典的出版,法律学堂的设置,法学会的建立,法政研究所的举办,都一片繁荣。可以这样说,正是"礼法之争"双方对法律的争论和推演有力地推动了现代性法律体系的建立和现代性法律意识的普及。

二、沈家本与清末修律

在礼法之争中,法理派的代表人物是沈家本。事实上,清末的法律现代化进程主要由沈家本等新型士大夫推动,谈清末修律不能不单论此人。著名法史学家杨鸿烈盛赞沈家本为"媒介中西两大法系成为眷属的一个冰人。"[①] 从学术角度看,沈家本是一个律学大师,同时又是现代法学积极的倡导及传播者。早期沈家本为一个单纯的律学家,但自从主持清末司法改革之后,积极学习、吸收西方法学之精髓,并大力倡导法学著作与法律法规的译介,在修律的实践活动中已经成长为一个博通中西的法学家。

沈家本于主持修律之初,即在中外法律之间抱持一种融通和求同的心态,

---

① 参见杨鸿烈:《中国法律发达史》,商务印书馆1930年版,第1078页。

力图使二者相结合，曾指出："当代法治时代，但若证之今而不考之古，但推学西法而不探讨中法，则法学不会，又安能会而通之，以推行于世？"所以在参酌各国法律方面，做了大量的细致的工作。首先翻译引进外国法律书籍，以有资可参。在翻译中，为避免"抉择未精，舛讹立见"，他对每种法律，都做认真考察研究，以防止翻译失实、导致参酌有误。其次派员出国考察外国法律。沈氏认为若制定切合中国适用之法制，必须进行实地考察。"日本改律之始，屡遣人分赴法、英、德诸邦，采取西欧法界精理，输入东瀛，然后会萃众长，编成会典，举凡诉讼之法，裁判之方，与夫监狱之规则刑制，莫不灿然大备。用能使外国侨居之人，感愿受其约束，而法权得以独伸。"① 参考日本立法成功经验，派员国外，尤其是对日本进行细致地考察，以备立法之参酌。通过翻译考察，对外来法资源进行选择，以期能够适合中国国情，实现本土化，最终达到法律的近代化。

从变法修律运动开始之时，清政府和参与修律的士绅就关注外来法律的本土化问题。"参酌各国法律，悉心考订，妥为拟议，务期中外通行，有裨治理。"② 成为借鉴外国法律、推动法律近代化的指导方针，这其中亦蕴含了外来法资源本土化之意。

"以律名于时"的沈家本在其法律职业活动中，除了日常审判工作外，研读法律、钻研律意、推求法理，逐渐形成了类似于西方现代法律职业者的习惯和操守。沈家本本来热爱经史考证之学，法典律例，本属于典章制度之规定，再加上业务工作的需要，自然就成了他学术研究的重点。在升任刑部侍郎之前，沈家本先后出版了《刺字集》、《律例偶笺》、《律例杂说》、《刑法杂考》等律学著作，并推动了律学研究的风气，这使他在清末法制改革中的地位日益提高。

三、再论"礼法之争"

中国历史上曾经有过两次"礼法之争"，发人深思的是这两次争论都发生于中国社会发生巨大变迁的前夜。并非偶然的是两次争论发生的时间，恰在"百代皆行"的秦政之两端。一是先秦时期，即将形成的中央集权官僚制国家之初兴；二是晚清时期，已有两千年之久的这种政体进入重重危机之末路。同为"礼法之争"，它们之间有何异同？

先秦与晚清关于中国社会秩序的核心组织原则之辩：礼与法

---

① 《光绪朝东华录》光绪三十一年，第128页。
② 《德宗实录》卷498。

时期 / 派别 / 项目	先秦"礼法之争"		晚清"礼法之争"	
	儒家	法家	礼教派	法理派
代表人物	孔子、荀子	韩非子、商鞅	张之洞、劳乃宣	沈家本、杨度
基本主张	德主刑辅、明刑弼教	以法为本、先法后德、以刑去刑	三纲五常不可率行变革	折衷各国大同之良规，兼采近世最新之学说，而仍不戾乎我国历世相沿之礼教民情①
礼	礼其政之本②	与儒家相同	亲亲、尊尊、长长、男女有别五伦之要、百行之原	与礼教派相同
法	有治人，无治法、法者，治之端。君子者，法之原③	尺寸也、绳墨也、规矩也、衡石也、斗斛也、角量也、谓之法④	家族主义的法律观，家法是立国之大本	对西方法的形式理性的接受
争论双方的相同之处	以礼为本		以礼为本	
争论双方的歧异之处	礼法不可分		区别对待礼法	
社会背景	周室式微，封建制危机，郡县制为基础的中央官僚制的形成之初		晚清君主制的危机	
原因	中国社会自身演进，内在原因		中西相遇，外在原因	

即使晚清接触到新鲜的西方思想，但晚清的"礼法之争"与先秦的那场争论相比，并无多少新意。中国法的精神深深植根于身份伦理社会的土壤，其内涵与西方的法相比颇为狭窄，过于强调法的惩罚功能。但不能忽视，由于秦汉统一的中央集权官僚制国家的形成，中国法的内涵起了较大的变化。官僚制内在地具有韦伯意义上的形式理性的特点，因而中国法必然具有一定的普遍性，并非完全可以用纯粹的"刑"概括。法家的"法治"概念，一定程度上可以与西方普世

---

① 沈家本：《进呈刑律分则草案折》，《光绪朝东华录》，第 5809 页。
② 《礼记·哀公问》。
③ 《荀子·君道》。
④ 《管子·七法》。

主义的法治概念相合。① 法家与普世主义法治观之间有着类似看法：法是掌握权力者制定的理性的规则，必须适中守正。法家的"法"与现代西方普世主义的法治观的契合之处，能够为我们提供一个"最低限度"的法治概念。尽管中国传统的"法"，其内涵以"刑"为主，但其形式主义、工具主义、普遍主义的内涵确实是存在的。在先秦和晚清的两场辩论之中，中国"法"的这一层意义被法家和法理派所强调，虽然他们与其辩论对手在法的伦理基础方面是一致的。法家和其后来者晚清的法理派其实都赢得了辩论的胜利。因为论辩双方在"礼"对于中国宗法制社会结构的核心意义和组织社会的根本性原则的坚守上是一致的，分歧在于法家和法理派主张礼与法的区别，强调法的"刑"之外的形式性、普遍性、工具性价值。这颇能符合当时的社会需要，这种社会需要在先秦，表现为中央集权官僚制的形式理性对形式主义法的需要。而在晚清，中国与西方的交往，也产生了对形式理性法的需求。

所以，法与伦理可以有一定程度的相对分离。要注意的是这种分离毕竟是有限的。中国的宗法制社会对形式理性法的需要，只能囿于在中央集权体制的一个非常有限的层面上。所以法家的"法"，无论是就其"刑"的意义上，还是就其"形式理性"的意义上，都不能不受到抑制。

总之，中国的司法渗透着中国法的精神。法家的"法治"如果不能摆脱宗法伦理价值的束缚，一定是走不远的。② 法家之"法治"须基于新的伦理方能真正走向现代法治。因此，晚清司法改革的成败取决于新的伦理基础，然而，这个基础当时并不存在。如果说，法理派赢得了论争，那么他们也只是赢得了将来。这是因为西方的普世主义法治，最终还是不能离开西方法的精神。晚清的法理派要比他们的前人幸运，仅仅是因为西方不请自来，使得中国宗法制社会结构再也难以为继。

四、"新中华法系"

在修律过程中，清政府强调要"参考各国成法，体察中国礼教民情。"③ 根

---

① 王人博先生认为西方的法治概念可以作两种理解：一种是理想主义的，与西方特定的价值标准相联系，可称之为"原教旨主义"；另一种为"普世主义"的法治概念，按照后者，法律并不与一种特定的社会伦理发生必然的关联。参见王人博：《宪政的中国之道》，山东人民出版社2003年版，第175页。

② 只要满足于最低限度的绝对标准，人的生存需要实际上是相对的，因而经济生活并不能完全决定人的政治，即不是财富决定政治，而是政治决定财富。中国宗法制政治提供了一个极佳的标本，在这种政治中，财富的分配和集中——文明的基础——完全取决于政治程序（宗法制）而非西方的技术和商业程序。参见张光直：《中国青铜时代》，三联书店1999年版，第481页。

③ 李贵连：《沈家本年谱长编》，成文出版社1992年版，第247页。

据谕旨之精神，修律人员对传统法律习惯进行调查，以使与外国法律能够"融汇贯通，一无捍格"。下面以商法为例，对此加以阐述。1903年，因国内资本主义发展之亟需，清政府编写了《商人通例与公例》（又称《公司律》）合计一百四十条，定名为《钦定大清商律》颁行。该律颁行后，并未得到国内商人的积极响应，实施效果不佳。主要是由于《公司律》搬抄外来法令，其内容大半仿自师法德国制度的日本，少半仿自英国，对国内传统商业行为规范较少，体现出"移植性"过强的一面。由此可知，清政府在修律时，考虑到了外来法律本土化的问题。同时，清政府也初步建立起了一套现代性的法律体系，这一时期的立法成就和特点主要有以下几个方面：

第一，重本国的民情风俗。《大清民事诉讼律草案》，修订法律馆聘请日本法学家松冈义正起草，与《大清刑事诉讼律草案》同时完成，共四编二十二章八百条。这是中国历史上第一部专门的民法典草案，但是未能正式颁布实施。1902年，清政府决定修律时，即有官员强调"风土人情"于制定民法、刑法的重要性。修律中，清政府亦颁布了以"现在民情风俗"为念的谕旨，不少官员亦就此提出了自己的看法，张之洞即曾指出："东西各国政法，可采者亦多。取其所长，补我所短，揆时度势，诚不可缓。然必须将中国民情风俗，法令源流通筹熟计，然后量为变通，庶免官民惶惑，无所适从。外国法学家讲法律关系，亦必就政治、宗教、风俗、习惯、历史、地理，一一考证，正为此也。"根据清政府的修律精神及参考了各方面的建议，沈家本等人于1908年上呈了民事习惯调查章程，指出"各省地大物博，习尚不同，使非人情风俗纤悉周知，恐创定民商各法，见诸实行必有窒碍，与其成书之后多所推求，曷若削简之初，如意慎重"。①

《大清商律草案》，由修订法律馆聘请日本法学家志田钾太郎起草，也叫《志田案》，1909年1月完成，未颁布施行。它是中国第一部比较完备的商法典草案，内容包括总则、商行为、公司法、票据法、海船法五编，共计一千零八条。清政府聘请外国法律顾问协助继续修订该商法，商部依然要求商会将各地商业习惯调查汇整后送呈商部，以备修法参考。《东方杂志》曾对上海的商习惯调查进行了报道："法律馆近派编修朱汝珍，赴各省调查商习惯。本月至上海，发问题百余事。按照日本商法五编，分为五章。首总则，次组合及公司以当日本之会社，次票据以当日本之手形，次各种营业以当日本之商行为，次船舶以当日本之海商。核其所问，发问者未免隔膜，而受问者亦殊少纸片对策之能事。必厚意温词，鼓舞以颜面所在，促令开答问研究之会，商人特推专员兼聘法学家为顾

---

① 李贵连：《沈家本年谱长编》，成文出版社1992年版，第247页。

问，一一求问题之所根据，而后综会其经历之所得，以相印证，或者有相说以解之乐。"① 由引亦可说明法律馆在制定法律时，并未曾盲目地移植外来法律，而将外国法律适合中国本土视为重要之事。

第二，确立了现代性的法律体系。这一法律体系由以下的一系列立法组成。

其一，《大清现行刑律》与《钦定大清刑律》，后者是旧中国制定颁布的第一部近代意义的专门刑法典。其二，民商事立法，它由《钦定大清商律》、《公司注册试办章程》、《商标注册试办章程》、《破产律》、《改订大清商律草案》等组成。其三，法院组织法与诉讼法，它由《大理院审判编制法》、《法院编制法》、《各级审判厅试办章程》、《大清刑事民事诉讼法草案》、《大清刑事诉讼律草案》、《大清民事诉讼律草案》等组成。其四，监狱立法。沈家本深受西方近代刑法理论的影响，认为刑事法律应该包括刑律、刑事诉讼律和监狱律。为配合刑律和刑事诉讼律的制定实施，1908年，他聘请日本监狱学家小河滋次郎开始起草监狱律。1910年，《大清监狱律草案》完成。这是我国第一部仿效西方现代监狱制度制定的监狱法草案。该草案分总则、分则两编，共十四章二百四十一条。它吸收西方近代教育刑理论，规定监狱是执行自由刑、教育感化犯罪人的场所，并将监狱分为男监、女监和少年监。该草案因清政权的灭亡而未及颁行。

伴着"礼教派"与"法理派"的斗争而修订的新律，虽然在清末多未能实行，但对其后的南京临时政府、北洋政府和南京国民政府时期法律的影响极大，有些是起草法律的根据或蓝本，有些则直接被沿用。以民法为例，《大清民律草案》的"五分法"体例、立法框架和基本内容，到北洋政府的《民法草案》，再到国民党政府的《民法典》，便一直延续下来，没有大的变化。

第五节 司法改革

司法现代化是中国法制变革的题中之意。司法制度的现代化，既受宏观制度环境的约束，又对其所处的法制进程具有反作用，作为法制现代化的直接成果，是衡量法制变革成就的标尺。发轫于晚清新政的司法改革自始至终属于中国法制变迁的一部分。

晚清司法改革直接肇始于中西司法冲突，其更深层的渊源在于东西两种异质

---

① 《东方杂志》第4期，第197页。

文明相遇的机缘。① 中西司法冲突是晚清司法改革的前提，这个前提本身的预设则是中西差别的存在。晚清司法改革实际也是中西比较，寻找彼此同一性和差异性的过程。在此过程中，无论是对西方还是对中国的司法所作的判断，更多的是一个关于他们各自特殊性的判断。当我们对中国的司法作出一个断语时，其中即隐含着另一层意思，即西方必然与之相异。中西之间的某些普遍性的东西往往被有意或无意地忽略了。就文明的碰撞、交流乃至融合来说，强调差异性或许是人类行为和思维方式的自然倾向。因此，对异质文明间同一性的某些忽略也就无可厚非。中西辨异从而就不仅是研究的方法，更是我们立论的前提。

一、中国古代司法体系之沿革

据《周礼》记载，周代的司法官为秋官司寇。秦代司法官称廷尉。西汉承秦制，廷尉是九卿之一。西汉，廷尉与大理的名称经常换用。到北齐，廷尉正式更名为大理寺，成为专职的司法审判机关。隋唐时正式演变为三法司：大理寺掌审判权，刑部掌复核权，御史台掌监察权。遇有重大案件时，由大理寺卿、刑部尚书、御史中丞共同审理，称为"三司推事"。至此，各司其职的中央司法体制始臻完备。

宋袭唐制，但是为加强皇权，专门设立皇帝的顾问机构审刑院。大理寺审判的案件经刑部复核之后，还须送交审刑院评议，并最终由皇帝亲自裁决。元朝"遵用汉法"。明朝则沿袭了"三法司"的制度，但是具体职权有所变化：刑部成为审判机构，大理寺变为复核机关，两者的功能对调；同时，监察机构则由御史台更名为都察院。而在地方，《周礼》中就有记载士师、乡士、遂士等负责司法审判的官员。秦时地方设置为郡县两级制，郡守、县令是地方的行政长官，同时也兼理司法审判。秦在郡一级设有专门的司法官吏"决曹"，但最终的决定权仍归郡守。秦之后的地方司法一直是长官兼理司法。直到宋朝，地方上才增设了专门的司法机关，称为提点刑狱公事。此外，皇帝还特派专门官员分赴各地审理重大案件。明朝则在省专设提刑按察使，掌一省刑名按劾。

清王朝中央掌管司法事务的部门是"三法司"，即刑部、都察院、大理寺，其地位不同于现代国家政体中的司法行政、检察、审判机关。在职掌分配上，刑部是最高司法审判机关，光绪《会典》规定，刑部"掌天下刑罚之政令，以赞

---

① 西方文明在其母体阶段，并无"西方"之限定。"西方"的说法，最早可能源起公元 284 年，罗马帝国一分而为东罗马（The East Roman）与西罗马（The West Roman），随后，在西罗马的废墟上兴起的欧洲文化，逐渐演变为近代西方文明。

上正万民"①。都察院是监察部门，据《会典》记载：都察院"掌司风纪，察中外百司之职，辨其治之得失与其人之邪正，率科道官而各矢其言责，以饬官常，以秉国宪"。② 大理寺的名称沿用古制，但其地位却与传统肩负审判职能的机关大有不同，转而行使复核职能。据《会典》记载：大理寺"掌平天下之刑名，凡重辟则率其属而会勘"。③ 顺治年间，三者被解释为："是持天下之平者（刑）部也，执法纠正者（都察）院也，办理冤枉者大理（寺）也"。④ 三法司虽然分立且各司其职，但均受皇帝直接支配。

二、作为司法改革核心的领事裁判权

西方各国取得在中国的领事裁判权，是中西司法冲突的直接结果。中国不仅在社会形态上，而且在经济、思想和文化制度上，都落后于或者说迥异于经过工业革命的西方列强。中西仿佛处于不同的时空之中，或者说在它们相遇之际，时空的形式是相同的，而时空的蕴含却迥然不同。中西交通之后，西方作为相对主动的一方，愈来愈多地介入中国社会生活，逐渐形成庞大的在华利益及在此基础之上与中国的复杂关系。⑤ 领事裁判权作为中西司法冲突不可避免的后果，从一个侧面表征了西方的强势和中国的屈辱。

领事裁判制度是指一国通过其驻外领事，对于驻在国的本国国民行使司法管辖权，并依据其本国法律加以审判的制度。⑥ 享有领事裁判权国家的侨民在华犯

---

① 《大清会典刑部》，文海出版社1991年版，卷五三。
② 《大清会典都察院》，文海出版社1991年版，卷六九。
③ 《大清会典大理寺》，文海出版社1991年版，卷六九。
④ 赵尔巽等：《清史稿刑法志三》，中华书局1976年版，卷一四四。
⑤ 至1928年，在华外国工厂：7485家；在华外国人：302153人，其中3/4的人享有治外法权；公共租界和法租界市政机构发行的债券和股票：800万英镑；电力价值：1000万英镑；法租界内投资收益：2500万英镑；公共租界土地建筑价值超过1亿英镑；英国在天津的土地和不动产价值超过800万英镑；日本在满洲的土地和不动产价值约1.563亿英镑；1928年在各通商口岸的外贸投资：3亿英镑；港口船舶吨位约1.162亿吨，其中有约国占75%；1927年沿海贸易的比例：中国占32.5%；德国、苏联不足2%；外国银行为维持在华运营的投入及其业务超过10亿英镑；保险公司：上海有136家火险，67家海商险，42家机动车辆险；人寿保险超过0.108亿英镑；庞大的工厂：如棉纺织厂、卷烟厂、造船厂等；基督教会的财产如：中小学校、学院、大学、医院、教堂有价值数千万美元；每年要投入上百万美元运行这些机构；有数千外国人从事这些工作；以及其他无法计算的价值。外国人认为一旦取消在华的领事裁判权，他们的人身、自由和财产以及商业利益将无法得到有效的保护。See. H. G. W. Woodhead *Exterritoriality in China: The Case against abolition*. Cambridge, 1929, pp. 4.
⑥ 英美国家称领事裁判权为 Extraterritoriality，而把治外法权表示为 Exterritoriality，治外法权源于国际惯例与习惯，是国际交往当中为尊敬各国的国家主权的产物。近代中国领事裁判权则是通过不平等条约攫取的片面的、单方面的特权。

罪、或与他国人涉讼，中国官员和法律都不能对其管辖和制裁。①

领事裁判权"是外国裁判权。就中国言之，为领土内他国之裁判权；就各权利国观之，则为行于领土外之裁判制度"。② 其实质，是西方列强以一系列不平等条约的方式压制清政府接受的一种司法特权。

尽管领事裁判权首先确立于中英《南京条约》附则《五口通商章程》，但西方人对抗中国法权的活动早在鸦片战争之前已有先例。以"许士夫人号"案③和"德兰诺瓦案"④ 最为典型。清政府依据中国法律就这两个案件所作出的判决，引起外国人激烈攻击中国的法律和司法，此后更积极地寻求在华领事裁判权。早在"许士夫人号"案件发生以前，英国人就总是试图避免清政府对英国人为当事人的案件的审理。"自从1784年以后，没有一个英国人为当事人的案件接受中国的司法管辖"。⑤

在"德兰诺瓦案"中，美国人对满大人"只听取原告方面的证据，而不准对这种证据予以翻译，也不准被告方面提供证明和申辩，就宣判了罪状"称之为"笑话式的审判和滑稽式的审判"。⑥ 西人认为清王朝的法律严苛之处在于：中国法制不完备，审判案件，恒以肉刑榜掠，如犯罪人业已死亡或业已逃亡者，每有连坐之制，滥杀无辜。中国裁判官，无法律知识，道义之心甚薄；甚至以贿赂为案情之出入。中国视外人为狄夷，谓须以夷狄之法治之。⑦ 其中，西人对清王朝的法律攻击最为激烈之处是：为了得到供词，对犯罪嫌疑人经常施行严刑拷打；且归责原则使得与案件没有关系的人受到惩罚。他们认为西方法律优于清律："照英国法律，不分内外人色加害于外国人，或于英民者，治其罪同为一例，皆准上衙自由审理，亦准给律师为助远客之意"。⑧

1842年鸦片战争后，清帝国与英国签订了《南京条约》。在随后的《江南善后章程》中规定了英国在华享有领事裁判权。"英国商民既在各口通商难免无与内地居民（人）等交涉狱讼之事。应即明定章程，英商归英国自理，华民归中国讯究。俾免衅端。他国夷商，仍不得援以为例"。"查此款据该夷照复，甚为

---

① 朱勇主编：《中国法制史》，法律出版社1999年版，第497页。
② 王健主编：《西法东渐——外国人与中国法的近代变革》，中国政法大学出版社2001年版，第307页。
③ 故宫博物院：《清代外交史料》（道光朝一），第8页。
④ H. B. Morse The Chronicles of the East India Company Trading to China 1635 – 1834. Vol. 4, Oxford, 1926, pp. 23 – 25.
⑤ G. W. Keeton The Development of Extraterritoriality in China . Vol. 1, London, 1928, pp. 47.
⑥ ［美］马士：《中华帝国对外关系史》（第1卷），上海书店出版社2000年版，第121页。
⑦ 梁敬錞：《在华领事裁判权论》，上海商务印书馆1930年版，第2页。
⑧ 故宫博物院：《史料旬刊》，1930年第13期，第28页。

妥协，可免争端，即应遵照办理"。①

《五口通商章程》在《江南善后章程》的基础上把这一特权规定得更加完备。其第十三款规定：

> 凡英商禀告华民者，必先赴管事官处投禀，候管事官先行查察谁是谁非，勉力劝息，使不成讼。间有华民赴英官处控告英人者，管事官均应听诉，一例劝息，免致小事酿成大案。其英商欲行投禀大宪者，均应由管事官投递，禀内倘有不合之语，管事官即驳斥另换，不为代递。倘遇有交涉词讼，管事官不能劝息，又不能将就，即移请华官公同查明其事，既得实情，即为秉公定断，免滋事端。其英人如何科罪，由英国议定章程法律，发给管事官照办；华民如何科罪，应治以中国之法，均仍照前在江南原定善后条款办理。②

《五口通商章程》对刑事案件的处理规定得比较明确，而对民事案件是否共同审理规定得不明确。原因在于鸦片战争前的中西方司法冲突主要集中在刑事方面，对于民事案件一般都是当事人和解结案。这一规定较《江南善后章程》完备之处在于把刑事案件和民事案件区分开来。紧跟着英国的脚步，美国与法国于1844年先后强迫清政府签订了《望厦条约》和《黄埔条约》。1856年第二次鸦片战争后，通过《天津条约》，列强扩大了在华领事裁判权。其中，尤以中英《天津条约》对领事裁判权的规定最为详备。第二次鸦片战争后，通过《天津条约》、《烟台条约》、《中美续补条约》，领事裁判权从五口扩大到各个港口，实际上扩展到中国全境。外国领事取得观审和会审的权利，从保护本国被告发展到保护本国原告进而干涉对华人为被告的案件的判决，使原本基于属人主义的领事裁判权扩大到对属地主义优越权的侵犯。另外，还有一些英联邦国家，如加拿大，因为英国与中国签订条约而自动取得了在华领事裁判权。因此，近代取得在华领事裁判权的国家有20多个。③

领事裁判权制度导致了法律适用的困难。各国行使领事裁判权，必须适用自己的法律，这导致不同体系的法律在中国适用，导致同样的案件不同判决。领事法庭对于异国证人、原告没有管辖权。领事法庭不能勒令所需证人出庭作证，而当证人提供伪证时，领事法庭又不能对其制裁。对于他国籍原告亦复如此。

领事裁判权制度导致对中国人实际上的司法拒绝。首先，没有多少中国人懂得10多个国家的语言，并且熟悉这些领事法庭的法律和诉讼规则。其次，也没

---

① 郭廷以：《中国近代史》（二），上海影印版，第484页，转引自郭卫东：《中国利权丧失的另一种因由——领事裁判权在华确立过程研究》，《近代史研究》1997年第2期。
② 王铁崖编：《中外旧约章汇编》（第1册），三联书店1957年版，第42页。
③ 仝小野：《撤销领事裁判权之过去与未来》，见何勤华、李秀清主编：《民国法学论文精粹》第5卷，法律出版社2004年版，第248页。

有人愿意为了打一场官司带着必要的证人或证据,跑到几百英里以外的领事法庭,即便他能够负担起这些费用;有的还要去国外上诉,实际上就是剥夺了当事人的上诉权。① 在以华人为原告或申诉人的案件中,领事或其他承审官员总是对其本国侨民百般袒护。清末外交官薛福成指出:"洋人犯法,从无抵偿之事,洋官又必多方庇护,纵之回国,是不特轻法未施,而直无法以治之矣。此无他,有司无权之故也"。②

领事裁判权是近代列强对华签订不平等条约体系中的核心内容,在此基础上形成了领事裁判权体系,这个体系是外国人用了一个世纪的时间以武力为后盾侵害中国主权而取得的相关联的权利、利益和特权而形成的一个复杂和广泛的机制。③

由于外国侨民在华享有领事裁判权,不受中国法律的管辖,因此中国政府制定任何影响在华外国人的立法,都必须得到外交使团一致同意。美国驻华公使西华德要求,清政府应将"所有这些规章事先通知我们,以便我们可以加以研究,在它们被公布前说明我们是否会认为它们是违反了我们的条约而提出抗议"。④

根据《上海洋泾浜设官会审章程》规定,传提为外国人服役的华人,则应先通知该国领事;对于租界内的其他中国人犯,公廨谳员可派差径提。即便如此,中国谳员对犯人的传提之权还是遭到外国领事和工部局的干涉。1886 年,在外国领事和工部局的压力下,上海道发出命令宣布:"如未得领事签字允准,不得在租界内拘捕人犯。凡拘捕人犯,应由捕房之援助"。⑤

按章程的规定,会审判决由中国谳员执行,囚犯关押于公廨押所。但自 1885 年后,囚犯开始被工部局巡捕房带到捕房押所执行。辛亥革命后,公廨被外国领事团控制,原公廨押所的监狱官被驱逐,公廨押所均由巡捕房管理,判决的执行悉归于外人控制。

对会审公廨裁判的执行外国领事有最后的决定权,因而,会审公廨虽名义上是中国法院,但实际为外国人控制的审判机构,会审制度的建立其实扩大了列强在华领事裁判权。

我裁判权中之各部,及附随裁判权之司法行政权,实为其所侵蚀,我应完全保有之本国人裁判权,及无领事国人裁判权,实为其所干涉,我应相互均沾外国

---

① 《薛福成选集》,上海人民出版社 1987 年版,第 527 页。
② 薛福成《筹洋刍议》,光绪五年版,第 1 卷,第 2 页。
③ John Carter Vincent *The Extraterritorial System in China*: *Final Phase*. Harvard, 1970, pp. 2.
④ 威罗贝:《外国在华法院及其法律适用》,载王健编:《西法东渐——外国人与中国法的近代变革》,中国政法大学出版社 2001 年版,第 310 页。
⑤ 上海史资料丛刊:《上海公共租界史稿》,上海人民出版社 1980 年版,第 108 页。

人裁判权，实为其所独占，此其大略也。①

列强通过不平等条约获得了领事裁判权，并在随后的条约和司法实践中将其逐步扩大，对清王朝的统治产生了巨大的危害：

随着国际法观念的传入和民族独立意识的增强，此种破坏最高司法权的统一为主权国家不能容忍之事情；更主要的还在于其妨碍清政府处理教案和镇压反对派。列强继续保有领事裁判权的最冠冕堂皇的理由在于他们认为清朝的法律及其司法太过野蛮，不合于西方列强的文明标准。欲保护西人在中国的传教、经商等各项利益，舍领事裁判权无由。庚子拳变，清政府曾试图借用民众的力量以武力收回列强在华权利，当然也包括领事裁判权，结果遭到惨败，险些社稷将倾。既然武力不足以收回，惟有参照列强的标准，按国际接轨的方式改良本国的法律以争取列强的承认就成为清政府的惟一选择。②

需要一提的是，庚子事变后，晚清统治集团中最顽固的守旧官僚得到了清洗。同时，庚子事变中与西方列强"东南互保"以抵制义和团运动的东南地区当权的洋务官僚则重新崛起，再次进入王朝的中枢，从而为晚清修律造成较为有利的政治环境。此时，清王朝基于庚子赔款，财政几近崩溃，为缓解危机，与中国新兴资产阶级靠近。近代社会这种阶级关系的新变动及由此引起社会关系的深刻变化，为中国法律和司法的近代转型提供了阶级和社会的基础。

三、改革所取得的几大成效

（一）司法独立

晚清仿行立宪，立宪派提出"司法之权专属法部，以大理院任审判，而法部监督之，均与行政官相对峙，而不为所节制"。③ 晚清司法改革循分权原则，致力于司法权与行政权的分离。在中央，立宪派拟制了一个包括设立责任内阁在内的改革中央官制的方案。立法权在议院设立之前，名义上由资政院代行；行政权属内阁与各部大臣；大理院掌管司法权，负责解释法律，主管审判。在地方，主要是新型独立的审判厅、检察厅的建立。随着《各级审判厅试办章程》、《法院编制法》等法律的颁行，地方上的审判厅相继筹办，遂形成自上而下完整、独立的司法体系。

---

① 《宋教仁集》（上册），中华书局1981年版，第177页。
② 李启成：《领事裁判权制度与晚清司法改革之肇端》，《比较法研究》2003年第4期，第27页。
③ 故宫博物院明清档案部编：《清末筹备立宪档案史料》，中华书局1979年版，第464页。

司法独立经历了两个阶段：首先是司法权与行政权的分离，终结传统的行政司法合一体制；其次是司法行政权与司法审判权的分离，在审判机构之外分离出独立的检察机构对审判权进行监督。1906年《大理院审判编制法》第六条规定："自大理院以下及本院直辖各审判厅、局，关于司法裁判全不受行政衙门干涉，以重国家司法独立大权而保人民身体财产"。① 1910年宪政编查馆将《法院编制法》上报朝廷，重申"司法与行政分立，为实行宪政之权舆，上年钦定逐年筹备事宜清单，令各省分期筹设各级审判厅，即为司法独立之基础"。具体内容为：司法不受行政部门干涉。该法第一百六十三条规定：本章（第十六章"司法行政之职务及监督权"）所载各条不得限制审判上所执事务及审判官之审判权。这一规定使司法独立于行政，意在杜绝行政部门干预司法。司法不受检察部门干涉。该法第九十五条规定：检察官不问情形如何不得干涉推事之审判或掌理审判事务。审判机关彼此独立，各级审判机关虽有级别管辖的区分，但上级只能依据审级启动监督程序，而不能干预下级的独立审判权。审判人员本身的独立。审判人员在审判案件时唯一的依据只来自法律。该法第三十五条规定：大理院卿有统一解释法令必应处置之权，但不得指挥审判官所掌理各案件之审判。② 通过上述四个方面的规定，司法独立制度在法律形式上初具规模。③

中国实行司法与行政合一体制已久，其废除殊非易举。在中央，法部坚持"司法权专属之法部"，以监督大理院之审判权为由处处干涉司法独立，法部与大理院矛盾的激化最终引发了部院之争。在地方，司法独立意味着地方长官行政、司法权独揽一身的终结，因此遭到了激烈的抵制和反对。

（二）四级三审制

四级三审制，效法德日尤其是日本。德国联邦最高法院是德国整个法院系统的最高审级，是终审法院。各州法院分州高等法院、州、地区法院和地方法院三级，实行三审终审。日本1890年制定的《裁判所构成法》，将普通法院分为区法院、地方法院、控诉法院和大审院四级，实行四级三审制。④ 经过研究与比较之后，清政府决定"官制节略既变通日本成法，改区裁判所为乡谳局，改地方裁判所为地方审判厅，改控诉院为高等审判厅，而以大理院总其成，此固依仿四级裁判所主义，毋庸拟议者也"。⑤ 四级三审制在《大理院审判编制法》中得到

---

① 《大理院审判编制法》，《大清法规大全法律部》卷七，第2~3页。
② 以上引文及相关内容均采自《法院编制法》，《大清宣统新法令》第十五册，第2~20页。
③ 严晶：《论清末司法的近代转型》，《重庆社会科学》2006年第10期。
④ 张生、李麒：《中国近代司法改革：从四级三审制到三级三审》，《政法论坛》2004年第5期。
⑤ 《大清法规大全·法律部》，第七卷《审判》，第1849~1850页。

了体现，范围限于京师。所确立四级审制机构为大理院、京师高等审判厅、城内外地方审判厅、城谳局。大理院审判权限为：终审案件；官犯；国事犯；各直省之京控；京师高等审判厅不服之上控；会同宗人府审判重罪案件。京师高等审判厅为京师合议第二审判衙置，审判权限为：地方审判厅第一审判决不服之控诉；城谳局判决经过第二审之上告。地方审判厅审判权限为：民刑事诉讼第一审、第二审案件及商民破产事件。城谳局对200两以下之诉讼及200两以下之价额物产的民事案件等以及违警罪、罚金15两以下者轻罪行使审判权。1907年开始，决定在各直省设高等审判厅。府（直属州）设地方审判厅，州县设初级审判厅，四级三审制逐步推向全国。《法院编制法》仿照日本《裁判所构成法》而拟定，该法将四级三审制固定下来。法院设置分为初级审判厅、地方审判厅、高等审判厅和大理院。并明确了各级审判机关之权限范围。除此之外，还对各级审判机关之审判组织作了明确规定。该法确立的四级三审制，基本内容为：凡民事、刑事案件，向初级审判厅起诉者，经该厅判决后，如有不服，准向地方审判厅控诉。经二审判决后，如仍不服，准向高等审判厅上告。高等审判厅进行第三审判决，即为终审。凡民刑案件，向地方审判厅起诉者，经该厅判决后，如有不服，准向高等审判厅控诉。判决后，如仍不服，准向大理院上告。大理院判决即为终审。

  清末规定的四级三审制与清朝前期实行的"逐级审转复核制"相比，形似而质异：

  首先，逐级审转复核制建立在封建专制集权的基础上，司法并不独立；而四级三审以司法独立为前提，审级的意义只在于司法机构内部的监督，全不受其他部门的干涉。其次，逐级审转复核制的本旨在于加强集权，通过对审级的层层设置，最终将审判权牢牢掌控于皇帝手中，这也是清朝皇权空前强化的集中体现；而四级三审制的设立主旨在于建立一套完整的司法体制，审级的意义在于法院内部的监督，以确保司法公正。最后，逐级审转复核制并不以当事人意志为转移，审级的逐次进行只是为了满足集权的需要；而四级三审制则以当事人启动上诉程序为前提，严格遵循不告不理的审判原则。

（三）检察制度

  清朝的中央监察机关为都察院，其职能为"掌司风纪，察中外百司之职"，[①]兼有行政监察、司法检察、审判乃至行政管理多种职能。官制改革开始后，都察院也相应进行改革和调整。根据《都察院整顿变通章程》的规定，主要在于司法权和监察权的分离，都察院的权力大为减少，职能上向现代的行政监察权转

[①] 《大清会典》卷三十五。

变。新型的检察机构和制度的建立分两个阶段完成：清政府最先参照德国，将检察机构置于法部，并在中央设总检察厅，专掌检察，职能上受法部监督。这一改革的重要意义在于司法、行政的分立，侧重点在于司法独立机构大理院的设置。此时的检察机构仍设立于法部内，并受其监督，还未取得真正独立的检察权。随后仿照日本的体制，将总检察厅置于大理院内，使检察权独立于审判权之外，以保证审判的公正性。《法院编制法》规定：各审判机关对应配置检察机构，即总检察厅、高等检察厅、地方检察厅和初级检察厅等四级检察机关，并且各级检察厅"联为一体，不论等级之高低，管辖之界限，凡检察官应行职务，均可由检察长之命委任代理"。①

实行审检合署，但是检察机构独立行使职务，不得干涉审判。这一制度明确规定检察机关和检察官专掌法律监督之责，建立了检察权与审判权分离的近代司法制度。同时，对于检察机构的职权也有了明确规定，除了侦察、公诉制度以外，还包括现代国家检察机关法律监督的基本内容，如法纪监督、侦察监督、审判监督、对判决、执行的监督等。

检察机关行使侦查起诉的职权，有权收受诉讼请求预审及公判，指挥司法警察官逮捕犯罪者，调查事实，收集证据。"凡刑事案件因被害者之告诉、他人之告发、司法警察之移送或自行发觉者，皆由检察官提起公诉。但必须亲告之事件，如胁迫、诽毁、通奸等罪不在此限"。②"凡逮捕人犯应以审判衙门所发印票为凭，由检察厅备文送交该管巡警衙门整饬司法警察人员执行"。③

此外，检察机关的职权还包括民事保护公益陈述意见，监督审判并纠正其违误，监视判决至执行，查核审判统计表等。《法院编制法》规定检察官遵照"民事诉讼及其他法令所规定，为诉讼当事人或公益代表人，实行特定事宜"。

（四）引进西方审判制度和原则

《大清刑事民事诉讼法》第一次明确区分了民刑案件。其后颁布的《各级审判厅试办章程》在第一条明确定义民刑案件并加以区分：凡因诉讼而审理之曲直者为民事案件；凡因诉讼而定罪之有无者为刑事案件。

刑事公诉制度是刑事司法现代化的重要标志，首先确立此项制度的是《大理院审判编制法》，该法第十二条规定：凡大理院以下审判厅、局，均须设有检察官。其检察局附属该衙署之内。检察官于刑事有提起公诉之责。之后颁布的其

---

① 《各级审判厅试办章程》第一百零二条，《大清法规大全·法律部》卷七。
② 《各级审判厅试办章程》第四十六条，《大清法规大全·法律部》卷七。
③ 《司法警察职务章程》第六、七、八、条，《大清法规大全·法律部》卷五。

他法律均重申了这一原则。刑事审判采用西方的诉讼原则,如不告不理原则、直接言词原则、不间断原则、一事不再理原则等。①

确立审判公开原则。《大清刑事民事诉讼法》第十三条规定:凡开堂审讯,准案外之人观审,不得秘密进行。有关风化及有特例者不在此限。第七十二条规定:凡审讯终结,即定裁判之期,先期知会该案原告、被告及各律师,届期到堂,听侯宣告判词。②其后颁行的《法院编制法》重申了这项原则,具体内容规定在第五十五条中,尤可称道者,该法还特别强调非公开庭审的公开宣判原则。该法第五十八条规定:公开法庭有应行停止公开者,应将其决议和理由宣示,然后使公众退庭,至宣告判断时,仍应公开。③

平等的民事诉讼权利既是契约社会的内在要求,也是司法现代化的重要体现。民事诉讼当事人地位平等的原则具体规定在《大清刑事民事诉讼法》中,《宗室觉罗诉讼章程》则取消了满族贵族在诉讼中享有的特权,与汉人"一体同科"。④

借鉴西方证据制度,明确否定以口供为中心的审判方式。《大清刑事民事诉讼法》第七十四条规定:承审官其查所得证据已足,证明被告所犯之罪,然后将被告按律定罪,法官必须而且只能以证据定罪。其后各项,对证据的取得等均有详细的规定。

《大清刑事民事诉讼法》第四章第一节为"律师",对律师的资格、注册登记、职责等内容均作了具体规定。第一百九十九条规定:凡律师,俱准在各公堂为人辩案。对于律师的职责,规定"尽份内之职务,代受托人辩护,然仍恪守法律"。其后颁布的《各级审判厅试办章程》、《法院编制法》等法律均肯定了此项制度。

《法院编制法》规定了独任制、合议制、折衷制,此外,还初步规定了陪审制度、法官、检察官考试任用制度等。

(五) 改良监狱

1901年刘坤一、张之洞在《江楚会奏变法三折》中,提出详细、具体的狱政改革方案。其主要内容有:中国监狱凌虐多端、狭隘污秽,如同人间地狱,因此必须对监狱加以整修,使地面宽敞、屋宇整洁。对囚犯实行教化,在监狱内设立工艺部门,教习囚犯一定的生存技能,使其获释后可以另谋出路、改过自新。

---

① 张晋藩、朱勇主编:《中国法制通史》(卷九),法律出版社1999年版,第313~315页。
② 《刑事、民事诉讼法草案》,《大清法规大全·法律部》卷十一,法典草案一。
③ 《法院编制法》,《大清宣统新法令》第十五册,第2~20页。
④ 刘锦藻:《清朝续文献通考》,浙江古籍出版社2000年版,第8852页。

设立章程，严格规范狱政制度，听取囚犯申诉，以防止狱吏专横不法，凌虐囚犯。①

1902年赵尔巽上奏《奏请各省通设罪犯习艺所》，指出传统刑罚体制中军流徒等刑制之现实不合理性，并从惩罚、拘禁、教育、感化、剥夺犯罪能力、经济考虑等刑罚的多重功能与层面入手，上征于古，外揆泰西，在中国刑罚史上首次提出"罪犯习艺所"这一概念。主张徒流罪犯应当就地收所习艺，不但一改传统刑罚专以惩罚报复为宗旨的消极行刑思想而初具近代监狱行刑之色彩，而且为日后新刑律在刑制上向自由刑的改革和过渡作了必要的理论铺垫。②

沈家本通过翻译《日本监狱法》、《监狱学》等相关论著以及赴日考察监狱状况等措施，学习西方的狱政制度。在1907年的《实行改良监狱注意四事折》中，他提出了改建新式监狱、养成监狱官吏、颁布监狱规则、编辑监狱统计为基本内容的改革方案。1910年，《大清监狱律草案》拟就，它是中国第一部监狱法典草案，也是中国监狱近代化改良的第一张蓝图。

（六）部院之争

晚清官制改革方案中，司法体制方面变动尤大。原三法司制度，调整为"刑部著改为法部，专任司法。大理寺著改为大理院，专掌审判"。清廷决策的初衷是按照立宪国之模式，使"立法、行政、司法三权并峙，各有专属，相辅而行"。然而，囿于对司法独立原则的肤浅理解，以及出于清末官制改革的重要目的是强化中央集权，清廷在其议制之初，就有意无意地使法部和大理院权限不明确，互相交叉。"司法之权则专属法部，以大理院任审判，而法部监督之，均与行政官相对峙，而不为所节制"。这并非司法独立，却显然勾画出一幅"行政监督司法"的蓝图。

法部由戴鸿慈领衔单独上奏的《酌拟司法权限缮单呈览折》，不仅把司法行政权扩大成为涵盖广阔的司法监督审核权，以致大理院及各级审判厅所审理之重大案件均需经其核定上奏，并且对大理院之官员考核及各级审判厅、检查厅之人员任命，以及各级审判厅的区划设置也视为当然的司法行政内容。

作为内阁之一部的法部在号称"预备立宪"并标榜"三权分立"之时竟还要求拥有如此宽泛的司法权利，可见"行政干预司法"这种中国传统司法原则影响之深，也不能不意识到，在清廷内部高官哪怕是像戴鸿慈这样的亲身出洋考

---

① 即《变通政治人才为先遵旨筹议折》、《谨拟整顿中法十二条折》和《采用西法十一条折》。三折内容见（清）朱寿朋编：《光绪朝东华录》，张静庐等点校，中华书局1984年版，第4743页以下。

② 肖世杰：《清末监狱改良思想的滥觞与兴起》，《湖湘论坛》2007年第3期。

察过各国宪政，并且在清廷中以立宪和司法独立相标榜的所谓开明官僚头脑中，其对三权分立、司法独立等原则的误解乃至曲解之深。①

戴氏提出的用多种行政手段控制、监督审判活动，并最终将司法审判的决定权汇集于皇权之中的方案，当然易于为皇权所接受。大理院正卿沈家本认为法部的方案与"司法独立"这一宪政精义大相违背，上折对法部方案中的谬误之处提出了批驳意见。他指出："司法独立，为异日宪政之始基，非谓从前现审办理不善故事更张也"，并认为"宪政精义以裁判独立为要义"，因而必须纠正以往行政干预司法之积弊，要求法部不得干预正常的审判活动。鉴于法部方案已由上谕认可，未便推翻重来，不得已，沈氏最后提出"通融办法"，即在维护皇权干预司法的前提下，为大理院争取较多的独立审判权。

沈家本的方案不无妥协和折中，但仍然震怒了朝廷。清廷下旨："本日大理院奏司法权限酌加厘订开单呈览一折，著与法部会同妥议，和衷协商，不准各执意见"。② 清廷的严厉态度，与其说是针对部院奏折的内容而发，不如说是针对部院（特别是大理院）面对煌煌谕旨却有异词的态度而起。清廷于三日后将大理寺正卿沈家本与法部右侍郎张仁黼对调任职，以釜底抽薪之法来解决部院司法权限之争议。由这种颠顶而专横的态度，可见这场立宪改革必然曲折艰难，矛盾迭出。如时人所言：

大理院与法部因争权限事，屡烦两宫之劳顿。昨忽以张、沈对调，乃请君入瓮之意。事固高妙，而臣下之办法愈难，政治终无起色。③

部院之争表明：传统集权体制之下，审判独立的实现必然是一个长期的、艰辛的过程。④

---

① 李俊：《试析清末部院司法权限之争》，《江汉论坛》2001 年第 8 期。
② 《德宗景皇帝实录》卷 572。
③ 《辛亥革命前后——盛宣怀档案资料选辑之一》，上海人民出版社 1979 年版，第 55 页。
④ 张从容：《清末部院之争初探》，《现代法学》2001 年第 6 期。

第五章

民国初期的艰难探索

内容提要：虽然清末变法并未完全取得实效，但政治革命事件却人为地将中国法制现代化的进程强制拖入了下一个阶段。围绕建立一个资产阶级民主共和国的理想蓝图，民初的现代化探索在思想与实践两个层面、尤其是宪法维度上同时展开。经过了幼稚与不成熟的共和国尝试之后，中国进入了中央权力极度弱化的北洋政府时期，立法建设与司法制度健全呈现出蔚为可观的局面，而法律制度实践却大多被虚置。但在某些方面（如司法独立的保障），这一时期却呈现出"超前发展"的特点。表达与实践的分离构成了一直纠缠于民初法制探索难题的核心。

第一节 民国初期的法律思想

一、资产阶级民主派的共和国方案

民初的法律思想要追溯到晚清。与维新派倡导建立君主立宪政府不同，资产阶级民主派主张用武力推翻清朝专制帝制，在中国实现民主共和。在资产阶级民主派对于晚清政府黑暗进行控诉的时候，清朝的法律当然是其抨击的内容之一。使孙中山成为中国革命领袖之声名传扬于全世界的《伦敦被难记》中，孙中山写道："国家之法律，非平民所能与闻。"而且由于华人之被桎梏纵极酷烈，所以"此所以中国之政治无论仁暴美恶，而国民对于现行之法律典章，惟有兢兢遵守而已。"在《中国问题的真解决》中，孙中山列举了在清朝二百六十年的统治之下，人民遭受到无数的虐待："（一）满洲人的行政措施，都是为了他们的私利，并不是为了被统治者的利益。（二）他们阻碍我们在智力方面和物质方面的发展。（三）他们把我们作为被征服了的种族来对待，不给我们平等的权利与特权。（四）他们侵犯我们不可让与的生存权、自由权和财产权。（五）他们自己从事于、或者纵容官场中的贪污与行贿。（六）他们压制言论自由。（七）他们禁止结社自由。（八）他们不经我们的同意而向我们征收沉重的苛捐杂税。（九）在审讯被指控为犯罪之人时，他们使用最野蛮的酷刑拷打，逼取口供。（十）他们不依照适当的法律程序而剥夺我们的各种权利。（十一）他们不能依责保护其管辖范围内所有居民的生命与财产。"在这样苛刻的压迫之下人民为了解除自己的痛苦，必须采用包括强力在内的各种手段得以实现"以一个新的、开明的、进步的政府来代替旧政府"。

邹容的《革命军》是"震撼社会的雷霆之声"（章太炎语），其中将文明国家审理案件与清政府相比较，优劣立判："文明国中，有一人横死者，必登新闻数次，甚至数十次不止。司法官审问案件，即得有实凭实据，非犯罪人亲供不能定罪，於审问时，无用刑审问理。何也？重生命也。吾见夫吾同胞每年中死於贼满人借刀杀人滥酷刑法之下者不知凡几，贼满人之用苛刑於中国，言之可丑可痛，天下怨积，内外咨嗟。"而且清政府对于自身司法上的矫饰也进行揭露："今无肉刑，何以毙人杖下？今无拷讯，何以苦打成招？今无滥苛，何以百毒备至？至若监牢之刻，狱吏之惨，犹非笔墨所（能）形容。即比以九幽十八狱，恐亦有过之无不及，而贼满人方行其农忙停讼、热审减刑之假仁假义以自饰。呜呼！呜呼！刀加吾颈，枪指吾胸，吾敢曰贼满人之屠戮我。"①

必须通过革命手段推翻清朝政府的黑暗统治，而且革命后所建立的国家，应该是一个"共和国"，在这一"自由独立之国"中，需"立宪法，悉照美国宪法，参照中国性质立定"，而且"自治之法律，悉照美国自治法律。"而在孙中山看来，清政府尚且用立宪来装饰自己的门面，那中华民国的宪法，更是要讲求的。然而孙中山并没有盲目地崇拜西方，而是结合本土的实际，形成了自己独特的宪法观："兄弟历观各国的宪法，有文宪法是美国最好，无文宪法是英国最好。英是不能学的，美是不必学的。英的宪法所谓三权分立，行政权、立法权、司法权，各不相统。这是从六七百年前由渐而生，成了习惯，但界限还没有清楚。后来法国孟德斯鸠将英国制度作为根本，参合自己的理想，成为一家之学。美国宪法，又将孟德斯鸠学说作为根本，把那三权界限，分得更清楚，在一百年

---

① 邹容：《革命军》，载《辛亥革命》（中国近代史资料丛刊第一卷），上海人民出版社1957年版。

前,算是最完美的了。一百二十年以来,虽数次修改,那大体仍然是未变的。但是这百余年间,美国文明日日进步,土地财产,也是增加不已,当时的宪法,现在已经是不适用的了。兄弟的意思,将来中华民国的宪法,是要创一种新主义,叫做'五权分立'。"①

为了保障司法独立,孙中山提出如下建议:一是主张实行"四级三审制度",因为"定审级之繁简,殊非慎重人民生命财产之道,且上诉权为人民权利之一种",采用这样的审级制度可以充分保障人民的权利;二是提高法官的质量和司法人员的素质;他还认为在各种案件当中,应当"仿欧美之法,立陪审人员,许律师代理,务为平允",主张引进陪审制和律师制。

"有学问的革命家"章太炎也对司法独立的重要性进行了辩护,他发现即便是资产阶级立宪国家,也同样存在限制元首权力,保障民权的问题。由于选民直接选举的总统需要由独立的司法机关来监督行政,"司法不为元首陪属,其长官与总统敌体,官府之处分,吏民之狱讼皆主之,虽总统有罪,得逮治罢黜。"②为了保证司法独立的实现,章太炎认为以下两个措施是必需的:一是在法律制定方面,"凡制法律,不自政府定之,不自豪右定之,令明习法律者与通达历史周知民间利病之士,参伍定之",且"法律既定,总统无得改,百官有司毋得违越。有不守者,人人得诉于吏,法吏逮而治之。"其次,为了保证司法独立,司法官还不得由政府任意黜陟,"司法官司不由朝命,亦不自豪民选举,则无所阿附以愀其文,如是而民免于阢陧矣。"③

二、民国初年的法治思想

中华民国建立以后,社会各界人士对于法治问题给予了极大的关注。孙中山强调:"中华民国建设伊始,宜首重法律"。④ 而以法治国同司法独立息息相关,梁启超则于1913年9月就任北京政府司法总长,在就任之初,梁启超就代全体内阁成员起草了《政府大政方针宣言书》,把实施司法独立、建设近代法治国家作为努力的目标。他指出:"今之稍知大体者,咸以养成法治国家为要图。然法治国曷由能成?非守法之观念普及于社会焉不可也。守法观念如何而始能普及?必人人知法律之可恃,油然生信仰之心,则自憬然而莫之犯也。故立宪国必以司

---

① 孙中山:《三民主义与中国前途》,《孙中山选集》(上卷),人民出版社1981年版,第79页。
② 章太炎:《刑官》,载《章氏丛书·检论第七》,转引自张晋藩:《中国近代社会与法制文明》,中国政法大学出版社2003年版,第416页。
③ 章太炎:《代议然否论》,载《章太炎全集》(四),上海人民出版社1982年版,第300页。
④ 《祝参议院开院文》(1912年1月28日),《孙中山全集》第2卷,中华书局1982年版,第44页。

法独立为第一要义。"① 要成为一个完全的法治国家,梁启超认为要实现以下五点:第一,实行完全责任内阁,划清总统府与国务院权限;第二,司法独立,制定并实施切合实际的法律;第三,重视教育,养成全体国民的法治观念,使人人知法律之可恃,油然而生信仰之心;第四,军民分治,整顿吏治;第五,实行县、城乡两级地方自治,等等。

司法独立也是梁启超的关切所在,他认为要通过以下方面来实现这一要求:一是要参照近代西方各国的法律与中国的习惯,制定合理的法律,使法庭有所依据;二是要严肃法纪与官纪,抓好法官考试、甄别、惩戒诸法等环节,要维护法律的威信与尊严;三是要司法、行政分开,对法官的任免使用、升迁进退要比一般官员更为严格,司法审判应以法律为准绳,不受其他因素的制约。在1914年《呈请改良司法文》,梁启超认为还必须进行如下方面的改革:改革审级制度,实行三审制,废除初级管辖与审理,由县知事直接兼理;根据案情大小确定诉讼程序。注重司法效率,明确审理期限;限制上诉,以避免助长"唆讼之风"而妨碍司法;在《大清新刑律》已经颁布的情况下,应该尽快编制刑律施行法;考虑尝试恢复笞杖刺配的制度;加速培养法律人才,必须尽快设立法官养成所,实行严格的法官考试制度,推行规范的法官教育;严格律师资格。通过考核甄别重新发放律师新证;允许进行厅外审判;切实保障司法经费供给,司法机关应该由国税支付费用。

在清末曾出任修律工作的伍廷芳在民初一度担任南京临时政府的司法总长,在《中华民国图治刍议》一书中,伍廷芳强调中华民国必须走法治国的道路。论述了"中国改共和之原理"、"民国应用何等法治"、"司法之独立"、"司法之关系";以及如何改进教育、财政、钱法、司法、用人、考试、监察、外交、宗教、婚姻等要求与思想。还对言论、平权、自由等问题,作了专门的议论。我们这里仅谈谈他对司法独立的看法。

伍廷芳对于司法权的地位给予了很高的评价,他认为:"司法者,全国治体命脉所系,非从表面皮相者。"② 相对于欧美资本主义国家确立的司法独立原则而言,中国的传统制度却对立法、行政与司法并无明确区分,"中国司法,向昧夫独立之一理,循二千余年之专制,举立法、司法、行政之鼎立三权操于一身,中央如是,各省亦如是。"③ 如何改变中国形象,建立一个真正的"法良政美"资产阶级共和国呢?伍廷芳在此提出了中国应当实现司法独立,"司法独立专指审判官之独扼法权,神圣不可侵犯","其司法之权君主总统莫能干预","更不

---

① 梁启超:《政府大政方针宣言书》,载《饮冰室合集文集之二十九》,中华书局1989年版,第121页。
② 伍廷芳:《中华民国图治刍议》,载《伍廷芳集》(下),中华书局1993年版,第593页。
③ 伍廷芳:《中华民国图治刍议》,载《伍廷芳集》(下),中华书局1993年版,第593页。

准行政者越俎违章,稍作民权之侵犯"。①

  为实现司法独立,伍廷芳还特拟以维护国民人身权利为核心的《宪纲大旨》,共有如下七条:(一)凡国人,不论何事,若无合格衙门所发之票,不能擅入铺屋等处捕人与搜查及封禁房屋捕户等等。(二)在街道中,如无合格衙门发出拘人票,或其人安分,现未目睹其在街上犯法,不准拘拿。(三)所捕之人,必须于二十四点钟内提案,由法庭当众审讯。(四)如一人犯事,只可将本人科罪,于本人父母妻子及亲戚伙伴,均不得牵连。又凡审讯刑事民事各案,均不准用刑。(五)或照例将犯罪人财产充公,只准允本犯人名下财产,别人所有不得牵及。(六)如犯以上数条,不论为官为商,凡受害人,得以起诉,要其赔补科罚。(七)审判官所断之案件,行政官不得过问,如有冤抑,得上控于合格衙门。②

  王宠惠在1913年撰写的《中华民国宪法刍议》一书中,采用三权分立与制衡的思想,提出司法权应该专属于法院,并且认为实现司法独立最为主要的就是法院的设置和职权要有法律的依据,包括法官的任命要有法律依据,总统和司法总长也不能随意任命,任命最高法院法官号必须要经过议会的同意。法官的官俸要有法律依据,在任期间不能随意减少,以保证法官能够在经济上有保障。法官在任期间非依法定理由不得转任他职,非依法定理由不得受到刑罚宣告,非依法定理由不得受罢职处分,以保证法官职务的连续性和法官权力的独立性。③

第二节 宪法观念与实践

一、对于宪法重要性的强调

  对宪法重要性的强调由来已久,如早在1901年梁启超在《立宪法议》一文中所认为的宪法对于"乱"的显著作用:"君位之承袭,主权之所属,皆有一定,而岂有全壬得乘隙以为奸者乎?大臣之进退,一由议院赞助之多寡,君主察

---

  ① 伍廷芳:《中华民国图治刍议》,载《伍廷芳集》(下),中华书局1993年版,第594、650~651页。
  ② 伍廷芳:《中华民国图治刍议》,载《伍廷芳集》(下),中华书局1993年版,第598页。
  ③ 王宠惠:《中华民国宪法刍议》,载《王宠惠文集》,台北中国国民党中央委员会党史委员会1981年编辑。

民心之所向，然后授之，岂有操、莽、安、史之徒，能坐大于其间者乎？且君主之发一政、施一令，必谋及庶人，因国民之所欲，经议院之协赞，其有民所未喻者，则由大臣反覆宣布于议院，必求多数之共赞而后行。民间有疾苦之事，皆得提诉于议院，更张而利便之，而岂有民之怨其上者乎？故立宪政体者，永绝乱萌之政体也。"① 袁世凯在宣誓就职临时大总统表示"愿竭其能力，发扬共和精神，涤荡专制之瑕秽。谨守宪法，依国民之愿望，祈达国家于安全强固之域，俾五大民族同臻乐利。"袁世凯死后，在一派反对袁记约法、要求恢复临时约法的强大声浪面前，段祺瑞还在竭力反对，而其反对的理由似乎也对宪法的"稳定性"十分尊崇："今日命令复之，明日命令废之，将等法律为何物？且甲氏命令复之，乙氏又何不可命令废之？可施之约法者，又何不可施之于宪法？如是则元首每有更代，法律随为转移，人民将何所遵循乎？"在张勋复辟之后，黎元洪以大总统的名义发布的命令中说："共和国体，首重民意，民意所寄，厥惟宪法。"面对军阀政治统治的黑暗，胡适先生等人发表了《我们的政治主张》的宣言，其中关于政治改革三个基本要求中首要的便是要求一个"宪政的政府"，"因为这是使政治上轨道的第一步"②。

为什么人们会对于宪法和重要性如此频繁地强调，黎安友先生区分了"直观动机"和更根本的原因："西方的骄傲和自信、某些阶层希望中国变成更西化的国家以获得世界的承认，以及立宪政体使他国变得强盛的显著成就，这些都仅仅是中国效法西方的更直观的动机。"而更根本的是，对宪法的信奉深深植根于中国人关于人的自觉意识在行动中起主导作用的信念，"只要将宪法条文看作自觉和国民意识所'知'之物，立宪民国就没有理由实现不了。"③

制定宪法并没有结束治乱的循环，1912 年以来在中国建立民主制度的经验在中国人特别是知识分子之中产生了一种幻灭感，诚如易劳逸所言："1912～1926 年期间，有多达 6 部的正式宪法和宪法草案，这对增强民众对民主制度的信心显然没有好处。"④ 于是中国关心政治的人从 20 世纪初年那种向往法治的态度，变为怀疑法治，轻视法治，陈独秀贴切地描述了此种变化：

立宪政治在十九世纪总算是个时髦的名词，在二十世纪的人看起来，这种敷衍不彻底的政制，无论在君主国民主国，都不能将人民的信仰，集会，言论出版，三大自由权完全保住，不过做了一班政客先生们争夺政权的武器。现在人人

---

① 梁启超：《立宪法议》，载《饮冰室合集》（一）文集五，中华书局 1989 年版，第 1 页。
② 《胡适文集》第 2 集，第 3 卷，第 27～29 页。
③ [美] 安德鲁·J. 内森：《立宪共和国：北京政府（1916～1928）》，载费正清主编：《剑桥中华民国史》，章建刚等译，上海人民出版社 1991 年版，第 276～277 页。
④ [美] 易劳逸：《流产的革命：1927～1937 国民党统治下的中国》，陈谦平等译，钱乘旦校，中国青年出版社 1992 年版，第 179 页。

都要觉悟起来,立宪政治和政党,马上都要成为历史上过去的名词了,我们从此不要迷信他罢。什么是政治?大家吃饭要紧。①

二、关于宪法内容的纷争

(一) 内阁制与总统制

责任内阁的成立亦被认为是中国政治制度开始迈向近代化的标志。1906年,清政府便开始酝酿由军机处和原来的内阁改并为新内阁。清朝在此之前的内阁形同虚设,并无权力。至于军机处虽然类似于各国内阁,但对皇帝仅备顾问,对政府并不担负责任。在朝野立宪派的极力敦促之下,清政府被迫同意先设立责任内阁,1911年3月,摄政王载沣以宣统名义下令设置"责任内阁"。但"皇族内阁"更是受到众多的批评,例如对清朝立宪抱有希望的梁启超,也倍感失望,称"号称预备立宪、改革官制,一若发愤以刷新前此之腐败。夷考其实,无一如其所言,而徒为权位之争夺、势力之倾轧,借权限之说以为挤排异己之具,借新缺之立以为位置私人之途。贿赂公行,朋党各树,而庶政不举,对外之不竞,视前此且更甚焉。"② 它也成为加速清朝统治灭亡的原因之一。

在清除了清朝这个敌人之后,内阁制与总统制之争首先发生在中国同盟会内部,主要是在孙中山与宋教仁之间。孙中山认为:"内阁制乃平时不使元首党政治冲,故以总理对国会负责,断非此非常时代所宜,吾人不能对惟一置信推举之人,而复设防制之法度。余亦不肯徇诸人之意见,自居于神圣赘疣,以误革命之大计。"③ 所以,在孙中山看来,民国初建,国家尚未统一,实行内阁制根本不适合当时新旧政权转变这一特殊时期的现实要求。

而在宋教仁看来,作为中国这样一个有着几千年大一统的集权专制传统的社会,由于根深蒂固的专制传统,缺乏长期深入人心的民主启蒙,在总统制下任何一个当上总统的人都有可能走向集权,甚至独裁,内阁制在制度安排上对这样的最高权力进行约束,正如出自于对这种独裁统治的警惕。1913年2月19日,他在国民党沪交通部欢迎会的演说中指出:"若关于总统及国务院制度,有主张总统制者,有主张内阁制者,而吾人则主张内阁制,以期造成议院政治者也,盖内

---

① 陈独秀:《独秀文存》,安徽人民出版社1987年版,第534页。
② 梁启超:《政治与人民》,载《饮冰室文集》之二十,第17页。
③ 王耿雄等编:《孙中山集外集》,上海人民出版社1990年版,第47页。转引自杨天宏:《论〈临时约法〉对民国政体的设计规划》,《近代史研究》1998年第1期。

阁不善而可以更迭之，总统不善则无术变易之，如必欲变易之，必致摇动国本，此吾人所以不取总统制，而取内阁制也。"①

以后关于政体的论争主要体现在1912年底到1913年初的制宪过程中，对阵的一方是《时事新报》，另一方是《民立报》、《民权报》、《中华民报》等国民党的报刊，由立宪党人主办或体现立宪党人思想主张的报刊如《正谊》、《东方杂志》、《独立周刊》、《庸言》等也对内阁制持肯定态度。在"临时约法"规定的内阁制之后，②国民党的宣传机关出于反对袁世凯专制的目的，极力鼓吹内阁制。例如《民立报》中载文声称："今之明达，苟有取于他国政制，必曰内阁制，诚以内阁制为今日比较最善之政治，而足以造成强有力之政府者也。"③在章士钊看来，内阁制的长处，"即在立法、行政两部联为一气。此制演进既深，表面上虽似议会操纵政府，而实际上则政府操纵议会，以内阁不啻议会中最强之一委员会。居政府者，率为控制议会多数党之魁杰，政府而欲行其计划，直行无所事也。于此而有政治或财政上之改革，在他种制度之下，黎民视为非常之原，因之代表机关横生阻力者，而内阁制则处置裕如焉，是之谓强有力之政府。"而总统制对于向中国这样一个新的共和国而言则并不是那么可取，"若新造之邦，需中央大开大阖之力至巨者，运用此制不善，行至自毙。"④而主张总统制的人则认为实行内阁制需要比较成熟的政党，最好是只有两个相代为用的政党，中国现在政党不成熟，且党派林立，实行内阁制，必然内阁频繁更迭，政潮迭起，政局不安。其次，内阁制下议会有无限之权，易出现议会专制之弊，违背了分权制衡的"共和精神"，而实行总统制，权力分立明确，符合"共和精神"。再次，中国现当外患内讧相迫之时，需要各派政治势力的团结，而实行内阁制，在政党

---

① 陈旭麓主编：《宋教仁集》（下册），中华书局1981年版，第457～459页。
② 临时约法采取一院制，在第三章中规定了参议院的组成及职权，第四章和第五章中规定临时大总统、副总统和国务院的产生及职权。约法第十九条第十一款、第十二款规定了参议院对于大总统和国务员的弹劾权，但并没有规定对不信任权。在总统的诸多权力中，大都需要提交参议院议决，如第三十三条规定临时大总统得制定官制、官规，但须提交参议院议决。第三十四条规定临时大总统任免文武职员，但任命国务员及外交大使公使，须得参议院同意。在关于国务员的规定中，第四十五条规定国务员于临时大总统提出法律案、公布法律命令时，须副署之。这样，《临时约法》便规定了一种极不完全的内阁制，陈茹玄在评价此约法时认为"约法虽具有责任内阁制之精神，而实未备责任内阁制之体用"（陈茹玄：《增订中国宪法史》，文海出版社1985年版，第30～34页。）因为约法将内阁制仅仅理解为元首不负责任、国务员对议会负责以及国务员可以行使副署权是很片面的（而且副署制度又因为行文仓促而明显有歧议，第四十五条中的规定国务员于临时大总统提出法律案、公布法律命令时，"须副署之"，也可以理解为副署成为国务院的义务而非权利）。完整的责任内阁制需包括总统（国家元首）与国务员的关系、行政与立法两个方面内容，其要旨在于行政与立法关系的制衡——国会对政府不信任亦即倒阁权，以及政府作为制衡手段的解散国会权。在绝大部分时间，北京政府是根据临时约法而运作的，由于这种含混，导致了三者之间不断的冲突。
③ 转引自张玉法：《民国初年的政党》，岳麓书社2004年版，第420页。
④ 秋桐：《变更政制之商榷》，《独立周报》第1期，1912年9月。

林立，且有以做官为第一大事业传统的中国，将激起激烈的党争，而总统制，则一党掌握政权，一党在野，虽有党争，但不会影响在朝者之地位，政局不易起大波澜。①

但正如有作者指出，民初思想界的主流是主张内阁制，但国民党主张"国会政府主义"，而进步党一派则主张立法权与行政权调和。前者主张给予国会相当大的权限。除了一般内阁制下，国会所具备的权力如立法权、监督行政权（包括通过预算与财政法案、质询、弹劾、不信任投票、受理请愿、查究等权）外，国会尚有以下权力，由国会两院组织宪法会议修正宪法，宪法由国会解释，总统选举由国会两院组织总统选举会执行，被众议院弹劾之总统由参议院审判，国会自行集会、开会、闭会（临时会除外），众议院有对大总统任命国务总理之同意权，国会不得被解散等等。进步党考虑的是制定一个大体上是内阁制，有民选国会，国会有相当权限，而袁世凯势力又有操控余地而可以接受的宪法。②

（二）中央集权与地方分权

罗兹曼曾用"平衡"这一概念指资源的控制和占有关系在中央与地方之间、城市与农村、村庄与家庭或宗族之间以及县级官员与地方精英之间的易手，然而相对于中央和地方而言，天平却往往朝向一边倾斜，"中国在20世纪一直不断试图恢复平衡，试图建立可行的有利于现代化的平衡，但结果却常常适得其反。"③ 清末时期，中央专制集权制度不仅因为西方列强的不断入侵而受到冲击，而且由于镇压太平天国起义后汉族政治势力的上升而受到削弱，义和团运动时期的"东南互保"（东南部的一些总督巡抚不听从西太后镇压义和团的命令而与外国人订立互保协定）、1905年开始的预备立宪，就是中央专制制度开始瓦解的典型表现。而新政主要目的也是为了要通过集权的开明专制来实现现代化所必需的政治整合。

民国初年这一问题依然没有得到解决。辛亥革命的爆发后，各省纷纷独立，便有人提出在中国实行联邦制，在他们看来，各省独立，清廷瓦解很类似于当年美国十三州独立组建联邦国家时的情形，似乎独立各省极易共同组建联邦制政权。例如1911年底，国民共进会所发表《共和联邦折衷制商榷书》，主张有六大理由建立联邦共和国：一、中国幅员广阔，交通不便，中央政府难以治理，分

---

① 参见邹小站：《民初宪法争衡中的几个问题》，载郑大华，邹小站主编：《思想家与近代中国思想》，社会科学文献出版社2005年版。

② 邹小站：《民初宪法争衡中的几个问题》，载郑大华，邹小站主编：《思想家与近代中国思想》，社会科学文献出版社2005年版。对于此问题的分析，还可参见严泉：《〈天坛宪法草案〉与民初宪政选择的失败》，《开放时代》2003年第5期。

③ [美]吉尔伯特·罗兹曼等：《中国的现代化》，江苏人民出版社2003年版，第445页。

而为邦，易于治理；二、各省利害关系不同，中央政府难以处理，本省人易于治理本省；三、联邦制有利于各省竞争；四、清廷解体，失去中心，各省自理，可以息争；五、旧朝可暂保一境，使加入联邦，亦可弭兵；六、蒙回藏疆，各为联邦，自由加入，可免瓜分。

当时人们多信奉中央集权的政策，甚至准备废除省级建制，希图重新建立中央集权。1913年熊希龄内阁的《政府大政方针宣言》，指出："行政区域太大，政难下逮，且监督官层级太多，则亲民之官愈无从举其职。元、明、清之治所以不及前代，职此之由。今拟略仿汉、宋之制，改定地方行政为两级，以道为第一级，以县为第二级。县分三等，道署设诸司，在府中分曹佐治，县署诸科略如道制，且于繁剧边远之县，酌设承尉分驻县四境。中央则以时设巡抚使按察诸道，举劾贤否，不以为常官也。其有大政，合数道乃克举者，亦为置使以管之，如是则臂指之用显，而治具略张矣。"①

而在袁世凯以统一和集权为名企图消灭国民党地方势力的时候，国民党地方都督便主张把革命势力寄存于各省，以地方分权来制约袁世凯集权的野心。一部分具有民主思想的知识分子也倡导联邦制来作为对袁世凯独裁统治的抵制和对共和制度的挽救，例如1914年，张东荪在《地方制度之终极观》中主张中国就现有的省制发展自治精神，声称："吾以为中国欲图存且强，非采用英美派之自治不为功也。"② 而随着袁世凯死后中央政府的权威日益衰落，梁启超、章太炎等中央集权的积极倡导者转而支持"联省自治"，我们在后文还要提及，兹不赘述。

在1916年开始的国会续议宪法草案的过程中，一个广为关注而引起争议的话题即是地方制度（也即省制）是否入宪。由于对这一问题的意见分歧甚大，后来的二读会并没有通过地方制度入宪问题，加上国会又一次被解散，有关的议论又一次中断。

主张省制入宪者主要是宪法商榷会的成员，反对省制入宪的主要是宪法研究会成员。赞成者提出的理由包括四个方面：一是民国成立以来，各种法制未备，中央与地方各自自由行动，导致中央责地方之跋扈，地方责中央之专横，若使省制入宪，则中央与地方皆有所遵守；二是查世界各国，无论单一制还是联邦制，大多将地方制加入宪法中作出规定，所以各国有强固之保障，而国家之根本不至于被动摇；三是从历史角度言，中国在秦汉以前即有地方制度，秦汉以后，地方制度虽有变更，但尚有民治之遗意，清末及辛亥革命时期均设立过一定的民意机

---

① 林增平等编：《熊希龄集》，湖南人民出版社1985年版，第557页。转引自于鸣超：《中国省制问题研究》，《战略与管理》1998年第4期。

② 张东荪：《地方制度之终极观》，《中华杂志》第七号。转引自谢俊美：《政治制度与近代中国》，上海人民出版社1995年版，第453页。

关,倘若没有这些机关的设立,清朝能否灭亡、辛亥革命能否成功将存在疑问,如以省制入宪,则根基稳定,即使有野心家意在专横,而法律既有专条,也使其不容易达到目的;四是虽然国家政治的好坏有赖于中央制度的好坏,但中央的精神万不能贯注于地方,故省制不加入宪法则中央不能稳固,如将省制列入宪法,则地方人民视国事如家事,无不自行负责,各国之强盛全是基于地方人民权利的扩张,中国之屡弱俱是因为地方人民无法行使权利,故从政治上言,省制也不得不入宪。反对省制入宪的主要理由归纳起来有:一是国会重新续议宪草,应从速制定宪法草案以慰国民之渴望,如果主张省制入宪,那么省制之组织、省长之选举及权限之种种等问题均要进行讨论,这需要花费很多时间,这样因省制之争论会导致宪法迟迟不能出台,因此宪法从速制定的客观要求使省制在事实上不能入宪;二是省制即使加入宪法,能否实行似乎不无疑问,与其勉强加入可能损害宪法的威信,不如详细研究,等时机成熟后再行规定;三是省制若规定在宪法中,可能导致中央受制于地方,这对国家统一将有妨碍,会发生各地方之间的纷争;四是省制规定在宪法之中,即是采取联邦主义的先声,联邦国组成联邦之各邦皆系自由制定宪法,倘中国省制规定于宪法,则将来省的组织法将由省自行制定。[①]

三、民初行宪过程

武昌起义后不久,1911年11月15日,独立各省派代表成立了作为临时议政机关的"各省都督府代表联合会",12月3日,该会在汉口议决并公布了《临时政府组织大纲》。依照《临时政府组织大纲》规定,各省都督府代表联合会的任务,止于参议院成立。1912年1月28日,临时参议院在南京劝业场开幕。临时参议院的主要建树,是制定了一部具有宪法效力的《中华民国临时约法》,简称"临时约法"。"临时约法"分七章,共五十六条。它第一次赋予了国民在宪法上的平等主权者的地位,对人民的各项自由和权利的规定充满了"自由、平等、博爱"以及"天赋人权"的精神,"临时约法"并未贯彻孙中山"五权宪法"的主张,却第一次将三权分立的原则写入其中,规定了以责任内阁制为特点的中华民国政治制度。

1913年4月8日,正式国会在北京开幕,7月12日,国会成立了国民党人占优势的宪法起草委员会,开始草拟宪法。10月6日袁世凯如愿当选中华民国大总统之后,大权在握,目的已达,认为新宪法将对己不利。同年10月31日,

---

[①] 参见吴宗慈编:《中华民国宪法史》(前编)之"附编论坛异同集粹",大东书局1924年版,第287~296页。

宪法起草委员会在袁世凯横逆相压，议员与国会处境日蹙的情况下，匆匆完成了"天坛宪草"的三读程序，1913年11月4日，袁世凯借口国民党在湖口倡乱，下令解散国民党，并取消了国民党籍议员资格，以致国会因不足法定人数而无法开会，"天坛宪草"还来不及交国会进行审议便胎死腹中。1914年5月1日正式公布《中华民国约法》，"临时约法"被同时宣布废止。新约法分十章，共六十八条。它和临时约法的主要区别是以总统集权制取代了责任内阁制，取消了临时约法对总统权力的限制性规定，同时废除国会，而以总统控制的立法院与参政院行使此部分权力。新约法以宪法的名义强化了袁氏的个人权力，也为其日后帝制自为铺平了道路。①

　　1922年7月24日，曹锟发出通电，要求议员回来制宪，却故意不提大选的事，同时以丰厚的"出席费"为饵。在金钱的诱惑下，回京的议员渐多，10月5日，曹锟顺利当选总统，宪法会议亦惊人地顺利。10月8日，宪法会议三读通过了《中华民国宪法》，并于10月10日在曹锟宣誓就职的同一天正式公布。这部搞了十几年而久议不决、历经波折的宪法，终于完成了。这是中国历史上第一部正式宪法，却也是名声最坏的一部宪法，皆因它最后系由一批被称为"猪仔"的国会议员草草通过并由"贿选总统"曹锟公布，固有"贿选宪法"、"曹锟宪法"之称。1924年，贿选总统曹锟因北京政变而被迫宣告辞职，后继的段祺瑞临时政府立即就废弃了这份存在尚不足一年的宪法。段祺瑞上台后，即谋订新宪法，并于1925年12月11日抛出了一份《中华民国宪法草案》，旋因段祺瑞政府的垮台而不了了之。之后，直奉两派军阀之间，又起护法（"临时约法"）与护宪（1923年宪法）之争，尚未争出结果，国民革命军便已发起北伐，北京国民政府的制宪活动至此告终。②

第三节　北洋时期的立法

一、北洋时期立法的指导思想

　　北洋政府时期（1912~1928年）虽然政局动荡，战乱不断，但法律近代化的成就却不可小视。清末法制改革的重要成果被保留下来，清朝末年制定和颁布的一

---

① 李剑农：《中国近百年政治史》，复旦大学出版社2002年版，第130~152页。
② 参见谢振民：《中华民国立法史》（第二编、第三编），中国政法大学出版社1999年版。

系列法律、法规得以继续沿用，同时，北洋政府亦注意坚持引进西方法律原则和制度，在清末法律改革过程中未涉及的领域中也进行着新的立法尝试。① 由清满帝国而至民国，时人对于如何构建法律体系的问题提出了许多意见，伍廷芳的意见很明确，他认为清末法制改革时制定的法律，除个别条款之外，一律沿用，暂时作为新的民国政权的法律，继续有效。孙中山采纳了这一建议，并于1912年3月24日提交参议院审议。几天之后，参议院于4月3日议决通过伍廷芳提出的议案。孙中山决定沿用清朝法律，是欧洲人的传统做法。在欧洲"法律至上"的观念里，法和国家一样，是任何一个社会维持基本秩序所须臾不可或缺的东西。当革命胜利后的新政权仓促间来不及制定新的法律之前，便须沿用旧政权的法律。孙中山的南京民国政权好景不长，时仅数月，因实力不支，在袁世凯的武力威逼下屈服了，让位给北洋政权。袁世凯一上台，也宣布援用清末的法律，因为"民国民法典尚未颁布，前清之现行法律除裁判部分及与国体有抵触者外，当然继续有效"，"前清现行刑律关于民事各条，除与国体及嗣后颁行成文法抵触之部分外，仍应认为继续有效"。清末法制改革时制定的法律，到了民国，无论孙中山，还是袁世凯，都主张继续沿用。这个决定，对民国以后的法律产生了深刻的影响。

二、北洋立法的过程

北洋政权甫立，立法重新开张。1914年，法律编审会开始修订民法草案，次年完成"通则"部分。1918年，法律编审会改为修订法律馆。

1922年，在华盛顿会议上，中国政府代表顾维钧提出收回"领事裁判权"即"治外法权"的主张；西方列强也在会议上许诺，待中国法制改革完成，即放弃对华"治外法权"。但列强并没能实现此诺言，而国内法制改订工作却受此刺激，遂加速进行。经过清末法制改革的立法实践，加上出国学习法律的留学生陆续回国，中国已经有了一批自己的法律人才，这次修订民法的工作，主要由中国自己的法律专家进行。他们为那一特殊时期的民事立法做出了重大贡献，使得北洋时期的民法近代化取得了实质性的成果。② 这是民法的第二次草案。这个草案，延续了原《大清民律草案》的体例框架和基本内容。草案起草时，曾打算制定"民商合一"的法典，对此曾有许多讨论和争论，因为工作浩繁，学术上难度也大，未能如愿。

---

① 张晋藩主编：《中国法制通史》（清末·中华民国卷），法律出版社1999年版，第431页。
② 参见张生：《北洋政府时期民法近代化三题》，载张生主编：《中国法律近代化论集》，中国政法大学出版社2002年版，第373~389页。

这次起草民法，最有意义的工作，是进行了民间风俗习惯的调查。这项工作，始于清末"法制改革"时清廷的一项指令。在革命和战乱的局势下，断断续续，历经十几年，终于告一段落，完成了《关于民商事习惯的调查报告》。对我国民间处理财产问题长期历史形成的习惯做法，如土地制度的"老佃"，以及"典权"、"先买"、"会"等，经过调查研究，在这次民法草案中增加了一些体现我国民族特色的条款。如果说，清末法制改革时的《大清民律草案》，基本上还是照搬；那么这次民法立法，在实现世界普遍通行之法理与中国民间习俗传统特点的结合方面，确立了固有法与继受法整合的价值基础，也标志着中国在民法方面的法律术语和法律制度方面进一步完善。①

《关于民商事习惯的调查报告》，其意义还不仅在于立法，于司法方面也很重要。世界各国民商法典，大都有"法律所未规定者，依习惯，无习惯者，依法理"的原则规定，所以《关于民商事习惯的调查报告》的完成，也为司法实践提供了依据。与此同时，商法的修订也在进行。1915年，"破产法"草案完成。1916年，"公司法"草案完成。1923年，"公断法"草案完成。1925年，"票据法"草案完成。1926年，"海船法"草案完成。1927年，"保险契约法"草案完成。

三、北洋时期立法机构的变迁

在民国史上，和北洋政权公开对峙的是孙中山在广州的国民党政权，当时称为"护法军政府"。国共合作后的"大革命"时期，1925年7月，正式成立"中华民国国民政府"。1926年，国民政府北伐迁至武汉。这是个革命政权，又在军事时期，法制建设不是关注的重点，实际立法也不多。对旧法律的态度，由国民政府司法会议决定："民法以前清民律草案为蓝本，有与党纲相冲突者，由司法官以立法手段参照党纲和代表大会宣言，酌量变更"，"商法问题，决定公司条例商人通例商事公断，仍为有效"。也就是说，它不承认北洋政权的法律，而宣布适用清末法制改革的法律。不过由前述可知，北洋政府的法律和清末法制改革的法律只是"名分"不同，实际上是一回事。②

国民政府在武汉时，北伐战争正在进行，继而发生国共分裂；随后，汪精卫和蒋介石"宁汉合流"，这个武汉的国民政府昙花一现，不久便消失了。因此，这个时期的国民党政府，其立法和决议没有发挥多大实际影响。不过，由于时值国

---

① 参见张生：《北洋政府时期民法近代化三题》，载张生主编：《中国法律近代化论集》，中国政法大学出版社2002年版，第373~389页。

② 参见谢振民：《中华民国立法史》（第二编），中国政法大学出版社1999年版。

共合作时期,所以,这也是中国共产党和这个"法统"更早一些的又一段姻缘。

1927年4月,以蒋介石为首的国民党政府在南京成立。4月,设立法制局,作为起草法律的机构。1928年12月,国民政府立法院成立,取代法制局。1929年1月,立法院成立民法起草委员会,由傅秉常、史尚宽、焦易堂、林彬、郑毓秀五人组成,并聘请司法院长王宠惠、考试院长戴传贤、法国人宝道为顾问。"中国民法典"的立法工作正式展开。

第四节 司法制度

民国初年,司法制度历经磨难,于时局黑暗中艰难成长,成为一个相对清白的领域。从法律层面确保了法院法官司法独立;重视法官队伍建设,建立法官考试制度;严禁司法党化;律师制度及大理院独立审判地位的确立,"司法较之后来的南京国民政府要更加独立"。① 民国初年的司法变革,作为中国转型时期制度现代化变革的重要组成部分,筚路蓝缕,开路为先。

一、司法主权

(一)上海会审公廨

南京临时政府成立不久,即以外交总长的名义颁布《中华民国对于租界应守之规则》,声明:"上海公共租界、法国租界二处,行政、警察等权均操外人职守,应以大局定抵,再行设法收回"。至于"上海会审公堂,前此所派清廷官吏,大半冗闲,是以腐败不堪。上海光复后,该公堂竟成独立,不复受我节制,此种举动,理所必争,尤宜急图挽救。外交部自当向各国领事交涉,势必争回,然后选派妥员接管,徐图改革。"②

民国北京政府断断续续地为收回会审公廨司法主权同帝国主义进行了长达15年的谈判,15年间,先后谈判7次。其中主要的交涉和谈判活动有:1913年2月,该政府的外交总长首次向英国驻华公使朱尔典提议,取消军兴时期(即辛亥革命时期)驻上海领事团接管会审公廨的暂行办法,恢复革命前的旧制。由

---

① 贺卫方:《司法公正与权利保障》,中国法制出版社2000年版,第232页。
② 《辛亥革命在上海史料选辑》,上海人民出版社1966年版,第476页。

于英国公使要以推广上海租界为磋商条件,北京政府不敢贸然答应,第一次交涉便到此中断。

9年以后,即1922年11月26日,北京政府外交部曾再次向驻华公使团的葡萄牙公使提出"收回"公廨之举,并附上中国方面的提案,尽管这一提案并非真正排除帝国主义对公廨的干预,即并未彻底收回公廨的司法主权,但还是遭到帝国主义的反对,这次交涉仍未有结果。

"五卅"惨案后,1926年2月北京政府外交部又一次派出代表同驻华公使团开议。经过多次与西方国家的讨价还价后,于1926年8月31日,由江苏省地方政府同各国驻沪领事团达成协议,签订了《收回上海会审公廨暂行章程》,宣告自1927年1月1日起,原成立于1864年的上海公共租界会审公廨由中国政府接管,更名为"上海公共租界临时法院"。会审公廨所体现的"华人反就外国之裁判"的怪现象终于结束。①

(二) 法权会议

"五卅"运动爆发前,中国政府为撤废领事裁判权曾进行了不懈的努力。晚清政府和列强间在有关领事裁判权问题上的交涉主要表现为三个方面:一是限制外国商人、教士的活动范围(因为领事裁判权的危害是通过他们体现出来的);二是禁止他们担任领事;三是反对外人庇护教徒。② 1902年,清政府下令修改律例。废除领事裁判权是修律的现实需要和直接原因。"自此而议律者,乃群措意于领事裁判权。"③ 1902年9月5日,清政府与英国签订《中英续议通商行船条约》,英国第一次在条约中有条件地表示将放弃其在华领判权。"中国深欲整顿本国律列,以期与各国律列改同一律,英国允愿尽力协助,以成此举,一俟查悉中国律列情形及其审断办法及一切相关事宜皆臻妥善,英国即允弃其治外法权"。④ 北洋政府第一次在公开场合提出废除领事裁判权的方案见于1919年的巴黎和会。⑤ "五卅"惨案之后,中国的民族主义风暴极大地震撼了美国政府,促使其重新考虑对华政策。美国清醒地认识到必须改变传统的对华政策,通过对中国民族主义要求作出一定的让步,来缓和中国的民族主义情绪,消减激进派要求废除不平等条约的压力;同时引导中国民族主义走上温和的自由主义道路,以维

---

① 赵尔巽等:《清史稿刑法志三》,中华书局1976年版,卷一四四。
② 吴孟雪:《美国在华领事裁判权百年史》,社会科学文献出版社1992年版,第121~122页。
③ 高潮、马建石:《中国历代刑法志注释》,吉林人民出版社1994年版,第1011页。
④ 王铁崖编:《中外旧约章汇编》(第2册),三联书店1982年版,第109页。
⑤ 中国社会科学院近代史研究所《近代史资料》编辑室主编:《秘笈录存》,中国社会科学出版社1984年版,第165页。

护美国在华的根本利益。①

美国政府长久以来感受到，中国愈来愈希望修改和列国的条约关系，对于这股滋长的情绪，美国政府给予了关心。当修约问题已成为两国政府共同重视的议题，我们认为中国政府不必要在种种场合提醒这项要求的具体说明，美国政府现在准备考虑中国政府所提修改既有条约的进行步骤，当中国当局表现有能力及愿意履行责任时。②

美国政府确定调整对华政策的主要内容之一即为在华领事裁判权。所以，它首先提议依华盛顿会议有关议决案规定组成司法调查团来华，并在各列强与中国间进行斡旋。

为此，段祺瑞临时政府于1926年1月12日在北京召开了"调查法权会议"（简称法权会议）。参加会议的国家除中国以外，还有美国、比利时、英国、法国、丹麦、意大利、日本、荷兰、挪威、西班牙、瑞典等12个国家。在1月12日举行的首次会议上，中国代表王宠惠任会长，会议公推中国司法总长为名义会长，美国代表戴维为主席。会议历时8个月，于同年9月16日闭会，其间共举行会议21次。会议组织了各国委员（代表）对中国部分省份的法院、监狱、看守所及司法制度的实际状况进行了调查。作为调查结果的《法权会议报告书》，表示应当废除各国在华的领事裁判权，但又认为中国执法环境不良，司法并未真正独立，表示暂时还不能放弃这种在华特权。但许诺待中国司法机关完全能够独立行使司法审判权时，可废除各国在华的领事裁判权。

二、司法组织与制度建设

（一）法院

清末司法改制时，新式法院建设已初见成果。据统计，当时共建有大理院1所，高等审判厅22所，高等审判厅分厅3所，地方审判厅56所，地方审判分厅5所，初级审判厅88所。以上所列虽有其数，但辛亥革命时期，局势混乱，这些新设机构多处于停顿或陷入废弃状态。民国成立后，援用前清法律，《法院编制法》得以继续施行。审判采用四级三审制度，新式法院分为初级管辖、地方管辖、大理院特别管辖三种。初级厅管辖案件以地方厅为第二审，高等厅为终

---

① 王立新著：《华盛顿体系与中国国民革命：二十年代中美关系新探》，载《历史研究》2001年第2期，第63页。

② *Kellogg to British Charge*, July 23 1925, *FRUS*. Vol.1, pp. 795–797.

审，地方管辖案件以高等厅为第二审，大理院为终审；大理院特别管辖案件，第一审即终审。

由于南京临时政府存续时间短暂，加之政局未定，军事浩繁，无法进行大规模建设。新式法院的组织建设，主要在北京政府时期得以逐步实施。1912年5月，袁世凯发布大总统令，内称：

司法总长王宠惠呈称，大理院正卿刘若曾等辞职，已蒙批准。审判不可中断，即法官不可虚悬。惟大理院正卿，少卿等官名不适于民国制度，现在《法院编制法》修正颁布尚需时日，新法未实施以前，应先更正其名称，而宜暂仍其组织，以便继续执行等语。大理院正卿可改为大理院长，少卿一席著裁撤，余暂如旧。俟《法院编制法》修改后，一律更正。①

当时，全国有县制行政区域1 700余处，若遍设法院，略计需法官15 000人，岁费则在5 000万元以上。面对如此艰巨任务，从事司法建设的中央地方各界，努力求进，按照《法院编制法》要求，在前清新式法院建设的基础上，次第筹建。截至1914年初，全国共建成大理院1所，高等地方厅120所，初级厅179所，设立审检所900余处。② 达到自清末司法改制以来的高潮，可谓是新式法院建设的"全盛时代"。③

然而，随着袁世凯帝制思想的膨胀，中央政府的主要精力在于控制军事，强固集权统治，加之财政拮据，因而对于现代司法建设，逐渐取消极态度。同时，由于各省新立法院颇多，"又系初办，弊病自不能免，遂贻旧派人口实，攻击甚烈。"④ 于是，裁撤新式法院之议遂出。

经政治会议讨论，结果议决裁并各地审检厅。只保留省城及通商大埠之高等地方审检厅。对于各地诉讼。另于1914年4月5日，以大总统教令形式公布《县知事审理诉讼暂行章程》，规定未设审检厅之地方各县，第一审应属初级或地方审判厅管辖的民刑诉讼，均由县知事审理。⑤ 司法部呈文表示，此次变动"计裁并各省地方审检厅90所，裁撤京外初级审判厅135所。"⑥ 各省新立的地方初级审检厅大为减少，新式法院建设骤然受挫。

---

① 《临时大总统令》，《政府公报》1912年5月18日。
② 王宠惠：《二十五年来中国之司法》，《中华法学》第1卷第1号。另据 The China Year Book 1913 年统计，中国22省中有高等审判厅19所，地方厅113所，初级厅197所。转引自张朋园：《梁启超与民国政治》，食货出版社1981年版，第125页。
③ 张一鹏：《中国司法制度改进之沿革》，载《法学季刊》第1卷第1期。
④ 丁文江、赵丰田编：《梁启超年谱长编》，上海人民出版社1983年版，第683页。
⑤ 《新六法大全·宪法附属法令》，上海世界书局1924年版，第65~67页。
⑥ 《司法公报》第34期。注3、注5、注8皆转引自吴永明：《民国前期新式法院建设述略》，载《民国档案》2004年第2期，第68~69页。

当时新式法院的机构变更是沿着两个方向开展的,二审司法署改为地方审判厅,由地方审判厅改为地初合设厅,再由合设厅改为审检厅;一审司法署改为审检所,由审检所而帮审员,而承审员。换言之,即完全组织与特别审判机构之分别。①

此外,1914年9月,司法部还公布《高等分庭暂行条例》,使高等分庭的权限与"高等分厅"几乎没有实质区别。② 1915年6月,司法部呈准将《法院编制法》分别修正刊行,1916年2月该法再次得以修改。其修正要点,大略有四点:删除关于初级审判厅、初级检察厅的规定,改设分庭,管辖初级案件,变为虚四级制;删去"各省提法使监督本省各级审判厅及监察厅";大理院废置正卿、少卿,及民事科、刑事科,改置院长、民事庭,及刑事庭;高等审判厅厅丞、京师地方审判厅厅丞,均改为厅长,总检察厅厅丞改为检察长,各审判衙门、各检察厅分置的典簿、主簿、录事,分别改为书记官长、书记官。③ 这些修改把清末制定的《法院编制法》所规定的官职名称,予以改革,使之更具有新式民主共和国的色彩。

至1916年,中国仅存大理院1所,高等审判厅22所,高等审判厅4所,高等审判分庭6所。④ 可见袁世凯统治时期新式法院建设之顿挫。

袁世凯帝制败亡后,1916年11月10日,司法部举行第二次全国司法会议。会议以谋求司法统一与进步为宗旨,就司法改良、司法机关之推广等内容展开讨论。期间提出"议请各省旧府治宜增设地方厅各县设地方分庭案",要求"于各省旧府治增设地方厅,依法编制而减少其员额,即以府之行政区域为其管辖区域,所属各县仿照日本地方裁判所分设支部办法增设地方分庭,视案件之多寡置推事一员或二员,由司法部委任分庭所在地之县知事兼充检察官,即以县之行政区域为其管辖区域"。⑤

1919年,巴黎和会中国代表提出"请求撤销领事裁判权案"。该提案交付大会研究后,于1921年12月10日通过决议,由美国、英国、比利时等国组成调查法权委员会,前往中国调查法权现状,新式法院建设为考察的重点之一。⑥

---

① 吴永明:《民国前期新式法院建设述略》,载《民国档案》2004年第2期,第69页。
② 黄源盛:《民初法律变迁与裁判(1912~1925)》,台湾政治大学2000年版,第27页。
③ 罗志渊:《近代中国法制演变研究》,台湾正中书局1986年版,第405~406页。
④ 《支那年鉴:第三回》,日本大正七年初版,第464页。转引自朱源:《社会犯罪与治安维护》,《中华民国史社会志》油印本。另据张国福统计,到1916年间,经过裁撤审检厅及改设地方分庭或简易庭,全国新式法院仅存大理院1所,高等审判厅23所,高等审判分厅26所,地方审判厅(包括地方审判分厅)89所。参见张国福:《中华民国法制简史》,北京大学出版社1986年版,第179页。
⑤ 本次司法会议经过情形,参见《司法公报》第68期"特别记录"。
⑥ 《法权会议报告书》,《东方杂志》第24卷第2号,1927年1月25日。

以撤销领事裁判权为契机，法院之建设推广又成为社会热点问题。财政司法两部拟定添设法院新监并分年筹备表，会呈大总统。筹备表对法院建设取渐进主义原则，"拟分两期筹划，期以二十年各县正式法院一律成立。"第一期自1925年起至1940年止，筹设各省旧道治高等分厅，并旧府治地方审检厅；第二期自1925年起至1940年止，筹设各县地方审检厅。

经过建设，此一时期新式法院数目，在裁撤审检厅之后开始出现缓慢的增长。根据相关资料统计，1926年全国共有各类正式法院138所。① 但是民国前期全国范围内新式法院不过150处而已，这与约1800余县的行政区划相比，差距显而易见。直到民国北京政府垮台前夕，绝大多数地方的初级审判权由县知事衙门行使。

（二）检察机构

民国建立后，继受清末变法的积极成果，检察制度的设立，便是其中重要内容之一。沿用《法院编制法》，规定对刑事犯罪以国家公诉主义为主，审判与检察并立为厅，初级地方高等各厅，均审检对峙，京师大理院亦有总检察厅与之并肩。

民国初年检察官的职责，相对较广。根据法律规定，在已设检察机关的地方，预审公诉由检察官提起，同时又规定亲告罪可由被害人或其法定代理人、保佐人、或配偶、或直系亲属、同居亲属提起诉讼。上告由当事人提起，检察官及私诉人及被告的法定代理人、保佐人、配偶、辩护人为了被告利益起见，也得上告。刑事案件法律不允许当事人私和、抛弃或自认。

凡判决之执行，由检察官监督指挥。《刑事诉讼条例》施行后，刑事判决，皆由审判官指挥执行，因上诉至裁判或因上诉而应执行下级法院之裁判者，由上诉法院对应的检察官指挥执行。检察官职责除了刑事方面的侦查犯罪、诉追犯罪、指挥并监视刑事法之适用及判决之执行而外；在民事方面，依法令所定，为诉讼当事人或公益代表人，实行特定事宜。此外监督监狱，监督下级检察官执行职务，以及相关司法行政事务等。检察官有指挥司法警察的职权，司法警察人员有在该管检察机关区域内受检察官的调度，执行检察事务的责任。

检察官独立于审判厅行使职务，不得干涉推事的审判或掌理审判事务。检察

---

① 根据同年日本东亚同文会调查编纂部编《支那年鉴》统计，是年中国设有新式法院133所。与调查法权委员会报告书统计之法院数相差5厅（庭）的区别之处在于：直隶1地方分庭、山东1地方分庭、福建2地方分庭年鉴未列入计算；此外吉林2地方分庭在年鉴中1庭被计入地方审判厅，1庭未被计算在内。参见该部编《支那年鉴》，昭和二年版，第23~114页。转见朱源：《社会犯罪与治安维护》，《中华民国史社会志》油印本。

机关在其执行职务时，实行检察官一体主义，即下级须服从上级长官命令。检察最高机关为司法总长，总检察长应服从司法总长的命令，总检察厅以下各高等检察厅检察长、地方检察厅检察长、地方分庭检察官均依次服从命令，各级检察官又服从其检察长或监督检察官。同时，地方以上检察长有亲自处理各管辖区或内检察官事务之权，且于必要时，各级检察官也得奉长官命令而执行上级检察官之职务。①

随后，袁世凯政府颁布《地方审判厅刑事简易庭暂行规定》和《审检厅处理简易案件暂行细则》，规定刑事简易案件起诉审判，检察官有认定权、速诉权。规定"简易庭收受案后，应予一小时内开庭审理"，这样就赋予了检察官速诉权，对刑事被告人而言是十分不利的。②

袁世凯颁布的《增订检察厅调度司法警察章程》，规定检察官除指挥司法警察外，尚可指挥宪兵或其他兵队，来迅速打击犯罪活动。1920年段祺瑞政府时期，颁布《处理命令暂行条例》，不仅秉承上述成例，还赋予检察官以定案权。这种定案权的确立，是检察官兼检控与审判权于一身，实与司法独立的原则相违背，但却与民国前期军阀强权和社会混乱的时代背景十分吻合。

尽管检察制度之功用不能小视，然而，当时社会各界对于司法改革，有着一蹴而就、急功近利的思想。很多人认为审判与检察并立为厅，机构对峙。加之民国前期司法经费支绌。所以，有人从集中有限的经费、改造与充实审判力量的角度出发，提出种种废检倡议。

检察厅的机构设置被弱化的趋势自民初发端，延续至南京政府时期。1927年，南京国民政府司法行政部在《裁撤检察机关改定法院名称延期实行呈》中表示：

窃查检查制度以检举及执行两项为最大要素，故论其职掌，只是法院中司法行政部分之一种。吾国自改良司法以来，各级审判检察机关无不两相对峙。就经过事实而论，其不便之处有如下数点：糜费过多；手续过繁；同级两长易生意见。凡兹所举，无可讳言，识者怀疑，每思改革。③

检察制度自日本输入中国，由于建设伊始，经费支绌，而经历清末民初的审检对峙（审检两厅分立并行）、到东省特区法院设立时的配置机关制（在审判厅内配置独立的检察所）、再到南京国民政府改造法院时的配置职官制（在法院内设检察官独立行使职权）等一系列的变迁。

---

① 陶汇曾：《中国司法制度》，上海商务印书馆1926年版，第34~36、79~80页。
② 张培田：《民国检察制度的演变》，载《澳门检察》2001年第2期，第38页。
③ 南京国民政府司法院参事处编：《国民政府司法例》（上），载1930年版，第163页。

（三）行政兼理司法制度

民国肇建，为了使司法独立原则得到贯彻，南京临时政府对审判机关的建设极为重视，试图在全国范围内普及独立的法院组织。然而，北洋军阀政府建立后，形势逆转。1914年4月5日，袁世凯以大总统教令的形式颁布实施了《县知事兼理司法实务暂行条例》，规定"凡未设法院各省之司法事务，委任县知事处理之"。此后又颁布了《县知事审理诉讼暂行规章》。[①] 随后裁撤新式法院。结果，全国三分之二的地方审判厅和检察厅、全部初级审判厅和检察厅被撤销。县知事兼理司法成为地方司法的主流，兼理司法制度逐渐形成。

兼理司法制度形成的原因是多方面的。首先，专制统治的需要。袁世凯从宋教仁案国务总理赵秉钧被传讯一事，"始知欲除异己，法界必当为我所用，于是以大理院为下手处所，自院长以下皆饵以好爵，加以殊遇"。[②] 而对地方司法权的干涉，则寄希望于县知事。"民为邦本，本固邦宁。固本之责，惟在官吏。而官吏责任最重者，尤莫如县知事。该知事为亲民之官，与人民之安危利病，关系特切。值兹民凋敝之余，自应共体世艰，力图上理。"[③] 经过大总统的"谆谆"教诲后，"与人民之安危利病，关系特切"的一县之长，重又执掌了司法大权。其次，当时的社会环境也为建立司法制度的形成提供了便利。民国初年，社会政局动荡不安，财政十分困难，新式司法人力严重不足，这一切也给了袁世凯恢复旧制的理由。[④] 第三，传统司法观念的束缚。

民国时期兼理司法制度的组织形式，先后有四种组织形式，即审查所制度、县知事兼理司法制度、司法公署制度和县司法处制度。

审查所制度是在没有设置普通法院的省份，在县知事公署内附设审查所，由住所帮审员与县知事共同审理民刑事案件。审查所制度在1912年底陆续在一些县级地方开始实行，但很快被县知事兼理司法制度所取代。

县知事兼理司法制度是在没有设立新式法院的地方，由县知事兼理司法审判，并以承审员给予协助。设立承审员，主要是为了弥补县知事缺乏法律训练，不具备法律知识的缺陷，于是仿照前清县级司法中设立刑幕来辅佐县令处理司法事务的做法。[⑤] 实际上，审判权回到了行政长官的手中。

---

① 《新六法大全·宪法附属法令》，上海世界书局1924年版。
② 徐矛：《中华民国政治制度史》，上海人民出版社1990年版，第78页。
③ 《大总统训第一次觐见县知事训辞》，《东方杂志》，第10卷第12号。转引自韩秀桃：《司法独立与近代中国》，清华大学出版社2003年版，第247页。
④ 韩秀桃：《司法独立与近代中国》，清华大学出版社2003年版，第232~234页。
⑤ 朱勇：《中国法制史》（第九卷），法律出版社1999年版，第278页。

鉴于县知事在司法审判中种种非法之举和任意司法的做法，在审判所制度的基础上略有改动而成司法公署制度。根据司法行政部1917年5月1日制定的《县司法公署组织章程》的规定，"县司法公署即设在现行政公署内，由审判官和县知事组织之"①此外，司法公署还设有书记监和书记官、承发官、司法警察、检验吏等，同时还可以根据事务繁杂情况雇佣一些人员。这种组织机构，俨然是在设立一所新式的基层法院。

司法处制度，又称为兼理司法县政府制度，是南京国民政府时期，在没有设立普通地方法院的县，在县政府之内设立司法处，具体处理民刑案件的一种司法审判制度。南京国民政府1936年公布了《县司法处组织条例》以及相配套的制度，使得司法处完成了制度化的建设。司法处人员配备得比较齐全，是一个独立的司法机构，不隶属于县政府。

兼理司法制度成为民国时期地方法院的主流，这种制度深深打上了传统司法的烙印，自它产生之日起，就存在着各种弊端：行政官的肆意干涉，使司法审判缺乏必要的独立与公正的保障。兼理司法制度其实就是行政官兼理司法审判事务，行政权干涉司法审判自在情理之中。在整个民国时期，行政权中的军权对司法审判的干涉也日益加剧，此外，立法权对于司法的干涉也比较普遍。

立宪国家，首重三权分立。民国约法，规定至明。近年政局未定，各机关职务权限，辄兹侵越。各省会议对于司法官吏，时有恣请查办之举，似此越权举动，殊失独立精神。②

在民国司法官考试渐次实行的情况下，县知事考试更重视应考者对经济社会管理等方面的能力，造成县知事法律知识的淡漠，与民国政府所倡导的司法官专业化的原则逐渐背离。"县知事具有法律知识者，寥寥无几。一旦得缺，贤者尚能悉心研究，而不肖者将藉法权蹂躏人民。故各县人民，其蒙受痛苦者，莫过诉讼"。③兼理司法制度下玩弄权术、徇私舞弊以致造成诉讼迟延、冤假错案等情况层出不穷。由于县知事在兼理司法审判过程中，没有明确的诉讼程序和诉讼规则等规定，县知事经常根据自己的一己之好，或与案件当事人的亲疏远近之关系，来决定案件的审理，故此常有"诉讼案件又呈递诉讼状月余不批者，有批准后数月不审理者，有审理后数月而不判决者，有刑事数月而不提起公诉者。"④

作为民国特定的历史时期之产物，兼理司法制度的最有利之处，在于它的习

---

① 《中华民国法制大全》（第四册），商务印书馆1936年版，第323页。
② 《东方杂志》，第16卷第5号，1919年4月17日。转引自韩秀桃：《司法独立与近代中国》，清华大学出版社2003年版，第275页。
③ 江古怀为1916年全国司法会议所题写的议案。转引自余明侠主编：《中华民国法制史》，中国矿业大学出版社1994年版，第200页。
④ 王申：《中国近代律师制度与律师》，上海社会科学院出版社1994年版，第200页。

惯性和因陋就简地解决纠纷与诉讼。另外，兼理司法制度在内在价值取向上向传统的司法模式回归，外在形式又是处于近代司法制度不断创建的过程之中，正是这种制度本身的矛盾性造成了种种弊端。形式与实体、实证与价值之间的深刻矛盾，既反映了近现代中国法制现代化进程的基本特点，也制约着这一进程的基本走向。①

（四）狱政管理制度

民国成立后，临时政府对筹建新式模范监狱予以积极的支持，1912年2月4日，南京临时政府发布《令各省司法筹备处、地方检察厅速遵监狱改良办法筹划推行文》，此外还规定了数项具体原则。3月16日，司法部又以训令形式将此文再次下发。②

民国北京政府继续清末的监狱改良活动。曾在清末出任奉天高等审判厅厅长的许世英，任北京政府袁世凯时期的司法总长。他一就职，就通电全国各省派员调查各县监狱的实际情况，并于当年提出了司法计划书。该计划书对监狱之性质、新监的筹建、建设监狱之法作了详细的规划。此外，该计划书还提出了拘禁未决犯的"待质所"的筹划办法，"即就地方各法院所在地之旧监或看守所推广改良"。这个计划书颇为周密，在当时军阀不断混战的动乱时代是根本无法实现的。不久，司法部于1913年6月27日训令各省司法筹备处长和高等审判厅厅长、高等审判厅首席检察官，因"财政艰窘，法院、监狱之设从权展缓"。③ 1916年12月司法部提出"以合数县或数十县而建以新监为宜"。同时还提出，以后筹建新监至少须容三百人犯，"各省会之新监仍照旧以五百人以上为合格"。④

1916年12月司法部下令"将省会之新监狱改称某省第一监狱，其他推广之新监狱按照成立之次序名为某省第二、第三、第四监狱，其未经改良者均仍旧称，以示区别而资振作。"⑤

据记载，1912年全国共有监狱1700余所，大多数设于省会及县治。除清末所建的京师模范监狱及奉天、湖北等省所建的模范监狱外，绝大多数是旧式监狱。截至1918年，总计监狱之已经改革者共13所。到1926年，全国共建新式

---

① 公丕祥：《法制现代化的理论逻辑》，中国政法大学出版社1999年版，第345~346页。
② 余明侠：《中国民国法制史》，中国矿业大学出版社1994年版，第43页。
③ 王元增编著：《狱务类编》，第18页。转引自万安中：《试论北洋军阀政府时期广东的监狱》，《广东史志》2003年第3期，第24页。
④ 司法部：《实行司法会议议决改良监狱事项令》，http：//61.191.16.234：8080/was40/pdf/shzh/13/00_18. pdf，2007年10月1日登录。
⑤ 余绍宋编：《改厅司法例规》（下册），第1328页。

监狱 63 所，无论同许世英 1912 年提出的筹建新监规划相比，还是同司法部于 1916 年发布的《实行司法会议议决改良监狱事项令》提出的计划相比，都还有很大的差距。①

三、司法官的考核与培养

自清末司法改制，职业司法官制度已初见端倪。民国建立后，通过严格的司法官考试制度，法官的职业化与精英化建设得到进一步完善。"公务员之最清苦者，莫如司法官；而各种公务员能勤于任事，严于律己，比较无玷于官箴官常者，亦惟司法官。此无他，惟司法官之进退有序，且能厉行考试制度"。②

（一）清末民初司法官考试制度

清朝末年，随着司法改革的推行，各省审判厅陆续创办，法律人才短缺的情况日益严重。作为主管司法行政和司法审判筹办事宜的法部，决定通过法官考试来选拔司法人员，1910 年 2 月 7 日，宪政编查馆在《法院编制法》颁布实施的同时，将法部和大理院共同制定的《法官考试任用暂行章程》作为附件一并颁布，以促进《法院编制法》的相关规定在实践中能够得以具体实行，1910 年 5 月和 6 月，《法官考试任用暂行章程实施细则》也相继出台，对法官考试机构、应试资格、考试程序及内容作出规定。

法官考试由法部组织并主持之，考官由法部奏请钦派，其中考试襄校官必须是法律行家，由法部从下列人员中选任：京师法科大学、法政法律学堂或各省官立法政学堂充当教习或曾充任教习者；京师法科大学、法政法律学堂正科毕业及外国法政大学或法政专门学堂毕业得有文凭者；京师司法各部门深通法律富于经验者。

南京临时政府建立后，主政者认识到法官的素养对于保障司法独立的重要性，拟制了《法官考试委员职令草案》、《法官考试令草案》等法规，对法官的考选和任用，提出了一系列办法。1912 年 3 月，孙中山再次强调"所有司法人员，必须应司法官考试，合格人员方能任用"。由于时局变动，南京临时参议院对于法制局拟制《法官考试委员职令草案》、《法官考试令草案》等法规虽未及

---

① 周少元、何宁生：《中国法制史》，人民法院出版社 2003 年版，第 332 页。
② 平平：《卷头语——第六次司法官考试揭晓感言》，《法律评论》1930 年第 8 卷 10 号。转引自毕连芳：《北洋政府对司法官考试的制度设计》，《史学月刊》2006 年第 10 期，第 40 页。

审议颁布，但是，为北洋政府的司法官考试制度奠定了基础。

（二）司法官的考选与培养

民国北京政府建立后，司法部于1913年6月开始着手整顿司法。于1913年11月8日颁行《甄拔司法人员准则》，以选拔司法人员，充实司法队伍。

1915年9月30日，袁世凯签署大总统令，颁布《司法官考试令》和《关于司法官考试令第三条甄录规则》。① 大总统令说法官选任"自此次各教令施行之后，均以考试或甄用合格者为进身之正轨"。要求各级部门"切实遵行，不得臆为出入，致滋询滥"。② 对司法官考试的科目、内容和规程作了具体规定，但有关于司法官考试的资格、时间、地点等，准用《文官高等考试令》的相关内容。

司法官考试按照普通文官的考试进行不甚严格，《司法官考试令》颁布实施后，民国北京政府不断对其进行补充修改，以期完善。1917年10月18日，政府重新公布实施了《司法官考试令》，该考试令在原来的基础上，补充了一些新内容，使其完整、合理、利于实际操作。11月14日，司法部公布了《司法官再试典试委员会审议免试规则》，对免试的资格、程序作出详细的规定。1919年5月15日，民国北京政府又颁布《修改司法官考试令各条》，对应试人的资格限制、甄选试、典试以及再试委员会的组成作了修改。

（三）考试主管机构及其组成

清末法官考试未设专门的考试机构，民国北京政府则设置了专门的考试机构，从组织上保证司法官考试的正常运作。根据1917年颁布的《司法官考试令》和1919年的《修改司法官考试令各条》的规定，司法官考试由典试委员会组织并主持之。该委员会分为两种：一为甄录试及初试典试委员会，一为再试典试委员会。司法官考试主管机构的组织相当严密，其组成人员的主体层次很高，组成人员的选派程序也十分严格。

1917年的《司法官考试令》规定七类人得应司法官考试。随着出国修习法律人员渐多，国内法政学堂也如雨后春笋出现，法律教育逐渐步入正轨，因此民国北京政府把新式教育制度中的法律学历教育作为最重要的应试资格。

从总体上看，民国北京政府时期司法官考试程序是非常严格的，每一个环节都是对应试人员的一次考验和筛选，经过这样层层筛选，基本上可以达到选择优

---

① 《东方杂志》第12卷11号"法令"。1915年11月10日。
② 《东方杂志》第12卷11号"中国大事记"。1915年11月10日。

秀人才补充和优化司法官队伍的目的。

　　清末举行的法官考试，正值法制改革进行，许多法律法规尚未制定出来，因此考试内容侧重于西方各国法律以及现行宪法和刑律。民国北京政府建立后，法律体系相对完备，因此相应调整了司法官的考试内容，从甄录试、初试到再试，考试内容涵盖了当时所有的部门法，能够满足司法官任职专业化的要求。

第六章

南京国民政府时期

内容提要： 南京国民政府时期是中国法律制度建设臻于制度完备化与成熟的时期。制度现代化的隐性前提与基础是思想的现代化。这一时期的政治领导人与法学家群体思维活跃、译介纷呈，礼法分立、法律独立与三民主义渐成共识。宪法的实践紧紧围绕孙中山提出的五权宪法与宪政实现三阶段理论展开，设置了政府五院，并在"训政阶段"的大前提下进行有限宪政实践。主要借鉴于欧陆法律体系，代表近代中国法律人吸纳当时世界法律与法学成果的六法全书体系最终确立。在司法制度方面，确立了作为政治统治之一种形式的司法党政体制被建立，司法机构的组织系统和职能得到了完善。

第一节 法律思想

1927年国民党取得全国政权以后，中国在形式上得到了统一，随后开始国家建设。虽然在1949年以前中国仍是战乱频发，但在这二十多年的时间里，中国的法律制度得到了较充分的发展，建立了比较完整的法律体系，在法律现代化的进程上迈出了坚实的一步。

一、礼法分离

中华法系主张法律与礼教相结合，以法律辅助礼教。到了清末修律时，这种观念得到改变，《大清新刑律草案》专讲刑事不及民事，量刑不以服制为转移，无夫妇女犯奸不论罪,量刑定罪不区分男女、主仆、官民。《大清民律草案》规定子女成年能自立者,则亲权丧失。父母或滥用亲权及管理失当,危害到子女财产时,审判厅得宣告其亲权丧失。诸如此类的修律成果皆表明礼法合一的法律模式开始被否定,不过这需要一个比较长的过程。在北洋政府时期,袁世凯的《天坛宪法草案》和曹锟的《贿选宪法》中列入了孔子;民国四年的《第一次刑法修正案》中,加重刑罚维护礼教;袁世凯与张勋两次复辟,都企图恢复尊孔读经与君主制。也就是说,在政治领域主张复古的时候,法律领域就会受到影响。

(一) 戴季陶主义

在南京国民政府时期,国民党领袖再次表现出了对传统礼教的兴趣。在《孙文主义之哲学的基础》中,戴季陶提出:"所以我们应该要认清楚民族盛衰,是在民族对于文化的自信力。要有了民族自信力,才能创造文化。要能够不断继续创造文化,发展文化,才有民族的生命,才有民族生命的发展。有了民族生命的发展,才可以得到世界平和、世界大同。所以,国民革命的基础,第一是站在民族的自信上面,而民族的自信,更是由民族光荣的历史发生出来。如果失却了这一个能作的自信力,一切所作,都无从产生。"①

不过三民主义与中国传统礼教,是两个话语体系中的东西。要想将其贯通,需要一定的逻辑推导,也就是:"天下之达道三:民族也、民权也、民生也。所以行之者三:智仁勇也。智仁勇三者,天下之达德也。所以行之者一也。一者何?诚也。诚也者,择善而固执之者也。"这样的话,儒教的某些道德要求便可以成为三民主义的支柱。更进一步的是,三民主义的各项具体要求,都能从儒教文化中找到影子,至于有几分相像并不重要,重要的是以反封建面目出现的革命党,可以以此来实现与传统文化的和解。

在思想上找到共同之处后,人事上的传承随之而来。中山先生的思想,完全是中国的正统思想,就是继承尧舜以至孔孟而中绝的仁义道德的思想。在这一点,我们可以承认中山先生是两千年以来中绝的中国道德文化的复活。去年有一个俄国的革命家,去广东问先生:"你的革命思想,基础是什么?"先生答复他说:"中国有一个正统的道德思想,自尧舜禹汤文武周公至孔子而绝,我的思想就是继承这一个正统思想来发扬光大的。"②

戴季陶将三民主义与儒家道德相关联,并且提出了"道统论",为儒家礼教

---

① 戴季陶:《孙文主义之哲学的基础》,中国国民党中央执行委员会上海执行部1925年印行,第10页。
② 戴季陶:《孙文主义之哲学的基础》,中国国民党中央执行委员会上海执行部1925年印行,第36页。

重新进入政治法律领域提供了理论基础。到20世纪30年代蒋介石提倡新生活运动时，将其现实政治化。蒋介石认为，以礼治国是我国的历史经验。也是中国政治哲学的一贯精神。不仅如此，外国人的一切行为，"无论起居食息，一言一动，统统有规律，合乎做人的道理，表现有现代文明国家的知识道德。"像日本、德国这样的国家，恰是因为国民行为符合"礼义廉耻"，才会在短时间内变得如此强大。总而言之，从国家到个人，言行都要符合"礼义廉耻"的精神，这样事业才会成功，国家才能向上发展。因此，必须在全国范围内开展新生活运动，新生活运动是国民的生活革命，以最简单和最急切的方法，涤除国民不合时代不合环境的习惯，使趋向于适合时代与环境的生活，力求国民生活合理化，而以中华民族固有的德行即"礼义廉耻"为基本准则。

（二）礼法分离

虽然国民革命形式上成功，但由于主政者对礼教的推崇，新制定的法律中，礼法结合的现象仍然存在。比如：《中华民国民法》中《亲属编》的第一千条有"妻以其本姓冠夫姓"；第一千零一十九条有"夫对于妻之原有财产，有使用、收益之权"；第一千零五十一条有"两愿离婚后，关于子女之监护，由夫任之"的规定。又比如《中华民国刑法》中"妨害风化罪"、"妨害婚姻家庭罪"、"亵渎祀典及侵害坟墓尸体罪"，这些罪的具体内容中仍体现了封建礼教的思想。

不过礼法分离仍然是大趋势，政治家们对儒学的兴趣并没有过度影响到法律领域。礼法分离的成就主要体现在《中华民国民法》的《亲属编》与《继承编》。就《亲属编》而言，首先，亲属的分类和亲等的计算有了根本的改进，清除了宗法制和《服制图》的影响。其次，男女平等开始确立，如结婚离婚都是双方自己决定，婚约是由男女当事人自行订定。男女双方都有权提出离婚，只要对方有重婚、通奸、虐待行为等。再次，嫡子、嗣子、庶子和私生子名义的废除。最后，家长以家中最尊辈担任，尊辈同则以年长的担任，男女皆可。而且，家长的义务多于权利，并特别指出应注意于家族全体之利益。《继承编》的新思想与新精神主要是：遗产继承权不必为继承人直系血亲卑亲属为限，养子女、嗣子女，甚至指定也可以。男女继承权平等，把子女、兄弟姐妹等都列为同一继承顺序，而且，当同一顺序之继承人有数人时，不分男女，按人数平均继承。

二、法律独立

在南京国民政府时期，对于不平等条约问题，法学界做了较为充分的研究，并出版了一系列著作，如1925年孙祖基的《不平等条约讨论大纲》、1926年柳克述的《不平等条约概论》、1928年刘彦的《被侵害之中国——即中国最低限度应取消之不平等条约》、1928年周鲠生的《不平等条约十讲》、1933年吴昆吾的《不平等条约概论》、1936年王纪元的《不平等条约史》、1937年吴凯声的《我国不平等条约之修订》。到了抗战时期，由于国家工作重心转到对日作战，相关研究便停顿了下来。

在对于不平等条约的研究中，周鲠生的《不平等条约十讲》代表了较高水平。他认为：在国际社会，有几个基本原则应当遵守，其中最重要的一个是平等原则。这指的不是自然的政治平等，而是法律上的平等。国家都是国际社会平等的成员，在法律上所享的权利义务相等：一个国家不能因为强大而对于弱小国家占有优越的权利。条约是国家与国家的契约，是规定国家相互间的法律关系，是创造国际权利义务的工具。所以，必须具备国家为当事者、条约成立必得双方同意、条约目的必为合法三个原则。

若是某缔约国否认对方的平等权利，而有法律上不平等的规定，就叫做不平等条约。不平等条约包含的有些条文是"超越一般国际法所许范围之外，片面的侵害或限制对方缔约国的主权的"。并且根据"超越国际法所许范围之外"和"片面的侵害或限制"这两个标准，他认为，受不平等条约束缚压迫，而使人民受苦受难的，要算中国为世界第一。

不平等条约使外人享有种种特权，既妨害了中国主权，又妨害中国国民经济的自由发展，对中国社会危害巨大。对于不平等条约，不能像过去那样采取妥协的、部分的、枝节的废约态度，"今日中国所要求的，是整部的、彻底的解决"。

周鲠生还认为，在不平等条约的各项内容中，弊害特别大的是片面最惠国条款。在废除不平等条约时，应当首先打破这种不利的条款。在将来对外新订条约中，片面最惠国条款固然应当完全消除，就是相互的最惠国条款，也不宜再承认。

对于领事裁判权，周鲠生认为，领事裁判权是对于一国领土内的法权的重大例外。并且说，此例不是基于国际法上一般原则，而是基于特殊条约或习惯。所以，"领事裁判权之承认无论基于条约与否，此究不是有绝对永久性的制度，而在情势变更时，可以取消"。同时也指出，帝国主义强加于中国的领事裁判制度，实行起来有很多弊端，中国大受其害。他认为，主要有两个方面：首先是中国法权受限制，主权就不能称为完整；其次是国内秩序难以维持。因为，凡是一个国家，对于领土以内的居民，应当有管理的权力，这可减少乱源和促进社会安宁。现在驻华外国人，即不受中国法律的裁判，则治安就无法维持。

周鲠生主张立即彻底废除领事彻派权。当时的相反意见主要有两种，一种认为中国不仅司法命令常与法律相混，而且军人干涉司法、行政官兼理司法的弊害十分严重，故不能废止领事裁判权。但周鲠生认为，这种情况的存在，外国人未必就有危险。因为，中国政府对于外人特别优待，压迫中国人的法律，不施行于外人。况且，外人居于通都大邑，司法状态已经较好。所以，外人不能再要求享有此特权。另一种观点认为：中国在法典修订完成、法院及监狱改良、法院独立保障方面，已办得有相当结果时，才可以废止领事裁判权。周鲠生对此作严厉批评，认为这是中国的要求完全失败，中国的希望完全破灭。所以是完全反乎国民党的革命精神的，"实在是中国的一大错，这正表明北京政府官僚的昏庸，开倒车"。

  与领事裁判权相关的制度有五种，分别是观审制度、会审制度、外人豁免权、外人庇护权和外国警察权。周鲠生认为：一、观审制度不是领事裁判权的要素所含有的，根本就没有存在的理由，而在其实行以后，"由观审一变而为会审"，这进一步丧失了中国法权。二、会审制度，如上海公共租界设立的会审公廨，该公廨支配了上海租界居民的生命财产，职权范围没有限制，并且没有上诉机关，它的判决就是最高判决。这种组织对于中国行政司法，有极大的损害。三、按照现代公法原则，除去爱国捐、兵役税特别税外，各国对该国领域内的居民平等课税。在中国的外人有不纳税的权利，并无条约上的根据，而是由领事裁判权造成的。因此，必须废除领事裁判权，才能对外执行税法，征收税捐。四、外国警察权存在理由是因为他们享有在华领事裁判权，警察权应与领事裁判权并行。而庇护权是外国领事馆可以庇护中国犯罪的人，这些都是违背国际法的行为。按国际法，不但领事馆无庇护罪犯的权力，即使公使馆也无此权力。

  经过长期努力，中国最终废除了外国在华的领事裁判权。第一次世界大战结束，中国作为战胜国废除了德国、奥匈帝国的在华领事裁判权。俄国十月革命后，为摆脱其外交上孤立状态主动向中国宣告：苏俄政府将放弃帝俄在中国因侵略而获得的一切土地，放弃领事裁判权等各种特权。[①] 中苏于1924年签署协定，其中包括废除苏联在华领事裁判权。墨西哥在1929年与中国订立新约时无条件放弃了领事裁判权。因西班牙内战爆发，南京国民政府于1937年取消了其在华领事裁判权。抗日战争全面爆发，南京国民政府取消了日本在华领事裁判权。1939年因意大利承认了汪伪政权，中国与意大利断交并取消其在华领事裁判权，后又以同样理由取消丹麦在华领事裁判权。1941年太平洋战争爆发，中国正式加入了反法西斯轴心国的同盟国。1943年1月11日，中国与英、美两国签订了《取消在华治外法权及处理有关问题条约》，正式废除两国在华领事裁判权。随后，法国、比利时、挪威、巴西、瑞典、瑞士、荷兰、葡萄牙诸国也纷纷与中国

[①] 金光耀主编：《顾维钧与中国外交》，上海古籍出版社2001年版，第168页。

签约废除领事裁判权。① 秘鲁因确立领事裁判权的旧约有效期限届满,领事裁判权随旧约一同失效。长达近一个世纪的领事裁判权终于被废除。

三、三民主义

1894年,孙中山在檀香山建立兴中会时的入会誓词是:"驱除鞑虏,恢复中国,建立合众政府",这其中包含了民族主义和民权主义的要求。后来,孙中山又认识到:"徒致国家富强、民权发达如欧洲列强者,犹未能登斯民于极乐之乡也。是以欧洲志士,犹有社会革命之运动也。余欲为一劳永逸之计,乃采取民生主义,以与民族、民权问题同时解决,此三民主义之主张所由完成也"。最终,在同盟会的政纲中,三民主义被完整地表述为"驱除鞑虏,恢复中华,创立民国,平均地权"四句话。到了1924年,孙中山在《中国国民党第一次全国代表大会宣言》中重新解释了三民主义,形成了以联俄、联共、辅助农工三大政策为主旨的新三民主义。由于孙中山1925年去世,而国民党迟至1927年才取得全国政权。因此,三民主义以总理遗教的形式主导着南京国民政府时代的法律运作,用居正的话来讲,就是:"今后一切法制,法规,法令,法例,凡可以形成法律者,无论在创法方面,或执法方面,或读法方面,或解释法方面,不仅以贯彻三民主义为要旨,且必须以三民主义为最高指导原则。"②

作为一种法律思想,按胡汉民的注解,三民主义的法律,就是要把整个国家,组织到如同机器一般,政府是一架机器,人民是管理机器的技师,宪法是支配人事的大机器。在由训政向宪政发展的过程中,关于国家组织上的立法,最重要的是民权的训练。三民主义之所以重视法律,在于它能够保障社会群体的利益。三民主义对于阶级斗争,需要预防而消灭之;对于个人掠夺公共利益或妨害社会发展的制度,需要将其打破。

三民主义的法律有别于封建法律之处于在:首先,中国传统的法律是建立在家族制度的基础上的,而三民主义的法律是建立在民族利益的基础上;其次,中国传统的法律是维护君主专制,而三民主义的法律是保障以民族精神、民权思想、民生幸福;再次,中国传统法律,只注重于农业社会家族经济关系,而三民主义法律,注重工业与农业的并进;最后,中国传统法律是公私法相混的,而三民主义法律要把两者分开,而且要把法的基础置于全民族之上。

至于三民主义的法律与西方法律的区别,按胡汉民的解释主要在于:欧美各

---

① 姜义华:《中华文化通志·法律志》,上海人民出版社1999年版,第432页。
② 居正:《为什么要重建中国法系》,大东书局印行1947年版,第97页

国近代立法的基础是个人，法律效用变成只有规范个人与个人间权利和自由的界限，而不顾及其他社会利益，这种法律，比中国传统上的家族主义法律还要落后。因此，三民主义的法律，不仅优于中国传统法律，也优于西方的法律。

第二节 宪法理论与实践

一、训政问题

在辛亥革命以前，孙中山认为中国人是可以直接行使政治民主的，并且认为一部约法可使宪政自然来临。比如在1905年，孙中山把中国人与美国黑奴进行了比较，他说："北美之黑人，前此皆蠢如鹿豕，今皆得为自由民。言中国不可共和，是诬中国人曾菲律宾人、北美黑奴不若也，乌乎可！"[①] 不过辛亥革命的失败及此后国民的表现，让他不得不重新考虑这个问题。国民的表现，指的是："试观元年临时约法颁布以后，反革命之势力，不惟不因以消灭，反得凭藉之以肆其恶，终且取临时约法而毁之。而大多数人民对于临时约法，初未曾计及于本身利害何若？闻有毁法者不加怒，闻有护法者亦不加喜。"[②]

二次革命失败后，孙中山组建中华革命党，在其党纲中规定：

第四条：本常进行秩序分作三时期：一、军政时期。此期以积极武力，扫除一切障碍，而奠定民国基础。二、训政时期。此期以文明治理，督率国民，建设地方自治。三、宪政时期。此期俟地方自治完备后，乃由国民选举代表，组织宪法委员会，创制宪法；宪法颁布之日，即为革命成功之时。

对于训政时期的具体阐述，主要见《孙文学说》：

第二为过渡时期，拟在此时期内施行约法非现行者，建设地方自治，促进民权发达。以一县为自治单位，县之下再分为乡村区域，而统于县。每县于敌兵驱除、战事停止之日，立颁布约法，以之规定人民之权利义务与革命政府之统治权。以三年为限，三年期满，则由人民选举其县官。或于三年之内，该县自治局已能将其县之积弊扫除如上所述者，及能得过半数人民能了解三民主义而归顺民

---

① 孙中山：《在东京中国留学生欢迎大会的演说》，《孙中山文萃》，广东人民出版社1996年版，第104页。
② 《国民政府建国大纲宣言》，载中国国民党中央委员会党史委员会编订：《国父全集》（第1册），中国国民党中央委员会党史委员会1988年第2版，第917、918页。

国者,能将人口清查、户籍厘定、警察、卫生、教育、道路各事照约法所定之低限程度而充分办就者,亦可立行自选其县官,而成完全之自治团体。革命政府之对于此自治团体,只能照约法所规定而行其训政之权。俟全国平定之后六年,各县之已达完全自治者,皆得选举代表一人,组织国民大会,以制定五权宪法。以五院制为中央政府:一曰行政院,二曰立法院,三曰司法院,四曰考试院,五曰监察院。宪法制定之后,由各县人民投票选举总统以组织行政院,选举代议士以组织立法院,其余三院之院长由总统得立法院之同意而委任之,但不对总统、《立》法院负责,而五院皆对于国民大会负责。各院人员失职,由监察院向国民大会弹劾之;而监察院人员失职,则国民大会自行弹劾而罢黜之。国民大会职权,专司宪法之修改,及制裁公仆之失职。国民大会及五院职员,与夫全国大小官吏,其资格皆由考试院定之。此五权宪法也。宪法制定,总统、议员举出后,革命政府当归政于民选之总统,而训政时期于以告终。①

这就提出了军政、训政、宪政三时期理论。军政大体上到1927年为止,此后开始训政,直至1947年才在名义上结束。因此在人民主权问题上,训政理论作为总理遗教的一部分,成为南京国民政府的主导意识形态。

训政理论在事实上将国民主权政权和治权,一方面宣布政权归国民所有,另一方面将治权交给国民党。其理论基础是中国人智识较低,无法直接行使治权。"今则主权属于国民之全体,是四万万人民即今之皇帝也……是故民国之主人者,实等于初生之婴儿耳,革命党者即产此婴儿之母也。既产之矣,则当保养之,教育之,方尽革命之责也。此革命方略之所以有训政时期者,为保养、教育此主人成年而后还之政也。"②

在国民主权问题上,对于国民党训政理论的批评,主要来自于两个方面,一方面是训政理论本身的批评,另一方面是对训政走向的批评。前一种批评可以参见罗隆基的《对训政时期约法的批评》:

宪法或约法最重要的功用是规定国家主权之所属及其行使的方法。在这点上,我对这次政府所提出,国民会议所通过的约法,绝对不满意……这里,很明白了,有了三十条、三十一条以后,上面第二条所谓的"主权属于全体国民全体"成了骗人的空话。除了国民有直接行使主权的具体方法,条文上规定"主权在民"四字,是绝无意义的虚文。我们做孩子的时候,常有这样的经验。我们有点银钱私积,母亲常对我们这样说:"钱是你的,你不许用,暂时存在我这里罢"。结果,孩子的钱总被母亲使用了,孩子总没有自由使用的机会。如今约

---

① 《孙文学说》第六章,《孙中山文萃》,广东人民出版社1996年版,第246~248页。
② 《孙中山文萃》,广东人民出版社1996年版,第254页。

法上"主权在民"的规定,就是母亲骗孩子的把戏。①

另一种批评是对三时期理论总体上的批评。按孙中山的观点,军政、训政、宪政三时期最终的落脚点是宪政,但是即便到了宪政阶段,是否便实现了人民主权?共产党尝试了一条不同的路,1931年底中华苏维埃共和国成立时,《中华苏维埃共和国宪法大纲》规定其任务在于"保证苏维埃区域工农民主专政和它在全中国的胜利。这个专政的目的,是在消灭一切封建残余,赶走帝国主义列强在华的势力,统一中国,有系统地制止资本主义发展,进行国家的经济建设,提高无产阶级的团结力与觉悟程度,团结广大的贫农群众在他们的周围,同工农巩固的联系,以转变到无产阶级的专政。"在反帝方面,不承认一切不平等条约,不承认一切帝国主义特权与反革命政府的外债,帝国主义手中的银行、工厂、矿山等一律收归国有。在反封建方面,以消灭封建剥削与改善农民生活为目的,没收一切地主阶级土地分给雇农、贫农、中农,并以实现土地国有为目的。大纲还规定,中华苏维埃共和国的政权组织形式是民主集中制的工农兵代表大会制,苏维埃公民在法律上一律平等,享有选举权和被选举权,对代表的监督的罢免权,言论、出版、集会、结社自由,受教育权,宗教信仰自由与婚姻自由等。

二、五院制

根据孙中山的"建国三时期"理论,1928年国民党军政结束后,进入训政时期,国民党需要建立相应的政治体制。胡汉民等在《训政大纲草案》中提出了如下原则:"一、以党统一,以党训政、培植宪政深厚之基;二、本党重心,必求完固,党应担发动训政之责,政府应担实行训政之全责;三、以五权制度作训政之规模,期五权宪政最后之完成"。② 胡汉民等关于训政时期"实行五权之治"即建立五院制国民政府的主张,在1928年8月召开的国民党二届五中全会上获得通过。会议关于《训政开始应否设立五院案》的决议中说"训政时期之立法、行政、司法、考试、监察五院,应逐渐实施"。会后,国民党中央修订了《国民政府组织法》。五个院的组织法亦于同月16日公布,五院便先后建立。五院制政体的理论基础是孙中山创制的五权宪政思想。五权并非西方的立法、行政和司法三权与中国的考试、监察两权的简单相加。与西方三权分立的区别不在于

---

① 《新月》第三卷第八期,第1~2页。
② 孙中山:《在上海国民党茶话会上的演说》(1913年1月19日)。中国第二历史档案馆编:《国民党政府政治制度档案史料选编》,安徽教育出版社1994年版,第580~583页。

数量，而在于权力关系和体制的根本原则及思想渊源的不同。五权体制中的司法权与其他国家权力之间并不存在西方意义上的分立制衡关系，而只是一种政府权能分工和合作。①

三、宪政实践

1928年10月，国民党中央常务委员会通过《训政纲领》和《国民政府组织法》，主张以党治国。《训政纲领》要点有三：（1）规定在训政时期，中国国民党全国代表大会代表国民大会，领导国民，行使政权。闭会期间，则以政权托付给中央执行委员会。（2）国民政府总揽治权，掌握并训练人民行使政权。具体来说就是：选举、罢免、创制、复决这4种政权，训练国民逐渐推行；行政、立法、司法、考试、监察这5种政权，由国民政府总揽执行。（3）中央政治会议指导监察国民政府重大国务的施行。《训政纲领》从性质上讲是国民党的党纲，而非国家的根本法。《国民政府组织法》主要是规定国民政府与五院的职权。国民政府由立法院、行政院、司法院、监察院和考试院组成，另组织国务会议来处理国务。国民政府公布法律与发布命令须经国务会议议决。

1931年5月，国民会议通过《训政时期约法》，《训政纲领》被全文移入，由党纲上升为国家根本法。《国民政府组织法》亦被包含在内。《训政时期约法》第一章规定领土、主权、国体、国旗、国都等。第二章规定人民的权利义务，在规定权利时皆附加"非依法律不得限制"的条件，这为后来大量特种刑事法律的制定提供的依据，人民权利受到"合法的侵犯"。第三章主要是《训政纲领》的内容，是关于党治的规定。第四章规定发展实业。第五章规定三民主义为教育根本原则。第六章规定中央与地方之权限，这一章是实用主义的态度，主要是肯定当时的政治现实，采用均权主义。第七章规定政府组织，中央采用五权制定，地方分省县两级。第八章规定约法的效力、解释权的归属、议定宪法草案的机关和决定宪法颁布的时期。

《训政时期约法》制定后四个月，"九一八事变"发生。为救危亡，国民党准备在1935年孙中山逝世十周年之日结束训政，召开国民大会，议决宪法。因此需要提前制定宪法草案。草案拟定工作开始于1933年初，由立法院的宪法起草委员会负责起草，最终在1936年4月在立法院议定，历时三年，七易其稿。5月5日公布，又称"五五宪草"。"五五宪草"的主要内容是确立五院制与总统实权制的政治体制；在经济制度上实行"平均地权"与"节制资本"；实行县级

---

① 王人博：《中国近代的宪政思潮》，法律出版社2003年版，第199页。

自治。

《五五宪草》制定后，开始准备国民大会选举，只是次年七七事变爆发，国民大会一直拖到1946年才召开。1946年筹备国民大会，由于内战爆发，共产党与民盟皆没派代表参加国民大会。这期国民大会以制定宪法为唯一任务，于1946年底制定《中华民国宪法》，于1947年1月1日颁布。由于内战正在进行当中，为取得国际与国内支持，国民党需要改变党治与蒋介石独裁者的形象，因此和《五五宪草》相比，国民党在党治与总统制问题上作了让步。主要表现在总统公布法律与发布命令须经行政院院长副署，或行政院院长及有关部会首长之副署，而行政院需要有条件地向立法院负责。又规定总统宣布戒严，须经立法院之通过或追认。立法院认为必要时，得决议移请总统解除戒严。这些规定，都明显有别于"五五宪草"中的规定。不过此种限制显然是蒋介石无法接受的，因此在1948年4月18日，重新选举产生的国民大会通过《动员戡乱时期临时条款》，作为宪法的临时条款。其内容主要是解除宪法第三十九条和四十三条对总统权力的限制，使得总统不再只能连任一次，并可以不受宪法约束而宣布戒严或决定"戡乱"大政方针。5月20日，蒋介石解除国民政府主席职务，就任中华民国总统，从形式上讲，训政与党治结束，宪政时期开始。次年，中华人民共和国在大陆成立，国民党败逃至台湾。

第三节　六法体系的建立

中国近代的"六法全书"体系的形成经历了三个时期：晚清修律时期、国民政府成立时期、国民政府时期，日臻成熟，新中国成立前夕，我国废除"六法全书"，之后又对"六法全书"进行了严厉的批判，引进苏联法律。《六法全书》，原指"宪法"、"刑法"、"民法"、"商法"、"刑事诉讼法"、"民事诉讼法"的六法。国民党《六法全书》的立法框架，属典型的"大陆法系"的成文法典，[①] 不过其主要的特点之一，是实行民商分立的体例。

[①] 在法律体系的构建方面，南京政府继承了清末法制改革所确立的引进大陆法系的原则，并吸取了从清末法制改革到南京临时政府及历届北洋政府法制建设的成果和经验。大陆法系的主体国家法国继1804年制定《法国民法典》之后，于1810年之前相继制定《民事诉讼法典》、《商法典》、《刑事诉讼法典》、《刑法典》等四部法典，因而有"五法典"体系之称。后来，日本在明治维新之时创立了"六法"体系。参见张晋藩主编：《中国法制通史》（清末·中华民国卷），法律出版社1999年版，第612页。

一、起源

1876年近藤圭造抄译《法兰西五法略》公开出版，五法这一用语出现了，但是并没有六法一词。"六法全书"的由来虽然无法确定，但是东亚自古以来"六"有东南西北上下的意思，而且，东亚最早的成文法之一《唐律疏议》卷一引用的李悝《法经六篇》就分为六部分，《周礼》的六官（天地春夏秋冬），《唐六典》等等，六法可能就是从这个东方的传统延伸来的。最早的日本《六法全书》的译本是1907年商务印书馆编译所编译的《新译日本法规大全》，该书是日本《六法全书》的全译本，共80册。为方便读者阅读该书，钱恂、董鸿两人详细注释了其中难懂的名词，编撰了《日本法规大全解字》，作为该书的附录，后单独出版。至1911年，该书已出到第16版，名为《日本六法全书》，《六法全书》的说法自此开始。

"六法"，按传统的说法，即包括"宪法"、"民法"、"刑法"、"商法"、"民事诉讼法"、"刑事诉讼法"的六种法律，对任何一个国家来说，都是法律制度的基本组成部分。尤其以成文法典为主要特点的"大陆法系"，法国、德国等许多国家都把自己的法律体系概括地简称为"六法"，有的国家如日本把自己的基本法律制度的汇编称为《六法全书》，台湾的法律制度，属典型的"大陆法系"立法，源于德国，自然也是"六法"体系。所以，"六法全书"这个名称，实际上可以泛指近代以来世界上几乎所有国家的基本法律制度。

二、修订与完善

继晚清政府覆灭之后而成立的民国政府，尽管连年战乱，却并没有停止中国的法制现代化事业，在从事这一事业时，民国政府在很大程度上依然是借助外来法制资源、通过法律移植的方式来推进。这种推进主要体现为两个方面：一是宣布晚清政府所颁行之律继续有效，从而将晚清修律的成果予以确认；二是在清政府所颁行之律的基础上，进一步援用西法对一些法律作了修改、补充和完善。1912年，袁世凯北京政府成立后，宣布一切规章法令，照旧沿用前清政府所颁行之律，未颁行者，暂用旧律；同时，对于清政府曾经颁行但实施效果不佳的法律进行了重新修订，这里主要以民事立法为例来进行说明。北京政府在《大清民律草案》的基础上，于1925~1926年间完成了《民律第二次草案》（《大清民律草案》被称为《民律第一次草案》）的起草工作。此后，南京政府又在《民律第二次草案》的基础上，于1929~1931年间陆续公布了《中华民国民法》。

1929年，南京国民政府开始起草民法典——需说明的是，在如上起草、修订过程中，当时的立法者始终贯彻的是"参以各国法例，准诸本国习惯"原则。除民法外，民国政府还仿照西方法律制定了《公司法》、《票据法》、《破产法》等。总之，民国政府通过一系列立法活动，继续援用西方国家的法律来完善中国的法律体系。这种完善是建基于晚清修律成果基础上的，晚清修律基本上确立了中国的"六法"（即宪法、民法、民事诉讼法、刑法、刑事诉讼法和行政法）体系，而民国政府则使这一体系在内容上进一步推进和完善。这种推进不仅体现为民国政府继续沿袭晚清政府的法律移植之路，而且体现为移植对象的转变——晚清立法主要在日本专家的指导下进行，因而立法借鉴的对象主要是以日本法为主体的大陆法，而民国政府则将借鉴对象予以扩张，不仅引进大陆法，而且引进英美国家的法律。①

三、废除

1949年元旦，中共中央在《关于接管平津司法机关之建议》中指出，国民党政府一切法律无效，禁止在任何刑事民事案件中，援引国民党的法律，法院的一切审判均依据军管会公布的法令及人民政府之政策处理。针对1949年1月国民党反动派提出的把"法统不致中断"作为"和平"的条件之一的和谈阴谋，毛泽东发表了"关于时局的声明"，明确指出，必须废除伪宪法和伪法统。②

1949年2月，中共中央发布了"关于废除国民党六法全书与确定解放区司法原则的指示"，指出，法律是统治阶级公开以武装强制执行的所谓国家意识形态。法律和国家一样，只是维护一定统治阶级利益的工具；国民党全部法律只能是保护地主与买办官僚资产阶级反动统治的工具，是镇压与束缚广大人民群众的武器。在无产阶级领导的工农联盟为主体的人民民主专政的政权下，国民党的"六法全书"应该废除，人民的司法工作不能再以国民党"六法全书"为依据，而应该以人民新的法律为依据，在新的法律还没有系统地发布以前，应该以共产党的政策以及人民政府与人民解放军发布的各种纲领、法令、条例、决议作为依据。1949年9月，由中国人民政治协商会议通过的在新中国成立初期起到临时宪法作用的《中国人民政治协商会议》第十七条更明确规定，废除国民党反动

---

① 王世杰、钱端升：《比较宪法》，中国政法大学出版社1997年版，第348页。
② 1949年1月14日中共中央发表毛主席"关于时局的声明"，提出与蒋介石和谈的条件是：（一）惩办战争罪犯；（二）废除伪宪法；（三）废除伪法统；（四）依据民主原则改编一切反动军队；（五）没收官僚资本；（六）改革土地制度；（七）废除卖国条约；（八）召开没有反动分子参加的政治协商会议，成立民主联合政府，接收南京国民党反动政府及其所属各级政府的一切权力。参见《毛泽东选集》第四卷。

政府一切压迫人民的法律、法令和司法制度，制定保护人民的法律、法令；建立人民司法制度。"六法全书"包含的 20 世纪前半期中国几代法学家引进和吸收世界近代法律和法学的知识成果，和新中国擦肩而过了，这在法制史上应该是一种遗憾。

第四节　司法制度

南京国民政府于 1927 年 4 月成立，此前曾存在两个阶段性政权：广州、武汉国民政府。这两个政权的司法改革和建设对南京国民政府产生了直接的影响。广州武汉国民政府的司法改革，以"新三民主义"及"以党建国、以党治国"为指导原则。其中的改革举措，如审判机关与司法行政机关相分立、各级检察官配置在审判机关内、司法党化的组织原则等，均为南京国民政府所继承。[①] 南京国民政府建立训政时期的五院制政府。根据《中华民国国民政府组织法》第三十三条规定：司法院为民国政府最高司法机关，掌理司法审判、司法行政、官吏惩戒及行政审判之职权。根据该规定，建立起来了一整套现代化的司法机构，以司法院为最高司法机关，统一行使司法权。并相继公布实施修订有关诉讼法规，全面确立了民事、刑事、行政三大诉讼审判制度，建立起较为完备的现代司法制度。

一、司法制度中的党政体制

国民党一党执政之下，立法权属于党务机构和立法院，行政权属于国民政府主席、行政院院长及其领导的政府掌握，司法权由司法院实施。司法院为国民政府行使最高司法权的机关。国民党控制了立法权和行政权，也控制了司法权。

其一，特别司法制度的党化。国民党设立的特别法庭，完全由其控制。特刑庭设立于 1927 年秋。各省有设立的，有没设立的，未经普遍设立。[②] 特刑庭不是独立审判，它受国民党同级党部的监督。国民党省党部对本省特别庭的审判有异议时，可向中央特刑庭提出"非常上诉"。特别法庭审判结果，最终由党务机

[①] 韩秀桃：《司法独立与近代中国》，清华大学出版社 2003 年版，第 355 页以下。
[②] 胡绩：《旧司法制度的一些回忆》，《河南文史资料》第 4 辑（内部发行），河南人民出版社 1980 年版，第 148 页。

关核定。中央党部和国民政府也有权直接插手中央特刑庭的审判。特刑庭案件的被告人无权延聘律师为自己辩护,也无权上诉。①

其二,法官和陪审员的党化。一党之下,法官须有党义训练,形成党义意识,从而按党义行事。司法院院长居正说:

司法党化应该是把一切司法官都从那明了而且笃行党义的人民中选任出来。不一定要他们都有国民党的党证,却要他们都有三民主义的社会意识。质言之,司法党化并不是司法"党人化",乃是司法"党义化"。②

其三,审判实践的党化。审判实践的党化是司法官如果觉到无法文可以适用时,应该本于党义之精神以为裁判,也即"适用法律之际必须注意党义之运用"。

三民主义之国家,要求每一个法官对于三民主义法律哲学都有充分的认识,然后可以拿党义充分地运用到裁判上。他应该注意到以下各点:法律所未规定之处,应当运用党义来补充他;法律规定太抽象空洞而不能解决实际的具体问题时,应当拿党义去充实他们的内容,在党义所明定的界限上,装置法律之具体形态;法律已经僵化之处,应该拿党义把他活用起来;法律与实际社会生活明显地表现矛盾而又没有别的法律可据用时,可以根据一定之党义宣布该法律无效。

二、司法机构的组织系统及职权

(一)司法院

1928年10月,南京国民政府司法院正式成立。依照《国民政府组织法》、《司法院组织法》的规定,司法院为最高司法机关,掌理民事、刑事、行政诉讼以及公务员惩戒之权,并负责统一解释国家法律、命令。司法院法定职权分别由司法院院长、司法行政部、行政法院、最高法院、公务员惩戒委员会各自独立行使。司法院由办事机构和直属机关两部分组成,其办事机构负责管理各项司法内勤事务;其直属机关具有相对独立的司法权。为确保司法独立,司法院院长无权对属下各部委具体工作参与或干预。

司法院直接处理的事项有:统一解释法令及变更判例;任免所属职员事项;复核司法经费预算及会计;提出中央执行委员会政治会议及国民政府议案;所属职员交付惩戒事项;变更现行司法制度;司法行政之法令解释;与他院有关事项;特交本院审查事项。此外,司法院还对国立大学法律科有监督之权,对公立

---

① 徐矛:《居正与司法院——国民政府五院制度摭述之四》,《民国春秋》1994年第6期,第6页。
② 居正:《司法党化问题》,《东方杂志》1935年第32卷第10号,第6~21页。

法政学校之设立有特许之权,对未经合法程序径自剥夺人民生命财产与身体自由之部门有提出质询之权。

司法院内的组织机构除设有秘书处和参事处外,还设有四个业务厅:第一厅掌理民事诉讼审判之行政管理,还包括财务案件、非诉讼事件、提存案件的行政管理,民事强制执行的管理事项,民事法规的研讨、拟定等事项。第二厅掌理刑事诉讼审判的行政管理事项,包括少年案件、交通案件的行政管理事项,以及刑事法规的研讨拟定等。第三厅掌理行政诉讼审判、公务员惩戒之行政事项。第四厅主要负责筹划法院组织之规划调整、法院风纪之维系、法院业务之检查考核等,还负责司法制度、司法机关组织等法规的研讨拟定,以及外国司法制度、判例、法律的编译、介绍。

1947年,南京国民政府公布行宪后新的《司法院组织法》,提名王宠惠、石志泉为"行宪首届司法院"正副院长并获通过。依据新的组织法改组成的行宪司法院增设了"大法官会议"。

1. 大法官会议

大法官会议制度是在改进旧制并借鉴美国司法解释制度的基础上形成的。《司法院组织法》第三条规定:司法院设立大法官会议,行使解释宪法并统一解释法律命令之权。该法对大法官的任职资格、大法官会议的组织、大法官会议的职权都做了极为严格的规定。出任大法官须具备以下任职资格之一:曾任最高法院推事十年以上,而成绩卓著者;曾任立法委员九年以上,而有特殊贡献者;曾任大学主要法律科目教授十年以上,而有专门著作者;曾任国际法庭法官或有公法学或比较法学之权威著作者;研究法学富有政治经验,声誉卓著者。[①]

大法官会议行使抽象的法律解释权,"解释宪法并统一解释法律命令"。包含三种具体权力:解释宪法,国家的各项法令、地方的各种法律规范是否违背于宪法,大法官会议有违宪宣告权,凡是经过违宪宣告的法律规范均丧失法律效力。解释宪法以外的法律、法令,大法官会议作出的法律解释与法律具有同等效力。决定判例的法律效力,一般而言最高法院做出的民事、刑事判例对同类案件具有拘束力;大法官会议如果认为最高法院的判例违背了宪法或现行法律,有权停止判例的规范效力。

在行使解释宪法的职权时,大法官会议必须有四分之三的成员出席,出席者四分之三取得一致时,才可以做出有效解释。在行使解释一般法律的职权时,大法官会议须有三分之二的成员出席,出席者多数通过,即可做出有效解释。[②]

---

① 郭卿友:《中华民国时期军政职官志》,甘肃人民出版社1990年版,第684页。
② 张晋藩主编:《中国司法制度史》,人民法院出版社2004年版,第524页。

2. 行政法院

1928年《司法院组织法》规定置行政审判署，直隶于司法院，掌理行政诉讼审判事宜。《修正司法院组织法》将行政审判署改设为行政法院。《行政法院组织法》规定：行政法院掌理全国行政诉讼审判事务。置院长1人，综理全院行政事务并兼任评事及充任庭长。行政法院分设2庭或3庭，每庭置庭长1人，除由院长兼任者外，就其余评事中遴选充之，监督各该庭事务。每庭置评事5人，掌理审判事务，每庭评事应有曾充法官者2人，各庭之审判以评事5人之合议行之，合议审判以庭长为审判长，庭长有事故时，以资深评事充之。评事须具备下列各项资格：其一对于中国国民党党义有深切之研究；其二曾在国民政府统治下任简任职公务员2年以上；其三年满30岁。评事之保障规定与最高法院推事之保障规定同。[①]

1945年公布新的《行政法院组织法》，该法对行政法院审判官——评事的任职资格、行政审判组织规定极为详细。行政法院分为若干行政庭，每个行政庭由五名评事组成，在这五名评事之中，至少两名以上评事充任过审判职务，以保障行政庭具有一定的司法经验。行政法院仅设于国民政府所在地，各地既无地方行政法院，也无分院。

3. 最高法院

1928年《最高法院组织法》规定：最高法院为全国审判机关，设院长1人，特任，由司法院院长提请国民政府任命，综理院内事务，但不得指挥审判。最高法院设民事厅、刑事厅若干（抗日战争以前设有民事审判庭5个，刑事审判庭11个；抗日战争期间减为民事审判厅3个，刑事审判厅4个；抗日战争胜利后，民事审判庭增至12个，刑事审判厅增至14个。），各庭设推事5人，以其中1人为庭长，监督各该庭事务并分配案件；各庭之审判实行合议制，以庭长为审判长，庭长有事故时，以该庭资深推事充任审判长。

最高法院管辖案件包括：不服高等法院及其分院第一审判而上诉之民刑事诉讼案件；不服高等法院及其分院第二审判决而上诉之民刑事诉讼案件；不服高等法院及其分院裁定而抗告之案件；非常上诉案件。最高法院实行"审检合一"，最高法院之内设检察署。最高法院通过"变更判例会议"来行使"具体的法律解释权"。"变更判例会议"由司法院院长根据最高法院院长的提请召集，以参加会议者（司法院院长、最高法院院长、最高法院各庭庭长）的多数来决定是否变更既有的判例，以及新判例的判例要旨内容如何确定。最高法院编有系统的民事、刑事案例汇编，凡是被采纳为判例的重要判决都将判例全文汇编出版。这

---

① 孔庆泰编选：《国民政府政治制度档案史料选编》，安徽教育出版社1994年版，第296~297页。

样有助于司法官深入了解判例所体现的法律精神,也有利于研究者对判例的妥当性进行讨论,以期改进法律制度本身。

(二) 审判机关

最高法院已如前述。1928 年《法院组织法》规定,在省城和特别区域设高等法院,高等法院的管辖区域过于广阔者,可以根据区域面积酌设高等法院分院;在国民政府的首都南京市和行政院直辖市均设立高等法院。高等法院管辖:关于内乱、外患及妨害国交之刑事第一审诉讼案件;不服地方法院及其分院第一审判决而上诉之民事刑事诉讼案件;不服地方法院及其分院裁定而抗告之案件。抗日战争胜利后,南京国民政府最多曾在全国范围内设立了 37 所高等法院(当时东北分为 9 个省,设有 6 所高等法院;在南京市、上海市及台湾均设有一所高等法院),高等法院分院 119 所。①

南京国民政府成立初期,由于司法经费紧张,司法人员缺乏,在全国多数县级行政地方不能普遍设立地方法院。1933 年,在全国 1 700 多个县中,"未设法院的地方比已设法院的多至十一倍"。② 1945 年后,县级政权设立法院的仅为 600 余所,尚有 1 300 多个县未设立正式的法院。③ 于是沿用了民国北京政府时期的县司法处办理司法、县知事兼理司法的制度。由于该制度弊端很多,1936 年《县司法处组织暂行条例》规定,凡未设法院之各县司法事务,暂于县政府设立县司法处处理之,其事务管辖与地方法院同。县司法处置审判官(须有法科三年毕业经高等考试及格者或办理司法业务多年者,方可出任;具有任职资格者由高等法院院长呈请司法行政部核定任命),独立行使审判职务,受高等法院院长监督。县司法处检察职务及行政职务,由县长兼理。

特别司法机关。南京国民政府的司法体系中,依照《法院组织法》成立的司法机关为普通司法机关,在该法规定之外的司法机关则为特别司法机关。特别司法机关包括:军事审判机关、代核及兼理军法司法机关,依据特别法设立的"特别刑事法庭",拥有司法权的特务机关。

(三) 检察机关

1935 年《法院组织法》对检察制度作了系统的规定:最高法院设检察署,置检察官若干人,以一人为检察长;其他法院及分院各置检察官若干人,以一人

---

① 汪楫宝编著:《民国司法志》,台湾正中书局 1954 年版,第 9 页。
② 阮毅成:《中国法治前途的几个问题》,《东方杂志》1933 年第 30 卷第 13 号。
③ 徐矛:《中华民国政治制度史》,上海人民出版社 1992 年版,第 260 页。

为首席检察官；仅有一名检察官的法院，不置首席检察官；检察官的职权为实施侦查、提起公诉、实行公诉、协助自诉、担当自诉及指挥刑事裁判之执行；检察官独立于法院行使其职权。

1946年修正《法院组织法》第二十六条规定，各级检察机关检察员额在6人以上者，得分组办事，每组以1人为主任检察官，监督各该组事务；对检察官的职权有所扩大；检察官于其所配置之法院管辖区域内执行职务，但遇有紧急情形时，不在此限。

（四）司法行政机关

司法行政机关的设置有一个变化的过程，广州国民政府时期设立司法行政委员会，武汉国民政府时期设立司法部，行使司法行政事务的相关职能。南京国民政府成立后，继续沿用司法部的建制。司法部成立后置司法行政署（后改称司法行政部），掌理司法行政权，直隶于司法院。1928年《司法行政部组织法》规定：司法行政部管理全国司法行政事务；对于各地方最高行政长官执行本部主管事务有指示、监督之责；部内设总务、民事、刑事、监狱四司（1942年又增设人事司），经国务会议及立法院之议决，得增置与裁并各司及其他机关。

1932年司法行政部由司法院改归行政院统辖，1934年又复归司法院，1943年重新隶属于行政院，此后不再改变。① 司法行政部的隶属关系多次发生变化，但它的司法职能基本保持一致，其主要职能为：起草拟订各种法规；制定实施司法改革计划；负责狱政管理；负责司法系统人员的选拔、任用、培训，以及司法经费的划拨。

---

① 徐矛：《中华民国政治制度史》，上海人民出版社1992年版，第241页。1942年10月英美等国相继宣布放弃领事裁判权后，国民政府为树立现代国家形象，将司法行政作为国家行政中的一个重要部门，永久隶属于行政院。

第七章

新中国成立以后

内容提要： 中国的社会主义转向中止了前三个阶段被确立起来的法制传统，中国的法制现代化开始在近苏联模式的道路上前进。但不能忘记的是，这样一种实践依然属于近代以来整个现代化进程的一部分。尽管全国范围内的体系化制度建构是在1949年之后展开的，但社会主义法制思想萌芽的传入早在20世纪初就已开始，而其思想的本土化则在各个根据地时期得以进行。1949年之后的法制现代化进程可谓一波三折（初步建立—曲折发展—恢复与发展）。在根本法建设方面，呈现出从革命宪法到改革发展宪法，从政治法逐渐变为社会法的过程。在司法制度方面，社会主义司法的圭臬是民国时期的新三民主义司法，新中国成立初期全面学习苏联，在磕碰与摸索中逐步建立了社会主义的司法制度。

第一节 社会主义法制思想的建立与发展

一、社会主义法制思想的传入

社会主义进入中国已是19世纪末，在由外国传教士主办的《万国公报》连载了译自英国的《大同学》一文，首次向国人介绍了资本主义兴起、发展概况并引述了马克思的和其他社会主义流派的学说。马君武是中国学者中较早介绍社会主义，1903年他先后发表了《社会主义与进化论之比较》、《圣西门之生活及其学说》等文章。这些文章还只停留在简单的介绍没有涉及较深的理论梳理。

而真正宣传马克思主义和社会主义学说并取得了一定成绩的当属朱执信。他先后在《民国日报》、《民报》等刊物上发表了一系列文章，对社会主义学说和思想进行了系统介绍。1906年1月，他又发表了《德意志社会革命家列传》一文，第一次比较全面地介绍了马克思和恩格斯的生平。

第一次世界大战后，中国作为战胜国代表参加巴黎和会。这是一次被寄予深厚期望的和会，饱受战争蹂躏而对帝国主义、军国主义、霸权主义深恶痛绝的国人都指望和会能够给予中国公正的待遇，希望世界步入稳定和平的新时代。结果列强漠视国人的诉愿，和会的结果让人大失所望。国人对结果感到愤慨，亦对资本主义的民主制度有所怀疑。各种主义思潮抓住这次契机，向世人展示了一个丰富多彩的多元思想世界，马列主义也得到了较好地传播。

在众多宣讲马克思主义名家中，能够系统运用马克思主义对法律作出深入论述的首推李大钊先生。在马克思主义理论体系中，唯物史观占有举足轻重的地位，它是理解马克思关于政治、经济、法律等问题论述的中枢环节。马克思主义对于中国能够产生巨大的影响，在于唯物史观提供了认识历史理解社会的全新的理论框架。这种理论不同于我国传统的认知模式即历史循环论的宿命观。李大钊的论述也是从唯物史观开始，"马克思的唯物史观有二要点：其一是关于人类文化的经验的说明；其二即社会组织进化论。其一是说人类社会生产关系的总和，构成社会经济的构造，这是社会的基础构造。一切社会上政治的、经济的、伦理的、哲学的，简单说凡是精神上的构造，都是随着经济的构造变化而变化。我们可以称这些精神上的构造为表面构造。"① 在这里，李大钊已明确阐释了经济基础对于上层建筑的决定性影响。但是对于上层建筑对于经济的反作用的认识此时李大钊还没有完全意识到。直到其发表《我的马克思主义观》②一文，李大钊通过对历史上经济现象的分析，认识到法律可能对经济产生的反作用。法律是统治阶级意志的表现，其目的是维持一种统治秩序，法律创制过程表面上似乎是一种"意志"的自由表达，但实践的主观意志必须受着各种客观的外在条件的制约。在这些诸多的外在条件中，马克思主义将经济基础与上层建筑之间的矛盾作为社会基本矛盾。也就是说，经济基础与上层建筑之间的矛盾是决定法律的实质性因素。当然，这里所讲的物质生活条件是法的决定性因素，是从终极性、整体性这个层面而言的，并不意味着其他因素与法无关。实际上，在恩格斯晚年回顾马克思理论体系时指出："政治、法律、哲学、宗教、文学、艺术等的发展是以经济发展为基础的，但是它们又都相互影响并对经济基础发生影响，并不是只有经济

---

① 李大钊：《李大钊文集》（下），人民出版社1984年版，第59页。
② 李大钊：《平民主义》，华夏出版社2002年版，第67页。

状况才是原因，才是积极的，而其余一切都不过是消极的结果，这是在归根到底不断为自己开辟道路的经济必然性的基础上的互相作用。"① 在恩格斯看来，上层建筑的各种因素之间实际上也是相互作用的。"在现代国家中，法不仅必须适应于总的经济状况，不仅必须是它的表现，而且还必须是不因内在矛盾而自己推翻自己的内部和谐一致的表现。而为了达到这一点，经济关系的忠实反映便日益遭到破坏，法典愈是很少把一个阶级的统治鲜明地、不加缓和地、不加歪曲地表现出来，这种现象就愈是常见：这或许已经违反了'法观念'。"② 从以上经典论述上可以看出，法律与经济关系的不是简单的决定与被决定的关系，法律的独立品性是经济难以驾驭的，法律身上表现的是自由意志和必然规律的双重变奏。其他精神领域和经济共同分享着对法律的支配作用，我国古代的礼教，西方的宗教有时竟起到了决定作用。当然这并不是马克思主义的失误，而是反映事物的复杂性。我们应该采取的态度是"马克思的整个世界观不是教条，而是方法。它提供的不是现成的教条，而是进一步研究的出发点和供这种研究使用的方法。"③

李大钊深切认识到法律是阶级统治的工具，因而具有鲜明的阶级性。统治阶级要巩固自己的统治，势必要利用法律来加强统治。"国家为维持其政府之存在自不能不有赖乎刑典，而欲刑典之得以施行而有效，自不能不需乎物质之强力。但此种强力之施行，概为法律所认许，专以防遏犯法之徒而与以强制之抑裁。"④ 对于法律与国家的关系及法律的阶级本质，李大钊认识到资产阶级的法律是不可能真正维护人民大众的利益，只能是维护统治阶级利益的工具。统治阶级是不能依赖的，李大钊呼吁劳工阶级"知道现在资本主义制度唯一原因，知道现在的法律是阶级的法律，政治是阶级的政治，社会是阶级的社会。"⑤ 进一步李大钊批判了曾经深信不疑的孟德斯鸠《论法的精神》一书，他认为孟德斯鸠的研究方法是一种静止的片面的甚至是"不但不知道一个法律对于别一法律的关系，并且不知道一个法律的阶段对于别一阶段的关系，并且不知道法律的每一阶段与系统，对于宗教、艺术、科学产业的共同存在，及同时代的阶段与系统的关系。"⑥ 李大钊批判孟德斯鸠法律是事物的性质产生的必然关系的学说，认为"一个玄学家、神学家或可以此为满意，至于研究归纳的科学，如物理的、心理的或社会的科学的学者，则断不然矣"。⑦ 作为中国最早的马克思主义者，李大

---

① 《马克思恩格斯选集》第 1 卷，人民出版社 1995 年版，第 268 页。
② 《马克思恩格斯全集》第 4 卷，人民出版社 1995 年版，第 124 页。
③ 《马克思恩格斯全集》第 3 卷，人民出版社 1995 年版，第 379 页。
④ 李大钊：《李大钊文集》（下），人民出版社 1984 年版，第 59 页。
⑤ 李大钊：《李大钊文集》（上），人民出版社 1984 年版，第 143 页。
⑥ 李大钊：《李大钊文集》（下），人民出版社 1984 年版，第 306 页。
⑦ 李大钊：《李大钊文集》（下），人民出版社 1984 年版，第 309 页。

钊已认识到法律与国家的关系及法律的阶级本质，认识到资产阶级的法律不可能真正维护人民大众的利益，只能是维护统治阶级利益的工具。

如上所述，以李大钊为代表的早期马克思主义者能够把握马克思理论的核心之处，恰当地利用唯物史观分析中国的问题，对法的本质认识也达到较高水平。一方面法律可以从工具的角度看作阶级统治的手段，另一方面法律又可以从价值的角度看作是理性的产物。它从本质上是由经济制度所决定，但又表现出灵活性和自发性。李大钊已认识到这种复合性，法制现代化的历程也暗含了这种特性。掌握政权的一方试图遵循法律的本质要求，但其固化的模式难以羁束社会的变动不居。力图夺取政权的一方视法律为革命的工具而忽略了法律的本质。李大钊对马克思法学的重述凸显了法律的独立地位，这种独立地位不是相对于经济基础，而是较之于其他社会调整手段。进一步讲这种独立性是法制现代化所必需的。就整个马克思主义法学而言，可以简单概括为：经济基础是法律的精神所系，阶级统治工具是法律的价值体现。

二、社会主义法制思想及其实践

马克思主义初入中国博得学人的广泛赞许，即使国民党理论家对马克思主义也多有介绍，胡汉民早期著作中就曾经多次引述马克思理论。然而当马克思主义携带的革命因子发生效应时就决然和国民党的理论发生冲突。革命在那个时代已是个流行的话语，国民党的官方哲学即三民主义就以革命的姿态自居。不过三民主义的革命在马克思主义者看来算不得什么革命，是一种妥协，一种向帝国主义向传统余孽的妥协。国民党也自称是革命党，实际上它的革命性在辛亥革命之后就消失了，由革命变成了反动，由反动变成了反革命。马克思主义是不可能融入国民党的官方哲学中，而马克思主义者也把矛头对准当权的国民党集团。马克思主义不是"第三条道路"，它不谋求妥协而是以彻底革命的精神为指导。与其他理论不同的是，马克思主义不仅是一种理念学说，它还有自己的组织机构有自己的政治纲领。俄国十月革命的成功更加激发了国内宣传马克思主义的浪潮，先是马克思主义学习小组的出现，继而是中国共产党的成立。中国共产党第一次代表大会就明确了党的性质是无产阶级政党；党的奋斗目标是以无产阶级革命军队推翻资产阶级的政权，消灭资本家私有制，由劳动阶级重建国家，承认无产阶级专政，直到阶级斗争结束，即直到消灭社会的阶级区分。当其他民主党派还在谋求与国民党的合作时，共产党已把目光放在了处于社会下层的工人阶级、农民阶级。这和当年李大钊的判断是一样的，劳苦大众是最需要革命最能接受的革命的阶级。

共产党的法制实践始于土地革命时期。法律总是和政权联系在一起，也只有掌握政权才能享有颁布法律的权利。共产党成立初期主要精力放在了城市的无产阶级，活动的方式主要是罢工或者是工人暴动。虽有成效，却远没有撼动国民党的统治。本是孱弱的新生政党遭遇强悍国家机器的压榨，其生存空间不断减少。转折发生在农村革命根据地的建立，把革命的火种洒向农村无疑是思维的极大转变。农村是块被遗忘的领地，过往的各种思潮各种主义不曾在这里有半点波澜。农民依然如故默默忍受命运的安排。"谁是我们的敌人？谁是我们的朋友？这个问题是革命的首要问题。"[1] 毛泽东在《中国社会各阶级的分析》一文中首先提出了农民对革命的重要性。发现农民是将革命引向农村的必要前提。农村革命根据地的建立为红色政权的存在提供了可能。政权为革命而存在，城市里的革命形态有国际上的经验可供借鉴，农村的革命该如何进行？到了考验共产党人智慧的时候。

　　如果对"革命"作一番分析，可将其分成三个部分。第一，革命的主体。它包括两方面内容：（1）谁来革命。包括发起革命和进行革命两部分人群，他们往往是革命的受益者。（2）革谁的命。也就是谁是我们的敌人的问题。第二，革命的内容。即革命指向的对象。它可以是物质利益也可以是精神思想。凡是革命认为需要的都可以成为革命的对象。第三，革命的方式。毛泽东说得好"革命不是请客吃饭，不是做文章，不是绘画绣花，不能那样细致，那样从容不迫，文质彬彬，那样温良恭俭让。革命是暴动是一个阶级推翻一个阶级的暴烈的行动。"[2] 认识革命的性质是我们把握革命时期颁布的法律关键所在。在农村天然存在两个阶级，如董必武所总结的："在旧中国，约占乡村人口百分之十的地主和富农占有约百分之七十到八十的土地，而占乡村人口百分之九十的雇农、贫农、中农及其他人民，却总共只占有百分之二十到三十的土地"[3]。革命的主体和内容都有了，剩下的就是革命的方式的问题。方式问题表现了共产党和过往因为土地而革命的不同之处，这一次土地革命有了合法外衣。如何解决农民的土地问题一直是共产党法制的主要内容。颁布的法律从最早湘赣边区《井冈山土地法》一直到新中国成立初期颁布的《中华人民共和国土地改革法》，共产党的革命的内容和手段逐渐丰富和成熟起来。

　　在共产党的法制实践中，毛泽东同志的法律思想起到了重要作用。也只有在把握毛泽东法律思想的基础上才能全面认识这段时期法制实践。毛泽东在早年阅读马克思著作中逐渐形成了自己世界观，在此指导下深刻认识到法律和阶级统治

---

[1] 《毛泽东选集》第 1 卷，人民出版社 1951 年版，第 3 页。
[2] 《毛泽东选集》第 1 卷，人民出版社 1951 年版，第 17 页。
[3] 董必武：《董必武选集》，人民出版社 1985 年版，第 323 页。

之间的关系。早期毛泽东参与的湖南省宪运动遭受到的挫折，使他进一步认识到法律和政权的依从关系。法律是掌握政权的阶级为维护自己的统治而制定的，所以要想制定合乎时代的法律必须要获得政权。1928 年的《井冈山土地法》和 1929 年的《兴国土地法》都是在毛泽东的积极推动下制定的。推行新的法律表示新政权的建立，也表明与旧政权法制的决裂。1945 年 4 月，毛泽东在《论联合政府》①的政治报告中"要求取消一切镇压人民的言论、出版、集会、结社、思想、信仰和身体等项自由的反动法令，使人民获得充分的自由权利"。1949 年初，毛泽东为揭露国民党利用和平谈判来保存反革命实力发表了《评战犯求和》，驳斥了国民党要求保存宪法及中华民国的法统。"这个'法统'是万万'中断'不得的，倘若'中断'了那是很危险的，整个买办地主阶级将被消灭，国民党匪帮将告灭亡，一切大中小战争罪犯将被捉拿治罪"②。1949 年 2 月 22 日，中共中央发布了《关于废除国民党〈六法全书〉和确定解放区司法原则的指示》，明确提出："在无产阶级领导的以工农联盟为主体的人民民主专政的政权下，国民党的《六法全书》应该废除。"③ 一方面废除国民党的《六法全书》就是废除了地主阶级和买办阶级及大资产阶级存在的法律基础，另外由于《六法全书》反映的经济关系在新中国是要被消灭的，所以决定废除《六法全书》是符合当时时代背景。

1949 年在通过的《中国人民政治协商会议共同纲领》中提出"废除国民党反动政府一切压迫人民的法律、法令和司法制度，制定保护人民的法律、法令，建立人民司法制度"。法律反映统治阶级的意志是毛泽东认识法律问题的出发点，统治阶级正是利用法律来实行剥削统治。而身处其中的被压迫阶级往往被法律的公平外表所迷惑，他们没有意识到法律对他们的奴役。毛泽东有力批判统治阶级妄图利用法律继续奴役人民的罪恶本质，表现出同剥削的恶法决不妥协的气概。同时法律在无产阶级手里可以是革命的工具，毛泽东积极发展了法律的革命性。在同地主阶级及后期的大资产阶级作革命斗争的过程中，法律都发挥了重要的作用。

虽然毛泽东没有对法律做过详细的论述，关于法律的内容也不占据毛泽东思想主体部分，但这个时期法律的演进始终围绕着毛泽东思想。从《井冈山土地法》、《兴国土地法》到新中国成立后颁布的《土地改革法》、《婚姻法》、《工会法》、《惩治反革命条例》、《治安处罚条例》、《逮捕拘留条例》、《劳动改造条例》等都体现了毛泽东的法律思想。毛泽东孜孜以求的政治理想就是实现人民

---

① 《毛泽东选集》第 1 卷，人民出版社 1951 年版，第 930 页。
② 《毛泽东选集》第 1 卷，人民出版社 1951 年版，第 1272~1276 页。
③ 《中共中央文件选集》，中共中央党校出版社 1992 年版，第 152 页。

当家做主，因而对民主及其相关的人民民主专政和人民代表大会制度是毛泽东法制思想的主要组成部分。当年毛泽东回答黄炎培新政权如何走出传统政治怪圈的老路时，说到：只有让人民来监督政府，政府才不敢松懈。只有人人起来负责，才不会人亡政息。此时的毛泽东已经充分认识到民主对于一个政权的重要性。毛泽东也在不同时期阐释民主的重要性。1937年5月毛泽东在延安召集的中国共产党全国代表会议上发表了《中国共产党在抗日时期的任务》的报告，指出了为民主和自由而斗争的重要性，"抗战需要全国的和平和团结，没有民主自由便不能巩固已经取得的和平，不能增强国内的团结。抗战需要人员的动员，没有自由民主，便无法进行动员。"① 同年毛泽东在接受英国记者采访的时候对民主在政治组织上的含义做了说明，"（一）不是一个阶级的国家和政府，而是排除汉奸卖国贼在外的一切抗日阶级互相联盟的国家和政府，其中必须包括工人、农民及其他小资产阶级在内。（二）政府的组织形式是民主集中制，它是民主的也是集中的，将民主和集中两个似乎相冲突的东西，在一定形式上统一起来。（三）政府给予人民以全部必需的政治自由，特别是组织、训练和武装自卫的自由。"②

人民民主专政是在政治层面实践民主思想的主要表现，也是马克思主义与中国革命实践相结合的产物。人民民主专政的提出经历一个复杂的历史变迁，是随着革命的需要不断发展其含义。从最初提出的"与贫苦农民联合的无产阶级专政"到"民众政权"再到"苏维埃工农政府"然后就是"民主共和国"、"人民民主共和国"、"人民的民主政治"。直到1948年毛泽东在为新华社写的新年献词《将革命进行到底》中，第一次明确提出了人民民主专政。③ 用词的不断变化实质上反映的是革命政权的归属问题，面对不同的革命形式处于不同的革命时期，政权的属性也在不断发生变化。自从1954年宪法使用了人民民主专政，以后历部宪法都沿用这一用法。虽然如此，人民民主专政的含义也是随着时代的发展而变化。

毛泽东对于法律的其他方面也都有论述。首先表现在立法方面，毛泽东指出，"从客观存在的事实出发，从分析这些事实中找出方针、政策、办法来"④。在《关于中华人民共和国宪法草案》中毛泽东提出了"搞宪法就是搞科学"的著名论断。推而广之，法律也应该以科学的态度和积极的精神对待。制定法律应该在总结经验的基础上结合原则性和灵活性，原则基本上是两个：民主原则和社会主义原则。民主原则要求立法的民主化，法律是意志的反映，在实行人民民主

---

① 《毛泽东选集》第1卷，人民出版社1951年版，第236页。
② 《毛泽东选集》第1卷，人民出版社1951年版，第354页。
③ 《毛泽东选集》第1卷，人民出版社1951年版，第1266页。
④ 《毛泽东选集》第3卷，人民出版社1966年版，第885页。

专政的共和国中法律表达的是占人口绝大多数的人民的意志。在立法的过程中应该集思广益，让更多的人民参与立法的过程，这样出台的法律才能获得人民的信任，得到人民的支持。立法的社会主义原则是对立法的性质而言，也就是法律的阶级属性。我国的法律是社会性质的法律，"它是维护革命秩序，保护劳动人民利益，保护社会主义经济基础，保护生产力的"。① 社会主义的法律是以马克思主义为指导的意识形态和上层建筑，它们目的在于巩固社会主义制度维护人民当家做主的权利。因此，在制定法律时，必须以社会主义为原则，从为社会主义的政治制度和经济基础出发。其次守法方面。1957年1月27日，毛泽东在省市自治区党委书记会议上的讲话中强调，"一定要守法。法律是上层建筑。我们的法律，是劳动人民自己制定的。它是维护革命秩序，保护劳动人民利益，保护社会主义经济基础，保护生产力的。我们要求所有的人都遵守革命法制。"② 对于官僚阶层可能存在的特权思想，毛泽东指出，法律"通过以后，全国人民每一个人都要实行，特别是国家机关工作人员要带头实行"。③

在刑事领域毛泽东论述较多，他的有些制度安排一直沿用至今。对于如何对待犯罪分子问题上，毛泽东历来强调：劳改工厂、劳改农场，不能以生产为第一，要以思想改造为第一，要做人的工作，对他们有所希望和帮助。他指出："对一切反革命分子都应当给以生活出路，使他们有自新机会。这样做，对人民事业，对国际影响，都有好处。"1951年在镇压反革命运动中，他提出："凡介在可捕可不捕之间的人一定不要捕，如果捕了就是犯错误；凡介在可杀可不杀之间的人一定不要杀，如果杀了就是犯错误。"④ 1956年，他在《论十大关系》中指出："今后社会上的镇反，要少捉少杀。……他们中的多数，要交给农业合作社去管制生产，劳动改造。"⑤ 后来，毛泽东又及时制定了"改造第一、生产第二"的劳动改造方针，使新中国在对犯罪分子的改造自新方面取得了极大的成功。为了使"慎用死刑"的思想落到实处，毛泽东还提出了严格的死刑审批复核程序和死刑缓刑的思想。1951年5月8日，他在《中央关于对犯有死刑的反革命分子应大部采取判处死刑缓期执行政策的决定》中指出：凡应杀分子，只杀有血债者——其余，一律采取判处死刑、缓期二年执行，在缓刑期内强制劳动，以观后效的政策。这个规定是刑罚制度的一个创造，它缩小了死刑的适用范围，使罪犯有改过自新的机会。此后，死缓一直被沿用。1979年通过的刑法，

---

① 《毛泽东文集》第7卷，人民出版社1999年版，第197页。
② 《毛泽东选集》第5卷，人民出版社1977年版，第358页。
③ 《毛泽东文集》第6卷，人民出版社1999年版，第328页。
④ 《毛泽东文集》第6卷，人民出版社1999年版，第159页。
⑤ 《毛泽东文集》第6卷，人民出版社1999年版，第37页。

根据这项政策规定了死缓制度。毛泽东在阐述社会主义刑事立法、司法工作的指导思想的同时，还创造性地提出了一系列的基本原则，如重证据不轻信口供原则、罪责自负、反对株连的原则等。

中国共产党的创始人之一董必武，不仅在新中国的成立过程中作出了巨大贡献，而且是中国共产党第一代领导人中仅有的几位精通法律的马克思主义法学家之一，是新中国法制的政法工作的领导人和主要奠基人。新中国成立后，董必武担任中华人民共和国政务院副总理兼政务院政法委员会主任。1954年任中华人民共和国最高人民法院院长。在其任内，他亲自主持或参与了一系列法律法规的起草和制定工作。如《中华人民共和国中央人民政府组织法》、《中华人民共和国婚姻法》、《中华人民共和国土地改革法》、《中华人民共和国惩治反革命条例》、《中华人民共和国惩治贪污条例》、《中华人民共和国民族区域自治实施纲要》等各项重要法规。董必武还参加了《中华人民共和国宪法》的制定工作和《中华人民共和国全国人民代表大会及地方各级人民代表大会选举法》的制定。1956年董必武在中国共产党第八次全国代表大会发言时指出，"党中央号召公安、检察、法院和一切国家机关，都必须依法办事。依法办事，是我们进一步加强人民民主法制的中心环节"。[①] 他认为，依法办事包括两方面的含义：其一，必须有法可依。这就促使我们要赶快把国家尚不完备的几种重要的法规制定出来。其二，必须有法必依。凡属有明文规定的，必须确切地执行，按照规定办事；尤其一切司法机关，更应该严格地遵守，不许有任何违反。当然，在法制的执行过程中，如果发现它的规定有不符合或不完全符合当地当时的具体情况，就应该按照法定程序，提出必要的修改、补充或变通执行的办法。最后，他得出"依法办事就是清除不重视和不遵守国家法制现象的主要方法之一。"[②] 与此同时，董必武非常强调守法，"我们的人民民主专政的政权要想办法使人民从不信法、不守法变成为信法、守法"。在教育人民守法的基础上，他更强调国家机关工作人员首先要守法，"对于宪法和法律，我们必须带头遵守，并领导人民群众来遵守"。从而使人人都能重视法、遵守法，树立法律的权威。新中国成立后，党的有些干部藐视法律，"不把法律、法令放在自己的眼里，以为这些只是用来管人民群众的，而自己可以不守法，或不守法也不要紧"。[③] 针对这种现象，董必武在不同的场合发表讲话，严厉批评一些干部对法律的严肃性认识不足，不按法律办事，要求国家机关工作人员首先守法。他说："对于宪法和法律，我们必须带头遵守，并领导人民群众来遵守。假如我们自己不遵守宪法和法律，怎么能

---

① 董必武：《董必武法学文集》，法律出版社2001年版，第352页。
② 董必武：《董必武政治法律文集》，法律出版社1986年版，第352页。
③ 董必武：《董必武政治法律文集》，法律出版社1986年版，第359页。

领导人民群众来守法呢?""教育人民守法,首先就要国家机关工作人员守法。"①董必武在《更好地领导政府工作》中提出了从严治党观点,他指出,"今后对于那些故意违犯法律的人,不管他现在地位多高,过去功劳多大,必须一律追究法律责任。"在司法对于民主的重要性方面,董必武指出:"在逐渐完备起来的人民民主制度和人民民主法制之下,人民的民主权利应该受到充分的保护。由于过去处在紧张的战争和大规模的社会改造运动中,由于法律还很不完备,司法制度和检察制度还不健全,有些公安、司法机关还有粗枝大叶、组织不纯甚至使用肉刑的现象,以致一些人被错捕、错押或错判人民的民主权利受到侵犯。为克服这种现象,今后必须从立法方面,从健全人民司法、公安和检察制度方面,对人民的民主权利给予充分的保护。"② 在国际法方面,董必武主张废除不平等条约及帝国主义在华的各种特权,坚决反对法西斯侵略暴行,联合各种力量反抗帝国主义违反国际法的行为,参与创建联合国的筹备会议。在党政关系方面,他提出了"要使政府真正有权",政府是政权机关,它必须真正有权,而党是领导政府工作的。党对政府的领导,在形式上不是直接的管辖。党和政府是两种不同的组织系统,党不能对政府下命令。党包办政府工作是极端不利的。政府有名无实,法令就不会有效。对于政法和经济的关系上,董必武指出:"没有政治法律工作的加强和发展,就不能保障我们的经济建设,保障国家的社会主义工业化。"③ 董必武将马克思主义法学思想运用到中国革命和建设中,形成了有中国特色法制思想,他的很多思想观点对我国的法制建设起到了重要的作用。

三、法制秩序的崩溃和重建

法制现代化的过程其实质就是一种新的法制秩序建立的过程,无论是法律意识的培养还是法律体系的建立都是围绕如何实现法制秩序而展开。在这其中,法律体系构成法制秩序的主体框架,而法律意识是实现法制秩序的关键所在。共产党在新中国成立前期的努力便是旨在建立一种既符合社会需要又能够体现马克思主义的法制秩序。一些重要法律的相继颁布和国家领导人对遵纪守法的重视,法制秩序正在逐步建立。然而一场新的革命运动的兴起不仅扰乱了法制现代化的进程,而且是以彻底颠覆法制秩序的面目出现。当时人们称这场革命为一场"伟大的无产阶级文化大革命"。它的内容是"大力宣传毛泽东思想,用无产阶级世

---

① 董必武:《董必武法学文集》,法律出版社2001年版,第200页。
② 董必武:《董必武政治法律文集》,法律出版社1986年版,第320页。
③ 董必武:《董必武政治法律文集》,法律出版社1986年版,第372页。

界观改造社会,破除资产阶级和其他剥削阶级的意识形态,大破资产阶级的四旧,大立无产阶级的四新,这样做的目的是为了巩固无产阶级专政,挖掉修正主义的根子,防止资本主义复辟,保证我国社会主义江山永不变色,大大促进社会主义生产力的发展。"① 八届十一中全会给这场运动的定性是,"当前开展的无产阶级文化大革命,是一场触及人们灵魂的大革命,是我国社会主义革命发展的一个更深入、更广阔的新阶段"。

"文化大革命"是要充分发动群众,依靠最广大的革命师生员工、革命工农群众、革命干部来自己动手进行这场批判资产阶级和剥削阶级的意识形态,改革教育,改革文艺,改革一切不适应社会主义经济基础的上层建筑。迎头痛击资产阶级在意识形态领域里的一切挑战,用无产阶级自己的新思想、新文化、新风俗、新习惯,来改变整个社会的精神面貌,以利于巩固和发展社会主义制度。

1967年1月13日中共中央和国务院联合签发了《关于在无产阶级文化大革命中加强公安工作的若干规定》,其中规定:"公安机关是无产阶级专政的重要工具之一,必须适应无产阶级文化大革命形势发展的需要,采取恰当的方式,加强对敌人的专政,保障人民的民主权利,保障大鸣、大放、大字报、大辩论、大串联的正常进行,保障无产阶级的革命秩序。"这个规定的关键就在于指出了"革命秩序",一种与法制秩序迥然不同的价值追求。革命也需要一种秩序否则就变成无政府混乱状态,但这种秩序的形成是不需要法律来规范的。因为法律在这场革命中已经成了被革命的对象,法律本身所体现的公平正义、法律面前人人平等都遭到批判。既然法律已被革命抛弃,新中国成立以来一直努力追求的法制秩序也就消失于无形之中了。曾经提出要重视法律的毛泽东转变了观点,认为政策才是至高无上的,我们党主要靠决议、开会,一年搞四次,不靠民法、刑法来维持秩序,甚至认为每个决议都是法,开会也是法。由此可见,法律虚无是这个时代的特征。

"革命秩序"终究不能长久,它浓厚的人治色彩也始终脱离不了人亡政息历史定律。"文革"十年暂时阻断了法制的现代化进程。这场惨痛的教训也使国人深刻认识到,无法无天的局面终究带来的是灾难。尽早结束动乱局面,成为时代的呼声。邓小平在总结历史的教训时指出:我们发生的各种错误,固然与某些领导人的思想、作风有关,但是制度方面的问题更重要。制度好可以使坏人无法任意横行,制度不好可以使好人无法充分做好事,甚至走向反面。接着在1978年12月召开的中央工作会议上邓小平明确提出了:"为了保障人民民主,必须加强法制,必须使民主制度化、法律化,使这种制度和法律不因领导人的改变而改

---

① 《中央文革小组关于工矿文化大革命的十二条指示》(草案)(一九六六年十一月十七日)。

变，不因领导人的看法和注意力的改变而改变。"① 综合这两段论述我们可以得出如下结论：

首先是认识到制度对人的重要性。这里的制度主要是指政治制度，即一个国家的政治方略。民主制一直是党颂扬的政治制度，也一直在对其实现形式进行着探索。"文革"的过程虽然呈现出混乱无序的状态，却也体现出一种制度的作用即"大民主"、"全民监督"。这种制度不需要法律的规定，更不需要法律的保障。人人都是审判者，人人也都是被审者。在审者与被审者只能选择其一，其结果就是肆意地亵渎和恶意地攻击。邓小平追求的制度是以法制为基础的人民民主。其次更为深层的是对法制认识的转变。法制在革命年代一直充当革命的工具，革命性是法制的实质内涵。虽然董必武在新中国成立初期就主张法制的民主化，不幸的是随着革命运动的高涨法律本身也遭到了遗弃。重提法制的民主化是对法制革命化的否定，昭示一种新时代的到来。最后邓小平表达了依靠法制抑制可能出现的人治的思想，民主的制度化、法律化是对人治的制约。对于新时期如何开展阶级斗争的问题上，邓小平指出，"进行这种斗争，不能采取过去搞政治运动的办法，而要遵循社会主义法制的原则"，"全党同志和全体干部都要按照宪法、法律、法令办事，学会适用法律武器同反党反社会主义的势力和刑事犯罪分子进行斗争"，"这是现在和今后发展社会主义民主、健全社会主义法制的过程中要求我们必须尽快学会处理的新课题。"② 1980年8月，邓小平在《党和国家领导制度的改革》这篇讲话中，进一步深刻总结了我国民主政治建设的经验教训，他指出："为了适应社会主义现代化建设的需要，为了适应党和国家政治生活民主化的需要，为了兴利除弊，必须改革党和国家的领导制度以及其他制度。""我们这个国家有几千年封建社会的历史，缺乏社会主义的民主和社会主义的法制。现在我们要认真建立社会主义的民主制度和社会主义法制。只有这样，才能解决问题。"③

民主的法制化是社会主义法制的目标，邓小平也意识到只有制定良好的法律才能保障民主的实现。法律意识的淡薄往往使法律形同虚设，针对于此，邓小平提出了"有法可依，有法必依，执法必严，违法必究。"④ 的法制思想。有法可依，是社会主义法制的前提条件。社会的存在和发展都需要秩序作为保障，无序的状况将会导致社会的崩溃。从某种意义上说，对合理的社会秩序的探索是政治学及法学的核心问题。法制和人治可视为形成社会秩序的两种不同的路径，对其

---

① 《邓小平文选》第2卷，人民出版社1994年版，第146页。
② 《邓小平文选》第2卷，人民出版社1983年版，第330页。
③ 《邓小平文选》第2卷，人民出版社1994年版，第320页。
④ 《邓小平文选》第2卷，人民出版社1994年版，第146页。

优劣的判断也贯穿着整个人类文明史。随着人类政治经验的增加，选择法制作为秩序的蓝本逐渐成为人们的共识。法制秩序的产生首要条件就是必须有可资遵循法律的存在。从我国的情况来看，法律缺失的问题长期存在这也是导致我国无法形成法制秩序的主要原因所在。针对这种情况，邓小平提出，"因该集中力量制定刑法、民法、诉讼法和其他各种必要的法律，例如工厂法、森林法、草原法、环境保护法、劳动法、外国人投资法等等。"① 在邓小平理论的指引下，我国的新一轮法制建设的高潮开始了。

有法可依只是法制存在的前提，而有法必依是实现社会主义法制秩序的关键所在。如果没有遵循法律行事，法制秩序是不可能确立的。我们可以把法律的起草和颁布看做意志的形成的阶段，而这种意志就是法制秩序所要实现的。因此在法制秩序实现的过程中有法必依处于中心环节。有法必依是对社会成员的要求，依法办事并自觉调整其行为以符合法律的规定。在我国，最有可能破坏有法必依原则的是党政机关及其官员。因此邓小平多次强调各级政府和官员要在法律范围内活动，政府官员违法同样要受到追究。各级行政机关都必须依据法律规定行使权力，管理国家事务。无法律依据，行政机关不得限制或剥夺公民的权利或增加公民的义务。执法必严，违法必究都属于法制的监督环节，也是实现法制秩序的保障。其作用一方面是通过强制措施对违法行为的矫正使其返回正轨，另一方面是起到对其他人的教育作用。应该注意的是法制秩序本身已经包含了对违法行为的矫正措施，因此无论是执法还是对违法的惩戒都要按照法律的规定，而不能突破法律的规定导致对法制秩序的破坏。对违法必究的含义邓小平特别指出："公民在法律和制度面前人人平等，党员在党章和党纪面前人人平等。人人有依法规定的平等权利和义务，谁也不能占便宜，谁也不能犯法。不管谁犯了法，都要由公安机关依法侦查，司法机关依法办理，任何人都不许干扰法律的实施，任何犯了法的人都不能逍遥法外。"②

法制建设的初期工作主要是法律的起草，面对当时人力不足导致法律的起草缓慢，邓小平提出："法律条文开始可以粗一点，逐步完善。有的法规地方可以先试搞，然后经过总结提高，制定全国通行的法律。修订法律，成熟一条就修改一条，不要等待'成套设备'，"③"对我国立法的总原则和指导思想，邓小平曾多次论述过，这就是要坚持社会主义道路，坚持人民民主专政，坚持中国共产党的领导，坚持马列主义、毛泽东思想。这四项基本原则是我们的立国之本，是全国各族人民团结奋斗的政治基础，是社会主义现代化建设的根本保证，也是我国

---

① 《邓小平文选》第 2 卷，人民出版社 1994 年版，第 146 页。
② 《邓小平文选》第 2 卷，人民出版社 1994 年版，第 332 页。
③ 《邓小平文选》(1975～1982 年)，人民出版社 1983 年版，第 137 页。

立法的总的指导思想。立法工作必须坚持四项基本原则，只有这样才能体现全体工人阶级和劳动人民的根本利益和意志，才能使法律成为保护人民打击敌人的有力武器。"① 在邓小平理论的指导下，我国开始了新时代的法制秩序的创建。

第二节　社会主义宪法

一、革命宪法到改革发展宪法

马克思主义理论在中国有一个创造性运用和发展的过程，表现在中国共产党领导的制宪史上，如果从宪法反映意识形态的功能角度看，其基本脉络即是从"革命宪法"到"改革发展宪法"。回顾马克思主义的历史发展，其社会政治方案的核心是实现无产阶级夺取政权。取得政权的方式，马克思曾设想通过议会内的合法斗争取得政权，后来巴黎公社的武装起义修正了上述设想，继而是俄国十月革命的实践展示了暴力革命的成型途径。虽说在暴力革命方面中俄相同，但中国革命所走的"农村包围城市"道路又迥异于俄国，其深层原因可在毛泽东早年的《湖南农民运动考察报告》中获得。可见，从马克思主义经由列宁主义到毛泽东思想，暴力革命作为异常清晰的线索一以贯之。中国共产党早期制宪史无疑是政治权力之间的阶级斗争史。邓小平开创了中国制宪史的新时代，改革与发展成为中国共产党执政的主题。由此，从革命党向执政党的转换，从"革命宪法"到"改革发展宪法"的转换，可以认为是中国"1978观念"的自然演进。

邓小平理论和"三个代表"重要思想作为对毛泽东思想的继承和发展，都是马克思主义与中国革命和建设实际相结合的理论成果。党的意识形态之历史变迁在历次修宪中都得到充分体现，甚至可以说这种意识形态的变化是宪法修改的直接原因。宪法修改并非着重于权力关系和权力体制本身的调整，而首先是着眼于宪法的意识形态基础，或者说权力的合法性来源方面的变化。以宪法修正案规定"社会主义建设者"为例，其内涵并非"社会主义劳动者"所能容纳，而"建设者"一词显然是对中国新生社会力量的权威肯认，通过修宪以吸纳新的政治因子，从而扩大并巩固国家权力的合法性基础。

通过宪法以明确党的意识形态，意识形态的"动"与宪法文本的"静"之

---

① 陈景良主编：《当代中国法律思想史》，河南大学出版社1998年版，第223页。

间有一定张力。频繁修宪不利宪法权威。宪法中关于国体的规定承袭"五四宪法"迄无变更。事实上,国体与党的意识形态之间的内在关联有其复杂性。聚集于宪法的核心问题"权力的归属与使用",两者都可归于宪法的正当性问题。党的意识形态与国体可以说是"权力归属与使用"这一问题的不同表达,两种表达各有其形式上、功能上的分殊。序言中党的意识形态与时更新,总则里国体的表述稳定不变。国体的宪法文本表述与社会政治生活现实之间存在扞格,这对宪法的规范性适用有一定影响。

二、从政治法到社会法

中国长期大一统,社会规模较多数西方国家大得多。一个社会越大,与国家事务的联系的紧密度就越低。当然这也不是必然的,但在信息交流方式改进、代议制民主制完善以及有强烈参政需求的群体出现之前,这一点很难改变。在近代国家管理手段出现以前,维系一个超大型的国家是一个很大的难题。由于交流手段有限,地方与地方之间,地方与中央之间进行政治博弈非常困难,彼此的交易与妥协无法进行,那只好以武力镇压或分裂来解决。但中国不同,儒家学说为农业的中国提供了一个几近永恒的运作模式,从而消除了政治博弈的需要。中央政府得以独力支配国家事务。

中国人在事实上长期维系了一个超大型的帝国,是一项很伟大的成就。这与运气关系不大,主要还是依赖于中国独特的政治哲学,同时维护这个国家的统一与和平也是中国政治家们最为关注的问题。当儒家学说破产以后,维系这个国家的纽带失效,随之而来便是战乱与分裂。所以对中国人来说,无论宪政在西方是用来做什么的,它在中国的首要任务就是恢复秩序。这也就决定了在相当长一段时间里,宪法不是一部"社会法",而是一部"政权组织法"。宪法是作为政治秩序的一部分而存在,而不是更广泛意义上的社会秩序的一部分而存在。更进一步地讲,宪法是一个"政治纲领",是用来从上而下地重构政治社会的工具,其余皆非重点。

从学理上讲,"省宪运动"的许多理论很值得关注,但从现实政治上讲,它行不通。人们无法冒险让分裂状态长期化,然后再长成为一个统一国家。中国的国家重构只能是从上而下进行。西方宪政理论提供的政治解决方法主要是选举与议会政治,对于近代中国来说,这种方法太柔软了。中国是一个前现代的超大规模的缺少内部交流途径的群众性社会,从某个角度来讲就是"一盘散沙"。首先要有一个权威,然后才能有秩序,而不是说先有秩序,再从这个秩序中每过几年产生一个权威。因此多党制与议会民主搞了许多年,最终还是让位于中国共产党的领导，武力统一全中国与党领导下的人民代表大会制。还是常说的那个理论，这是由中国国情决定的。

中国的宪政问题，首先是个政治问题，而政治问题的核心是和平与统一，也就是人民不造反，国家不分裂。虽然1949年时中国共产党已经取得了绝对的领导地位，但此后的政治模式一直没有定型，反复变动，从共同纲领到1954宪法，再到1975宪法和1978宪法。"如何治理这个国家"仍然是新中国成立后30年间的主要问题。到1982年宪法制定时，这些问题最终得到解决，政治模式得到定型，也就是在中国共产党领导下的人民代表大会制。

在具有基础性的政治问题得到解决后，更深层次的社会变革依次展开。如前所述，中国的特殊国情决定中国的政治秩序的恢复只能是自上而下带有一定强制性的，（政治）社会是被理论改造的对象，在政治社会被改造的同时，经济社会与文化社会连带地被控制，以求实现对社会的完全控制，从而确保政治控制的实现。但这只是一种特殊状态，在基本的政治问题得到解决后，操控经济社会与文化社会的必要性也就消失了，而且政治秩序以外的社会秩序具有复杂性，它需要靠社会本身来生成，而不是自上而下地规定。所以到了1982年以后，随着改革开放的深入，国家对经济与文化领域逐渐放松控制。社会不再仅仅是政治理论的附属，它可以独立演化，并且引领理论，政党理论与社会发展之间存在着互动关系。由政党理论指导的宪法也不再仅仅是一部"政治法"，它慢慢向"社会法"转变，制宪的热点不再是政治问题，而是转变为经济问题与公民权利问题。从1949~1982年，大约是33年，中国制定了五部全新的宪法，差不多每一部在国家的根本政治制度上都有大的变革；而从1982~2007年，大约是25年，中国只是对1982年宪法进行了个别的修正，内容主要集中在经济领域。

第三节 社会主义法制体系的建立

新中国成立以来，我国的法治建设经历了一个曲折的发展过程。1949年2月，中共中央发布了《关于废除国民党的六法全书与确定解放区的司法原则的指示》，它是指导新中国成立初期我国法制建设的重要原则。根据这一指示，新中国不仅逐渐开始了自己的立法工作，而且通过调整改造旧大学的法学院系和建立新的法学院校，为新中国的法制建设培养了骨干人才。1954年新中国第一部宪法，既是治国安邦的总章程，也是国家法制建设的良好开端。但从1957年夏季开始，随着反右斗争的扩大化和法律虚无主义的盛行，法制建设逐渐停步。在

"文化大革命"期间,社会主义法制遭到严重破坏。"文化大革命"结束后,我国的法制建设重新起步,并得到迅速蓬勃的发展。中国共产党十一届三中全会提出"加强社会主义民主,健全社会主义法制",确立了健全法制的16字方针"有法可依,有法必依,执法必严,违法必究"。1982年,制定了新中国历史上的第四部宪法,为改革开放和现代化建设奠定了雄厚的法制基础。随后,法律体系逐渐形成,法学教育初具规模,法律逐渐从书本走进生活,并在社会生活中发挥着越来越重要的作用。普法运动使人民的法律知识和法治观念不断增强。1996年,中共中央明确提出"依法治国,建设社会主义法治国家"的基本方略,并将其写入宪法和政府工作报告。2002年,中共十六大报告继续强调了"建设社会主义法治国家"的方略。这不仅充分反映了我国社会进步的要求,而且必将推动我国的法治建设发展到一个新的阶段。①

一、社会主义法律体系的初步建立(1949～1957年)

1949年,国民党败退台湾。新中国开始自己的立宪工作。早在民主革命时期,中国共产党就搞了一些地方性的宪法。但事实上这些文件无法实现。例如:1934年的《中华苏维埃共和国宪法大纲》、1941年《陕甘宁边区宪法原则》等。新中国的立宪实际上从1949年2月已开始。1949年1月14日毛泽东在关于时局的声明中已将"废除伪法统"作为8项和平条件之一。1949年2月,中共中央发布《关于废除国民党的六法全书与确定解放区的司法原则的指示》,该指示宣布"国民党的六法全书应该废除",为新中国立宪扫清道路。新中国的立宪是在彻底斩断传统的基础上起步的,其主要宪法文件如下:(1)《中国人民政治协商会议共同纲领》。1949年9月,召开中国人民政治协商会议第一次全体会议,该会议于9月27日通过了《中华人民共和国中央人民政府组织法》、《中国人民政治协商会议组织法》、《关于中华人民共和国国都、纪年、国歌、国旗的决议》,9月29日通过该共同纲领和《关于选举中国人民政治协商会议全国委员会和中央人民政府委员会的规定》。该共同纲领实为新中国第一部宪法(临时)。上述法律与共同纲领共同构成新中国立国的宪法基础。(2)1954年宪法。新中国成立后,各地陆续召开人民代表会议,并制定有关组织法、选举法,最终于1954年9月召开第一届全国人民代表大会第一次会议,该次会议通过了《中华人民共和国宪法》,是为新中国的第一部正式宪法。通称"五四宪法"。该宪法是一

---

① 陈弘毅:《中国法制现代化的道路》,载张晋藩主编:《二十世纪中国法治回眸》,法律出版社1998年版,第103～113页。

部较好的宪法，它吸收了苏联 1936 年宪法的精华，同时也汲取了中国立宪史上较好的东西，以及某些世界宪法惯例。例如：法律面前人人平等，司法独立原则，人民权利的规定也较全面。

除 1954 年宪法外，从 1949 年 9 月至 1954 年 9 月，还相继颁布了《中华人民共和国人民政府组织法》、《中华人民共和国婚姻法》、《中华人民共和国土地改革法》、《商标注册暂行条例》、《保障发明权与专利权暂行条例》、《私营企业暂行条例》、《中华人民共和国海关法》、《中华人民共和国惩治反革命条例》、《中华人民共和国法院暂行组织条例》、《中华人民共和国惩治贪污条例》、《中华人民共和国法院组织法》和《中华人民共和国检察院组织法》。这些立法提供了政府组织建设的法律依据，实现了新中国的国家职能，保证了一系列紧迫的政治经济任务的完成。尽管这些立法尚不完备，而且带有某种过渡性，但却初步构建了新中国的法律体系，营造了良好的法治氛围。

二、社会主义法律体系建设的曲折发展（1957～1976 年）

1949 年新中国成立以后，在建设社会主义法制过程中，法学也步入了一个全新的发展阶段。新中国的法学是以马克思列宁主义为指导的，是在批判西方的政治法律观点的基础上建立的，是为当时的立法建制和政治任务服务的。这一时期的法学界同其他学术界一样，思想活跃，学术自由空气较为浓厚，各个学科都针对本学科的重大问题展开讨论，发表了一批论文，出版了 350 余种法学著作、译作和资料汇编。但是，这一时期在片面地、"一面倒"地学习苏联的影响下，存在着照抄照搬苏联法学理论，脱离中国实际的教条主义倾向，在出版的 165 种译作中，基本上是苏联的法学著作和教科书。尽管中央确定了"教学与实际联系，苏联经验与中国情况结合"的方针，但实际上并没有完全落实，而且在批判"资产阶级"法律观点的斗争中，完全否定了 20 世纪以来中国法制现代化的成果，隔断了近百年来先进的中国人所推动的中国法制现代化进程的历史联系。有些苏联法学家片面强调法律的镇压功能，对新中国的法学与法制建设都产生了消极的影响。这是值得吸取的一个教训。

1957 年以后，从当时中国社会的主要矛盾是"无产阶级和资产阶级的矛盾，社会主义道路和资本主义道路的矛盾"的错误认识出发，导致了否定和批判此前关于完善社会主义法制的一系列正确决定。"公民在法律面前一律平等"被指责为"抹杀法律的阶级性"；强调依法办事被看成是"法律至上"的资产阶级观点，是"不要党的政策"；辩护制度、律师制度被批判为"为罪犯开脱"；无罪推定被认为是放纵罪犯等等。法学教育和研究在批判资产阶级观点、旧法观点和修正主义观点的环境中,已经不可能正常运作。民法、行政法、劳动法等课程被取消,法学研究在重重思想束缚中陷入了停滞状态。在这个过程中,无产阶级专政不受法律限制,破除资产阶级法权残余等错误理论,大大助长了法律虚无主义的倾向,损害了宪法与法律的权威,扰乱了人们的思想认识,使得刚刚萌发起来的法律意识成了被批判的对象。

在法律虚无主义的影响下,国家立法活动陷于停顿。从1957年10月至"文革"前只制定了《治安管理处罚条例》、《户口管理条例》、《农业税条例》、《商标管理条例》等法律,一个拥有数亿人口的大国在近10年的时间里只进行了如此少量的立法,说明当时中国的法制建设已经基本上处于停滞状态。

从1957年以后发展起来的法律虚无主义倾向到"文化大革命"砸烂公检法,以"无法无天"作为追求的"革命境界",可以说发展到了极致。国家活动和社会生活都处于完全无序的状态,公民的基本权利缺乏应有的保障,一批卓有成就的法学专家、教授被打成"反动学术权威",中青年法律工作者荒疏了业务,大量宝贵的法学书刊、资料散失殆尽。① 1958年更是形成了"要人治不要法治"的社会舆论,而这一主张主要由毛泽东掌控和解释。

在1958年8月召开的协作区主任会议上,毛泽东说,公安法院也在整风,法律这个东西没有也不行,但我们有我们这一套,还是马青天那一套好,调查研究,就地解决问题。毛泽东又说,不能靠法律治多数人。民法刑法那么多条谁记得了。宪法是我参加制定的,我也记不得。韩非子是讲法治的,后来儒家是讲人治的。我们的各种规章制度,大多数,百分之九十是司局搞的,我们基本上不靠那些,主要靠决议,开会,一年搞四次,不靠民法、刑法来维持秩序。人民代表大会、国务院开会有他们那一套,我们还是靠我们那一套。刘少奇提出,到底是法治还是人治?看来实际靠人,法律只能作为办事的参考。②

三、社会主义法律体系的恢复与发展

"文革"事件是中国法制现代化历史上的一个转折点,经过了"文革"的变局,法学界痛定思痛,迫切感到建设真正的社会主义民主法治国家的重要性。1978年底中国共产党第十一届三中全会做出"加强社会主义民主,健全社会主义法制"的决定,这个决定反映了全国人民的愿望,使法制建设和法学发展出

---

① 陈弘毅:《中国法制现代化的道路》,载张晋藩主编:《二十世纪中国法治回眸》,法律出版社1998年版,第103~113页。

② 参见程燎原:《从法制到法治》,法律出版社1999年版,第8~9页。

现了根本的转机。1978年2月,梁漱溟在政治直属小组会议上就中国法制问题发言时指出,当前中国的宪法常常是一纸空文,治理国家老是靠人治,而不是法制。"中国历史发展到今天,人治的办法已经走到了尽头。人们对法制的愿望更加迫切、更加坚决了,中国的局面由人治渐入法制,现在是个转折点"。①

1978年底,召开了具有历史意义的中国共产党十一届三中全会。这次会议以马克思主义为指导思想,对中国社会的主要矛盾作出了正确的判断,同时,对治理国家的基本方式也有了转变,即由原来的完全依靠政策治理国家发展到既要依靠政策也要依靠法律治理国家。1979年,在全国范围内就应当实行"人治"还是实行"法治",进行了第一次大讨论。在讨论中,形成了三种观点,即应当实行人治、应当实行法治、应当将人治和法治相结合。在这场讨论中,完全主张和坚持实行人治的人明显处于少数,而主张和坚持实行人治与法治的人居多。在此后的时间里,关于人治与法治孰优孰劣的大讨论,在全国范围内又进行了两次。经过后两次的讨论,人们越来越明确地认识到,法治要优于人治,人治与法治不可能结合在一起。② 对此一问题,林毓生先生曾有过透彻犀利的评述:

实现民主必须先有法治。但我们没有法治传统,却又要实行民主,所以成绩一直不理想。民主产生与运作,必须先有法治;而我们是为实行民主才要求实现法治。事实是,必须先有法治才能实行民主。但我们压根儿就没有法治的传统(只有人治与刑罚的传统),这是我们的根本问题所在。③

20世纪的中国法治问题具有深厚的历史根基,既有某种一以贯之的理论范式和文化品格,更有令人难测的频繁变换。学者们对法治的研究也形成了很多经典的理论,在前半个世纪,曾经形成梁启超的"法治主义",孙中山的"民主法治"观,胡适的"自由主义法治"论,贺麟的"基于学术的法治"论等。④ 随着经济体制改革和对外开放的不断深入,人们越来越认识到民主法制建设的重要性。全国人大和地方各级人大的会议开始正常召开,特别是全国人大及其常委会对法制建设越来越重视。我国法制建设的恢复实际上是从1979年开始的。1979

---

① 在这场讨论中,共形成了三派观点。一派可以称为法治人治对立论(也有人称其为法治论),主张要法治不要人治;法治与人治是相对立的。法治指以代表全国人民意志的法律为准;人治则指以个别领导人的意志为准。换言之,法治代表民主,人治代表专制、独裁。一派可称为法治人治结合论,主张法治与人治不可分,二者必须结合;法律是由人制定并由人实行的,没有人的作用,还有什么法治。还有一派可称为法治人治摒弃论,认为"法治"和"人治"的提法不科学,应予摒弃,代之以"发展社会主义民主、加强社会主义法制"的提法。参见王人博、程燎原著:《法治论》,山东人民出版社1998年版,第419页。关于法治与人治的讨论,参见《法治与人治问题讨论集》编辑组《法治与人治问题讨论集》,群众出版社1980年版;程燎原:《从法制到法治》,法律出版社1999年版。
② 张晋藩编:《二十世纪中国法治回眸》,法律出版社1998年版,第5页。
③ 林毓生:《中国传统的创造性转化》,三联书店1998年版,第93~94页。
④ 程燎原:《从法制到法治》,法律出版社1999年版,第4页。

年 7 月 1 日，全国人大对 1978 年宪法进行了第一次修改，这次修改涉及的主要内容是关于国家机构的建设。在同一天，通过了七个重要的法律，即中华人民共和国选举法、全国人大组织法、地方各级人大和地方各级政府组织法、人民法院组织法、人民检察院组织法、中华人民共和国刑法等，开启了中国社会主义法制恢复和健全之门。1980 年，全国人大又对 1978 年宪法进行了第二次修改，取消了宪法中关于公民有"四大自由"的规定，表明国家重视建立法律秩序和民主程序的决心。

"文化大革命"结束后不久制定的 1978 年宪法，无论是在指导思想上，还是在具体的规范上，都与已经变化的中国社会的客观实际不相一致。因此，全国人大于 1982 年重新通过了新时期的根本法。这部宪法的通过标志着我国开始正式迈出健全和完善社会主义法制的步伐。正如彭真委员长所说，我国已经开始从主要依靠政策治理国家也依靠法律治理国家，改变为主要依靠法律治理国家。1982 年宪法不仅注重宪法的制定和宪法规范的完善，更加重视宪法的实施。这部宪法为我国社会主义法制建设提供了坚实的基础。我国前三部宪法都规定，全国人大是我国的唯一立法机关，而这部宪法从我国立法的实际需要出发，既赋予全国人大的国家立法权，还增加规定全国人大常委会也有国家立法权；这部宪法考虑到地方立法的必要性，在保持国家统一的前提下，赋予一定级别的地方人大和人大常委会在不与宪法、法律、行政法规相抵触的前提下有制定地方性法规的权力；除全国统一性的法律外，考虑到少数民族地区的特殊性，赋予自治区、自治州、自治县的人大根据本民族特点制定自治条例和单行条例的权力。2000 年全国人大制定了立法法，对立法权的分配、立法程序及对立法活动的监督作了规范。①

1982 年宪法实施以后，全国人大和全国人大常委会根据我国社会发展的需要，进行了大规模的立法活动。

第一，宪法的修改。我国的现行宪法于 1982 年通过，这部宪法与中国当时的社会实际是完全一致的，但是，我国正处于改革开放新时期，社会发生着巨变，宪法毕竟属于规范范畴，应当与社会实际保持一致才能起到应有调整功能。因此，全国人大于 1988 年、1993 年、1999 年和 2004 年四次以修正案的方式对现行宪法进行了修改，通过了 31 条宪法修正案，使其与我国的社会实际保持了高度的一致性。

第二，关于国家象征的立法活动主要有：国旗法（1990 年）、国徽法（1991 年）等。

---

① 刘莘：《从缺失到完善——新中国 55 年立法轨迹》，《决策参考》2004 年第 34 期。

第三，关于国家机构方面的立法活动主要有：修改选举法、制定代表法、修改全国人大组织法、制定全国人大议事规则、制定全国人大常委会议事规则、修改地方组织法、修改国务院组织法、修改人民法院组织法、修改人民检察院组织法、制定和修改村民委员会组织法、制定和修改城市居民委员会组织法等。

第四，关于民族方面的立法活动主要有制定和修改了民族区域自治法（1994年制定、2001年修改）。

第五，关于特别行政区方面的立法活动主要有：香港特别行政区基本法（1990年）、香港特别行政区驻军法（1996年）、澳门特别行政区基本法（1994年）、澳门特别行政区驻军法（1999年）等。

第六，关于公民基本权利方面的立法活动主要有：集会游行示威法（1989年）、归侨侨眷权益保护法（1990年）、残疾人保障法（1990年）、未成年人保护法（1991年）、工会法（1992年）、妇女权益保障法（1992年）、老年人权益保障法（1996年）、国家赔偿法（1994年）等。

第七，关于民商事方面的立法主要有：民法通则、反不正当竞争法、消费者权益保护法、农村土地承包法、著作权法、专利法、商标法、担保法、拍卖法、合同法、招标投标法、继承法、婚姻法（2001年修改）、全民所有制工业企业法、公司法（1999年修改）、外资企业法、中外合作经营企业法、中外合资经营企业法）、企业破产法、保险法等。

第八，关于行政管理方面的立法活动主要有：行政处罚法、档案法、保守国家秘密法、行政许可法、公民出境入境管理法、外国人入境出境管理法、治安管理处罚条例、道路交通安全法、国家安全法、律师法、监狱法、义务教育法、固体废物污染环境防治法、防震减灾法、气象法、海关法等。

第九，关于经济活动方面的立法活动主要有：中小企业促进法、预算法、政府采购法、注册会计师法、会计法、税收征收管理法、外商投资企业和外国企业所得税法、个人所得税法、银行业监督管理法、中国人民银行法、商业银行法、矿产资源法、防洪法、对外贸易法、台湾同胞投资保护法、进出口商品检验法、审计法、统计法、价格法、计量法、标准化法、产品质量法、广告法等。

第十，关于社会方面的立法活动主要有：红十字法（1993年）、公益事业捐赠法（1999年）、劳动法（1994年）、矿山安全法（1992年）、职业病防治法（2001年）、安全生产法（2002年）等。

第十一，关于刑事方面的立法活动主要有：刑法（1997年修改）及1999年和2001年8月、2001年12月、2002年四次修正案等。

第十二，关于诉讼程序方面的立法活动有：刑事诉讼法（1996年修改）、民事诉讼法（1991年）、行政诉讼法（1989年）、行政复议法（1999年）等。

此外，国务院根据宪法、法律制定了大量的行政法规；地方一定级别以上的人大及其常委会在不与宪法、法律、行政法规相抵触的前提下，制定大量的地方性法规；民族自治地方的自治机关根据本民族特点制定了适用于本民族的单行条例；特别行政区立法机关依基本法的规定，制定了适用于本特别行政区的法律。1992年邓小平同志发表了著名的"南巡讲话"，解决了社会主义与市场经济之间的关系。1993年，全国人大通过宪法修正案将宪法中原有的计划经济的规定改为市场经济，明确规定我国要建立社会主义市场经济体制。1993年以后，全国人大和全国人大常委会围绕着如何完善和健全社会主义体制下需要的法律体系，进行了许多立法。从上述例举中即可以看出这一点。今后全国人大和全国人大常委会的立法重心仍然将是如何完善社会主义市场经济体制所需要的法律。①

五十年来的新中国法制史表明：由人治到法治，这是认识上的巨大转变。在人治状态下，治理国家主要依靠的是政策，是人的因素；虽然有少量的法律存在，但制定政策的人是不受制于法律的。1982年通过现行宪法开始，我们国家由人治转变到法治，主张依靠法律制度治理国家，应当做到"有法可依，有法必依"。法制即法律制度毕竟是静态的，它并没有回答立法机关制定的法律的正当性、法律与人的关系、法律与国家权力的关系、法律与人权的关系、法律的实施等基本问题，同时也是核心问题，并没有回答法的基本理念。由此，1997年党的十五大提出了"依法治国，建设社会主义法治国家"的治国方略。1999年宪法修正案将这一治国方略明确地载入了宪法，成为国家根本法的重要部分。这样，在我国今后的立法工作中，要贯彻法治的基本理念和基本精神。2004年宪法修正案更是明确地将"国家尊重和保障人权"写入了宪法，并在许多个条款中直接或者间接地与保障人权有着联系。尊重和保障人权，这是法治的核心价值，是实行法治的出发点和基本归宿。宪法修正案为我国未来的立法工作，为完善社会主义法律体系提出了基本的目标和价值追求，我国所有的立法都将围绕着这一核心价值或者说是最高价值而展开。同时，我们也不得不注意中国法制现代化道路上的一个重大问题，即如何应对传统中国"政治比法优先"的原则，理解中国的法，首先是要理解这一原则，未来中国的法制现代化进程还要着重去解决这一问题，诚如日本学者刘得宽所说，在法律改革问题上，中国不适合"急速的变化"：

在中国过去很长的一段时期，由于形成政治第一主义或者政策指导型的法秩序，与其说它是一般的法律，还不如说它更近于行政指令。现在，中国正在推进"民主与法制"，"尊重人权"也有某种程度的实现。但是，因为意识形态不同，

---

① 刘莘：《从缺失到完善——新中国55年立法轨迹》，《决策参考》2004年第34期。

运用西欧意义的法来建设近代国家，还需很大努力。另外，通观中国历史潮流，由于"人治"观念"根深蒂固"地残留中国社会，尽管制定了法律，也不可能有急速的变化。①

21世纪之初，西方法学还没能走出价值相对主义的迷雾，作为不同于西方世界的独特文化世界，有着辉煌立法成就的中国没有理由自甘卑下。新中国建立以来，社会主义法律体系经过多年的努力已基本成形，已经成为调整我国社会生活、经济生活、国家生活的基本规范。当然，这一体系也还需要进一步完善。数千年的中国法律史有着自己的线索和"范式"，经常检查和反思其中的问题既是中国传统史学对待"经验"的方法，也是构建新的中国法"范式"的关键。

第四节 社会主义的司法制度

一、新三民主义的司法

俄国十月革命胜利后建立的苏维埃国家政治制度，使孙中山看到了一种崭新的政权模式。受俄国的影响，孙中山赋予了民权主义以新的内容，强调主权在民，主张"直接民权"。为了保障人民权利的实现，孙中山提出了著名的"五权宪法"。主权在民体现在"五权宪法"中，就是设立国民大会作为最高权力机关。

1924年在苏俄共产党和列宁的帮助下，孙中山开始改组国民党，决心把它变成一个"和俄国的革命党一样"的有力量的革命政党。这次大会的形式和规程都是仿照俄共（布）方式，会议通过的《中国国民党总章》中关于会议制度、上下级关系、组织设置、各级职权范围及纪律制裁等项规定，也全面仿照俄共（布）党章的内容。② 尤为突出的是，大会宣言对孙中山的三民主义做了与共产国际几乎一致的解释，成为新三民主义。

从1924~1927年，广州、武汉国民政府在苏联及中国共产党的影响下进行了法制改革。这种影响突出地表现在司法方面，核心是司法权的党化。1927年初，时任武汉国民政府司法部长的徐谦在改革司法制度说明书中明确提出：

---

① ［日］刘得宽：《中国的传统法思想与现代的法发展》，载张中秋编：《中国法律形象的一面——外国人眼中的中国法》，法律出版社2002年版，第74~93页。

② 《苏联共产党代表大会、代表会议和中央全会决议选辑》（1），中国人民大学出版社1954年版，第594页以下。

旧时司法观念，曰"司法独立"，曰"司法官不党"，而司法反对革命，势必相抵触，故司法非受政治统一不可，观苏联之政治组织、立法、行政，故属合一，即司法机关"亦非独立"，此即打破司法独立之新制也。①

"顾现行司法制度"，"非根本改造不可"。其改革要点为：第一，确立审检合一制度。即废止检察厅，在法院内设置检察官（原来审判、检察两方，各自分设机构）。审检合一，明显受到苏联司法制度的影响。第二，确立司法行政委员会制度。由于受到中国传统司法制度的影响，民国初年的司法机关中实行的是长官制。这种制度容易造成权力的集中化和司法腐败，所以国民政府司法改革委员会借鉴苏联经验废除了法院内部的长官制，成立了由庭长、检察官、书记官组成的司法行政委员会，使国民政府的民主集中制原则在司法上得到充分实现。第三，确立参审制与陪审制。参审员与陪审员参与法律事实的审判工作体现了主权在民的思想，有助于保障审判的公正性。

二、全面学习苏联

新中国成立后，中苏关系进一步紧密，为引进苏联法制提供了条件。这种学习与移植是全方位的，从法学教育、研究直至立法、司法实践。在法律教育方面，国家明确提出了全面学习苏联的方针。陈守一教授指出："法律教育工作是和学习苏联分不开的。建国后不久，有些高等学校的法律系主要是或者完全是学习苏联的。不只是教学计划、教学组织和教学法是苏联的，各种法律专业课的讲授内容，也几乎完全是苏联的。苏联的法律家，为我们教育学生，同时也为我们培养教员。"②

方流芳教授指出，中央人民政府创设中国人民大学就是作为引进苏联模式和传播苏联学说思想的大本营。③ 由中国人民大学编写的《国家与法的理论》一书中，中国法学家将以维辛斯基为代表的苏联法学家关于法律是统治阶级的意志，由国家强制力保证其实施的观点，奉为经典的马克思主义法学理论。至20世纪80年代的法理学教科书中，此理论仍延续不衰。④ 在刑事诉讼法学方面，1956年制定的《中华人民共和国刑事诉讼教学大纲》，是在中国尚未颁布刑事诉讼法

---

① 《民国日报》，1926年9月20日。
② 陈守一：《法学研究与法学教育论》，北京大学出版社1996年版，第4页。
③ 方流芳：《中国法学教育观察》，《比较法研究》，1996年第2期，第123页。在1954年召开的全国政法工作会议上，教育部明文规定："中国人民大学应将所编译的苏联法学教材进行校阅，推荐各校使用"。参见《中国教育年鉴（1949～1981）》，中国大百科全书出版社1984年版，第267页。
④ 陈守一：《法学研究与法学教育论》，北京大学出版社1996年版，第4页。

典的情况下制定出来的，其体系结构很明显受到了苏联刑事诉讼法的影响。20世纪 50~60 年代的中国刑事诉讼学强调"中华人民共和国刑事诉讼学的党性"，强调"中华人民共和国刑事诉讼与资产阶级国家刑事诉讼有本质的区别"。对"资产阶级国家刑事诉讼"和"国民党反动政府的刑事诉讼"持否定和批判的态度，而对"苏维埃刑事诉讼"和"人民民主国家的刑事诉讼"则持肯定的态度。在 50 年代后期的反右运动中，诉讼法学界将阶级分析方法运用到极致，把"审判独立"、"自由心证"等诉讼原则或制度，均当作"资产阶级旧法理论"而加以批判。①

苏联法律影响的痕迹最为明显的是我国宪法的制定。刘少奇在 1954 年宪法草案的报告中明确指出：我们所走过的道路主要是苏联走过的道路。② 我国"五四宪法"仿照了苏联 1936 年的宪法结构，总纲、国家机构和公民的基本权利和义务三章中不少内容都明显地参考了苏联宪法的有关规定。在司法制度方面，关于法院的设置和上下级法院的关系、人民陪审员制度、审判的组织、刑事审判原则、审判程序也都仿照苏联程序法。而设立独立的检察机关并赋以法律监督职权，则完全是移植苏联的检察制度。

苏联法制的强调集中性、强调阶级意志而不重视个人权利；强调用行政法制手段管理经济生活、不重视民法的作用等等诸多特性；恰恰符合了中国人当时发展计划经济的需要。这是新中国初期全面学习苏联法制的根本原因。③

三、社会主义的司法制度

（一）初创

1949 年中国人民政治协商会议通过的《中国人民政治协商会议共同纲领》（以下简称《共同纲领》）和《中央人民政府组织法》，确立了新中国司法的基本原则。

早在 1949 年 2 月，中共中央就发出了《关于废除国民党〈六法全书〉和确定解放区司法原则的指示》："在无产阶级领导的以工农联盟为主体的人民民主专政的政权下，国民党的《六法全书》应该废除，人民的司法工作不能再以国

---

① 李贵连主编：《二十世纪中国法学》，北京大学出版社 1998 年版，第 114 页以下。
② 蔡定剑主编：《中国宪法精粹》，中国民主法制出版社 1996 年版，第 13 页以下。
③ 陈守一：《法学研究与法学教育论》，北京大学出版社 1996 年版，第 4 页。

民党的《六法全书》作依据，而应该以人民的新法律作依据"。① 《共同纲领》第十七条规定："废除国民党反动政府一切压迫人民的法律、法令，建立人民司法制度。"②

《共同纲领》第十三条规定："在普选的全国人民代表大会召开以前，由中国人民政治协商会议的全体会议执行全国人民代表大会的职权，制定中华人民共和国中央人民政府组织法，选举中华人民共和国中央人民政府委员会，并付之以行使国家权力的职权"。③《中央人民政府组织法》规定：由中央人民政府委员会"制定并解释国家的法律，颁布法令，并监督其执行"。④ 这些规定表明，中国人民政治协商会议代行全国人民代表大会的职权，只限于制定中央人民政府组织法和选举中央人民政府委员会，而制定国家法律是中央人民政府委员会的职权。

《中央人民政府组织法》规定，新中国的司法机关分为审判机关、法律监督机关和行政司法机关。"最高人民法院为全国最高审判机关，负责领导和监督全国各级审判机关的审判工作"，"最高人民检察署对政府机关、公务人员和全国国民之严格遵守法律，负最高的检察责任。"行政系统中的司法机关分为人民监察委员会、政治法律委员会及其指导的公安部、司法部和法制委员会，分别履行各自的司法职能。

1950年11月，政务院发布了《关于加强人民司法工作的指示》，要求各级人民政府"采取必要的办法，使人民司法制度在全国范围内有系统地逐步地建立和健全起来。"⑤

1951年9月，中央人民政府委员会通过并公布了《人民法院暂行组织条例》、《最高人民检察署暂行组织条例》和《各级地方人民检察署组织通则》，对人民法院和检察机关的性质、任务、组织体系与工作原则、工作制度作了明确规定。

国民党政权的原司法人员，占新中国司法人员的三分之一以上。随着镇压反革命运动、土地改革运动和"三反"、"五反"运动的开展，旧人员与新意识形态的矛盾愈益突出。人民民主法制难以贯彻实施，各项改革和建设不能获得司法方面的助力。1952年，中国共产党领导进行了一场司法改革运动。

中国共产党组织各级司法机关的人员学习《共同纲领》和人民政府的有关法律、法令，学习党和国家的方针政策，对"旧的法律观点"进行批判，否认

---

① 《中共中央文件选集》第18册，中共中央党校出版社1992年版，第150页。
② 《中共中央文件选集》第18册，中共中央党校出版社1992年版，第587页。
③ 《中共中央文件选集》第18册，中共中央党校出版社1992年版，第571页。
④ 《中共中央文件选集》第18册，中共中央党校出版社1992年版，第588页。
⑤ 《中共中央文件选集》第1册，中共中央党校出版社1992年版，第451～453页。

了对旧法的继承性。与此同时，也批判了"三权分立"、"司法独立"、"法律不溯既往"等观点。① 同时，党和政府着手整顿司法组织和人事。

这一时期，司法工作在当时特定历史环境下采用了一些尝试性或过渡性的做法，如批判和否定司法独立原则；政法机关（政法委员会、司法、法制委员会、人民法院和人民检察署）合署办公。人民法院审判案件在无法律时依据政策，党委审批案件制度等等。它们都不同程度地影响着新中国司法的道路，有些临时的制度甚至一直沿用至今。

（二）正式确立

1954 年的《中华人民共和国宪法》体现了人民民主原则和社会主义原则，是我国第一部社会主义类型的宪法。宪法规定："中华人民共和国最高人民法院、地方各级人民法院和专门人民法院行使审判权。""人民法院独立进行审判，只服从法律。""最高人民法院监督地方各级人民法院和专门人民法院的审判工作，上级人民法院监督下级人民法院的审判工作。""中华人民共和国最高人民检察院对于国务院所属各部门、地方各级国家机关、国家机关工作人员和公民是否遵守法律，行使检察权。地方各级人民检察院和专门人民检察院，依照法律规定的范围行使检察权。地方各级人民检察院和专门人民检察院在上级人民检察院的领导下，并且一律在最高人民检察院的统一领导下，进行工作。""地方各级人民检察院独立行使职权，不受地方国家机关的干涉"。②

《人民法院组织法》规定：我国人民法院的设置分为基层人民法院、中级人民法院、高级人民法院、最高人民法院四级；人民法院审理案件，除法律规定的特别情况外，一律公开进行；人民法院审理案件实行两审终审制；被告人有权获得辩护；地方各级人民法院第一审案件的判决和裁定，如果当事人不上诉，人民检察院不抗诉，就是发生法律效力的判决和裁定；最高人民法院第一审案件的判决和裁定，就是发生法律效力的终审判决和裁定；最高人民法院对地方各级人民法院的判决和裁定，上级人民法院对下级人民法院的判决和裁定，如发现确有错误，有权提审或指令下级人民法院再审；当事人如果认为审判人员与本案有利害关系或其他关系，有权请求有关审判人员回避等等。

除此之外，设立了军事、铁路、水上运输等专门人民法院。在各级人民法院内设立了审判委员会，其任务是总结审判经验，讨论重大案件、疑难案件和其他有关审判的问题。最高人民法院在总结审判经验的基础上，初步统一了各级人民

---

① 郭道晖、李步云、郝铁川：《中国当代法学争鸣录》，湖南人民出版社 1998 年版，第 22~23 页。
② 《中共中央文件选集》第 5 册，中共中央党校出版社 1992 年版，第 522、525、538、539 页。

法院审理刑事案件、民事案件的程序，这在当时还没有刑事诉讼法和民事诉讼法的情况下，对规范诉讼程序具有重要的作用。全国人大常委会还通过了《关于死刑案件由最高人民法院判决或者核准的决议》，这是刑事诉讼程序的重要改进，它实际上统一了当时的死刑标准，加强了对死刑案件的监督。

《人民检察院组织法》规定：人民检察院的设置分为四级，即最高人民检察院，省、自治区、直辖市人民检察院及其分院（即设在地区和设区的市以及自治州和直辖市的区的检察院），基层人民检察院（设在县和不设区的市）；人民检察院对人民法院审判案件依法进行监督，并监督刑事判决的执行，如发现有违法情况，应通知执行机关给予纠正；人民检察院依法监督公安机关的侦查活动，如侦查活动有违法情况，应通知公安机关给予纠正；公安机关侦查后认为需要起诉的，应移送人民检察院审查，决定起诉或不起诉；对公民的逮捕，除经人民法院决定的以外，必须经人民检察院批准；在人民检察院内部，实行检察长领导下的检察委员会制等等。

新中国的律师制度和公证制度也开始建立。一届人大一次会议后，由于宪法和法院组织法规定了被告有获得辩护的权利，因此许多市、县都开展了律师工作，开始逐步地建立律师制度。1956年6月，司法部召开了第一次全国律师工作座谈会，研究了律师队伍的组织和建设问题，提出了开展律师工作、建立律师制度的方针。会后，开始起草《律师暂行条例》，并在一些大城市建立了律师协会筹备委员会和法律顾问处。在公证制度方面，司法部在1953年就提出了《关于建立与加强公证工作的意见》。①

1956年9月，中国共产党在北京召开了第八次全国代表大会。刘少奇在大会上的政治报告中提出：

现在，革命的暴风雨时期已经过去了，新的生产关系已经建立起来，斗争的任务已经变为保护社会生产力的顺利发展，因此，斗争的方法也就必须跟着改变，完备的法制就是完全必要的了。②

刘少奇在报告中要求："我们的一切国家机关都必须严格地遵守法律，而我们的公安机关、检察机关和法院，必须贯彻执行法制方面的分工负责和互相制约的制度。"他还说："在今后，我们的公安机关、检察机关和法院，仍然必须同

---

① 1955年5月，司法部召开了第一次全国公证工作座谈会，进一步讨论了公证制度的问题。1956年7月，国务院批准了《司法部关于开展公证工作的请示报告》，明确了公证工作的性质、任务和工作制度。到1957年6月，全国建立了19个律师协会，817个法律顾问处，有2 500多名专职律师和300多名兼职律师。到1957年底，全国有51个市设立了公证处，1 200多个市、县的法院受理公证业务，有专职公证员近1 000名，办理公证事项29万多件。参见蔡定剑：《中国法制建设五十年回顾》，《人民检察》1999年第10期，第7页。

② 《刘少奇选集》下卷，人民出版社1985年版，第253页。

反革命分子和其他犯罪分子进行坚决的斗争。但是如上所说,这一斗争必须严格遵守法制。"①

(三) 困厄

1957年"反右派"斗争后,以党代法的局面迅速形成。1957年9月,最高人民法院和司法部召开司法工作座谈会,在会后由中共中央批转的最高人民法院、司法部党组的报告中提出,地方的政法部门必须接受党委的领导和监督,党委有权过问一切案件,凡是党委规定的审批范围的案件都应在审理后宣判前报党委审批。

1959年中共中央庐山会议和"反右倾"斗争开始把"党治"(以党代法、以党代政)、"人治"发展为个人专断。

与此同时,司法机构陆续被合并或被撤销。1958年,从县一级开始,公、检、法三机关被合并成公安政法部。后来,中央公、检、法机关也合署办公。1959年4月,国务院的监察部和司法部被撤销。"反右派"斗争之后,律师制度受到批判,律师队伍随即被逐散。在公证工作方面,由于"以党代法"倾向的发展,公证部门已无事可"证",逐渐被取消。

1957年以后法制建设遭到破坏,造成社会秩序的混乱。国民经济的严重困难和社会生活中的大量问题,迫使党开始从法制方面来思考问题。

1959年4月,董必武在全国公检法系统先进工作者大会上的讲话中,就要求"总结工作,无论是法院,或者是公安、检察机关,都是很重要的一件事。""要进行这种总结,就需要公安、检察、法院的工作同志共同努力。"②"工厂有操作规程,我们办案子也有操作规程,那就是诉讼程序。"③

1962年刘少奇对司法工作中存在的问题进行了批评:"有的单位还自己搞拘留、搞劳改,这是非法的,不允许的。此外,有的党政负责人,随便批准捕人,根本不要公安局、检察院这一套。甚至有的公社、工厂、工地也随便捕人。这种破坏法制的行为,必须坚决制止。"④"无产阶级法制,就是人民民主的法制,也就是社会主义法制。法制不一定是指专政方面的,人民内部也要有法制,国家工作人员和群众也要受公共章程的约束。"⑤"法院独立审判是对的,是宪法规定了

---

① 《刘少奇选集》下卷,人民出版社1985年版,第253~254页。
② 《董必武选集》,人民出版社1985年版,第478~481页。
③ 《董必武选集》,人民出版社1985年版,第481~482页。
④ 《刘少奇选集》下卷,人民出版社1985年版,第450~451页。
⑤ 《刘少奇选集》下卷,人民出版社1985年版,第451页。

的，党委和政府不应该干涉他们判案子"。① 毛泽东在一次谈话中也曾认为："不仅刑法需要，民法也需要，现在是无法无天，没有法制不行，刑法、民法一定要搞。不仅要制定法律，还要编案例。"②

然而，在1962年9月召开的党的八届十中全会上，毛泽东断言，整个社会主义历史阶段资产阶级都将存在，资本主义复辟的危险都将存在。1966年5月，中共中央政治局扩大会议通过了《中国共产党中央委员会通知》（即"五·一六"通知），8月，中共八届十一中全会通过了《中国共产党中央委员会关于无产阶级文化大革命的决定》（即"十六条"）。由此，中国进入"十年内乱"时期。

行政系统的司法机关监察部、司法部早已被取消，"文化大革命"开始时，中国的司法机关只有公安、检察、法院。此前，公、检、法已在党委领导下合署办公，检察权和审判权已不能独立行使。"文化大革命"开始后，各级检察机关和法院已无法工作，公安机关也无法正常进行工作。1969年，检察机关被正式撤销。人民法院和公安机关虽未被撤销，但都实行了军事管制。1967年以后，各市、县、公社、大队都设立了违反宪法的"群众专政指挥部"，成为"革委会"领导下的实际上的司法机关。

---

① 《刘少奇选集》下卷，人民出版社1985年版，第452页。
② 《人民日报》，1978年10月29日。

第三编

法制现代化与
宪政

法制现代化是政治制度现代化的组成部分，现代文明社会政治制度现代化的重要目标就是建立宪政制度。法制不仅是宪政制度的组成部分，法制还是宪政的基础和制度起点，并起着维系宪政制度的作用。法制现代化与宪政有必然的联系，宪政是法制现代化的标志和归途。法制现代化是一个过程，是一个不断走向宪政的制度完善过程。宪政的诸因素：民主为法制现代化提供政治保障；人权保障为现代法制注入了灵魂。本编将深入探讨法制现代化与宪政深层的内在关系和动态过程，从而寻找一条从法制通往宪政的路径。

第八章

中国语境下的宪政理论

内容提要：宪政是法制现代化的标志与归途，也是法制现代化的最终指向，即法治的制度与价值内核。作为移植的舶来品，宪政既有其西方理论原旨，也有其"中国语境"下的新意。它的制度形态上包含了民主、法治、人权等内涵。从理论层次上分析，宪政与法制有着密不可分的内在关联，宪政社会的特征也构成了法制现代化努力成功的外在表征。从具体历史实践来看，西方宪政现代化可以区分出英、美、法、德等不同的道路模式，它们对于中国的宪政实践有着重要的启迪意义。

第一节 宪政及其制度形态

一、宪政释义

宪政是近代从西方传入中国的舶来品。在西方社会，其最初的含义大体上也就是遵照宪法治理国家的意思，即依宪治国。当代西方宪政理论大多强调宪政控制政府权力、保障个人权利的价值，强调以宪法来控制国家权力，而不论国家权力掌握在多数人还是少数人手中。按照这种宪政观，宪政和民主的功能是不同的。如果说民主解决的主要是政府权力的归属问题，那么宪政解决的主要则是政府权力的限制问题。当代西方宪政观受自由主义政治哲学影响较深，其主要原因可能是西方国家民主政治所处的发展阶段所致。对于民主已经发达的国家而言，其现实任务已经不再是建构、巩固民主，而是通过法治制约业已成为政治现实的民主，从而保障公民权利。

即便是福利国家的兴起，也没有明显改变西方宪政浓重的自由主义色彩。美国宪政研究的著名学者墨菲（Walter F. Murphy）认为，宪政主义和有限政府的概念紧密相关："宪政主义是一种规范性政治理论，支持着一种特殊的宪政秩序，其实践性的宗旨包括：政府权力的任何行使——不论是代表一个领导人、一群精英还是绝大多数公民的意志——应受制于重要的实体限制。简言之，宪政主义要求任何社会的中心价值必须是人格尊严（Human Dignity）。因此，有些事情是政府不能做的，不论它如何忠实地遵循宪法文本和更广义的宪法秩序所指定的程序，抑或它的行动甚至完美地模仿着一个魅力型（Charismatic）暴君、一个乐善好施的政变集团或大多数选民的理智判断。"① 弗瑞德奇（Carl Friedrich）则明确把分权制看成西方宪政的主要内涵。他认为："权力限制的全部总和构成了特定社团的'宪法'"；"除非程序限制得以确立并有效运行，真正的立宪政府并不存在"；"分权乃是文明政府之基础，宪政主义之内涵"；"通过分权，宪政主义对政府行动提供了一套有效制衡的体制……它是一套保证公平运作的规则，从而迫使政府对人民'负责'"。②

当代西方的宪政理论大多表现出对于民主的审慎态度，在肯定并分享民主价值的同时，主张防御并控制民主权力的滥用，它只承认一个权力有限的政府，民主的政府也不例外。即便是民主的大本营——议会——也不能以民主程序任意侵犯个人的基本权利。观察西方的宪政实践，以民主政治为前提并对民主进行多方面的制衡是西方发达国家宪政的一个普遍特征。其宪政制度对民主政治的制衡不是消灭民主，而是对民主进行必要的和有限的制约，防止民主权力滥用。作为世界上最古老的成文宪法，美国联邦宪法的许多制度设计即充分体现了对民主进行防范制约的思想。当代学者如哈耶克和布坎南等人甚至认为西方传统宪政制度在防范民主权力滥用、制衡民主政治方面做得还相当不够，对传统的宪政制度发表了许多批评意见，提出了一些新的宪法模式。③

现代宪政概念毫无疑问是来自西方。但在中国特定的语境下，宪政的概念、理论已经发生了变化。王人博教授认为，在中国近代学术思想史上，宪政思潮与

---

① [美] 华尔特·墨菲：《宪政主义》，张千帆译，《南京大学法律评论》2000 年秋季号。
② 转引自张千帆：《西方宪政体系》（上册·美国宪法），中国政法大学出版社 2000 年版，第 2、3 页。
③ 参见 [英] 哈耶克：《法律、立法与自由》（第 2、3 卷），邓正来等译，中国大百科全书出版社 2000 年版，第 425~456 页。James M. Buchanan *Constitutional Restrictions on the Power of Government*, in *Theory of Public Choice II*, Ann Arbor University of Michigan Press, 1984, pp. 440~441.

富强理念的合奏，汇成了一支并不怎么和谐的曲子。虽然中国的思想家和实践者在不同程度上诉求宪政自身的那些价值，但它始终被摆在富强目标之下成为第二位的东西。近世知识分子从一开始就没有打算用西方的宪政彻底取代中国的政治传统，而只是想用它来主要解决中国的生存困境问题，宪政的自身价值便成为附带性的了。①

近代中国强调宪政的内容也不外乎民主、法治、人权的内容，中国近代以来的宪政大多以争民主为潮流。例如，毛泽东曾经在 1940 年发表的《新民主主义的宪政》一文中指出："宪政是什么呢？就是民主的政治"，"世界上历来的宪政，不论是英国、法国、美国，或者是苏联，都是在革命成功有了民主事实之后，颁布一个根本大法，去承认它，这就是宪法。"② 在这里，宪政基本上成了民主的同义语。另一种则较为强调宪政的法治或人权内涵，主要是一些学者的观点。例如民国时期著名学者萧公权认为："宪政虽与民治有不可分割之关系，而就其根本意义及作用，二者固有区别。民治之精义在以民决政，宪政之精义在以法治国。""宪，法也；政，治也；宪政者，法治也"；但它又不是普通的法治，而是"民主的法治"。③另一位民国时期的著名人物张君劢则明确提出"人权为宪政基本。"④"宪法乃一张文书，所以规定政府权力如何分配于各机关，以达到保护人民安全与人民自由的目的。……宪法上每件事就是要防止国家的专擅，就是防止国家滥用权力。"⑤显然，这些学者的观点是在深受西方宪政理论影响下，各自从对中国问题不同的理解基础上作出的解释。

在当代中国，在经过意识形态革命以后，对宪政的重新认识也不过是中国和对过去西方理论的重述。主要有三类观点。一种观点认为宪政主要是一种民主政治。《宪法词典》也认为宪政是"以宪法为中心的民主政治"。⑥一种观点主张宪政主要是一种制约政府权力的法治。例如张千帆认为宪政"是指一种使政治运作法律化的理念或理想状态，它要求政府所有权力的行使都被纳入宪法的轨道并受宪法的制约。""宪政是法治的最高形式。"⑦ 第三类观点主张宪政是"民主＋法治＋人权"的结合体，它是一种复合宪政论。例如，郭道晖教授认为：宪政是以实行民主政治和法治为原则，以保障人民的权力和公民的权利为目的政治行

---

① 王人博：《清华法律评论》，2002 年第 4 期。
② 《毛泽东选集》（1 卷本），人民出版社 1964 年版，第 690、693 页。
③ 萧公权：《宪政与民主》，清华大学出版社 2006 年版，第 35、51 页。同时代的学者章渊若也非常强调宪政的法治性质。参见章渊若：《现代宪政论》，中华书局 1934 年版，第 1～7 页。
④ 张君劢：《宪政之道》，清华大学出版社 2006 年版，第 154 页。
⑤ 张君劢：《宪政之道》，清华大学出版社 2006 年版，第 140、141 页。
⑥ 《宪法词典》，吉林人民出版社 1988 年版，第 351 页。
⑦ 张千帆：《宪法学导论——原理与应用》（2006 年修订），法律出版社 2004 年版，第 11、14 页。

为的运作过程。① 李步云教授则认为:"宪政这一概念包含三个基本要素,即民主、法治和人权。民主是宪政的基础,法治是它的重要条件,人权保障则是宪政的目的。"②

从以上对宪政含义的阐述看,民主、法治、人权是宪政的三个最基本要素。作为民主的后发国家,中国学者强调宪政的民主要素有它的合理性。但是,从吸收先人对宪政建设的经验教训看,宪政的构建应当坚持民主价值、自由价值和法治价值并重,把民主、人权和法治三者有机统一起来。无论是民主,还是人权都需要有法治作为规制和保障。宪政的中国概念,既强调民主的基本价值,又要防范国家权力滥用、保障个人自由价值的限权功能。中国的宪政应当是宪法之下的以民主为政治基础、以人权保障为宗旨的一种最高形式的法治。所以,宪政是法治发展的最高阶段。

第一,宪政的根本属性仍是一种法治,是宪法的统治。宪法是国家的"基本法",宪政的最主要功能是通过宪法控制所有的政府权力包括立法权力,防止政府超越权限、滥用权力。宪政也是一种法治,但它不是普通的法治(以普通法律为依据的国家治理),而是最高形式的法治,是宪法之下的法治。

第二,作为宪政的主要成分,法治、民主、人权保障三者之间相互依赖,具有连带关系。人权需要民主和法治,没有民主和法治,人权必然没有任何保障。民主亦需要法治和人权,没有法治,民主将陷入混乱,最终会陷入人治下的专制。没有人权,人民没有自由,民主的政治过程根本无法进行。③ 而法治也只有以民主为制度基础和以人权保障为宗旨,才能实现良法之治。

第三,宪法对于民主、人权以及普通的法治具有超越性的地位。宪法是最高的法。宪法保障并制约民主、人权以及普通的法治。普通的法治和民主必须受到宪法的保障才能保证自身不受侵犯,同时普通的法治和民主必须受到宪法和制约。才能防止法治和民主的滥用。同时,人权也只有在宪法的保障下,才能免受民主和法治的可能侵害,从而获得最有力的庇护。

二、宪政的制度形态

以上述宪政概念为基础,宪政在制度形态上主要由民主、法治和人权三大要素组成。如果把宪政比作一列火车,民主是宪政的车身,法治是宪政的轨道,而

---

① 郭道晖:《宪政简论》,《法学杂志》1993年第5期。
② 张文显、李步云主编:《法理学论丛》(第1卷),法律出版社1999年版,第589页。
③ 参见达尔关于民主五大标准和大型民主国家六大制度的理论。[美]达尔:《论民主》,李柏光、林猛译,商务印书馆1999年版,第43、44、93、94页。

保障人权则是宪政这列车中的旅客。尽管各国宪政的具体制度形态不存在完全相同的模式。但是，以下要素是构成各国宪政制度不可缺少的。

（一）民主

现代民主制度是以代议制为标志，而代议制民主又是以选举为基础，近几十年来，为弥补代议制民主的不足，又发展了由公众直接参与政治决策和执行过程的参与式民主和协商民主。这三个方面构成现代民主制度的主要内容。民主制度的具体内容有：

第一，选举制度。选举制度是民主制度的基础。它是民主国家通过法定的程序，由人民以投票的方式选择自己的民意代表和国家领导人的制度安排。曾有过学者把选举制度作为民主制度的根本性标志。民主大师约瑟夫·熊彼特（Joseph Alois Schumpeter）的理论就是选举民主理论的代表。他以选举来解释民主，认为民主是"一种形成政治决定的制度安排，在这种安排之下，个人通过竞争性的方式争取人民的选票来获得决策的权力。"① 根据这一标准，判断一个国家是否民主时，主要看其强有力的决策者是否通过公平、诚实、定期选举产生，而且这种选举是以候选人是可以自由竞争选票，每个成年公民都享有平等的投票权为前提。熊彼特给人们提供了从选举的角度理解民主的思维，把选举定义为民主的本质。公平、自由、竞争的选举是判断一个国家民主制最重要的标志，从而使人们能从选举程序的角度衡量一个国家是否是民主国家。不管熊彼特的观点如何，都说明尽管选举不是民主制度的全部内容，但确实是不可缺、至关重要的内容。

选举是民众赖以控制政府的首要手段，没有选举这种最主要的控制措施，政府内部的制衡也会因迷失总的方向而失灵。选民们从代表不同利益的候选人中选举统治者来组成政府、管理国家，并根据统治者的实绩来决定他们是否能够留任，从而使政府的行为受到周期性的检查——可以是连选连任、质询或罢免，从而确保政府官员的私人利益与公共利益保持一致：政府官员只有通过正当行使权力，去实现公共利益最大化，才能实现其私人利益的最大化。这就是选举制度能控制政府的基本职能。

第二，代议制。代议制是民主制度的根本性标志。与直接民主制不同的是，代议制是一种由民选的代表或官员代表选民去管理国家并为选民服务的制度安排。在这种间接民主制下，选民虽然不直接行使管理国家事务的权力，但基于其选举权的享有和行使，他们仍然能有效地对有关的代表和官员实施政治控制，迫使其响应选民的意愿、实现选民自身的利益。

---

① 熊彼特：《资本主义、社会主义与民主》，吴良健译，商务印书馆1999年版，第395、396页。

英国政治学者詹姆斯·密尔曾指出：在人口众多的大国，人民不可能亲自行使权力；不过，他们可以通过选举代表，由代表制约政府的行为，借以有效地保护人民的利益。他根据人的自私本性，提出如果对统治者不时刻予以制约，他们就会牺牲社会的利益以追求私利，而代议制是可以时刻制约统治者的唯一制度。人民代表构成阻止"坏政府"的保障，而所谓坏政府指享有特权的少数人运用政治权力谋求他们自己"邪恶的"利益，却不顾社会大众的利益。政府的目的是保护个人，所以不允许把权力交给其利益与社会大众的利益相对立的个人或阶级。①

代议制之父约翰·密尔系统地提出代议制理论。他认为民主制政府有两个优越性：它比任何其他政体都更有利于提供良好的管理；也比其他任何政体都更有助于人民的道德、智力和积极能力的提高。在这个基础上，密尔提出"理想上最好的政府形式是代议制政府"。② 这是因为，在地广人多的国家，只有代议制才能克服直接民主或简单民主的局限，实施民主制的基本原则。他将代议制定义为：代议制就是全体人民或一大部分人民通过由他们定期选出的代表行使最后的控制权。他们必须完全握有这个最后的权力。无论什么时候只要他们高兴，他们就是支配政府一切行动的主人。不需要由宪法本身给他们这种控制权。③

在代议制下，议会由选民定期选举产生的代表组成，选民通过其选出的代表对国家机关的活动行使控制权。作为民主政治的"大本营"，议会通常以少数服从多数的决议方式，从事制定法律、任免国家高级官员、监督其他国家机构运作等重要的国务活动。在选举的压力之下，议员为了获得连任，不得不对选民的利益需求保持足够的敏感并予以积极响应。因此，在代议制的正常运作下，由众多议员组成的议会所产生的法律或决定一般较倾向于维护最大多数人的最大利益。

对代议制民主，不少都怀疑它有很大的弊端，密尔曾警告代议制有三个危险：阶级立法或多数的暴虐、滥用权力、趋向平庸。他提倡"真正的民主制"即代表全体人民的民主制；他反对"虚假的民主制"即仅仅代表多数的民主制。代议制的弊端在现代社会中也时有暴露，德国希特勒法西斯就把代议制的弊端发挥到了至极。第二次世界大战以后，人类社会通过违宪审查制度、法治和人权保障制度，有效地防止了代议制民主易产生的多数人暴政的问题。④

---

① John Morrow *History of Political Thought—A Thematic Introduction*. Macmillan Press Ltd, 1998, p. 183; Vernon Bogdanor（ed.）*The Blackwell Encyclopaedia of Political Science*. Basil Blackwell, 1987, pp. 367 - 368.
② ［英］密尔：《代议制政府》，汪瑄译，商务印书馆1982年版，第52页。
③ ［英］密尔：《代议制政府》，汪瑄译，商务印书馆1982年版，第68页。
④ 参见蔡定剑：《为民主辩护！——对当前反民主理论的回答》，《中外法学》2007年第3期。

代议制在各国表现的形式很不同，有的奉行"议会至上"原则，议会的立法权代表了国家至高无上的权力，不受任何其他权力控制。在这些国家，立法权是最高统治权，不受执法权与司法权的控制，一般没有违宪审查制度。当然这并不意味着民主的暴政可以容易得逞，多党制和法治、人权保障制度是防卫民主暴政的武器。但在更多的国家，代议制总是和分权制衡制度结合在一起的，在权能分立的前提下，立法机构、行政机构和司法机构之间存在相互制约的关系。这些国家一般有专门的违宪审查机构作为防止民主暴政的手段。从这里也可以见得，代议制民主是宪政的一种要素，不是宪政的全部。正是由于民主有局限性，才发展了违宪审查和人权保障制度，使宪政得以完善。

第三，公众参与。公众参与是指公共权力在作出立法、制定公共政策、决定公共事务或采取对公众有影响的行动时，由公共权力机构通过适当的途径听取相关人员的意见，或公共权力之外的个人和组织对公共权力决定或行动过程发表意见，并产生影响的一系列行为。在这一过程中，政府与公众或其他公共机构与公众以互动的方式决定公共事务。公众参与所强调的是决策者与受决策影响的利益相关人双向沟通和协商对话，它遵循"公开、公正、包容性、负责"等基本原则。需要指出的是，公众参与制度只是选举和代议民主制度的补充，公众参与制度的发展也有助于推动选举、代议民主制度的健康发展，为代议制民主提供更合法性基础，但它本身不能替代作为民主政治核心的选举、代议民主制度。

公众参与制度是公众直接参与国家治理的一种制度安排。但与传统直接民主制有一个本质区别，在公众参与过程中，参与国家治理的公众对公共事务有影响力但并不具有决定权。公众参与的作用是表达自己的见解和利益，影响公共事务的决定，使公众与政府之间能进行更为充分的理性交流，促进公共决策更加趋于民主、科学、合理，但最终的决定仍然由公共权力机构作出。

公众参与的基本原理是自然公正原则，任何决策影响到某些人利益时必须遵循有关利害当事人的意见。公众参与立法在欧美等发达国家早已有之，各种利益集团通过不同路径、形式对议员展开游说，施加压力，这些院外活动对立法具有重大影响。其实，诸如此类的活动也可归入代议制民主的范畴。公众参与在当代最有意义的发展是其在行政领域中的作用。与议会不同的是，由于行政机关较少直接受到选民的选票控制，一般实行首长负责制，且受到行政中立制度的保障，选民对行政机关决定的影响力相对较弱。而另一方面，现代行政早已不是机械的"立法指令"的传送带，行政机关有着广泛的行政决策权，如果只依赖立法机关对行政机关的宏观控制，行政机关作出公共决策的民主性、科学性、合理性存在着制度保障不足的问题。更重要的是，公众参与在保障公民个体权利上有极其重要的作用，它通过程序上的安排，保证政府在决策中要听取利害关系当事人的意见，从而然有效地防止政府决策和决定对公民权利的侵犯。可见，公众参与是现代民主制度的重要新发展，是宪政的新元素。

（二）法治

法治与法制的区别在于，法制是制度体系；法治是法律制度良好实现的一种治理状态。所以法治是法制现代化的发展的目标和结果。

一般意义上的法治是一种使人们行为服从法律规则治理的事业。① 这种法治至少有三个基本要素：即法律地位的至上性、法律作用的基础性、法律规则的稳定性。法律地位的至上性是指法律的效力高于其他一切命令、规则或意志，无论地位高低、身份如何特殊，任何政府机关、个人、组织都应当服从法律的约束。法律作用的基础性是指法律的调控领域非常广泛，并且是社会关系的主要调整手段。法律规则的稳定性是指法律规则本身相对稳定、不随意变更，法律规则统一而非混乱冲突，且法律规则的含义相对确定而非含糊不清。②

法治的建立和维系离不开法律的制定、执行和解释活动。在现代社会，这三种活动主要由立法机关、行政机关和司法机关分工负责。立法、行政、司法三大公权力的运行状况决定法治的成败和水平。如果公权力获得了法律的良好治理，公权力依法取得、依法行使、并依法受到监督，那就实现了公法意义上的法治，进而以公法之治为基础的、面向整个社会的普遍法治自然也就能够得到顺利实现。因此，现代法治主要是公法之治，以依法治权为核心，公权力的授予、运作、监督纳入法律的控制之中，建立国家权力相互制约的机制，加强对国家权力的监督和控制，建立权力有限的法治政府。最重要的制度有三个：权力的分工与制衡制度，司法独立制度，宪法的实施保障制度。

第一，权力的分工与制衡制度。法治要求政府应当是权力有限的政府，它应当在宪法和法律规定的权限范围之内行使属于自己的权力，履行自己的职责。但保障政府依法行使职权不能仅仅依靠宪法、法律关于权限的实体性规定。除了这些实体性规定，更重要的是实行适当的分权，避免权力过分集中。否则，一旦权力过分集中，任何所谓的权限规定都难以抵御集权机构的侵越。因此，分权制度是法治的题中应有之义。然而，分权制度本身也不能仅仅靠宪法对权力的表面划分和界定，因为宪法对权力的表面划分和界定仍然容易被处于优势的机关所逾越，所以还必须以权力对抗权力，以野心对抗野心，只有建立健全双向、互动的

---

① Lon. L. Fuller *the Morality of Law*, Revised edition. Yale University Press, 1969, p. 106.
② 关于法的稳定性，参见［德］毛雷尔：《国家法》，德国贝克出版社1999年版，第209～259页。转引自［德］毛雷尔：《行政法学总论》，高家伟译，法律出版社2000年版，第106页。

权力制衡（Check and Balance）制度才能保障分权的效果。

选举是靠人民来直接制约权力，仅仅依靠周期性民主选举，还不足以有效地制约政府权力，一旦选举出民意代表和官员后，人民就很难约束代表和官员，这是选举民制的局限。所以，民主制度不能解决所有的问题，不能解决权力的滥用和公民权利的保护问题。经验表明，还必须有国家内部权力分支之间的相互制衡，是最好的对权力的监督，它比由空洞的"人民监督"更有效。分权制衡为了让民主更加审慎、理性地运作，以保证权力的依法行使。分权制衡是解决权力滥用最有效的手段。美国的三权分立是权力分工与制衡制度的典型代表，但它并非是该制度的唯一适当形式。每个国家都有可以按照本国的国情和宪政的普遍原理来建立适合本国的分权制衡制度。

第二，司法独立制度。司法独立主要是指法官只对法律负责，忠实于法律，以自己的道德良知和法律素养依法从事司法审判行为，免受任何外部力量（包括国家机关、社会团体和个人）对具体案件审判活动的干预。司法公正是司法的生命所在。尽管司法独立不是司法公正的充分条件，但却是须臾不可缺乏的制度前提。如果司法独立得不到保障，那么司法活动必然容易受制于各种外部力量，无论是从事司法审查还是裁决一般的法律争议，都很难保证其公正性，法律的统一、尊严将失去必要的制度保障。

国外保障司法独立的制度主要有法院独立预算、法院不受其他机构的干预、法官终身制、法官独立、法官高薪制、禁止单方接触制度等等，这些保障司法独立的制度是否适合中国，尚需作进一步深入研究。要保证法官能依法独立公正地进行审判，就必须在法律制度的层面上解决司法机构设置的地方化、司法组织的行政化、法官的官僚化问题，从法院的财政预算制度、管辖体制、组织人事、法官薪酬待遇等制度方面入手，保障法院和法官的独立性，使法官免除后顾之忧，只忠诚于法律，维护法律尊严和公平正义，排除其他国家机关、政党、社会团体对审判工作的一切干扰。当然，司法独立并不意味着法官不需要外部监督制约。任何权力、任何人，当然也包括法官的审判权，都应当依法受到监督和制约，否则一定会走向权力滥用和权力腐败。只要制度安排合理妥当，对法官的监督机制和保障司法独立并不必然发生冲突。

第三，宪法的实施保障制度。这是从宪法发展到宪政的关键。没有宪法实施保障制度，宪法将难以得到普遍地遵守，无法捍卫宪法尊严，而宪法规范所蕴涵的社会共识的价值也就无法变成社会现实。从这个意义上讲，宪法的实施保障制度是宪法赖以自我防卫和自我实现的必要工具。依据宪政国家的普遍经验，宪法的实施保障主要通过两条途径：

一是"司法审查"机制。这一机制主要是通过专门的或普通的司法机关审查国家机关的违宪行为,① 保证国家权力的依法行使。美国的违宪审查由普通法院负责,其联邦最高法院是最高的违宪审查机关,其成员皆为资深法官。德法两国的违宪审查则是由专门机关负责。具体而言,德国由具有司法机关特点的宪法法院负责,其成员主要是联邦法官、高级公务员、联邦议员和大学教授。

美国和德国的"司法审查"机制的运作已经比较成熟。美国违宪审查主要是审查立法机关自身的立法是否合宪,同时也审查行政机关的法规、措施是否合宪。美国没有特别的违宪审查程序,其违宪审查程序与普通案件的诉讼程序相同,具有高度司法化的特征。按照不告不理原则,法院不主动对任何一部法律立法进行是否合宪的审查,只有在当事人提出诉讼案时,才可能对相关法律进行审查,因此它是一种事后审查。对原告的身份,法律无特殊要求,普通民众也有权提起有关诉讼。并且美国的违宪审查是附带性审查或具体审查,当事人只能对某个具体的执法行为提起诉讼,而不能单独起诉立法本身;法院只能在审理具体诉讼案件过程中,才能对与执法行为相关的立法的合宪性进行审查。

德国的《基本法》对宪法法院审查的范围规定得相当全面、详尽。其违宪审查的方式比较复杂,既有事前审查,也有事后审查;既有抽象审查,也有附带性审查。某项法律在实际实施前,或虽已实施但未发生由该法律引起的具体诉讼案,在联邦内阁、各州政府或联邦议会中1/3议员的请求下,宪法法院有权对该项法律进行审查。这种事前审查同时必然是抽象审查。联邦法院也可以在审理具体案件的同时对已经生效的法律进行合宪性审查。凡经宣告违宪的法律便失去效力。此外,自1951年,任何德国公民皆可因宣称其基本权利之一受到公共权力之侵犯而向宪政法院提起宪法诉愿。这种诉愿不一定等待具体案件发生,也不一定要涉及本人利益才提起,从而极大地方便了民众。

二是"民权诉讼"机制。这一机制主要在宪法规定的公民基本权利受侵犯的情况下,通过司法诉讼加以实现。侵犯公民基本宪法权利的诉讼被称为民权诉讼,它主要针对政府行为,并可引起司法审查机制的启动。在美国,对政府行为是否违反宪法所进行的司法审查一般都是由此类民权诉讼所引发的。德国的情况也比较相似。其宪政法院第一庭专门处理听取涉及个人权利的宪政申诉及其他法院提交的具体宪政争议;第二庭则专门负责决定宪法政治机构之间的争议以及抽象法律审查。其第一庭处理的案件数量占据全部宪政争议的95%。②

然而,与美国有较大不同的是,德国的民权诉讼并不限于公民和政府之间的争议,也可能涉及公民私人之间的争议。这就扩展了传统宪法理论所主张的宪法

---

① 当然,这一机制也包括专门宪法监督机构审查违宪行为的制度。
② 参见张千帆:《西方宪政体系》(下册·欧洲宪法),中国政法大学出版社2001年版,第175页。

适用的范围，宪法的适用不再完全局限于公民和政府之间的关系，出现了"宪法私法化"的问题。但德国宪政法院仍然认为宪法基本权利系针对国家与人民的关系而设，基本权利的实现首先应以国家立法的方式为之，而不能直接适用于私人关系，否则宪法无异于完全取代立法者的地位，更使私法的独立性受威胁。宪法性权利只限于对私法原则产生一定"影响"而不能完全取而代之，宪法精神只照耀着私法体系，并且影响着对私法规则的解释，进而影响到私人争议案件的处理。① 在中国，依宪法规定，全国人大及其常委会负责监督宪法的实施，全国人大常委会有权解释宪法，但到目前为止，全国人大及其常委会都尚无依据宪法规定进行违宪审查、作出正式决定的实践。

（三）人权

宪政的根本宗旨就是为了保障人权，使之免遭国家权力的侵犯。在一定意义上，我们可以说，上述的民主和法治制度等对国家权力的制约本身就是对人权最重要的保障机制。"实际上宪法本身在一切合理的意义上以及一切实际的目的上，即为一种人权法案。"② 但各国的宪政经验表明，保障人权，除了要具备合理的国家权力架构，还必须要有具体的人权保障制度。因此，人权必然是宪政制度的重要组成，宪政国家普遍运用宪法和法律来构建人权保障制度体系。宪法和法律应当在社会经济等客观条件所决定的可能性的限度内，全面、充分地规定个人应当享有的各项权利，例如生命健康权、民主选举权、自由权、人格尊严权、获得法律平等保护的权利以及社会经济文化权利等，并对各项权利可能遭受的侵害提供及时、有效的法律救济机制。

人权保障制度对于国家权力具有被动防御和主动制约的双重功能。一方面，人权保障制度具有被动防御的功能，宪法和法律关于公民权利的明确规定对国家权力构成了实体性的限制，国家权力不得侵犯公民在宪法和法律范围的自由和权利。另一方面，人权保障制度还具有主动制约的功能。公民通过积极行使自己的权利，能够建立一个独立自主的公民社会，主动监督、制约日益强大的国家权力。对于产生一个理性的民主政府而言，在众多的公民权利中，最重要的权利有两种：言论自由和结社自由。它们在约束国家权力、保卫宪政整体制度方面可以发挥极其重要的作用，是保障、维系宪政制度的两大权利基石。公民个人通过行使其言论、结社等基本权利，可以更有效地对国家权力进行监督、制约。如果没

---

① 参见蔡定剑：《中国宪法实施的私法化之路》，《中国社会科学》2004年第2期。
② ［美］汉密尔顿、麦迪逊、杰伊：《联邦党人文集》，程逢如等译，商务印书馆1980年版，第430页。

有言论、结社等基本权利的充分行使,民众就不再是国家权力的主人,而只能沦为国家权力专制的对象,无法自由参与国家的权力活动,更无法对其进行实际有效的监督。当然,任何自由权利都是相对的,是宪法和法律规定范围之内的自由,不存在绝对的自由。①

第一,言论自由(Freedom of Speech)。言论自由是指寻求、接受和传递各种信息和意见的自由。广义的言论自由不但指口头表达的自由,还包括新闻、出版等书面文字方式的表达自由,有时还包括以表达式行为表现出来的象征性言论(Expressive Conduct)的自由。在所有自由中,言论自由的宪政价值最高。言论自由是民主政治的权利基础。没有言论自由,公共信息就得不到充分交流和传播,公民既不能对公共事务充分发表有意义的见解,也不能对政府官员的所作所为提出意见、批评。在这样的情形下,即使公民享有选举和被选举的权利,也难以选出一个能真正代表其利益的政府,更无法对选举后政府的运作进行有效的监督。同时,言论自由也是公民捍卫其他自由、权利的基本手段。当公民自由遭受非法侵犯的时候,他们必须首先要有机会和渠道去自由表达、主张其权利诉求,然后才有可能借助公共舆论或公力救济的手段、路径去维护自己被侵害的自由。

与普通个人口头表达的言论自由有所不同,新闻自由(Freedom of the Press)因其职业特点而具有特殊的重要性,它是监督国家权力、维护宪政制度的体制性权利(An Institutional Right),而绝不仅仅是公民自我表达和自我实现的个人权利(An Individual Right)。已故的美国联邦最高法院斯图亚特大法官于1974年根据新闻传播媒体在现代社会的重要功能,专门提出了"第四权理论"(The Fourth Estate Theory),认为宪法之所以保障新闻自由就在于保障一个有组织的新闻传播媒体,使其能成为政府三权之外的第四权,以监督政府,防止政府滥权,发挥制度性的监督功能。②这一观点的对错姑且不论,但它确实揭示了新闻自由对于宪政制度的重要意义。

各国宪法都以不同方式明确规定了言论自由。中国宪法第三十五条规定:"中华人民共和国公民有言论、出版、集会、结社、游行、示威的自由。"美国联邦宪法则把言论自由置于所有自由、权利之首加以规定,可见其特殊的地位。其宪法第一修正案规定:"国会不得制定法律,……剥夺言论或出版自由,或剥夺人民和平集会与请愿政府给予伸冤之权利。"1948年联合国《世界人权宣言》第十九条则规定:"人人有权享有主张和发表意见的自由;此项权利包括持有主张而不受干涉的自由,和通过任何媒介和不论国界寻求、接受和传递消息和思想

---

① 除了完全属于内心精神活动的思想自由。
② See Potter Stewart. *or of the press*, 26 HASTINGS L. J. (1975), p. 631, 634. 转引自林子仪:《言论自由与出版自由》,元照出版社2002年版,第66页,另参见该书第73、74页。

的自由。"1966年联合国《公民权利和政治权利公约》第十九条也规定:"人人有自由发表意见的权利;此项权利包括寻求、接受和传递各种消息和思想的自由,而不论国界,也不论口头的、书写的、印刷的、采取艺术形式的、或通过他所选择的任何其他媒介。"① 但仅由书面的宪法、法律或国际公约的规定还不足以保障言论自由,有关的规定必须具有可实施性,并在言论自由被侵犯时还要有相应的救济制度。

第二,民权自卫组织——NGO的建立。民权自卫组织通常也称"非政府组织"(Non-Government Organization,NGO),在中国宪法上被表述为"社会团体",一般也可简称为"社团",有时也称"非营利组织"(Non-Profit Organization,NPO)、"第三部门"、"民间组织"、"社会中介组织"、"独立部门"、"志愿组织"、"自治组织"、"免税组织"等等。② 一般来说,它们之间的含义没有太大的差别,所指称的都是公民在自愿的基础上为实现某种目标而建立的各种非政府、非营利的社会组织。

在现代社会,民权自卫组织的广泛存在和运作既是公民结社自由权利的具体体现,更是建立宪政制度的必然要求。宪政制度的存在和运行需要一个独立、强大的公民社会,不仅要求以民主政治过程来约束国家权力,以国家权力制约国家权力,还需要以公民社会来制约日益强大的现代国家权力。理论研究和历史经验都表明:如果没有民权自卫组织这一介于国家和个人之间的强大的中间势力,独立的强大的公民社会就难以形成,孤立分散的个体就很难防御、制衡强大的国家权力,也无法广泛深入地参与国家的治理活动。通过行使结社自由,联合起来的公民将有可能建立强大的与政治国家相平衡的公民社会。与势单力薄的个人相比,这些民权自卫组织具有一定的规模、组织和资源优势,它们依法积极参与立法活动、影响行政过程、开展维权诉讼活动、进行舆论监督,可以更好地发挥保障个人权利、制约国家权力的作用。

非政府组织的存在和运作需要有宽松的结社自由的制度环境,同时也需要有良好的法律加以规范,以保障其健康的发展。多数国家的宪法都明确规定了结社自由。③ 就普通法律的规定而言,除了禁止从事犯罪活动的社团或以此为目的的结社、准军事或军事结社外,大多数国家的立法都比较充分地保障公民的结社自由,且公民在结社前不需要办理任何审批手续,可以自由结成社团,只是在社团

---

① 中国政府于1998年10月5日签署了该公约,至今仍有待全国人大常委会的批准。
② 参见吴忠泽等:《发达国家非政府组织管理制度》,时事出版社2001年版,第3页。
③ 据荷兰宪法学家马尔赛文对20世纪70年代世界各国宪法的统计,宪法明文规定了结社自由的达119部,占83.8%。[荷]马尔赛文·唐:《成文宪法的比较研究》,陈云生译,华夏出版社1987年版,第151页。

成立之后，政府才有权对违反实体法的社团予以制裁或者取缔。有些国家虽然要求公民结社必须事前登记注册，但政府并不对结社进行实质性审查，这种登记注册仅仅是为了便于对社团的事后监督，或者向社会公布。20世纪中叶以来，许多国际公约对结社自由权也作了规定。例如，《世界人权宣言》第二十条规定："（一）人人有权享有和平集会和结社的自由。（二）任何人不得迫使隶属于某一团体。"《公民权利和政治权利国际公约》第二十二条规定："（一）人人有权享受与他人结社的自由，包括组织和参加工会以保护他的利益的权利。（二）对此项权利的行使不得加以限制。除去法律所规定的限制以及在民主社会中为维护国家安全或公共安全、公共秩序，保护公共卫生或道德，或他人的权利和自由所必需的限制。本条不应禁止对军队或警察成员的行使此项权利加以合法的限制。（三）本条并不授权参加1948年关于结社自由及保护组织权国际劳工组织公约的缔约国采取足以损害该公约中所规定的保证的立法措施，或在应用法律时损害这种保证。"①

第三，权利救济制度。与初始的权利安排有所不同，权利救济制度是一种事后的权利保障制度，通过该制度，各种违法、不当的侵权行为将被制止或纠正，被侵害的个人权利将得到恢复或弥补。"有权利，必有救济"，这是宪政、法治的基本原理。只有当人权具备了充分的可救济性，它才会成为实在的权利而不再仅仅是纸面的权利。作为人权保障的制度基础，宪法、法律对人权所作的全面具体的规定固然十分重要，但是更具实际意义的是建立事后的权利救济制度。各国法律实践经验表明，没有完备的权利救济制度，再美好的权利法案也不过是徒有其表的权利"宣言"。权利救济制度一般包括行政救济和司法救济制度，此外还包括法律援助制度。

行政救济一般是指国家行政机关针对违法、不当行政行为提供的法律救济，其作用是纠正各种违法或不当的行政行为，恢复或弥补该行为给公民合法权益造成的损害。最重要的行政救济制度是行政复议制度，这是由上级行政机关依法对争议的具体行政行为的合法性和适当性进行审查，并作出相应处理，以排除不法行政行为并对相对人受损合法权益进行补救的权利救济制度。在法治健全的国家，行政复议制度能解决大多数行政争议案件，并对行政侵权行为给公民权益造成的损害提供及时、有效的救济，只有少数案件才需要经过司法途径获得救济。

由于行政救济程序较为便捷，与司法救济相比，行政救济的综合成本尤其是公民私人所付出的维权成本相对较低。但作为权利和正义的最后保障，司法救济更具有特殊的重要性。司法救济是由法院依照司法程序给公民权利提供的法律救

---

① 1998年10月5日，中国签署了该公约，目前尚未获得全国人大常委会批准。

济。由于司法组织的独立性和司法程序的严谨性，与行政救济相比，司法救济更具权威和公正的特点，为任何其他救济制度所不能替代。事实上，司法救济的存在对行政救济还具有监督的作用。一旦行政救济未能尽到相应的职责，公民通常仍然有机会通过司法救济去进一步主张保护自己的权利。对于公权力的违法侵权行为，司法救济制度主要就是指行政诉讼制度。行政诉讼制度具有多重功能，一是解决行政争议，消除相对人和行政主体之间的纷争；二是通过审查行政行为的合法性，监督行政权力的行使；三是通过撤销、变更、责令履行职责等判决形式，或要求侵权机关作出行政赔偿等，为相对人提供最具权威性和公正性的法律救济，保障其合法权益。针对私人实施的侵权行为，司法救济制度则表现为民事诉讼制度。法院可以责令侵权人停止侵害、恢复原状、返还财物、赔偿损失等方式，为受害人提供法律救济。

法律援助一般是指律师、公证员等法律专业人员为经济困难或特殊案件的当事人提供无偿法律帮助或减少法律服务费用的一项法律制度。广义的法律援助还应当包括法院提供的司法救助，法院对于民事、行政案件中有充分理由证明自己合法权益受到侵害但经济确有困难的当事人，实行诉讼费用的缓交、减交、免交。法律援助制度是权利救济制度的一个重要组成部分。权利救济制度的利益应当被所有社会成员所平等分享。但如果没有法律援助制度，一些权利受到实际侵害的当事人可能会因为自身经济能力、知识文化水平的不足或者因为遭受某种外部压力，无法充分享受到权利救济制度所提供的保护。法律援助制度的意义就在于为处于社会弱势的成员铺设通往权利救济之门的桥梁。

以上从宪政概念到宪政制度形态，勾画了一幅法制与宪政关系的图画。法制的现代化与宪政存在深刻的内在关系。下面我们从历史的角度考察法制与宪政的发展逻辑。

第二节 从法制到宪政

一、宪政与法制的关系

宪政就是宪法统摄下的民主、法治和人权保障共同发展的整体性事业。在法制现代化的进程中，民主、法治、人权保障制度的发展都极为重要。在宪法的统一作用下，民主机制创造责任政府，法治机制创造有限政府，人权保障机制创造人本政府。宪政能够将民主纳入法治的轨道，使民主成为法治化的有序民主，避免民主的失范和动荡；使法治具备民主的基础，并使人权同时获得民主和法治的保障，最终共同服务于社会发展进步的需要。因此，宪政是法制发展的必然归宿，是法制现代化的标志和归途。具体而言：

第一，法制现代化必然以民主为基础。法治需要以民主作为其政治基础。古代越是专制君主越是实行残暴的法律，开明君主相对轻刑。近代西方法律一步步进步都与民主发展有关。司法从王权手中分立的制度，法院陪审制度，罪行法定制度，律师辩护制度，无罪推定制度等，哪一项制度的进步，不是与民主的斗争有关系？近代发展的一系列全新的法律制度，包括限制国家权力的宪法、行政法、人权法案等，都是民主制度的直接产物。从法律本身的好坏来看，影响法律质量良莠的一个关键因素在于法律中的"民意成分"。只有充分反映民意的法律才最有可能是好法律。没有民主政治的发展，法制现代化注定无法突破政治瓶颈的禁锢。没有民主，法治难以成为善治。尽管民主使用不当也有可能形成暴政，即所谓的"多数人的暴政"，但历史经验表明，民主政治发生暴政的概率要远远小于非民主政治。密尔有句名言："有一个时常改革弊政的专制君主，就有九十九个只知制造弊政的专制君主。……理想上最好的政府形式就是主权或作为最后手段的最高支配权力属于社会整个集体的那种政府；每个公民不仅对该最终的主权的行使有发言权，而且，至少是有时，被要求实际上参加政府，亲自担任某种地方的或一般的公共职务。"①

中国近代曾出现清末修律运动，中国传统的法律奉行"一本于礼"、"家族本位"为基本特征的法律文化，以儒家的纲常伦理为指导思想和基本原则，以"诸法合体，以刑为主"为体例。由于民主宪政运动的压力，先行修律。为了变法修律，清朝政府于1904年5月15日设立了修订法律馆。1905年3月4日又设立了考察政治馆（1907年8月13日，考察政治馆更名为宪政编查馆）。根据清朝最高统治者的谕旨，清朝政府确定，以西方各国为模式来修订法律和改革法制，使法制符合现代化的要求。

在整个20世纪，民主政治在世界范围内取得了越来越广泛的成功，并且仍然在不断深化之中。这种新的政治格局必然对现代法制产生了深刻影响，给法制的现代化过程打下了深深的民主烙印。受制于广大选民的执政者不得不顺应民意的要求，通过民主立法过程，制定更能反映广泛民众利益诉求的法律，为选民提供更好的法律公共产品。特别是第二次世界大战以后，各国在社会福利、环境保护、消除歧视、政治自由等方面所取得的法制成就都与民主政治的发展紧密相关。

---

① ［英］J. S. 密尔：《代议制政府》，汪瑄译，商务印书馆1982年版，第42、43页。

第二，法制现代化的目标是更好地保障人权。保障人权是现代法治的核心价值。① 在 20 世纪之前，世界各国的人权意识普遍较为淡薄，人权保障具有残缺不全、不平等和不真实的三大特征，个人权利状况存在严重问题。个人要么根本就缺乏权利保障，要么仅仅享有一些消极的权利。在不同个体的权利上，法律的规定往往具有不平等的时代特征，普遍存在着表面的或隐含的歧视，例如以财产状况或受教育程度来决定享有选举权的资格和数量。在权利的实现上，有关权利的法律规定也因法律救济机制的缺陷而经常是徒具虚文。

人类进入 20 世纪以来，尤其是第二次世界大战之后，随着社会政治、经济、文化的发展，民众的人权意识日益觉醒、不断高涨。过去人们所习以为常的现象，例如种族歧视、性别歧视、压制自由、政治专制等等，越来越被普遍认为是侵犯人权、不可容忍的问题。随着法制现代化的发展，人权保障必然出现三种趋势，日益趋近于宪政社会的要求。一是人权保障更加全面。现代人权的范围不但包括消极权利，还包括积极权利。这就意味着国家在尊重和保障人权方面必须承担双重义务：对于个人的消极权利，国家不得侵犯；对于个人的积极权利，国家应当采取各种积极措施予以实现。二是人权保障更加平等。无论是在政治选举领域，还是在教育、就业、贸易、社会救济等各个领域，国家通过各种立法、执法和司法活动不断消除各种歧视，促进法律权利的平等保护。这种权利平等化的运动主要发生在 20 世纪，首先是选举权利的平等化，然后是教育、就业等社会权利的平等化。三是人权保障更加实际。各国宪法一般很早就规定了各种基本权利（尽管早期宪法对于权利的规定一般都不够全面），但不少国家的人权条款往往停留在宪法纸面的抽象规定中，没有成为个人实际享用的具体权利。其主要原因是权利救济机制的缺失。第二次世界大战以来，在民权运动的推动下，通过具体的立法、司法诉讼、宪政审查等一系列法律实践，宪法基本权利在许多国家（主要是法治比较发达的西方国家）得到了更加实际、更加充分的保护。

第三，法制现代化以发展公法之治为主要内容。宪政就是要限制公权力。"一切有权力的人都容易滥用权力，这是亘古不易的一条经验。有权力的人们使用权力一直到遇有界限的地方才休止。"② 政府部门掌握着庞大的国家机器，其行为往往具有强制性、单方性、裁量性。与私人行为相比，公权力的违法或不当行使所造成的危害更大，也更难防御。因此，对公权力的法律治理更为必要，同时也更为困难。法制现代化的一个重要特点就是在公权力领域法治化程度显著加深。如果说在传统法制社会，法律主要是治民之术的话，那么在现代法治社会，

---

① 徐显明：《法治的真谛是人权：一种人权史的解释》，《学习与探索》2001 年第 4 期。
② ［法］孟德斯鸠：《论法的精神》（上册），张雁深译，商务印书馆 1961 年版，第 154 页。

法律除了继续履行其维持正常社会秩序的职能外,其更为重要的职能是"治官",是规范和控制国家权力,迫使其依法、适当地行使职权,为选民服务。

这首先表现为行政权力受到法律的严格控制,行政法较为发达,尤其是行政程序法制度、对行政行为的司法审查制度更加健全、完善。行政权的扩张和行政国的出现是世界各国发展的普遍趋势,由此给公民自由和权利形成了现实的威胁。防范行政权的滥用、保障公民权利成为法治的主要目标之一。20 世纪以来行政法的蔚然发展、行政的法治化亦成为法制现代化的一大特征。

其次,公法之治还体现为宪政审查制度在世界范围内的普遍建立,以防止公权力行为尤其是立法机构的行为对个体权利的侵犯。随着民主政治的发展,作为民意代表机关的立法机构(即议会)必然成为执掌国家重要权力的宪法机构之一,甚至成为最高国家权力机关。而法律通常就是由这样的民选议会按照少数服从多数的民主立法程序制定的。既然人的德性(道德水平)和知性(认识能力)都是有限的,立法机关按简单多数原则制定的法律有时(尽管不会经常发生)可能只代表多数人的意志和利益,而忽视或侵犯少数人的正当权益,例如违反宪法平等保护原则,制定某些歧视少数人群体权利的法律等。

宪法一般是按照超多数的特殊民主程序制定的规则,并且措辞相对抽象,这一重要特点就决定了"宪法不仅是一部普通的权利文件,而且是一部保护所有人权利的基本文件,是每一个理性人都能同意接受的'社会契约'(Social Contract)。"① 由于宪法具有最高的法律效力,通过适当的宪政审查制度或宪法诉讼制度,宪法可被用来控制普通法律的效力,令违反宪法、侵犯公民宪法权利的法律归于无效,保证法律和法治的合宪性或正当性,从而保障全体社会成员而不仅仅是多数人的正当权益。假如没有宪法的制衡,社会成员个体的权利尤其是少数人的权利将难以抵御民主和普通法治可能的侵犯。从这个意义上讲,宪法的"司法化"也是法制现代化的另一个主要特征。这种"司法化"未必意味着只能由法院来进行宪政审查,但它至少要求有关宪政审查机构应当具有一定的独立性,拥有合理健全的审查程序,以保证其审查活动的中立和公正。

二、宪政社会的特征

各国国情不同,但殊途同归,其法制发展都无一例外地必然走向或已经走进宪政社会。它们法制发展的路径、发展的速度、进入每一法制阶段的时间往往有所差异,但其总体趋势都是一致的。在法制现代化的过程中,各国或快或慢向宪

---

① 张千帆:《宪法学导论——原理与应用》,法律出版社 2004 年版,第 27、28 页。

政社会的转型具有内在的必然性。宪政社会具有四个特征：

首先，作为法治的政治基础，民主政治获得了长足的进步。第一次世界大战后，尤其是在第二次世界大战以后，无论是在西欧，还是美国，以普选权为标志的民主政治都有了较大的发展。作为多数的下层民众开始获得普选权，登上了政治舞台，并凭借其数量上的优势，成为任何一个政府都不能忽视的政治力量。在英国，以争取所有成年人普选权为终极目标的运动在1918年、1928年法案中达到了顶峰，包括妇女在内的英国成年人终于获得了普遍的选举权。但以双投票权为标志的选举权的不平等制度一直到1948年才被取消。① 在1992年的选举中，英国的登记选民达到4 360万，其中实际参加了选举的选民超过了3 400万，占成年总人口的78%。1920年宪法第十九修正案被采用，美国妇女在全国范围内获得了普选权。② 在第二次世界大战后的四分之一世纪里，联邦法律的规定在某种程度上使每一个达到最低年龄限制的公民在选举条件上得到了平等。1984年，有66%的黑人适龄选民在南方登记选举。在1992年的美国总统选举中，总人口大约是2.25万万，其中1.86万万人符合选举年龄，其中1.25万万人为登记选民，占适龄人口的67.2%。③

民主政治的发展对立法活动产生了强烈的影响，公众积极参与立法过程，立法呈现出更多的社会公正的色彩。在民主政治的强大压力之下，西方国家纷纷制定实施了众多的带有社会主义色彩的、维护中下层民众利益的社会福利保障立法，并制定各种经济调控法律，对市场经济进行广泛的干预，修正和改善市场经济产生的某些不良后果。④

其次，控权型或公民权利保障型行政法获得了明显发展，政府权力受到行政法的严格限制。宪政的重要法律支柱——行政法广为发展，并成为这个时期立法的主旋律，构成法律体系的重要内容。行政诉讼法、行政程序法、国家赔偿法、信息自由法和财产公开法等等成为宪政时代立法的重要内容。

20世纪30年代以前，西方政府一直奉行自由放任的经济政策，但市场失灵带来了一系列严重问题，进入20世纪二三十年代，整个西方资本主义世界陷入了普遍的政治、经济危机之中，市场失灵的症状完全暴露出来。特别是1929~1933年的世界性经济大萧条更是使资本主义面临严峻考验。从这个时候开始，整个西方资本主义世界都放弃了传统的自由放任的资本主义模式，开始广泛地运

---

① 以往在这种权利下，商业活动中的主导者和拥有高等教育学位的人可以投两次票。
② 美国联邦宪法第十九修正案第一款规定："合众国公民的选举权，不得因性别而被合众国或任何一州加以剥夺或限制。"
③ 关于英国和美国的选民的数据资料均来源于（美）莱斯利·里普森：《政治学的重大问题》，刘晓译，华夏出版社2001年版，第107~113页。
④ 张千帆等：《宪政、法治与经济发展》，北京大学出版社2004年版，第153页。

用政府权力对市场经济进行干预。随着政府的行政权力不断扩张,西方社会从夜警国转变为行政国。但行政权的扩大也造成了两个问题,一是政府侵害公民权利的可能性明显增多;二是行政效率低下、行政成本高昂问题。这便引起了许多公民特别是自由主义者的广泛警觉,要求用宪法和行政法手段控制政府权力的社会呼声日益强大。

以美国行政程序法的制定为例,在要求限制行政权力、加强程序保障和司法审查的强大压力下,罗斯福总统1939年命令司法部长任命一个委员会研究行政程序问题。委员会从1939年开始研究行政程序,最后提出了研究报告和立法建议。1946年美国国会制定了《联邦行政程序法》,该法规定了制规程序、行政裁决程序、司法审查的形式和范围、听证官员的地位和权力,以此来规范、控制政府的行政权力,防止行政权力滥用、侵犯公民权利。1946年,美国还制定了《联邦行政侵权赔偿法》,放弃了封建时代遗留下来的主权豁免原则,承认了国家的赔偿责任,对美国法制的现代化作出了贡献。① 其他也纷纷开始重视行政程序法的制定,以此控制行政权力、保障公民权利。例如,奥地利于1950年、瑞士于1958年、瑞典于1971年、联邦德国于1976年制定了行政程序法典。20世纪80年代末以来,又有韩国、日本、荷兰、葡萄牙制定了行政程序法典。中国台湾地区在1999年通过了行政程序法,并在2001年开始实施。

第三,宪政审查制度广泛建立起来,分权制衡体制不断健全、完善。美国在这个领域起步最早。美国联邦宪法确立了总统制下的分权制衡体制。在这一体制下,国会的民主立法权受到了另外两个权力分支——以总统为首的行政分支和联邦法院的司法分支——的制约。美国联邦宪法赋予总统以立法否决权。总统有权基于合宪性或政策性考虑,以否决国会法律。联邦法院则可以在审理具体案件的过程中,对相关的国会立法以及总统发布的法令进行合宪性审查,对一切违反宪法的法律、法令、措施宣布违宪从而使之在事实上无效。早在1803年,马伯里诉麦迪逊一案中,美国联邦最高法院即通过判例开创了宪政审查制度的先河,此举被称为世界宪政史第一案。但在第二次世界大战之前,宪政审查还只是少数国家的成功制度实践。第二次世界大战以后,德国、法国成为宪政审查制度的后起之秀。与美国不同,1949年德国基本法所确立的是一种以立法权为重点、议会制(亦称责任内阁制、议会内阁制)下的分权制衡体制。其议会主要受到宪政法院的制约。宪政法院有权对议会的立法和决定以及行政机构的权力行为实施宪政审查。1958年法国宪法所确立的是一种以行政权为重点、半总统制(兼有总统制和议会制特点)下的分权制衡体制,其议会的立法活动受到宪政院的制约。

---

① 王名扬:《美国行政法》,中国法制出版社1995年版,第54、55页。

议会程序规则和组织法在颁布之前必须被提交到宪政院,以决定其合宪性。其他法律获得颁布之前,可以由总统、总理、众议院和参议院议长、或60名众议院代表或参议员提交宪政院进行审查。总统、总理对议会立法也有一定的制约权力。

第四,公民的政治权利则得到充分的保障和很大的扩展。公民权利从过去的消极自由例如人身权利、财产权、政治自由和参与权,发展到积极自由,例如社会经济文化权利。随着一系列的民权保障机制建立起来,司法审查制度获得世界性发展,公民的宪法各项权利不再是一张空头支票,而成为相对更加实际的权利。公民社会的各种民权组织大量建立,公民广泛开展民间结社活动,在强大的国家机器面前,单个的公民获得了公民社会的更多支持,开始变得强大起来,而不再孤军奋战。

三、西方宪政现代化的过程和特点

从传统社会向宪政社会的迈进是人类法制发展的普遍趋势。人类宪政现代化的进程也是从西方开始的。在北大西洋两岸,英国、美国、法国、德国是西方宪政现代化的代表性国家,其宪政的模式、原则和制度内容对世界宪政发展产生了重大而深远的影响。尽管上述国家在地理上、文化上都具有很强的亲缘性,其核心的宪政文化观念也基本相同,但其宪政现代化的路径却因各国具体的国情不同而呈现出各自鲜明的特色,其最终形成的宪政制度也有各自不同的特点。

(一) 历史演进型的英国宪政

英国的宪政现代化起步最早,持续的时间最为漫长。英国是世界公认的宪政发达国家,但该国至今都没有一部完整的宪法典。英国的现代宪政并非系统地理性设计的产物,也不是暴风骤雨式的政治革命的成果,其宪政的成就累积、体现在数百年的宪政发展历史轨迹之中,其宪政制度由众多的宪法性法律、宪法惯例和法院的判例所构成。

英国的宪政现代化具有明显的历史演进的特点,以至于难以具体确定英国宪政现代化从何时开始、在何时取得成功。英国宪政虽然从来没有经历过"毕其功于一役"的辉煌成功,但它确实一直在不断地前进,没有特别重大的反复。在长期的政治斗争中,以国王为代表的封建贵族的权利不断受到限制、削弱,平民的权利不断上升。最终,英国确立了以"议会至上"、保障人权为基本原则的现代宪政制度。

事实上,早在中世纪的1215年,英国便有了世界上第一部限制王权的"权利法案"。1215年,约翰王(1199~1216年在位)由于教皇要开除他的教籍和迫于贵族的压力，被迫接受贵族提出的《大宪章》。该宪章经过1216年和1217年修订，受到继任国王亨利三世的承认，并在1225年修订后正式成为英国法律。《大宪章》共有六十三条，其中比较重要的有第一条（规定教会自由），第二条（规定自由人的自由），第十二、十四条（规定征收协助金以外的赋税必须经国民同意），第三十九条（规定监禁必须经过法律），第四十条（规定不得出卖、剥夺或延误正义），第五十二条（规定财产或自由的剥夺必须经过法律程序），第六十一条（规定了国王不得违宪）。该宪章限制了王权，并规定推选男爵二十五人组成一个常设的委员会，监督国王遵守宪章。经过了将近800年时间，今天该宪章仍有九条在英国继续有效。虽然这部宪章所规定的权利范围比较狭小，且限于维护贵族和有产者的权利，但在当时的历史条件下，显然具有伟大的进步意义。

自1215年的《大宪章》之后，英国国民的权利范围不断扩展，宪政制度以循序渐进的方式不断成长。1679年《人身保护法》规定如果刑事案件而被逮捕，被捕者有权要求将自己的人身和逮捕命令一同移交法院，并由法院决定逮捕是否合法。1689年的《权利法案》（Bill of Rights）规定国王未经国会同意，不得废除法律，不得征税，不得招募和供养常备军；臣民有权向国王请愿；议会经自由选举产生，应经常集会；议员有议事自由，不受任何传讯或干预等。《权利法案》是英国自《大宪章》以后最重要的宪法文件，并被认为是美国1791年《权利法案》的前身。同年议会通过的《抗命法》确立了议会对军队的控制权。1690年议会规定国王的王室费用的定额收入，确认了议会的财政预算权。1694年《三年选举法》禁止国王随意解散议会，并规定每三年必须进行议会选举。1701年的《王位继承法》则进一步要求王位的继承必须获得议会的同意；所有重大国家决策必须获得枢密院批准方可生效；除非议会两院奏请罢免，法院的任职是终生的；未经议会通过和国王批准，任何法院均属无效。这些重要的法律陆续规定了个人的生命、自由与财产权利，确立了英国的君主立宪和议会民主制度，构成了英国的基本法。

到19世纪中叶，英国最终确立了责任制政府，即政府必须得到平民院多数议员的支持和信任才能执政，议会成为国家生活的核心。随后，英国议会又经历了四次选举改革，以及宪章运动，到1911年《议会法》通过，英国议会制度才发展得比较完备。在此过程中，贵族院权力和平民院权力此消彼长。在两院中，平民院的权力因1911年《议会法》和1949年新《议会法》的通过而得到明显加强，贵族院的地位大为衰落。现在的平民院已经基本成为英国议会的代名词。

即便如此，英国的民主政治的发展仍然留有不容否认的重大遗憾：直到1998年，上院议员不经选举产生，主要由王室后裔、世袭贵族、新封贵族、上诉法院法官和教会首要人物组成。这一欧美民主政治领域的奇观曾被英国首相布莱尔斥之为"中世纪的破烂"。布莱尔自1997年上台后开始着手上院改革，并于1999年废止了大约600名贵族的上院议员席位，但仍保留了92名世袭贵族的上院议员席位。①

英国宪政现代化具有保守但务实、缓慢但渐进的风格。一方面，英国宪政制度所承继的政治、法律传统颇为丰富，而显现出保守的特征；但另一方面，英国的政治、法律传统又具有很强的适应性和可变性，能够通过相对和平的方式获得新的发展，而并非必须经由暴力革命实现政治进步。同时，英国的宪政现代化虽然进展比较缓慢，但总体上比较平稳、牢固。在长期的宪政发展过程中，英国取得的每一项宪政成就通常都能够及时得到巩固，并以此作为新的起点，再继续向前推进。类似法国宪政现代化那样的大起大落、反反复复的情形在英国很少发生。

英国宪政现代化之所以具有历史演进的显著特点，主要有三个方面的原因。

一是文化传统方面的原因。英国的经验主义哲学传统对英国宪政发展具有较大的影响。以洛克、贝克莱与休谟为典型代表人物的英国经验主义哲学，认为知识通常来源于经验的归纳，而不是抽象原则的演绎。英国宪政的现代化过程深受这种经验主义哲学传统的影响，在宪政发展上表现为对政治理性主义的怀疑和对政治浪漫主义的排斥。英国的执政者和民众一般不相信通过抽象的理性设计能在短期内能够构筑宏大的宪政大厦，因此也没有浓厚的兴趣去对制定一部完整、妥当的成文宪法，乐观的政治理性主义精神在英国很少占据主流地位。从某项至善的政治公理出发，演绎出宏大的宪政制度体系的构想，然后通过剧烈变革实现社会进步，这从来都不是英国宪政现代化的特色。"他们宁愿一点一滴地从实际出发，从事实际的变革。"②

二是阶级构成方面的原因。在英国宪政现代化过程中，拥有土地的乡绅和贵族具有不依赖王权的独立性，他们以部分地采用商品化农业来适应那些具有自己强大经济基础的贸易和工业加工生产的阶级的发展。上层土地贵族阶级（包括乡绅和有衔贵族）生活中的强烈的商品化色彩意味着英国并不存在一个稳固的反对工业进步的贵族阵营，实际上其中最有影响的那部分人起着资本主义商品化和工业化的政治先驱的作用。③ 这些资产阶级化了的贵族与工商业者的利益密不

---

① 英国政府2003年9月18日已经宣布了议会上院第二阶段改革方案。根据这一方案，英国拟废除在1999年上院改革中遗留的92名世袭贵族的上院议员席位。新华网，2003年9月19日。
② 龚祥瑞：《比较宪法与行政法》，法律出版社1985年版，第28页。
③ ［美］巴林顿·摩尔：《民主和专制的社会起源》，拓夫、张东东等译，华夏出版社1987年版，第21、30页。

可分，这就决定了二者在经济、政治上有了合作、妥协的可能性，通过激烈的政治革命来实现社会进步的必要性在英国不是非常明显。

三是政治制度方面的原因。如前所述，作为世界的"议会之母"，英国议会制度很早便走在世界的前列。一般认为，《权利法案》（1689年）和《王位继承法》（1701年）在法律上确立了议会的权威，确认了议会是凌驾于国王之上的最高立法机构和最高权力机关。实际上早在700多年前的爱德华一世时期，每年定期定点召开议会在英国已形成制度。在法国三级会议长年沉睡的时候，英国议会的活动业已相对活跃，并对王权产生了不容忽视的制约作用。英国议会制度的领先发展为不同利益集团之间通过协商、谈判、妥协的和平方式来解决利益冲突、实现宪政现代化，提供了十分重要的制度平台。在很大程度上，我们可以说英国宪政现代化之所以基本上未走暴力革命的路线，其议会制度的作用功不可没。

（二）理性创新型的美国宪政

1787年美国联邦宪法诞生在遥远的"牛车时代"。从一般的时间概念讲，这部宪法已经比较古旧；但从它的内容、发挥的作用以及其经久不衰的生命力来看，这部宪法又相当的年轻和"现代"。该宪法经历了漫长岁月的考验，适应了各种危难，为美国宪政现代化提供了高起点的制度平台。以这部宪法为基础，美国宪政得以创建、成长和强大，为该国的自由、繁荣、和平奠定了坚实的政治基础。故有人说："美国宪法也许是以往二三百年里最伟大的社会发明。"[1]

1765年英属北美13州的人民因反对英国加重税收而爆发独立战争。1776年7月4日，代表在费城召开会议，通过《独立宣言》（Declaration Independence），宣布北美13州独立。《独立宣言》第一次公开阐述了现代宪法的基本原理："政府所具有的权力，应基于被统治者的同意。任何形式的政府，凡是破坏此种目的时，人民有权利予以废除，并建立以此原则为基础的新政府。"美国宣布独立后13个州结成同盟，并制定《邦联条例》，但独立后的邦联陷入严重的经济、财政困难，各州关税战、贸易战、州界争端、农民暴动，危机重重。在这种情况下大种植园主、银行家、商人、奴隶主主张建立强有力的联邦政府，制定宪法。1787年9月17日，制宪会议经过激烈的争论完成宪法草案。

美国联邦宪法的问世为美国宪政现代化提供了最重要的宪法文本依据和基础性的制度框架。以联邦宪法为依据，在此后两百多年的宪政实践中，通过多方力量的推动和参与，美国联邦宪法不断发展变化，内涵日益丰富，对美国的政治、经济和社会生活产生了深远的影响。事实证明，联邦宪法具有高度的适应性，尽

---

[1] ［美］肯尼思·W. 汤普森：《宪法的政治理论》，张志铭译，三联书店1997年版，第3页。

管美国发生过南北战争（1861~1865年），联邦宪法也未能完全保证内政的永远和平。但纵观美国历史，联邦宪法本身较好地适应了两百多年美国政治、经济和人权保障的发展需要，其宪政现代化过程总体上是平稳的，没有发生长时间、大规模的社会动荡。

美国宪政现代化首先表现为宪法文本的发展、变化，通过对宪法条款本身的修改和补充，进一步加强个人的权利保护和权利平等。在两百多年的历史长河中，美国社会经历了第二次工业革命、内战、新政、世界大战、战后民权运动等深刻的历史考验，但其宪法主要只经历过两次重要的明文修正，且这些修正符合联邦宪法蕴涵的维护自由、平等权利的基本价值原则。在很大程度上，这些修正可以说恰恰是联邦宪法的自然、合理的发展，而绝不是对宪法体系的割裂和对宪法本质的侵犯。第一次是1791年通过的《权利法案》，由第一到第十条修正案组成。这十条修正案弥补了1787年宪法基本上未规定个人权利的缺陷。但所有这些修正案仅适用于联邦政府，而不适用于各州。第二次重要修正发生在内战以后，共有3条修正案。在这一时期，联邦宪法加强了对各州权力的控制，旨在保障权利平等，消除政府的种族歧视。其中1865年的第十三修正案取消了蓄奴制。1868年通过的第十四修正案第一节规定"所有在合众国出生或归化合众国并受其管辖的人，都是合众国的和他们居住州的公民。任何一州，都不得制定或实施限制合众国公民的特权或豁免权的任何法律；不经正当法律程序，不得剥夺任何人的生命、自由或财产；在州管辖范围内，也不得拒绝给予任何人以平等法律保护。"正当程序条款被联邦最高法院解释为"吸收"了《权利法案》中的某些重要条款。因此，尽管这些条款原来仅适用于联邦，现在也适用于各州。1870年的第十五修正案禁止联邦或各州政府基于种族而歧视公民的选举权。①

其次，法院判例对宪法条款含义的灵活解释，为这部古旧的宪法注入了许多新的时代精神，使之能够"与时俱进"。联邦宪法的文字高度抽象、概括，如果不能对之加以合理而具体的解释，宪法有可能因众说纷纭而难以发挥其作为法律规则的规范作用。同时，该宪法的修改程序是极其刚性的，这导致即便有关宪法条款业已不尽合乎时宜，也难以直接加以明文修改。在这个问题上，美国联邦法院尤其是联邦最高法院的判例不仅积极发挥了其宪法最高阐释者的作用，同时，也在一定程度上扮演了宪法改革者的角色。由于法院是宪法的最高阐释者，除了宪法文本之外，法院判例对宪法所作的解释构成了联邦宪法最主要和最重要的部分。在两百年的司宪过程中，通过对宪法条款有效的解释，联邦宪法第一章第八节所规定的"州际贸易"条款和第五、十四修正案所规定的"正当法律程序"

---

① 张千帆：《宪法学导论——原理与应用》，法律出版社2004年版，第81页。

条款分别成了联邦政府权力和个人宪法权利不断扩充、发展的丰富源泉。其间，美国联邦最高法院曾经作出过许多富有里程碑意义的经典判决，[①] 其对联邦宪法的成功解释对美国宪政的现代化贡献巨大。

再次，国会的立法活动也是推动美国宪政现代化的主要力量。宪法条款的具体实施一方面依赖于法院的司宪解释，另一方面也需要借助国会的具体立法活动。国会根据宪法所制定的法律并不能改变宪法，但却能使宪法规定的政府权力和个人权利更加具体化，更加具有可实现性。例如，一套结构合理的联邦法院体系是宪政建设的实体机构。联邦宪法第三章仅简略描绘了联邦法院体系的轮廓，其具体建构仍有待国会立法的进一步充实。1789 年，国会通过的《司法法案》（Judicial Act）创立了在近一个世纪内保持稳定的下级联邦法院组织。众议院和最高法院的人数由国会立法确定，行政部门的内阁和大多数委员会也都由国会立法产生。在个人权利领域，国会立法的意义相当重大。例如，在声势浩大的民权运动的压力下，同时也在联邦最高法院的实际支持下，由联邦政府向国会提议，《1964 年民权法案》（Civil Rights Act of 1964）获得通过。该法是一个内容广泛的旨在全面禁止种族歧视的法律。该法规定联邦司法部门有权对凡是实行种族隔离的公共设施和学校进行起诉，并对继续进行种族歧视的公共性计划停发联邦资助，[②] 其中后者发挥了法院判决所不能起到的极其有效的作用，从而促进不同种族之间的个人权利的平等化。当然，国会立法的作用也并不见得永远都是合适的；在美国，国会的立法活动还需受制于总统否决权和法院宪政审查权基于不同方向的双重制约。

（三）崎岖发展型的法国宪政

宪政变革经常具有"滚雪球"效应。在美国联邦宪法被批准的第二年，大洋彼岸的法国于 1789 年即爆发了震撼全法国乃至整个欧洲的大革命风暴，7 月 14 日群众攻克象征封建统治的巴士底狱，8 月 26 日通过《人权与公民权宣言》（简称《人权宣言》），确立人权、法治、保障公民自由和私有财产权等基本原则，掀开了法国宪政发展的序幕。然而，与英国、美国较为和平的发展路径不同，法国宪政现代化走的一条激烈变革而又崎岖曲折的发展道路。其宪政发展起步较早，但其硕果却姗姗来迟，一直到第二次世界大战结束，以后又经过若干年的动荡，法国宪政才真正稳定下来，跻身于成熟的现代宪政国家之列。

---

① 例如，马伯里诉麦迪逊案、钢铁公司占领案、美国银行案、校园隔离第一案、抵制征兵第四案、纽约时报案等等。参见张千帆：《西方宪政体系》（上册·美国宪法），中国政法大学出版社 2000 年版，第 37、91、118、292、359、391 页以下。

② 王希：《原则与妥协：美国宪法的精神与实践》，北京大学出版社 2000 年，第 505 页。

"从 1789～1959 年间，法国经历了四次王朝、五次共和，并先后来纳过不下 15 部宪法。由于社会利益错综复杂，且战争不时给法国造成创伤，法国政体一直摇摆于议会分裂无能和中央行政集权的两极之间。"① 而革命这种容易给社会生活带来剧烈动荡的重大事件在法国也似乎成了具有某种周期性的运动。至于《人权宣言》关于人权和公民权的激动人心的表达"看上去很美"，但在长达一个多世纪的时间里仅停留在理念和文字的范围内，未能被民众充分地享受。"欲速则不达"这条中国古训似乎在法国的宪政现代化历程中得到了一定的印证。

《1791 年宪法》首先建立了君主立宪政体，但时间极短。1792 年革命党人囚禁了皇族成员，并杀害贵族及僧侣。新议会国民公会（分裂成吉伦特派和极端分子的山岳派）废除君主制，于 1792 年 9 月建立"第一共和"。山岳派掌握大权，施行激进的经济与社会政策，鼓动暴力反抗。革命越来越激进，并导致以罗伯斯·比尔为领导的雅各宾暴政，实行恐怖统治（1793～1794 年），在此期间被逮捕的疑犯约达 30 万人之多，约 1.7 万人被正式处决，还有许多人死于狱中。但物极必反，1794 年 7 月 27 日罗伯斯·比尔下台，其本人被送上了断头台，恐怖统治以恐怖的方式结束。

1799 年通过雾月政变，拿破仑·波拿巴获得权力，开始了军事独裁，并自任第一执政官；1804 年，公民投票通过共和十二年宪法，法兰西共和国改为法兰西帝国，拿破仑·波拿巴成为皇帝。他为政府引进无数改革，包括对世界各国产生重大影响的《法国民法典》（又称《拿破仑法典》）。1815 年 6 月滑铁卢战败后，拿破仑政权被完全推翻，法国又经历了不同王朝的统治。1848 年二月革命后，法国又回归民主体制，建立了"第二共和"，但好景不长。1851 年 12 月拿破仑·波拿巴的侄子路易·拿破仑发动政变，解散议会，并于 1852 年 12 月建立帝制，其本人担任皇帝（拿破仑三世），法国从第二共和转入第二帝国时期。1870 年，普法战争爆发。拿破仑三世带领的军队在色当战役（1870 年 9 月）中失败，然后被废黜，从而使法国有机会再次回归共和，史称"第三共和"（1870～1940 年）。

尽管第三共和国是法国社会稳定（除了德雷福斯事件）、工业化发展和专业民众服务设施建立的标志，但其政局并不稳。部分是为了保证民主，防止美国宪政中出现的"法官统治"，第三共和并没有一部成文的宪法，而只有三部议会可以随时修改的基本组织法。由于过分强调议会至上，加之小党林立，难以形成稳定的政府。1940 年德国入侵法国导致第三共和垮台。

---

① 张千帆：《西方宪政体系》（下册·欧洲宪法），中国政法大学出版社 2001 年版，第 2、3 页。

第二次世界大战结束后，1946 年法国建立了第四共和，由于政党林立，左翼和右翼之间冲突激烈，政局极不稳定。任何一党都难以单独组阁，而联合政府因党派立场、意见的多变陷入频繁的动荡之中。在第四共和短短存在的 12 年间，内阁前后变换了 23 次之多，其中最"稳定"的内阁存在也不满一年半。这显然给国家的有效治理带来了巨大的困难。1958 年阿尔及尔爆发动乱，有引起法国内战的危险。在危难之际，戴高乐受命于危难，授权重新制定一部新宪法，1958 年 9 月 28 日，宪法草案交由公民表决通过，建立第五共和宪法。

第五共和宪法纠正了法国以前一些不切实际的民主理念，有限度地加强了行政权力，并建立宪政院以专门监督宪法的实施。该宪法设计了一种既不同于传统议会制、也不同于典型总统制的新政府组织形式，它是独特的、以总统为中心的兼有总统制和议会制特点的混合理政治体制。① 该体制削弱议会权力，降低总理和内阁作用，扩大了总统权限。宪法委员会的设立使宪法条款真正具备了法律意义，《人权宣言》也因此得以真正成为一部法律文件。半个世纪的历史证明，第五共和的体制较好地实现了政治秩序稳定和个人权利保障之间的和谐共存，因而与以前的体制相比，它比较符合法国的"国情"。

法国宪政发展的实践表明，革命不利于宪政的建立，左右力量的激烈冲突、针锋相对也不利于宪政的成长，在一定的秩序范围下良好的宪政构架是十分重要的。

（四）后来居上的德国宪政

与英国、美国和法国相比，德国宪政起步无疑是最晚的，其现代化过程也格外惨烈，遭受了两次世界大战的失败和长达四十年的国家分裂。直到第二次世界大战再次战败后，宪政才真正实现现代化。但建立在法治和深刻汲取历史教训的基础上，德国宪政后来发展迅速，有后来居上之势。②

与其他民族国家相比，日耳曼的统一相对较晚，直到 19 世纪后期才获得统一。而在此之前，德国主要处于四分五裂的诸侯割据的局面。1862 年俾斯麦掌权控制了普鲁士，在 1871 年统一日耳曼民族，创建了德意志帝国。1871 年，德国制定了统一后的第一部成文宪法，但该宪法乃是一部"帝国宪法"。其最大特点是赋予了以普鲁士为核心的帝国中央的极大权力，规定联邦国家元首是德意志帝国皇帝，由普鲁士国王充任。拥有极其广泛的权力，国家的最高权力掌握在国王及其任命的总理手中，国王本人不仅拥有重要的行政权力，而且还有权解释宪

---

① 赵向阳主编：《当代资本主义国家政治体制纵论》，河南人民出版社 1990 年版，第 312 页。
② 参见张千帆：《宪法学导论——原理与应用》，法律出版社 2004 年版，第 84~86 页。

法，并解散议会。宪法未能对个人权利提供普遍保障，宪法规定的民主徒有虚名。这一时期的德国政治实质上是一种政治强人控制下的强权政治。第一次世界大战结束，因战争惨败，帝国政府存在的合法性迅速消散，因而在顷刻之间崩溃，帝国宪法也随之不复存在。

在民族危难的仓促之际，德国社会民主党多数派与旧军人兴登堡妥协，1919年2月在魏玛召开国民议会，并于同年7月通过《魏玛宪法》，成立共和国。这部体现自由民主价值的宪法第1条即规定："德意志联邦为共和政体。国权出自人民。"该宪法还规定了法律面前人人平等、迁徙自由、人身自由、言论自由、通信自由等各项基本权利。政府实行民主选举，议会实行两院制。而当时德国的民主基础相当薄弱，整个民族缺乏民主意识，且社会矛盾经常处于极化状。1929～1933年的世界性经济危机又开始席卷德国，从而给本已脆弱不堪的民主政府以致命打击，导致纳粹的法西斯统治，最终将德国乃至整个欧洲拖入战争的深渊。在魏玛共和仅仅存活的14年间，其政府更迭竟达21次之多，这不能不说《魏玛宪法》本身在制度设计上存在明显的缺陷。①

第二次世界大战结束后，由于受不同国家的军事占领，德国被分裂为联邦德国（时称"西德"）和民主德国（时称"东德"）两个国家。西德在美、英、法三国军事占领下，于1949年制定了《德意志联邦共和国基本法》（简称"《基本法》"），而东德也制定了一部宪法。1990年德国统一，《基本法》成为全德国的基本法。《基本法》汲取了魏玛共和与法西斯统治的双重历史教训，按照现代宪政的普遍原则，对德国的宪政制度进行了精心设计，以更加有效的方式保障个人的宪法权利和自由民主体制。

在国家基本制度方面，《基本法》明确规定了"四大国体"，即民主（共和）国体，社会（福利）国体，联邦国体，法治国体。《基本法》第二十条规定了国家基础条款："（1）德意志联邦共和国是民主的和社会福利的联邦制国家。（2）所有国家权力来自人民。通过公民选举和投票并以立法、行政和司法机关行使国家权力。（3）立法应遵循宪法秩序，行政和司法应遵守正式法律和其他法律规范。"与第一条相同，第二十条也被《基本法》规定为不可更改的核心条款。

德国的宪政制度一方面体现了现代宪政的普遍原理，另一方面也反映了对本国历史的深切反思。为了避免自由、民主的再次失败，不再重蹈魏玛共和与法西斯统治的覆辙，《基本法》设计了多重富有针对性的制度。一是极大地削弱了联邦总统的权力，同时专门规定了针对联邦总统的弹劾程序。二是采取了"建设

---

① 张千帆：《西方宪政体系》（下册·欧洲宪法），中国政法大学出版社2001年版，第153、154页。

性不信任表决"制度，联邦众议院只有在选出总理的继任后才能撤换其前任，以避免权力交接出现空档而导致混乱的现象。三是在议会选举制度上，采取混合代表制：一半众议院议员由比例代表制选出，另一半则按多数代表制选出。这样既保证了不同政党的代表性，又不至于摧毁议会政府的稳定性。此外，为防止政党的过度分化，保障议会政府的相对稳定，德国规定政党必须获得总选票的5%以上才有资格参加全国性的议席分配。四是规定了自卫型民主制度：政府有责任去保护《基本法》所规定的自由民主基本秩序，禁止任何政党利用自由民主权利来摧毁自由民主基本秩序本身。五是创设了由专门机构——宪政法院——来负责宪政审查的机制，以防范立法或行政机构的滥权行为。此外，为避免中央集权再度出现，德国《基本法》还强化了联邦制下的地方自治制度。

（五）西方走向宪政的历史启迪

在上述诸国中，英国走向现代化宪政起步最早，但发展非常平缓，没有大起大落，所走的宪政之路较为漫长。迄今为止，英国"有宪政无宪法"，可谓是宪政诸国中的特例。法国宪政现代化起步不晚，但其历程极其曲折，社会动荡频繁，付出了沉重的社会代价，其宪政成功最后姗姗来迟。德国宪政现代化起步很晚，在其短暂的宪政发展中有过巨大挫折，损失惨重，但其痛定思痛，深刻汲取历史教训，最终后来居上，其宪政目前已经发展到相当高的层次。与上述三国相比，美国的宪政现代化不仅起步很早，而且一开始就站在很高的宪政起点上，发展也比较顺畅，所付出的社会成本较低，其宪政发展的水平位居前列。

各国的具体国情不同，任何国家都不应当简单复制其他国家的宪政制度或宪政经验。但既然宪政是法制现代化的标志，是人类法制发展的必然归宿，那么我们至少可以从西方宪政现代化所走过的历程及其经验教训中得到一些历史启迪，以期减少本国宪政发展的盲目性，积极、稳妥地实现本国的宪政现代化。

首先，在走向宪政现代化过程中，应当把普适的宪政原则与本国实际有机结合起来。通过比较，可以发现上述四国宪政现代化并非同步进行，有明显的先后之分，各自有其独特的具体社会历史环境，其宪政现代化的路径各不相同，顺逆差异较大，具体的分权制衡机制特别是宪政审查制度各自有其鲜明的特色。但上述英、美、法、德四国的宪政现代化也有其相同之处，四国最终都走上了宪政之路，奉行共同的宪政原则，发展民主，加强法治，保障人权，并在宪法之下实行分权制衡制度，从而本国的国家权力和个人权利实现了良性的平衡。这在一定程度上表明拒斥人类普适的宪政原则，将违背历史发展的潮流，最终必然遭到历史的惩罚。只有顺应宪政发展的历史潮流，才是各国政府和民众的理性选择。另一方面，"家家有本难念的经"，每个国家的宪政发展尽管有其共性问题，但同时也都有其独特的难题。例如，美国宪政必须着力解决种族歧视问题，法国宪政需要克服其国民惯有的政治理想主义或浪漫主义情结，① 而德国宪政则必须时时防范极权政治的重演，英国则需要继续解决"无宪法"条件下的权力制衡问题。各国宪政现代化所处的具体国情及其面临的具体问题均有其现实的差异性，这就决定各国宪政发展在坚持普适宪政原则的同时，应当着眼于解决本国宪政的实际问题，选择最适合本国国情的宪政发展道路。

其次，适合国家政治力量状况的良好的宪法建构，是宪政成功的重要因素。宪法和政治具有密切的互动关系。列宁说，宪法是阶级力量对比关系的反映。这点非常正确，有什么样的政治力量，宪法就应建构什么样的宪政体制。法国自1791～1958年之间频繁发生政治动荡，这与其宪法一直未能找到合适的宪政制度有关，政体总是在激进的极端民主与保守的专制制度之间摇摆。第四共和国是第二次世界大战后建立的，由于战后政党林立，而又相信议会制是最民主的，宪法确立议会制，给议会以很大的权力，结果很难有政党在议会中形成有效的多数，多党联合执政导致政府极不稳定。第五共和国宪法削弱议会权力，在议会之上设立一个总统并能有效地制约议会的权力，才使政治稳定下来。

目前的德国《基本法》与法国的第五共和宪法之所以能使本国宪政走向稳定、成熟，其中一个重要原因就是它们通过各种制度设计较好地解决了国家权力的分配，实现了对权力的有效规范、制约。同时，美国、法国和德国等宪政现代化的经验或教训表明，良好的宪法还需要具备有效的宪政实施机制特别是宪政审查机制，才能真正实现宪法的规范作用，从而切实发挥宪法制约国家权力和保障个人权利的功能。

再次，走向宪政现代化应当是渐进演化的过程，并且需要将理性和经验结合起来。萧公权曾经提出："近代各国宪政的完成，大约不出演进与突创的两种方式。英宪属于前者。美国等国属于后者。"② 这一观点有一定道理，但还需要仔细检讨。英国的宪政历时数百年之久，许多时代久远的宪法性法律、宪法惯例或具有宪法意义的判例迄今仍然有效，属于典型的演进型宪政现代化模式。但英国宪政过于注重传统经验的承继，修补大于创新，以至于至今该国也没有一部成文宪法，其宪政的运作与其说依赖于成文的法律，不如说依赖于其习惯，或者说依赖于其娴熟的宪政运作经验。英国宪政的形式及其环境极其独特，因而很难被其他现代国家所效仿。德国《魏玛宪法》的问世可谓是理性设计的产物，并且是理性大于经验，带有较强的理想成分，但却缺乏实现的基础，短短十余年时间即

---

① 高毅：《法兰西风格：大革命的政治之化》，浙江人民出版社1996年版，第3页。
② 萧公权：《宪政与民主》，清华大学出版社2006年版，第45页。

被完全毁坏。法国第五共和之前的许多宪法也常常具有不太"务实"的特点，其宪政理论时常脱离实际，急于求成，缺乏耐心，因而虽有十多次立宪尝试却都屡屡以失败而告终。

美国 1787 年联邦宪法是在费城召开的制宪会议上，仅用了近三个月时间即一举制定而成，在一定程度上可以说这是"突创"出来的。但是不应忽略以下两点：其一，该宪法的创制有其深厚的历史经验基础。在联邦宪法制定的过程中，制宪会议的代表们对既往的政治、法律的传统和经验，例如《邦联条款》的经验、州政府的和北美殖民地政府的模式、英国的政治法律传统，①乃至欧洲其他国家以及更为久远的古希腊、罗马的政治实践，从成败得失的角度进行了广泛考量，并以此作为其制宪的依据。其二，美国宪政的完成更是理性和经验的良好结合，是在较高起点上又不断渐进发展的产物。如果说美国联邦宪法是经验基础之上理性设计的产物，②那么其宪政的完成则离不开 200 多年来诸多以"遵循先例"为司法原则的宪法判例的贡献。事实上，美国宪政是建构理性和经验理性相互结合、共同作用的产物，没有这种宪政理性原则（即宪政的逻辑）和具体生活经验的妥当结合，美国宪政现代化之路不可能如此顺利。

最后，宪政建设需要政治共识以及和平、理性的社会文化环境。上述四国经验表明，宪政的成功实现需要对宪政形成较为广泛的社会共识，这是宪政的社会文化基础。没有这个文化基础，宪政制度犹如沙堆上的高楼大厦，即使再宏伟，最终也将倒塌。魏玛共和与美国宪政即是这一原理的正反例证。法国、德国历史上的宪政失败同时表明，宪政的建设与巩固都需要理性交流的社会氛围，无论是强势集团还是弱势群体都需要学会必要的妥协、让步，凡是在社会矛盾极化、各种势力都只知"斗争哲学"却不懂妥协精神的地方，宪政均难以成功。

---

① ［美］加里·沃塞曼：《美国政治基础》，陆震纶等译，中国社会科学出版社 1994 年版，第 15、16 页。

② 例如，美国制宪会议代表普遍对孟德斯鸠的分权理论深信不疑，甚至争论双方都把该分权理论作为支持或反对联邦宪法草案的依据。制宪会议的关键人物汉密尔顿更是直接指出："在各种讨论中，都有一定的基本真理或首要原理，它们必然作为以后一切推论的根据。这些真理含有一种内在的证据，它能先于一切思考或组合得到人们的赞同。……伦理学和政治学的其他原理也具有同样的性质"但同时，他们也非常注重经验的价值。例如汉密尔顿本人即把经验看作"人类判断最不易产生错误的指南"或"智慧之源"。麦迪逊也认为："凡是能找到经验时，总是应该遵循它的指导。"［美］汉密尔顿、麦迪逊、杰伊：《联邦党人文集》，程逢如等译，商务印书馆 1980 年版，第 26、150、246~251、269、369 页。

第九章

中国的宪政化

内容提要： 从某种意义上说，中国法制现代化的进程也就是中国宪政化的历史过程。从清末以至新中国建立前的宪政运动为当代中国的宪政改革奠定了一定的历史一经验基础，但也从反面提供了许多经验教训。站在这种历史的基石上，当代中国的宪政化改革正以方兴未艾的蓬勃之势在选举制度、人大制度、违宪审查与诉讼制度、公民维权以及媒体舆论等领域展开。尽管许多制度依然处于初创阶段，有的则尚处于萌芽时期，但它们都在一定程度上昭示了宪政中国的未来图景。

第一节 中国近代的宪政经验

从更为宏观的视野观察，自清朝末年变法开始，中国法制现代化的历程已经有一百多年了。它屡遭挫折，时有中断，但仍然在曲折中向前发展。尤其是近三十年来，随着经济模式的根本转变、市场经济的快速发展，法制现代化的步伐明显加快，宪政已经成为中国法制发展的大趋势。

1840年鸦片战争以后，随着外国列强的入侵，西方的军事、经济、政治、文化以各种不同方式，对中国社会产生了强烈的冲击，中国面临着数千年未有之大变局，一次又一次被卷入战乱和危亡之中，这种严峻的形势延续了大概一百多年，直到1949年。在这100多年中，中国传统法制体系遭受致命挑战直到最后基本崩溃，西方法制传入中国，中国法制开始现代化，但其进程艰难、困顿。法制现代化需要和平、理性的社会环境。其强调对法制的破坏更甚于对法制的建树。

近代以来至民国时期,中国的宪政运动史基本上就是一部失败史。时至今日,中国宪政仍是一个有待艰苦奋斗的远大理想。早在半个多世纪前,就有人总结过旧中国宪政运动的失败教训。张君劢曾经指出"帝制自为"、"割据一方"、"越轨为能"、"舞文弄法"、"治乱循环"、"人民愚昧",领导人"举棋不定"是旧中国宪政失败的七种原因。① 站在今人的立场看,旧中国宪政运动的失败有其复杂而深刻的根源,例如经济文化极端落后、外敌入侵、社会阶级结构的严重分化对立、缺乏民主法治传统等等。除此之外,旧中国宪政运动亦有许多深刻教训值得今人汲取。

一是缺少行宪必需的文化条件——妥协精神。宪政国家要求多元、宽容和妥协的宪政主义文化。宪政主义主张利益分化多元的社会成员彼此之间和平共处,理性对话,求同存异,利益均沾,依照宪法规则进行公平、适度的利益竞争,以妥协的精神、和平的方式进行不断的改革。但在长期严酷的政治斗争中,中国形成了"一山不容二虎"的不妥协的政治文化,而这种不妥协的政治文化又延续并加剧了政治斗争的残酷性。这种不妥协的政治文化的主要内容是:一种政治力量要绝对领导社会,当出现两种或两种以上的力量时,不能共存,而是要拼一个你死我活。这种绝不妥协的激进主义的政治文化,只会制造更多的以暴对暴的政治暴力,而不会带来持久的政治和平。它也不利于理性地对待异己一些正确、合理的东西,容易引起社会从一个极端走向另一个极端。激进主义的观念和运动从清末开始滋长,一直持续到1949年,甚至更晚的时期,它构成了中国近代社会的一个主要特征。

二是统治者在社会危机面前举棋不定,缺乏施行宪政的主动,不愿放弃政治强权,最终却失去了一切。满清政府、以蒋介石为首的国民党政权在历史若干关键时期不愿放弃政治强权,逆时代潮流而动,未能及时作出正确抉择,最终不仅自身遭致满盘皆输,而且导致中国宪政屡屡陷于困境,引发一次又一次的政治危机和社会动荡。相比国民党政权在大陆的顽固、愚昧和彻底失败,国民党溃退到台湾之后,终于学会了一点政治智慧。1987年7月15日,国民党政府宣布解除实行了38年的戒严体制,进而宣布解除"报禁"和"党禁"。"其实正是国民党推动的民主进程,给了国民党新的机会。如果国民党坚持威权统治,那么一旦这个政权被台湾民众推翻的话,国民党就将彻底退出历史舞台。而现在,民主宪政体制下,它还有自新的机会,它还有重新通过选举赢得政权的机会。"②

三是中国缺少真正意义上的民主宪政思想的启蒙和传播,宪政运动缺乏足够

---

① 张君劢:《宪政之道》,清华大学出版社2006年版,第7~10、147~149页。
② 郭力等:《台湾解严20年》,《南方周末》2007年7月19日。

社会力量的支持。宪政需要广泛社会力量的参与和支持。但长期以来，由于专制主义政治传统深厚，民众缺乏真正的、广泛的民主宪政启蒙教育，民主、法治和人权一直未能成为中国人普遍的基本价值观念。在政府和民众的关系处理上，在中央和地方关系处理上，在政府各权力分支关系处理上，官民均缺乏宪政建设所必需的人权意识、民主、法治意识，[①] 人们仍然习惯于用传统方式来解决各种政治和法律争议问题。因而，即使有一部分人执著于宪政运动，但对于更多的人来说，宪政运动不过是身外之事。作为社会的主体力量，绝大多数民众置身于宪政运动之外，未能积极参与或给予必要的响应。其结果便是宪政运动皆属少数人孤军奋战的理想事业，它得不到多数民众的理解和支持，其最终失败也就在所难免。

第二节　中国当前的宪政化改革

中国法制现代化和追求宪政已经有一百多年了。一百多年来人民付出了沉重的代价。革命造就不了宪政，阶级斗争也斗不出民主，唯有理性的政治改革才有可能走上宪政之路。政治体制改革需要从脚下的路开始走，从宪政的基本制度要素着手，才能取得聚沙成塔的效果。政治体制改革就是围绕改革选举制度和人民代表大会制度，建立违宪审查制度和公民权利保障制度而进行。

一、改革选举制度

选举是民主制度的基础，国家制度的民主化改革，必须从选举制度改革开始。没有选举就没有代议制，有公开、平等、直接、竞争的选举，就不是民主的选举。在我国，改革选举制度乃是完善人民代表大会制度的根本。改革开放30多年来，中国人民代表大会代表的选举进行了三项改革，一是将直接选举人大代表的范围由乡镇扩大到县市，扩大了广大选民直接参与政治生活的权利；二是实行人大代表的差额选举，体现了择优和民主的原则；三是实行选民或者代表联名推荐候选人，与主席团提名的候选人具有同等效力。但是我国的选举民主化程度仍相当低，直接选举的程度还只停留在县乡一级的人大代表，所有的政府领导人和县以上的人大代表都不能由选民直接投票产生，而选举的差额和竞争性，程序

[①] 参见蔡定剑：《中国宪政运动——百年回眸与未来之路》，刘海年主编：《人权与宪政》，中国法制出版社1999年版，第24~47页。

的公开、透明和公正性都非常有限。

可喜的是，直接、公开、竞争的民主选举在中国已经成为人民的强烈发展要求和潮流。自1987年我国实行村民自治制度以来，以民主选举、民主管理、民主监督为核心的基层民主建设在农村得到蓬勃发展。中国农民正在进行一场广泛的民主试验，他们在民主实践中参与的热情，推动了中国基层民主的发展。1998年，全国人大正式颁布《村民委员会组织法》，在农村全面推行村委会选举和村民自治制度。农村基层民主制度正在巩固和完善，人们开始了对乡镇长、县长民主直选的追求。在这种冲击下，一些地方自发地进行了多种民主选举改革试验，这些试验包括乡镇党委书记和乡镇长的公推公选，甚至有些地方还进行了县级领导干部的公推公选。同时进行了党内民主改革，包括党代会的常任制和县级党代表的直选。要求直选和竞选正在成为一种民主潮流。

（一）实行真正的平等选举权

我国当前的选举存在严重的不平等，主要表现采取户口制登记选民的办法，使中国目前正在城市化过程中大量的流动人口实际上无法行使选举权。

对农村每一人大代表所代表的人口数四倍于城市每一代表所代表的人口数问题。中共十七大报告已经明确提出要解决这个问题，所以这个问题的法律解决只是时间的早晚。但是，法律上的代表所代表的人口数平等，不等于实际上的平等。人大的代表权不平等并不仅体现在法律上，而是实际上的，人大代表中已经很少有普通的工人农民代表，而官员代表和企业家代表成为人大代表的最主要部分。怎么改变这种状况，使代表结构真正反映社会阶级阶层的真实状况，才是真正的问题所在。这种选举只有在直接选举条件下，公平地划分选区，实行公开的竞争性选举才能做到。

实行平等的选举权当前最重要的改革就是打破以户口登记选民的办法，实行以居住地为依据的选民登记办法，从而解决市场经济改革后大量流动人口的选举权的问题。据推算，在基层人大代表选举中，我国应参加选民登记而未参加登记的人员约1 300多万人，在户口所在地名义上登记而实际上未参加选举的选民约4 700多万人，虽在户口所在地登记在外工作而委托他人投票参加选举的约4 600多万人，总共约有1亿人因采取户籍所在地选民登记制而不能参加选举或没有亲自参加选举。在县一级没有参加选民登记的人约2 200万人，在户口所在地名义上登记而未参加选举的人为5 100万人，以委托方式参加投票的为6 600万人，约有1.4亿人因户口登记选民制没有参加选举或没有亲自参加选举。由于流动人口不能参与当地政府的选举和政权建设，导致政治权利的严重失流动人口的利益根本上得不到保障。当然，以居住地作为选民登记的基础需要有一定条件限制，如以居住时间和是否有无固定居所等为条件。这一原则和具体条件应通过修改选举法加以确立。这一改革将是保障流动人口,更多的是农民的政治权利的重要举措。

(二) 扩大直接选举范围

1979年制定的选举法,将直接选举人大代表的范围扩大到县一级,对当时"文化大革命"刚结束完全没有民主选举的中国来说,这一制度改革无疑具有重要的意义。

从1979~2003年,我国先后进行了7次县级直接选举、8次乡级直接选举,直接选举已在基层深入人心。然而二十多年来,尽管学界和社会呼声不断,人大代表的直接选举却一直在区县、乡镇两级原地踏步。在当前间接选举中,民众对选举冷漠、领导对选举的操纵、民众难以监督等弊端日显。要解决我民主发展的瓶颈,必须推进直接选举。

我国目前已经具备了扩大直选的条件。

第一,由农村村民自治的民主选举实践表现出来的极大的民主热情和民主智慧证明,农村村民完全有能力、有动力,也有愿望进行这种选举。民主实践是最好的民主培训班,通过提高直接选举,使公民的政治参与能力和水平也在民主实践中不断提高。

第二,我国经济发展,公民的权利意识和民主观念在市场经济和公民社会中有了很大的发展。而且现在交通通讯高度发达,直接选举哪一级政府都不会存在任何技术问题。

扩大民主选举是解决官员腐败,建立真正对人民负责的责任制政府的根本途径,也是解决当前我国各种社会矛盾的根本措施。当前我国政府官员腐败严重,而通过民主选举,产生对人民负责的官员和政府,通过竞争产生优秀的政治官员,可以从根本上解决或遏制上述当前官场之恶疾。

从当前中国的情况出发,在县、乡两级实行政府领导人的直接选举和设区的市人大代表直接选举是完全可行的。

(三) 实行差额选举

1979年以后,我国选举制度改革的最大成果之一是实行了人大代表和政府副职领导人的差额选举。但是,国家机关正职领导人没有完全实行差额选举。按《地方组织法》的规定,地方国家机关正职领导人一般实地差额选举,但也可等额选举。由于法律规定有意留有余地,而各地方实际做法都在搞等额选举。这种正职的等额选举不符合民主选举的性质,不符合建立真正责任制政府的要求,不符合政治体制改革和提高党的执政能力的需要。所以,建议修改《地方组织法》，对国家机关正职领导人一律实行差额选举，只有通过民主的有差额竞争的选举，才能产生对人民负责的官员和政府。

（四）实行选举竞争

完善选举程序关键在于实行公开、平等的竞选。现行选举没有活力，选民和代表对选举没有兴趣，投票带有盲目性，选出的代表或领导人并不是对人民有很强的责任，这些与缺少选举竞争机制有关。民主的选举制度必须有竞争，无竞争的选举，不是真正的选举，也是不能真正代表民意。要选出优秀的民意代表和领导人，最好的办法是让候选人自我介绍，相互竞争，以充分展示个人的能力。竞选是解决选民厌选，从而搞活选举，激发选民热情，并产生对人民负责的代表和国家机构领导人的最好途径。很多人担心竞选会产生种种弊端从而会污染政治。实践证明，竞选的弊端完全可以通过法律的规范加以消除或控制，只要制定公正、透明的选举规则，是完全可以做到公平、平等有序的选举。[①] 而且，只有设置竞选机制才能克服代表被动当选的局面，这是因为，作为一种政治人才资源的配置手段，竞选机制可以使对参政、议政有浓厚兴趣，并有较强参政、议政能力且个人品质得到公众认可的社会精英脱颖而出。

那么，设计竞选机制应该考虑以下几点：

第一，竞选应以自愿报名的方式参选，这是选举竞争的前提。这样就能够使那些有强烈参政议政兴趣的人获得机会进入政治机构，避免不感兴趣的人被动当选，从而对人民不负责任。

第二，由符合条件进入程序的候选人可以进行多种方式的自我宣传，自我宣传应当采取公平的方法和严格的法律限制，以宣传自己的政策为主，防止过分的金钱控制和相互诋毁攻击。公共媒体提供宣传的必须公平分配时间。

第三，竞选经费的来源。竞选经费可以自筹，但必须有严格的法律规定每个人或每个单位的捐款数，并且必须公开筹款来源。

只要法律规范严格，竞选的各种弊端是可以避免的。

二、完善人大制度

如果说法治政府的建设主要是依靠政府的自我限权，那么，人大制度的改革则是为了使人民能够通过参政议政而对政府的权力加以限制。在政府的职位没有通过竞选而对人民充分开放的情况下，人大制度的改革与强化，就成了走向宪政

---

① 蔡定剑：《论人民代表大会制度的改革和完善》，《政法论坛》2004 年第 6 期。

的重要内容。

处理好党的领导和人大权力的关系乃是完善人大制度首要问题。我国的宪法和中共党章都承认宪法的最高法律地位，党必须在宪法的范围内活动。在中国建设宪政体制，首先应以人大制度为框架，党通过人民代表大会的形式实现对国家的领导。党的领导主要是政治领导，通过提出国家的重大方针、政策、路线的建议，由人民代表大会进行民主讨论和决策；其次，党组织起监督保证作用，全力支持全国各级人大及其常委会的各项工作，对人大法定的工作内容和工作程序不干预。对人大立法和决策的事情，监督政府是否执行。这样是保证党的意图的实现，也是保障法律的权威和执行。

增强各级人大的能力建设，提高人大的权能，必须从人大组织结构开始。进行人大组织结构改革有两条思路：一是把人民代表大会建成真正的权力机构，由此必须减少代表名额。不减少代表名额，人大就不能建设一个有能力行使权力的代表机构，要把代表大会造成一个有能力的机构就必须专职化。代表太多不仅使会议效率大大降低，成本大大增加，而使会议难以发挥作用。根据代议制原理，代议机关代表的多少，取决于人口数量和会议议事有效性的限度，从西方国家议会的经验看，国家级议会一院超过600名议员议会难以有效议事行使职权。所以如果要让我国的人民代表大会也真正发挥作用，必须减少代表数量，一院不超过600名代表。如果代表名额不减少，另一思路是把人民代表大会像台湾的国民大会一样虚化，只是象征性权力机构，而把人大常委会充实扩大加强，增加常委会的组成人员，使它成为一个真正的权力机构，这样常委会的组成人员应有300~500人左右为宜。

如果以增强常委会的能力建设为改革思路，就必须改变现在常委会成为安排领导干部退休中转站的功能，使常委会真正具有广泛的代表性的权力机关。现在各级人大常委会的代表性还很欠缺，这主要表现在两个方面：一是人大常委会选举不能形成选举者与被选举者之间的责任关系，常委会成了人民代表大会的"领导"，代表大会根本不能形成对常委会组成人员的监督。二是常委会组成人员没有它的选民，没有向人民负责的对象，没有它代表的利益和日常性沟通人民的渠道，这加剧了全国人大常委会缺乏代表性的严重程度。缺乏代表性使全国人大常委会的民意代表机关的真实性成为问题，这又影响到了全国人大常委会行使职权的正当性。改革建议是让常委会组成人员也由下级人大产生，下级人大在选举产生上一级的人大代表的同时，也产生相应的常委会组成人员。这样可以解决常委会目前主要由上级领导干部组成的局面。

实行人大常委会组成人员的专职化。要使各级人大常委会成为真正的国家权力机关，必须实行专职化。并且为常委会组成人员配备办公室和专门的助理人员。常委会专职化了，常委会组成人员才有充分的时间对法律草案进行调查、研究，才有可能延长常委会会期，才有时间通过全体会议的形式审议各种议案。常委会专职化，延长常委会会期，也必须调整常委会的职能，让常委会承担审议预算的职能，把人民代表大会的立法权和预算审查权都交给常委会，这样才能使常委会成为真正的权力机关。

增强各级人大代表的代表性，减少各级人大代表的中领导干部的数量。现在各级人民代表大会几乎成了干部会。由于人大代表的红帽子使领导干部垂青，许多领导都争当人大代表，据不完全统计，全国人民代表大会有干部身份的代表达到41.6%，在有的地方人民代表大会，这个数字可能超过50%。由于领导担任人大代表，使人民代表大会会议行政化日重，如领导干部要担任大会的各代表团团长、副团长，小组会的组长等，他们主持人大会议的代表团会议和小组会议，这样领导干部代表与普通人大代表的地位是不平等的，领导主持会议就像组织行政会议一样，人代会有时成了书记、市长的工作布置会和下面官员、企业领导的汇报会。所以，建议领导干部与人大代表身份相脱离，实行行政机关和司法机关领导不兼任人大代表职务的办法，才能从根本上解决领导干部占用人大代表过多名额的问题。

发挥人大代表的作用，是使人代会成为真正的权力机关的关键。要疏通代表联系选民的渠道，建立代表接待选民的制度，代表必须到选区去，间接选举的代表也安排固定地区联系选民，使代表受到选民的意志和利益的约束，只有把代表与选民的责任建立起来，代表才会真正负责任。一些代表自发创立的代表接待日和代表工作站是行之有效的发挥代表作用的措施。应给其提供条件，使它更好地发挥作用。

三、推进违宪审查与宪法诉讼

当我们研究西方国家从宪法走向宪政的途径就会发现，西方国家违宪审查先走了一条：从维护国家分权体制，再到保障公民基本权利不受国家行为侵犯，再到救济公民宪法私权的发展进路。由于我国的政治发展不同于西方国家，宪法实施的进路可能不同。西方是从弱国家权力，强公民权利，向国家权力强化和限制公民权利方向演进。所以，国家权力逐步强化时，公民权利保护才逐步加强。在早期政权刚建立时，公众只是提防政府权力，让国家权力相互制约。我国是先有强大的国家权力，很弱的公民权利。从计划经济走向市场经济的发展过程中，也就是中国由集权走向分权，由人治走向法治宪政发展过程。这个过程是要求政府的权力逐步退出对社会和公民生活的不当干预，宪政面临强大的挑战是以弱势的法律去限制、约束强大的政府权力。所以，权与法的较量中，法律往往会受到严重伤害，难以建立公众对法律的权威和信念。宪法的实施也面临同样的问题，宪法在政治法律构架中是最弱势的，因为它要面对的是国家权力和政党可能不守法的挑战。如果按西方的经验做，中国宪法势必先建立对国家权力监督的机制，这无异于让中国的宪法实施机制碰硬，这在宪法实施策略上也是不高明的。由此建议，我国宪法实施机制可与西方宪政之路反其道而行之，先从保护宪法上的公民基本权利开始，并且从解决宪法权利受私权侵犯开始做起，即先建立保护宪法上的私权的宪法诉讼机制。把宪法实施起来，然后待国家有条件的时候再建立违宪审查机制。这是一条更为切实可行的中国宪法实施之路。

过去，我国宪法学界一直把宪法监督理解为广义上的违宪审查，即包括像美国式的司法审查、德国式的宪法诉讼和法国式的合宪性审查等内容的一种宪法实施制度。所以我们在讨论建立我国的宪法实施制度时，总是难以摆脱由全国人大及其常委会监督宪法，与建立专门法院或由普通法院施行宪法的矛盾。当齐玉苓案、高考分数线案和招聘身高歧视案出现以后，立即碰到全国人大的宪法监督权与法院施行宪法诉讼的矛盾。即在中国的最高立法机关监督宪法实施的制度下，怎么实现现行宪法的司法化和宪法的私法化？全国人大的宪法监督权和解释权是什么意思？法院有没有权司行宪法和解释宪法？解决方案是把违宪审查与宪法的私权诉讼机制分开，建立宪法诉讼制度，这将有利于我国宪法实施机制的完善。

宪法诉讼是指公民对自己宪法基本权利受侵害时向法院寻求司法救济的手段。违宪审查是宪法诉讼最主要和核心的内容。宪法诉讼在很大程度上是指德国式的违宪审查制度。但是，宪法诉讼并不全都引起违宪审查，有时公民提起宪法请求并不是要审查法律或政府行为的合宪性，而仅仅是保护自己的宪法权利，因为侵权的并不是立法或政府行为，而是其他公民或社会组织。从法院或宪法法院的角度看，宪法诉讼引起的司法审查仅仅是决定某项被第三人侵犯的宪法权利是不是要受宪法保护，或者权衡两种相冲突的宪法权利优先保护谁。

从理论上把违宪审查权与宪法私权诉讼区别开来，使宪法私权诉讼从宪法监督权中分离出来，从理论上解决了我国法院对宪法的适用解释权与全国人大的宪法解释权的关系，也就解决了我国法院的司宪权问题，从而为我国宪法司法化开辟了理论通道。宪法私法诉讼是在违宪审查的基础上发展起来的进一步完善宪法权利保障制度的步骤。从内容上说，违宪审查是对抗公权力的侵犯，宪法私法诉讼是对抗私权的侵害。从方式上说，前者是直接适用宪法，而后者通常只能间接适用宪法或借用"国家行为"适用宪法。

于此，我国的宪法机制可从两方面推进：一是宪法监督或违宪审查权由全国人大行使，简称督宪权。可在全国人大下设宪法委员会具体行使督宪权。违宪审查权主要保证人民代表大会制度的运行,保证各国家机关依宪法行使职权,保证国家的立法和行政行为不要侵害公民的宪法权利。二是由法院受理宪法的私权诉讼,可在具体案件中适用宪法,我暂且称之为司宪权。它主要用于解决宪法上的公民私权冲突。公民在认为自己宪法保障的权利受侵害的情况下,在穷尽其他救济手段之后,可以宪法名义申诉。如果公民在诉讼中发现宪法基本权利受到来自国家的法律、法规、或政府行为的侵害,它就成为一个违宪审查的案件,向宪法委员会提出。最高法院只受理宪法委员会违宪审查以外的宪法基本权利的案件。具体可包括:

(1) 对一般规范性文件违宪违法的申诉;①

(2) 公民宪法权利受到来自社会组织和其他公民的侵犯,而这种权利又没有具体法律加以保护,非得引用宪法的情况下,公民以宪法为诉因而提起的诉讼;②

(3) 受理公民之间的宪法权利冲突案件。在普通的民事诉讼中,涉及公民宪法权利之间或宪法权利与其他权利之间的冲突,需要法院对优先保护何种权利进行权衡或裁决。

推进宪法宪法诉讼,以实施宪法,是法治现代化的重要路径。但宪法的私法化适用必须采取慎重、严格态度。根据国外的经验,宪法私法化适用必须根据最后适用原则加以适用,把宪法私法化适用减少到最小范围,以避免由它带来的不利影响。

我们认为,我国可以在全国人大行使违宪审查权的制度下,建立一种宪法诉讼制度,两者可以并行不悖。而在中国政治改革未有大的进展、违宪审查制一时难以建立起来的情况下,为保证宪法的实施,可先走法院司宪这一步,通过宪法私法化把宪法司法化起来,以推动我国宪法的实施。③

四、公民维权

公民运用宪法维权,则可以启动司法机关实施宪法的程序。司法机关自上的确权与公民自下的维权,可以上下配合,达到维护公民权利的目的。如果没有公民自觉自主为争取权利的过程,宪政不可能通过一场政治改革来实现。宪政是政府与人民或不同政治力量谈判妥协的结果。这种以宪法维权的过程,实际上就是

---

① 《行政复议法》实际上把规章以外的抽象性行为审查权授予了法院,当然可理解为法院有权对一般规范性文件进行违法审查,包括违宪审查。

② 我国法律很不完备,宪法权利特别是公民的政治权利和平等权方面立法很少,为了保护宪法的尊严,防止宪法不被侵犯,有必要直接适用宪法保护公民的基本权利。

③ 蔡定剑:《宪法实施的概念与宪法施行之道》,《中国法学》2004年第1期。

与政府谈判的过程。而公民以宪法维权的实践也证明，公民与政府的对话是可能的，而且这种互动产生了非常有效的结果。① 这样看来，虽然我们国家缺少自然法与自然权利的传统，但诸如过去"京控"、"告御状"中表现出来的不屈不挠的伸冤精神一旦经过宪法诉讼的方式运用于公民维权，则来自公民方面主观的维权努力不啻为补充客观方面的自然权利之不足。同时，用商议民主的眼光来看，公民维权也是公民方面采取主动与政府之间进行权利对话的一种对话机制。从保护公民权利的角度来看，法治政府的改革也应当包含这样的内容：激活政府保护公民权利的对话机制，使限权政府成为维权政府，即在限制政府权力的同时维护公民的权利。

从实际情况来看，中国20世纪70年代末期实行改革开放以来，公民的维权经历了一个从低级到高级的发展过程。20世纪80年代初，由于"文化大革命"和以前的历次政治运动中不少人的人身自由权利被侵害，出现要求平反冤假错案的高潮。20世纪90年代，公民维权行动分为两个层面，一是经济利益的维权，主要是消费者权益保护运动；二是对政府侵权行为的救济，表现为行政诉讼的发展。21世纪初，公民对权利的关注发展到生存环境保护、历史文化保护、受教育权等，反映公民社会文化权利的提升；近年来，对公民宪法基本权利的保护成为热点和焦点。对公民迁徙自由的追求，不断挑战户籍管理法规。公民开始要求平等的劳动权和受教育权，反对就业歧视。不仅如此，公民的政治参与权的诉求越来越强烈，从要求实行并参与政府决策听证、立法听证，到挑战违宪审查制度、竞选人大代表。公民逐渐要求兑现宪法中规定的权利。②

宪法在中国长期以来被当作政治纲领，很少被当作公民维护自身权利的手段。不过，2001年"齐玉苓案"，唤醒了沉睡着的中国宪法。在这一案件中，最高人民法院作出了历史性的司法解释，指出以侵犯姓名权的手段侵犯宪法保护的公民受教育的基本权利应当承担民事责任。宪法在中国法律体系中的作用成为理论讨论和公众舆论的热点。有学者认为，它的意义在于最高人民法院第一次在司法解释中认可宪法诉讼。虽然我国现在还没有一套有效的宪法监督机制对基本权利受到国家机关侵犯的公民进行救济，但最高人民法院的批复开启了在私法领域对公民基本权利进行救济的一个入口。

"齐玉苓案"的影响力不仅在于学界由此发出宪法私法化和宪法司法化的热烈讨论，而且还引起了多米诺效应，次年出现了一系列用宪法维权的案子。其中最重要、最有影响的案件有"三名高中生诉教育部案"和"乙肝病毒携带者请求违宪审查案"。如果说"齐玉苓案"用宪法提起诉讼还只是为了找到保护民事

①② 蔡定剑：《中国社会转型时期的宪政发展》，《华东政法学院学报》2006年第4期。

权利的手段,"三名高中生诉教育部案"则完全是律师和法学者联手有意激活违宪审查机制的结果。如果说该案是由司法机关采取主动行宪,那么"孙志刚案"引发的三个法学博士上书事件则是公民挑战违宪审查制度的成功努力。他们要求全国人大常委会审查1982年国务院《城市流浪乞讨人员收容遣送办法》的合宪性,最终促使政府废除了一个法规。这一案件也激发了公民对宪法的热情,使违宪审查成为普通公民的知识,用宪法维权成为普通老百姓保护权利的重要手段。

"孙志刚案"不仅带动了法学家的理论探索和维权行动,也引发了一系列公民申请违宪审查的请求,如数以万计的乙肝病毒携带者要求对《国务院公务员暂行条例》有关公务员体检标准涉嫌对乙肝病毒携带者歧视的规定进行违宪审查,女性公务员提出要对《国务院公务员暂行条例》关于女性与男性退休年龄不平等的内容进行违宪审查,数以千计的公民纷纷向全国人大常委要求对《国务院房屋拆迁管理办法》和地方制定有关房屋拆迁管理规定涉嫌侵害公民私有财产权的内容进行违宪审查。2004年3月,全国人大修改宪法,加强了对私有财产权的保护,直接促进了公民用宪法维护权利和私有财产的行动。例如,北京市一位居民在他门前粘贴宪法,以保护他的房产免于拆迁。另外一例是广州市小谷围村居民以宪法维权的事件。尽管这些公民以宪法维权的行动并非都能达到他们保护财产的目的,但是这些案子对推动中国宪法实施有不可估量的意义。①

由此可见,学者、媒体与普通公民已经成为推动宪政的重要力量。法院在判决中运用宪法条款这一宪法司法化途径来维护公民权利,又通过人大常委会实行违宪审查废除不适当的政府立法,从而约束政府权力;使宪法不再仅仅是为政府提供合法性的工具,而是可以用来保护公民权利的社会契约,也就是说,把宪法之约中的自然权利转换为公民可以支取的法律利益。这样,学者、维权人士、最高法院、人大常委会之间就形成了以宪法之约为纽带的互动机制。如果政府不禁止而是培育这一互动机制,则法治政府与公民维权可以达到双赢的目的。

五、媒体与舆论监督

按照哈贝马斯的设想,商议民主应采取双轨制模式,即公共领域的非正式协商和决策机构的正式协商。公共领域的协商形成共识后,经过机制或国家"公众信息流"传递给国家,传递的机制主要是选举与媒体。② 看来,媒体在商议民主的制度设置中举足轻重。从公民权利的角度来看,媒体也是行使言论自由与出

---

① 蔡定剑:《中国社会转型时期的宪政发展》,《华东政法学院学报》2006年第4期。
② 李龙:《论协商民主——从哈贝马斯的"商谈论"说起》,《中国法学》2007年第1期。

版自由的主要媒介。在我国国家权力制约性的监督机制不健全的时候，媒体监督更有其不可或缺的价值。

在我国，媒体最主要的功能一直是充当党和政府的喉舌，使上情下达。与此同时，媒体也在一定程度上也被容许反映人民群众的呼声，成为民意表达的管道。然而，近些年来，随着我国宪政发展，公民维权意识的提高，媒体又增加了一个功能，即充当公民维权的桥梁。可以说如果没有媒体，个体的维权行动就不可能为人所知，因此也就不可能赢得公众的响应和支持。从商议民主的角度来看，媒体有时候充当了商议、对话的"公共空间"，甚至形成了极具感召力的权利"话语"，从而成为学者与政府之间可借以互动的维权媒介。

近两年我们看到接二连三的以媒体为引导的公民监督政府的个案，如早些时候的"刘涌案"、"足球黑哨风波"、"哈尔滨宝马撞人案"、"夫妻看黄碟案"，到近期的"华南虎照"事件、"重庆钉子户"、"厦门PX事件"等等，都是通过媒体（舆论）的介入改变了一些事情的结果。还有很多责任灾害事故的揭露，都是由于媒体、公众的舆论监督引起的。① 媒介所关注的则是政府官员腐败、社会公正、公民权利的保护、事关公共利益的事件，对推动反腐败、保障公民权利和维护社会正义发挥巨大的作用。从促进公民维权的角度，我们可以看到媒体的积极作用；从市民社会与公共领域的角度，也可以凸显媒体充当社会公共利益代言人的角色转换。媒体以其独特的优势为暴露社会丑恶现象、揭露社会不公正提供了不可替代的媒介，也对公民维权起到了发出呼吁以及获取支持的作用。媒体永远是公众良心和呼声的盟友，它会让孤立无援的人得到大众的支持，让天下不平的事情，引起天下人不平则鸣。公民维权的呼声和媒体积极的回应，可以使我们的宪政对话保持与人民日常生活中被欺辱、被侵权而发出的呼声的聆听，从而使维权不是只在于普及宪法理念，而在于为公民提供实实在在的保护。这样，媒体也就可以从政府的喉舌，变成人民的喇叭。当然，媒体和舆论的监督作用并非都是正面的，特别是对司法案件，媒体和舆论的监督会干扰司法的公正审判。尽管不是所有的媒体都能恰当地行使权力，但我们的社会需要有民众和舆论的声音。独立的媒体和舆论监督的出现，是推动中国宪政发展的重要力量。②

上面从人大制度及其改革、选举制度改革、宪法实施、公民维权、舆论监督等方面论述中国的宪政之道。这个道一方面在于理念中的道，即我国学界对于西方宪政理念的认识与共识，另一方面在于实践中的道，即我国宪政的实践。本书已经从理念之道和实践之道两方面论述了我国的宪政之道。比起我国学界在宪政

---

① 蔡定剑：《论人民代表大会制度的改革和完善》，《政法论坛》2004年第6期。
② 蔡定剑：《中国社会转型时期的宪政发展》，《华东政法学院学报》2006年第4期。

理念方面达成的共识，我国在宪政实践方面取得的进展实在要落后得多。好在理念上的先行至少为实践中的跟进做好了准备。限权和维权作为铺设中国宪政之道的双轨，已经开始在我们的宪政理论与实践两方面向前延伸。

目前中国宪政发展可以有所作为的地方有四个：一是政府方面自上而下主动推进的法治政府建设；二是人大制度与选举制度朝着落实人民主权的方向方向迈进；三是宪法实施通过宪法司法化与私法化的方式激活宪法对公民权利的保护；四是公民方面通过宪法维权和舆论监督发起自下而上的权利保卫战。前三个方面主要的意义在于限权，最后一个的意义在于维权。

我国当前的宪政存在两大挑战：人大没有至高无上的地位，真正的人民主权无从落实；法院没有成为独立的国家权力，从而未能起到监督多数权力、保护少数权力的作用。但是，中国更重要的宪政资源还在于今天不屈不挠的知识阶层的努力，他们接续五四先辈的民主宪政火炬，消化当代西方的宪政理论。同时，我国的宪政资源还在于维权人士与公民敢于为自己和他人争取自由与权利的斗志。他们通过一个又一个个案为我国的宪政之道铺上了一块又一块石头。还有，我国的宪政资源也存在于那些随时准备用自己掌握的权力推动宪政建设的官员。他们往往能够审时度势地把来自学界和民间的维权呼声变成适时对政府进行限权的动力。我国宪政之道能够延伸多远，取决于这几方面的力量能够在多大程度进行合作。而媒体，则可能成为各方进行宪政对话最积极的平台。我们有理由相信，只要不用暴力制止政府内外的宪政尝试，则我国宪政之道的延展，必定能够把我们推向法制现代化的地平线。

第十章

全球化对宪政发展的影响

内容提要：当代法制现代化与宪政的发展不可忽略的一个大背景是全球化，这样一种趋势渗透在经济、文化、制度等各个领域。作为制度全球化之一环的法律全球化对于普适性宪政的内容、模式与细节的形成发挥着重要的作用。国际人权保护制度的发展导致了新的法律部门，即国际人权法的诞生与发展，而对于各种人权的国际保护义务构成了一国宪政的重要组成部分。WTO公开、公平、公正的贸易精神对于缔约国同样施加了相应的宪政义务。对于这些体现普适性宪政内容与精神的国际规则的继受是中国法制现代化实践的重要内容。

第一节 概 述

经济全球化的发展，必然要求法律制度与之相适应。法律制度的变化，总是跟随着社会生活的变化而亦步亦趋。事实上，经济全球化和相应的法律规制之间，是一种互动的关系。前者需要后者明确规定规则，规范参与经济活动的各个主体之间的行为，遵循"游戏规则"；另一方面，法律规制会形成固定化的制度，而这些制度又进一步促进了经济全球化的发展。难以想象，没有最初欧同体相关条约的规定和不断出现的新协定，欧盟经济一体化就不可能有今天的发展。

与经济全球化相应而产生的是法律全球化，对此可以从不同的角度去观察和认识。一般而言，有两种研究法律全球化的模式，即地方化的全球主义和全球化的地方主义，前者是指条约、规则为国家所接受，转化为对一国具有拘束力的规则，后者是指一国或者一个地区范围内的法律规则在全球扩散。① 事实上，这两种认知模式也是一种事实描述的模式，因为他们都实实在在地发生过并且仍在发生着。例如，一国缔结、批准了《联合国海洋法公约》，公约中关于领海宽度的规定，就成为对该国有效的规则。现在全世界通行的关于专利保护的法律规则，最初是在英国出现的，然后逐步为各国所认可，最终成为许多国家国内法规定的内容，成为国际条约规定的保护对象。因此，从这样一个角度来观察、认识法律全球化，学者们之间并无异议。② 这里所讲的法律全球化，指的就是法律规则趋同这样一种事实。

法律规则的趋同，可以在两个层面上发生：其一，国际法层面。众所周知，国际法主要体现为国际条约和国际习惯这两种法律渊源，因此，法律规则的趋同，实质上体现在国际条约的广泛接受和各国共同认可、一般接受的国际习惯的形成两个主要方面。各国通过国际条约规范其行为，主要以书面的形式表述、确定在某特定领域大家共同认可、接受的某个或某些规则，从而形成了法律规则的趋同。各国通过自身的具体实践，反复重复某一特定行为，以行为的形式肯定、确定在某特定领域大家共同认可、接受的某个或某些规则，同样形成了法律规则的趋同。当然，这些共同规则会体现出有效的国际法义务，需要国家通过国内法或者对外交往来实现。其二，国内法层面。趋同的规则在国内法层面上，也可能体现为两个方面：一方面是国家自行立法，自主地选择、采用其认为对自身有利、有效但同时又是其他国家普遍采用的规则，从而达到了法律规则的趋同；另一方面是由于履行来自国际法的有效义务，制定了与国际条约、国际习惯一致的法律规则，从而达到了法律规则的趋同。

不管是国际法层面还是国内法层面，有一个关键性的因素将两者紧密联结，那就是国家主权。国际条约的签订、国际习惯的形成是国家主权在国际层面运行的结果。同样，国内立法是国家主权在国内层面运行的结果。因此，对于国家主权的影响和制约的因素，必然也会影响到法律规则的趋同的具体表现。

经济全球化推动法制现代化和走向宪政，它的路径总是遵循"法律—社会—法律"这样一条互动脉络。即法律全球化的发展路向，总是以法律为起点和终点的。它起自于某一个特定的法律——特定国家或者特定地区的法律，特定领域的法律，是因为法律是社会生活的抽象形式，是社会关系的综合模型，是已经在一定程度上固化的社会生活。一种未经法律固化的社会关系和或者生活模式不是现实的，它们要么被法律直接否定，要么会被发展的法律所取代。

---

① 来小鹏：《法律全球化与知识产权保护》，《河北法学》2007 年第 5 期。
② 例如上文所引沈宗灵先生文中亦提到，经济全球化对法律有巨大影响，包括国际法和国内法两个方面。

因此，取得法律的确认是任何一种意图稳定存在的社会关系或者生活模式的必然选择。

在这一动态发展过程中，变动不居的社会生活本身是动力，它的发展是推动法律发展的力量，同时，它进一步发展必须依赖法律的肯定和维护。法律相对社会生活而言，有一定的滞后性，但这一滞后性恰恰是社会生活能够稳定的一个"堡垒"——变动本身不会没有任何规则或者任何基础，不会带来破坏性的社会震荡。任何带来破坏性的社会震荡的现象，必然伴生着摧毁现有的法律。在这样的互动中，法律看起来是被动的，但实质上，它同时又是十分主动的，没有法律本身的变化，任何现有的发展都不太可能实现。

如果我们以欧盟为个案观察其发展，就能够清楚地发现，"法律—社会—法律"这一互动发展的形式，充分地体现在每一个阶段。1952年，根据1951年4月18日，法国、联邦德国、意大利、荷兰、比利时和卢森堡在巴黎签订了建立欧洲煤钢共同体条约（又称《巴黎条约》），成立了欧洲煤钢共同体，条约这一法律形式保证了这些国家在煤钢这两种重要的经济资源方面的融合。1958年罗马公约，又构成了欧洲经济共同体发展的起点和法律保障，推动了欧洲一体化的进一步发展，一体化不仅仅限于重要的资源了。这一法律保障维持了共同体数十年的发展。到了1991年12月，欧洲共同体马斯特里赫特首脑会议通过《欧洲联盟条约》（通称《马斯特里赫特条约》，简称《马约》），"催生"了欧盟。可见，在发展过程中的每一个关键步骤，都离不开法律的作用。但法律也不是横空出世、无根无缘的，它是社会生活发展推动下出现的，是人们对社会生活长久认识和对未来模式渴望的结果。[①] 欧洲宪法的出现，使"欧洲合众国"这一理想逐步走入了现实。

一个显而易见的事实是，全球化对法律的影响，不仅仅是普世价值的趋同，而是在这一基础之上形成的法律原则、规则乃至制度对各国的宪政产生影响。没有哪一个国家对国际社会共同认知的尊重与遵守人权提出质疑，虽然各国对于如何尊重与遵守人权有不同的看法。没有哪一个国家还否认作为经济全球化和法律全球化中非常活跃的因素的国际经济法其宪政功能和带来的宪政问题，"国际经济秩序可以视为各国宪政堡垒的第二道防线"，[②] 虽然各国对如何解决这些问题

[①] 例如，维克多·雨果曾经期盼过，"总有一天，到那时，……所有的欧洲国家，无须丢掉你们各自的特点和闪光的个性，都将紧紧地融合在一个高一级的整体里"。英国首相丘吉尔在1946年9月也曾提议建立"欧洲合众国"。

[②] Jan Tumlir *International Economic Order and Democratic Constitutionalism*. 34 ORDO (1983), p. 80. See Christoph U. Schmid *A Theoretical Reconstruction of WTO Constitutionalism and its Implications for the Relationship with the EU*. EUI Working Paper Law 2001/5, p. 9.

有不同的看法。①

第二节　国际人权保护制度对宪政的影响

国际法主要是由构成国际社会的国家所制定的，同时也是由国家去执行的，体现了国家所共同认可的价值。这些共同的价值，就是法律全球化的基础。立足于这些共同价值之上的国际法的原则、规则、规章、制度，是推动各国法律制度变化、发展，从而走向现代化和宪政的重要因素。

一、国际人权保障制度的发展

在不同的时代，这些共同认可的价值是有所变化的。国际法经历了古代、近代和现代几个阶段。普遍的观点认为，国际法从第一次世界大战结束之后，进入了现代国际法的阶段。在该阶段，国际法已经完全脱离了仅仅适用于基督教文明的国家之间的那种"欧洲公法"（Jus Publicum Europaeum），而是获得了普适性，没有一个国家可以自外于国际社会、自外于国际法，一个统一的国际法律秩序已经形成（The Oneness of the International Legal Order）。② 即使如此，国际法规则在具体层面上仍然是很复杂和不同的，特别是，国际习惯依赖于不同的国家实践。如果一个国际争端发生了，具体的规则各国认知又有差异，国际法庭如何予以解决？因此，迫切需要规范现有规则以供国际法庭使用，从而鼓励各国把他们的争端交付国司法裁判。③ 那么，究竟哪些问题需要统一的规则，如何统一这些规则？这成了国际社会必须解决的问题。

解决这一问题、推动法律趋同变化的最重要的一般性国际组织有两个：国际联盟和联合国。1924 年，国际联盟的行政院指派了一个由 16 人组成的专家委员会，对于国际法编纂的问题提出研究报告。该委员会 1927 年报告称，下列 7 项

---

① 担任过 GATT 第一任法律顾问的著名欧洲国际经济法学者 E. U. Petersmann, 在 1991 年曾出版 *Constitutional functions and Constitutional Problems of International Economic Law* 讨论这一问题。事实上，继 Tumlir 之后, Frieder Roessler 曾于 1986 年发表 *The Constitutional Function of International Economic Law* 讨论相关问题。

② Christian Tomuschat *International Law*: *Ensuring the Survival of Mankind on the Eve of a New Century*. Hague Academy of International Law Collected Courses Vol. 281, Martinus Nijhoff Publishers, 2001, p. 29.

③ ［英］詹宁斯、瓦茨修订：《奥本海国际法》（第一卷第一分册），王铁崖、陈公绰、汤宗舜、周仁译，中国大百科全书出版社 1995 年版，第 53 页。

问题已经成熟，可以编纂为法典。① 据此，国际联盟在1930年于海牙召开了国际法编纂会议。第二次世界大战结束后，联合国的国际法委员会继续进行国际法的编纂活动。1949年，联合国国际法委员会列明了14项需要进行编纂的内容，并且在以后的工作中逐步增加了需要进行编纂的项目。从以上发展情况看，国际联盟和联合国在统一国际法规则方面的努力是一致的。

事实上，除了联合国国际法委员会的具体编纂活动，作为一个十分重要的国际组织，联合国及其大会在推动国际法规则的编纂和形成共同价值方面，发挥了不可或缺的作用。不仅《联合国宪章》（以下简称《宪章》）中体现了不少的人类社会的共同价值，而且联合国的一些宣言本身同样体现了人类社会的共同价值。在这些共同价值中，人权是非常令人瞩目的。

从第二次世界大战结束以后国际社会的情况来看，关注人权的有拘束力的法律文件和无拘束力的国际文件很多。就《宪章》而言，其中申明人权的规定比比皆是。其序言中开宗明义地写道联合国人民决心"重申基本人权、人格尊严与价值，以及男女与大小各国平等权利之信念"；第一条规定的联合国宗旨中，其第三款明确指出"促成国际合作，以解决国际间属于经济、社会、文化及人类福利性质之国际问题，且不分种族、性别、语言或宗教，增进并激励对于全体人类之人权及基本自由之尊重"；第五十五条规定，"……联合国应促进……全体人类之人权及基本自由之普遍尊重与遵守，不分种族、性别、语言或宗教"；第五十六条还规定了为达成此目的而对各会员国的要求："各会员国担允采取共同及个别行动与本组织合作，已达成第五十五条所载之宗旨"。

《宪章》作为一个由不同主权国家签署的多边国际条约，构成一个具有法律拘束力的文件，联合国的会员国因此而负有义务履行《宪章》规定的相关内容，当然包括对人权的尊重与遵守。换言之，《宪章》的规定起到了通过法律的形式确认各国在尊重与遵守人权方面的义务的作用，它统一了国际社会对于人权价值的观念，构成了各国在人权方面的共同的法律基础。需要指出的两点是，第一，关于人权的尊重与遵守的规定，是联合国的宗旨，是联合国追求的目标，它不是可有可无的，而是体现了国际社会对共同价值追求的认可，尤其是目前联合国拥有190多个会员国的情况下，它所体现的国际社会对人权的认可更具有普遍性和重要意义。第二，《宪章》强调的是，对人权的尊重与遵守应是一种"普遍的"（Universal Respect and Observance），而且，人权与基本自由是"不分种族、性别、语言或宗教"的。可见，尊重人权在《宪章》起草之初，已经不再被视为

---

① 这7项内容是：(1) 国籍；(2) 领水；(3) 国家对外侨的生命财产在其领土内所受到的损害的责任；(4) 外交特权与豁免；(5) 国际会议程序和条约缔结与起草程序；(6) 海盗行为；(7) 海产的开发。

某一个或几个国家、一个或几个种族等的权利或者事务，而是超越了不同种族、不同性别、不同语言、不同宗教的普遍的价值被接受和推行。在这样的一个具有重大影响的法律文件中作出以上的规定，不能不说是人类社会的巨大进步。如果回顾 20 世纪 60 年代美国的黑人还在争取与白人平等的权利的事实，那么，不得不说《宪章》的规定是有远见卓识和启蒙意义的。

《宪章》规定了人权这一价值，但并没有规定人权的具体内容，也没有规定具体的保障机制，此后的一系列国际文件对以上的不足进行了弥补。其中，《世界人权宣言》（以下简称《宣言》）是值得注意的。《宣言》就其本身性质而言，与《宪章》不同，它不具有法律拘束力，仅仅是联合国所通过的一项决议。①《宣言》虽然不具有法律性质，但其影响力却是巨大的，同样反映了国际社会对人权价值的共同追求。《宣言》通过的时候，没有任何一张反对票，有 8 个国家由于其所持的人权理论的原因投了弃权票。② 该宣言虽然只有短短的 30 条规定，却把抽象的人权概念所涉及的主要具体权利，做了十分清楚的列举。《宣言》中明确提到，"世界人权宣言，作为所有人民和国家努力实现的共同标准"，"并通过国家和国际的渐进措施，使这些权利和自由在各会员国本身人民及其管辖下的领土的人民中得到普遍和有效的承认和遵行"。因此，文件的通过和其本身内容的规定，同样体现了在人权问题上国际社会的共同价值追求。经过数十年的发展，《宣言》的法律地位发生着一定程度的变化，其作用得到了广泛的认可。许许多多国家在本国国内法中明确规定了对人权的保护与尊重，使《宣言》中所体现的具体人权规则已经成为了当代世界文明各国所承认的宪法原则。

在联合国成立之后数十年的发展中，人权方面的公约纷纷通过，得到了广泛的承认。这些公约，既有普遍性的人权公约，如 1966 年的《公民权利和政治权利国际公约》和《经济、社会和文化权利国际公约》，也有专门性的人权公约，如 1948 年的《防止及惩治灭绝种族罪公约》、1951 年的《难民地位公约》、1965 年的《消除一切形式种族歧视国际公约》、1979 年的《消除对妇女一切形式的歧视的公约》、1984 年的《禁止酷刑和其他残忍、不人道或有辱人格的待遇或处罚公约》、1989 年的《儿童权利公约》、1996 年的《保护所有移徙工人及其家庭成员权利国际公约》、2006 年的《保护所有人免遭强迫失踪国际公约》和《残疾人权利公约》等。

---

① 关于该决议的效力问题，共有四种主要观点：其一是没有拘束力，其二是联合国大会针对《宪章》作出的权威解释，其三是文明国家所承认的一般法律原则，其四是国际习惯法。关于个种观点的分析，可以参见国际人权法教程项目组：《国际人权法教程》（第一卷），中国政法大学出版社 2002 年版，第 54 页。

② 这 8 个国家是白俄罗斯、捷克斯洛伐克、波兰、沙特阿拉伯、南非、乌克兰、苏联和南斯拉夫。参见国际人权法教程项目组：《国际人权法教程》（第一卷），中国政法大学出版社 2002 年版，第 54 页。

此外，联合国大会和其他机构还有许多关于人权方面的国际文件不断出现，有的涉及的问题十分具体，例如1998年的《进一步促进和鼓励人权和基本自由，包括委员会的工作方案和方法问题》。这些文件的出现，在许多具体制度和问题层面上，形成了详细的方案和要求，对推动各国尊重和遵守人权产生直接的影响。

具有国际法基本知识的人都知道，作为有效的法律规则的表现形式，条约可以分为立法性条约和契约性条约，而公约一般都是立法性条约。因此，当某一个公约出现的时候，即使一开始签署的国家不多，但它体现一般性规则的特点仍然是非常显著的。就人权公约而言，签署、批准国家的多少只是说明了公约所体现的规则在某一个阶段适用于国家的数目多少，而法律规则在国际层面的统一及其进一步得到认可的趋势，则是无可置疑的。

具体来看，可以分为两个不同的问题来认识人权公约对某一国家法制的作用。首先，人权领域的规则是如何产生有效性的？其次，有效的规则是如何得到实施的？

第一个问题就是人权公约通过何种方式对某个国家生效。从国际法角度分析，一方面，直接的生效方式就是签署或者批准条约。条约法的规则是，条约约束缔约国，对第三方无益无损。因此，作为主权者，国家可以选择接受或者不接受某一条约，这完全在自己的主权范围之内，不受任何国家强迫。换言之，即使其他国家认为某一公约十分重要，其规则应当被大家接受，但也不能够强迫该国接受这一条约。未接受条约规则的国家，对于缔约国来说就是第三方，条约规则不赋予其权利，也不使其承担义务。国际公约虽然体现了大家接受的一般规则，只不过这些规则通过公约的形式直接、明确地进行了表述，也不能够直接就对各国产生效力，仍需国家通过缔约的方式来使这些规则对自己产生效力。通常，由于公约体现了大家一般接受的规则，缔约国往往比较多。例如，1969年1月4日生效的《消除一切形式种族歧视国际公约》，其缔约方达到173个，表明世界上绝大多数国家都接受了其中的规则；1976年1月3日生效的《经济、社会和文化权利国际公约》，其缔约方达到了156个，囊括了世界上大多数的国家；1976年3月23日生效的《公民权利和政治权利国际公约》，其缔约方达160个，体现着人权规则被广泛接受；其他如1981年生效的《消除对妇女一切形式的歧视的公约》有185个缔约方、1987年生效的《禁止酷刑和其他残忍、不人道或有辱人格的待遇或处罚公约》有144个缔约方、1990年生效的《儿童权利公约》有193个缔约方，尚未生效的2006年《保护所有人免遭强迫失踪国际公约》的签署方已有59个国家、《残疾人权利公约》的签署方已有92个国家。

另一方面，普遍接受的国际公约，其中所体现的规则对于非缔约国并非完全不具有效力，某些情况下可以通过国际习惯的方式产生效力。对于非缔约国而言，虽然条约对其无益无损，但如果条约中所表述的某个或某些规则在国际社会通过各国的实践表明已经成为了国际习惯，则除非非缔约国明示反对，它还是可以国际习惯的形式对非缔约国产生效力。实际上，国际社会绝大多数国家一般接受某一公约，往往会成为一个强有力的证据支持公约中体现的规则应构成国际习惯。公约接受的国家越多，说明其得到国际社会的认可度越高。因此，即使对于非缔约国，明确反对这些条约中的规则，仍然是要冒着受到国际社会排斥的风险的。不仅如此，甚至不具有条约性质的宣言，也有可能被视为具有国际习惯的性质（例如前述的《世界人权宣言》），从而获得了法律拘束力，应当得到实施和执行。

第二个问题就是人权公约的规则实施的监督机制。条约应当遵守是一个基本的国际法原则，这不仅仅是一个历史悠久、广泛接受的规则，也被视为国际法的一项基本原则，具有强行法（jus cogens）的性质，不得违反。根据这一原则，条约的缔约国应当遵守条约的义务，否则，就会招致相应的国际责任，尤其是条约中明确规定的责任。对于人权公约来讲，很多都规定了不同的监督机制，例如设置条约机构、个人来文、国家间控诉等。① 各种监督机制的规定，使国家在本国国内立法上起到重要的作用，国内法规定是否违反国际义务也可以得到一个明确的判定。"由联合国制定发展起来的国际人权法对于国内刑事法制的改革有十分重要的意义"，一国违反国际人权法的行为会招致国际批判，"损害其国际地位和国际形象"；加入公约后的违约行为"在国际上受到谴责，处于被动挨打的境地"；各国遵守国际人权法还意味着"必须在国内法的改革和适用中考虑联合国有关公约监督机构对于公约规定作出的解释，积极回应这些联合国机构的询问和建议"。②

公约和国际文件所涉及的人权保护是多方面的。从以上法律文件和国际文件的发展来看，战后联合国在人权方面的推动作用是巨大的，各国对于人权价值的认知越来越统一，由此带来了各国在国内法中对人保护进行规定。因此，可以说，以联合国为主导的国际社会，对于推动尊重人权、保障人权，起到了统一法律原则、规则和义务的作用，即在人权的法律全球化方面起到了推动者的作用。

---

① 例如，人权事务委员会之于《公民权利和政治权利国际公约》、经济社和文化权利委员会之于《经济、社会和文化权利国际公约》、禁止酷刑委员会之于《禁止酷刑公约》等；人权事务委员会、禁止酷刑委员会等的国家间控诉机制。参见国际人权法教程项目组：《国际人权法教程》（第一卷），中国政法大学出版社2002年版，第490～492页。

② [加]杨诚：《略论国际人权法的体系与贯彻》，载程味秋、杨诚、杨宇冠编：《联合国人权公约和刑事司法文献汇编》，中国法制出版社2000年版，第38～39页。

二、国际人权法对国内法的影响

国际人权法作为国际法的一个部门，具有法律的性质，即对各国具有法律义务的性质。它是由法律原则、规则和规章制度所组成的，要通过某种方式体现在各国的国内法中，体现在各国的宪法中。国际人权法体现的是国际社会在人权问题上的共同原则和规则，但是，由于国际社会不存在超越或者凌驾于各国之上的世界政府，因此，国际人权法的具体要求，是通过国际社会的成员——国家——来实现的。国家在实现国际人权法上，既是主权者，也是义务的"荷担者"（即义务主体）。

国家是主权者，这是国际社会所公认的。作为主权者，国家拥有对内最高、对外独立的权力，它不允许任何一种权利凌驾于国家主权之上。相反，作为主权者的国家统治一切、影响一切、决定一切。如果说能有任何一种力量对主权者进行制约的话，那种力量也同样来自于主权者自身，而不是来自于其他主权者。"平等者之间无管辖权"（Par in parem non habit jurisdictionem）的法谚是一个长久以来为各国所普遍接受的公理，正表明了国家相互之间是不能够颐指气使、恃强凌弱、强加于人的。正如黑格尔所言，"自在自为的国家就是伦理性的整体，是自由的现实化；……神自身在地上的行进，这就是国家。国家的根据就是作为意志而实现自己的理性的力量。"① 当然，国家可以通过与其他国家订立条约等形式来规范自己的行为，实现自己的理性，即以立法者的面目出现进行自我立法。然而即便如此，这种约束本身的力量也不是终极的、无可改变的。"国与国之间的关系是独立主体间的关系，他们彼此订约，但同时凌驾于这些约定之上"。② 从技术上说，极端情况下国家可以主权者的绝对权力为基础而不履行其义务，但这样做本身会因为与国际社会普遍认可的共同价值相抵触而丧失其正当性。因此从主权者具有以上特点的角度来看，国际人权法所蕴含的法律原则、规则等，既是国家自身认知共同的法律原则、为自己进行的立法以约束其自己的行为，也是不同国家对人权法的具体内容有不同认知，并且随着时间推移进一步改变国际人权法内容的基础。

在国际人权法对各国宪政的影响来看，国家在很多情况下则是以"荷担者"的角色出现的。人权是作为人所享有或应当享有的基本权利。因此，从权利的来源上说，它不是来自于宪法的规定，而是先于宪法的。宪法规定了政府的形式和

---

① ［德］黑格尔：《法哲学原理》，范扬、张企泰译，商务印书馆1961年版，第258~259页。
② ［德］黑格尔：《法哲学原理》，范扬、张企泰译，商务印书馆1961年版，第346页。

组织结构,"政府存在的目的是为了保障人们原则上在有任何形式的政府之前就享有的权利;这些权利乃是造物主的赐予物"。① 在这个意义上,宪法对人权的规定,仅仅是以法律的形式肯定了已经存在的权利,肯定了国家认为需要由宪法、法律所肯定的权利,这也意味着个人仍然享有宪法所未规定的其他的权利——法律之外的"剩余权利",意味着宪法没有规定的权利个人仍然是享有的。换言之,宪法规定肯定且没有穷尽人权。"一部宪法也许会明确规定个人所保有的权利,并提醒政府应当尊重这些权利,例如,'国会不得制定限制出版自由的法律'。但是,个人在宪法存在之前就享有了这一自由,政府有义务尊重这一自由并尊重他(她)的其他保有权利,即使这些权利在宪法中未予阐述甚至未曾提到,亦应如此。"② 因此,宪政的一个重要方面,就是如何保护与保障人权,使之不受国家权力、社会组织等的侵犯或侵扰。

在个人与国家的关系中,人权自身不能保障自身,唯有国家有权力、有义务保护人权。即国家在人权保障中,天然地具有了"荷担者"的地位。作为"荷担者",国家的这一角色的体现主要在以下几个方面:

第一,对尊重与遵守人权法律原则所体现的共同价值的认可。尊重与遵守人权既是一种共同的价值,具有普世性,也是一项法律原则,体现在国际人权法中,具有特定性。从普世性方面来看,国家对这一普世价值没有异议,意味着对该价值的认可。从特定性的方面来看,同样体现了对人权原则的认可。首先,虽然不是每一个国家都是联合国的会员国,都缔结一般的国际人权条约和特定的人权条约,但就192个联合国会员国而言,都是认可《宪章》、认可宪章的人权原则的;就缔结有关国际人权条约的国家而言,更是清楚明确地表明了其对人权原则的认可。因此,有关的特定国家认可人权原则。其次,非联合国会员国或者没有缔结人权条约的国家,没有任何国家明确反对人权原则。而作为一种普世价值,人权原则经过数十年的国际、国内的实践,已经形成了国际习惯法。因此,由于没有明确的反对,人权原则的法律特性同样得到遵守国际习惯法的特定国家的认可。

第二,对国际人权法的内容在国内立法中的确立。国内立法主要涉及几个不同的环节:人权原则的认可、权利内容的确认、保障制度的建立、违法行为的惩治。作为一项文明国家所承认的一般法律原则,"在现代社会中,几乎所有成文的宪法都含有保护人权及一系列权利的内容"。③ 例如,作为第二次世界大战中

---

① [美]路易斯·亨金:《宪政·民主·对外事务》,邓正来译,三联书店1996年版,第10页。
② [美]路易斯·亨金:《宪政·民主·对外事务》,邓正来译,三联书店1996年版,第11页。
③ 国际人权法教程项目组:《国际人权法教程》(第一卷),中国政法大学出版社2002年版,第54页。

曾经发生过大规模人权惨剧的德国,第二次世界大战结束后其基本法第一条规定,"(1)人的尊严不可侵犯。尊重和保护它乃一切国家权力之义务。(2)为此,德国人民承认不容侵犯的和不可转让的人权是任何人类共同体的基础、世界和平与正义的基础。(3)下列基本权利作为直接有效的法约束立法、行政及司法。"我国现行宪法规定了不少涉及具体人权的内容,2004年修正案又明确规定,在第三十三条增加"国家尊重和保障人权"。从而使尊重和保障人权成为一个概括性的原则。

第三,对国际人权法体现的国际义务的遵守。这是指在国际层面实践国际人权法。它既是对国际义务的履行,也是国内宪法中体现的人权原则的外化——即对外关系中宪政内容的体现。国际人权法的遵守,既包括全球性的国际人权法的义务,也包括区域性的国际人权法的义务。在国际法的实践中,国家违反人权法的行为往往是失败而告终的。国家作为主权者所享有的条约保留的权利,在国际人权法领域基于自身原因或解释所作的保留,其效力都是可疑的。人权原则不容改变在很早的司法实践中就得到认可。例如,1981年《欧洲人权公约》第6条解释的伯利劳诉瑞士案中,伯利劳夫人由于参加了一次未经官方批准的示威游行而被洛桑市警察当局处以罚款。伯利劳夫人不服警察当局的裁定而逐级上诉到瑞士联邦法院,指控瑞士政府允许警察当局作出事实上的裁定而不经由独立、公正的法庭复审,因而违反了《欧洲人权公约》第6条第1款的规定。几经波折,最终欧洲人权法院于1988年判决瑞士违反《欧洲人权公约》第6条。该公约规定,一般性的保留是不能允许的。①

国际司法机构——不管是全球性的还是区域性的——存在,对于推进共同的法律价值观念起着十分重要的作用。在欧洲,例如,欧洲人权法院通过自己的司法实践,统一欧洲各国在人权领域的行为和对具体人权内容的解释。例如,现代社会的宪法中一般都规定一项基本的人权——表达自由(Freedom of Expression),这也是《世界人权宣言》所规定的。② 然而,表达自由的具体内涵往往需要阐释方能够统一。2007年7月31日,欧洲人权法院在公布了对切莫杜洛夫诉俄罗斯的一项判决。③ 切莫杜洛夫是俄罗斯公民,他在当地的报纸上发表了一篇文章,批评州长卢茨克伊(Rutskoy)对于盗用地区资金的辩解是"不正常的"("Abnormal")反应。结果,尽管文章中所依据的事实是准确的,但地方法

---

① 参见梁淑英主编:《国际法学案例教程》,知识产权出版社2003年版,第154页。关于案件判决,参见 CASE OF BELILOS v. SWITZERLAND, *Application No.* 10328/83。
② 见《世界人权宣言》第十九条:"人人享有主张和发表意见的自由;此项权利包括持有主张而不受干涉的自由,和通过任何媒介和不论国界寻求、接收和传递消息和思想的自由。"
③ Chemodurov v. Russia,(No. 72683/01)。

院在 2000 年 10 月认定该词的使用时对州长的声誉构成侮辱和损害，判令他对州长进行赔偿。欧洲人权法院认为，该词应联系上下文进行解释，切莫杜洛夫描述的是国家官员的行为，并没有涉及州长的私人生活或者是精神健康状况，因此这一词语的使用没有超过必要的限度。法官们一致认为，国内法院的判决没有对相关的事实作出可接受的评断，对切莫杜洛夫的表达自由的侵扰超过了民主社会中必要的限度，因而应对切莫杜洛夫进行赔偿。显然国内法院和欧洲人权法院对于表达自由的理解是不一致的，但后者的存在，使各个成员的国内法院在对表达自由的解释上有了一个统一的标准。

不仅人权方面的法律观念得到越来越广泛的认可，而且人权法方面的义务的重要地位也得到了越来越多的承认，甚至有的法官把它视为强制性规范。在 1997 年欧洲人权法院的 Al-Adsani v. United Kingdom 案件中，① 有数位法官以"规范等级理论"（Normative Hierarchy Theory）为据，主张人权法的义务属于强行法，而国家豁免权非强行法，因而居于强行法地位的人权保护规范应当超越于国家不能够被另一国管辖的国家豁免权规范。②

现代社会宪政的一个发展趋势，是对人权尊重与遵守的重视。如果说法制现代化的核心是宪政的话，那么同样可以说宪政的核心是人权。宪政本身的价值不是由宪政来判断的，而是从人权的角度来判断的，人权是宪政的出发点和归宿。宪政意味着政府应受制于宪法，政府权力来自于民主制度，政府不得越权行事等，恰恰是为了保护人权。人权已经成为现代宪政的普遍实践，虽然由于各种原因违反人权的行为在全球不停地发生着，但并不能够否认人权已经得到国际社会、各国的公认、具有普遍性，并且已经成为了一项判断标准以断定侵犯人权的行为为非法。正如 1993 年维也纳宣言和行动纲领指出的那样，一切人权都是普遍的，不可分割、相互依存、相互联系的，国际社会必须用同样重视的眼光，以公平、平等的态度全面地对待人权；各个国家都有义务促进和保护一切人权和基本自由。人权的普遍性，同样得到了学术界的认可与讨论。例如，曾担任荷兰外交部顾问的乌特雷彻和莱顿大学人权法教授彼特·巴伊尔在他的著作中肯定了

---

① 参见 Al-Adsani v. United Kingdom, App. No. 35763/97。该案的情况是这样的：1991 年一个英国公民 Sulaiman Al-Adsani 赴科威特反对萨达姆对科威特的入侵，但却在科威特受到酷刑拷打。回国后他提出了针对科威特的诉讼，国内法院根据 1978 年联合国国家豁免法判定科威特具有国家豁免权，驳回案件。他又向欧洲人权法院提出诉讼，指控英国没有履行保护人权的义务和拒绝司法，同样败诉。但是，他却使不少法官开始提倡一种"范畴等级理论"（Normative Hierarchy Theory），指出国家豁免权不属于强行法，因而等级效力应当低于人权法（强行法），强行法超越于国家豁免权，违反人权法的国家丧失国家豁免权。

② 关于对此理论的分析和讨论，请参阅 Lee M. Caplan *State Immunity, Human Rights, and Jus Cogens: A Critique of the Normative Hierarchy Theory*, 97 American Journal of International Law, p. 741。该作者分析了规范等级理论后，认为它不符合法律现实，从而提出了"国家集体利益理论"（Theory of Collective State Benefit），从另一个角度肯定了人权保护规范应当具有较强的效力。

1993年维也纳宣言中的说法,"毫无疑问,这些权利和自由具有普遍的性质"。①当然,在肯定这一点的同时,他也区分了人权法在理论上和实践上的不同:尽管严重和系统地侵犯人权的行为并不是全面的现象,但现实中仍然存在诸如种族清洗、战争犯罪等等侵犯人权的事实。他把原因归结为政府的虚伪性(Governmental Hypocrisy),即承诺法律义务却并不完全履行。他认为没有任何一个国家履行了全部保护人权的责任,反而常常作出与其法律义务不一致的行为——有的国家还是人权委员会的成员。②

因此,国家作为主权者和义务"荷担者"的双重角色,一方面需要在法律理念、法律规则上宣布、认可人权保护的重要地位,以主权者的名义和角度发展人权保护,另一方面也需要在现实生活中真正、完全地履行其义务。

三、我国对国际人权法的接受

国际规则在促进我国人权法发展方面表现得非常突出。人权方面的全球性公约、联合国的人权文件、区域性公约、文件,在20世纪广泛出现,尤其是联合国体制内得到广泛的认同。这样的影响使许多国家在本国的宪法中纷纷规定了人权保护的内容——不管是通过概括性规定,还是通过列举性规定。人权方面的保障机制,在联合国的体制和区域性的体制中得到了发展,在很多时候,国家违反人权的行为招致的不仅仅是谴责,而是有可能通过国际性的司法机构作出明确的法律裁决,从而明确地将合法与非法区别开来,为采取进一步法律行动和今后的发展打下坚实的法律基础。我国在此方面既有经验也有沉痛的教训。新中国成立前一年,联合国人权宣言公布;文化大革命开始的年份,恰恰是联合国两个人权公约通过的时候,而文化大革命结束的年份,又恰恰是公约生效的时候。文化大革命对于人权和法治的践踏,说明当时多么需要人权保护的规则。这些事件看似巧合,但恰恰说明了作为一个人民政权,我国应当在人权保护方面更多地关注国际准则,通过强有力的法律手段把这些公认的人权保护的准则内化、加强,使人民的自由、权利得到广泛而严格的保护。因此,2004年宪法修正案,明确规定人权保护的条文,不能不说是经验和教训两方面的总结。从这些以往的教训来看,我们应当关注国际准则,关注我国自身的实际,积极参加有关的国际条约,承担相应的国际义务。不仅仅在宪法中、更要在具体的部门法中规定对人权的保护,例如在物权法、劳动法等法律中。

---

① 参见 Peter Baehr *Human Rights*: *Universality in Practice*. New York: St. Martin's Press, 1999.
② Peter Baehr *Human Rights*: *Universality in Practice*. New York: St. Martin's Press, 1999, p. 70.

从具体的公约上看，我国加入了《公民权利和政治权利国际公约》、《经济、社会及文化权利国际公约》、《〈儿童权利公约〉关于买卖儿童儿童卖淫和儿童色情制品问题的任择议定书》、《消除对妇女一切形式歧视公约》、《儿童权利公约》、《禁止并惩治种族隔离罪行国际公约》、《消除一切形式种族歧视国际公约》、《男女工人同工同酬公约》、《防止及惩治灭绝种族罪公约》、《关于难民地位的公约》、《禁止酷刑和其他残忍、不人道或有辱人格的待遇或处罚公约》等一系列的人权公约，并在国内通过宪法、法律、法规等形式予以保障或确认。例如我国的《妇女权益保障法》规定"男女同工同酬"，从国内法制度上保障了《男女工人同工同酬公约》；《未成年人保护法》在我国加入《儿童权利公约》之前就已经颁布实施，国内法的规定与国际公约的规则一致。

从《消除一切形式种族歧视国际公约》来看，我国国内法履行其规定或者与其内容一致的规定很多，例如：（1）公约要求消除种族歧视，法律上一律平等，例如平等"享有国籍的权利"，我国国籍法明确肯定"中华人民共和国是统一的多民族的国家，各民族的人都具有中国国籍"；（2）公约要求，"应宣告凡传播以种族优越或仇恨为根据的思想，煽动种族歧视，对任何种族或属于另一肤色或人种的人群实施强暴行为或煽动此种行为，以及对种族主义者的活动给予任何协助者，包括筹供经费在内，概为犯罪行为，依法惩处"；我国刑法明确规定对情节严重、后果严重的种族歧视的行为的给予严厉的法律制裁，"煽动民族仇恨、民族歧视，情节严重的，处三年以下有期徒刑、拘役、管制或者剥夺政治权利；情节特别严重的，处三年以上十年以下有期徒刑"；"在出版物中刊载歧视、侮辱少数民族的内容，情节恶劣，造成严重后果的，对直接责任人员，处三年以下有期徒刑、拘役或者管制"；（3）公约要求"享受教育与训练的权利"，我国《义务教育法》规定"凡具有中华人民共和国国籍的适龄儿童、少年，不分性别、民族、种族、家庭财产状况、宗教信仰等，依法享有平等接受义务教育的权利，并履行接受义务教育的义务"等。

又如《禁止酷刑和其他残忍、不人道或有辱人格的待遇或处罚公约》要求，"每一缔约国应保证，凡一切酷刑行为均应定为触犯刑法罪"。我国刑法规定，"司法工作人员对犯罪嫌疑人、被告人实行刑讯逼供或者使用暴力逼取证人证言的，处三年以下有期徒刑或者拘役。致人伤残、死亡的，依照本法……规定定罪从重处罚。"此外，我国刑事诉讼法还规定，"审判人员、检察人员、侦查人员必须依照法定程序，收集能够证实犯罪嫌疑人、被告人有罪或者无罪、犯罪情节轻重的各种证据。严禁刑讯逼供和以威胁、引诱、欺骗以及其他非法的方法收集证据"。

法律全球化对一国的挑战是存在的，并非任何时候国内法律规定都与国际规则或准则一致。有的时候当国际规则还处在形成之中的时候,或者规则本身尚未成为明确的法律义务的时候,国家就面临着选择哪一个方向的问题,甚至会变成一个强有力的挑战。特别是在我国,在价值观的冲突中就面临着重要的挑战。例如在刑法领域,世界上很多的国家采取了死刑,也有不少国家取消或反对死刑。2007 年反对死刑运动再掀高潮。11 月,巴西和新西兰代表 72 国向联合国大会提交了一份反对死刑动议,认为死刑侵犯人类尊严。这些提议国包括所有 27 个欧盟成员在内。在现有 192 个联合国成员中,尚有 69 个国家实行死刑。美国明确表示反对,认为是否废除死刑应由公民来决定,而若干美国州的公民已就此作出决定。结果,联大人权委员会以 99 票赞同、52 票反对、33 票弃权通过了相关的决议。但这也意味着,当时联合国 85 个成员国不反对死刑。12 月,在联合国大会的表决中,104 票赞同、54 票反对、29 票弃权。其中,中国、美国都反对,俄罗斯、英国、法国都赞同,实际上反映了常任理事国在此问题上的分歧是很严重的。① 我国代表在发言中指出,这是一个由每一个国家根据其文化背景和其他因素,每一个国家都有权不受干涉,该问题应通过对话来解决。实际上,我国近年来呼吁进行刑法的改革,要求减少乃至逐步废除死刑的呼声越来越高。在这种情况下,我国最高人民法院于 2007 年采取措施,收回了下放 20 多年给省级高级人民法院的死刑核准权。

第三节　加入 WTO 对法制的影响

如前所述,经济全球化对各国宪政产生的巨大的影响是不可否认的。经济全球化对各国法律的发展的动态过程,同样遵循了前文所述的"法律—社会—法律"模式。而这一发展的动态过程,最典型的体现便是 WTO 的义务在各成员方的普遍实施。WTO 在经济全球化过程中推动各成员承担国际社会的宪政义务。

一、从国际法到国内法

第二次世界大战结束之后,随着各国对和平和发展等的强烈认同,建立一个稳定的全球经济秩序以避免再次出现"人类亲历两度惨不堪言的战祸",为各国

---

① 参见联合国文件 GA/10678。

所接受。在国际贸易领域建立了以 GATT 这样一个规范各国贸易行为和规则的规范体系，通过一次次降低关税和取消非关税壁垒的谈判，大幅度地促进了国际贸易的发展。GATT 最初仅限于货物贸易的规范体系，已经进一步扩大到了包含货物贸易、服务贸易与知识产权的庞大的规范体系。这一规范体系对于成员方的要求以贸易为主线，扩展到了与贸易有关的各个领域，带动着其成员方的国内法律、权力运作模式的发展，对于其成员方在宪政方面作提出的挑战，超出了以往任何一个经济组织，甚至在某些方面也超过了联合国。

这样的一个庞大的规范体系，对于各成员方的义务要求当然是多种多样的。各国都面临着把 WTO 的国际法规则义务在国内时实施的问题，从而带来了新的宪政问题。事实上，国际义务的实施涉及的问题非常之多。从法律制度的透明性到司法体系作为政府决定最终保障，从改变与市场经济不适应的经济制度到对具体立法的改变，从对各国经济利益、权利、优惠的平等待遇到公司、个人具体的权利的变化等，以贸易为主线的各个方面的要求，对于 WTO 成员方尤其是作为经济转型国家身份新加入的成员方，带来了非常多的冲击，改变着其国内法律体制。

从这样一个发展趋势看，我们不难发现这样一个从国际法到国内法的动态过程，非常清晰地展现了实施宪政到国际法规则又到宪政的图景。各国的有关机构根据国内法中的授权参与谈判，通过对于主权的行使制定或者参与制定了国际贸易领域的国际法规则，然后这样的国际法规则又要通过对国内规则的改变，甚至有的时候是对国内宪法体制的挑战，实现国际法义务。

二、"菜单"上的宪政义务

WTO 体制作为一个以法治精神为主导规则体系，其中的许多规定，与现代宪政的要求是一致的。撮其要者，公开、公正、公平的精神体现在其规则中。

首先，公开，即透明性（Transparency）要求。[①] 根据它的要求，有关国际贸易的法律、法规、司法判决和行政裁定，只要它们是普遍实施的，影响到的不仅仅是某一个具体的当事方的利益，那么这种具有普遍适用效力的措施应当让所有各方都能够知道。这些规定遍及 WTO 的货物贸易、服务贸易、与贸易有关的知识产权保护三个主要领域。

---

① 在许多中译本中，将 transparency 翻译为"透明度"。根据规定的条文精神，这种译法是不准确的，因为它并不是在"透明"方面一个程度的要求，而是一个性质的要求：各成员方有义务公布其所实施的法律法规，未公布的不能够实施。

就货物贸易而言，这一要求规定在 1994 年 GATT 第十条，其第一款明确规定："任何缔约方实施的关于下列内容的普遍适用的法律、法规、司法判决和行政裁定应迅速公布，使各国政府和贸易商能够知晓：产品的海关归类或海关估价；关税税率、国内税率和其他费用；有关进出口产品或其支付转账、或影响其销售、分销、运输、保险、仓储检验、展览、加工、混合或其他用途的要求、限制或禁止。任何缔约方政府或政府机构与另一缔约方政府或政府机构之间实施的影响国际贸易政策的协定也应予以公布。本款的规定不得要求缔约方披露会妨碍执法或违背其公共利益或损害特定公私企业合法商业利益的机密信息。"可见，除了机密信息，与国际贸易各个环节相关联的各类措施，都应当公布。

就服务贸易而言，这一要求规定在服务贸易总协定的第三条。它的要求更多，不仅有公开的要求，还有向 WTO 通知以及时提供信息，并建立咨询点的要求。其第一款规定："除紧急情况外，每一成员方应迅速公布有关或影响本协定运行的所有普遍适用的措施，最迟应在此类措施生效之时。一成员方为签署方的有关或影响服务贸易的国际协定也应予以公布。"第三款还规定了向 WTO 通知的义务："每一成员方应迅速并至少每年向服务贸易理事会通知对本协定项下具体承诺所涵盖的服务贸易有重大影响的任何新的法律、法规、行政准则或现有法律、法规、行政准则的任何变更。"第四款规定了答复咨询和建立咨询点的要求："每一个成员方对于任何其他成员方关于提供第一款范围内的任何普遍适用的措施或国际协定的具体信息的所有要求应迅速予以答复。每一成员方还应设立一个或者多个咨询点，一应请求就所有此类事项和需遵守第三款中的通知要求的事项向其他成员提供具体信息。"

就与贸易有关的知识产权的保护而言，这一要求规定在第六十三条。基本规定和要求的精神与上述规定相似，但具体细节因涉及的内容有差异而不同。其第一款规定了公布的要求："一成员方有效实施的、有关本协定主题（知识产权的效力、范围、取得、实施和防止滥用）的法律和法规及普遍适用的司法终局裁决和行政裁定应以本国语文公布，或如果此种公布不可行，则应使之可公开获得，以使政府和权利持有人知晓。一成员方政府或政府机构与另一成员方政府或政府机构之间实施的有关本协定主题的协定也应予以公布。"其第二款规定了通知的要求："各成员方应将第一款所指的法律和法规通知 TRIPS 理事会，以便在理事会审议本协定运行情况时提供帮助。理事会应努力尝试将各成员方履行此义务的负担减少至最小程度，且如果与 WIPO 就建立法律和法规的共同登记处的磋商获得成功，则可决定豁免直接向理事会通知此类法律和法规的义务……"

其次，公正，即司法裁决是最终决定，行政机构决定不能够自己裁决自己的行为是否正确，司法机构作为公平正义的最后一道防线才是有资格作出终局裁定的唯一机构。法律格言有云:"任何人不得为自己案件的法官"(nemo judex in parte sua),这是自然正义的精神。在一个实行宪政的现代法治国家,每一个机构都应当在自己的权力范围之内行事,不能够侵犯公民的权利。如果一个由行政机构作出决定的事项,当事人认为不公正,而最终其处理机构仍然是行政机构,这种既当"运动员"又当"裁判员"的做法,无疑有违自然正义的精神,有违分权制衡的现代宪政精神。

这样的分权制衡精神在 GATT 中体现与把最终裁决权完全交由司法机构的模式略有不同,而是规定了一个保持公平的较为广泛的机构或程序,只要能够保持独立性,达到公平的目的即可。1994 年 GATT 第十条第三款规定:"每一个缔约方应维持或尽快设立司法、仲裁或行政法庭或行政程序,目的特别在于迅速审查和纠正与海事事项有关的行政行为。此类法庭或程序应独立于受委托负责行政实施的机构,它的决定应由此类机构执行,并应适用于此类机构的做法,除非进口商在规定的上诉时间内向上级法院或法庭提出上诉;但是如有充分理由认为该决定与既定法律原则或事实不一致,则该机构的中央管理机构可采取步骤在另一诉讼程序审查此事项"。

实际上,由于各国情况不同,每一个国家可能对于行政机构的行为审查方式不同,有的国家维持着由行政机构来裁决行政机构行为的程序和方式,它们不能"完全或正式独立于"受委托进行行政管理的机构。因而,退而求其次,如果这种方式能够达到客观和公正的审查行政机构的行为的要求的话,GATT/WTO 也允许此种机构和程序的存在,条件是在协定订立之日起已实施了该程序。"协定订立之日"一词的含义,根据 GATT 的实践,对于原始缔约方指的是 1947 年 10 月 30 日,对于加入的缔约方而言,是其加入协定订立之日。① 根据任何缔约方的要求,全体缔约方有权认定该机构或程序是否符合要求的条件。因此,在这种情况下,国内分权的宪政体制此时受到了来自于其自身之外的机构的制约:该体制是否存在是该国自己的事,但该体制是否符合 GATT/WTO 的要求,则是 GATT/WTO 的事,后者有权对该成员的国内体制是否符合缔约方全体所公认的宪政体制的要求做出结论。即国内宪政体制存在是一个国家可以自行决定的,但其价值由国际规则予以判断。从这样一个角度看,不能不说国际规则在这一点上实际上对国内宪政体制是有冲击和影响的。可以肯定的一个结论是,如果国际价值判断的结果是国内体制不公正、不公平,国内体制便面临着改变的压力,最终有可能改变。

在《与贸易有关的知识产权协定》中,第四十一条同样有类似的关于司法

---

① GATT Analytical Index,WTO 1995,pp. 297 - 298.

程序方面的要求。第四款规定:"诉讼当事方应有机会要求司法机关对最终行政裁定进行审查,并在遵守一成员方法律中有关案件重要性的司法管辖权规定的前提下,至少对案件是非的初步司法裁决的法律方面进行审查。但是,对刑事案件中的无罪判决无义务提供审查机会。"第四十二条还规定:"各成员方应使权利持有人可获得有关实施本协定所涵盖的任何知识产权的民事司法程序"。

最后,公平,即最惠国待遇和国民待遇要求。这两个待遇标准在 1947 年 GATT 中就出现了,而且一直是重要的关于非歧视方面的基本规则,赫然规定在开篇的第一条和第三条之中。在 GATT 体系中,最惠国待遇实现的是外国产品之间的公平,凡是其他出口国家产品在进口国所能够享受到的利益、优惠、特权或者豁免(Advantage, Favor, Privilege or Immunity),该出口国产品也能够享受到,从而使所有的出口国家产品出于同样的地位。可想而知,任何一个没有进入该体系的国家,或者没有享受到最惠国待遇的国家,其产品在与其他进口竞争时,必然处于不利的地位。因此,最惠国待遇对于公平的国际贸易是十分重要的。所以,也有学者把最惠国待遇称为"现代国际贸易的基石"。[①] 国民待遇则是保证了外国产品与本国产品之间的公平,在国内税和国内法规方面,凡是本国产品所能够享受到的,外国产品也应该享受到,不能够以给国内生产提供保护的方式加以实施,不能够征收超过与国内同类产品的国内税或其他国内费用。这样,本国产业不会因为受到不当的保护而排挤了外国产品,自由贸易的理念和精神得到了实现,各国也因此获得了比较优势(Comparative Advantage)的好处,促进了世界贸易的发展和各国的福利。这种公平的精神在 WTO 的服务贸易总协定和知识产权保护中也同样得到体现。服务贸易的提供者可以享有最惠国待遇和国民待遇,知识产权的权利人在知识产权的保护方面也享有最惠国待遇和国民待遇。因此,这两个基本的不歧视原则,通过维护各成员方具体的经济利益的方式,达到了公平的效果。

以上的要求和规则,对于 WTO 所有的成员方都是同样的。每一个成员方都享有相应的权利和利益,当然也承担了公平、公开、公正的义务。当然,具体的规则还很多,但贯彻其中的精神实质,不外乎以上要求和规则。

除了以上基本的框架性规则之外,我国加入 WTO 的议定书中,还有许许多多十分具体的承诺,构成了"菜单上"的宪政义务。概括起来,这样的义务包括法律法规的统一实施贸易法规、法律法规符合 WTO 透明性要求、一定限度内承认反向的歧视等。在履行义务的过程中,我国还对贸易法规进行了大规模的修改,赋予了从事国际贸易活动的中外企业、个人外贸经营权,大大突破了原来国

---

① 赵维田:《最惠国与多边贸易体制》,中国社会科学出版社 1996 年版,第 2 页。

内法的规定。WTO对我国法制现代化产生了巨大的影响。

第一，推动与贸易有关的法律的统一实施。根据我国的加入议定书的规定，凡是有关或者影响贸易的所有法律、法规及其他措施，或者外汇管制的法律、法规或其他措施，都应当以统一、公正和合理的方式予以实施；地方各级政府发布或适用的地方性法规、规章及其他措施，同样应当符合有关要求。议定书第二条规定，"中国应以统一、公正和合理的方式适用和实施中央政府有关或影响货物贸易、服务贸易、与贸易有关的知识产权或外汇管制的所有法律、法规及其他措施以及地方各级政府发布或适用的地方性法规、规章及其他措施（统称为'法律、法规及其他措施'）。""中国地方各级政府的地方性法规、规章及其他措施应符合在《WTO协定》和本议定书中所承担的义务。"

这样一项规定涉及两方面的重要影响：首先，法律、法规及其他措施的实施成了一项广泛的国际义务。法律、法规和其他措施的涉及面非常广，因为有关贸易的法律法规是非常多的，而影响贸易的法律法规更多。本来以统一、公正和合理的方式实施法律、法规及其他措施，是国内法的一个基本要求，对于我国这样一个在国家结构形式上实行单一制的国家更是如此。这样一来，国内法的实施变成了一项对外承担的非常广泛的国际义务。其次，约束地方政府的行为也成了一项国际义务。中央政府和地方政府之间的权力划分是国内宪法问题，各自如何在自己的权限范围内行事也完全是国内宪法问题。但是，现在根据议定书的要求，地方政府的地方性法规、规章及其他措施，既应当符合WTO协定中规定的对成员方的一般要求，又应当符合议定书的要求。如果以国内法的规定为由采取不符合要求的措施，则中央政府应当对外承担违反国际义务的责任。

我国加入WTO前后，为了履行国际义务，大量地清理整顿法律法规，自1999～2005年底，中央政府通过、修改或废止了2 000余件法律、行政法规和部门规章，涉及货物贸易、服务贸易、与贸易有关的知识产权、透明性和贸易措施的统一适用。①

第二，提高了国内法的透明度。根据议定书规定，透明性方面中国政府承担的义务将会大大改变以往行政决定运作方式。所有影响贸易的法律、法规及其他措施，如果要得到执行，就应当予以公布，并且容易获得。这样，以前通过内部文件来规范某些行为、决定某些事项的做法将因为与该项国际义务相冲突而不能够继续存在下去。不仅如此，这些规定应当设立或指定一官方刊物公布此类法律、法规及其他措施，应当设立或指定一咨询点答复有关信息的请求。这样，所有的个人、企业或WTO的成员方，就能够非常便利、容易地获得有关信息，从

---

① 参见中国政府提交给WTO的贸易政策复审报告，WT/TPR/S/161，para. 45，March 1，2006。

而，可以在实施某一项行为之前能够预见到其行为在中国的法律后果。法律应当具有可预见性，这也是法治的精神。那种所谓"法不可知，则威不可测"的做法，与WTO的义务是相冲突的。

第二条的具体规定如下：

"中国承诺只执行已公布的、且其他WTO成员方、个人和企业可容易获得的有关或影响货物贸易、服务贸易、TRIPS或外汇管制的法律、法规及其他措施。此外，在所有有关或影响货物贸易、服务贸易、TRIPS或外汇管制的法律、法规及其他措施实施或执行前，应请求，中国应使WTO成员方可获得此类措施。在紧急情况下，应使法律、法规及其他措施最迟在实施或执行之时可获得。"

"中国应设立或指定一官方刊物，用于公布所有有关或影响货物贸易、服务贸易、TRIPS或外汇管制的法律、法规及其他措施，并且在其法律、法规或其他措施在该刊物上公布之后，应在此类措施实施之前提供一段可向有关主管机关提出意见的合理时间，但涉及国家安全的法律、法规及其他措施、确定外汇汇率或货币政策的特定措施以及一旦公布则会妨碍法律实施的其他措施除外。中国应定期出版该刊物，并使个人和企业可容易获得该刊物各期。"

"中国应设立或指定一咨询点，应任何个人、企业或WTO成员的请求，在咨询点可获得根据本议定书第二条（C）节第一款要求予以公布的措施有关的所有信息。对此类提供信息请求的答复一般应在收到请求后30天内作出。在例外情况下，可在收到请求后45天内作出答复。延迟的通知及其原因应以书面形式向有关当事人提供。向WTO成员作出的答复应全面，并应代表中国政府的权威观点。应向个人和企业提供准确和可靠的信息。"

为了履行该义务，我国颁布了许多重要的法律法规。例如，2003年颁布了《行政许可法》，明确规定了"设定和实施行政许可，应当遵循公开、公平、公正的原则。有关行政许可的规定应当公布；未经公布的，不得作为实施行政许可的依据。""行政机关应当建立和完善有关制度，推行电子政务，在行政机关的网站上公布行政许可事项，方便申请人采取数据电文等方式提出行政许可申请；应当与其他行政机关共享有关行政许可信息，提高办事效率。"[①] 2001年的《行政法规制定程序条例》第十九条规定了行政法规出台前的公布要求，"重要的行政法规送审稿，经报国务院同意，向社会公布，征求意见。"第二十七条规定了公布要求，"国务院法制机构应当根据国务院对行政法规草案的审议意见，对行政法规草案进行修改，形成草案修改稿，报请总理签署国务院令公布施行。签署公布行政法规的国务院令载明该行政法规的施行日期。"第二十八条规定了公布

---

① 参见该法第五条、第三十三条。

的具体方式和作准文本,"行政法规签署公布后,及时在国务院公报和在全国范围内发行的报纸上刊登。国务院法制机构应当及时汇编出版行政法规的国家正式版本。在国务院公报上刊登的行政法规文本为标准文本。"

为了提供信息,96%的中央政府机构和大多数的地方政府已经提供了其官方网站,中央政府的网站 www.gov.cn 于 2006 年 1 月 1 日开通。立法透明已成为中国的一个通行做法。商务部还专门设置了 WTO 通知与查询中心(China WTO Notification and Enquiry Centre),官方网站开设了商务部政府信息公开查询系统。

第三,要求实行司法审查。根据议定书的要求,我国应当设立或指定并维持审查庭、联络点和程序,以便迅速审查相关的法律、法规、普遍适用的司法决定和行政决定的实施有关的所有行政行为。这样的审查庭应当是公正的、独立的:独立于被授权进行行政执行的机关,不应对审查事项的结果有任何实质利害关系。所有受到任何行政行为影响的个人或企业应当具有上诉的机会,且不因为上诉而受到处罚。如果最初的上诉是向行政机关提出的,那么,在任何情况下,他们都应有选择向司法机关提出上诉的机会。

这一规定,使行政机关的所有决定不能够成为终局性的。如果比较一下 GATT 第十条的规定还有一些例外的话,不难发现,我国在议定书中关于司法审查的义务没有任何例外。这样严格的规定,从实施法律的角度有可能反倒是一件好事,更能够有效地发挥制衡作用。

为此,我国相关法律进行改变,如原来我国商标法规定商标评审委员会的作出的驳回商标申请、不予公告和维持或撤销注册商标等裁定是终局的,一直到 1993 年修订是仍是如此,但 2001 年就修改为"当事人对商标评审委员会的裁定不服的,可以自收到通知之日起三十日内向人民法院起诉。人民法院应当通知商标复审程序的对方当事人作为第三人参加诉讼"等,使司法程序成为了行政机关之后的"防线"。2003 年最高人民法院实施了《最高人民法院关于审理反倾销行政案件应用法律若干问题的规定》,人民法院受理的案件包括"有关倾销及倾销幅度、损害及损害程度的终裁决定","有关是否征收反倾销税的决定以及追溯征收、退税、对新出口经营者征税的决定","有关保留、修改或者取消反倾销税以及价格承诺的复审决定",以及"依照法律、行政法规规定可以起诉的其他反倾销行政行为"。同年实施的《最高人民法院关于审理反补贴行政案件应用法律若干问题的规定》,人民法院受理的案件包括"有关补贴及补贴金额、损害及损害程度的终裁决定","有关是否征收反补贴税以及追溯征收的决定","有关保留、修改或者取消反补贴税以及承诺的复审决定","依照法律、行政法规规定可以起诉的其他反补贴行政行为"。

由于我国政体与西方分权制度有很大的不同,实行完全的司法审查有相当的困难。我国很多行政行为仍不在司法审查之列，特别是行政抽象行为不受司法审查。但是，在与 WTO 有关的国际贸易规则方面的行政行为接受司法审查是逐步向国际接轨的。

第四，开放贸易权。加入议定书所指的贸易权在我国的法律中称之为"对外贸易经营权"。我国长期以来对外贸采取了严格的管制措施，并不是每一个企业都具有对外贸易经营权的，当然个人就更不可能具有这一权利。对外贸易的资格需要得到外贸主管部门的批准才能够获得。而没有对外贸易经营权就意味着企业、个人不能够自由地进行对外贸易，即使他们根据生产或者经营的需要有必要进出口某些产品，也必须通过具有外贸经营权的其他企业来完成产品的进出口。这样一种体制在我国 1994 年对外贸易法中得到了肯定。虽然这种做法有利于管理，但是，这是不能够适应市场经济瞬息万变的形势的。

在加入 WTO 的议定书中，我国作出了一项开放贸易权的承诺。经过 3 年的过渡期，不仅在中国的企业应当具有外贸经营权，而且，所有外国个人和企业不管是否在中国投资或注册，同样具有外贸经营权。这一要求具体规定在第五条："在不损害中国以与符合《WTO 协定》的方式管理贸易的权利的情况下，中国应逐步放宽贸易权的获得及其范围，以便在加入后 3 年内，使所有在中国的企业均有权在中国的全部关税领土内从事所有货物的贸易，但附件 2A 所列依照本议定书继续实行国营贸易的货物除外。此种贸易权应为进口或出口货物的权利。对于所有此类货物，均应根据 GATT1994 第三条，特别是其中第四款的规定，在国内销售、许诺销售、购买、运输、分销或使用方面，包括直接接触最终用户方面，给予国民待遇。对于附件 2B 所列货物，中国应根据该附件中所列时间表逐步取消在给予贸易权方面的限制。中国应在过渡期内完成执行这些规定所必需的立法程序。"

"除本议定书另有规定外，对于所有外国个人和企业，包括未在中国投资或注册的外国个人和企业，在贸易权方面应给予其不低于给予在中国的企业的待遇。"

由于外国个人、企业具有了外贸经营权，那么，就没有理由不给我国的个人和企业以外贸经营权，否则，我国法律反而产生了不利于自己国民和企业的后果，成了有利于外国个人、企业的工具。因此，理所当然，我国的个人和企业也应当享有外贸经营权。

在议定书签订的时候，我国的国内法仍然是以 1994 年对外贸易法的规定为基础的体制。这样，实际上我国允诺承担的国际义务与国内法之间是有矛盾的。换言之，如果根据国内法不修改，必然造成无法履行国际义务。但是，国内法的修改在任何一个国家都是一国主权范围内的事宜，国家根据宪法体制规定的立法权、根据自身的需要来决定是否进行法律的修改，或者进行何种法律修改。一个可能存在的局面是：如果国内立法机构不同意进行立法修改，则国际义务与国内法律体制的冲突就会变得非常激烈。这样，国家将面临抉择，要么不修改国内法，从而对外承担违反国际义务的法律后果；要么根据国际义务的要求，修改国内立法及其相关体制，而不管这样的要求是否维护了目前体制——例如外贸管理体制。

根据我国的宪法规定，条约和重要协定的批准机构是全国人民代表大会常务委员会，即我国的立法机构。加入WTO议定书这样重要的协定当然需要得到人大常委会的批准。这一批准行为，实际上就为以后修改国内法提供了一个重要的法律基础，从而避免了国内法律与国际义务之间的持久的冲突。因此，修改国内法已经成了一项宪政义务。

我国在加入WTO以后的三年之内进行了许多的法律、法规及其他措施的修改，包括对外贸易法在2004年进行的修改，终于普遍地开放了对外贸易经营权。在对贸易法的修改过程中，我国的立法机构还通过征求意见的方式取得了外企的70余名代表的意见，这样，我国的国内立法实践中，初次有了外国因素的参与。

纵览外贸经营权方面的发展变化，不难得出这样一个结论：国家承担的国际义务在推动国内法律变化方面起到了重要的作用，在改变国内体制方面起到了巨大的作用，并且使本国的个人和法人得到了更多的权利，享有了更多的自由。在此过程中，宪法以及宪法所规定的立法程序，发挥了不可或缺的作用。

第五，价格控制的放松。我国长期采取了对价格的控制措施，在原有的体制下，许多本来应由市场决定的价格却不是由市场决定的。根据加入议定书的要求，"中国应允许每一部门交易的货物和服务的价格由市场力量决定，且应取消对此类货物和服务的多重定价做法。"在特定情况下，可以进行价格控制。① 如果某些国家定价发生了变化，则"中国应在官方刊物上公布实行国家定价的货物和服务的清单及其变更情况"，这实际上构成了一项公开信息的义务。

这一国际义务的承担和履行，改变了政府过多干预市场、干预经济的做法，与我国建立社会主义市场经济体制的要求是一致的。因此，原本在国家权力范围内的一些当然的行为，随着国际义务的承诺，已经不再完全属于政府权力范围之内了，而是逐渐放松，让渡给了市场力量。

根据我国1997年实施的《价格法》规定，政府是有权定价的，这是根据国内立法权限的规定所享有的权力。"政府定价，是指依照本法规定，由政府价格

---

① 加入议定书第九条第二款具体规定了这些特定情况包括哪些："在符合《WTO协定》，特别是GATT1994第三条和《农业协定》附件二第三、四款的情况下，可对附件四所列货物和服务实行价格控制。除非在特殊情况下，并须通知WTO，否则不得对附件四所列货物或服务以外的货物或服务实行价格控制，且中国应尽最大努力减少和取消这些控制。"

主管部门或者其他有关部门，按照定价权限和范围制定的价格"（第三条）。政府定价或者实行指导价的范围，该法第十八条规定包括："（一）与国民经济发展和人民生活关系重大的极少数商品价格；（二）资源稀缺的少数商品价格；（三）自然垄断经营的商品价格；（四）重要的公用事业价格；（五）重要的公益性服务价格。"这些内容是抽象性的规定，不够明确具体。但是，如果参阅加入议定书附件四的规定，可以清楚地知道，政府定价的范围是有限制的：

第一，实行国家定价的产品，包括表中所列的烟草、食盐、天然气、药品；

第二，实行政府指导价的产品，包括表中所列的粮食、植物油、成品油、化肥、蚕茧、棉花；

第三，实行政府定价的公共事业价格，包括表中所列的民用煤气、自来水、电力、热力、灌溉用水；

第四，实行政府定价的服务，包括表中所列的邮电服务、旅游景点门票、教育服务；

第五，实行政府指导价的服务，包括表中所列的运输服务收费、专业服务收费、服务代理收费、银行清算、结算和传输收费、住宅销售价格和租用费用收费、医疗服务。

除了以上明确规定的内容外，其他项目政府定价的权力将受到加入议定书的三项制约：除非在特殊情况下，并须通知 WTO，并且应尽最大努力减少和取消这些控制。

因此，原来宪政体制下立法授权范围内的权力，在政府具体实施的时候，要根据中国对外承担的国际义务来具体确定。可见，国际义务对国内权力的限制，起到了十分显著的作用。

此外，当这些国际义务被违反的时候，WTO 的体制提供了一个争端解决机制，通过有拘束力的裁决，判定违反义务的成员方应当遵守其义务，在国内法的层面上实现国际规则。一旦败诉，成员方要么自行履行其义务，要么招致胜诉成员方的报复，从而承担违反规则的后果。有的时候，通过磋商程序也能够解决某一成员方不适当的措施。我国加入 WTO 的第一起投诉是针对美国采取的钢铁保障措施案，结果美国败诉，被迫停止其措施。而美国投诉我国的集成电路案件，我国在磋商阶段就退步，与美国达成协议，改变了相关的措施。欧共体和美国的荷尔蒙牛肉案，败诉的欧共体不予执行，结果 WTO 授权美国报复，是欧共体承担了责任。由此可见，WTO 有一个有力的监督机制，通过不同的方式保证共同规则能够得到有效的实施，或者对权利受到侵害的成员方进行救济。

第四节　国际规则的接受

一项多数国家通过的国际规则是否对一个主权国家有约束力,从国际法的角度看,这一规则并不必然产生法律拘束力。各国是否接受这样的规则,仍然是由各国自己决定的事项。我国面临的挑战是,面对不断出现的国际规则,是否作为国内法接受,既要根据我国的情况,又要分析法律规则的一般发展趋势,并根据我国情况作出符合趋势的改变或承诺,与世界潮流一致。这就要求我们,在整体的对策上不仅仅分析、考虑以国际公约、国际习惯方式出现的规则,也要研究某些尚未具有法律效力但却可能得到广泛认可的规则,从而掌握主动权,及时做出有利的决策;对于已明确、构成国际社会共识的国际规则,应当及时予以肯定,并在国内立法中予以保障;对于某些我国暂时不能适用的规则,亦应根据情况及时作出调整。

全球化使国家在对外交往过程中不可避免地面临着如何行使主权、特别是经济主权的问题。国家既然不能够自外于国际社会,需要在交往的过程中实现自身的利益,那么国际社会关于经济交往方面的国际义务,就必须在各国国内体制中得到有效实施。这是一个现代宪政体制中如何分权的问题。正如有的学者所指出的那样,权力的分配既需要考虑垂直维度即国际层面与国内层面如何进行分配,又需要考虑水平维度即国际层面之间、国内层面之间如何进行分配,以便划定各自的范围,采取恰当的措施。这样的问题应当在各国的宪政体制中得到妥善地解决,国家把属于自身重大利益的事项纳入到国内范围内,以便使各种权力的分配和行使符合自己的利益。由于国家之间的相互依存性,很多情况下国际义务的承担,对于义务主体而言,不仅仅是义务,而是能够为自己的国民和法人带来更大利益和自由、改变国内需要改变的体制的一种有效途径。对于我国而言,还需要衡量国际义务所带来的压力和成本,在能够承受的限度与范围之内,充分利用国际义务的规定,改进和完善我国的立法、司法和行政能力。

国际义务如何国内化,或者更加具体地讲,国家在履行国际义务的过程中,究竟应该作出何种选择?笔者认为,这一问题的解决取决于两个因素:其一,实施中的国际法规则是否具有一定的刚性,即其所体现的义务本身是否不可选择。其二,国家实施的过程中如何协调国际义务和国内规则,即在现有的宪政体制中如何以及在何种程度内化国际义务。从国际法规则层面上看,国家可能受到两方面的约束:其一是强行法,其二是一般的国际法规范。强行法规范体现的义务具有很强的刚性，不能任意改变。国家对于此类义务，应当完全履行，不要违反，否则行为和条约将会无效，可能招致严重的国际责任。一般国际法规范，国家可以通过国际条约或者国际习惯两种主要的法律渊源的方式予以认可。国家未予认可的国际法规范，不产生相应的国际义务，国内立法与其是否抵触可以不予考虑。由于国家的认可行为所产生的国际义务，在其与国内立法发生冲突的时候，首选应当是通过改变国内立法来履行国际义务。由于承担国际义务而改变国内立法并不是一件"大逆不道"的事，因为这也是国家根据宪法行使主权的一个方面，并不会产生损害宪政体制的恶果。国内立法并不是一成不变的，需要根据社会情况的发展变化作出调整，使现有法（Lex Lata）适应应有法（Lex Ferenda）的要求。"恶法"带来的灾难，远远比改变现有制度的困难大。只有在迫不得已的情况下，才有必要违背国际义务，但这必然招致相应的国际责任。

我国是负责的国际大国，对自己加入的国际条约和签署的国际协定，是承担国际责任的。这从我国加入WTO后对国内法律进行一系列改革可见。但是，目前我国还没有对如何适用国际法作出统一明确的法律规定，在国际私法和经济法领域，按民法和民事诉讼法的规定，采用国际规则优先的原则。但在公法和人权法领域，习惯做法并不适用国际规则，对签署的国际公约和条约，而是要通过国内立法进行转换才会在实践中得到适用，行政和司法机关一般不会直接适用国际条约和公约。在经济和法律全球化的形势下，我国应该对如何适用国际法规则作出明确的法律规定。这对我国法律的现代化起到积极作用。

从以上的研究表明，中国法制现代化发展面临双重的任务，一是法制本身要从历史的传统以及计划经济和阶级斗争法的传统中，走向市场经济、自由平等主体社会中的现代法制。一是法制作为宪政的一种重要因素，它要在推动宪政发展中发挥作用。法制现代化的发展目标就是走向法治。这个发展趋势是由两种因素推动的结果：在内部是中国市场经济发展，公民社会成长，公民的利益保护和权利要求推动的结果。在外部是经济全球化导致法律的趋同化，中国加入WTO大大推动了中国法制现代化的进程；而人权的普遍认同，使国际人权宪章和各种人权公约得越来越广泛的适用，从而也深刻地影响着中国走向法治和宪政的历程。

第四编

法制现代化与法治政府

我们无论为应对社会危机而选择"现代化"的发展道路，还是现代化理论的近期转型，都在强调社会结构、社会制度与社会现实的适应程度和解决社会问题的能力。就我国而言，正在进行的社会变革的主旨在于"通过吸纳新鲜经验，改造固有体制，寻求解决新旧社会问题的有效方案，并在此过程中完成从传统社会向现代社会的转变。"① 而转型后的现代化理论也逐渐剔除了对西方制度的盲目信仰，开始强调社会转型的关键不在于采取什么具体的形式，而在于要构筑一种本质上能够适应现代环境、能够处理现代各种社会问题和挑战的社会结构。这种现代化的路径强调社会结构适应能力，一定程度上削弱了对制度优劣作出判断时的意识形态色彩，而将制度的优劣与该制度能否适用现实社会联系在了一起。C. E. 布莱克则直接将现代化定义为，"反映人类控制环境的知识亘古未有的增长，伴随着科学革命的发生，从历史上发展而来的各种体制适应迅速变化的各种功能的过程。"②

那么在这个过程中，法治、法治政府在中国的正当性究竟为何呢？

首先，这种"正当性"源自市场经济或商业社会对"形式理性"——即法律形式主义——的要求。形式理性强调对于国家权力的限制、对于市场主体行为规则的预先设定以及对这些规则的严格而普遍地遵守，以增强市场主体行为的可预测性、确定性，降低市场投机行为发生的概率。在欧洲中世纪，对于经济利益的计算，使得商人集团特别关注经济活动的安全性、有序性和可预测性，关注商业交往的法律保障。而形式主义的理性法律系统的设立，也在很大程度上造就了推动了近代早期的市民社会的革命③。韦伯更加认为，法制现代化乃是工具合理性的一种表征或体现，法制现代化的历史运动，首先表现为法律形式主义的扩展和广泛化。"近代合理资本主义不仅需要生产的技术手段，还需要一种可靠的法律制度和一种依据于正式规章的行政管理制度。如果没有他们，一种不正常的、阴暗的、投机的和单纯以营利为目的的资本主义以及为各种政治所左右的资本主义便可能会产生，但都不会产生在个人首创的、具有固定资本和计算精确性的合理经营里。"④ 更有如罗尔斯这样的学者将法律形式主义或者说形式理性的精髓归结为对纯粹程序正义的追逐，并认为纯粹的程序正义是现代法治国家必须加以运用的原则，是现代市场经济条件下实现分配正义的基本程序机制。在这种类型的正义中，不存在对正当结果的独立标准，只是存在一种正确的或者公开的程

---

① 梁治平：《法治：社会转型时期的制度建构——对中国法律现代化运动的一个内在观察》，载梁治平：《在边缘处思考》，法律出版社 2003 年版，第 122～123 页。
② 转引自公丕祥：《法制现代化的理论逻辑》，中国政法大学出版社 1999 年版，第 7 页。
③ 公丕祥：《法制现代化的理论逻辑》，中国政法大学出版社 1999 年版，第 172～178 页。
④ 马克斯·韦伯：《文明的历史脚步——韦伯文集》，上海三联书店 1988 年版，第 12 页。转引自《法制现代化的理论逻辑》，中国政法大学出版社 1999 年版。

序，这种程序若被人们恰当地遵守，其结果也会是正确的，对结果是否正确的判断无须再诉诸无数的特殊环境和个人在不断改变着的相对地位。①

而就我国而言，转型前社会结构对形式合理性的排斥，更使我们建立法治成为必然。季卫东将中国古代社会总结为相对于"法律秩序"（律令）的"关系秩序"（礼教），即是基于"关系本位"的一种"关系社会"。在这种社会中，"任何一项具体的法律决定都是以全体承认、并无异说为目标，都可能表现为试错、反馈以及通过无限反复达成的'合理的合意'。在这个过程中，根据特定当事人之间的主观性进行的社会交换必然频繁出现，引起法律适用方面的随机涨落甚至导致一种复杂的混沌状态……这种'复杂系的法律秩序'明显不同于凯尔森所设想的金字塔形的井然有序的规则体系，它不采纳把所有事实都九九归一于法律条文之下的包摄技术，因而不可能按照还原主义的'法律八股'的思路进行复杂性缩减，也很难通过透明而精确的概念计算来充分保障行为结果的可预测性。这种秩序是在各种差异因素互相干涉中形成并不断改变的有序化的一种过程和一定状态……这种法律秩序下，个人对服从法律往往容易提出讨价还价的要求，交涉成为秩序原理的重要因素……在关系秩序发挥功能的一切地方，个人就有讨价还价的余地，因此法律秩序不可能还原为某个单纯的要素，规范内容也不可能是单义的……中国传统社会的最大问题是通过'交涉'的媒介，很容易流于力量对比关系决定一切的事态，使原则和规范名存实亡、失去意义。"② 而这种"关系社会"以及由此导致的"复杂系的法律秩序"，无疑无法适应市场经济的发展。

其次，法治或法治政府的正当性来源于对控制国家权力、尤其是行政权力并保护相对人合法权利的需要。在计划经济体制下，我们习惯于将国家权力定位为无所不能，国家权力深入社会生活的各个领域，这种全能主义国家观下，社会几乎为国家所吞噬，西方国家所谓的"市民社会"几乎消失殆尽，以至于在个人与国家之间没有任何中介，政治上操纵的运动代替了日常规程，行政命令取代了法律规范，国家权力完全处于失控的状态。这种状况并没有随着市场经济的提倡而有所缓解，"国家依然习惯于不受法律限制地干涉社会和个人事务……社会依然弱小且残缺不全，社会的中间阶层和组织的成长壮大尚待时日……国家不仅在政治上、而且在道德上对社会依然保有优势地位，人们依然习惯于国家对社会的广泛干预、控制、管理和统治，只不过认为这种管理和统治方式应当从行政的转变为法律的。"③ 这种状况的产生，和国家在整个现代化过程中始终居于核心和

---

① 公丕祥：《法制现代化的理论逻辑》，中国政法大学出版社1999年版，第80~81页。
② 季卫东：《法治中国的可能性——也谈对文化传统的解读和反思》，《战略与管理》2001年第5期。
③ 梁志平：《法治：社会转型时期的制度建构——对中国法律现代化运动的一个内在观察》，北京法院网（http://129.0.0.24），访问时间2007年5月9日。

领导地位有很大的关系。但我们也应该意识到，国家固然可以被视为个人自由的、可依赖的保护人，但其同时也会成为个人自由和权利的最大的威胁。这种全能而失控的国家权力所可能造成的严重后果，在计划经济体制下已经显露无疑。而"法治"则恰恰要求限制专断的国家权力，并将其限制在应然的范围之内，以保证个人自由和权利。

同时，实质法治观所对应的福利主义政府立场以及相对应的积极自由、实质平等和公正，同样是我们所需要的。而这在现代社会无疑更加具有特殊的意义。就西方国家而言，实质法治以及与其对应的福利主义政府立场的产生，很大程度上可以归结为现代社会中国家角色的转换。"现代国家已经不再局限于防卫、公共秩序、刑法以及其他一般事项，它还提供复杂精细的社会服务，承担对众多的人类日常服务的管理。国家已经获取创制力，并且自承各种新的义务。与这些义务携手而来的是许多新的权力。为了完成社会服务和管制计划，强有力的政府机器必须设置和运转起来。对他们又必须给予经常的政治和法律控制。"[①] 这种角色的转换，一方面意味着，由于担心国家权力扩张对市民权利的侵害，存在对国家，尤其是行政权力控制加强的内在要求，另一方面也意味着，由于国家越来越多承担起生存照顾的职能，市民对国家依赖性逐步加强。反映在行政法学上，就是给付行政相对于干预行政的发展。比如在德国，福利国家理念的发展和国家行政的多元化，就使得非权力行政蓬勃发展。瓦尔特·耶利内克（Walter Jellinek）首先提出"单纯的高权行政"，认为公权力行政之外的，诸如社会福利行政、劳动行政、行政契约，营造物的设置与管理，道路标志与绿地的设置与管理等都是公法行为。福斯特霍夫（Forsthoff）就提出"给付行政"理论，认为国家提供现代团体生活所不可缺少的生活服务，比如水、电、瓦斯、邮政、运输、电信事业等，都是公权力行政的范围。[②] 与这种类型的行政活动相对应的，则是市民在传统上不具备的"受益权"[③]，比如最低生活保障权，这种权利区别于传统的免受国家权力侵害的自由权，如人身权和财产权，但同样是市民在现代社会中不可或缺的权利。而政府是否积极行为以及如何积极行为，往往决定着此种权利能否实现及其实现程度，因此也就更需要"法治"，尤其是体现了福利国家对市民权利的确认和保护以及实质平等、正义思想的"实质法治"。

---

① Carol Harlow and Richard Rawlings *Law and administration*, p. 13. 转引自沈岿著：《平衡论——一种行政法认知模式》，北京大学出版社1999年版。

② 参见罗明通：《法国国家赔偿制度上公权力范围之变迁》，《法学丛刊》第27卷第3期（1982年）。

③ 这种区别于传统的权利种类的权利类型究竟是否是市民的"权利"，继而受到美国所谓"正当程序"的保护，在美国曾经引起不小的争论，其司法判例也曾出现过反复。可参见王名扬：《美国行政法》，中国法制出版社1995年版，第616～642页。

因此，可以说"法治"既应该有形式法治的精髓，也应该不乏实质法治的内容在内。如德国晚近学者谢伊勒所言，法治国不应该仅仅是一个依法行政、法院全方位控制的国家，而是指一个尊重个人自由、以温和的保护和确定的国家权力为原则的共同体，规范国家行为的法律秩序需要受这些原则的约束。重新建立法治国，公正是最终目标，而要实现公正，必须考虑民主和社会原则①。

基于上述对现代化、制度转型、法治、法治在中国的正当性和国家悖论的分析，我们大体可以确定，在诠释或者论证"法制现代化与法治政府"这一个命题时，需要涉及以下几个方面：

第一，西方的理论作为一定程度上的参照系，包含了一定关于法治、法治政府理论的渊源、历史发展以及基本的评价标准在内。这部分的意义不仅在于确定一个制度建构的参照系，更由于"法治"以及"法治政府"乃至"现代化"理论均不是本土性的，因此对上述问题的阐发具有明确制度转型目标的意义。

第二，法治和法治政府在中国建立和发展遇到的本土性制度背景。如前所言，社会转型或者现代化的根本目的在于优化社会结构，以增加制度应对社会危机、解决社会问题的能力。而该目的的达成并非是一个完全移植西方这个他者的制度所可以达成的，我们有着本土性极强的经济、政治和文化背景，这些都决定着我们在建立法治和法治政府的过程中，需要考虑本土性的制度因素。如弗里德曼所言，"实际运行的法律制度是一个结构、实体和文化相互作用的复杂有机体，要解释其中一部分的背景和作用，必须调动制度中的许多组成部分……法律文化是社会态度和价值要素，一般指文化中的习惯、意见、做法或者想法，这些因素使得社会势力以各种方式转向法律或背离法律。"② 因此对这些本土性的制度因素的分析不可或缺。

第三，法治在中国实现的过程中，需要完善和建立的制度、原则以及可能存在的障碍。这无疑是在明晰西方这个他者和自身制度性因素的基础上，研究"法制现代化与法治政府"的最终目的。我们需要在理论上对"法治政府"所遵循的原则和所欲建构的制度作出选择，并希望这些思考能够对社会转型，尤其是法律制度转型并最终实现现代化，提供理论支持。当然这些原则和制度并非能够一蹴而就，因此对于"障碍"的分析以及对策的寻找在所难免。

---

① 邵建东：《从形式法治到实质法治——德国"法治国家"的经验教训及启示》，《法律评论》2004年秋期。

② ［美］弗里德曼：《法律制度》，李琼英、林欣译，中国政法大学出版社1994年版，第17~18页。

第十一章

法治政府的理论

内容提要：法治政府是法制现代化制度建设的核心要义。不同国家的法制传统形成了不同的法治理论，也塑造着不同的法治政府观念。中国背景下的法制政府观念应当从特征要求、构成要件、宪政基础与最低标准以及建设条件等各个层面加以探析。法治政府理论的一个中心内容在于行政体制的现代化，针对我国目前行政体制存在的诸多问题，我国行政体制的现代化也必然要有相应的内容与要求。法治政府理论的另一个重要向度是它与司法审查制度间的关系，这种关系呈现出双向性：一方面，司法审查从制度规范与法治观念两个角度塑造着现代法治政府；另一方面，法治政府的形成也有力推进了司法审查的深入与稳固。

不同的国家有着不同的法制传统，也在此基础上形成了有所不同的法治理论。例如英国的"法治"和德国的"法治国"概念[①]分属于普通法系和大陆法系这两个不同的脉络背景。大陆法系传统上认为法律是一般的、抽象的客观规范，因此法律保留原则起着关键性作用，立法者扮演着维护法律秩序的核心角色；而普通法系则反对以权威性的一般规则建构法律秩序，它注重社会传统秩序下合乎社会共识的个案正义，因此自然正义原则或者正当程序条款发挥着重要作

[①] 马丁·克里勒对法治与法治国进行了精细地区分，麦考密克则认为二者没有根本区别。陈新民认为，区别论者认定法治国只具有形式意义，而法治则与实质正义相连，同一论者则不作此种区分。郑永流指出，无论法治还是法治国都具有实质和形式的形态，宜分历史阶段对二者进行比较。参见郑永流：《法治四章——英德渊源、国际标准和中国问题》，中国政法大学出版社2002年版，第158~159页。本书赞同郑永流教授的观点，不认为法治就是实质的，而法治国就只是形式的。本书接下来不是对二者的内容的实质或形式意义进行比较，而是把它们作为语词并置于语境之中做全景式观测下的特征分析。

用，法官扮演着维护法律秩序的核心角色。① 然而，无论是"法治"还是"法治国"，其核心宗旨都在于限制政府公权力，以保障公民个人的权利与自由。

此外，我们还可以从中找到另一条较为隐蔽的线索：形式的和实质的法治政府理论。"法治有两个版本，一种版本比较温和，即必须遵守规则，另一种版本是一种崇高的概念，其中包括了公正的规范。"② 其中，第一个版本就是形式法治理论。它认为，法治是一个价值中立的形式化概念，并不带有实体上的价值倾向。③ 形式法治强调规则与秩序，强调把法治作为治理国家、管理社会的方法，亦即法律的形式意义。持此论者有戴雪、拉兹、富勒、菲尼斯、奥托·迈耶等学者，他们多从法律制度的公开、明确、稳定、普遍等形式属性，以及司法独立、程序公正、按规则办事的角度论述法治。然而，形式法治把法律的权威诉诸国家，甚至把法律等同于"主权者的命令"，这种实证主义和形式主义倾向虽然并不必然产生恶法，但却在一定程度上容忍甚至放纵恶法。它在强调法律的自治性的同时，排斥了法律的实质性价值，这使得法律成为封闭的系统和冷酷的理性，而丧失了对人的现实生活体验的关怀以及自我批判和超越的能力。④ 同时，法治的形式化和程序化，不利于对弱势群体的平等保护，规避了国家积极的社会责任。另外一个版本就是实质法治。它认为，法治并非单纯的形式，而是适合着特定价值选择的形式。⑤ 实质法治强调法律制度的道德品性及其目标与内容，亦即法律的实质合法性，注重保障自由、人权、正义等价值的实现，主张以此评价、检测法律，并通过制度上的安排弥补形式法治的不足，以实现实质正义。这一概念可以上溯于亚里士多德，他强调法的善良品性，认为法治就是良法的统治。洛克、哈耶克、拉德布鲁赫等人可以归类为持此论者。然而，由于现代社会价值多元化的存在和多元道德标准的不确定性，终极性的价值难以确立，因此，法律的确定性难以有效保证。单纯的目的导向，如果缺乏必要的程序与机制，则有可能导致专断与偏私。

总之，无论形式法治还是实质法治，都具有自身的优势以及难以克服的局限。在世界各国的法治政府实践中，也没有哪个国家采行绝然的形式法治或者实质法治，而毋宁说是二者在某种程度上的结合。当然，这种结合的程度也没有一个确定不移的标准，而是取决于这个国家现实社会发展的条件及需要。也就是

---

① 张树义主编：《法治政府的基本原理》，北京大学出版社 2006 年版，第 71 页。
② [美] 巴里·海格：《法治：决策者概念指南》，中国政法大学出版社 2005 年版，第 14 页。
③ 张千帆：《法制理念的不足与超越》，http：//www.publiclaw.cn/article/Details.asp？NewsId＝1790 & classid＝2&classname＝理论前沿。
④ 高鸿钧：《西方现代法治的形成、冲突与整合》，http：//tw.netsh.com/eden/bbs/708934/html/tree_15174326.html。
⑤ 梁治平：《法·法律·法治》，http：//www.law-thinker.com/show.asp？id＝57。

说，法律制度在回应社会发展需要的过程中，不断地自我矫正，调和着形式法治与实质法治在法治政府建设进程当中的比例。

第一节 中国背景下的政府法治理论

一、法治政府的特征及要求

对法治政府概念的解析，应当从两个层面上进行。[①] 在狭义的层面上，法治政府就是政府依法行政。在广义层面上，法治政府意指政府的法治化状态，是法治在政府行为上的现实化。[②] 狭义层面上的法治政府假定了良法以及确保良法得以产生的机制的存在。而广义层面的法治政府则要求确保法治的实质内容得以实现的制度与机制的实在。这样就要求把立法也纳入进法治化的范畴。

法治国家即法治下的民主国家，由法律控制、约束其所有活动，最重要的是约束政府权威以保护个人自由。法治政府具有如下特征：

第一，法治政府是有限政府。简言之，有限政府是指规模、职能与权力都有限的政府。自然权利理论、社会契约理论和分权制衡理论是有限政府理论的核心。[③] 政府的有限性也表现为政府的规范性和从属性。政府的有限性主要包括规模、职能和权力的有限性：

其一，规模的有限性，是对权力主体的限制。

其二，职能的有限性，是对权力功能的限制。政府应当尊重社会的主体地位及其自治性。政府应当转变履行职能的方式与手段。

其三，权力的有限性，是对权力时空的限制，主要包括：任期——权力拥有的时间限制；权力的分工与制约——权力拥有的空间限制；法律程序——权力行使的时空限制。

第二，法治政府是诚信政府。诚信政府意指政府在行使国家权力、进行公共

[①] 有些学者就是从两个层面来理解法治的，认为法治的核心问题是依法办事。同时，作为一种治国的思想、方式和体制，法治直接涉及政治体制与司法制度。参见沈宗灵主编：《法理学》，北京大学出版社 1994 年版，第 185 页。

[②] 美国的"法治政府"中的"政府"即是广义的包含立法机关、行政机关和司法机关的"大政府"。其法治政府的核心内涵在于设立分权制衡的机制，以划分和限制政府权力，并建立宪法至上和法律统治。参见程燎原、江山著：《法治与政治权威》，清华大学出版社 2001 年版，第 158～159 页。

[③] 詹福满、苗静：《有限政府理论的现代解读》，http://www.jcrb.com/zywfiles/ca513404.htm。

管理的过程中,坚持诚实信用原则,并以此规范和约束自己的行为。政府诚信是社会及公众对政府信用的主观价值评判,是政府形象的核心要素。

其一,诚信原则要求政府在行使权力时,主观上诚信,不欺诈民众;政府保持法律与政令决策的稳定,不出尔反尔;在行为的过程中,公开透明,不搞暗箱操作;政府言出必行,并勇于对自己的行为负责,不推卸责任;建立相应的政府信用评估机制、失信惩戒机制和完善政府失信的救济机制。

其二,遵循信赖保护原则。该原则在建设诚信政府过程中的作用体现在如下方面:法不溯及既往;撤销或废止行政行为时,应当保护人们的信赖利益;行政承诺应当遵守。

第三,法治政府是透明政府。透明政府是指权力行使的过程公开,具有一定透明度的政府。如果对公开作类型化分析的话,则可以把公开分为信息公开、立法公开、行政公开、审判公开。

与透明政府相对应的法律制度首先是信息公开制度。它要求政府应当把除依法应当保密的信息以外,一律公开。政府公开的信息包括政府主动公开的信息和依申请公开的信息。

立法公开主要是为了保障人民参与和监督立法过程。

行政公开要求行政机关:其一,行政立法和行政决策公开。其二,行政执法行为的公开要求公开执法行为的依据、标准、条件、程序、手续以及最后形成的行政决定。其三,行政裁决和行政复议的公开。

审判公开是指人民法院审理案件,除涉及国家秘密、个人隐私和未成年人犯罪案件外,一律公开进行。

第四,法治政府是高效政府。高效政府是指能够有效实现政府目标、履行政府职能,并保持高效率运转的政府。高效政府的构建要求:在组织上,机构设置精干,职权分工合理明确。在技术上,利用现代信息科技,推行电子政务。在程序上,严格遵守法定时限。在意识上,树立服务观念,积极履行职责,提高办事效率。同时,高效政府的建设应当建立在充分保障公民的合法权益和社会公平①的基础之上。

第五,法治政府是责任政府。责任政府是指权责一致,对行为自负其责的政府。政府责任包括社会责任、政治责任、法律责任和道德责任。相应的是,责任政府应当做到政府承担社会责任、政治责任、法律责任和道德责任。同时,为保证上述责任的实现,应当完善相应的监督机制和责任追究机制,将责任评价纳入

---

① 如何平衡效率与公平的关系?有学者曾做过精辟的论述:在平等中注入一些合理性,在效率中注入一些人道。参见[美]阿瑟·奥肯:《平等与效率:重大的抉择》,王奔洲、叶南奇译,华夏出版社1987年版,第105页。

组织绩效的评价过程，并将责任与人事任用、晋升、福利相挂钩。

二、法治政府的构成要件

法治政府并非一个具有单一结构的存在，① 也并非只是形式意义上的程序原则的构建，② 它包括观念、实体、形式、程序四个层面的构成要件。观念要件是法治政府的灵魂，它是指导法治政府建设的思想理念；实体要件是法治政府的骨骼，它支撑起法治政府的整体制度框架；形式要件是法治政府的皮肉，它是法治政府的外在表征；程序要件是法治政府的血液，它促成了法治政府的有效运转。

（一）观念要件

法治政府观念是人们关于法治政府的认知、评价和情感体验，是一种带有基本倾向的法律意识。

第一，权利本位观念。权利本位观念是人民主权原则和基本人权原则的个体化与具体化。

第二，法律至上观念。法律至上观念是法治政府观念的核心。它要求全社会所形成的主流法治观念为：只承认法律一种权威。

第三，良法观念。这是人们有关法律品性的价值评判的观念。法治政府是良法统治之下的政府。

第四，守法观念。法治政府的建设以良法的存在为前提，以良法获得普遍遵守为保障。

（二）实体要件③

法治政府的实体是指法治政府运作所应遵循的法律原则及其所决定的一系列法律制度的总称。

---

① 法治的明显特点是它要求在实质的、程序的和形式的考虑之间求得平衡。参见卡罗尔·爱德华·索乌坦：《一般的宪政论》，载斯蒂芬·L. 埃尔金等编：《新宪政论——为美好的社会设计政治制度》，周叶谦译，三联书店 1997 年版，第 109 页。康拉德·黑塞认为，只有形式和内容的统一才能揭示出《基本法》所包含的法治的真实特征。参见沃纳·伯肯梅耶：《法治国家——德意志联邦共和国的法治》，载《法治》，法律出版社 2005 年版，第 27 页。

② 真正的威胁源于法治的本质特征，源于法治原则可能被程序原则取代这一风险。沃纳·伯肯梅耶：《法治国家——德意志联邦共和国的法治》，载《法治》，法律出版社 2005 年版，第 26 页。

③ 所谓法治国家实质标志是指依据法治的精神而形成的涉及重大关系的理性化制度的确立和运作。具体来说它涉及法律与政治、公共权力与国家责任、权力与权利、权利与义务等方面的关系。参见张文显主编：《法理学》，法律出版社 1997 年版，第 244~245 页。

第一，保障权利以及义务的法定化、相对化。权利的保障包括法律对权利的确认与宣告、预防机制和救济机制。① 此外，在公民行使权利遇到障碍时，政府还应当提供相应的帮助。义务的法定化是指公民承担的义务直接由法律规定，义务的相对化是指公民承担的义务是相对的、有限的。

第二，限制权力与政府责任。限制权力通常有三种方式：其一，实体限制，包括以权利制约权力和以权力制约权力。其二，程序限制。② 其三，道德观念限制。

根据权责一致的原则，政府行使权力应当承担相应的责任。

（三）形式要件③

法治政府的形式要件是指法治政府实体要件的表现方式或实现法治政府实体要件的技术条件。它是关于法治政府的技术性研究，其存在主要是为了实现实体要件的良性运作，既具有宏观的指导意义，又具有微观的可操作性。形式要件既要适应社会经济、思想观念的变迁，又要保持一定的稳定结构，主要包括诸如完整和谐的法律体系，法律的普遍性、公开性、可预期性、明确性、可循性、稳定性，司法独立公正，法律组织职业化等要素。④

（四）程序要件⑤

法治政府的程序要件是指建设法治政府的过程中所应当遵循的各种程序。主要包括四部分：选举程序、立法程序、行政程序和司法程序。

---

① 俞子清主编：《宪法学》，中国政法大学出版社2004年版，第230～231页。

② 制约权力并不仅仅是限制国家权力的行使，即防止滥用权力和出现错误；制约的同时也是引导和支持着这种权力行使，使权力行使更为有效，是使权力得以正当化和合法化的机制和过程。朱苏力：《现代化视野中的中国法治》，http://www.law-thinker.com/show.asp?id=406。

③ 法治国家的形式标志是指法治国家的外在表现方式以及实现法治国家的技术条件。它主要包括完备统一的法律体系，普遍有效地法律规则、严格的执法制度、公正的司法制度、专门化的法律职业等等。任何法治国家都具备这些共性的标志。参见张文显主编：《法理学》，法律出版社1997年版，第244～245页。

④ 笔者认为法治政府的最低标准主要是形式标准，其与法治政府的形式要件在内容上存在大部分的重合现象。对于法治政府形式要件的各相关要素，在此不再赘述，请参见后文。

⑤ 法律程序对于实现民主法治具有重要意义。哈贝马斯认为，制定宪法实践的意义在于共同探求并确定参与者必须互相承认为公平和有效的权利。因此，这种实践要依靠两个先决条件：以成文法作为有约束力的调节规则；以话语原则作为理性的审慎协商和决策的指导原则。这两种形式要素的结合和互相渗透必须足以建立和运用合法的法律的程序。参见［德］哈贝马斯：《后民族结构》，曹卫东译，上海人民出版社2002年版，第256页。有学者认为，法治具有程序性，并进一步指出法治的实现过程是一个从实体到程序的过程，或法治的程序化的过程，亦即法律的程序化和程序的法律化的过程。吴德星：《法治的理论形态与实现过程》，《法学研究》1996年第18卷第5期，第103页。法治就是配置和维护权利人、国家以及潜在或现实的权利侵犯者之间进行调停的程序保障。参见［美］米歇尔·罗森菲尔德：《法治与法治国》，载《法治与21世纪》，社会科学文献出版社2004年版，第189页。

第一，选举程序。选举是公民参与民主政治的首要方式，因此，应当首先保证选举程序的民主性。

第二，立法程序。立法过程具有民主性，是民意形成和表达的过程。

第三，行政程序。行政程序是行政主体实施行政行为时所应遵循方式、步骤、时限和顺序。

第四，司法程序。司法程序是国家司法权力作为中立者公平处理法律关系当事人之间的法律纠纷的制度装置。

三、法治政府的宪政基础和最低标准

法治政府的建设是在宪政（或宪法）的框架内进行的。宪政是指一种使政治运作法律化的理念或理想状态，它要求政府所有权力的行使都被纳入宪法的轨道并受宪法的制约。① 首先，宪政以宪法为文本载体，是宪法得以良好实施的状态。其次，宪政以宪法至上的确立为权威基础。其三，宪政以民主政治为核心内容。其四，宪政以制约权力、保障人权为目的。其五，宪政的逻辑前提是国家与社会的分离。② 最后，宪政以法治为基石。③

法治政府的客体是公民与政府或者权利与权力的关系。权利是本源性的，权力则是派生性的。为妥善处理本源体与派生体之间的关系，法治政府就应当具有一定的宪政基础。这既是法治政府存在的正当性依据，又是确保法治政府正确走向的精神或价值基础。法治政府的宪政基础有三：人民主权、人权保障和权力限制。

所谓法治政府的最低标准，即是指成为法治政府的最起码的要求，符合这些标准，未必是法治政府的较为高级的形态，但不符合这些标准，便不能称其为法治政府。在法治政府建设初期，各国尤其注重法治政府的形式特征，因为法治政府的实质特征多是些内涵难以准确界定的价值理念，缺乏明确性和可操作性。

法治政府的最低标准就是要求建立一个使政府受到法律有效约束的体制。④

---

① 张千帆：《宪法学导论 理论与应用》，法律出版社2004年版，第11页。他还认为，宪法预先正是等同的。宪法是"更高的法"，只有宪法首先真正成为"法"，国家才能进入宪政状态。在"有宪法无宪政"的国家里，宪法起不到控制所有政府权力和所有其他法律规范的意义的作用，因此不能称其为"法"。

② 《宪政与公民社会》，免费论文网，http：//www.paper800.com/paper77/9E577E67/，作者不详。

③ 周叶中主编：《宪法》，高等教育出版社、北京大学出版社2000年版，第178页。

④ 参考［美］切丽尔·桑德斯：《普遍性和法治：全球化的挑战》，载《法治与21世纪》，社会科学文献出版社2004年版，第273页。对公共权力的有效控制是建立一个赖以满足法治的最低标准的法律框架所必需的。政府和公民都被要求遵守这一最低标准。同上，第267页。

从政府和公民这两个不同的角度出发,对这一最低标准会有两种理解:消极的最低标准和积极的最低标准。消极的最低标准是从对权力的消极防御的角度提出的,指政府权力受到法律以及权力之间的有效约束。这就要求有确保权力严格依法行使,不得滥用的制度、机制和程序。① 消极的最低标准包括:第一,完整、和谐的法律体系。第二,法律的普遍性。第三,法律的公开性。第四,法律的可预期性。第五,法律的明确性②。第六,法律的可循性。第七,法律的稳定性。第八,司法公正与独立。第九,法律组织职业化。③ 第十,立法、行政和司法在组织和功能上的有效分离。第十一,行政行为公开,遵循法定的权限与程序④。第十二,政府违法,应当承担相应的法律责任。

所谓积极的最低标准,是从权利的积极实现的角度提出的,是指政府权力受到公民权利的有效约束。具体而言,就是要有确保公民能对政府行为提出合法性质疑的机制和程序。

四、建设法治政府的条件

法治政府的建设需要制度内与制度外两个方面的条件。

制度内的条件包括:

第一,宪法至上。宪法是人民管理政府的装置,是人民在制度上安排社会生活的框架性结构。宪法先于政府,其核心在实现对权力的分配与制约。宪法具有至高无上的权威与尊严,是建设法治政府的逻辑起点和实现民主政治的保障。因此宪法至上乃法治之本。⑤ 宪法是自然法向实证法灌输价值理念的装置,是对法律的纠偏机制。宪法至上的确立,能有效确保法律体系的秩序性,使失于正义的法律归于无效。这就有效地确保了法律的优良品性,对于法治政府的构建具有正本清源的意义。

第二,民主政治。真正意义上的法治是以民主为社会条件和制度基础的法治

---

① 参考夏勇:《法治是什么?》,http://www.law-thinker.com/show.asp?id=1648;刘军宁:《从法治国到法治》,http://www.blogms.com/blog/CommList.aspx?TempleCode=1000000042&BlogLogCode=1001563541;张文显主编:《马克思主义法理学——理论、方法和前沿》,高等教育出版社2003年版,第341~348页;徐显明:《论法治构成要件——兼及法治的某些原则及观念》,《法学研究》1996年第18卷第3期。

② 参见葛洪义、陈年冰:《法的普遍性、确定性、合理性辨析——兼论当代中国立法和法理学的使命》,《法学研究》1997年第5期。

③ 王人博、程燎原:《法治论》,山东人民出版社1989年版,第184~188页。

④ 参见张庆福、冯军:《现代行政程序在法治行政中的作用》,《法学研究》1996年第18卷第4期。

⑤ 朱福惠:《宪法至上 法治之本》,法律出版社2000年版,第30~55页。

模式。① 民主的要义在于广泛分配权力与权利,并以权利制约权力,以公民权利监督公共权力。② 民主是大多数人的统治③,它意味着在国家的法律秩序中所代表的那个"意志"等于人民的意志。民主的对立面就是专制的束缚。④ 法治政府只有真正确保人民对政府管理的参与与监督,才能维护自身的合法性或正当性。但为防止"多数人暴政"的出现,民主政治还要求保护少数人的利益。为此,政府应当保护言论自由,以容纳、听取不同的意见。⑤ 只有人民拥有足够的批判力量,才能对政府权力形成有力地制约。民主的精神——平等正义⑥,也是构建法治政府的价值基础之一。

制度外的条件包括:

第一,理性精神。法律是理性的产物。法治政府的构建以全社会具备理性精神为文化基础。理性精神的具体内涵包括:科学精神、政治市场观念、思想市场与多元文化观念、公民意识、权利义务观念以及自由平等观念等。⑦ 理性精神要求排除法治建设中的非理性因素,实事求是地看待人性固有的弱点、社会固有的矛盾以及由此而派生出来的法律的局限性。昂格尔认为,所谓法治就是通过确保权利的非人情化来处理自由社会的紧张关系。⑧ 首先,法治是理性的办事原则,要求任何人和组织的社会性活动均受既定的法律规则的约束;其次,法治是理性的法治模式,要求以理性的制度实现对全社会的治理;再次,法治是理性的法律

---

① 张文显主编:《法理学》,法律出版社1997年版,第237页。法治应是以民主为前提和目标的依法办事的社会管理机制、社会活动方式和秩序状态。它包括以民主作为前提和目标的依法办事的观念、原则、制度、组织和过程。卓泽渊:《法律价值》,重庆大学出版社1994年版,第170~171页。

② 郭道晖:《法的时代精神》,湖南出版社1997年版,第479页。

③ 《列宁全集》第18卷,人民出版社1959年版,第273页。

④ [奥]汉斯·凯尔森:《法与国家的一般理论》,沈宗灵译,中国大百科全书出版社1996年版,第315页。萨托利认为,民主要求统治者不得僭取无条件的和不受限制的权力,不得自我选择与自我授权进行统治。参见[美]乔·萨托利:《民主新论》,冯克利、阎克文译,东方出版中心1998年版,第232页。

⑤ 罗尔斯认为,没有忠诚的反对派的观念,没有对表达和保护这一观念的宪法条款的坚持,民主政治就不能被恰当地引导或长久地维持。参见[美]约翰·罗尔斯:《正义论》,何怀宏译,中国社会科学出版社1988年版,第212页。凯尔森认为,多数和少数之间的自由讨论之所以对民主是必不可少的,就因为这是创造有利于多数和少数之间妥协气氛的一个途径;而妥协则是民主本性的组成部分。妥协的意思就是用这样一个规范来解决冲突,它既不完全符合一方的利益但也并不完全违背另一方的利益。就是民主国家中,法律秩序内容并不是专由多数利益决定而是由两个集团间妥协的结果这一范围而论,所有的人对法律秩序的自愿服从要比其他任何政治组织比较容易实现。正是由于这种妥协倾向,民主才完全自决这一理想的近似。[奥]汉斯·凯尔森:《法与国家的一般理论》,沈宗灵译,中国大百科全书出版社1996年版,第319~320页。

⑥ 民主的精神就是平等,是对阶级与等级区分的否定。民主的活力是与国家的社会结构和社会趋向相关的。财富和知识都集中在极少数人手中的社会结构是不会有益于民主的。参见[美]米歇尔·克罗齐、塞缪尔·亨廷顿等:《民主的危机》,求实出版社1989年版,第5页。

⑦ 张文显主编:《马克思主义法理学——理论、方法和前沿》,高等教育出版社2003年版,第353~359页。

⑧ 转引自季卫东:《法治与选择》,载《中国法治之路》,北京大学出版社2000年版,第25页。

精神，要求法治的精神表现为一整套关于法律、权利和权力问题的原则、观念、价值，它体现了人对法律的价值，成为人们设计法律的价值标准和执行法律的指导思想；最后，法治是理性的社会秩序，要求社会关系和社会秩序被做出合法和理性的安排。①

第二，法律信仰。法律信仰是主体对法律精神的内心确信，它是两个方面的有机统一：一方面是主体以坚定的法律信念为前提并在其支配下把法律规则作为其行为准则；另一方面便是这种信念的外化——主要是在严格法律规则的支配下活动。②"法律必须被信仰，否则它将形同虚设。它不仅包含有人的理性和意志，而且还包含了他的情感，他的直觉和献身，以及他的信仰。"③ 法律权威的确立，取决于人们对法律规范体系的价值认同，并逐渐形成一种守法的传统。否则，单靠法律对主体的外在约束，是不足以实现法治的。法治政府的构建尤其要求政府工作人员内心保有对法律的信仰。

第三，市场经济。④ 法治政府的经济条件是市场经济机制。市场经济是法治政府生成、存在和发展的肥沃土壤，法治政府的实现程度取决于市场经济的发达程度。对任何一种经济形态而言，规则都是必要的要素。不过，市场经济与自然经济所需要的规则，在量与质两方面都存在显著的差别。量的判别反映出社会生活规则化、法律化的程度，质的方面则使法治与专制泾渭分明。商品交换的性质要求市场主体意志自由、权利平等，在商品交换中形成的契约关系和契约观念是法治政府生成的重要因素。⑤

第四，社会自治。社会自治就是要划定一个相对于政治国家而独立自主的领域。社会自治只能建立在法律自主、法律高于政府的基础上。法律应当在两个方面取得相对自主的地位：一是它相对于政府是相对自主的，它有不依赖国家意志的相对自主的内容；二是国家机关间在法定权限范围内具有自主性，法律成为国家机关分权的制度保障。⑥ 同时，调整与重构经济和政治之间关系是推行法治政府的基础，没有经济权力与政治权力之间的深沉张力，法律权威和法律信仰便很难确立。社会自治以各种自愿自治组织为中介，这些社会组织代表不同利益主体的利益。多元利益主体之间的妥协是建构法治的前提，又是法治的内在要素。没有妥协，就没有多元利益和文化价值的并存。只有在妥协中，才能逐步形成遵守

---

① 孙笑侠：《法治、合理性及其代价》，《法制与社会发展》1997 年第 1 期。
② 谢晖：《法律信仰的理念与基础》，山东人民出版社 1997 年版，第 15 页。
③ [美] 伯尔曼：《法律与宗教》，梁治平译，三联书店 1991 年版，第 28 页。
④ 蔡定剑：《法制的进化与中国法制的变革——走向法治之路》，《中国法学》1996 年第 5 期。
⑤ 孙笑侠：《法治国家及其政治构造》，《法学研究》1998 年第 1 期。
⑥ 周永坤：《社会优位理念与法治国家》，《法学研究》1997 年第 1 期。

公共规则的传统，社会才能以最小的成本获得最大的收益。① 当代社会，民间社团的兴起对于形成良性互动的权力制约和权利保障机制，② 促进法治政府建设的进程具有重要而深远的意义。

第五，法律共同体。高素质的专业化的法律共同体的形成，是法治政府的基本要求和共同特征。③ 细密的社会分工、专门的知识体系、独特的思维方法和普遍的社会正义感，使得法律共同体成为一个自治的共同体。政教分离导致的价值自由，民主政治中的多党竞争、三权分立的治理格局和陌生人之间的非人格化交往，所有这些现代社会的特征通通建立在现代法律的自主性之上，而法律自主性则建立在法律共同体之上。④ 法律共同体通过运用司法实践中的法律技术并维持司法独立，能够使法律成为一个独立于政治的社会系统，从而捍卫法律的自主性和法治的制度建构。

五、小结

我国对于法治政府的认识经历了一个由浅到深的过程。这一认识的深化是在法治政府建设的实践中，在区分了法治与法制之后，以及不断吸收、借鉴国外的具有普遍意义法治政府理念、制度的基础上形成的。在我国的法治政府建设过程中，借鉴西方经验起着重要（但并非主导）作用，但这并非是盲目的全盘照搬，相反，这是建立在充分认识我国国情，尊重、发掘本土资源，积极回应社会现实及其发展需要的基础上的法制现代化。

法治政府的建设立基于深厚的宪政基础，其最主要的宪政理论渊源就是人民主权理论。在这一理论下，政府是人民的代理，接受人民的委托行使权力。因此，政府行使权力应当遵从人民的意志——即法律。正如人民不会危害自身一样，政府不得侵犯人民的自由与权利。

法治政府就是政府的法治化状态或者法治在政府行为上的现实化。法治政府作为一个具有复杂结构的存在，应当从多个层面进行透析。法治政府应当具有自身的观念、实体、形式、程序等要件。对法治政府的目标的确定，牵涉到对"法治""政府"的概念的理解问题。基于上文的分析，法治政府是政府的法治化状态，是良法统治下的大政府，这就强调了法治的实质特征，并将立法、司法纳入进来，以纠正法治政府建设理论与实践中可能出现的偏颇。因此，对法治政

---

① 叶传星：《利益多元化与法治秩序》，《法律科学》1997年第4期。
② 马长山：《全球社团革命与当代法治秩序变革》，《法学研究》2003年第4期。
③ 陆军：《浅谈我国法律职业共同体的构建》，http://www.st35.com/article/law/sifazhidu/1809.html。
④ 强世功：《法律共同体宣言》，http://www.yn148.com/flrzj/jz/法律共同体宣言.htm。

府目标的确定不仅是对依法行政提出的目标,而且还应当包括立法法治化与司法法治化的目标。

法治政府就是法治下的政府,因此,法的品性就在法治政府的特征中体现出来。这也就要求法治政府应当是有限、诚信、透明、高效、责任政府。这是权力来源于权利的法律属性的要求和体现:即权力不得侵犯权利,不得失信于权利,应当自觉接受权利的参与与监督,有效回应权利诉求,对权利负责。

学术界的主流观点认为,法治政府的建设是与市场经济和民主政治紧密相连的。构建法治政府除需要发展市场经济与民主政治外,还要求社会具有一定的自治能力,崇奉理性文化,具有法律信仰,确立宪法至上的观念。此外,法律共同体的形成对于法治政府的构建,无论在精神层面还是在实体制度的运作层面都起着不可替代的作用。应当承认我国缺乏现代意义上的法治传统,而非此即彼的绝对化的思维模式、城乡二元的社会结构、乡村中乡土秩序的历史惯性、权力本位以及政治至上的观念都在阻碍着我国法治政府的建设。

在世界范围内,法治政府的建设都处于进行时,而非完成时当中。因此,至少从实践层面来看,尚无法治政府的最高标准。与其去预设一系列的最高标准,还不如对许多国家而言业已完成的具有经验意义的最低标准进行概括总结,这对于处于法治政府建设初级阶段的中国也更具有现实意义。应当说,法治政府的最低标准多是形式上的,突出法治政府建设的阶段性特征,强调对权力进行监督、制约的程序、机制的完备。但这也并不否认实质法治对这些程序、机制的导向性作用,并且随着法治政府建设实践的深入,形式法治与实质法治应当实现更高程度上的融合。

第二节 行政体制的现代化

一、行政体制的内涵

(一) 行政体制的概念

行政体制是指行政系统内部围绕权力的划分和运行所形成的一种制度化的关系模式,是行政权责划分、行政组织结构、行政管理制度以及行政运行机制的总和。①

---

① 陈泰锋:《WTO 与新一轮行政体制改革》,人民出版社 2006 年版,第 1 页。

首先，行政权力的分配是行政体制的核心。建立行政体制首先着眼于行政权力的分配，其分配是否科学合理是判定行政体制优劣的首要标准。其次，行政组织结构和行政管理制度是行政体制的外在表现形式。行政组织结构是行政权力的载体，行政管理制度是行政权力配置及运行过程中形成的关系的制度化。再次，行政运行机制是使行政体制动态运转、发挥功能的制度性装置。只有行政运行机制有效运转，静态的制度层面的行政体制才能切实得以动态的呈现。最后，行政体制是政治体制的重要组成部分。政治体制包括立法体制、行政体制与司法体制。作为部分的行政体制的建立与完善不得不受制于作为整体的政治体制。

（二）行政体制的内容

行政体制的内容主要包括行政的职能定位、权力配置和运行机制。行政职能是指根据社会需求，行政主体在行政管理和公共服务的过程中的基本职责与功能。行政的职能定位是根据某时期一个国家的社会政治、经济、文化的发展状况，确定的行政主体应当履行的职责与功能。行政体制就是为了确保行政机关科学合理地履行职能而建立的制度安排，因此，行政职能定位是建构整个行政体制的基点。行政职能包括政治职能、经济职能和社会职能。行政的政治职能包括国防、治安、维护社会秩序；行政的经济职能包括对经济的宏观调控与微观指导；行政的社会职能主要包括科教文卫、社会保障与社会服务等。

行政权力是指行政主体在履行管理国家事务和社会事务的职能的过程中所依法享有的控制力或支配力。行政权力是行政的生命线，是履行行政职能的先决条件。行政权力配置是按照一定的原则把行政权力予以划分并分配给不同主体享有与行使。行政权力的定性和定量配置与行政主体承担的职能是成正比的。行政权力的配置反映在行政权力体制和行政领导体制两个方面。行政权力体制是行政权力配置的核心，它包括横向权力体制和纵向权力体制。行政权力体制着重解决如何划分行政权力以及各权力主体拥有多大权限的问题，这主要是在上下级行政主体之间和同级行政主体之间权利的分配问题。其中，纵向的权力体制，即集权与分权的关系是行政权力体制的核心。行政领导体制是指行政主体内部的领导制度，即领导权力的配置及行使的程序与方式。行政系统的等级体制决定了行政领导体制是行政体制的关键要件。行政组织是行政职能的主体，是行政权力的载体和外在表现形式。因此，行政权力配置与行政组织结构是密切相关的。行政权力的配置最后都要落实到行政组织的结构上。

行政运行机制是保障行政权力运行的制度与程序。行政体制不是静态的躯壳，而是动态的机体。行政运行机制就是保证机体动态运作、发挥功效的制度体系，它引导、规范和约束着行政权力运作的基本轨迹。因此，行政运行机制是保证行政系统高效、灵活运转的重要条件。行政运行机制主要包括协调机制、激励机制、约束机制和适应机制。① 协调机制是指行政组织各部门之间相互配合、沟通、合作，共同保证政务推行的高效、有序和顺畅；激励机制是指激发和调动各运行主体、公务员的积极性，使其发挥最大效能；约束机制是指政府对有碍于行政运行目的的实现以及实现的质量的运行主体和公务员进行有效的制约；适应机制是指行政体制在内外环境发生变化，尤其是发生突发性变化时，仍能适应变化了的环境而正常运行。

（三）行政体制的功能

行政体制的功能意味着行政体制存在的价值及其所发挥的积极作用。当然，行政体制的功能有效而充分的发挥需要以良好的行政体制的存在为前提。行政体制在一个国家中所发挥的功能是广泛而深入的。②

首先，根据经济基础与上层建筑之间的关系，作为上层建筑的重要组成部分的行政体制对于作为经济基础的重要内容的市场经济具有能动的反作用。亦即行政体制能引导市场经济向纵深发展。市场不是万能的，也存在失灵的可能，就需要加强政府对市场的干预，以弥补市场自身的缺陷。

其次，行政体制能回应社会多元利益的需求。当今社会逐渐演变为一个具有多元化利益结构的社会，要求行政体制积极回应，以适应社会经济发展的需求。良好的行政体制，能使政府为多元利益主体的发展与博弈提供良好的制度环境，确保多元利益主体的价值在社会转型的过程中得以实现。

再次，行政体制服务于开展公共行政。行政体制牵涉到行政权力的调整与配置，要求理顺政府与社会、政府与公民的关系，这就为保障社会自治以及实现公民对公共事务管理的参与权，提供了制度支撑。行政体制还内在地规定着权力的行使方式，积极引导权力的行使符合市场经济规律和现代公共行政的价值理念，促进社会各部门的合理分工和资源的有效配置，推进公共行政的顺利开展。

最后，行政体制能推进依法行政原则的实施。良好的行政体制与行政的法治化是分不开的，它要求行政机关的职能权限、组织结构都由法律设定；行政机关行使权力遵循法定程序；行政机关违法行使权力应当承担法定责任等。可以说，行政体制是推进依法行政的实体性的制度安排，它承载并推进着依法行政的贯彻和实施。

---

① 陈泰锋：《WTO 与新一轮行政体制改革》，人民出版社 2006 年版，第 5~7 页。
② 薛刚凌主编：《行政体制改革研究》，北京大学出版社 2006 年版，第 10~14 页。

二、我国目前行政体制存在的主要问题

我国正处于从适应于计划经济体制的行政体制向适应于市场经济体制的行政体制转型时期。由于完善的市场经济体制尚未建立起来,原有计划经济体制对行政体制继续保持着惯性影响。与原有计划经济体制相适应的"行政本位"思想、民主精神与法治传统的缺失、相关法律制度的不健全以及市场经济刺激下利益主体多元结构导致的权力结构的"合理"扭曲①,这些因素共同造成了我国现行行政体制存在的问题。②

首先,职能定位不准,政府与市场、政府与社会的关系混乱。与原有计划经济体制相适应的高度集中统一的政府职能体系,突出强调政治职能而弱化了社会管理和服务职能;在经济职能中,突出强调微观管理职能而弱化宏观管理职能。政府总体职能庞杂,运行紊乱;内部职能分解过细,职能交叉重复,往往出现相互扯皮、推诿的弊端。目前政府职能的转变仍未到位,很多职能尚未完全转变到经济调节、市场监管、社会管理和公共服务上来。政府与市场、政府与社会的关系尚未理顺,片面强调政府行政干预对市场机制的替代作用,过分干预了市场、企业自主权的行使,而政府相应的社会职能却没有积极承担起来,从而导致政府越位、缺位和错位的现象大量存在。

其次,中央与地方的关系尚未完全理顺。通过前几次改革,以权力下放为主要内容的中央和地方关系调整取得了显著效果。但这并未从根本上理顺中央与地方的关系,主要表现在:中央与地方的权限划分缺乏明确的法律规定;在处理二者关系时,忽视地方利益和地方自主权;调整中央与地方关系的手段主要是政策和行政、人事手段,而非主要靠法律、经济手段,制度化、规范化水平不高。这既导致了中央缺乏应有的权威,也导致了地方缺乏自主性和积极性。

第三,行政机构设置不太合理。层级过多,部门之间职责不清、权责脱节、职能交叉、多头管理、协调不力的情况仍然存在。机构臃肿,政府部门设置上下对口、趋同化现象严重;上下级行政机关之间事权不清,职能重叠;行政管理事务分工过细,部门职能交叉、相互扯皮仍很严重;职能部门内部权力集中,自我决策、自我执行、自我监督;人浮于事,既影响了行政效率,也加大了行政成本。难以走出"精简—膨胀—再精简—再膨胀"的恶性循环的怪圈。

第四,法制不健全,权力失范。政府多运用行政手段管理经济社会事务,导

---

① 李利:《试论我国转轨时期行政体制改革问题的成因及对策》,《社会主义研究》1999年第1期。
② 袁金辉:《新时期我国行政体制改革展望》,《云南行政学院学报》2006年第5期。

致行政体制改革的过程和结构都缺乏法律支撑，没有统一的和属于各个部门自己的行政组织法和编制法。行政权力的行使缺乏必要的程序规制，执法人员法治观念淡薄，素质和业务水平有待提高；多头执法、执法不公的问题仍很突出；行政垄断、地区封锁和地方保护主义等危害社会主义市场经济秩序的现象仍很严重。

第五，行政管理方式单一，行政决策科学化、民主化的水平亟待提高。行政管理方式比较单一，重事前审批，轻事后监督，市场主体进入很难，而一旦进入则对其监管不严；行政机关的决策程序不够透明，政府与社会之间缺乏必要的沟通讨论，公民参与渠道不畅，对行使权力缺乏有效的制约、监督机制。

三、行政体制现代化的内容

我国原有的改革主要是以经济体制改革驱动政治体制改革，这就形成了经济体制改革先导，政治体制改革滞后的发展序列，从而导致了经济体制改革与政治体制改革在时间和进度上的落差。这两大落差随着经济体制改革的深化而不断拉大，政治体制与经济体制的不适应性矛盾日渐积累并激化。但由于政治体制涉及国家基本的政治结构和权力关系，因此很难有实质性的突破。① 行政体制改革正处于经济体制与政治体制改革的结合部，当行政体制改革的诉求被提出后，它就同时承担了推动政治体制改革进程和适应经济体制改革需要的双重任务。

根据上文对现代化的界定，行政体制的现代化就是要求行政体制积极回应社会发展的需求，实现自我扬弃。同时行政体制现代化是在法治框架下的现代化，因此，为使法治产生效应和发展，必须有至少符合两个要求的政治体制："国家必须完成或符合涉及维护和平职能的要求；人民必须对政治决策有发言权。"② 这意味着，行政体制的现代化不单具有回应性，而且要具有有效性——能充分实现自身职能，有效满足社会需求和民主性——强调人民对体制运行的参与。总之，行政体制的现代化应当具有回应性、有效性和民主性。它首先应该是目标模式上的现代化，其次是自身内容的现代化，主要包括职能定位、权力配置和运行机制的现代化。

（一）目标模式

我国传统的行政体制改革的目标模式是经济调适型改革模式。在这种目标模

---

① 胡伟、王世雄：《构建面向现代化的政府权力——中国行政体制改革理论研究》，《政治学研究》1999年第3期，第2页。

② ［法］乌尔里希·卡本：《法治国家产生效应的条件》，载《法治》，法律出版社2005年版，第90页。

式下，行政体制改革的基本方向是转变政府管理经济的手段与方式，以适应经济体制改革的需求。这种改革模式围绕着经济而展开，被动地调适自身以因应经济的需要。经济调适型目标模式有力地推动了我国的经济转型，然而却对社会需求缺乏足够的回应能力。经济转型、社会结构变迁导致的利益多元结构，要求行政体制改革转变原有的目标模式。因此，有学者提出社会回应型改革目标模式。[①]

社会回应型目标模式是指行政体制应当以回应社会需求为目标的模式。这种目标模式摆脱了以经济为一元目的的传统目标模式，是对社会多元利益诉求的正视与积极回应。但是应当承认，这种目标模式只有在经济有了一定程度发展的基础上才会出现。在以解决生存权和温饱问题为主要社会目标的国家，是不可能确立社会回应型目标模式的。因此，也可以说，在我国原有和当下的社会条件下，社会回应型目标模式是在经济调适型目标模式发展的基础上，对经济调适型目标模式的扬弃。相对于传统目标模式，社会回应型目标模式具有以下特点：

首先，目标的多元化。由于社会的利益诉求是多元的，所以这种目标模式自身所包含的目标也是多元的。行政体制的存在并不再是单纯的关注经济建设的需要，而是要对社会政治、经济、科技、文化等各个领域的利益诉求作出全方位的回应。

其次，强调行政体制的能动性。社会回应型目标模式要求行政体制不是单纯地调试自身以适应经济的需要，而是要积极能动地对社会需求做出回应。在这种目标模式下，行政体制不再是被经济所机械地决定着的，而是要发挥对社会的型构作用，促进社会转型。

再次，强调社会的系统性与主体性。在这种模式下，社会被作为一个系统而存在，社会不再是个单一的或一元的结构，而是由各个子系统组成的总系统。无论是经济还是行政体制都是作为社会总系统的子系统而存在。社会不再是一个人们因过分强调经济而忽视的对象，社会的主体性凸显出来。

最后，强调公共行政的服务性。社会回应型的目标模式要求政府自我革新，以服务行政为公共行政的理念，积极为社会提供公共服务，提高自身对社会需求的回应能力，并不断提高服务的效率与质量。

（二）政府职能定位

政府职能定位是确定政府行政目标和任务的重要标准，是行政体制现代化的

[①] 薛刚凌、王湘军：《行政体制改革基本问题研究——兼论行政体制改革与行政法治的关系》，《中国行政管理》2006年第11期。该文进一步指出，经济转型带来的社会变革是全方位的，包括多元利益格局的形成，竞争氛围的形成，社会结构的巨大变迁，儒家伦理文化受到挑战，参政议政诉求强烈，信息技术发达，公共服务的需求日增等七个方面。

核心与关键。政府职能定位受多种因素影响，这些因素便是定位政府职能的主要依据，主要包括社会环境的需要和政府自身的能力等。社会回应型目标模式要求行政体制积极回应社会需求，社会环境的变化要求政府转变职能；政府能力的大小决定了政府实现职能的程度，政府不能承担自身不能切实履行的职能。此外，政府职能定位要符合本国国情，适应本国社会经济发展的需求，并符合世界行政体制改革的潮流。同时，由于行政体制系政治体制与经济体制之结合部，因此政府职能的界定还应当兼顾政治体制和经济体制改革的进程，并考虑社会公众的接受能力与认同感。①

政府职能定位关键是界定政府的经济职能和社会职能。政府作用的理由在于市场失灵，它表现在：现实经济中，竞争往往导致垄断，而垄断则限制了市场作用的进一步发挥；市场机制不能平衡宏观经济；市场不完全和信息不对称降低了市场配置资源的效率；市场不能有效提供某些特殊的公共产品和公共服务；市场片面的追求竞争与效率，容易牺牲公平而导致收入分配严重不均甚至两极分化。② 由于市场失灵，客观上要求政府加强对市场经济领域的宏观调控。而政府的作用也是有限的，这主要因为政府也存在失灵的现象，主要表现在：政府机制的作用存在着成本和收益的分离，这往往导致成本过高和资源错误配置；由于种种因素的影响，政府可能制定复杂的低质量的政策，既不符合公共利益，也不利于资源的有效配置；内部性问题的存在，导致政府运作成本提高；政府的垄断造成组织的低效率；政府也会造成分配不公；寻租以及所有制残缺，导致资源的浪费和配置无效。③ 为避免政府失灵，政府应当准确定位自己的职能，并在职能范围内有所作为，实现政企分开、政事分开，理顺政府与市场、政府与社会的关系，做到不越位、不错位、不缺位。④

为此，在经济领域，政府应当加强和改善宏观调控，由主要运用行政手段向主要运用经济、法律手段转变，由微观管理、直接管理为主转向宏观管理、间接管理为主，把计划和市场机制有机结合起来。其次，加强对市场的监管，综合运用各种监管手段，促进公平有效的竞争。同时，培育市场，营造公平的竞争环境，形成良好的市场秩序。此外，还要理顺政企关系，实行政企分开，把企业的所有权和经营权分开，调整所有制形式，实行经营权下放，调动企业的积极性；

---

① 郭济主编：《中国公共行政学》，中国人民大学出版社 2003 年版，第 42～46 页。
② 李文良等编著：《中国政府职能转变问题报告》，中国发展出版社 2003 年版，第 148～149 页。
③ 张成福、党秀云：《公共管理学》，中国人民大学出版社 2001 年版，第 65～67 页。
④ 姜明安：《建设法治国家 打造法治政府》，http：//www.publiclaw.cn/article/Details.asp？NewsId=441&classid=7&classname=法政时评。这也就意味着要科学界定和规范政府职能，建设"有限政府"并且是"有为政府"。参见姜明安：《转变职能，改革体制，建设法治政府》，http：//www.publiclaw.cn/article/Details.asp？NewsId=365&classid=2&classname=理论前沿。

把政府的国有资产所有者职能和行政管理职能分开，理顺产权关系，实行国有资产分级管理体制，综合运用各种手段引导市场和企业。

现代政府治理理念要求政府要服务于社会，为社会提供公共产品和公共服务，加强二者之间的沟通与互动，形成政府与社会的良性互动关系。因此，政府应当履行相应的社会职能：维护社会秩序，保障人民群众的生命和财产安全；利用税收、福利政策和社会保障制度调节收入再分配，避免两极分化，实现社会公平，维护社会稳定；发展科教文卫事业，提升人民群众的生活质量和综合国力；保护资源、环境，实现经济与社会的可持续发展；建立健全社会保障制度，为公民生活提供物质上的安全保障。

（三）行政权力配置——以中央与地方的关系为例

行政权力的配置包括行政权力在中央与地方之间、地方政府之间以及政府内部部门之间的配置。目前，我国行政权力配置的突出问题凸显于中央与地方之间的关系上。行政权力的纵向配置，一向是行政权力配置乃至行政体制的重要内容和关键环节。

要正确处理中央与地方政府之间的关系，首先应当坚持"两个积极性"原则。既要维持中央的权威，又要发挥地方的活力。这就要求维护中央政令的统一，凡涉及国家整体利益、宏观管理等方面的事务，均由中央管理。同时，中央应当尊重地方权益，充分调动地方的积极性，保持地方的效率与活力。

其次，应当科学划分二者的权限。这就首先要求明确中央政府和地方政府的各自职能，根据相应的职能配置相应的权力，并且根据权责一致原则，明确中央与地方各自的责任与义务。据此，中央与地方的权力可以划分为三种：中央专有权力、地方专有权力以及中央与地方共享权力。对于各自的专有权力，双方均无权干涉对方。对于共享权力，也应当划定双方行使的界限。中央政府主要负责国防、外交、全国性事务以及对国民经济进行宏观调控。地方政府的主要职责在于在中央宏观调控的框架内，因地制宜地促进本地社会和经济的发展。

第三，实现中央与地方关系的法制化。要将对职责权限的科学划分以法律的形式固定下来。任何改变中央与地方关系的行为都应当以立法的形式进行。通过制定行政组织法、编制法、程序法、财政法等法律，把中央与地方关系制度化、规范化。中央与地方必须在各自的职权范围内依法行使权力，任何一方不得擅自僭越而侵犯对方的权限。当中央与地方之间发生权限争议的时候，应当依据中立性的法定程序予以解决，中央不得擅自做主，挤压地方的权力空间。

第四，中央应当平等对待各地方，实现各地方的平衡发展。我国长期以来，中央对地方实行区别对待，对个别地方实行政策倾斜，以加快该地的发展，以先富带动后富。这样势必在各地方之间造成不平等竞争,导致一些地方相互攀比,与中央讨价还价,进而妨碍市场经济所要求的统一、公平、规范的权利和利益分配格局的形成。为此,需要为中央与地方提供交涉和讨论的场所、程序以及具体规则,中央应当加大对经济落后地区的财政扶持力度,尽快实现区域经济的协调、均衡发展。

第五,完善中央对地方的监督和制约机制。目前,我国中央与地方关系的问题突出反映在中央对地方的监督不力。因此,要建立和完善中央对地方的监督体系,主要应通过法律与经济的手段强化对地方的监督。加强对地方的立法监督,通过审查地方立法,确保国家法律统一。同时地方应当严格执行国家法律,确保国家法律在地方的贯彻实施。中央还应当通过财政拨款以及监督地方对中央的财政拨款的使用情况来控制地方政府的行为。此外,有必要及时推行"基层开放"的改革,把中央"一点全望装置(Panopticon)"式监控的权力关系改变成基层多角度互相观察式监控的权力关系。① 应当相应建立起基层直接选举制、地方居民投票制、社会公众、舆论监督、问责、弹劾机制以及地方政府内部各权力之间的监督和制约机制。

(四) 行政权力运行机制

权力运行机制的现代化主要是增强行政权力运行机制的回应性和有效性,实现运行机制的民主化和法治化。主要有以下几点:

首先,建立合理的激励和约束机制,遏制腐败。制定相应的法律法规、规章制度,要求公务人员严格依照法律法规、规章制度办事,如若违法违纪,应按照规定的方式予以处罚。同时,充分发挥民众的监督作用,鼓励民众检举违法腐败,并且由民众定期对公务人员进行廉政测评。此外,在提高公务人员的工资待遇的同时,更要重视精神激励,促使其不断提高自身的职业伦理道德。

其次,建立有效的协调机制和内部冲突解决机制。电子政务的推行,整合了公务流程结构,使得协调模式网络化,沟通渠道多元化。这既提高了行政效率,又增强了行政沟通的效果。为解决行政系统内部发生的纠纷,应建立有效的权限冲突裁决机制,同时确保此机制的制度化、程序化以及裁决主体的中立性。

再次,实现行政决策的民主化和科学化。现代社会是信息社会,这就要求政府决策时应当充分利用现代信息科技,广泛搜集、占有相关信息,以确保决策的科学性。在制定决策的过程中,应当向社会公开决策制定的程序,并广泛收集、

---

① 季卫东:《从法治到民主的里程碑——解读〈全面推进依法行政实施纲要〉的内涵和体制改革的契机》,http://law-thinker.com/show.asp?id=2105。

听取民众意见，必要时举行听证会，吸纳民众参与决策①，切实保障公民的知情权与参与权，并建立政府与民众之间的良性互动关系。

最后，行政执法应当依法、高效进行。行政执法行为应当严格按照法律规定的目的、内容、程序、形式作出。同时，行政执法应当在不同价值之间、公益私益以及目的与手段之间寻求某种平衡。② 在作出对行政管理相对人、利害关系人不利的行政决定之前，要告知并给予陈述和申辩的机会；在作出决定之后，要保障相对人、关系者申请复议或寻求司法救济的权利。③ 同时行政执法行为还应当讲究效率，体现成本—效益原则，充分利用现代管理技术手段，定期开展绩效评估，提高行政效能，维护行政的权威性。

第三节　法治政府与司法审查制度现代化的关系

一、司法审查的现代化④

司法审查是指法院或司法性质的机构对政府行为的审查，主要包括对行政行为与立法行为的审查，亦即行政合法性审查与违宪审查。⑤ 这是广义的理解，它把司法审查的主体确定为法院或司法性质的机构，把司法审查的内容确定为政府行为的合宪性与合法性。

司法审查现代化意味着在市场经济、民主政治和多元文化的社会背景下，一国对传统司法审查制度的扬弃。这是一个包括司法审查的主体、过程、目标和内容不断实现自身现代性的过程，也是司法审查的公正性、独立性、权威性等特征不断得以呈现的过程。

---

① 参见姜明安：《公众参与与行政法治》，http：//www.publiclaw.cn/article/Details.asp？NewsId＝342&classid＝2&classname＝理论前沿。文中对公众参与的价值、规范与保障有着全面而深入地论述。
② 姜明安：《建设法治国家　打造法治政府》，http：//www.publiclaw.cn/article/Details.asp？NewsId＝441&classid＝7&classname＝法政时评。
③ 季卫东：《从法治到民主的里程碑——解读〈全面推进依法行政实施纲要〉的内涵和体制改革的契机》，http：//law-thinker.com/show.asp？id＝2105。
④ 参考谢晖：《价值重建与规范选择——中国法制现代化沉思》，山东人民出版社1998年版，第454～468页；胡利明：《论司法现代化与中国诉讼模式选择》，http：//www.hicourt.gov.cn/theory/artilce_list.asp？id＝4307；王利明：《司法改革与司法的现代化》，http：//www.jcrb.com/zywfiles/ca506376.htm。
⑤ 张千帆：《宪法学导论　原理与应用》，法律出版社2004年版，第153～154页。他认为，违宪审查的翻译不准确，而应该翻译为宪法审查或宪政审查。本书采通行概念——违宪审查。

（一）司法审查主体的现代化

司法审查的主体包括司法审查机构和司法审查工作人员。司法审查主体的现代化首先要求司法审查主体具有独立性，包括外部独立与内部独立，这是司法审查的品性要求使然。① 司法审查主体的外部独立是指司法审查机构依照宪法与法律行使职权，不受其他国家机构或社会机构的干涉；司法审查主体的内部独立是指司法审查工作人员只服从宪法与法律，不受内部其他人员或机构的干预。其次，司法审查主体的现代化还意味着司法审查机构的专业化与司法审查工作人员的职业化。司法审查机构的专业化要求具有专门从事司法审查的机构，并且司法审查机构的管理与运作摆脱行政模式；司法审查工作人员的职业化要求工作人员具备现代化的知识和思想观念以及法律素养、司法技能等。审查人员的职业化要求建立与完善审查人员的职业资格、培训、保障等制度以及职业责任和道德机制。②

（二）司法审查过程的现代化

司法审查过程的现代化，首先，要求司法审查程序的公正性。③ 司法审查程序公正性的基本内容应该包括：司法审查人员在审查中应当保持中立和独立的地位；司法审查过程应当公开，并确保利害关系人的参与；司法审查程序设计科学合理；审查程序的进行应当有严格的法定规范；程序具有时效性等。其次，司法审查过程的现代化要求具有现代化的审查机制。确保从审查的启动直到裁决的作出都有一套运转良好的机制。最后，司法审查过程的现代化还意味着作为程序运行结果的裁决的公正性和权威性。这就要求司法审查人员公正地行使审查权，并对裁决的理由进行充分论证。如果程序运行的结果是不公正的，那么审查过程也不能称其为现代化。

---

① 就人类天性之一般情况而言，对某人的生活有控制权，等于对其意志有控制权。在任何司法人员的财源于立法机关的不时施舍之下的制度中，司法权与立法权的分立将永远无从实现。汉密尔顿等：《联邦党人文集》，程逢如等译，商务印书馆1980年版，第396页。

② ［美］安东宁·斯卡利亚：《论法治和司法独立的重要性》，http：//www.law-thinker.com/show.asp?id=1356。他指出，法官的法律素养、司法技能与工资待遇对于维护法治是至关重要的。"如果只做到不受政府和非政府因素的不良影响，如果只做到案件审理排除不适当的个人利益，还不足以保证司法系统维护法治。一个无能的法官，再公正再公平也无济于事。"

③ 程序的公正性对于司法制度包括司法审查制度具有至关重要的意义。因为，"在利益冲突普遍化、价值观念多元化的当今社会里，程序公正的价值和效用若不能在制度、行为和观念上得到充分实现，就难以形成强有力的社会矛盾解决机制。"参见郑成良：《美国的法治经验及其启示》，http：//www.law-thinker.com/show.asp?id=589。

(三) 司法审查目标的现代化

司法审查目标现代化意味着对司法审查的价值、作用与意义的重新思考和定位。司法审查的目标无疑是为确保宪法与法律所追求的目标的实现。司法审查，尤其是社会主义的司法审查追求的首要目标应当是社会正义，即确保正义在社会实践中得以实现。① 应当建立一种通过司法程序，运用法律解释技术来最大限度地协调法律与社会需要的机制，从而既能维护法律的权威，也能相对灵活地回应社会需要，保障社会总体效益的最大化。② 其次，司法审查应当维护法律体系的稳定、和谐。严格按照法律的等级适用和解释法律，并撤销或不适用违背宪法或法律条文或精神的法律规范，以确保法制统一。再次，司法审查应当妥善解决争议，保障人权。司法审查就是要使进入审查机制的争议得以妥善解决，在涉及到人民权益的案件时，要注意保障公民的基本人权。

(四) 司法审查内容的现代化

司法审查从内容上而言就是事实对规范的适应过程，因此，司法审查的现代化以现代化的法律规范为前提。这就要求建立以宪法为核心和最高等级的、完整、和谐的法律体系，法律规范具有明确性、稳定性、可预期性、可循性，法律之间的冲突有明确的解释规则予以解决。其次，法律应当具有可诉性，以实现良性的双向运行模式。③ 应当具有便利的诉讼机制，使法律规范以及违反法律规范的行为纳入司法审查的范围之内。否则，司法审查就只能永远的停留在纸面上。再次，司法审查的现代化要求事实与规范的准确对应。司法审查的现代化就是审查机构通过适用法律规范不断回应社会事实的过程，从而使事实问题得到妥善解决。

二、司法审查型塑法治政府

摩尔认为，"在维护法治的主要宪法基础的完整性方面，以独立司法审查的

---

① 一个法律制度若要恰当地完成其职能，就不仅要力求实现正义，而且还要致力于创造秩序。……一个法律制度若不能满足正义的要求，要么长期下去就无力为政治实体提供秩序与和平。而在另一方面，如果没有一个有序的司法行政制度来确保相同情况相同对待，那么也不能实现正义。……为人们所要求的这两个价值的综合体，可以用这句话加以概括，即法律旨在创设一种正义的社会秩序。[美] E. 博登海默：《法理学——法哲学及其方法》，邓正来等译，华夏出版社1987年版，第302页。
② 郑成良：《美国的法治经验及其启示》，http：//www.law-thinker.com/show.asp?id=589。
③ 王晨光：《法律的可诉性：现代法治国家中法律的特征之一》，http：//www.law-thinker.com/show.asp?id=3454。

原则最为重要。"① 司法审查制度对法治政府的作用体现在不同的层面上。首先，司法审查制度落实或者说具体化了法治政府的一系列原则、制度与规范。司法审查制度要求政府是有限政府，其行为应当具有合法性，实现法律平等保护，限制权力，保障权利等。其次，司法审查制度传播和培育了法治政府的观念。司法审查培育了公民的权利意识、主体意识，摆脱了官本位思想的束缚，并进一步宣扬着保障人权、限制权力、政府法治化等观念。② 司法审查制度对法治政府在实体方面的型塑作用主要体现在：

（一）完善政府体制，统一法制

司法审查制度有利于明确国家机关职责权限，建立内部监督制约机制。首先，司法审查制度解决国家机关之间的权限争议，进一步划定国家机关的职权范围，促进国家机关在各自权限内行使职权。其次，违宪审查制度能协调立法权，实现法制统一。在理论上，代表的意志不能等同于人民的意志，立法机关作为民选的代议机关也应该受到监督。违宪审查机制对法律进行合宪性审查，就是为了实现对立法权的控制协调，纠正立法机关滥用权力，确保在宪法之下法律体系的统一、完善与和谐。最后，行政诉讼制度约束行政权力。行政诉讼就是国家司法权对行政权的监督制约的制度化，包括抽象行政行为在内的所有行政行为都应当接受司法审查。此外，司法审查是落实司法独立的需要。在司法审查中，审查机构及其人员遵循法律至上原则，只服从法律，不受立法、行政机关的干涉。③

（二）保障人权

根据人民主权理论，政府权力来源于人民的授予，因此政府的存在的目的是为了保障个人自由与权利的实现。现代法治政府的构建，应当尊重个人的人格尊严，政府与个人的关系应该是平等的。司法审查的宪政价值正在于保障人的权利与自由，它尤其强调"个人本位"和对"少数人的保护"。政府一旦侵犯个人的尊严与权益，个人可以通过启动司法审查予以制衡。司法审查通过监督、制约政府权力，保护、救济着公民的个人权利。例如，公民的生命、平等、自由权、财产权以及社会经济方面的权利。可以说，无救济即无权利，司法审查制度是公民合法权益的最后的保障线，是公民个人捍卫自己合法权益的法律武器。保障人权原则导源于人民主权理论，司法审查制度因此具有民主化的目标导向。"法治主

---

① 转引自［美］巴里·海格：《法治：决策者概念指南》，中国政法大学出版社2005年版，第43页。
② 参考李卫刚：《从行政诉讼到宪政》，知识产权出版社2006年版，第126～143页。
③ 陈力铭：《违宪审查与权力制衡》，人民法院出版社2005年版，第178～182页。

义作为它的最终保障手段,要求建立为救济因行政活动而侵害国民权益的制度。充分保障这种行政救济也必然引导行政实行民主统制。"①

(三) 促进政府依法行使职权

司法审查制度对违宪法律的纠正机制,可以促使立法机关严格依照宪法与相关法律的规定制定法律,从而从源头上确保法治政府的构建。司法审查的主要作用还在于促进依法行政。依法行政原则要求行政机关行使行政权力时做到如下几点:② 第一,职权法定。行政机关的职权必须有法律规定,必须在法律规定的职权范围内活动。非经法律授权,行政机关不得行使某项职权。对于行政机关来说,职权法定,越权无效,无授权即无行政。第二,法律优先。③ 法律规范在效力上是有位阶层次的,各层次的法律规范应当保持内部的和谐统一,法律的效力高于其他法律规范,上一位阶法律规范的效力高于下一位阶的法律规范。第三,法律保留。凡属宪法、法律规定只能由法律规定的事项,只能由法律规定;只有在法律明确授权的情况下,行政机关才能在授权范围内做出规定。第四,依据法律。行政行为必须依据法律,或有法律依据。第五,职权与职责统一。这是指行政权力与义务的重合。司法审查是促进依法行政的制度保障,是保证行政权力正常行使的有效的监督制约机制。

三、法治政府推进司法审查

在某种意义上,司法审查制度是构建法治政府的一个重要组成部分。整体意义上的法治政府的建设必然对作为组成部分的司法审查产生重要的推进作用。

首先,从目标或内容上看,我国目前法治政府的建设主要选择的是政府推进模式,法治政府的建设具有一系列公示的目标,政府致力于推进法治政府建设,并且在实践中已经切实地向着既定目标迈开了步伐。司法审查制度对于制约立法权、行政权,以及构建法治政府具有重要意义,因此,完善司法审查制度作为一项重要的制度建设内在于法治政府的建设进程中。因此,建设良性的法治政府必然会推进司法审查制度的完善。

---

① 刘俊祥:《日本行政法的基本原理——法治主义论》,http://www.publiclaw.cn/article/Details.asp?NewsId=1138&classid=2&classname=理论前沿。

② 应松年主编:《行政法学新论》,中国方正出版社2004年版,第30~34页;傅思明:《中国司法审查制度》,中国民主法制出版社2002年版,第37~39页。

③ 关于法律优先原则的准确界定,可以参考周佑勇:《行政法中的法律优先原则研究》,《中国法学》2005年第3期,第49~55页。

其次，从观念层面上看，法治政府的一系列内在的观念要件有利于推进司法审查。宪法至上和良法观念的确立，是审查机构审查法律合宪性的思想基础。权力本位的意识是公民积极拿起法律武器、启动司法审查机制、捍卫自身合法权利的先决条件，也是审查机构在处理政府与公民的关系时的出发点。同时，守法观念的普及，要求审查机构依法审查，这既是司法审查的保证，也是对司法审查的约束。

再次，从实体层面上看，法治政府建设过程中的原则、制度与规范渗透进司法审查领域。例如，法治政府的建设要求司法独立，以形成对其他政府权力的有效制约与平衡，而司法独立正是司法审查制度的核心与灵魂。法治政府要求保障人权、限制权力以及政府承担责任，这些体现在司法审查领域要求审查机构保护、救济公民的合法权益，明确界定政府机关的权限，制约立法权、行政权的滥用，并追究政府的违法责任。此外，法治政府的建设要求完善、和谐的法律体系，这就为司法审查适用和解释法律提供了可靠的保证。

最后，从实践层面上看，法治政府在运作过程中应当保持自我约束，而这一旦形成惯例或得以法律化、制度化，就会产生"作茧自缚"效应，成为司法审查的依据。同时在法治政府建设过程中取得的阶段性成果都可以作为动力因素推动着司法审查的完善与发展。

四、小结

司法审查制度作为对立法、行政的纠偏机制，是将宪政层面的制度化的自然法理念灌输到实证法以及实证法的实施的制度装置。司法审查制度确保法律的合宪性，在某种程度上，也就保证了法律的善良品性，从而对法治政府的建设起着正本清源的作用。这也意味着司法审查制度能防止多数人暴政，实现了对民主的宪政改造。① 此外，司法审查对行政权构成的强大制约力量，又平衡着政府体制，救济着公民的个人自由与权利，而这些正构成了法治政府的核心内容。因此，司法审查制度的建立与完善对法治政府的建设具有深远意义。

同时，司法审查是法治政府的内在要求。司法审查的建立与完善不能脱离政府法治化的总体背景，亦即法治政府是一项系统工程，司法审查制度需要政府的整体法治化来提供有效的制度支撑。政府朝向法治化迈出的每一步，都将在司法审查制度的完善上留下或多或少的印记。

---

① 刘军宁：《从法治国到法治》，http：//www.blogms.com/blog/CommList.aspx?TempleCode=1000000042&BlogLogCode=1001563541。

第十二章

中国法治政府建构的背景分析：过程与问题

内容提要：中国法治政府的建构无疑是在中国特定的时空环境中进行的，因此成功建设法治政府的一个重要前提是对其背景的深入分析。这种背景包括历时性背景和共时性背景两个方面：就历时性而言，已有的建设经验既是当下建设中国法治政府挥之不去的历史包袱，又是它的必然起点。而就共时性背景而言，全球化的浪潮无疑为中国尚未成功转型的现代化增加了许多复杂因素，这体现在经济、政治以及思想观念等各个方面。在这样的双重背景下，法治政府这台大戏要想唱好，还需处理好与几个相关因素的关系，即富强、稳定、公众参与、中央与地方的关系。

第一节 中国法治政府建构的历史背景

中国古代的官僚制度延续历史悠久，同古代中国的宗教、伦理、法律等各种社会现象形成了密切而协调的关系，对于人们思想的支配也十分深入。[①] 如果没有一种外来强力的冲击，是很难改变其自身运行的轨迹的。近代以来在中国建立民主制度的艰难历程，也从反面证明了它所具有的强大生命力。但这种成就本身反而成为阻碍它适应现代化的挑战。这主要表现在其对于基层统治力的弱小：朝廷在县以下的支柱是享有功名的乡绅，中央权力并不能完全达到基层，征税及征集劳役实际上依赖于乡绅。处于家族、宗族网核心的乡绅的行为往往严重破坏了

[①] 参见王亚南：《中国官僚政治研究》，中国社会科学出版社2005年版，第20～28页。

中央集权官僚制的合理化因素。所以严格地说，中国传统的中央集权官僚制只存在于县以上的政府机构，县以下的乡村则处于高度分散的无组织状态，显然这与现代社会所要求的能够全面协调社会力量处理公共事务的、完善的社会组织结构是相冲突的。①

清末政治制度的转型动力更多是来自于外界的压力：洋务运动时期传统政治制度的动摇导源于第二次鸦片战争的失败，戊戌变法时期对西方政治制度的宣传导源于甲午战争的失败，清末新政对西方政治制度的模仿则导源于八国联军的入侵。如果没有这些影响生存危机的事件，很难断定清政府会改弦易辙、抛弃行之多年的祖制。由于在中国根本没有民主的社会基础，这种屈于外界压力而非本国需求的改革收效甚微，所以按照西方制度而推行的政治措施也仅仅具有象征意义而无实际效果。

毋庸置疑，辛亥革命不仅推翻了满清统治，而且也建立起了共和体制。这也意味着"革命"一词不仅具有传统意义上的王朝天命的丧失，也意味着王朝统治统揽国事局面的终结，无论如何，人们需要的是一个更为现代化的政府，并且人们相信，一部合适的宪法是政府稳定的高效的关键，只有它才能使中国强盛。

但讨论1912~1928年这段被称作是"军阀时期"的法治政府看上去更像是一件不切实际的事情——政变与反政变、联盟与倒戈、"强人"的骤起骤灭，以及北京政府走马灯似的内阁更迭——都在短短的数年内发生。

这些政治冲突最终总是通过暴力得到解决，而非通过协商。中国的政治文化传统充满着道德化语言，使妥协的余地很难存在；民国成立以来督军在政治上越来越重要的地位也代表着政治越来越被军事化。他们不仅可以拥护那些自己满意的人组阁，也可以在要求得不到满足的情况下宣布脱离中央。手中拥有军队这一便利的工具，又使妥协根本没有必要，而且即使两方实力相当，也很难使这种建立在武力基础之上的平衡永远保持下去。随着国会一次又一次地被解散，内阁走马观花似地换新，人们对于议会政治越来越失望。

1912年以来在中国建立民主制度的经验在中国人特别是知识分子之中产生了一种幻灭感，当时的人们更多地认为，只有在中国人民具备民主责任感与自治理念，并在民主自治的实践中取得经验后，民主政体才能在中国有效地发挥作用。早在1914年7月，孙中山在《中华革命党总章》中就指出：国民党进行秩序分作

---

① 高华：《近代中国社会转型的历史教训》，《战略与管理》1995年第4期。"一个政府假如想加速现代化，那么它究竟有多大的能力去这样做，可以从基层的职责和活动范围中看出来，因为一切已知的例证都表明，现代化引起政府管理的扩大。"参见〔美〕吉尔伯特·罗兹曼等：《中国的现代化》，江苏人民出版社2003年版，第74页。

三时期：一、军政时期，二、训政时期，三、宪政时期。① 三时期的划分，是孙中山总结了国民党与袁世凯斗争失败的教训后提出的。1924年，孙中山在拟定《国民政府建国大纲》时，为即将诞生的国民政府绘就了理想的蓝图："本革命之三民主义、五权宪法，以建设中华民国"。② 1928年10月3日，国民党中央执行委员会常务委员会通过试行五院制的《国民政府组织法》，共48条，主要规定了国民政府的组织与职权，以及各院的组织与职权。这个组织法是试行孙中山先生五权制度的第一个具体方案，奠定了国民政府五院制的基础，后来虽几经修改，只局限于国民政府主席与行政院在职权上的变化，没有原则上的变动。③

实行宪政是孙中山先生的最高理想，然而他也设置了一个到达宪政的"训政"之道。随着内外压力的增大以及人民普遍要求宪政，国民政府也不得不开始进行宪政的筹划。实际上，北伐结束后，国民党的权力实际上只限于沿海、沿江的江苏、安徽、浙江等数省，虽然列强在中国划分势力范围的活动已经平息下来，但来自日本的压力却在上升。而且国民党统治的建立并没有完全消除军阀时代遗留下来的政治分裂，④ 而共产党的不断成长又使得国民党不得不视其为心腹之患。面对着诸多压力，在社会生活的潜层，还有一种以确立、巩固国民党权威为目标的秘密政治组织，这就是蒋介石为应付危机而建立并逐渐扩大的直接从属于个人的秘密政治组织，通过打击反对力量，强化个人权威，实现国民党对社会的全面控制。⑤ 在南京国民政府最有希望的十年之中，蒋介石把革命运动转化成为军事独裁政权，竭力以新权威主义与新传统主义，处理纷繁复杂的内外矛盾，推行国民党领导下的现代化进程。但是，国民党的社会动员功能因反共意识形态的障碍和日本不断扩大对华侵略而急剧衰落，国民党党政分开的政治结构无法有效控制社会，党的意识形态也无法有效社会化，从而获得群众的普遍认同，加上党内派别斗争持续不绝，纪律荡然无存，而实际控制国民党的蒋介石又不愿主动进行任何能导致削弱其权力的党内和社会变革，使得国民党及其政府长期处于危

---

① 《中华革命党总章》，《孙中山全集》第3卷，中华书局1984年版，第97~98页。
② 《孙中山选集》，上海人民出版社1956年版，第601页。
③ 从1925年7月中国国民党中央执行委员会决定废弃孙中山先生所实行的大元帅制改以国民政府而制定《中华民国国民政府组织法》后，至1937年止共修改过9次，在以后的11年中，又修改过6次。
④ 但正如陈志让所说，1928年以后，不是一种而是两种主义的军阀主义并存：一种军阀凭借着对三民主义学说的不同解释而实施各种改革方案，另一种仅仅是因为自己辖区内人民政治意识较弱而施加统治。见陈志让：《中国军阀派系诠释》，载张玉法主编：《中国现代史论集》第五辑（军阀政治），台湾联经出版事业公司1980年版，第31页。
⑤ 参见高华：《国民政府权威的建立与困境》，载许纪霖、陈达凯主编：《中国现代化史》（第一卷），上海三联书店1995年版，第423页。

机之中。①

新中国法治政府的建设，同样离不开对其法制建设的讨论。而在此之前，中国共产党及其领导的群众就已经在理论和实践上开始了新法制的探索。前者的直接体现是共产党人在各个革命根据地时期所制定的大量新民主主义法律。在理论上，毛泽东的《新民主主义论》、《论联合政府》和《论人民民主专政》，构想了新国家的目标和基本模式。1949 年 9 月中国人民政治协商会议第一届全体会议通过的《共同纲领》以及《中央人民政府组织法》，对新中国成立之初的国家制度及其政权组织作了明确的规定。

《共同纲领》只是为了实现社会主义的一部过渡型宪法。在 1949～1954 年这五年的时间里，人民民主政权在全国各地普遍建立并日渐巩固，经济结构发生了根本转变，已经初步完成了国民经济的恢复工作。《共同纲领》已不在适应国家经济建设的进一步发展需要。在这种背景下，1954 年宪法使得我国实现了从新民主主义向社会主义的转变，它不仅仅是对共同纲领的继承，而且也代表着对国家制度的进一步创新和发展。

1954 年宪法与《共同纲领》相比，更容易体现法治政府的原则，它不仅表现在对于政府体制的规定更加完备和科学，而且大大增加了人民民主权利和自由的内容，如规定公民在法律上一律平等、劳动权、休息权、受教育权、住宅权、从事科学文化活动的自由以及控告权、获得国家赔偿的权利。此外，还规定了国家提供给必要的物质上的便利，以保证公民享受言论、出版自由，规定"任何公民，非经人民法院决定者人民检察院批准，不受逮捕。"这些都为政府权力的行使划出了必要的界限。

另外，这段时间还建立了比较成型的社会主义司法体制。新中国陆续设立了各级人民法院和人民检察署、公安部、司法部、法制委员会以及协调指导民政、公安、司法行政、法院、检查等法律部门工作的政治法律委员会，并形成了各自的制度。"五四宪法"以及《人民法院组织法》和《人民检察院组织法》设置了比较合理的司法组织机构，确立了人民法院审判独立原则和检察院垂直领导体制。这些不仅仅是法治政府的重要组成部分，而且也为法治政府的协调运转提供了必要的监督。

1957 年开始的反右斗争，不仅严重冲击了中国的原有法制模式，打乱了法

---

① 同前注，事实上，党在孙中山的学说和蒋介石的实践中起着根本不同的作用，前者把党看成了"宪政阶段前最高的权力中心和人民主权的托管人"，而蒋介石在 1929 年党的"左"翼受到镇压以后，使得"国民党就不再具有独立地位了。党变成了仅仅是政权的新闻、宣传机构和编史机构。"参见易劳逸：《南京时期的国民党中国（1927～1937 年）》，载费正清主编：《剑桥中华民国史》（下卷），章建刚等译，上海人民出版社 1991 年版，第 151 页。

制现代化的进程，而且使整个宪政体制的顺利运行也受到干扰，尤其是司法组织结构被不正常的合并、精简所取代。接下来的反右扩大化，进一步损害了宪法和法律的权威，破坏了初步培植起来的全民法律意识，形成了重政策轻法律，以政策替代法律的错误观点。

文化大革命中诞生的"七五宪法"中，规定全国人民代表大会是在中国共产党领导下的最高权力机关，实际上是把中国共产党这一政治组织合法地凌驾于国家最高权力机关之上。其次，"七五宪法"将"革命委员会"这一"文革"中的特定产物，正式确定为地方国家机关，在乡一级政权中，则建立人民公社"政社合一"的体制，而且还取消了民族自治机关的自治权利。再次，在司法制度方面，"七五宪法"不仅取消了"五四宪法"所确立的人民法院独立审判等原则，而且取消了检察院的设置，检察机关的职权由各级公安机关行使。

1976年10月，"四人帮"的粉碎，给中国人民渴望已久的法治带来了新生的希望。在"拨乱反正"的过程中，中国社会主义法制缓慢地向前推进。1978年宪法恢复了1954年宪法关于人民代表大会制度的规定和国家机构的设置。1978年12月底召开的党的十一届三中全会，提倡实事求是，提出了把党的工作重心转移到社会主义现代化建设和改革开放上来的战略决策。由此，中国的政治、经济体制开始了改革的进程，这为我们现行宪法的制定提供了基础。在此基础上，现行1982年宪法扩大了人大常委会的职权，且规定县级以上各级人大设立常委会，省级人大及其常委会有权制定和颁布地方性法规。其次，加强了行政机关的建设，国务院实行总理负责制。再次，设立中央军事委员会作为国家的军事机关，领导全国的武装力量。

从此，中国社会开始朝向现代化法治社会转变，具体体现在党对法治认识的逐步提高之上：党的十三大规划"一手抓建设和改革，一手抓法制"以及通过改革建立"法治完备"的社会主义体制；十五大确立了"依法治国，建设社会主义法治国家"的治国基本方略；十六大报告在论及政治建设和政治体制改革时指出："发展社会主义民主政治，最根本的是要把坚持党的领导、人民当家做主和依法治国有机统一起来"，"要坚持从我国国情出发，总结自己的实践经验，同时借鉴人类政治文明的有益成果，绝不照搬西方政治制度的模式"。

此外，我们的宪法也反映着法治认识的不断提高。1999年3月，"依法治国，建设社会主义法治国家"正式写入《中华人民共和国宪法》，这标志着我们党和政府在总结实践经验的过程中，对政治体制改革和治国的基本方略作出了正确的选择。2004年的宪法修正案，首次将"人权"概念引入宪法，明确规定"国家尊重和保障人权"。这也为我们法治政府的成立提供了合宪性的依据。

第二节 中国法治政府建构的全球化背景

"全球化"首先是指经济的全球化,经济的全球化大大加强了不同地区、国家之间的经济联系和相互依存,无可比拟地突出了市场竞争机制和当代信息网络的主导性作用,使利润、效益和资金回报率等典型的"资本概念"成为个人、企业乃至国家成败的主要度量衡。[①] 一般而言,经济的全球化对各个国家的政治发展和法律制度具有重大的影响,这样,全球化不仅仅是经济的全球化,它必将会带动其他领域,如政治、文化、社会生活等一起全球化。当然,不同的地域以及不同的领域全球化的表现程度是不一样的,而且比起经济的全球化来,其他方面的全球化要更为缓慢。中国建立法治政府的全球化背景,可以从以下三个方面得到阐述。

一、经济的全球化对于法治政府的需求

全球化所要求的开放型经济要求建立统一、开放的市场,各种商品、生产要素都可在国际市场上自由流通。所以在世界范围内各国、各地区的经济相互和影响、相互融合成统一整体,即形成"全球统一市场,而这也就要求在世界范围内建立规范经济行为的全球规则,并以此为基础建立了经济运行的全球机制。这一全球化进程中最重要的组织之一便是世界贸易组组(WTO)。由于经济全球化是一个不可逆转的趋势,我国早在 1978 年便将对外开放作为一项基本的国策,并经过多年的艰辛谈判加入了 WTO。

WTO 对成员方政府的一个根本性要求,就是政府必须在 WTO 法律框架下运作,例如《关贸总协定 1994》第二十四条第十二款规定:"缔约国(方)应采取一切可能采取的合理措施,保证它的领土内的地区政府及地方政政和当局能遵守本规定的各项规定。"最为重要的是 WTO 要求成员方各自的贸易政策、法规、措施和程序等统一、公开、透明,各成员有义务接受 WTO 贸易评审机构的评审,并将自己的贸易政策及变动情况通告各成员方;同时,WTO 还要求其成员将已承诺的内容作为自己已有约束的一部分,不经紧急情况和履行特别通知不得变动。这就要求我国政府加入 WTO 以后,政府行为必须符合 WTO 规范,要有较高的透明度和可预见性。

---

① 参见王逸舟:《经济全球化过程中的政治稳定与国际关系》,《学习与探索》1998 年第 5 期。

二、政治的全球化对于法治政府的需求

市场的需要、外国投资者的要求、国际社会的压力与期待以及相应的"与国际接轨"的动机都可以成为我国建立法治政府的重要原因,但经济上的改革很大程度上决定法律重要性的提升。由于法律在很大程度上被当成经济发展的有力工具和必然要求,从而也成了改革的一部分。各种新的经济政策的制定和实施,反映在法律层面,便不可避免地构成了对权利义务、行为规范等在法律意义上的界定和实行。① 这样,法律不可避免地也成为了经济改革的工具。特别是在依法治国的口号提出以前,中国的法律体制基本上是顺应经济改革的要求,而不是出于对法律自身价值的追求。② 1996年,全国人大常委会办公厅研究室法律实施问题研究课题组的研究报告在肯定了法制建设取得的成绩的同时,也认为法律实施工作同改革开放和社会主义现代化建设过程还不完全适应。有法不依、执法不严、违法不究,甚至执法犯法、徇私枉法等现象在有些地方和部门还相当普遍,有群众反映现在是"立法不少,执法不好"、"立法如林,执法无人"。③ 这个时候,不仅要要求广大人民群众遵法守法,政府也要以身作则,带头遵守法律的规定。

三、全球正义对于法治政府的需求

全球化不仅仅是经济的全球化,而且对于人们的思想观念产生了巨大的冲击。人们不再只是因为自己是某个国家的国民而无限制地遵从该国家的任何规

---

① 许传玺:《中国社会转型时期的法律发展(代绪言)》,载许传玺主编:《中国社会转型时期的法律发展》,法律出版社2004年版,第2页。

② 这种"工具性"的体现在话语和实质两个方面,话语上表现为一系列的口号,诸如法院要"为改革开放服务"、"为经济建设保驾护航"、"市场经济就是法制/治经济"、"建立市场经济所需要的法律"等。在实质层面上,法律改革明显的是以经济改革为其主要的内容和着重点。起草和修改经济改革所亟需的法律法规,为国内和涉外的经济活动提供规范,占据了立法机关主要的时间和精力。各级法院也是以处理经济纠纷为其首要任务。参见许传玺:《中国社会转型时期的法律发展(代绪言)》,载许传玺主编:《中国社会转型时期的法律发展》,法律出版社2004年版,第5~8页。

③ 参见全国人大常委会办公厅研究室编:《我国当前法律实施的问题和对策》,中国民主法制出版社1997年版,第11页。裴文睿也指出了中国法治进程中的法律与实际执行中的巨大差别的现象,参见裴文睿:《依法治国:当代中国的法治和法律角色》,载许传玺主编:《中国社会转型时期的法律发展》,法律出版社2004年版,第158~160页。

定,恰恰相反,人们会要求这个国家具有更多的"合法性"。① 虽然全球正义是一个在哲学上无法论证的问题,但是在全球化发展的今天,人们总是将它作为世界各国所共同追求的善,例如人权的概念。正如有学者所指出的,全球化的发展对公民政治尚不健全的国家的主权、权力正当性和权力效能提出了严峻地挑战,影响甚至削弱了这些国家权力合法性的许多方面,如权力的范围、强度、形式、制度基础以及意识形态观念。② 全球公民社会对许多国家人权状况的批评,往往成为对这些国家内部统治合法性的质疑,这对推动这些国家中的民主宪政有重要的积极意义。③ 当然,这种所谓的全球正义有时候带有欧美社会"新殖民"主义的色彩,成为先进资本主义国家进行霸权主义的幌子。我们应当积极调整维护国家主权的策略,将深化改革与对外开放有机结合,以积极开放的心态面对全球化所提出的各种挑战,找到适合建设我国法治政府的途径,并让其在全球化的背景中发挥其应有的功能。

第三节 中国法治政府建构的相关性问题

通过以上的分析,我们可以得知近代以来我国法治政府的建立面临着"现代化"这一共同的问题,而且正如丹尼尔·勒纳所说的,现代化"是一个具有其自身某些明显特质的进程,这种明显的特质足以解释,为什么身处现代社会之中的人们确能感受到现代性是一个有机的整体",现代化的主要层面诸如城市化、工业化、世俗化、民主化、普及教育和新闻参与等等,从历史的角度看,"它们是如此密切相联,以致人们不得不怀疑,它们是否算得上彼此独立的因素。换言之,它们所以携手并进且如此有规律,就是因为它们不能单独实现。"④ 相类似地,作为一个现代化的法治政府,它也有许多并行的要素,在前文分析的基础上,我们尝试着提出其与"富强"、"稳定"以及"政治参与"这三个我们认为近代中国成立法治政府必须面临的问题,而且在中国这样一个特殊的环境中,如何处理好中央与地方关系也成为一个有效的法治政府成立的关键因素,我们也将对其稍作分析。

---

① 关于全球化对于国家主权所产生的影响,可参见俞可平:《全球化与国家主权》,《马克思主义与现实》2004 年第 1 期。
②③ 徐贲:《全球化中的国家合法性和公民权利》,《开放时代》2004 年第 6 期。
④ 转引自[美]萨缪尔·P. 亨廷顿:《变化社会中的政治秩序》,王冠华等译,三联书店 1989 年版,第 34 页。

一、法治政府与富强

在中国近代史上，追求法制现代化是为了实现更为广延的现代化，法治政府更多地也是作为一个实现现代化的工具。近代以来中国朝廷内部以及民众之中，也曾多次就富强之术进行过争论，至五大臣考察出访各国后才算得到了一次总结，中国若想生存，国富兵强，"除采用立宪政体之外，盖无他术矣"。中国与西方国家的根本区别不是任何别的东西，而是专制与民主两种制度的不同。不革除中国的封建专制政治，中国无论怎样努力，都不可能富强。这是五大臣考察外国的最大收获，也是他们考察得出的最有价值的结论。可以注意到的是，自清末以降，从"富强"到"救亡"这两个口号就能够看出时局的日益危急，而这与一个理想的法治政府所追求的价值是格格不入的。

在生存的危机不再那么严重的今天，我们得以重新审视一度被奉若神灵的"灵药"——法治政府（宪政）——它主要解决的是人在政治之下如何生活的问题，因为人是不可能离开政治而生活的，一个社会总归要划分出治人者与被治者。宪政所解决的是治人者如何治理以及被治者在什么情况下可以处境更好的一些问题。它关涉到治人者与被治者关系如何构成、治人者的权力从何而来以及如何行使、治人者的内部权力如何划分和运用、个人在社会生活的各个方面处于什么地位、人与人之间的关系如何处理等问题。其核心便是人权。无论人权实际上包含了什么，对个人而言，他的尊严、生命、自由、按自己的意愿去生活是最为重要的。显然，人权也只有在真正的宪政之下才能获得切实的保障。因此，从根本上而言，宪政与国家富强、国民的贫富没有直接联系，在价值上是不能替换和通约的。从现代的经验看，一个富强的国家未必实行宪政，一个宪政的国家也未必就是富强的国家。虽然宪政的立行与一个国家的物质文明相关切，物质财富充足的国家比一个物质匮乏的国家更容易实行宪政这一说法也许是成立的，但这与上面的论题没有多大关切。①

如果是这样，宪政与富强在价值上是有冲突的。如果宪政意味着保护个性发展，那么国家富强首先强调要求的则是个人对国家的贡献，也就是个人应为国家、民族所承担的责任，这两者在价值取舍上是不同的，有时甚至是激烈冲突的。一个国家为了富强而牺牲了个人的自由，这本身就不符合宪政的价值规范。在近代许多先进知识分子身上，如严复、梁启超、孙中山、陈独秀等人的思想中，都存在着宪政价值与富强价值无法调合的冲突。在很大程度上，也可以说是

---

① 王人博：《宪政文化与近代中国》，法律出版社1997年版，第533页。

"宪政—富强"这个范式带来的理论困境。"富强为体，宪政为用"，这是中国从近代以来影响最大、最深、最远的一个宪政文化范式。①

近世中国所面临的主要问题是救亡图存和民族复兴，从西方宪政文化中截取于己有用的东西，这是必需的，也无可厚非，但这必须是以从整体上把握西方宪政文化为前提。事实上，从一开始，中国的开明人士就是抱着一种实用的态度去看待西方宪政问题，总有一种"拆西墙补东墙"的心态。由生存环境所迫所产生的急功近利的实用心态使近代中国的知识分子在对待西方宪政问题上没有形成"为求知而求知"的科学态度。他们都相信宪政与中国国家独立、富强有着密不可分的关系，但很少从这方面入手进行实证研究；他们看到了西方民主和它的物质文明成就，但没有人真正去探究这两者间具体是何种联系。

如果说18、19世纪的宪政主义可以简单地等同于自由宪政主义的话，那么20世纪宪政主义就变得复杂了。首先，新出现的许多社会主义国家宪法对于宪法的作用、个人与国家的关系、国家权力的定性和分配方式都有自己独特的认识。与此同时，西方传统的自由主义国家进入了"行政国"、"福利国"时代，国家对于传统的私领域空前地干预。社会主义宪法和西方新宪政主义在处境上有一个共同之处：面对贫困。因此，两者都关心公共福利。但是，前者面对的是前现代的贫困，是普遍的贫困，既有绝对意义上的贫困也有相对意义上的贫困；后者面对的是现代资本主义国家的贫困现象，是部分人的相对贫困——实质不平等。因此，前者的目的是富强，后者的目的是平衡自由与平等；前者选择了社会主义制度，后者在一定程度上限制了个人的自由和财产权。如果说新宪政主义是对自由宪政主义的修正的话，那么，社会主义宪法则体现了一种完全不同于自由宪政主义的宪法观。

既然社会主义立宪的目的是富强，那么宪法对此能做什么呢？许多人认为应做出以下推断：首先，宪法成为群众动员的手段，它明确宣告并突出富强的目的，正如西方宪法突出自由或人的尊严一样；其次，宪法使国家对经济资源的集中控制合法化，经济制度直接甚至不可避免地成为宪法的重要内容，正如权利法案对于西方宪法一样。在社会主义宪法中，经济制度被高度政治化，具有与政治制度同等的重要性甚至更基本的意义。② 但这也会产生正反两方面的作用，从好的方面来说，宪政对于经济的发展具有不少的积极意义，例如使得私有财产权和经济活动的自由得到更好的保护，从而使投资环境的保障提高到宪法高度。但它有时也能起到相对的"阻碍"作用，比如1982年宪法的总纲部分规定了大量的

---

① 王人博：《宪政文化与近代中国》，法律出版社1997年版，第534页。
② 陈端洪：《由富强到自由：中国宪法的价值取向与司法化的可能性》，北大公法网，http：//www. publiclaw. cn/article/Details. asp? NewsId＝223&Classid＝&ClassName＝，访问时间2003年5月29日。

有关经济制度的条款，而随着经济的快速发展，这些条款变得过于老化，如果得不到及时地修改将会阻碍经济改革的发展。那种对于经济制度是否要宪法化的怀疑忽视了论辩的制度前提——社会主义——和价值前提——富强。这样，法治政府虽然也必须在宪法的框架内运行，但它也要受制于宪法所要追求的目标——富强。

总而言之，与近代先进的中国人相比，我们所面临的问题依然相似——富强依然是目的，法治政府（宪政）依旧多被看成是手段。然而即使是经济取得了长足发展，我们能否就可以说是建立的法治政府或宪政得以实现仍是大可值得怀疑的。这种对于法治政府的想象与我们的传统文化和现实境遇相关，也决定了我们应当更加细致地探讨两者之间的联系。

二、法治政府与稳定①

君主制和民主制的一个重要区别是前者代表着"王命"的归依，人们可能较为清晰地看到一个王朝"崛起—兴盛—衰落"的轨迹。然而成熟的民主制度则较少有激烈的断裂产生，定期的选举在一定程度上使得公民的建议得以采纳，政府从大多数人的支持中得到其稳定性。

一个国家要拥有稳定的宪政体制，该体制就必须有效地制约社会上的各种反政府的政治团体与政治势力，使各种反对力量都在此体制内活动，否则这个社会必定会处于不稳定状态中。整个 20 世纪上半期，中国社会一直处于社会各个政治与军事团体的冲突与对抗之中，政府只是成了暂时的最强大的政治团体，它不断被社会上新的政治团体所代替。政治斗争的最基本特点，是以派系或政党为中心展开武装斗争，政府维护政权的最基本的依靠力量是军队。②

1949 年 10 月 1 日，中华人民共和国的成立，标志着自 1840 年以来，整整

---

① 康晓光指出政治稳定性的种类及其相互关系："其一指政治领导核心的稳定性，其二指关键政策的稳定性，其三指政府的稳定性，其四指政治制度的稳定性。对于中国大陆而言，第三种稳定性和第四种稳定性是高度相关的，因为政府倒台就意味着政治制度的崩溃，而且此类政府和政治制度很难重返历史舞台。尽管这几种稳定性是不同的，但它们并不是完全独立的。例如，领导人的变更往往导致政策的改变，政策的剧变往往伴随着领导人的更替。在中国大陆，最重要的是政府的稳定性。一旦出现政府不稳定，原来的政策及制度等也许都会发生剧变，而且政府不稳定很可能引起全面的不稳定，如经济崩溃、社会动乱、种族冲突、分裂、内战乃至国际冲突等等。"见康晓光：《未来 3～5 年中国大陆政治稳定性分析》，《战略与管理》2002 年第 3 期。实际上，这对于分析近代以来政府以及宪政体制的稳定具有很大的借鉴意义。

② 邹谠先生指出在 20 世纪的政治冲突中从没有一次能够产生出一种使中国人能够理性解决冲突的制度性结构和社会心理的期望，亦即用谈判、讨价还价，以及一系列无终止的妥协和相互调整去解决冲突，反过来又进一步加强这种解决冲突的制度性结构和社会心理的期望。参见邹谠：《二十世纪中国政治》，牛津大学出版社 1994 年版，第 135～136 页。

一个世纪的革命使命得以完成。经过了一段时间的波折,中国的政治很快又进入正轨,自1978年中国共产党十届三中全会以来,经过30年的改革开放,中国社会发生了根本性的变化。这一切都标志着中国社会已达到了一个新的发展水平,为中国社会政治的发展提供了坚实的物质基础,也使得法治政府的建设获得了稳定的基础。[①] 30年的改革并不仅仅局限于经济领域,实际上也涉及了政治领域。率先启动的政治领域的变革为经济领域和社会领域的变革开辟了通道,而经济领域和社会领域的变革又反过来推动了政治领域的进一步变革。尤其是中共十五大这一个中国法治建设的一个重要的转折点,标志着中国从"法制建设"阶段进入了"依法治国"阶段。十五大报告指出:"依法治国,就是广大人民群众在党的领导下,依照宪法和法律规定,通过各种途径和形式管理国家事务,管理经济文化事业,管理社会事务,保证国家各项工作都依法进行,逐步实现社会主义民主的制度化、法律化,使这种制度和法律不因领导人的改变而改变。"

然而问题却也随之而来,例如随着市场经济的逐渐成熟和中国日益融入世界经济,国民经济的自主性也将日益增强,相应地,政府控制经济增长的能力也将不可避免地日趋减弱。因此,建立在经济增长基础之上的政治稳定也就越来越脱离政府的控制。而且我国目前正进入经济社会发展的关键阶段,出现了诸如社会发展相对滞后、公共资源分布不均衡、城乡差距和地区差距仍在扩大、分配不公矛盾等问题。这些问题的解决,很大程度上需要法治政府的建立以形成完善的纠纷解决和利益分配机制,但是也要看出,这些问题所引起的不稳定因素也将成为建立法治政府的重大威胁。

三、法治政府和公众参与

在传统的自由主义观念中,"法治"和强调公众参与的"民主"价值取向是不同的,前者更加强调个人的自由,而且在很大程度上强调这些自由不会被任意的多数意见所侵犯。但无论如何,法必须是由大众通过各种途径参与制定而形成的,因此在事实上法治政府的"民主"价值和"法治"价值是不可须臾分开的。

[①] "1978年以来,中国政治稳定最主要的标志就是'政权的稳定'。中国共产党稳定地把持了国家政权,武装力量牢牢地控制在执政党手中,令许多发展中国家政治家头痛的军事政变从来没有发生,甚至连发生的'迹象'都没有。其次是'政治制度的稳定'。中国的基本政治制度,如人民民主专政制度、人民代表大会制度、共产党领导的多党合作与政治协商制度、民族区域自治制度和'一国两制'制度等,都没有动摇。再次是'治国纲领的稳定'。尽管其间经历了或大或小的几次反复,但是'一个中心,两个基本点'的基本国策和党的政治路线基本上得到了始终如一的贯彻。最后是'社会的稳定'。除了'八九风波'之外,20年之间,中国没有出现重大的社会动乱。"康晓光:《经济增长、社会公正、民主法治与合法性基础——1978年以来的变化与今后的选择》,《战略与管理》1999年第4期。

由于和西方迥然不同的传统，以及近代中国紧迫的局势，使得中国政府同它所管理的大众之间联系甚少，且对民众怀有一种深深的不信任感。在近代中国的语境中，欧美自由平等的公民社会被视为充满竞争的进化世界中优胜富强的典范，公民精神成为启蒙者批判传统和改造国民性的现代性思想资源。然而，这种移植西方公民精神的启蒙方案及其西方"公民"与中国"国民性"二元对立的启蒙语式，使其难免陷入文化主义和精英主义的理论困境。"公民"这一在西方表征现代国家之人民权利的国民身份，在中国则成为一种必须脱离愚昧的"国民性"而文明开化的新人理想。而担当这一由"国民性"而"公民"之转化的启蒙使命的，是一小群先知先觉的知识精英。反讽的悖论是：在中国，自由平等的"公民"的诞生，将经历一个精英改造民众之"国民性"的启蒙过程。因而"公民"与"国民性"二元对立的中国式公民理论，实为一种精英主义的公民理论。自晚清维新派至五四新文化人，其公民观念无不渗透了一种精英主义的启蒙心态。① 这种公民与精英之间的紧张，成为近代中国公民理论的基本困境。而且随着历史的发展，后来的思想家和政治家更多地把注意力放到了实际的政治操作层面，"民权、自由无需要再从民众自身的特性作深入的文化融会和学理建构，余下的事情，主要是一个如何实行民权、如何唤醒民众、如何施之于民的问题"。②

由此而言，中国近代的启蒙一开始就和西近代启蒙的历程不一样。欧洲的启蒙进程，首先是提倡个性解放、自由平等。而中国近代的启蒙一开始关注的便是民族自救和国家制度问题。在戊戌变法之前，先进的中国知识分子更多关注的是西方议会民主制，虽然他们也提到自由与平等问题，但是更多关注的还是民主制度与民族自救的关系。戊戌变法以后，一些先进的知识分子大力倡导国民思想，主要目的是培养适应近代政治制度（包括君主立宪制度和共和制）的"新民"。这个新民尽管也有西方所提倡的各种公民权利，但更强调的是人的政治人格和道德，关注的是国民的觉悟与救亡图存的关系。可以说，西方的文艺复兴和启蒙运动首先发现了个体的"人"和个体的"公民"，而中国清末启蒙思想则是发现了国家的"国民"和"公民"。③ 关注的着力点不同，也决定了"启蒙"所运用的手段的不同。中国近代的国民启蒙更多的是"改造国民"，如同有学者指出这一论述的基本逻辑是：中国国势颓唐，将有亡国灭种之忧，系因国家构成的基本单

---

① 国民性一词由英文 national character 而来，后由梁启超等晚清知识分子从日本引入中国。作为19世纪欧洲种族主义国家理念的国民性概念，把种族和民族国家的范畴作为理解人类差异的基本准则，藉以为西方征服东方和种族及文化优势提供进化论式的理论依据。刘禾：《跨语际实践——文学、民族文化与被译介的现代性》，三联书店2002年版，第76页。

② 夏勇：《中国民权哲学》，三联书店2005年版，第30页。

③ 参见陈永森：《告别臣民的尝试——清末民初的公民意识与公民行为》，中国人民大学出版社2004年版，第62页。

位：国民，不论道德、品性，抑或智力、体魄等方面皆问题重重，无能承担因应世变之亟之责，卒濒于此境。因之，意欲拯救危亡，并达成中国的富强，则需仰赖于每一个国民个人的改造。

王人博教授比较了中国近代的"开民智"和西方的启蒙，在康德的概念里的启蒙意味着自我克服"不成熟状态"的一项伟业，而这种"不成熟"状态之所以能够克服，是因为自我的原体是具有理性"光源"的，现时的自我只是理性之光已被遮蔽、蒙上了灰尘而已，启蒙就是弹去灰尘，用理性之光点亮自己。而中国的"开民智"与之有着不同的隐喻。"开民智"中的"民"不同于启蒙中的人，"民"并不是一个具有理性光源之体，而是一个不靠别人"引导"（准确地说是教化）永远处在混沌状态的不觉者，而非要经别人引导才能运用自己的智慧。这不是启蒙，而恰恰是被康德看作是人的"不成熟"状态的表现。①

与此相关，二者不仅关注的重点不同，而且还导致了不同的结果：宪法的理性形式和宪法作为工具和手段的形式。对于前者而言，它表现了理性民主的政治文化精神，更多地体现为一种预先确立的抽象的社会契约。对于后者而言，它更多的是体现了政策式的纲领，而这种纲领背后则是一个"先进的启蒙者"的存在。这大体也是中国训政思想产生的根源。民初宪政的失败致使了孙中山从宪政立场的倒退，宪政的失败修改了其对于政党的主张，以 1924 年国民党改组为标志，孙中山修改了政党主张，由建立英美式的民主政党变成了苏俄式的革命式政党。1928 年国民党的《训政纲领》和 1931 年《训政时期约法》一步步加强了一党专制式政治文化在中国的政治地位，并使之成为一种难以打破的新传统，从此以后这种政治文化从未因中国政权在不同政党之间的易手而有所改变。②

亨廷顿在《变化社会中的政治秩序》中指出区分现代化国家与传统国家最重要的标志乃是人民通过大规模的政治组合参与政治并受到政治的影响。③ 政治秩序部分取决于政治制度的发达程度和新兴社会势力被动员起来参与政治程度二者之间的关系，而第三世界国家需要建立强大的政府，方能根除国内政治的动荡与衰朽，而且这种强大政府的构建和维持单赖于强大政党的巩固。

然而，这样形成的政府虽然具备完全的法制，但和其管辖的人民却关系晦暗不明。当然，这并不是说我们一定要形成欧美式的法治之下政府与公民之间的关系，但无论如何，法治政府所强调的法的至上性和正进入现代化国家公众参与所造成的不稳定之间一定会存在冲突。

---

① 参见王人博：《宪政的中国之道》，山东人民出版社 2003 年版，第 67~68 页。
② 参见徐贲：《从宪法的形式性看中国宪政问题》，www.libertas2000.net/gallery/ConChina/xvben.htm。
③ [美] 萨缪尔·P. 亨廷顿：《变化社会中的政治秩序》，王冠华等译，三联书店 1989 年版，第 34 页。

四、法治政府下的中央与地方

在这一问题上我们经常的思维是"小政府,大社会",或者干脆强调引入联邦制,认为只有在这种情形之下,才有我们所谓的"法治政府",只有如此,政府才能够受到约束,而且联邦制国家有统一的宪法和基本法律,有最高的立法、司法和行政机关,但各联邦成员在遵守国家统一宪法和法律的前提下,也有自己的宪法、法律和政治体系,除了外交、国防和财政立法等事务外,具有独立管辖本区域一切政务的权力。这样,无论是中央政府还是地方政府都会具有"法治"的特征。然而征诸历史和现实,这样的概念化却根本不能说明任何问题。罗兹曼曾用"平衡"这一概念指资源的控制和占有关系在中央与地方之间、城市与农村、村庄与家庭或宗族之间以及县级官员与地方精英之间的易手,然而相对于中央和地方而言,天平却往往朝向一边倾斜,"中国在20世纪一直不断试图恢复平衡,试图建立可行的有利于现代化的平衡,但结果却常常适得其反。"①

我们可以将从清末到今天为止的时间统称为从传统社会到现代社会的"转型期"。② 从现代化的角度而言,政府是现代化后发生型国家社会转型的保障者。社会转型实际上是一个从有序到无序再到新秩序的正反合过程,这一过程表现为原有社会分层界限的打破、社会组织的重组以及社会体系的重新整合,其间的社会角色转换、价值嬗变、利益分化、体制瓦解形成一股强大的"无组织力量"进而产生无序与混乱,而只有强有力的政府才能在混乱中求得新的整合,任何其他社会组织都无此能力。没有强有力的政府作为社会转型之保障,社会转型就只能陷入高度无政府状态。③ 从日本、德国和俄国这三个比较晚近的工业化国家的经验来看,政府对工业化、现代化具有重要的作用。中国社会的转型历程主要体现为市场化进程、法制化进程、世俗化进程与一体化进程的统一,与此四个进程相伴的是一系列混乱和无序现象,诸如经济组织的改组、生产关系的调整、政治机构的分化与整合、政府职能的重新配置、利益冲突的明朗化、社会矛盾的复杂化、价值取向的多元化等等无组织力量的迭现,致使社会转型中充满变革与保守、分化与整合、多元与一元、无序与有序等激烈的对抗与冲突,这与中国社会

---

① [美]吉尔伯特·罗兹曼等:《中国的现代化》,江苏人民出版社2005年版,第445页。
② "转型"是一个并没有严格时间限制的词,它也以不同的时间段出现在不同的研究之中,我们也常常称我们自身所处的阶段是社会转型期,然而,正如有学者所指出的,我们现在正在经历的变化实际上只是一个世纪以前开始的一场更大的社会变迁的一部分,因此应当把已经延续了一个世纪之久的规模巨大的社会变迁称为社会转型。参见梁治平:《法治在中国:制度、话语与实践——艾德华教授荣休纪念文集》,中国政法大学出版社2002年版,第150页。
③ 刘世军:《现代化过程中的政府能力》,《中国经济评论》1999年创刊号。

的整体发展目标是背道而驰的。所以,强有力的政府对社会转型的导向和保驾护航尤为重要。回顾"明治维新"时的日本政府与"戊戌变法"和"晚清新政"时期的中国政府,差异就在于强弱之别,结果,日本抓住了机遇,中国错失良机,日本渐趋富强,中国日趋衰败,日本导入了现代化,中国步入了半殖民地半封建的历史沼泽地。

从清末至今我们都面临着如何处理中央和地方关系的问题。清末和民国初年的局面都反映了中央和地方关系严重失衡的基本状况。新中国成立以后,中国共产党成功地在中国建立了稳定的国家组织,结束了在文化帝国衰败与中华人民共和国崛起之间那个漫长的中断时期。新中国成立以来,我国试图找到一个方法,将基本的决策集中和地方推行贯彻决策的责任有效地结合起来,以防止政治生活的僵化和地方主义现象并达成地方利益和中央意识形态利益之间的平衡。虽然取得了一定的成功,但是各级政府权力机构之间如何有效地分配权力和责任的基本问题并没有得到解决。中央与地方的矛盾始终存在着,导致了中国政治生活中集权与分权的不断循环。

改革开放后,中央与地方的职权划分不仅增加了市场经济的要素,而且逐步走上了规范化、法制化的道路。1982年新宪法明确规定了各地方有权在不同宪法、法律、行政法规相抵触的前提下,制定地方性法规。根据宪法制定的《地方各级人民代表大会和地方各级人民政府组织法》,经过1982年和1986年的两次修改,明确规定了地方各级国家权力机关和各级行政机关在国家政权组织中的地位、职权以及上下级之间的关系。2000年颁布的《立法法》更进一步确定了地方的立法权限,从法律上保证了地方政府的政治权力和地位。但正如有学者所说,当代中国中央与地方政府的关系具有较大的流动性,从现实角度来看极为复杂,甚至可以说是当代中国宪政体制中最难进行规范性概括的方面之一。① 而与此同时,一些不为法学家所重视的具有宪政意义的经济改革和制度创新则有可能制度化,从而获得宪政体制的规范意味。②

---

① 胡伟:《政府过程》,浙江人民出版社1998年版,第71页。
② 苏力以20世纪90年代以来税收体制和银行体制的变革,近年来中央政府为了减轻农民负担采取的一系列经济决策,以及一些已经形成的关于地方官员特别是省、市长任免的政治习惯等事例对此进行了详细说明。见苏力:《道路通向城市:转型中国的法治》,法律出版社2004年版,第75~78页。

第十三章

建设有中国特色法治政府的可行性和基本路径

内容提要：法治政府的成功建设有赖于在认清现有障碍因素的基础上，对其可行性加以分析，并选择合适的模式与路径。当代中国社会的妨碍法治政府建成的"抗体"主要有三个来源：一是"中国特色"的社会结构、文化遗产、制度欠缺与政治定势等特殊问题；二是法治观念的中西差异；三是目前政府的机制问题。法治政府的建设既有理论上与制度上的可行性，也需要特定的时代契机。要将可行性转变为现实性，需要选定一种基本模式。就此而言，中国当下所走的政府推进型模式既有现实性，也有必要性。在此基础上，增强法治观念、改革与完善政府体制、完善民主政治制度和发展壮大市民社会成为建设法治政府的基本路径。通过上述分析，我们要实现政府从传统到现代的现代化转换，使得法治政府作为社会系统与社会过程，致力于达成控权与服务（民众）的双重目标。

纵观西方国家法治政府的发展历程，我们可以发现法治政府的建设和完善并非一蹴而就，而是经历了漫长的历史演进。同理，建设有中国特色的法治政府也不可能毕其功于一役。清楚地认识障碍的存在，尽量变不利条件为有利条件，选择适合中国法治政府建设的基本模式和基本路径，这是我国现今法治政府研究中不可避免的重要问题。

第一节 建设有中国特色法治政府的障碍

中国特有的社会、政治、经济和文化背景既为建设有中国特色的法治政府提供了一定的条件与契机,但经过历史沉淀而残留下来的一些与法治发展相悖的理念也不可避免地在法治政府的建设道路上设置了一道道栅栏。同时,政府本身的积弊也成为了阻碍其法治化的内在原因。

一、从"中国特色"看法治政府建设中的阻碍因素

我国的社会主义建设是具有"中国特色"的,作为社会主义政治文明建设重要内容的法治建设也应体现出中国特性。"中国特色"对于法治政府建设具有两层意义:一是结果上的意义,即我们所要建设的法治政府应当是符合中国社会制度和基本国情、顺应中国的时代背景、能够在中国的法治环境中不断发展和完善的法治政府;二是程序上的意义,即我国在建设法治政府的过程中应当关注到中国特殊的社会、政治、经济和文化环境对法治政府建设所产生的影响,特别要深刻认识"中国特色"背景下蕴涵的一些阻碍法治政府建设的因素。

(一) 社会结构变迁引发的障碍

我国正处在剧烈的社会转型时期,伴随着社会结构的巨大变迁,中国社会的政治、经济、文化制度都发生了日新月异的变化。社会结构的变迁为法治政府的建设提供了许多发展契机,但是变迁中也暗藏了诸多不确定因素。变迁结果的不确定性和过程的动荡性都增加了法治政府发展的压力。

第一,二元结构的法律状态造成的不确定性。中国社会结构变迁中最大的变化,是所谓的市民社会与国家二元结构的分离。社会结构的变迁带来了二元结构的法律状态,"法治"的方向已经确定,但真正的"法治"尚未建立成熟。二元结构的法律状态是"法治"发展的关键时期,受"人治"的影响和牵制较多,一旦"法治"建设某个环节出现问题就容易助长"人治"的威风,法律失控现象就在所难免,这是与建设诚信、有限、透明、责任的法治政府格格不入的。

第二,市民社会的不健全也阻碍着法治政府的建设。"一个自在自为的市场社会,为国家权力设置了不可逾越的障碍,使法治成为西方政治生活的一种经验"。[①] 可以说,市民社会的发展程度直接关系着法治发展的进程。在我国社会结构变迁的过程中,国家与社会二元结构的分离趋势虽然已经形成,但是市民社会还不健全,这对法治政府的建设也形成了一定阻力。

第三,社会纠纷的多元化、复杂化为建设法治政府带来了新的挑战。我国正处于经济体制转轨和社会转型时期,多元化利益格局已经初步形成。新的利益主

---

① 张树义主编:《法治政府的基本原理》,北京大学出版社 2006 年版,第 191 页。

体不断出现,利益主体的多元化直接导致纠纷主体的多元化。

(二) 市场经济制度不健全

市场经济就是"法治经济"。① 市场经济与法治有着密切的联系:一方面,市场经济中蕴涵的民主、平等、自由精神为现代法治孕育了丰富的思想理念;另一方面,"欲使自由经济得到令人满意的运行,遵循法治乃是一个必要的条件",② 然而,我国的经济体制改革还在艰难地推进中,市场经济发展的不完善增加了政府腐败的可能性。市场经济在倡导民主、自由、平等理念的同时,也会让人产生"金钱至上"的错觉。腐败的根源就是对权力的滥用和对利益的无限追逐。当一切都以金钱作为衡量标准时,似乎权力也有了自己的价格。权钱交易、权力寻租等行为就会在不完善的市场经济条件下变得异常活跃。

(三) 中国传统文化的负面影响

我们提倡法制现代化,建设有中国特色的法治政府就应当弘扬中国传统文化中的精华,并对传统文化中的消极因素有一个正确的认识。

一是中国传统文化中民主与法治精神匮乏。人治和集权的盛行必然造成法治与民主的匮乏,在这样一种根深蒂固的传统文化影响之下,我国现代法治的发展必然会受到阻却,法治政府的建设也就缺乏必要的理念根基。

二是中国传统文化中法律权威和法律信仰缺失。宗法制度的存在使得法律成为弹性规则,法律权威难以得到确立,这也直接导致法律信仰的缺失。法律权威和法律信仰的缺失成为中国"关系"文化得以长足发展的重要原因之一,法律威信的降低与"关系"意识的不断强化都将成为法治建设的重要威胁。

三是中国传统文化中泛道德主义倾向严重。泛道德主义倾向对法治的直接影响就是使得道德法律化,道德权威超越法律权威,并进而成为政治工具。

(四) 民主政治不完善

社会主义民主政治与社会主义法治都属于上层建筑并且密切相关,社会主义民主政治是社会主义法治的前提和基础;而社会主义法治又是社会主义民主政治的体现和保障,两者是相互依存的关系。我国民主政治不完善的一个重要标志就是党的政策与法的关系不清。政策对法具有指导作用,但政策本身也必须合法。

---

① 程燎原:《从法制到法治》,法律出版社1999年版,第129页。
② [英]弗里德利希·冯·哈耶克:《自由秩序原理》(上),邓正来译,三联书店1997年版,第281~282页。

政府利用政策滥用职权、牟取私利就会与法治原则相悖。

(五) 法律制度本身弊病重生

一是法律缺位。二是缺乏统一完备的法律体系，上下级和各部门之间的法律冲突现象严重。三是由立法目的的偏离带来的"行政权力部门化，部门权力利益化，部门利益法制化"状况。四是立法过程中民主化程度不高，造成公众与政府因欠缺必要的沟通而降低行政行为的可接受性。

政府法治化程度的高低在很大程度上依赖于一国法制的发展状况，法制的建立和完善是实现法治的根基，很难想象在一个弊病重生的法律制度中能够建立起现代法治政府。

二、对"法治"理解的差异

近代西方两种法治模式的差异性主要体现为对法治核心内容的不同理解，即"秩序维护"和"权利保障"孰轻孰重的问题。秩序是人类社会存在和发展的必要前提条件，因此秩序的维护就成了法制的基本职能。但是秩序并不是法的最高价值目标，也不能成为法治内容的核心。法治的核心内容应当是对个人权利和自由的保障，人是主体性与目的性的统一，法治要依赖于人来实现，而法治的目的又在于保障人的权利与自由。

中国的法治缺乏必要的理论根基，中国历史上并没有近现代意义上的法治。中国的法治一方面来自于对古代"法治"传统的继承，另一方面来自于对西方法治的移植。在中国的法制现代化过程中，法治主要是被理解为对社会秩序的维护，对个人权利予以保障的内涵没有得到足够的重视，这也是与我国的法制发展历程相符合的。但在现阶段，如果政府仍然对"法治"的核心含义认识不清、继续将法治视为维护国家秩序和社会治安的工具，而自己则以法治实施者自居的话，不但难以达成建设服务型政府的目标，而且会增加政府侵害公民权益的可能性。因此，对法治的正确理解也对法治政府的构建有着不可忽视的影响。

三、对"政府"的重新考量

建设法治政府，实现政府法制现代化，是对政府自身提出的新要求。政府行为的合法化、合理化，服务型政府、透明政府、诚信政府、责任政府、有限政府理念的树立都体现了法治政府的深刻内涵。我国政府距上述目标还有一段差距，与法治政府的要求相比，我国政府还有许多尚待完善之处，这些问题的存在也构成了法治政府建设中的障碍。

第一，公共利益与政府自身利益界限不清。政府活动是一种对公共利益予以集合和分配的过程，行政主体是公共利益的代表者。然而，公共利益是相对而言的，是一个不确定法律概念。"公益是一个不确定多数人的利益。这个不确定的多数受益人也就符合公共（公众、社会大众 Publikum）的意义。"① 在实践中，由于对"公共利益"界定不明，政府活动的合法性常常受到质疑。目前，一些政府挂公共利益之名，片面追求自身政绩。这种做法是明显与现代法治政府理念相违背的。

第二，行政体制改革迟缓。与社会经济的发展相比，行政体制改革迟缓，暴露出了许多政府本身存在的问题，具体包括：一是政府执法理念需要更新。二是政府职能缺乏科学定位。三是政府机构庞杂、职权交叉现象严重。四是行政执法体制不健全。

第三，政府监督机制不完善。由于人类的天生弱点，赋有过大权力的某个固定集团都会逐渐沾染傲慢、骄傲和专制作风。② 政府监督机制的不健全不仅会导致政府对责任的规避，还会成为滋生腐败的温床。因此，对政府行为予以必要的监督十分重要。而我国目前的政府监督机制尚有许多待完善之处：一是权力机关监督的有限性。二是司法监督缺乏权威性。三是行政机关自我监督不力。四是公众监督缺乏保障。

第二节 法治政府建设的可行性分析

尽管我国法治政府的建设存在上述重重障碍，尽管从我国历史上几次法治实践看来失败的经验多于成功的经验，但这些都不能说明法治政府在我国不具有可行性。相反，障碍的存在可以让我们更清楚地认识到建设法治政府的必要性，而当代中国经济、政治体制的全方位变革和法治精神的不断提升又为法治政府的建设提供了必备的条件。因此，无论是从理论上还是从制度上而言，法治政府在中国的建设不仅是必要的，而且是可行的。同时，中国现时代的发展状况也为法治政府的建设带来了开创性的发展契机。

---

① 陈新民：《德国公法学基础理论》（上册），山东人民出版社2001年版，第186页。
② ［法］罗伯斯比尔：《革命法治和审判》，商务印书馆1996年版，第28页。

一、理论上的可行性——控权与服务理念的双向发展

西方法治的发展或法治政府的构建都是以一定的理论基础为背景的,通过对我国法律文化的梳理,我们可以发现在中国建设法治政府具有理论上的可行性,法治政府不仅要实现政府权力的法律控制,而且基于人本主义的品质要求,现代法治政府的服务理念更要得到充分体现。中国法治政府的最终走向必须实现控权与服务理念的双向发展。

(一)控权理论:基于"人性恶"的假设

法治政府的表层含义就是要求政府活动符合法律的规定,政府权力的获得、行使必须依据法律,一旦违反法律就要承担相应的法律责任。对于政府而言"法无明文规定即禁止"。法律制度是以人性的缺陷作为存在前提的。西方控权理论即以"性恶论"为逻辑起点,这为我国法治政府的建设提供了很好地参照。

法治政府的构建离不开对"人性恶"的假设。在现代社会中,仅凭主体的自我觉悟、自我约束难以达到法治的要求。通过"性恶论"之假设,来实现法律对政府行为的外部控制应当是有效的控权方式。西方法制传统中以"人性恶"为逻辑起点建立的法治发展模式对我国的法治建设有重要的借鉴意义。辩证地吸收"性恶论"的合理成分,将有利于我国法治政府的构建。

(二)服务理论:基于"人本主义"理念的深化

法治政府的深层含义是通过对政府权力的合法控制,来实现个体自由和权利的保障,法治政府应当是"以人为本"的政府。政府本身不是目的,而是工具,是保障个人独立自主的工具。西方法治政府的"人本主义"理念主要由三个理论支撑:社会契约论、人权至上和主权在民。

社会契约论、人权至上和主权在民这三个重要理论构成了"人本主义"政府的核心理论基础。政府的权力来源于人民,政府权力的行使要以人权保障为归依,人民有权推翻暴政的政府,这些思想理念都是构建现代法治政府的重要理论来源。这些理论虽然强调人的重要性,但以人为本的价值理念仍然是以控制政府权力为落脚点的。随着现代社会的发展,政府管理职能受到限缩,为公众提供优质、高效的服务成为现代政府的重要职责。"以人为本"的理念在现代社会得到了提升,服务型政府的构建成为了各国构建法治政府的主导发展方向。

二、制度上的可行性

新中国成立至今,我国的政治、经济、文化制度发生了日新月异的变革,虽然社会制度中还存在一些阻碍性因素,但建设法治政府的基本制度条件已初步具备。

民主政治—法治政府的政治基础。在现代法治条件下,民主与法治具有统一性。在典型的现代民主社会中,民主是法治不可分割的一部分。法治支持民主,民主也兼容法治。法治通过对一切私人的、公共的权力施以必要法律限制,从而保障了基本人权,支持了民主秩序。[1]

反观我国历史上法治改革的失败,无不与我国缺乏民主制度相关。而我国社会主义民主制度的确立为法治政府的构建奠定了政治基础。根据我国现行宪法的规定,我国的民主制度主要包括:人民代表大会制度;共产党领导的多党合作和政治协商制度;民族区域自治制度;"一国两制"方针;基层群众自治制度。这些民主制度都是我国的根本或基本政治制度,为全国各阶层人民参与国家事务、对政府活动行使监督权提供了保障。

市场经济—法治政府的经济条件。经济基础决定上层建筑,法治对平等的诉求必须依托于市场经济,经济上的自由和平等决定着法律上的平等。市场经济为法治政府的发展提供了必要的条件。首先,市场经济促成市民社会的发展,从而可以对政府权力的行使形成制约。其次,市场经济所展现的"供求"关系和竞争理念可以促使政府根据社会需求提供优质服务。再次,市场经济中的信用观念成为构建诚信政府的理论源泉。最后,市场经济活动的独立性需要对政府和市场发挥作用的界限予以明确,政府只能在"市场失灵"的范围内发挥作用,从而限定了政府的权力范围。

社会主义法治文化—法治政府建设的文化条件。一切有关法律制度和法律概念的问题都需要与产生法律的社会条件相联系来加以解决,在这种意义上,法律确是文化的一种表现形式。[2] 社会主义法治文化是推动社会主义法治政府建设的精神文化力量。法律文化是一个民族在长期的共同生活过程中所认同的、相对稳定的、与法和法律现象有关的制度、意识和传统学说的全部内容。而法律意识是法律文化中十分重要的一个组成部分,包括法律心理、法律观念和法律思想体

---

[1] 秦前红、刘高林:《论民主与法治的关系》,《武汉大学学报》(社会科学版)2003年第2期。
[2] [英]罗杰·科特威尔:《法律社会学》,华夏出版社1989年版,第27页。

系。① 受传统文化的影响,在法治化程度不高的中国,法治文化同样匮乏。社会主义法治文化的培养有赖于人们法律意识的提高,目前,我国对执法人员和司法人员实行的定期专业知识培训和对公众的普法教育都是提高法律意识的重要途径,这也为法治发展和法治政府的建设提供了必要的文化条件。

三、时代契机

除理论和制度上的可行性外,我国所处的国内外时代背景也为法治政府的构建提供了发展契机。

第一,法制现代化已成为一种国际潮流。法制现代化是一个世界性的普遍现象,是人类法律文明的重大进步。法治政府是法制现代化发展中的一个重要成果,中国法治政府的构建顺应了法制现代化这一国际潮流,是符合人类历史进步规律的。西方国家法制现代化的历程已经论证了构建法治政府的可行性,并且可以为我国法治政府的建设提供许多宝贵的经验。

第二,国家政策为法治政府的构建提供了指引。构建法治政府并非是一个政治口号,为了推进依法治国的进程并展现构建法治政府的决心,国务院于2004年颁发了《全面推进依法行政实施纲要》,从而确立了建设法治政府的目标,明确了今后十年全面推进依法行政的指导思想和具体目标、基本原则和要求、主要任务和措施。

第三,立法活动的加速为法治政府的构建提供了法律依据。随着构建法治政府目标的推动,与政府行为有关的立法也受到了关注。《行政许可法》的出台、《行政程序法》草案的制定以及《行政诉讼法》和《国家赔偿法》在未来的修改都将为构建诚信政府、有限政府、透明政府、责任政府提供法律依据。这些立法活动均有效地促进了我国法治政府的建设。

第三节 法治政府建设的基本模式选择

建设法治政府是实现法治的必要条件。法治的核心是依法治权,特别是行政权。只有建设法治政府、实现依法行政,才可能实现法治。因而,法治建设必然围绕着法治政府而展开。在建设法治政府的过程中,必须选择一种符合中国国情

---

① 卓泽渊主编:《法理学》,法律出版社2004年版,第64、74~76页。

的建设模式，否则，将可能延缓法治政府建设的进程，甚至会影响法治政府建设的成败。

一、对法治政府建设基本模式的考量

在各国法治建设的进程中，关于法治政府建设的模式，主要有以下三种：

第一，政府主导型。在政府主导型的法治政府建设模式下，由政府主导法治政府建设的进程，负责规划、实施法治政府建设的主要事宜。该种模式的主要特点是：法治政府的"目标"是由政府设计的，法治政府建设的进程主要是借助和利用政府所掌控的政治资源来完成的。这种法治政府的建设模式主要为法治落后国家所采用。

一个国家之所以采取政府主导型的法治政府建设模式，必然有其内在的根源。采取政府主导型法治政府建设模式的国家，通常都面临着相似的历史和社会环境。首先，国内有着建设法治政府的要求。其次，面临着融入国际社会的压力。最后，法治的社会根基薄弱。由于法治的社会根基薄弱，由社会作为推动法治政府的主导力量就显得不切实际。这就导致一方面需要进行法治政府建设，而另一方面社会又缺乏足够的力量推动法治政府建设，在此情况下，只能由政府作为主导力量。

政府主导型的法治政府建设模式具有其他模式所不具有的一些优越性，主要体现在以下几个方面：首先，可有效缩短法治政府建设的时间。其次，可有效发挥"后发优势"。最后，可减少社会冲突，有利于社会的稳定与和谐。但该模式同样也存在着一定的不足之处：一是缺乏权力制约的动力；二是缺乏动力的持续性。

第二，社会推进型。社会推进型的法治政府建设模式，是法治政府在社会生活中自然形成的，是社会自发形成的产物。该种法治政府建设模式的主要特点体现为：法治政府建设的动力主要来源于社会而非国家上层建筑。同时，法治政府建设的进程是自然演进的、而非人为设计的结果。

社会推进型的法治政府建设模式与政府主导型的法治政府建设模式相比，两者存在着较大的区别：首先是主体的区别，在政府主导型的法治政府建设模式中，政府是法治政府建设的主要动力源，而在社会推进型的法治政府建设模式中，是由社会作为法治政府建设的主要动力源；其次是目标是否明确的区别，在政府主导型的法治政府建设模式中，具有明确的建设目标，而在社会推进型的法治政府建设模式中，由于法治政府的建设是一个自然演进的过程，因而不存在明确的目标；再次是进程是否具有预设性的区别，在政府主导型的法治政府建设模式中，法治政府建设的进程具有人为预设的特征，而在社会推进型的法治政府建设模式中，由于法治政府的建设是一个自然演进的过程，因而不存在人为预设法治政府建设进程的情况；最后是两者的关注重点也不同，在政府主导型的法治政府建设模式中，政府更为关心的是如何管理好社会，为社会、经济的发展营造良好的秩序环境，而在社会推进型的法治政府建设模式中，作为推进法治政府建设主导力量的社会，更为关注的则是保护民众的权利以及如何限制国家的权力。

社会推进型的法治政府建设模式的适用具有一定的限制，并非在任何地域和条件下都能适用，其适用需要以具备初成规模的市民社会作为前提。在市民社会发育程度较低的国家或地区，社会与国家的力量对比失衡，难以成为法治政府建设的推动力量。因而，只有在市民社会发育程度较高的国家，才可能适用社会推进型的法治政府建设模式。

社会推进型的法治政府建设模式不仅需要较高的适用条件，而且法治政府建设的进程较慢。市民社会与国家的二元分离决定了由社会作为法治政府建设主导力量的建设进程较为艰难，因为当政府作为法治政府建设的被动接受者时，其必然会采取抵制、不合作的态度。因而，在社会推进型的法治政府建设模式下，法治政府的建设将是一个相当长的过程。

第三，政府社会互动型。政府社会互动型的法治政府建设模式是政府主导型和社会推进型两种法治政府建设模式的融合，在这种模式下，政府和社会都是法治政府建设的动力源，两者共同推进法治政府的建设。这种模式的出发点是融合政府主导型和社会推进型两者模式的优点，并试图通过两者的融合而消弭各自的缺点。在这种模式下，政府依然是法治政府建设的主导力量，但与政府主导型模式不同的是，该模式更加注重发挥市民社会的力量，使公众有更多的机会参与到法治政府的建设中来。

从理论上看，政府社会互动型的法治政府建设模式融合了政府主导型和社会推进型两种模式的特点，似乎更为合理。但在具体实践中，却存在着诸多困难。首先，它需要政治国家与市民社会的力量对比相对均衡。其次，实现两者的良性互动存在着一定的困难。在政府社会互动型模式中，如何规避国家与社会、权力与权利之间的恶性冲突、实现良性互动是这一模式所面临的现实困难。

二、有关法治政府建设模式的若干问题

在有关法治政府建设模式的讨论中，有以下问题值得关注：

第一，关于"政府"的范围。在法治政府的建设模式中，首先需要明确的是"政府"的范围。"政府"一词在不同的语境中，其范围的大小也不相同。本

节中讨论的"法治政府"指的是狭义的政府,即仅指行政机关。而在讨论"政府推进型"时,关于政府的含义,则通常取其广义,其范围等同于"国家机关",以与"社会推进型"相对应。但总体而言,在"政府推进型"的法治政府建设模式中,行政机关所发挥的作用是其他国家机关所无法比拟的,这也是人们更习惯于"政府推进型"的称谓而不是用"国家推进型"的原因所在。

第二,"模式"的相对性。任何事物都不是一成不变的,而是不断发展变化的,法治政府的建设模式也是如此。这决定了法治政府的建设模式具有相对性,而不是绝对的。在不同的历史时期,法治政府的建设模式可能会随着社会环境的变迁而进行不断的修正,以适应社会环境的变化。因此,无论是"政府推进型"、"社会推进型",还是"政府社会互动型",均具有相对性,在某些条件下甚至会相互转变。而从"政府主导型"模式或"社会推进型"模式到"政府社会互动型"模式的转变,则更是一种普遍现象且相对而言遇到的阻碍也更小。由于法治政府建设模式是一种相对而言的模式,因而没有必要拘泥于某一种建设模式,而应根据不同的社会环境,选择合适的法治政府建设路径。

三、我国法治政府建设的基本模式选择

尽管从理论上说法治政府可能有上述三种建设模式,但从我国的实践来看,中国目前无疑是选择和走上了一条"政府主导型"的法治政府建设道路,对这一道路模式的选择也有其深刻的历史和现实根源。

我国之所以在目前选择了政府主导型的法治政府建设模式,乃是基于中国国情的一种务实的选择。选择政府主导型的法治政府建设模式,是由我国法治建设道路上存在的一对主要矛盾决定的。一方面,中国社会自身法治资源稀缺,法治意识匮乏,法制力量脆弱。而另一方面,我国社会、经济的发展又有着对法治的强烈需求,特别是市场经济的发展对规范政府行为、建设法治政府提出了更高的要求。基于上述这一对主要矛盾,要通过培育市民社会、逐步壮大市民社会并走社会推进型的法治政府建设道路显然难以满足当前的实际需求。只有选择一条政府主导型的法治政府建设道路,才能迅速满足社会对法治政府的需求。

我国当前选择走政府主导型的法治政府建设道路,是基于现实环境的一种无奈的、务实的选择,同时我国也具备了走政府主导型的法治政府建设道路的基本条件:强有力的政府。政府主导型的法治政府建设道路,是政府对现实需求积极回应的结果,这就需要政府愿意推进法治政府建设并具备推进法治政府建设的能力。

政府主导型的法治政府建设模式虽然可以迅速加快我国法治政府建设的进

程,但是,我们也必须清楚地认识到该种模式本身所固有的局限性。政府主导型的法治政府建设模式是建立在强有力的政府的基础上的。由于缺少了人民的参与,这种法治政府建设模式所运行的结果就是政府权力难以得到有效的控制,甚至导致政府权力的日益庞大。而缺少控制的权力必然滋生腐败,我国当前腐败分子层出不穷可谓是对此的一个注解。在政府主导型的法治政府建设进程中,政府不具有控制自身权力的内在动力,有的只是扩大自身权力的冲动。这决定了政府主导型的法治政府建设模式只能是一种"权宜之计",在法治政府建设取得初步成效之后还必须对这种建设模式进行修正。

我国的法治政府建设不能仅仅依靠政府推动,而必须注入其他动力元素。这个其他的元素就是人民的参与。换言之,即寻求政府主导和社会推进的结合,促成由政府主导型模式到政府社会互动型模式的转变。而且,这种参与并非是人民以个体形式的参与,而是更多的以团体的方式参与。与个人相比,团体的参与无疑能够产生更大的影响和发挥更大的作用。因而,促成由政府主导型法治政府建设模式到政府社会互动型法治政府建设模式的转变就必须在我国加快市民社会的发展和成长。我国的市民社会还很稚嫩,尚难以与政府形成"政府社会互动"的局面,而更多的处于一种绝对弱势和附属的地位。因而,必须大力培育和促进我国市民社会的发展,为"政府社会互动型"法治政府建设模式的形成打下基础。

综上所述,我国目前的法治政府建设模式可归结为政府主导型的模式,由于这种模式内在的缺陷,必须实现向"政府社会互动型"法治政府建设模式的转变,而这有赖于市民社会的发展和壮大。因而,促进市民社会的发展和壮大也就成为实现向"政府社会互动型"法治政府建设模式转变所不可或缺的重要步骤。

第四节 建设法治政府的基本路径

简单来说,法治政府就是按照法治的原则运作的政府,政府的一切权力来源、政府的运行和政府的行为都受法律的规范和制约。一个政府要成为"法治政府",至少需要符合以下要求:政府是有限政府、诚信政府、责任政府、服务政府、高效政府。

建设法治政府是一项系统工程,需要长期的、多方面的努力。建设法治政府,应从以下几个方面着手进行:

一、增强法治观念——消除法治政府建设的思想障碍

社会主义法治的建立和运行，离不开良好的社会主义法律意识，而法律意识的重中之重，又首推法治观念。[①] 法治观念对人们行为的影响是重要而深远的，法治政府的建设，离不开法治观念的树立。"理念具有内在的力量，甚至可以超越法律规则本身而发挥法律规则所起不到的作用。"[②]

在法治政府的建设过程中，与培养普通民众的法治观念相比，增强国家工作人员的法治观念显得尤为重要。建设法治政府，理应增强法治观念。领导者、普通国家工作人员、社会公众等均应增强法治观念，为依法行政的实施扫除思想上的障碍。增强法治观念还要求政府工作人员必须消除旧的、落后的行政观念。"官本位"、"权力本位"的思想和观念在我国根深蒂固，这些落后观念的存在对于确立法治思想有着明显的阻碍作用。

二、政府自身的改革与完善——构建法治政府的具体制度

法治政府的建设不是抽象的、空洞的说教，而必须通过改革政府和建构具体的法律制度来逐步实现政府的法治化。要实现法治政府的目标，需要对政府自身进行相应的改革和完善，并建构与"法治政府"要求相适应的具体法律制度。

第一，转变政府职能，构建有限政府和服务政府。我国传统的政府职能是"大而全"的模式，其结果是政府的权力、职能急剧扩张，不仅政府难以管理好庞杂的事务，而且还孳生出腐败、资源配置的低效等一系列问题，进而影响社会、经济的健康发展。因而，必须转变政府的职能，对政府的职能进行重新定位。政府的职能应定位为服务主体，从这一定位出发，政府应从与其服务职能无关的领域中退出。

具体言之，应实现以下几个分开：

一是政市分开，即政府和市场的分开。应充分发挥市场在资源配置中的基础性作用，凡是公民、法人和其他组织能够自主解决的，市场竞争机制能够调节的事项，政府应该逐步退出。

二是政资分开。政府应当是非营利性的，出资人的身份显然与政府职能格格不入，应通过体制改革，将政府的管理职能与履行出资人的职能分开。

[①] 孙国华主编：《社会主义法治论》，法律出版社2002年版，第596页。
[②] 杨解君：《论行政法的契约理念》，武汉大学2002年博士论文，第11页。

三是政企分开。政府的服务职能要求其地位应具有一定的超脱性，因而应推进政企分开，厘清政府与企业的关系对转变政府职能、建立服务型政府而言是至关重要的。此外，配以安全生产管理体制的改革，进一步规范机构设置、理清职能分工，通过"强化综合、淡化专业"实现政企分开，精简政府机构。

四是政事分开。我国公共事业体制改革的关键在于改变政府包揽公共事业的做法，实现政事分开，减少事业编制，为事业单位正名，还原其本来身份。

五是政社分开。在政府和社会的关系上，政府应当放权于社会。强化政府对社会公共事务的管理是各国政府管理的一个重要趋势。但这并不意味着政府要包办所有社会事务。政府管理社会应顺应多元化、分散化和私有化的趋势，在从部分领域退出、实现有限政府的同时，政府还应专注于其服务职能，为社会、经济的发展提供良好的公共服务。

第二，完善行政法律规范的制定制度。在我国，有权制定行政法律规范的主体除了立法机关外，还包括行政机关。行政机关制定的行政法律规范在行政法律规范体系中占据着十分重要的地位。抽象行政行为在填补立法空白、细化法律规则从而增强法律的可操作性等方面发挥着举足轻重的作用。因而，提高行政机关作出的抽象行政行为的质量，对于建设法治政府具有格外重要的意义。建设法治政府，必须首先完善行政机关制定行政法律规范的制度，提高所制定的行政法律规范的质量。

首先，行政机关制定行政法律规范必须严格遵守不同的法律等级之间的位阶，所制定的下位法不得违反上位法。其次，应改进行政机关制定行政法律规范的工作方法，扩大政府立法工作的公众参与程度，还应积极探索建立对听取和采纳意见情况的说明制度。再次，应提高立法技术，还应积极探索引入其他科学的立法方法，如引入成本效益分析制度。最后，还应建立和完善行政法律规范的修、废和清理工作。

第三，规范行政执法行为，限制政府权力的滥用。有限政府的直接体现之一就是政府的执法行为受到法律的限制，政府不能为所欲为。应从以下几个方面对行政执法行为进行严格的限制：

一是贯彻职权法定原则。"行政机关是法律的产儿。"[1] 依据职权法定原则，行政职权必须合法产生，行政主体的行政职权需由法律、法规设定，否则权力来源就没有法律依据。

二是完善行政程序制度。通过行政程序对权力的行使进行事前和事中的监督和制约，防止行政权的滥用，促进行政权行使的效率，平衡行政权和相对方权利

---

[1] [美]伯纳德·施瓦茨：《行政法》，徐炳译，群众出版社1986年版，第141页。

之间的关系，保障相对方的合法权益，已成为现代行政法的一个重要特征。[①] 为规范行政执法行为，应构建的程序制度主要包括：

行政公开制度。行政公开要求将行政权力运行的依据、过程和结果向相对人和公众公开，使相对人和公众知悉。

说明理由制度。说明理由是指行政主体在作出对行政相对人合法权益产生不利影响的行政行为时，应向行政相对人说明作出该行政行为的事实依据、法律依据以及进行裁量时所考虑的政策、公益等因素。

听证制度。听证制度的核心是听取当事人的意见。听证权是一种"被听取意见的权利"。行政主体在作出对当事人的不利决定时，必须听取当事人的意见，不能片面认定事实，剥夺对方辩护的权利。这是行政参与原则的核心要求，也是保证相对人有效参与行政程序的前提条件。[②]

告知当事人救济权利制度。行政主体在作出行政决定后，应当告知行政相对人依法享有的申请行政复议或提起行政诉讼的权利。

三是完善行政执法主体资格制度。主体合法是行政行为合法的重要元素之一，完善行政执法主体资格制度，不仅有利于控制不合格主体的执法行为，更有利于提高行政执法的质量。行政执法应由行政机关在其法定职权范围内实施，非行政机关的组织未经法律、法规授权或者行政机关的合法委托，不得行使行政执法权。对于没有取得执法资格的人员，不得从事行政执法工作。

第四，完善行政内部监督机制。没有监督的权力必然走向腐败，完善的监督机制是建设法治政府所必不可少的。与司法审查、人大监督等外部监督机制相比，行政系统的内部监督有其自身的优越性。在监督的深度、广度方面非司法审查等外部监督机制所能相比，司法审查等外部监督机制因为受到行政独立性等因素的影响，对行政机关的监督必然受到一定的限制。对行政行为的监督必须与责任相联系，即对错误的行政行为需要追究责任者的责任。执法责任制的实施包括依法界定执法职责、科学设定执法岗位，建立公开、公平、公正的评议考核制和执法过错责任追究制等。

三、完善民主政治制度——奠定法治政府的基石

法治政府的建设不能游离于整个社会系统之外，而只能是整个社会系统的一个有机组成部分。离开了整个社会系统妄图建设法治政府，那么所建设的法治政

---

① 应松年主编：《行政程序法立法研究》，中国法制出版社2001年版，第28页。
② 周佑勇：《行政法基本原则研究》，武汉大学出版社2005年版，第259页。

府很可能成为整个社会系统中的一座"孤岛",这样的"法治政府"其根基无疑是薄弱的。因而,建立法治政府必须与其所处的社会政治制度相契合。"法治"与"民主"两者之间是相辅相成的关系,"民主"是法治的基本价值目标之一,而"法治"更是实现"民主"的有力保障。在民主政治制度的构建过程中,更多的是用"法"的形式来巩固民主建设的成果。法治政府的建设,可谓是民主政治制度建设中的一个有机组成部分,因而,法治政府的建设不能脱离整个国家民主政治制度的建设而独立进行。

在我国,民主政治制度处于不断的发展完善过程中,也取得了巨大的成就。但是我们还必须看到存在的不足,并应努力致力于各项制度的完善。

首先,完善民主选举制度。选举可谓是整个民主政治制度的根基。但目前,我国的选举制度尚有太多的地方需要予以完善。应从以下几个方面来完善我国的选举制度:一是扩大提名权。二是建立和实行差额选举制度。三是适当扩大直选范围。

其次,改善党的领导。坚持党的领导,这是我国的基本国策,也得到了宪法的确认。但也应该看到,党的领导并非是尽善尽美的,而必须进一步改善。我们认为,应从以下几个方面改善党的领导:一是改善党的领导方式。二是处理好党的政策和法律之间的关系。

最后,完善权力监督机制。我国当前腐败现象之所以比较严重,缺乏有效的监督机制是最重要的原因之一。在我国的政治体制下,缺乏有效的监督机制,对政府的权力、党的权力的制约十分有限,特别是对党政机关中"一把手"的权力制约基本是形同虚设。要强化对政府权力、党的权力的制约,主要应从以下两个方面进行:一是建立有效的国家机关内部的监督机制,如扩大司法机关的审查权,进一步发挥人大的监督作用等。二是通过扩大人民的参与来限制党政机关的权力。

四、发展市民社会——增强法治政府的外在推动力

在民主的社会结构中,利益关系应是多元整合的,社会权力应是分散制衡的,组织形态应是异质独立的,因此光有政治体制层面上的分权是不够的,还必须同时实现社会分权制衡。尤其是自治性、多元性、社会性、开放性民间组织的大量存在,是抗衡专权、监督权力的一只"独立之眼"。[①] 这种能够实现社会分

---

① 马长山:《法治进程中的"民间治理"——民间社会组织与法治秩序关系的研究》,法律出版社2006年版,第35页。

权制衡的民间组织的大量存在就是市民社会发展的一种必然结果。市民社会得到了发展，就会使法治政府的建设具有了更持久的推动力。因而，在我国不断发展和壮大市民社会是建设法治政府的需要。

首先，继续发展和完善市场经济体制。由于市场经济和市民社会之间存在着内在的联系，只有市场经济不断向前发展和完善，市民社会才能够不断的发展和壮大；其次，培育和壮大民间组织。民间组织的繁荣和壮大是市民社会发展和壮大的重要标志。"我国进行社会化改革，着手确立'小政府、大社会'的政治经济体制，其实质是努力调整和重构国家与社会的关系，以适应全球化时代社会经济发展的需要。"[1] 政府培育和壮大民间组织，应致力于提高民间组织的自律能力，使其不仅能够填补政府从部分领域退出后的管理上的空白，更能团结其内部的成员，从而增强其参政能力和社会影响力，并进而能够成为推进法治政府建设的重要力量。

结　语

我国的法治政府理论是在自近代以来志士仁人追求法制现代化的整体背景下，在法制现代化有了相当程度发展的基础上提出的。法治政府就是政府的法治化状态，也即是法治在政府作用领域的实现。尽管我们在强调着法制与法治的区别，但无疑没有法制则不可能实现法治。法制现代化的本质就是从传统人治型统治体系向法治型统治体系的历史性变革。[2] 在从传统社会向现代社会转型过程中，法律制度不断向法治的原则、精神靠拢，其现代性因素不断积聚，最终使一个具有中国特色的法治型统治体系逐渐成为现实。

法制现代化与法治政府在法律制度的健全、完善这方面是重合的。此外，二者具有共同的目标：它们共同致力于法治的实现，二者统一于社会的法治化进程中。只不过法制现代化更加注重法律制度的完善、发展，而法治政府则更注重符合法治原则、精神的法律制度在政府作用领域的良性运作。

我们目前构建法治政府不是在传统法律制度而是在现代法律制度，也就是法制现代化的基础上进行的，二者有着紧密地联系。

法制现代化是法治政府的先导与前提。正如上文所指出的，法制现代化侧重

---

[1] 参见马长山：《国家、市民社会与法治》，商务印书馆2002年版，第145页。
[2] 公丕祥：《法制现代化的理论逻辑》，中国政法大学出版社1999年版，第76页。

法律制度的构建，这主要是静态意义上的，尽管构建的过程本身是动态的、不断演化的。法治政府则侧重法律制度的运作与实现，是在不断现代化着的法律制度统治下的政府，是动态意义的。无论是从历史的还是逻辑的视角看，法制现代化都先行于法治政府，是法治政府的前提。

法制现代化是法治政府的规范基础和制度保障。法律制度为人们提供行为规则，调整着社会关系，为法治政府目标的实现提供规范基础。法制现代化还为法治政府提供各项制度支撑。法治政府的构建最终是为了保障公民权利，制约政府权力。为了杜绝人治的危险，就需要将其予以制度化、法律化，从根本上确立法律高于权力、权力位于法律之下的定位，并在法律上通过权力之间的相互制约、权力运作的程序规制等具体的制度设计将这种定位予以落实。总之，只有在法制现代化的基础上才能构建有中国特色的法治政府。

法治政府是具有现代性特征的法律制度在政府作用领域的实现。静态的法律制度的建设内在于法治政府的构建过程中，是法治政府实体制度层面的不断健全与完善。法制的现代化只有在构建法治政府的过程中动态运作起来，才能有效发挥法律制度应有的功能。

虽然法制现代化是构建中国特色法治政府的前提和基础，但这并非意味着必须首先实现法制现代化，然后再构建法治政府。而毋宁说，在法制现代化有了相当程度发展的基础上，法治政府的目标要求得以提出，并且法制现代化作为法治政府建设的一个层面，二者共时性地统一于法治化的整体进程中。

我国正处于法制现代化和构建法治政府的伟大历史征程中，由于存在种种障碍，我国法治建设的过程中还存在诸多不足，前方的道路不可能一帆风顺。在本章的最后，我们简要总结在实现法制现代化和构建法治政府的过程中应当注意的基本问题如下：

一、从传统走向现代

正如前文所指出的，现代不是对传统的绝对否定，而是对传统的扬弃。法制现代化的进程是法律制度的传统性因素与现代性因素矛盾运动的过程，是法律制度发展的阶段性与连续性的内在统一。无论是实践还是理论上的探索，前人的遗产是我们眺望远景的平台。传统的意义首先在于凝聚共识，增强认同感，是我们实现自我识别的标签。其次，任何事物的发展都不是空中楼阁的构筑，而是需要"土壤"与"地基"的。必要时，我们可以对"土壤"或"地基"进行改良，但却无论如何不能将其抛却不顾。法制的现代化不可能绕开或规避法制传统，即使是对法制传统进行的批判，也从另一个方面印证着传统的意义与作用。最后，以史为鉴，传统是历史在不断试错的过程中形成的，其累积的正反两方面的经验与教训可以减少我们进行制度探索的成本。

然而，过于沉重的历史负累则可能成为我们在法制建设的征途上的包袱，会在很大程度上减缓我们前进的步伐。传统的消极力量主要表现于在惯性与回忆的双重作用下使主体丧失对自我的反思与重构的能力。传统的社会结构与经济结构以及与其相适应的法律制度结构都为法制的进一步发展设定了特定的历史场景，甚至一些不可超越的带有宿命性的局限。例如，我们的前人在探索中国法制道路的时候就赋予了法制自身难以承载的目标期许——富强。传统的与现代的社会结构的异质性越强烈，法制转型在这种反差中折射出的紧张就越显著，所造成的社会震痛也就越深重而长远。

法制现代化是在从传统社会向现代社会转型这一特定阶段中，变革旧法律制度的本质与结构，确立新的法律正义标准及其运行机制，并为新的社会生活系统提供有效的规范和制度支撑。① 前现代社会缺失法治的传统，但社会转型过程中不断增长的现代性因素，诸如市场经济的发展，社会利益主体的多元化，公民主体法律意识的觉醒等等，对实现法制现代化提出越来越迫切的要求。

现代化的命题不只是一个向西方看齐甚至赶超的问题，更是一个主体从传统向现代转型的过程中如何探索适合自身的发展道路的问题。社会生活与社会关系是复杂、多样的，随着社会的发展，不同社会的同质性与异质性都在不断增强、扩展。只有在同质性结构的基础上，才能增强理论的解释力与制度的适应性。

西方是现代化的先行者，然而，现代化不等同于西方化。我们应当在研究视角上摆脱"西方中心论"的束缚，而应从我国自身的现实情况和内在的现实要求的角度探讨中国法制现代化与构建法治政府的道路，从而不致因沉醉于西方模式而迷失自我。我们曾经太过迷信于西方的经验与模式，这使得我们的法制建设始终未能完全走出西方的影子。在看待法制发展这一问题时，我们应当本着客观历史的立场来把握我国与西方的相同与差异之处，并认真分析这些差异之所由来。只有这样我们才能真正辨明哪些制度具有难以复制的地方性，而对于具有某种程度普适性的制度则应考虑如何移植才能更好地实现本土化。

二、系统性与过程性

法治政府的构建必须立足于整体社会系统，社会系统的发展水平制约着法治政府的建设水平。社会系统是法治政府成长的土壤，法治政府构建的动力、机理

---

① 公丕祥：《法制现代化的挑战》，武汉大学出版社 2006 年版，第 163 页。

等"给养"都要仰赖于社会系统的提供。如果脱离社会背景、超越社会现实条件的承受能力，建设法治政府的努力必将导致失败。之所以强调这一点，主要是为了说明现代化是一个社会整体推进的过程，不是单单搞好了一个方面就能实现这个局部的现代化，也更不可能因此而能够实现整个社会的现代化。当然，其他社会因素对于法治政府构建的重要性并非可以等量齐观。相较于其他社会因素，经济结构与政治制度在法治政府构建过程的地位更为突出。同时，某一项社会因素对法治政府的作用并非与其自身的发展程度成绝对的正比。例如，市场经济的充分发展对法治政府的建设是必要的，但并非经济发展程度越高就意味着法治政府的发展水平越高。再者，社会系统内的各因素对法治政府的作用也并非是单一的。社会因素发展的阳面是法治政府建设的有利条件，而相反其阴面则会构成建设法治政府的障碍。我们在构建法治政府的过程中，必须认清社会发展相对于法治政府的不同侧面，并做到趋利避害、扬长避短。

法治政府作为子系统一方面受制于社会发展，另一方面又能动的反作用于社会发展。它的能动反作用主要表现在：首先，法律制度为社会发展提供规范结构，调整着社会关系以及社会的利益分配格局，引导人们自觉作出适法行为，形成良好的社会秩序。其次，法治政府还应当具有形成性作用，积极回应社会发展提出的新要求，并在充分把握自身以及社会发展规律的基础上，在社会可以容纳的限度内，预测并适度超前地引导社会向前发展。

法治政府自身也是一个复合结构，是一个动态系统。它具有观念、实体、形式与程序四个方面的要件，只有这四个方面的要件都具备，并且它们相互之间的关系都能协调统一，法治政府才是完整的。同时，法治政府的构建不仅是法律制度的不断完备，其最根本的问题还是人的问题。这一方面意味着构建法治政府的核心目标或价值以及最终落脚点在于尊重人性尊严，保障公民的自由与权利，另一方面也意味着只有人不断实现自身的"现代化"才能最终引导法治政府步入良性循环的轨道。再者，法治政府是一个动态系统，而非静止地、孤立地存在。法治政府内部各要素处于对话、协商的交涉过程当中，并在达成"未完全理论化的协议"[①] 后进入到下一轮的互动运作中。

鉴于法治政府建设的系统性和系统内外各子系统以及要素之间关系的复杂性，决定了法治政府建设的过程性。这就意味着法治政府的建设并非是一蹴而就的，而是不断试错与反思的长期过程。从法治政府具体的制度构建角度而言，则可以将其表述为法治政府具体运作的过程性。首先，应当以法律制度将权力合理配置，将政府与公民的关系进行合理界定。其次，对政府权力的运作进行全过程

---

① [美] 凯斯·R. 孙斯坦：《设计民主：论宪法的作用》，法律出版社 2006 年版，引言。

的规制。当然，这种规制主要是从程序上设置一种框架或者渠道，使权力只能在框架内或者沿着渠道运作。这主要包括权力运作的事前、事中和事后的规制。事前、事中的规制主要是在权力行使过程中，吸收民众参与与进行信息公开，以此增强权力自身的合法性和正当性。事后的救济主要是保障公民的权利，并对违法运作的权力予以有效纠偏。总之，法治政府运作过程本质上是公民权利与政府权力以及政府权力之间进行博弈的过程。

三、控权与服务

法治政府是法律统治下的政府，而法律是人民的意志。因此，法治政府的主体是人民，对象是政府。从这一概念还可以引伸出法治政府的核心内容就是保障公民的权利与自由，限制政府权力。其中，前者是目的，后者是手段。根据社会契约论和主权在民原则，政府的权力来源于人民。因此，政府应当以人为本，保障公民个人的权利与自由。

权力是一体两面的：权力具有扩张性和易腐性，因此必须对权力进行控制与监督。同时，现代社会的权力应当履行公共职能，为社会输出公共服务与产品。因此，控权与服务是矛盾的，但并非决然的相互排斥。控权并不意味着对于政府权力的剥夺，服务也并不意味着权力借着服务的名义可以为所欲为。最根本的问题是对政府职能与公民权利范围的理解，并进而通过法律对权利与权力的范围进行合理的界定。因此，二者矛盾的解决根本上是个立法决策问题。

当然，这又必然涉及到社会制度、历史文化传统与社会现实需求的问题。首先，我国是社会主义国家，社会主义的核心价值通常被理解为平等与社会正义。因此，我国政府所应当履行的社会职能就相应的宽泛一些，而与此同时，我国公民的社会经济方面的受益权也应当更为广泛。其次，中国传统法律秩序具有济弱功能[1]，法律在"生存照顾"[2]方面作用甚巨。再者，我国目前正处于改革转型期，两极分化现象严重，广大底层民众并未切实分享到改革成果。因此，我国法治政府的建设不是借着自身的有限化来自我减负，而是应当积极履行传统职能，回应现实需求，满足弱势群体的利益诉求，提供必要条件保障他们的人性尊严。

对控权与服务的理解还涉及到我国法治政府发展模式的选择。我国目前采行的法治政府发展模式是政府主导模式。这主要归因于我国建设法治政府的根基薄

---

[1] 李严成：《法律近代化与济弱功能的弱化》，《湖北大学学报》（哲学社会科学版）2006年第6期，第734~736页。

[2] 陈新民：《公法学札记》，中国政法大学出版社2001年版，第46~89页。

弱，虽然社会有这方面的诉求，但并未形成足够强大的力量去有效推动这一进程。法治政府的实然模式与应然状态之间存在着一定的紧张关系。事物的发展总是徘徊于理想和现实之间，法治政府的建设亦然。我国缺失法治传统、社会力量薄弱，因此在当下不可能奢望社会在推进法治政府建设过程中发挥主导作用。而政府固然可以运用自身的力量与手中掌握的资源有效推动法治政府的进程，但也日益面临着权力悖论与正当性拷问的难题。因此，我国继续进行法治政府建设时，应当采用政府和社会互动的模式。这一方面意味着社会力量的不断成长，形成对政府的有效制约，另一方面也意味着政府的自我约束与对社会力量的积极培育、引导。同时这也体现了理想与现实之间的妥协：既要尊重现实，又要追求理想。只有在政府与社会不断博弈的过程，才能实现控权与服务的微妙平衡。

总之，我国法治政府的建设不应当只停留在形式意义上，而应当在促进实质正义的实现上努力；不应当只拘泥于现实，而应当在追逐理想的征途上奋进。

第五编

司法现代化

第十四章

司法主体现代化

内容提要：司法现代化是法制现代化的重要环节，在逻辑上可以分为主体、客体与程序的现代化三个方面，即司法主体的现代化、司法制度的现代化与司法程序的现代化。本章涉及第一个方面。司法主体的现代化包括司法机关、司法组织与司法人员的现代化三个要点，它承载着特定的法律文化，在中国也有着自己发展的历史轨迹。司法主体现代化的目标在于法律职业的一体化与司法官的精英化，因此要实现司法官选任制度的现代化、保障与惩戒制度的现代化以及教育培训制度的现代化三个方面。司法主体的主要职责在于司法裁判，因而司法主体的现代化须以裁判理性的角度来考察，后者对于前者施加了裁判理性化、推理论证技术化与裁判社会化的评判标准。

现代化是一个传统性不断削弱和现代性不断增强的过程，相应地，司法的现代化也就理应表现为一个不断突破传统司法和建立现代司法的过程。司法现代化是围绕人的现代化而展开的，是以实现人的现代化为发展方向和根本目标的。随着社会形态、经济结构和政治法律文化的不断更替与发展，在司法不断走向现代化的过程当中，司法主体作为司法的重要组成部分，同时作为司法制度和司法程序的践行者，也必须实现其自身的现代化。根据我国现行宪法的明确规定，我国的司法机关包括法院和检察院，法院行使审判权，检察院行使法律监督权。相应地，我国的司法主体则既包括法院和法官，也包括检察院和检察官，司法主体的现代化既包括法院和法官的现代化，也包括检察院和检察官的现代化。随着我国法制现代化的逐步推进，法律职业的一体化趋势必然将会逐步消弭法官和检察官在人格品性和法律思维方面的差别，如果这一前提能够得以成立的话，那么至少是在精英化、人事任免、职业保障和惩戒以及教育培训等方面，对法官和检察官做出不同的制度设置可能就是不必要的,也是不科学的。本章中,我们选取以法官制度的演变与发展为分析框架,以法官这一司法主体的现代化来映射整个司法主体的现代化,这种理论分析模式在某种程度上规避了检察官与法官在权力配置和权力行使等方面的一些差别,但是,在我们看来,法院和检察院在权力配置和权力行使上的差异归根结底是司法体制改革需要考虑的内容,而非司法主体建设所要考量的因素。

第一节 司法主体现代化的内涵

司法主体的现代化又可以分为司法机关的现代化、司法组织的现代化和司法人员的现代化三方面的内容。司法机关的现代化包括法院的现代化和检察院的现代化,司法组织的现代化主要是指审判组织的现代化,司法人员的现代化包括法官和检察官的现代化。

司法主体现代化的第一层含义是司法机关的现代化。司法机关的现代化以司法独立为前提,首先,要求司法机关应当依法与行政部门分别行使权力,即司法机构既不隶属于行政,也不能受制于行政,否则,便不具有现代化的特点。① 其次,在司法机关内部,上下级之间不能是一种行政隶属的关系,而是建立在各自独立的基础之上的一种业务指导和监督关系。② 司法机关的现代化是一个宏大的体系,包含非常丰富的内容,不仅仅限于物质装备的精良,基础设施的健全,而是囊括司法机关工作的方方面面。

司法主体现代化的第二层含义是司法组织的现代化。这里的司法组织是指以独立的人格履行一定的司法职责并承担相应的法律后果的集合体,主要就是法院的审判组织。审判组织是代表法院对具体案件进行审理和裁判的法庭组织形式,在我国,人民法院审判组织形式分为独任庭和合议庭两种。此外,审判委员会对重大的或者疑难的案件的处理有最后决定权,从这一意义上讲,审判委员会也具有审判组织的性质。相应地,审判组织的现代化也包括独任庭的现代化、③ 合议

---

① 参见谢晖:《价值重建与规范选择》,山东人民出版社1998年版,第455~460页。
② 当然,检察院与法院在上下级之间的关系方面有很大的不同,检察院还涉及"检察官独立与检察一体化"的命题。详见林钰雄:《检察官论》,学林文化事业有限公司1999年版;陈卫东、李训虎:《检察官独立与检察一体化》,《法学研究》2006年第1期。
③ 尽管独任庭是由审判员一人独任审判刑事案件,但是独任庭的现代化并不等同于司法人员的现代化。独任庭是审判组织形式的一种,具有独立的"人格"特性,以独任庭的名义实施司法行为、履行司法职责。独任庭的现代化关注的是其组织构成、审判方式、责任担当等方面的内容。

庭的现代化和审判委员会的现代化。审判组织的现代化，就是要"强化审判组织专业化，取消对审判组织的行政领导，任何长官意志不能也不应取代或干扰审判活动；司法组织对社会纠纷的介入面，应是全面的，即现代化的司法组织必须健全其对社会纠纷的裁决功能。"①

司法主体现代化的第三层含义是司法人员的现代化。这里的司法人员包括法官和检察官。司法人员的现代化涉及两个方面：其一是司法人员作为人的现代化，即司法人员必须是一个现代化的人，包括掌握基本的现代化知识和现代化思想观念；其二是司法人员必须是现代司法者，这就要求司法人员在现代化的人的基础上，必须具有现代化的司法观念、法律知识、审判技能，要经过严格系统的法律培训和司法实务历练。② 具体来说，现代化的司法人员必须具有广阔的胸怀，具有接受新观念的胆量和积极性，能够"海纳百川"、"兼容并包"；必须具有创新意识，能够妥善解决司法实践中遇到的新问题、新情况；必须秉持和弘扬现代司法理念，诸如司法独立、司法公正、司法效率等；必须严格依法办事、秉公执法，不能徇私舞弊、枉法裁判；必须具备高尚的职业道德情操，不为利所诱、不为贵所束；必须培养良好的个人习惯，任何场合都着装得体、言语适当；等等。实现司法人员个体的现代化需要建立一整套保障司法人员的全面素质的制度，包括从业资格考试、选任制度、培训制度，以及身份保障、经济保障与纪律惩戒制度等一系列规章制度。

除司法机关、司法组织和司法人员的现代化外，就与司法存在密切的关联而言，公安机关、国家安全机关、司法行政机关以及看守所、劳教所、监狱等具有辅助性的与司法活动有关的机关及其工作人员，甚至包括律师组织、法律援助组织等司法辅助机构及其工作人员都是司法活动中不可或缺的主体。虽然这些主体不能被称为司法机关和司法人员，但是这些机关及其工作人员的现代化对司法主体的现代化以及司法的现代化都有着非常重要的影响。试想如果没有一套素质高尚、业务过硬、装备精良的现代化警察队伍，司法主体如何实现其司法权？如何完成其维护社会稳定、缓解社会矛盾的任务呢？因此，在努力实现司法主体现代化的同时，必须加强对公安机关、看守所、监狱等机关及其工作人员的现代化建设，以适应司法现代化的需要。

另外，还必须加强法律职业一体化的建设，也即法律职业共同体的建立。法律职业共同体是一个由法官、检察官、律师以及法学学者等组成的法律职业群体，这一群体由于具有一致的法律知识背景、职业训练方法、思维习惯以及职业

---

① 丁义军、隋明善主编：《法院文化研究》，人民法院出版社2002年版，第28页。
② 参见丁义军、隋明善主编：《法院文化研究》，人民法院出版社2002年版，第29页。

利益，从而使得群体成员在思想上结合起来，形成其特有的职业思维模式、推理方式及辨析技术，通过共同的法律话语（进而形成法律文化）使他们彼此间得以沟通，通过共享共同体的意义和规范，成员间在职业伦理准则上达成共识，尽管由于个体成员在人格、价值观方面各不相同，但通过对法律事业和法治目标的认同、参与、投入，这一群体成员终因目标、精神与情感的连带而形成法律事业共同体。① 法律职业共同体的建立是现代社会和法治国家的必然要求，是司法主体现代化的应有之意。法律职业共同体的建立有助于在一定程度上解决法律职业的行政化、大众化和地方化的弊端，有助于促进司法公正和树立司法权威。

第二节 司法主体现代化的历史考察

一、法律文化传承与司法主体的现代化演进

近代以来，美国学者劳伦斯·弗里德曼最先关注对法律文化并对其进行系统研究。在弗里德曼看来，法律文化是一个充满了多样性和模糊性的概念，很难用十分恰当的言语对其准确概括。在通常意义上，法律文化一般用来泛指"那些为某些公众或公众的某一部分所持有的针对法律和法律制度的观念、价值、期待和态度。"② 与对"文化"一词的不同理解相对应，我国学者对"法律文化"一词的解释有广义的法律文化、狭义的法律文化和最狭义的法律文化之分。广义的法律文化指作为人类文明的法律现象的总称；狭义的法律文化则指人类在社会实践中创造的有关法律的精神财富的总和，主要包括制度法律文化与观念法律文化两部分；最狭义的法律文化则是指人们有关法律的群体性认知、评价、心态的总和，即前述狭义法律文化中的观念法律文化。③ 与司法主体的现代化联系密切的是观念层面的法律文化，故此，我们在本部分选取观念层面的法律文化作为研究对象来分析其在司法主体现代化的进程中所发挥的作用。

司法的现代化并不是简单的仅凭完善立法就可以实现的，它同时还要求法律得到严格的执行，还需要社会民众对现有法律发自内心的认同和遵守，而这些统

---

① 张文显、卢学英：《法律职业共同体引论》，《法制与社会发展》2002年第6期。
② ［美］弗里德曼：《法律文化的概念：一个答复》，载［美］奈尔肯编：《比较法律文化论》，高鸿钧等译，清华大学出版社2003年版，第53页。
③ 樊崇义主编：《诉讼原理》，法律出版社2004年版，第30页。

统都有赖于法律文化的积极推动。在现代社会中,作为一种普遍的社会态度和社会价值的有机组成部分,法律文化直接影响着执法者的执法理念、裁判者的价值衡量与道德取向以及普通民众对法律途径的现实取舍。毫不夸张地说,法律文化的传承在很大程度上决定着一个国家的法制现代化和司法现代化的进程。一方面,法律文化在法律制定过程中有决定性作用。相对于法律制度而言,法律文化往往具有一种超前性,常常是法律文化决定着法律制度的发展。当社会发生某种变化时,法律文化往往能够迅速跟上,满足社会进步所带来的各种新需求,表现出其对于现存法律制度的超前性。另一方面,法律文化对法律运行有决定性作用。作为一种社会文化体系中的抽象的社会观念,法律文化来源于人们在社会生活中的具体实践,它一旦形成(无论是有意识培养出来的还是无意识自然生成的),就会反过来指导人们的法律实践。毫不夸张地说,法律文化"决定了人们何时、何地、为什么诉诸法律、法律制度或者法律程序,以及他们在什么时候会选择其他制度或者什么都不做",它"使一切都运作起来,……就好像给时钟上紧发条或者给机器接通电源一样"。①

法律文化的传承与司法主体的现代化具有非常密切的关系。一方面,法律文化是对法律思想、法律观念和法律价值的沉淀,法律文化的传承与演进,必须有"人"——尤其是司法主体——作为载体,没有司法主体作为法律文化的"代言人",法律文化将无法延续下去。换句话说,法律文化由传统向现代的传承和演进过程就是司法主体现代化的发展过程。在法律文化的传承和演进过程中,司法主体建设也在不断走向现代化的制度安排。另一方面,法律文化传承和演进的过程就是司法主体摆脱愚昧、逐步走向现代化的过程,司法主体现代化是整个法律文化体系中的组成部分。在法律文化传承和演进的过程中,法律文化潜移默化地影响着司法主体的观念和意识,使司法主体逐步摆脱旧有的传统司法理念的束缚,在头脑中形成新的现代司法理念,从而实现由传统向现代的转变。

当然,司法主体的现代化反过来也在很大程度上影响着法律文化的传承与更新。司法主体越具有现代精神,就越容易接受和吸收法律文化的精髓,就越有利于法律文化的传承和更新。但是,司法主体也并非十分乐意地接受法律文化的熏陶,他可能是不情愿地甚至可能会抵触强加给其内心的法律思想和观念。由于具体司法的普遍性与特殊性既对立又统一的矛盾客观存在,立法者和司法者在解决具体法律事件及法律纠纷的意识总会有这样那样的差异,他们之间不总是构成完全协调或完全等同的联系,因此,作为社会的法律控制的最后防线,司法及其相

---

① L. M. Friedman Law and Society: An Introduction. New Jerzy Prentice-Hall Englewood Cliffs, 1977, p. 76.

应的制度的作用发挥的好坏，虽然一方面受制于特定法律文化及其法律制度的约束，呈现出时代的或阶级的局限特征，体现其赖以产生的法律文化及其法律制度的优劣，但另一方面又总会反过来弥补或扩大这种优劣，推动或阻碍、延缓其赖以产生的法律文化及其法律制度的存续发展。①

二、中国司法主体现代化的历史轨迹

分析和研究中国司法主体现代化的实践机理和完善路径，必然要对中国司法主体相关制度的历史发展脉络做一系统性的梳理。关于中国社会从何时开始出现司法权与行政权、司法机关与行政机关的分离，至今仍然没有定论。一般认为，"古代中国司法与行政不分，州县一级司法机关与行政机关合而为一，州县行政长官同时也是司法长官。省级虽设有相关司法机构，但其判决仍需行政长官批准。朝廷中的司法机关名义上是最高审级，实际垄断最高司法权的是皇帝，受皇帝指派的行政官员都有权参与司法。"② 由此可以推断，在清末修律之前，中国并不存在现代意义上的司法制度。及至清末鸦片战争的爆发，伴随着西方列强的入侵，中国社会被迫纳入西方近代资本主义的洪流之中，由此踏上了由"传统型社会"向"现代型社会"过渡的历史征程。此一时期，传统中国以小农经济为主体的自然经济结构，以皇权为核心的封建专制制度，以儒家思想与政治权力相结合的意识形态体系，在内外交困中，渐次解体。这种社会变迁反映在司法领域，则是传统司法遭到空前强大的挑战，逐渐朝现代模式转型。③

正如前述，我国的司法主体包括法院和法官、检察院和检察官。应该说，我国有关检察官选任、职位保障与惩戒、教育培训等方面的很多制度都是参照法官的相关制度建立起来的，因此，我们选择以法官制度的演变与发展为研究进路，来回顾我国司法主体的现代化进程。按照学界的一般认识，现代意义上的法官制度是在清末修律时期正式产生的，在此之前的阶段（第一次鸦片战争至清末民初）处于中国法制现代化的启蒙期，为中国法制现代化奠定了思想和观念基础。自清末修律开始，中国法制现代化进程逐渐步入正轨，有关法官选任、职业保障

---

① 张培田、张华：《近现代中国审判检察制度的演变》，中国政法大学出版社2004年版，导言，第3页。

② 吴永明：《理念、制度与实践——中国司法现代化变革研究（1912～1928）》，法律出版社2005年版，第26页。另外，关于社会转型与中国司法现代化的关系、进程和模式等内容，参见夏锦文：《社会变迁与中国司法改革：从传统走向现代》，《法学评论》2003年第1期；侯强：《社会转型与近代中国法制现代化：1840～1928》，中国社会科学出版社2005年版，第20～32页。

③ 吴永明：《理念、制度与实践——中国司法现代化变革研究（1912～1928）》，法律出版社2005年版，第33页。

与惩戒、陪审制度等方面的内容也随之得以确立。

（一）司法官选任制度

清末时期，清政府迫于无奈相继颁布了《大理院编制法》、《各级审判厅试办章程》、《法院编制法》，初步规定了法官及检察官考试任用制度，然而，由于清政府迅速垮台，这些规定并未得到实施。南京临时政府时期，孙中山强调，出于司法独立之需要，所有充任的司法官，必须参加新法官的统一考试，并需获得相关的资格。1912年3月26日，孙中山在《孙大总统咨请参议院审议法制局拟定法官考试委员官职令及法官考试令》中，对司法官的考选和任用，提出了一系列方法……以考试来确定司法官的任职资格，实际上也就意味着对司法官之专业化要求的正式开始。[①] 北洋政府期间，公布实施了《司法官考试令》和《关于司法官考试令等三条甄录规则》等一系列有关文官考试的资格限定和任用规程等法律法规。国民政府时期继续完善司法官选任制度，为确保司法官素质。国民政府陆续颁行了一系列法官考试和培训制度。比如，1930年《法官初试暂行条例》和《高等考试司法官考试条例》、1933年《考试法》、1943年《司法人员训练大纲》（次年修改为《司法官训练办法》），使司法官考试成为一项固定的、全国性的制度。[②]

新中国成立之初，高等法学教育处于初创阶段，从大学法律专业毕业生中选拔法官是不切实际的。这个时期法官选任制度处于创设阶段，法律只规定了最高人民法院院长、副院长和最高人民法院委员会委员由中央人民政府任免，对其他各级法院的院长、副院长、审判委员会庭长和审判员的任免法律没有规定，各级法院审判人员的主要来源包括：（1）骨干干部，选派一部分老同志到法院担任领导骨干；（2）青年知识分子；（3）五反运动中表现积极的工人、店员；（4）土改工作队和农民中的积极分子；（5）转业建设中的革命军人（包括一部分适于做司法工作的轻残废军人）；（6）各种人民法庭干部。[③] 1954年，我国制定了第一部宪法，同时颁布了《人民法院组织法》、《人民检察院组织法》。根据《人民法院组织法》的规定，各级人民法院院长由本级人民代表大会选举、罢免，副院长、审判委员会委员、庭长、副庭长、审判员由本级人大常委会任免。最高人民法院的助理审判员由司法部任免，地方各级人民法院的助理审判员由上一级司法机关任免。司法行政机关撤销后，助理审判员由各级人民法院自己任免。凡年满

[①] 韩秀桃：《司法独立与近代中国》，清华大学出版社2003年版，第308页。
[②] 汤能松：《探索的轨迹——中国法律考试发展略论》，法律出版社1985年版，第165页。
[③] 董必武：《董必武政治法律文集》，法律出版社1986年版，第235页。

23周岁,有选举权和被选举权的公民都有资格被任命为法官。"文化大革命"过程中,整个法院系统都被砸烂,就更谈不上什么法官选任了。"文革"结束后,1979年《人民法院组织法》第三十四条作出了明确的规定:"有选举权和被选举权的年满23周岁的公民,可以被选举为人民法院院长,或者被任命为副院长、庭长、副庭长、审判员和助理审判员,但是被剥夺政治权利的人除外"。

1995年,全国人大常委会颁布了《法官法》,对法官任职的资格和任命的程序作出了较明确规定,虽然该法在某些地方仍值得进一步完善,但它无疑对我国法官制度建设起到了巨大的推动作用。1999年,"依法治国"作为治国方略载入宪法,我国法制建设向前迈进一大步,法官选任制度获得新的机遇。2001年,全国人大常委会对《法官法》的部分条款进行了修改,提高了法官任职的学历条件以及应取得统一司法资格,使得法官的任职的条件愈加严格。2002年最高人民法院出台了《关于加强法官队伍职业化建设的若干意见》(以下简称最高人民法院《意见》),分别从法官队伍职业建设的主要任务与原则、基本内容、思想基础和组织保证和法院领导班子建设等四个方面对法官队伍职业建设作了详细的规定。其中,明确提出要改革现行不合理的法官选任制度,以加快法官队伍职业化建设的步伐,优化法官队伍的职业素质和道德伦理。

(二) 司法官保障制度

在清末修律时期,修律大臣沈家本非常重视法官薪俸的保障,认为只有确实保障司法官的薪俸收入,才能稳住司法官队伍,使之勤勉奉公、洁身自好。民国前期关于司法官等与官俸之法律规定中,给予法官以较高的政治与经济地位,司法官的月俸有100元,比一般的公务员要高。并且,北京政府还规定,如遇审检厅撤废,司法官仍受全俸,遇缺即补;即使司法官在惩戒调查或刑事被控告期间,薪俸仍应照给;非依法律规定,司法部对于推检不得勒令调任、借补、停职、免官、减俸等。[①]

新中国成立之后,随着中国法官制度逐步走向完善和成熟,法官保障制度建设也步入一个新的发展阶段。我国现行《法官法》明确规定了法官的工资保险福利、退休和申诉控告方面的保障。该法第三十七条规定:"法官实行定期增资制度。经考核确定为优秀、称职的,可以按照规定晋升工资;有特殊贡献的,可以按照规定提前晋升工资。"第三十八条规定:"法官享受国家规定的审判津贴、地区津贴、其他津贴以及保险和福利待遇。"第四十三条规定:"法官退休后,

---

① 吴永明:《理念、制度与实践——中国司法现代化变革研究(1912~1928)》,法律出版社2005年版,第197页。

享受国家规定的养老保险金和其他待遇。"2002年最高人民法院《意见》中第十条专门规定了法官保障制度的改革思路和方向。

(三) 司法官惩戒制度

清末预备立宪和司法改革中,为了保障司法独立,防止行政官掌握法官的进退之权,法官惩戒制度首次被介绍到中国,并被当政者所接受。① 在清末修律期间,尽管法部曾设想制定有关司法官惩戒制度的专门性法规,但是由于法部与吏部在制定该项惩戒法规时间上的不一致,司法官惩戒法规遂被搁置,直至清亡,也没有制定颁行。南京临时政府建立后,在其颁发的《临时约法》中原则性地规定了司法官的惩戒条规"以法律定之",由于政权很快易位,也未及制定。司法官惩戒立法最早出现在北洋政府时期。为了整顿司法官队伍,规范司法官行为,北洋政府在清末和南京临时政府有关法官惩戒设想的基础上,于1915年第一次公布并实施了《司法官惩戒法》,内容涵盖了司法官惩戒事由、种类、机构、程序等各个方面。此后,北洋政府又陆续颁布了一系列相关的法规,不断补充、完善司法惩戒制度。②

我国现行的法官惩戒制度是根据《人民法院奖惩暂行办法》(1986年)、《关于建立法院系统监察机构若干问题的暂行规定》(1989年)、《人民法院监察工作暂行规定》(1990年)、《人民法院监察部门查处违纪案件的暂行办法》(1990年)、《法官法》(1995年)、《人民法院审判人员违法审判责任追究办法(试行)》(1998年)、《人民法院审判纪律处分办法(试行)》等法律、规范建立起来的。毫无疑问,1995年《法官法》的颁布在我国法官惩戒制度建设道路上是一个里程碑式的重要标志,该法对法官惩戒主体、惩戒事由、惩戒程序、惩戒救济方面都作了较为详细的规定。2001年,全国人大常委会对《法官法》的部分条款进行了修改,规范了法官惩戒的相关内容,严格了法官惩戒的相关责任。根据该法第三十三、三十四条规定:"对法官有第三十二条所列行为之一的,应当给予处分;构成犯罪的,依法追究刑事责任"。"处分包括警告、记过、记大过、降级、撤职和开除。受撤职处分的,同时降低工资和等级"。第四十条还规定了在哪些情况下可以辞退法官。2002年最高人民法院《意见》第三十六条对改革法官惩戒制度进行了规定:"改革法官惩戒制度,全面落实法官法有关法官惩戒的规定。建立、健全审判行为规范和审判纪律规范,完善既能严肃查处

---

① 毕连芳:《北京政府时期司法官惩戒制度略论》,《山西师范大学学报》(社会科学版) 2007年第4期。
② 毕连芳:《北洋政府时期司法官惩戒立法初探》,《学术论坛》2007年第3期。

法官违法违纪行为，又能充分保障法官申辩权利的程序。把预防和惩治腐败工作寓于法官管理的各项措施之中，并进一步健全法官自律制度。"

（四）司法官教育培训制度

我国的法官培训正式始于1985年。1985年最高人民法院创办了全国法院干部业余法律大学，并相继在全国各地设立了业大分校，主要为那些没有接受过系统的法律专业知识教育，或者没有接受过正规高等法律专业教育的法官提供一个学习的机会，使他们具备基本的法律专业知识，并取得相应的学历。1988年5月，最高人民法院提出了全国法院干部文化结构的"789"计划，即在1995年，全国法院干警大专以上文化结构要达到：全体干警的70%、审判人员的80%、院长副院长的90%。1988年最高人民法院与国家教育委员会联合创办了中国高级法官培训中心，委托北京大学、中国人民大学每年开设两个高级法官班，并招收一批法院系统定向培养的研究生，为全国法院系统培养了大批的法律人才，使我国的法官队伍的总体素质上了一个台阶。

1995年《法官法》在总结法官教育培训的经验基础上，专门规定了培训制度，要求对法官进行有计划的理论培训和业务培训，并将法官在培训期间的学习成绩和鉴定，作为其任职、晋升的依据之一，从而将对法官的培训纳入了法制化的轨道。[①] 1997年，最高人民法院设立了国家法官学院，主要任务是培养跨世纪的高级法官及其后备人才，标志着我国法官教育培训进入从学历教育向岗位型、素质型教育的新转变。最高人民法院《法官培训条例》和《人民法院五年改革纲要》明确了法官教育培训基本框架，具体分为预备法官培训、任职法官资格培训、晋级法官资格培训、续职法官资格培训和其他培训五个阶段，并对各个阶段的培训时间、方式及结果提出了要求。[②] 2006年，最高人民法院公布了《2006~2010年全国法院教育培训规划》，详细规定了2006~2010年法院教育培训的指导思想和基本原则、总体目标和基本任务、保障措施，给未来五年我国法官教育培训工作指明了现代化的发展目标。

（五）陪审制度

在中国的传统法律文化中，从来都没有关于陪审和陪审制度的概念，陪审和陪审制度都是在清末修律的过程中从西方国家引入的"舶来品"。1906年，沈家本主持编制《各级审判厅试办章程》和《法院编制法》，在审判制度上，采用了

[①] 王利明：《司法改革研究》，法律出版社2000年版，第448~449页。
[②] 赖得贵、彭文城：《构建法官教育培训保障机制的思考》，《法律适用》2006年第12期。

陪审原则。① 辛亥革命后，中华民国临时政府和武汉国民政府等都曾制定法案，采用陪审制度，但都未真正实施。②

民主革命时期，中华苏维埃中央执行委员会颁布的《裁判部暂行组织及裁判条例》中，具体规定了人民陪审制度。③ 抗日战争时期和解放战争时期，人民政权也都不同程度地实行陪审制度，如1940年《晋察冀边区陪审制暂行办法》和1947年《关东各级司法机关暂行组织条例草案》，都规定司法机关在审理刑事或者民事案件时应当有陪审员参与。

新中国成立后，《共同纲领》第七十五条明确将人民陪审制度规定为一项基本审判原则，人民法院审理案件依照法律实行人民陪审员制度。1951年颁布的《中华人民共和国法院组织暂行条例》，1954年颁布的《宪法》和《法院组织法》，又重申了这一原则。"文化大革命"时期，司法制度遭到政治运动的重创和破坏，人民陪审制度也名存实亡。

1978年以后，人民陪审员制度也相应得以再次确立。同年通过的《宪法》第四十一条规定："人民法院审判案件，依照法律规定实行群众代表陪审的制度。"但是，陪审制度在实践中的适用并不普遍，因而在1982年修订宪法时，将有关陪审制的内容便取消了。1983年修订的《人民法院组织法》第十条规定："人民法院审判第一审案件，由审判员组成合议庭或者由审判员和人民陪审员组成合议庭进行。"刑事、民事和行政三大诉讼法中也都对采取合议庭审理方式的案件类型等内容作了详细的规定。2004年8月全国人大常委会通过的《关于完善人民陪审员制度的决定》对涉及人民陪审员的任职条件、产生方式、职责范围、任职期限、权利义务、法律责任、物质待遇和申请回避等重大事项都作出明确规定，不仅结束了人民陪审员制度法律不健全的局面，更使人民陪审员制度的法律体系逐步完成。④

第三节 司法主体现代化的基本内容

司法主体现代化的基本内容主要包括两大部分，一是法院和法官的现代化；二是检察院和检察官的现代化。司法官员的精英化是实现司法主体现代化的前提

---

① 参见张晋藩主编：《中国法制史纲》，中国政法大学出版社1986年版，第343页。
② 张晋藩主编：《中国法制史》，群众出版社1985年版，第382、418页。
③ 参见张晋藩主编：《中国法制史纲》，中国政法大学出版社1986年版，第357页。
④ 严军兴：《保障司法公正的重大措施》，《人民司法》2005年第2期。

和基础,因此,司法官员的精英化是中国司法主体现代化的应有之意。一套完整的司法官制度应当包含三个方面的内容:一是司法官的选任制度;二是司法官的保障与惩戒制度;三是司法官的教育培训制度。司法官制度的现代化应当同时实现这三个方面的现代化。

应该说,我国检察官在精英化、人事选任、职位保障与惩戒、教育培训等方面的很多制度都与法官相类似,因此,本部分在介绍司法官员的精英化、司法官员选任制度、司法官员保障与惩戒制度和司法官员教育培训制度时,仍然以法官为主要研究对象。

一、法律职业的一体化

(一)法律职业一体化的内涵

现代意义上的法律职业产生于18、19世纪,是伴随着现代资本主义制度在西方国家的奠定而出现的。在西方国家,随着资本主义市场经济的逐渐发展,社会分工也日趋精细,传统"行政与司法合一"的社会治理模式已经不能够适应现代法治国家建设的需求,这就要求司法机构必须从国家行政机构中分离出来,代表国家行使审判权,负责审理刑事、民事和行政案件。同时,随着法律在日常社会生活中的作用的不断加强,通过司法手段解决纠纷的方式逐步深入人心,法官的技术化和专门化程度也相应地越来越高,法律职业的形成也就显得格外必要了。"在社会分工体系中,司法工作不仅应当形成为一种专门化的职业,而且应当具有特殊的职业要求,此种职业要求便是现代社会所必须的法律职业。"[1]

一般认为,法律职业的对象主要是法官、检察官和律师。职业法律家群体必须具备以下三项条件:坚决维护人权和公民的合法权益,奉行为公众服务的宗旨,其活动有别于追逐私利的营业;在深厚学识的基础上娴熟于专业技术,以区别于仅满足于实用技巧的工匠型专才;形成某种具有资格认定、纪律惩戒、身份保障等一整套规章制度的自治性团体,以区别于一般职业。职业法律家的典型是律师、法官和检察官。[2] 也有学者认为,除了法官、检察官和律师职业以外,其他专门从事法律工作的行业或人员也应当被纳入到法律职业之中,比如法学教育工作者、法律顾问、公证人员等。

法律职业的一体化,即法律职业共同体的生成和建设。关于法律职业共同体

---

[1] 王利明:《司法改革研究》,法律出版社2000年版,第396页。
[2] 季卫东:《法律职业的定位——日本改造权力结构的实践》,《中国社会科学》1994年第2期。

的概念，马克斯·韦伯认为法律共同体是有某种共同的特质维持或形成的其成员间因共识而达成协议的群体，其特征是具有同质性，这种同质性以出生、政治、道德、宗教信仰、生活方式或职业等等社会因素为表现；而哈贝马斯则把法律共同体等同于一个民族国家。尽管解释不同，但他们都是在对法律共同体的内涵有着共识的基础上对其外延予以扩大或缩小。这种共识即是当一个群体或社会以法律为其联结纽带或生活表现时，就可称其为法律共同体。①

法律职业群体并非等同于法律职业共同体，两者之间是存在差别的。法律职业群体与法律职业共同体之间也并非是等差递进关系，法律职业群体并不能够自然进化为法律职业共同体，形成法律职业共同体的前提是必须有一支专门化的法律职业群体，但是更为关键的是在法律职业群体内部必须秉持着一种共同的"职业精神"。只有在法律职业群体能够通过一体化的思维和行为模式支撑这一群体所从事的具有同质性的法律事业，从而能够保证法律职业群体之内的顺畅流动和沟通，并且又不致影响到法律工作的开展，它才能转化为法律职业共同体。

法律职业一体化具有重要的积极意义：法律职业一体化将从事司法活动的不同群体集合起来，按照统一的标准和尺度去规范和约束他们，有利于法官、检察官和律师群体综合素质的提高，从而有利于不同群体之间的知识共享和人才互动；法律职业一体化为法官、检察官和律师在实际操作中提供了明确的标准，有助于增强司法公正和司法独立；法律职业一体化有利于在法官、检察官和律师群体之间司法信仰和司法权威的形成；法律职业一体化有利于司法机关职能部门之间的分工和配合，以及不同司法机关、不同法律职业者彼此之间的相互沟通和理解。

（二）法律职业一体化存在的问题

当前，如何提高法律职业者在司法实践中的地位以及实现法律职业的一体化，是中国司法现代化建设中亟待解决的问题。2001年6月，全国人大常委会通过了《法官法》、《检察官法》修正案，规定今后法官、检察官必须通过统一的司法考试才能获取法律职业资格。这一制度的确立对构建我国的法律职业共同体至关重要。然而，由于经济基础以及政治体制、历史传统、民众观念等多方面因素的制约，导致了中国法律职业群体目前仍处于一种离散和冲突的状态，相互之间的沟通和互动也无法顺畅地实现，未能形成严格意义上的法律职业共同体。这种法律职业之间的内在冲突和隔阂，主要体现在以下几个方面：司法人员素质参差不齐，未经专门法律训练的人员在法律职业中占据相当大的比例，到目前为

---

① 张文显、卢学英：《法律职业共同体引论》，《法制与社会发展》2002年第6期。

止，仍有大批非法律专业人员源源不断地进入法律职业系统；作为法律职业重要组成部分的法律教育的非职业化和过分政治意识形态化，割裂了法律职业与法律教育的联系，并使法律职业群体缺乏共同的话语基础和知识背景；法律职业群体内部的观念和价值目标存在一定程度的分裂态势，"同质化"进程受到影响，导致法律职业共同体的形成困难重重。①

（三）法律职业一体化的完善

总的来讲，法律职业一体化是现代社会和法治国家的必然要求，法律职业一体化有助于从根本上解决法律职业的行政化、大众化和地方化的弊端，有助于促进司法公正和树立司法权威。要想在中国实现法律职业的一体化，必须从以下几个方面入手：

健全法律职业准入制度，实现法律职业的专业化。法律职业准入制度是指有关进入法律职业领域的条件和程序的制度。法律职业不是一般人能够胜任的，试图从事法律职业的人必须符合法律所规定的条件并经过严格的选拔程序，方有资格进入法律职业领域担任法官、检察官或者律师。在我国，统一司法考试的推行就是健全我国法律职业准入制度的关键环节，统一司法考试制度的实行，有利于提高法律共同体整体素质的提高，对缩小法律职业间的差异和提高法律职业彼此之间的"同质性"，对实现法律职业的专业化起着非常重要的作用。

完善法律职业教育制度，建立法律职业的宏观培养模式。法律职业共同体的宏观培养模式，也即是一整套与法律职业特点和职业要求相适应的由不同阶段的教育、考试和培训制度相互衔接共同构成的一体化的法律职业共同体宏观培养模式，即法律人才宏观培养模式或法律人才培养体制。具体来说主要包括以下五个方面：法律学科教育，其主要任务是系统传授法学知识体系；法律职业教育，其主要任务是培养法律职业的基本素养；一元化的法律职业资格制度和法律职业资格考试制度，它是法律人才宏观培养模式中的关键环节，占有承前启后的重要地位，主要任务是统一法律职业的准入条件和标准，目的是为了保障和建设一支高素质的法律职业共同体；法律职业培训，主要任务是对通过司法考试准备进入法律职业的"准法律人"开展上岗前的实务训练，使他们初步掌握从事法律职业的基本技能；终身化的法律继续教育，主要任务是更新、补充法律知识和业务技能。②

建立法律职业交流制度，加强法律职业之间的沟通和互动。就目前而言，中

---

① 申敏：《构建我国法律职业共同体的思考》，《铁路警官高等专科学校学报》2006年第1期。
② 霍宪丹：《关于构建法律职业共同体的思考》，《法律科学》2003年第5期。

国法律职业共同体的构建,不仅主要取决于法律人才培养共同体(法律人才宏观培养模式)的重构,还取决于法律职业、法律职业共同体和法律人才培养共同体之间的相互适应、相互促进和相互协调的良性互动。① 为促进法律职业共同体形成和更好地发挥作用,法官、检察官和律师之间的相互理解与认同是必需的,因此,必须建立法律职业者之间的沟通和互动制度。法律职业交流制度应当包含两个层次的内容:一是法律职业者间的沟通制度。鼓励法官、检察官、律师甚至是法学学者,共同参加一些针对司法实践中法律运行方面的理论和实务研讨会,共同交流职业心得,提升法律职业者在理论层面的趋同性和对法律职业的共同使命感。二是法律职业者间的互动制度。又可以分为同种法律职业类型内部的互动和不同法律职业类型外部的互动。前者是指同种法律职业类型内部不同级别或者不同地域的法律职业者之间的流动和更替。"从中国的情况来看,法官的流动有助于法官的相互交流及法官在某个地方法院的合理配置,尤其重要的是,法官的合理流动有助于克服地方保护主义现象,保障法官的严格执法。"② 后者是指不同种法律职业类型之间在人才生成、培养和共享方面的互动和交流。就我国司法官员素质整体不高、司法官生成机制缺陷的现状而言,这种外部交流主要是律师或者其他专事法律工作的行业向法官、检察官系统输送优秀的备选人才。比如,参照英美式法律共同体的养成模式,从一些具有丰富职业经验的优秀律师中选任法官、检察官,以提高法官、检察官的素质和司法公正的理念。当然,这需要建立一系列的保障和提高法官、检察官职业环境和待遇的配套措施。

二、司法官的精英化

(一)司法官精英化的内涵

法官精英化的内涵是指法官群体适应现代法治的要求,以专业化和职业化为背景,在法律素养、实践能力、人文精神和人格品质等方面具有高度的卓越性,对社会发展产生积极影响,并因此而获得社会的高度评价与尊重,具有法律保障下的优厚地位。通俗地讲,法官的精英化模式包含了法官的质量要求和数量控制两个基本方面。③

"徒法不足以自行",法官是践行法律的"智者",是实现法律效益的基本力

---

① 霍宪丹:《关于构建法律职业共同体的思考》,《法律科学》2003年第5期。
② 王利明:《司法改革研究》,法律出版社2000年版,第416页。
③ 谭兵、王志胜:《试论中国法官的精英化》,《现代法学》2004年第2期。

量。法官整体和个体的素质,直接影响到法律实施的社会效果,影响到社会的正义与秩序。"法律是靠人来执行的,司法的权力如果经过无知和盲从的非职业之手,那么再神圣的法律也会变质"。① 正如有学者所言,法官不是一个大众化的职业,而是一个精英化的职业,法官的精英化意味着司法主体的现代化。② 没有精英化和职业化的法官群体,即使法律制定的再完善、再精密,司法运作也难免出现"好米无妇难为炊"的尴尬局面。在司法改革与司法现代化的进程中,提高法官的素质,实现法官的精英化至关重要。

(二) 司法官精英化存在的问题

从法官应具备的专业素质考察,我国法官与其他国家存在着明显的差距,主要表现在:一是学历较低,专业知识参差不齐。二是职业化程度不高。从法官的来源看,主要由三部分组成:政法院校的毕业生;复转军人;通过其他途径进入法院系统的人员。这样,由于法官来源的多元性和复杂性,法官职业无法形成同质化格局,导致我国法官队伍比较缺乏职业传统和职业气质,其职业特点处于模糊状态,不仅在法律意识、法律专业知识上难以形成共同语言,而且在职业伦理、职业操守等方面也难以达成共识。三是司法腐败现象层出不穷。法官素质不高,不仅是外在力量干涉司法的借口,而且也是司法腐败、司法不公的最直接、最重要的因素。司法腐败现象在法官队伍中的蔓延,无职业道德、无廉洁意识的"法官"在各级人民法院中的存在,严重地诋毁了司法的权威,损害了法律的尊严。

(三) 司法官精英化的完善

建立和实施严格的法官选任制度,确保初任法官的良好素质。首先,对拟进入法官行业的人员设置学历标准。只有国家承认的正规法律院校的本科毕业生才有资格担任法官。其次,必须通过统一的司法考试,以提高法官准入的门槛,分流、筛选不适格人员。最后,严格按照《法官法》的有关规定,对新进人员进行审查,在符合法官条件的人员中择优录取,宁缺毋滥,确保法官的高素质。

建立法官保障制度,给予法官必要的身份保障和经济保障,提高法官职业的社会地位。就身份保障而言,可借鉴其他国家的立法经验,确立法官职位终身保有制。除非在任职期间有不当行为或者表现不能适格者,法官不得被解职或调职。就经济保障而言,通过逐步提高审判法官的薪金,建立法官高薪制,同时辅之以住房补贴、医疗保险等福利,保障法官的生活维持在一定的高水平之上,同

---

① 张文显主编:《法理学》,法律出版社1997年版,第248页。
② 夏锦文:《法官精英化与法学继续教育》,《法学论坛》2002年第1期。

时保障法官退休后获得稳定的退休金和生活津贴。

加强对法官的法律知识、业务能力和职业道德的继续教育和培训。现代科技的发展，使知识更新的周期日益缩短，就法学领域来说，新法律、法规的不断出台，新型法律关系的出现，新的法律部门和法律学科的不断诞生，要求法官必须不断深化和更新法律知识，强化业务能力和职业道德，以满足审判工作的需要。因此，有必要通过对法官实施有计划、有步骤地培训，造就专家型、复合型的法官队伍。坚持对法官每隔一段时间进行一次集中培训，更新和充实法官的现有知识。要逐步实现学历培训向岗位培训的转变，培养专家型、复合型的法官。

三、司法官选任制度的现代化

法官选任制度是规定法官任职资格、选拔法官的机制和行为准则的制度。法官选任制度可以分为两个方面的内容：一是法官的任职资格，是指担任法官应当具备的条件，又可分为录用初任法官的资格和现任法官的资格。法官的任职资格要求一般包括学历、司法考试资格、法律职业经验、个人品行与道德情操、年龄、身体状况、国籍等。另外，还包括一些诸如在某种情况下不能担任法官或者予以回避的禁止性规定。二是法官的选拔机制，主要是指选拔法官的方式和程序。法官的选拔机制一般包括选拔法官的主体，选拔法官的方式和程序，法官的晋升机制和法官的考核机制等内容。

（一）司法官选任制度的问题

缺乏吸引法律专业人才的机制。首先，司法机关生活待遇偏低，特别是中西部贫困地区，有的连工资都不能按时发放，很难吸引法律院校毕业生，也很难留住人才。其次，基层司法机关吸收录用工作人员随意性较大，一些素质不高、不符合条件的人员通过各种关系进入司法机关，大量挤占了国家编制，使一些法律院校毕业生和其他方面法律人才因此而进入不了司法机关。再次，军队转业干部大量进入司法机关，累计已达10多万人，目前每年仍要安排数千人。这些人员政治素质好，但是缺乏法律专业知识、年龄较大、级别较高，而且大都没有带编，挤占了司法机关的编制，致使一些司法机关既没有编制进法律人才，也没有相应的职务和级别待遇吸引法律人才。最后，统一司法考试与司法官准入缺乏合理联系。司法考试通过率低，中西部司法机关很少有人通过，通过的也很难留住，这些地方的司法官面临着后继无人的尴尬局面。①

---

① 张建军：《我国司法官遴选制度的建构》，《国家检察官学院学报》2005年第5期。

任命法官的主体层次不高。根据《人民法院组织法》和《法官法》的规定，助理审判员由本院院长任命，副院长、庭长、副庭长、审判委员会委员由各级人大常委会任免。院长由各级人大选举。同许多国家法官任命的主体是国家元首相比，我国法官任命的主体层次显然过低，体现不出法官职业的神圣和崇高。同时，将法官的任免权完全交由地方掌管，容易使法官直接受制于地方，法官矮化为地方的法官。①

注重书面知识轻视法律职业经验。按照我国现行法官法的规定，晋升法官的条件是：达到本科学历者，从事法律工作满2年，其中担任高级人民法院、最高人民法院法官，应当从事法律工作满3年；获得硕士或博士学位的，从事法律工作满1年，其中担任高级人民法院、最高人民法院法官，应当从事法律工作满2年。这样的规定至少存在三个问题：一是对于从事法律工作的年限要求过短。二是对"法律工作"没有提出具体的要求。三是用学历的高低来增减从事法律工作的年限。在实践中，通常是大学毕业生直接被法院录用，干上最多3年的书记员或者是助理法官，就可以晋升为法官了，许多人不到30岁就成为法官。这对于法官这一特殊的职业来说，是极为不利的：社会纠纷是相当复杂的，仅有书面知识而缺少生活经历，也是很难应对的。由于缺乏司法实践经验造成的法官职业素养低下是我国审判不公、诉讼拖延的重要原因。②

（二）司法官选任制度的完善

建构司法官选任的职业环境。司法官选任必须具备良好的社会职业环境，这种职业环境主要指法律职业共同体的形成。随着《法官法》、《检察官法》和《律师法》的修订，人们越来越注重法律职业的共性因素，即共同的知识背景、共同的准入标准、共同的法律语言、共同的社会理念、共同的法律机能和共同的职业伦理。这些共性因素的发展，促进了法律职业共同体的形成。法律职业共同体的形成与司法官选任主要通过以下渠道相互影响：一是广泛吸引法律院校毕业生从事法律职业，从而扩大法律资源，为司法官选任提供充足的人才保证；二是确定统一的法律职业准入标准，为法律职业人员相互流动提供可能，从而促进司法官的选任工作；三是法律职业共同体的形成，使社会形成了一个新的界别，可以提高法律职业的社会地位，从而增强司法官的职务保障，为司法官的选任提供良好的社会支持。

重组法院工作群体，合理配置审判资源。由于法院内部机构设置不合理，法

---

① 陈祥军：《我国法官遴选制度现状及完善》，《海南大学学报》（人文社会科学版）2003年第1期。
② 魏瑶：《法官遴选制度研究》，《河北大学学报》（哲学社会科学版）2005年第1期。

官职务序列与非法官职务序列界限不清，导致法官职位泛滥。由此带来的一个明显弊端就是在审判一线工作的法官长期超负荷运转，在其他岗位工作的人员则无所事事。因此，要实现精英审判，首当其冲的应当是规范法官的岗位设置，从根本上改变法官岗位设置的随意性。具体做法是重组法院工作群体，将法院工作群体设置为法官、执行官、法官助理、书记员、公务员和法警六个序列，合理配置每个序列的审判资源。这些制度的制定和完善是创建"精英化"法官的基础性条件。①

四、司法官保障与惩戒制度的现代化

法官保障与惩戒制度可以分为法官保障制度和法官惩戒制度两部分。法官保障制度，是指法官在履行司法职责的过程中，应当受到任职的保障、经济的保障和享有司法豁免权，尤其是法官的职业风险性要求对法官的人身安全要从法律上予以特殊保护，并以此作为法官独立审判地位的存在前提。② 法官保障制度包含法官的身份保障和法官的经济保障两个方面的内容。所谓法官的身份保障，是指为解除法官后顾之忧，使其免受外部干扰而依法行使职权，法律规定法官一经任命，便不得随意更换，不得被免职、转职或调换工作，只有依据法定条件，才能予以弹劾、撤职、调离或令其提前退休。③ 所谓法官的经济保障是指对法官在任职期间的薪金、津贴等和法官在退休期间的退休金、生活补助等不得出于任何理由予以克减。

法官惩戒制度是指对法官在任职期间的不当行为或违法行为予以惩罚和制裁的制度，具体包括惩戒主体、惩戒事由、惩戒程序、惩戒方式和惩戒救济等内容。"由于法官承担着公正司法的重任，社会需要对法官行为严加约束，严格处置其违法乱纪行为，以确保法官的职业道德，进而建立起司法公信力和权威，为维护法官独立创造一个良好的社会环境。"④ "司法惩戒的主要目的并不是要惩罚法官，而是要保护公众，进而保持司法程序的廉正，保持公众对法官的信心并且在法官自身方面形成更强的适当进行司法行为的意识。"⑤

---

① 陈祥军：《我国法官遴选制度现状及完善》，《海南大学学报》（人文社会科学版）2003年第1期。
② 人民司法编辑部、江苏省无锡市中级人民法院：《维护司法权威 保障法官权益——法官权益保障研讨会综述》，载《人民司法》2005年第9期。
③ 王利明：《司法改革研究》，法律出版社2000年版，第424页。
④ 范愉：《司法制度概论》，中国人民大学出版社2003年版，第139页。
⑤ 怀效锋主编：《法院与法官》，法律出版社2006年版，第548页。

（一）司法官保障与惩戒制度存在的问题

就当前中国法官保障与惩戒制度的现状而言，无论在立法规定还是在实践操作上，都还存在着明显的问题，只有进一步加大法官保障与惩戒制度的理论研究，完善和健全法官保障与惩戒制度的立法规定，规范法官保障与惩戒制度的司法实践，才能使我国的法官保障与惩戒制度真正走向成熟。

在法官保障方面，主要存在以下问题：法官人身安全受威胁，例如，法官在执行公务时遭遇过人身侵犯和人格侮辱，法官因执行公务而使自己或亲属遭到寻衅报复；法官职业收入难保障；法官独立审判受干涉。主要表现为一些机关的不当干涉、个别媒体的不当干涉、涉诉信访的不当干涉和法院内部的不当干涉；法官职业地位不稳固，免除法官职务随意性大。

在法官惩戒方面，主要存在以下问题：对法官的惩戒具有明显的行政性。惩戒程序的各方主体之间的关系更接近于行政管理模式，所遵循的程序也属于行政式的办事规程，更重要的是，在这种程序中，被惩戒对象的程序权利缺乏有力保障；对法官职业的特点体现不充分，而且至今仍对法院不同类别的工作人员包括审判员、助审员、执行员、书记员、司法行政人员等适用相同的惩戒程序，更重要的是，现行法官惩戒制度是从我国党政机关统一实行的"纪检监察制度"基础上照搬过来的，基本上没有改进，更谈不上根据法官职业特点建立；程序仍然比较简单，不够健全，甚至缺乏一些关键性的程序要素。①

（二）司法官保障与惩戒制度的完善

关于法官保障制度的完善，最高人民法院《意见》第十条规定，加强法官的职业保障。要从制度上确保法官依法履行职权，维护司法公正。具体包括：一是保障法官的职业权力。法官应当依法独立公正行使审判权，坚决排除行政机关、社会团体和个人的干预，坚决排除地方和部门保护主义的干扰。同时，也要杜绝法院内部的行政干预，落实合议庭、独任法官对案件作出裁决的权力。二是保障法官的职业地位。法官一经任用，除正常工作变动外，非因法定事由，非经法定程序，不得被免职、降职、辞退或者处分。各级人民法院特别是上级人民法院要坚决支持法官严格依法办事，支持他们依法履行职责。三是保障法官的职业收入，逐步提高法官待遇，增强法官职业的吸引力，维护法官职业应有的尊荣。我们认为，以上改革方案是可行的，将成为今后很长一段时期内引领法官保障制度的现代化建设的"风向标"。关于法官惩戒制度的完善，主要应从以下几个方

---

① 于秀艳：《论我国法官惩戒程序及其改革》，《法律适用》2003年第9期。

面着手：规定法官应遵循的行为准则以及违反该准则所应受的处罚；专门规定惩戒机构；建立惩戒的程序。①

五、司法官教育培训制度的现代化

我国的法官教育培训，是人民法院为适应社会经济发展，保证法院群体成员适应任职要求和审判工作需要而进行的法律知识、业务能力、办案水平等方面的教育，是法院工作改革的一部分及重要的配套措施。就当前我国的法官教育培训情况而言，可谓是喜忧参半。令人欣喜的是，经过十年来的法官教育培训探索，逐步形成了一整套以国家法官学院为中心，同时辐射全国各地的法官职业培训机构体系，接受法官培训的数量与日俱增，法官整体的素质也大幅度得到提升，法官职业教育培训逐渐走向"品牌化"和"市场化"。"据不完全统计，截止到2007年8月，全国省级法官培训机构共举办各类培训班2 000余期，培训法官和其他工作人员50余万人次。国家法官学院共举办各类培训班230期，培训各级法院院长、审判骨干和司法政务人员近2.4万人次，培训种类和内容进一步拓宽和丰富，培训质量进一步提高，培训效果进一步增强，为全国法院培养了一大批高素质的专业人才，为人民法院队伍建设作出了重要的贡献。"②

令人担忧的是，由于我国的法官教育培训工作起步较晚，没有形成一套科学合理的法官教育培训体制，法官培训的地方化和非制度化导致法官教育培训目标的盲从和缺失。有学者将我国法官教育培训的问题总结为以下六点：教育培训体制不科学，阻碍了法官职业化进程；培训不明确，影响了法官素质的提高；培训资源不共享，制约了培训工作的发展；教育培训方式不完善，降低了教育培训的质量；教育培训使用不合理，限制了培训功能的发挥；教育培训发展不平衡，造成了培训规划的差异。③

完善我国的法官教育培训制度，实现法官教育培训的现代化，必须加强法官职业培训的制度化建设，对各级法官实行定期培训。加强法官教育培训工作，必须面向依法治国，建设社会主义法治国家的目标，面向人民法院审判工作的实际，面向法官职业化建设的需要，面向不断推进的司法改革实践，以培育现代司法理念为先导，通过普遍提高和强化法官队伍的政治素质、业务素质和道德素质，为人民法院完成宪法和法律赋予的历史任务，进一步提供可靠的人才资源和

---

① 参见王利明：《司法改革研究》，法律出版社2000年版，第436~437页。
② 陈永辉：《全国法院教育培训工作十年成果丰硕》，中国法院网，http://www.chinacourt.org/html/article/200709/13/264542.shtml. 访问时间2007年10月25日。
③ 赖得贵、彭文城：《构建法官教育培训保障机制的思考》，《法律适用》2006年第12期。

智力支持。① 法官职业培训不同于法律院校的专业教育，通过对法官的继续教育不仅要使法官牢固的掌握法律的基本知识和最新动向，而且要培养法官实际操作的能力，驾驭司法实践的能力，解决司法难题的能力，后一方面的内容才是法官职业培训的重中之重。因此，必须加强法官职业培训的制度化建设，使法官职业培训成为一项制度贯彻下去。

具体而言，应当从以下几个方面入手：

建立以国家法官学院为中心，覆盖全国的法官职业培训机构，实现点与面的结合。国家法官学院在全国的法官培训体制中占有着举足轻重的地位，它的培训课程体系、培训模式、培训质量、培训教材等诸方面都对地方各级法官培训机构起到示范作用。② 应当充分发挥国家法官学院在法官职业培训中的作用，扩大法官职业培训的范围。

筛选法官培训项目，实现法官教育培训的精良化。有学者在实证考察法官国外培训项目内容基础上，发现这些培训的作用有限。③ 因此，有必要对各种名目的法官培训进行筛选，排除某些不必要的或者打着法官培训的旗号出国旅游等法官培训项目，实现法官教育培训的精良发展。

转变法官教育培训模式，从应急补课式转变为渐进培养模式。我国当前的法官培训从实用主义出发，注重法官业务技能的培训和传授，而相对忽视法官政治素质和法律知识的培养，这不利于法官职业的长期发展，同时也使得法官职业倾向于更为功利。因此，需要转变以往急功近利的法官教育培训模式，加强法官道德品行和法律知识方面的培训，训练法官在遇到法律困境时的灵活应对能力。

完善法官培训内容、因材施教，实现法官个体的全面发展。就法院的教育培训而言，领导干部、审判员和法院的一般行政人员、书记员等，由于工作性质的不同，培训的内容和重点也必然存在不同；即使是同一类人员，也应根据不同的培训目的和要求在培训内容和重点上有所侧重。

另外，除了上述制度化、外在化的内容以外，司法主体现代化还应逐步强化司法主体的法律信仰。我们认为，大致应当从以下几方面着手：

培养司法官对待世界和人生的崇尚和感恩之心，使之树立科学、正确的世界观和人生观。世界观是人们对世界的看法和观念，人生观是人们对待自身价值和社会生活的态度。只有怀着对世界和人生的崇尚和感激之情，才能对国家和社会作出其应有的贡献，才能实现个人自身应有的价值。法律职业是值得社会公众倾羡和崇敬的职业，司法官是社会正义的"守护神"，如果作为正义"守

---

① 肖扬：《在国家法官学院五周年庆典上的讲话》，《法律适用》2002年第12期。
② 李纬华：《中德法官培训合作》，《比较法研究》2005年第2期。
③ 范愉：《有关法官国外培训的实证考察》，《环球法律评论》2006年第4期。

护神"的司法官在世界观和人生观上出现偏差，将会直接影响到整个社会对待法律的看法和观念，更不利于整个社会世界观和人生观的培养和树立。应该说，一名优秀的司法官同时也是整个社会科学、正确的世界观和人生观的"风向标"。

加强司法官的法律职业认同感和优越感，使之树立科学、正确的法律职业价值观。从哲学的角度讲，价值是事物发挥其自身作用和功能的表现，人的价值就在于人对国家和社会所作出的贡献。实际上，一种职业本身也蕴含了它独特的价值，人的价值在一定程度上也承载了其所从事职业的价值。法律职业作为社会分工的一种，也有着其自身的价值，比如说促进社会公平、维护社会正义等。这样说来，司法官作为践行法律者，本应当就是大众的职业，因为法律职业本身就提供了追求社会公平和正义的价值目标。然而，反过来说，法律职业又是专业性很强的职业，不是普通民众都能够胜任的，这就为法律精英阶层的出现和存在创造了条件。司法官需要认识到法律职业自身的价值，需要有职业认同感和优越感，要超脱于世俗观念的束缚，要实现"内心深处的升华"，树立科学、正确的法律职业价值观，对法律职业的热爱"恰如潺潺不断的泉水涌出，时时刻刻流淌在心间"。

第四节 裁判理性视角下的司法主体现代化

司法裁判的过程不单单是一个有司法人员和当事人、其他司法辅助人员参加解决纠纷的固定化程式，而且是一个司法人员充分发挥其主体性和司法人员与当事人、其他司法辅助人员之间主体性实现的交涉性过程。这样说来，司法裁判的现代化与司法主体的现代化之间存在密切的联系，司法主体现代化的重要内容是司法人员内心所秉承的司法观念、思维以及司法品格的现代化，而司法裁判作为司法人员观念态度、思维模式和品格特征的外在表现和"智慧结晶"，必然在某种程度上映衬出司法主体的现代化。

一、司法裁判的理性化

理性概念和现代化紧密相关，现代社会与其说依赖于一个权威的司法结构，不如说它更有赖于一个充分拓展了公正、人权价值的理性化的司法结构。在德国社会学家韦伯看来，"理性"就是"合理性"，"合理性"就是"现代性"，"理性化"的过程也就是获得"现代性"的过程——现代化。① 如果说现代化的司法即是理性化的司法,那么,实现司法裁判的理性化也就成为我国法制现代化建设中不可或缺的一环。

(一) 司法裁判理性化的内涵

司法职业是这样的一个领域,它不是纯粹理性的事业,也不是传统的精密科学的学科。② 司法裁判的过程是一个技术理性和经验理性相互作用的过程,技术理性主要表现为法官运用法律逻辑、适用法律规则查明案件事实并依此作出司法裁判的能力,经验理性则是建立在法官自身基础之上的个人知识和经验积累。司法审判过程中并不是单纯的依靠现代性的法律知识,在很多方面,更多的是对于经验的依赖,在我们倡导依法治国建设法制国家时期,要清醒地认识到作为经验及其他的一些民间法甚至地方性知识的作用,仅仅依靠现代司法知识建立起来的判决系统是脆弱的,其为民众的接受性程度也比较低,因此要建立司法审判中经验与技能的合理依赖关系,以此来实现判决的可接受性。③ 照此分析,司法裁判的理性化包括司法裁判的技术理性化和司法裁判的经验理性化两个方面。

司法裁判的理性化是司法现代化在裁判过程和裁判结果上的双重要求,指司法的运作必须以确定的、可靠的、明确的方式或程序进行,排除个人擅断,排除个人的感情成分,如喜爱憎恶等不可预见的非理性因素,从而合理、准确地揭示和适用法律,达成公正的裁判结果。④

司法裁判的理性化主要包括以下基本内容:一是事实裁判根据的理性化。在现代司法制度中,法官对案件事实的确认,由法官自己根据内心确信加以认定,这种确信以案中呈交的客观证据为基础,且要受双方与公开的法庭审理过程中对案件事实所展开的质证及辩论活动的制约。二是裁判结果的理性化。在现代司法制度下,裁判结果理性化的重要表现是裁判文书的正当化,也包括诉讼行为尤其是重大诉讼行为的理性化。⑤ 三是司法裁判程序的人道化。程序必须最大限度地理性化从而体现形式公正,程序还必须人道。⑥ 四是司法裁判程序的经济性。由于资源的稀缺性,国家在一定时期内投入诉讼活动的社会资源是有限的,这

---

① 童星、崔效辉:《"现代化"概念及其内涵》,《江苏行政学院学报》2004 年第 4 期。
② 苏力:《道路通向城市》,法律出版社 2004 年版,第 240 页。
③ 刘建军、曲振涛:《徘徊在传统与现代之间——关注司法裁判过程中的经验理性与技术理性》,《山东审判》2006 年第 4 期。
④ 夏锦文:《司法现代化进程中的法学教育》,《法学家》2005 年第 6 期。
⑤ 左卫民:《司法程序的基本特征:传统型与现代型之比较》,《四川大学学报》(哲社版)2001 年第 1 期。
⑥ 陈端洪:《法律价值观》,《中外法学》1997 年第 6 期。

就要求作为理性化的现代刑事诉讼程序在设计和运作上必须具备一定的经济合理性。① 在民事诉讼和行政诉讼中同样存在诸如司法资源稀缺、司法效率低下的问题。因此,实现司法裁判的理性化必须注重司法裁判程序的经济性。裁判理性原则要求制作司法裁判的法官在审判过程中须做到:仔细地收集证据并对各项论点进行讨论;仔细地对这些证据及论点进行衡量;冷静而详细地对案件作出评议;公正而无偏见地解决问题并以事实为根据;对判决和决定提供充足的理由。② 裁判理性原则表明裁决程序具有工具理性的价值:合理的裁决程序往往产生合理、正确的判决结果。同时,裁判理性还具有独立的内在价值,即具有价值合理性:它能使参与者有机会知晓司法程序的进程、判决的内容以及判决据以形成的根据和理由,从而使参与者从心理上接受判决。

(二) 司法裁判理性化的问题与完善

我国司法裁判在理性化存在一系列的问题,比如裁判过程的不公开、裁判结果的不附理由等。基于现代法治和司法主体性的要求,我国司法裁判在理性化方面应当符合下列要求:

司法裁判的理性化要求司法主体认定事实、适用法律解决纠纷的理性化。一方面,在事实认定上要具有客观性,对案件事实的确认,由司法主体根据内心确信依法加以认定,这种确信应当建立在对经过合法程序收集的证据进行理性分析的基础之上,并且要经过公开庭审中的质证、辩论活动才能最终认定。可见,这一过程处处体现着司法主体的知识、思维和技能,以及司法主体所具有的敏锐地观察和分析能力、缜密的逻辑思维能力。另一方面,适用法律应当准确、合理,在认定事实准确的前提下,根据立法宗旨、法律原则和基本精神合理地理解和解释法律,使法律与事实得以准确的对接,形成正确、公正的裁判结果。"通过排除各种偏见、不必要的社会影响和不着边际的连环关系的重荷,来营造一个平等对话、自主判断的场所。"③ 在这个平等、公开、合法、参与自治的理性化"场域"中,选择和适用法律过程中的不当和偏激被排除了,人们自由的表达意见、理性的思考和交流,可能产生的误解和情绪化冲动被克制到最低。

司法裁判理性化要求法官在裁判之前进行冷静、详尽的评议,评议过程是法官对所提交的证据、主张及案件争点进行总结、整理以及讨论的活动,同时也是法官将对案件的认识由感性认识上升至理性认识之过程。经过评议,法官达成心

---

① 左卫民、万毅:《我国刑事诉讼制度改革若干基本理论问题研究》,《中国法学》2003 年第 4 期。
② R. S. Summers. *Evaluation and Improving Legal Process-A Plea for "Process Value"*, Cornell Law Review, Vol., 60, 1974.
③ 季卫东:《法治秩序的建构》,中国政法大学出版社 1999 年版,第 16 页。

证后方能下判。因此，评议是法官作出理性判决的保障。

司法裁判理性化要求法官作出的司法裁判结果的合理化。司法裁判结果的合理化是司法裁判理性化的应有之意。司法裁判结果的合理化是指司法裁判结果必须符合社会大众的日常思维和善良习俗，不能完全脱离市民社会的普遍道德规范，易于为社会大众所接受。并且，对裁判结论和相关诉讼行为进行合理、充分、深入的论证，在本案和本案之外都以同样的逻辑结构予以论述。① 从而使司法理性化决定的过程公开，增强人们对司法裁决结果的认同感。为完成上述理性化的司法活动，需要司法主体具备深厚的法律基本知识和理论功底，严密的推理和思辨能力，高超的法律解释水平，娴熟的操作技巧和职业技能以及高尚的职业道德素质和自我约束能力。

二、司法裁判推理论证的技术化

（一）技术化的内涵

技术一般是指人们在现有认识的基础上，以改造主客观世界为目的，对已经掌握的知识、经验等加以运用、实践的全部方法和手段的总和。而随着技术的不断进化和延伸，当技术日渐成熟，成为一种自在的力量，逐步渗透到人类社会的方方面面，将社会生活的运转按照一定规律纳入到特定的模式下，并最终将人们对它的依赖以一种制度化、系统化的方式固定下来时，技术化这个名词就是对这一现象进行精准而贴切的定义。而司法裁判推理论证的技术化不过是"技术化"这一概念在司法裁判领域的具体化而已。

总的来说，技术化在司法裁判过程中主要有以下积极作用：一是技术化能够增强法律的可操作性，进而保证法律的相对稳定性和可预测性。推理、论证的技术化意味着法律在既定模式下的适用更加的精准，更具有操作性，法律适用的结果也更具稳定性。二是技术化有利于防止法官的主观臆断，有利于对审判权进行合理监督。推理、论断的技术化必然会带来一些技术性标准，而这些标准一定程度上影响了推理、论断的进程，构建了对法律适用的程序约束，这对于减少法官个人主观臆断是有积极意义的。同时作为一种检验、考察的依据，这些标准对审判权的行使形成了一种监督、制约机制。三是技术化有利于司法效率的提高。技术本身所具有的工具性属性使得技术化格外注重各项技术的实用性和各项程序的

---

① 参见左卫民、周长军：《变迁与改革——法院制度现代化研究》，法律出版社2000年版，第77页。

快捷性，同时技术化通过标准化、模式化这一特性有效的消除了整个过程中的冗余因素，在客观上提高了各项活动的效率。一项成功的技术必然是以最小的消耗获取最大的效益，技术化的这一效率优先的倾向使司法判决的推理、论证以更高效的方式来运作。

（二）司法裁判推理论证的过程分析

在现代社会中，人们无暇顾及每一部法律规定，相反却关注身边每一司法裁判，尤其是想知晓司法裁判所含法理及推理论证的过程。因而法官负有确认法律的职责。他们应当把法律运用于案件事实以形成法律理由，这些理由是守法者的行为的理由。因此，从某种意义上说，法律是法官在证明其判决正当性时所运用的那些判例、规则、原则和政策的集合。① 因此，如何实现司法裁判推理论证的技术化就是一个迫切需要解决的问题了。

推理是指一种演绎或者归纳的过程，可以说是一种论证的方式，它注重论证的逻辑或者程序，而对于命题的正确与否，则不是其关注的对象。② 法律推理就是在法律争辩中运用法律理由的过程。在实施法治时，法律推理应该揭示法律和特定行为之间的联系。法律推理的首要特征是，它被用于预知或解决高级社会中大量纠纷的过程。③ 法律推理使纠纷摆脱了主观任意和偶然随意的弊端，强调裁判的理由说明和正当性证明，使法律成为捍卫和平与公正的最佳选择。在司法活动中，法律推理增强了判决的一致性和正当性，可以为法律问题提供健全的、经过充分论证的答案，因而成为法治区别与人治的根本标志之一。法律推理作为人类理性活动的一种形式，它必须遵守理性思维的一般形式规律。但是，法律推理又具有鲜明的实践品格，必须切实地关注现实的复杂性，满足社会对实质公正的基本要求。④

论证则是举出理由以支持某种主张，论证不是论证假定、疑问、定义，而是论证判断。法律论证也就是给出法律之理由的活动，而给出法律之理由应当包括三个方面：一是为法律判决给出理由；二是为法律判决所引述的规范性大前提给出理由；三是为法律判决中认定的事实给出理由。作为一种重要的法律方法，法律论证是对法律解释、漏洞补充所确认的作为法律推理大前提的法律的正当性、

---

① ［美］伯顿：《法律和法律推理导论》，张志铭、解兴权译，中国政法大学出版社2000年版，第1页。
② 李秀群：《法律论证及其实践意义》，载陈金钊、谢晖主编：《法律方法》，山东人民出版社2004年版，第376页。
③ ［美］伯顿：《法律和法律推理导论》，张志铭、解兴权译，中国政法大学出版社2000年版，第3、8页。
④ 张传新、司献英：《法律推理过程的形式分析》，《当代法学》2003年第7期。

合理性所做的说明。① 否则，司法裁判的大前提就会受到质疑，结论的合法性和正当性就会难以立足。

法律实践可以划分为两个过程，一个是发现的过程，另一个是证立的过程。发现的过程往往可能是心理活动，而非外在的表现，法官进行论证时，他必须进行合理性重构，因此，可以认为，判决书是实现裁判正当化的基本途径之一。② 法官根据自己对法律的理解及其价值观念，阐释作出此判决而非彼判决的理由。此理由，可能存在于成文法中，也可能存在于成文法之外的社会公共利益或基本价值中。在确认所要解决的案件事实后，法官首先会在法律中寻找可以作为判决依据的条文，如若该条文恰好契合所争案件，且条文含义明确，不会引起理解上的歧义，以此推理形成的判决具有合法性而被社会所接收；当法律条文在文字表述上容易产生不同的理解时，法官需要依据法律原则的精神，对该条文做进一步的解释，以阐明其中一种意义可以作为当前判决依据的合法性；当现行法律中难以找到合适的判决依据，不能拒绝裁判案件的法官，必须到整个法律体系之外寻找对个案的裁判规范，也即对法律进行漏洞补充，以使纠纷得以解决、判决行之有理。所以，明确所争事实之后，法官面临的主要问题就是如何发现裁判规范并论证使用该裁判规范的合法性及合理性。③ 同时，如何排除法官任意地理解、解释法律的行为，使其司法裁判具有可接受性，也是司法裁判推理论证技术化不可回避的问题。

（三）司法裁判推理论证技术化的问题与完善

近年来，随着司法改革的不断深入，我国司法裁判中推理、论证的技术化程度有所提高，但是与司法现代化的要求还有一定的距离，有待于进一步提高。具体来说，主要存在以下问题：一方面，推理、论证过程机械、粗糙，缺乏充足的逻辑基础。实践中，一些基层法院在裁判过程中，对案件的定性不够精准，对法律精神的解读存在偏差，常常忽视案件本身的特殊因素，对法条进行简单而机械的套用，割裂了证据、案件事实与裁判结果内在的逻辑关系，严重影响了判决结果的可接受程度。另一方面，当缺乏具体规定时，对有关法律精神、原则的适用不够充分、大胆。法律总是相对滞后于社会发展的，法律不可能预见到未来会发生的所有事情，所以法律空白的出现是不可避免的。当遇到法律空白时，最好的办法就是依据法律的基本原则和精神对案件作出裁判，这也是国外的一些法院的

---

① 陈金钊：《法官如何表达对法律的忠诚》，《法学》2001年第12期。
② 蔡琳：《修辞论证的方法》，《政法论坛》2006年第5期。
③ 张霞：《判决书中的法律论证》，《政法论丛》2005年第5期。

惯常做法。但在我国司法实践中，上下级法院之间的请示和批复往往是此类情况的主要解决形式。

司法裁判需要推理论证，据以形成判决的"法律"更需要论证，不经过论证的"法律"缺乏正确性和可接收性。司法裁判文书中对推理论证的运用，为司法裁判结论的达致提供技术性的支持，为司法裁判结论形成过程中个体的价值判断提供规范性的规则与方法，在整个国家制度结构中有重要的意义。[①] 完善中国司法裁判推理论证的技术化，我们认为，需要从以下几个方面作出努力：

增强司法裁判文书的说理程度。判决书中应当具备的特有的法律论证技巧是职业法律家经长期法律思维和法律逻辑推理专业训练形成的。判决书的制作过程就是法官整理思路、证成其结论的过程，这有助于防止武断、暗箱操作和纠正混乱的逻辑。逻辑清晰、论证充分的判决书是法治国家司法制度的必然要求。判决书的说理，主要体现在判决书对证据的分析认定、对事实的认定和对当事人的诉讼请求或主张是否支持或采纳这三部分内容。将这三部分内容叙述得有条理、充分，判决书的说理就充分、透彻，缺少哪一部分都会导致判决书说理不清。只有在这个基础上我们才能进行法律推理，即根据已查证属实的事实确定适用的法律，从而推定出判决裁定，就是人们在有关法律问题的争议中，运用法律理由解决问题、处理问题。法律推理实际上就是讲道理。

吸收和利用现代电子科技成果。法官不是囊括所有知识领域的"多面手"或者"万能人"，法官在司法裁判过程中也会经常遇到难解和困惑，使用电子科技手段无疑可以给法官作出准确的司法裁判提供科学化的依据，在一定程度上可以弥补法官知识不足的缺陷。但是，也必须清楚地看到，不管是现在的"电脑量刑"，抑或是将来的更为先进的技术化司法裁判辅助器械，其只能是辅助性的，不能从根本上代替司法人员在裁判过程中的主导作用，无论是哪种技术化方式，无论其对裁判结果的判断达到何种精确程度，都不能取代在司法裁判过程中司法人员的主观能动性的作用，司法始终是一个"人"为主导的活动场域，司法裁判的过程也始终是一个发挥司法人员主观能动性的过程。

三、司法裁判的社会化

（一）司法裁判社会化的内涵

如同裁判可以分为静态的"裁判"和动态的"裁判"，裁判的社会化也包括

[①] 张霞：《判决书中的法律论证》，《政法论丛》2005年第5期。

两方面的内涵：

裁判过程的社会化，也称为裁判过程的社会参与。是指由国家司法权以外的社会力量介入诉讼，使司法活动能够体现社会关于秩序、自由、公正等的价值标准，避免国家司法权专断。裁判过程的社会化具体包括四层含义：第一，律师或者其他人受当事人等委托或者受司法机关指定参与诉讼，以维护当事人合法权益，或者非司法机构、团体或人员根据法律规定参与诉讼，以维护依法应予保护的人的权益；第二，公民能够在司法事务中代表公意发表自己的意见，参与司法的裁判过程；第三，法律规定的社会组织通过法定程序制约国家专门机关权力的行使，以保证诉讼的公正性；第四，普通社会公众对于诉讼的参与，包括直接到法庭旁听公开审判和通过新闻媒体了解案件的进展情况等。①

裁判结果的社会化，即裁判文书的公示。是指裁判作出之后，其结果应当向全社会予以公布，以保障公众能够及时知晓裁判文书所记载的内容。在一个民主社会里，公民享有的一项重要权利就是知情权（也称为"知悉权"），公民的知情权是沟通公民个人与国家整体之间关系的权利，是公民个体获取信息的权利，"也就是了解政府在做什么和为什么要这么做，是有效履行义务的前提条件。"② 就不特定的人来说，知情是了解司法活动，并在此基础上形成舆论压力，进而达到对司法活动进行监督之目的的前提。因此，裁判文书应当及时向社会予以公布，这是国家保障公民知情权的必然要求。

（二）司法裁判社会化的问题与完善

近年来，法院审判方式改革的有序展开已取得了一定的成绩，作为司法改革重要一环的法院裁判制度改革也有条不紊地进行着。但是，考察我国目前对法院裁判制度的改革也仅限于裁判文书本身的完善和改进，包括完善裁判文书的内容、充实裁判文书的说理、规范裁判文书的用语和格式等，很少涉及裁判的社会化问题。在司法实践中，一些法院已经开始对裁判的社会化问题进行大胆地尝试，裁判过程更加注重公民的参与，裁判结果通过网络或者其他方式予以公示，便于公民及时获得案件的有关信息。我国学界虽然也有论及裁判过程的社会化，但通常都是作为审判公开原则的内容予以阐述的，且很少涉及到裁判结果的社会化，系统性探讨的成果就更是寥寥无几了。这样，立法、司法实践与学术研究三者之间出现了断层，不能够很好地磨合，从而阻碍了法院裁判制度的进化和完善。

---

① 参见宋英辉主编：《刑事诉讼原理》（第二版），法律出版社2007年版，第131~132页。
② 英国文化委员会编：《法治与管理》，《1998~1999年系列》第3期，第7页。

我们认为，裁判的社会化包括裁判过程的社会化和裁判结果的社会化，两者是统一、不可或缺的关系。从裁判社会化的角度对裁判过程的社会化进行考察无疑具有自身的研究价值，但是作为司法主体现代化问题的一部分，只有将其放在司法主体现代化的整个制度框架下，才能更加深刻、透彻地去理解裁判过程社会化的意义和价值。裁判的社会化是我国司法现代化进程中不可忽视的一环，为此，我们必须从以下几个方面作出努力，促进裁判的社会化。

完善、健全人民陪审员制度，强化人民陪审员在审判中的职责，不断扩大陪审员参与审判的案件范围，从而逐步实现司法裁判过程的社会化。目前我国人民陪审员参与法庭审理的案件范围和参与程度不高，陪审制度并未充分发挥其保证公民参与诉讼的功能，反而使得立法原有的功能在实践中逐渐萎缩。"自《人民法院组织法》颁布实施之后，各地人民法院适用陪审制审理的案件范围日益缩小，且有很多法院已不再适用陪审制审理案件，有的法院虽然偶尔适用陪审制度，数量却极其有限。"① 因此，应当针对实践中普遍存在的陪审适用范围过于狭窄、陪审过程流于形式、陪审员产生和工作的任意性等方面的不足，对陪审制进行改革，以保证公民有效参与司法活动，实现司法裁判过程的社会化。职业法官与人民陪审员在审判过程中的结合，使技术理性与经验理性的作用都可以得到充分发挥，一方面，职业法官的存在可以防止因为陪审员在法律知识上的欠缺所引起的适用法律混乱现象；另一方面，陪审员的存在可以充分调动其所掌握的地方性知识和对于生活经验的积累，从而弥补职业法官由于年复一年的与案件、证据打交道所形成的职业麻木、对事实与证据考察缺乏应有的敏感的情形出现。②

切实保障公众旁听法庭审理，允许新闻媒体报道和采访案件的审判过程。但是，这并不是说所有的案件都允许公众旁听、新闻媒体采访报道，对于某类特殊的案件应当区别情况予以不同的处理。就公开审理问题，我国三大诉讼法也都作出了原则加例外的硬性规定，除法律规定允许不公开审理的案件以外，其余的案件必须公开审理，允许公众旁听和新闻媒体采访报道。

建立合理完善的司法裁判对话和说理机制。司法裁判的过程是一个司法主体与当事人、司法辅助人员的对话和沟通过程，"在我国人民法院的相互主观性的对话空间中，主要存在以下不同形式的沟通行为：依职权进行的权威性判断和规范宣示、教育性语言行动、互相说服的过程、为形成合意而进行的交涉以及谅解、谦让和妥协。"③ 纠纷事实的揭示和法律规则内涵的探寻是司法裁判努力追

---

① 宋英辉主编：《刑事诉讼原理》（第二版），法律出版社 2007 年版，第 137 页。
② 刘建军、曲振涛：《徘徊在传统与现代之间——关注司法裁判过程中的经验理性与技术理性》，《山东审判》2006 年第 4 期。
③ 单忠献：《论司法裁判中合理对话机制的构建》，《广西社会科学》2006 年第 11 期。

求和极力彰显的基本价值，实现的程度和效果在很大程度上取决于法律适用中的对话状况，因此有必要建立合理、完善的司法裁判对话机制。司法裁判的过程同时也是法官运用其缜密的逻辑思维和渊博的法律知识对纠纷的事实问题和法律问题作出推理和判断的过程。裁判文书是这一推理判断过程的终成品，自当是极其浓缩和精华的，但是如果司法裁判截然脱离普通民众的理解能力和接受程度，似乎又只能被视为不知所云的"天书"，听起来虽然很神圣，但是却决然不能被民众所理解和接受。因此，必须加强对司法裁判内容的说理，便于使过分专业化的字眼得以为普通民众所理解和接受。

建立裁判文书开示制度。严格意义上的裁判社会化，仅仅是针对裁判文书的开示而言。通过网络或者其他方式及时将裁判的结果公之于众，同时将裁判文书集结成册，定期予以出版，以便于公民进行查阅和了解相关信息。

第十五章

司法体制现代化

内容提要：司法体制的现代化构成了司法现代化的客体层面。依其调整的具体对象不同，司法体制现代化可以被划分为审判体制现代化、检察体制的现代化与司法行政体制的现代化三个方面。三个层面上的现代化都有着自身独特的历史经验，也都存在着当下的问题、变革的理念与目标。本章将对它们逐次加以阐述。

第一节 审判体制现代化

审判体制作为司法体制的重要组成部分，为适应社会现代化的发展而发生着深刻的变革，审判体制的现代化是司法现代化的重要内容。理性分析审判体制在中国法制现代化进程的发展脉络，分析其中经验与教训，对于完善审判体制，解决一系列司法实践中的困境具有重要意义。

一、审判体制的现代化进程

（一）1949年之前的审判体制演变

清末，清政府陷入全面的统治危机中，基于变法图存的目的，开始仿效西方编纂法典。1902年清政府令沈家本、伍廷芳主持修律，1903年沈、伍二人被任命为法律大臣，修订法律馆成立，修律运动正式开始。在近代西方司法文化的冲击和影响下，中国的审判体制开始了从传统型审判体制向现代型审判体制的转型。清末司法改革改刑部为法部，改大理寺为大理院，实行审检合署制度，确立了四级三审制度、公开审判体制、证据制度以及法官考试任用制度等新式司法制度，进而为中国审判体制的现代化创设了初步基础。①

民国时期的审判体制继续效仿西方国家，审判体制继续向现代转型。南京临时政府时期的审判制度认同法官独立与审判公开制度，规定了陪审制度与律师辩护制度。北洋政府时期由普通审判机关、兼理审判机关、特别审判机关和平政院组成法院组织体系。②南京国民政府成立后，注重审判体制立法，建构新的审判体系，重要的相关立法为《最高法院组织法》、《法院组织法》和《行政法院组织法》，其中《法院组织法》最为重要。南京国民政府时期的法院组织体系，包括普通法院、特种刑事法庭、军法会审和行政法院。南京国民政府采用的审级制度最初为四级三审制，1930年通过的《法院组织法立法原则》确立了三级三审制的原则。1935年《法院组织法》规定了法院审级：法院分为地方法院、高等法院和最高法院等三级。

（二）1949年之后的审判体制演变

1949年中华人民共和国成立之后，苏联式的审判体制影响与特殊的中国社会条件之结合，形成了新中国成立之初审判体制的特征，从而给中国审判体制发展带来了深刻影响。③1949年9月《中央人民政府组织法》，建立了审判与行政结合的审判体制，规定中央人民政府委员会组织最高人民法院及最高人民检察署，根据《中央人民政府组织法》而制定的《最高人民法院试行组织条例》把审判与行政相结合的体制进一步具体化，在明确最高人民法院的法律地位的基础上，规定人事任免、机构设置等项事宜均需呈请中央人民政府委员会决定。④《人民法庭组织通则》确立了县一级的国家政权体系中司法与行政相统一的审判体制。

审判体制实现司法与行政的分立的历史性转变源于"五四宪法"所创设的新型司法体制。"五四宪法"确立了从属于人民代表大会的"一府两院"之政治制度，当然，司法与行政之间的分离是有限度的。在"五四宪法"以及1954年的《人民法院组织法》和《人民检察院组织法》等法律文件中，确立了司法独

---

① 曾宪义主编：《中国法制史》，中国人民大学出版社2000年版，第261~263页。
② 曾宪义主编：《中国法制史》，中国人民大学出版社2000年版，第292~293页。
③ 公丕祥：《中国的法制现代化》，中国政法大学出版社2004年版，第505页。
④ 公丕祥：《中国的法制现代化》，中国政法大学出版社2004年版，第506页。

立的原则。但是，关于审判独立的规定，重在强调法院的审判活动，只能依据法律来进行。从 1957 年开始，法律虚无主义思潮广泛蔓延，"文化大革命"使中国审判体制的现代化发生了停滞甚至倒退。

1978 年 4 月最高人民法院召开第八次全国人民司法工作会议，确定了审判工作的任务。1979 年 7 月召开的五届全国人大二次会议通过了修订后的《人民法院组织法》，使审判体制的现代化历程重新走入正轨。此后，当代中国的审判组织系统适应司法改革与发展的要求，日趋健全完善，有力地促进了审判独立机制的逐步落实。

20 世纪 90 年代以来，审判体制现代化的进程进一步加快。1992 年 10 月召开的中共十四大指出，要保障人民法院依法独立地进行审判。1999 年 3 月，九届全国人大二次会议通过宪法修正案，把依法治国、建设社会主义法治国家的基本方略载入宪法，为司法法治化奠定了根本法的基础。这意味着审判在社会生活中的地位更加重要，也意味着审判的社会功能将进一步扩张。①

二、审判体制的改革与现代化

(一) 当前审判体制改革的情况

我国现行审判体制是在学习前苏联模式基础上建立起来的，随着各项改革的逐步推进，现行审判体制的一些弊端日益显现出来。主要存在以下问题：对司法权运行的规律和特点缺乏深刻的认识，存在职能配置不科学，制衡不足的问题；司法腐败严重妨害了审判公正；审判体制的行政化，不能保证审判的独立与公正；审判队伍素质不高，管理体制不健全。②

当前进行的中国审判体制改革是从 20 世纪 80 年代中期开始的，1988 年 6 月召开的第十四次全国法院工作会议，提出要搞好法院自身的改革，加强和完善法院自身的机制，充分发挥宪法和法律赋予的审判职能作用。会议提出要完善执法活动，坚持依法独立审判，保证严肃执法；要克服"重实体、轻程序"的现象，认真执行公开审判体制；要改进合议庭工作，切实加强合议庭的责任；要强调当事人的举证责任，提高办案效率；要改革法院人事管理体制，从法官的录用、选任、考核、晋升、培训、奖惩、管理等方面，逐步建立具有中国特色的社会主义法官制度；要改革法院干部教育培训管理体制，建立多层次、正规化的法院干部

---

① 公丕祥：《中国的法制现代化》，中国政法大学出版社 2004 年版，第 617、618 页。
② 王利明：《司法改革研究》，法律出版社 2000 年版，第 32~36 页。

教育培训体系；要改革和加强法院系统的司法行政工作，推进法院工作的规范化、标准化和现代化。这是在当时的历史条件下推进法院改革的第一个比较系统的设想与方案。①

20世纪90年代以来，法院人事制度改革开始启动。八届全国人大常委会第十二次会议通过《中华人民共和国法官法》，《法官法》从保障法官依法独立行使审判权、保障法官依法履行职责出发，对法官的职责、义务和权利、条件、任免等问题作了较为详尽的规定，中国法官职业化之路开始走上正轨。1995年12月召开的第十七次全国法院工作会议，设定了从"九五"到2010年中国法院改革的目标和任务。这次会议指出，在法院的自身改革方面，要加强对新情况、新问题的分析研究，认真总结成功的新鲜经验，继承发扬人民司法工作的优良传统，并注意借鉴国外法制建设方面的一些有益做法，根据宪法和法律的原则，把法院体制、法官制度、审判方式等项改革引向深入。具体地说，一是根据《法官法》的规定，制定配套实施办法，建立健全法官的考试、考核、培训、奖励、惩戒、辞退等各项制度，制定有关法官等级、法官工资和审判津贴、法官退休等实施办法，逐一全面落实；二是修改现行《法院组织法》，进一步完善法院体制，规范法院审判机构和其他机构的设置，强化合议庭和审判委员会的职责，改进人民陪审员的产生方式；三是在全国法院系统大力推行审判方式改革，重点是坚持公开审判原则，强化庭审功能，强化当事人的举证责任，实现办案规范化。在这次会议上，最高法院还提出《法官法》的十一个配套实施办法和有关民事、经济、行政审判方式改革的若干意见，供与会代表讨论。②

1997年10月召开的中共十五大，提出了依法治国、建设社会主义法治国家的历史任务，并且强调要推进司法改革，从制度上保障司法机关依法独立行使审判权。1999年10月，最高法院颁布了《人民法院五年改革纲要》，系统地阐述了法院改革的目标和原则，提出了具体改革任务，涉及审判方式改革、审判组织改革、法院内设机构改革、法院人事管理制度改革、法院办公现代化建设、审判监督和社会监督机制、法院深层次改革之探索等七大领域。

2002年11月召开的中共十六大，提出并阐述了推进司法体制改革。最高人民法院院长肖扬把人民法院的司法改革归纳为以下八项，即：改革法院体制，改革法院的人财物管理体制，建立健全独立审判保障制度，改革和完善法院的司法行政管理与审判管理制度，完善诉讼程序制度，改革执行体制和执行工作机制，加强对司法工作的监督制度，完善法官制度。很显然，处于新世纪新阶段的当代

---

① 公丕祥：《中国的法制现代化》，中国政法大学出版社2004年版，第626页。
② 公丕祥：《中国的法制现代化》，中国政法大学出版社2004年版，第627～628页。

中国法院体制改革的历史性课题，就是要积极稳妥地推动从传统型法院制度向现代型法院制度的革命性转变。包括审判体制改革在内的司法体制改革是政治体制改革的重要内容，是社会主义政治文明建设的必要步骤。①

（二）通过完善司法独立推进审判体制现代化

司法的现代化离不开司法独立，实现司法的现代化，首先要解决的关键问题就是司法独立的问题。按照西方学者的解释，司法独立，一方面是指司法权相对于国家立法权和行政权是分离的和独立的，法院作为司法机关独立于立法机关和行政机关，依法独立行使司法权，不受其他权力机关的干预；另一方面，法官审理案件时，其作为个体也是独立的，只依照法律和良心，独立对案件作出判断，不受任何机关、人员的干预。从这个意义上讲，司法独立也就是法官独立。② 司法独立作为现代民主法治国家的一项基本原则，不但体现在各国的宪法、法律及司法实践中，而且明确规定在一系列的国际公约中，从而发展成为一项世界公认的国际司法准则。1985年8月29日在意大利米兰举行的第七届联合国预防犯罪和罪犯待遇大会通过了《关于司法机关独立的基本原则》。③ 该文件第一条和第二条规定司法独立的基本原则，"各国应保证司法机关的独立，并将此项原则正式载入其本国的宪法或法律之中。尊重并遵守司法机关的独立，是各国政府机构及其他机构的职责。""司法机关应当不偏不倚、以事实为根据并依法律规定来裁决其所受理的案件，而不应有任何约束，也不应为任何直接、间接不当影响、怂恿、压力、威胁或干涉所左右，不论其来自何方或出于何种理由。"同时，第四条以禁止性规定防止其他机关对司法机关行使职权以及作出裁判的司法程序施加影响，"不应对司法程序进行任何不适当或无根据的干涉；法院作出的司法裁决也不应加以修改。"

司法独立作为各国公认并为国际司法准则所规定的原则，是国家权力制衡理念的反映，是诉讼规律的体现，对于实现诉讼公正和建设法治文明具有积极的意义：第一，司法独立原则是国家权力适度分权和相互制衡原理在司法程序领域的具体体现。通过对诉讼内部和诉讼外部各种权力（权利）关系的调整，司法独立原则可以形成司法权对其他国家权力的制衡机制，防止法官的审判过程和结果

---

① 公丕祥：《中国的法制现代化》，中国政法大学出版社2004年版，第627~631页。
② 宋英辉主编：《刑事诉讼原理》（第二版），法律出版社2007年版，第85页。
③ 为使该规约得到具体执行，联合国经济及社会理事会于1989年5月24日第1989/60号决议通过《〈关于司法机关独立的基本原则〉的有效执行程序》（procedures for the effective implementation of the basic principles on the independence of the judiciary），相关内容详见杨宇冠、杨晓春编：《联合国刑事司法准则》，中国人民公安大学出版社2003年版，第419~429页。

收到来自其他权力或外界力量的干涉。第二，司法独立是自由、安全、秩序的保障，因为该原则为法院真正成为公民抵制专横、维护自身权益的最重要的，也是最后一道屏障提供了基本前提。第三，司法独立是诉讼公正理念的必然要求，也是现代法治的重要组成部分。司法独立，可以实现诉讼两造的力量均衡，保持诉讼活动的基本构造，从而为实现真正意义上的诉讼公正提供了基本前提。卡佩莱蒂教授认为，司法独立——尤其是独立于行政机关——本身不具有终极的价值；它本身不是一种目的，而只具有一种工具性价值，它的最终目的是确保另一价值的实现——法官公正、无偏私地解决争端。① 第四，司法独立是一个国家司法文明程度的主要标志之一。由于司法独立能够为政治民主提供一个有力的支撑，同时又是保障个人自由的必要条件。以民主、自由为基本特征的现代文明社会无不在构建政治和司法体制时建立起司法独立制度。② 第五，司法独立有利于法官保持较高的素质，并促使在法官选任方面保持较高标准。我国法官尚不完全独立，原因之一就是法官的素质太低，法官的素质太低就需要由上级官员把关，这种把关的做法可以使上级官员在下级官员"正确"办理案件方面负起责任，这些低素质的官员也能够在办理案件中有所依赖。总之，法官不独立就难以形成促使法官提高素质的环境，对于司法人才来说，确立法官独立的体制会提供促使法官素质提高的激励和压力机制，这种体制为司法群体素质的普遍提高一个必要的条件。③

我国的司法机关包括法院和检察院，司法独立的含义有别于西方国家，但从狭义的角度来说，我国的司法独立也是指审判独立。从我国目前的情况来看，司法独立的原则虽然已经体现在我国的宪法和程序法律中，但在实践中却存在很多问题，而这些问题又直接影响了我国审判体制的现代化。因此，我们认为，在中国实现审判体制现代化首先要解决司法独立的问题，通过完善司法独立推进审判体制现代化。具体而言，必须处理好以下几个问题：司法独立与党的领导之间的关系问题；司法独立与人大监督之间的关系问题；司法机关内部的体制改革问题。

第二节 检察体制现代化

检察制度是国家设置专门机关即检察机关代表国家检控违法犯罪，以保障国

---

① Mauro Cappelletti *Who Watches the Watchmen? —A Comparative Study on Judicial Independence.* Martinus Nijhoff Publishers，1985. 转引自陈瑞华：《刑事审判原理论》，北京大学出版社 1997 年版，第 167 页。
② 樊崇义主编：《诉讼原理》，法律出版社 2004 年版，第 457 页。
③ 樊崇义主编：《诉讼原理》，法律出版社 2004 年版，第 460 页。

家法律公正实施的制度。其外延既包括检察权的设置、检察组织和检察官的管理等内容，也包括检察机关检控违法犯罪的职务活动。在检察制度中，检察体制涉及机构设置、权力配置等基本问题，居于核心地位。一般而言，检察体制分为外部体制和内部体制。前者是指检察机关之间以及检察机关与其他有关国家机关之间的权力配置关系；后者是指同一检察机关内部各检察主体之间在机构设置、权力配置等方面所形成的体系及其相应运作制度。在中国，自检察制度诞生至今，已过百年。检察机关在中国法制现代化过程中也是命运多舛，争议不断，但终于扎根、延续并发展，有其特殊历史脉络。在当今市场经济和民主政治浪潮的推动下，检察体制作为司法体制的重要组成部分，也在发生深刻的变革。

一、中国检察体制的现代化进程

在我国，检察制度是否自古有之，学术界存在争议。这主要涉及如何认识御史制度与检察制度关系问题。有学者将古代御史制度作为中国古代检察制度和古代监察制度加以考察。① 但是，通过考察我国古代御史制度，其所行使的纠举官吏犯罪、监督审判权、独立行使职权等内容，与我国当代检察制度具有一定的文化渊源关系；其所体现的行政监察与司法弹劾不分、指控与审判不分等，与现代意义上的检察制度有着主要区别。② 因此，中国检察体制的建立与发展历程，自清末开始。

（一）清末时期检察体制的诞生

在清朝光绪以前，没有专门的检察机构和检察官，仅有监察官。在中国，检察制度诞生于1906年，清政府颁布《大理院审判编制法》，要求"凡大理院以下各审判厅局均须设有检察官，其检察局附属该衙署，于刑事有提起公诉之责，检察官可请求用正当之法律，监视判决后正当施行"。至此，中国有了正式检察机构和检察官的名称。检察机关附设于各级审判机关内，即在大理院设总检察厅丞，在高等审判厅设高等检察长，在地方审判厅设地方检察长，但相对于审判厅，检察官独立行使其职权。《高等以下各级审判厅试办章程》（1907年）规定检察官负有以下职权：刑事提起公诉；收受诉状请求预审及公判；指挥司法警察官逮捕犯罪者；调查事实搜集证据；民事保护公益陈述意见；监督审判并纠正其违误；监视判决之执行；查核审判统计表。在《大理院官制草案》中，大理院附设的检

---

① 参见王桂五主编：《中华人民共和国检察制度研究》，法律出版社1991年版；陈光中、沈国锋：《中国古代司法制度》，群众出版社1984年版。
② 参见张建伟：《几十年前争论的硝烟——检察百年感言（二）》，《检察日报》2006年12月15日。

察机关称"司直厅",设总司直一人;设司直四人,辅佐总司直分任检察事务。宣统二年,奏准了《检察厅调度司法警察章程》。具体检察体制如图1所示:①

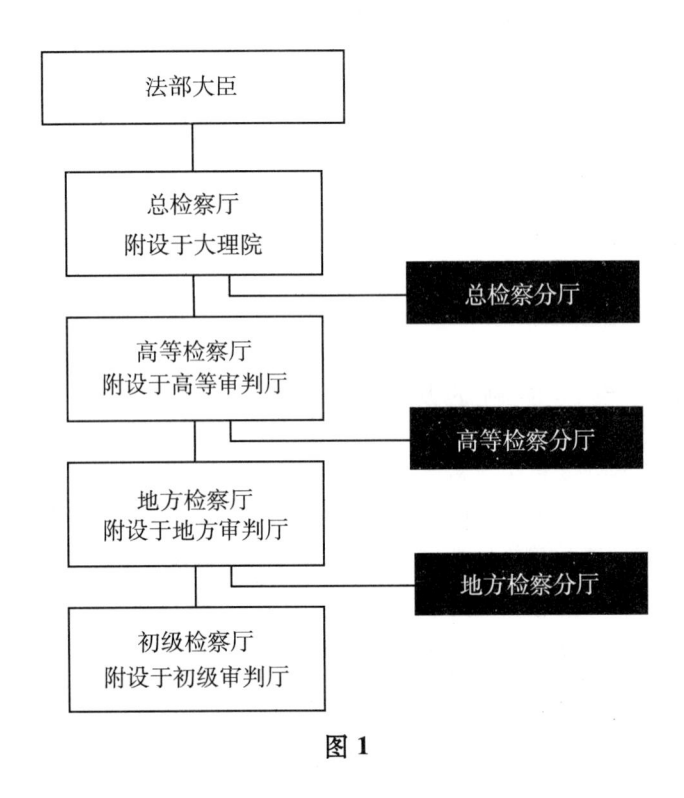

```
法部大臣
  │
总检察厅
附设于大理院 ──── 总检察分厅
  │
高等检察厅
附设于高等审判厅 ──── 高等检察分厅
  │
地方检察厅
附设于地方审判厅 ──── 地方检察分厅
  │
初级检察厅
附设于初级审判厅
```

图1

上述法律对检察机关职权的规定表明,清末开始探讨关于检察体制的立法。其基本特点是,全面引进大陆法系,尤其是德国、日本等国的检察制度,又注意在维护纲常礼教前提下保留封建传统。虽上述检察体制随着清朝不久后的覆没而没有全面推广,但开创了近现代检察体制的先河。沈家本在阐述立法缘由时,为减少或者消除新制度的阻力,采用了托古改制的上奏策略:"远师法德,近仿东瀛,其官称则参以中国之旧制,亦既斟酌中外得所折中。查推官之名肇自有唐,相传甚古,然历代皆属外僚,不系京职。考宋时大理有左右推事之称。拟改推官为推事。司直官称,亦缘古制,惟名义近于台谏,拟改总司直为总检察厅丞;改司直为检察官。"尽管如此,在中国引入检察制度,遭受许多人反对。检察官垄断追诉权是当时引起非议的症结之一。自古以来,都是被害人或者他的亲属鸣冤告状,检察制度脱离国情,剥夺百姓此项权利,让检察机关实行公诉,乱了祖宗

---

① 关于检察体制的构图,参见陈炜:《台湾检察制度百年》,载雷小政主编:《原法》(第2卷),中国检察出版社2007年版,第127～130页。

的章法，与民情习惯不合。曾担任过京师高等检察长等职的杨荫杭（老圃）反对检察官垄断追诉权："司法改革以来，最不惬人意者，莫如检察官垄断追诉权。"这种制度"最不合中华之习惯与中华人之心理"。他还批评说，该制度乃是从日本生硬移植制度的结果："中华法政人才以出于日本者居大多数，故中华人之食日本法，如日本人之食鱼，生吞活剥，不暇烹调。所谓'国家追诉主义'，即其一例也。"耿文田慨乎其言："在前清末叶，我国法制维新时代，政府能毅然采用最新发现之检察制度，已足为创造特殊文化之特性之表现，洎乎今日，检制已成为我国旧物，为国家计，纵不能扩大其职权，亦当保存而改善之。为发扬文化计，亦当阐扬而更新之。断不可轻于屣弃。"①

（二）民国时期检察体制的发展与波折

1912年，北洋军阀政府沿用清末的检察制度。1914年，袁世凯为加强中央集权，将占全国三分之二的地方审检厅和全部的初级审检厅撤销，所有的民事、刑事诉讼案件，由县知事审理。1915年，北洋政府对前清的《法院编制法》进行修改后重刊，1916年又作一次修改。这一时期的法院编制法保留了检察厅与审判厅分立的内容，两厅之经费行政各自独立，但共同隶属于掌管司法行政监督事务的司法部，即"司法总长监督全国审判衙门及检察厅"。② 该法在法院及检察厅的设置上，还取消了原法设置的初级审判厅和初级检察厅，取消了"各省提法使监督本省各级审判厅和检察厅"的规定，总检察厅"厅丞"改称"检察长"。另外，北洋政府仍然坚持了审检分立、检察一体、指挥警察、上级机关监督下级等原则。具体如图2所示。

1927年，武汉国民政府召开会议，废止检察厅，而在法院内酌设检察官，行使检察权。当年国民政府公布《各省高等法院检察官办事权限暂行条例》，规定检察官的职权是：（1）刑事：依照刑事诉讼法规及其他法令所定，实行搜查处分，提起公诉，实行公诉，并监察判决之执行：（2）民事及其他事件：依照民事诉讼法规及其他法令所定，为诉讼当事人或公益代表人，实行特定事宜。高等法院首席检察官归最高法院首席检察官指挥监督。高等法院首席检察官，指挥监督所属检察官或行使检察权的县长及办理检察事务的书记官。1932年，国民政府又恢复了1927年的规定，只在最高法院配置检察署，置检察长1人，检察官若干人，其他各级法院只配置检察官。如图3所示：③

---

① 转引自张建伟：《几十年前争论的硝烟——检察百年感言（二）》，《检察日报》2006年12月15日。
② 《法院编制法》，民国四年六月二十呈准重刊，第一百五十八条。
③ 此时由司法院监督最高法院检察署，而由行政院监督高等、地方法院及其分院检察处。

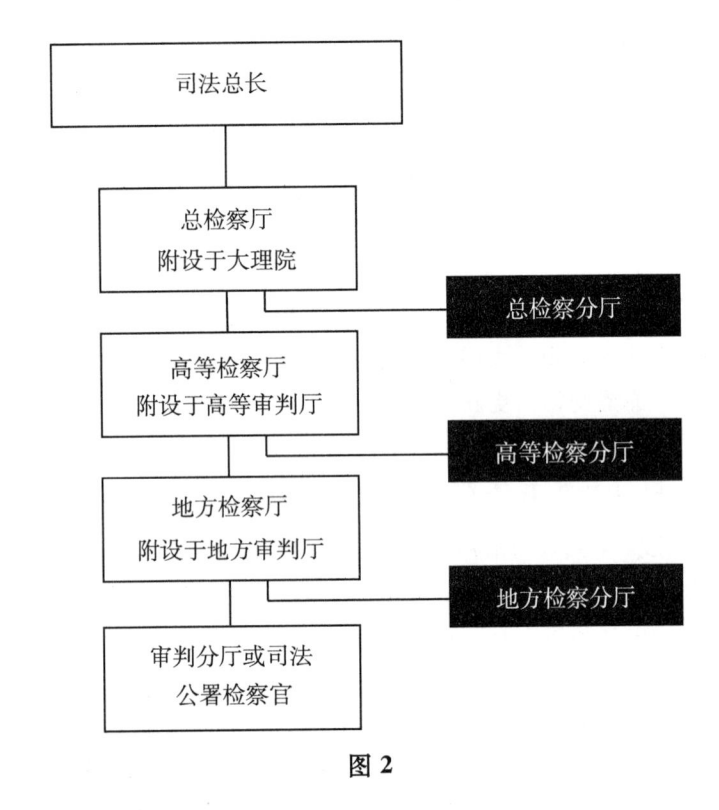

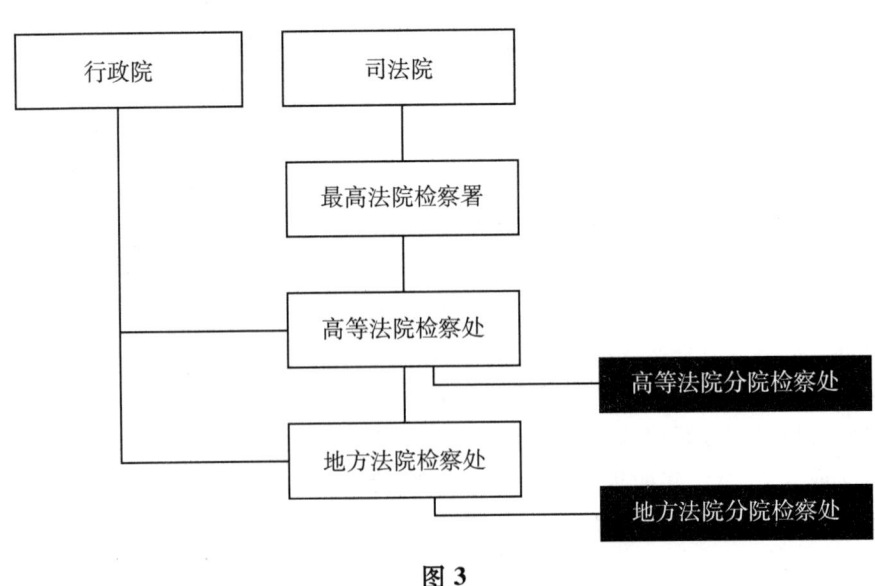

```
        ┌─────────────┐
        │   司法总长   │
        └──────┬──────┘
               │
        ┌──────┴──────┐
        │   总检察厅   │────────┤ 总检察分厅 │
        │ 附设于大理院 │
        └──────┬──────┘
               │
        ┌──────┴──────┐
        │   高等检察厅 │────────┤ 高等检察分厅 │
        │附设于高等审判厅│
        └──────┬──────┘
               │
        ┌──────┴──────┐
        │   地方检察厅 │────────┤ 地方检察分厅 │
        │附设于地方审判厅│
        └──────┬──────┘
               │
        ┌──────┴──────┐
        │ 审判分厅或司法 │
        │  公署检察官  │
        └─────────────┘
```

图 2

```
 ┌────────┐          ┌────────┐
 │ 行政院 │          │ 司法院 │
 └────┬───┘          └────┬───┘
      │                   │
      │          ┌────────┴────────┐
      │          │  最高法院检察署  │
      │          └────────┬────────┘
      │                   │
      │          ┌────────┴────────┐
      ├──────────│  高等法院检察处  │────┤ 高等法院分院检察处 │
      │          └────────┬────────┘
      │                   │
      │          ┌────────┴────────┐
      └──────────│  地方法院检察处  │────┤ 地方法院分院检察处 │
                 └─────────────────┘
```

图 3

纵观这一时期，检察体制在许多环节实质上在倒退。在特定时期，检察制度甚至显得可有可无。县知事兼理司法、国民党党治司法的思想、司法官培训政治化等具有中国思维方式的变通制度，也在本时期检察制度中体现，一定程度上反映了中国司法发展的曲折以及传统力量的强大。这一时期变化和当时统治者对检察制度存在必要性的质疑密不可分，也反映出当时废除检察制度的主张。① 早在广州国民政府时期，受五权分立理论及重视监察权的影响，废除检察制度的呼声就很高。② 1927 年迁都南京后，国民政府就以"体察现在国情，实无专设机关之必要"为由裁撤全部检察厅。1930 年全国司法会议上，就检察制度的存废各方展开了激烈的争论。③ 就其实践层面而言，总的说来，检察官的职权在不断扩大。但是，由于受到军事独裁、战乱等因素影响，检察体制的发展遭遇相当困难。

（三）新中国成立前检察体制的发展

工农苏维埃时期。在革命根据地，随着红色政权的建立，设立了最高法院和地方、军队各级裁判部（科、所）等司法机关。1932 年《中华苏维埃裁判部暂行组织及裁判条例》和 1934 年《中华苏维埃共和国中央苏维埃组织法》分别规定在各级裁判机构中设置检察员，具体负责刑事案件预审、提起公诉和出庭支持公诉。受国内战争环境的影响，当时的检察员配置，无论在职权体系，还是实际程序，显得较为粗糙和简陋。

抗日战争时期。陕甘宁边区于 1937 年建立了高等法院，各县设裁判处，高等法院内设检察处，置首席检察官 1 人，检察官若干人。1939 年公布的《陕甘宁边区高等法院组织条例》规定，高等法院内设检察处，并明确了检察长和检察员的工作内容和职权范畴。这一时期，检察体制在一定程度上受到国民政府影响，同时也具有自身特点。其中，山东抗日根据地除了在各级司法机关中设置检察官，还建立了各级检察委员会，用以推动、规划检察工作。

解放战争时期。这段时期，检察机关仍不专设，而是实行"审检合署"或"配置制"。1947 年，《关东各级司法机关暂行组织条例草案》规定了高等法院设首席检察官及检察官。在领导体制上，检察机关虽设于法院内，但独立行使职权，不受其他任何机关之干涉，只服从上级检察官。检察官职权，除对刑事案件实施侦查，提起公诉，实行上诉，指挥刑事裁判之执行以外，还规定了检察职权的一般监督，即《关东各级司法机关暂行组织条例草案》第二十七条规定："关

---

① 存废之争可参见杨兆龙：《由检察制度在各国之发展史论及我国检察制度之存废问题》，载《杨兆龙法学文集》，法律出版 2005 年版。
② 根据何超述：《朝阳大学法律课讲义：法院编制法》，记载 1920 年代许多人主张废止检察制度。王泰升：《台湾检察制度变迁史》，"检察官改革协会"网站，http://www.pra-tw.org. 访问时间：2007 年 10 月 25 日。
③ 张培田：《法与司法的演进及改革考论》，中国政法大学出版社 2002 年版，第 205 页。

东所有各机关、各社团、无论公务人员或一般公民,对于法律是否遵守之最高检察权,均由检察官实行之。"①

应当说,在工农苏维埃时期、抗日战争时期和解放战争时期,党领导下的检察体制,一方面,承继了清末引进西方检察体制的尝试;另一方面,也在切实探讨人民检察制度的发展道路。② 但是,受到战争环境等因素限制,检察机关在组织体系上并不独立;在内部体制上,存在党政干部兼任检察员、公安人员兼任检察员等情况。

(四) 新中国成立后检察体制的发展

新中国成立初期。新中国成立后,列宁的法律监督思想成为中国新中国成立初期建立检察制度的指导性思想;苏联社会主义检察制度的下列特征被当作中国建立检察制度的模板:一是检察机关直接隶属于国家权力机关,同政府、法院处于平等地位;二是检察机关是国家的法律监督机关;三是检察机关依法独立行使检察权,检察机关实行一长制的垂直领导;四是检察机关行使一般违法检察法律监督权和司法检察法律监督权。正如彭真指出的:"列宁在十月革命后,曾坚持检察机关的职权是维护国家法制的统一,我们的检察院组织法就是运用列宁的这一指导思想结合我国实际情况制定的。"③ 1949 年 10 月,根据《中央人民政府组织法》的规定,中央人民政府之下设置最高人民检察署。1949 年 12 月中央人民政府批准《中央人民政府最高人民检察署试行组织条例》,这一新中国第一部关于检察制度的单行法确立了我国检察制度初创时期的基本内容,为全面系统地建立检察制度奠定了法律基础。在检察体制中,其主要内容有:一是规定全国检察机关与审判机关分立;二是仿照苏联检察制度确立了垂直领导体制,即"全国各级检察署均独立行使职权,不受地方机关干涉,只服从最高人民检察署之指挥。"三是检察机关内部实行与检察委员会会议相结合的检察长负责制。④ 1950年初,地方各级检察机关开始建立,到年底,全国各大行政区全部建立起检察分署,1951 年 9 月,鉴于垂直领导体制在司法实践中遇到的阻力,《最高人民检察署暂行组织条例》和《各级地方人民检察署组织通则》将检察机关领导体制改为双重领导体制。1954 年,第一届全国人民代表大会第一次会议,通过和颁布了《中华人民共和国宪法》和《中华人民共和国检察院组织法》,分别对检察机关的设置、职权、领导关系等作出细致规定,进一步发展完善了我国检察制度,

---

① 最高人民检察院研究室:《中国检察制度史料汇编》,1987 年编印,第 187 页。
② 孙谦主编:《中国检察制度论纲》,人民出版社 2004 年版,第 37 页。
③ 《彭真文选》,人民出版社 1991 年版,第 392 页。
④ 王桂五:《中华人民共和国检察制度研究》,法律出版社 1991 年版,第 57~59 页。

具体表现在：一是决定将人民检察署改名为人民检察院；二是增加专门检察院的设置；三是重新规定检察机关实行垂直领导体制；四是调整检察机关内部领导体制，将"检察委员会议"改为"检察委员会"，明确实行检察长领导下的民主集中制的合议制；五是增加检察机关对刑事判决执行的监督权和对侦查机关侦查活动的监督权。

"文化大革命"期间。1957年，反右派斗争开始，检察机关的监督职能受到了削弱和破坏。1966年，"文化大革命"开始。检察机关行使法律监督职能被说成是专政矛头对内，实行垂直领导被歪曲为以法抗党。1968年12月，最高人民检察院被撤销。1975年《宪法》规定：检察机关的职权由公安机关行使。

改革开放时期。改革开放以来，我国进入了一个新的历史发展时期。中国的检察体制也进入了恢复和大发展时期。1978年宪法重新设置人民检察院，并对其性质、职权和领导关系作出原则规定，明确检察机关对国家机关和国家工作人员和公民是否遵守宪法和法律行使检察权；1979年通过的《中华人民共和国人民检察院组织法》第一次明确了检察机关是我国法律监督机关；明确了我国现行检察机关内部领导体制和内部民主集中制；1982年《宪法》规定了国家行政机关、审判机关和检察机关都由人民代表大会产生，对它负责，受它监督，进而明确了检察机关在国家机构中的地位以及与权力机关的关系。1996年《中华人民共和国刑事诉讼法》修改中确立了"人民检察院依法对刑事诉讼实行法律监督"的基本原则，并对法律监督的范围、手段和程序等进行了补充、完善。

应当说，新中国成立后，中国检察体制经历了曲折的发展道路。有学者将其归纳为"创建、发展与波折、中断、重建与发展"四个阶段。[①] 总体而言，建国后中国检察体制在朝定型化、特色化上发展，其中过程，体现了马克思关于国家和政治理论、列宁的法律监督思想等的指导性，以及对人民民主专政理论、人民代表大会制度理论等的贯彻、落实。

二、检察体制的现状与存在的问题

（一）检察体制的基本特征及存在的问题

由于经济政治状况、社会观念、传统执法理念以及立法疏漏等因素的影响，我国的检察体制在司法实践中面临一些问题：

检察权的有效性问题。虽然我国《宪法》第一百二十九条规定中华人民共

---

① 孙谦主编：《中国检察制度论纲》，人民出版社2004年版，第40页。

和国人民检察院是国家的法律监督机关，但这是一种狭义的法律监督权。① 它实质上是一种诉讼监督，即人民检察院通过参与刑事、民事、行政诉讼活动，依法对有关机关和人员中的违法行为实施监督，并予以纠正。但是，在司法实践中，从检察机关的宪法地位，到检察机关的法定权力，到检察机关的实际权力，这中间存在"递减性"的落差。以查处职务犯罪案件为例，许多检察机关缺乏足够侦查手段，在强制措施适用、立案前获取涉案信息手段上受到多方掣肘，即使是法定司法资源，由于受当地经济发展水平、党政领导重视程度等因素限制，一些检察机关也难以有效配备，更是加剧了办案难度，进而产生对纪委、监察部门的依赖；许多检察机关还在依据"一张纸、一支笔、一张嘴"办案。

检察权的制约问题。在司法实践中，检察机关与公安机关、人民法院办理刑事案件分工负责、互相配合、互相制约机制存在一定弊端。譬如，三机关关系在司法实践中受到"打击犯罪，保障稳定"观念的影响，重视相互配合，轻视相互制约；甚至形成"做饭"、"端饭"、"吃饭"的线性诉讼构造以及"行政治罪流程"。同时，在我国检察机关的内部权力配置中，检察机关具有逮捕决定权，而不像西方许多国家那样由法院予以司法审查。在职务犯罪侦查中，检察机关享有侦查权、逮捕决定权和提起公诉权，这种"侦捕诉合一"的机制受到许多学者的批评。在司法实践中，由于检察长负责制的影响，加上在异议程序设置上的不完备，侦捕诉三部门之间内部制约性较差，呈现流水线状况。

检察体制中的地方化问题。中国幅员辽阔，各地政治、经济、文化等发展状况和程度不一，由此各地方检察机关在人员素质、经费保障、执法环境、执法水平等方面都体现出相当程度的差异。检察机关按行政区划设置，财政来源地方化、干部任免地方化、人员来源地方化，当地方利益与国家利益、与其他利益产生冲突的时候，难免会产生检察权地方化的问题。在中国当下语境下，上述地方化问题一定程度上可促进检察工作与当地经济、政治、文化等的契合性，但也容易滋生诸多问题。尤其是地方检察长主要由地方党委推荐和考察，地方人大及其常委会选举任命，这使检察长必须考虑地方的利益和意见，在独立行使检察权时顾虑较多，甚至从属和听命于地方，影响法律、政策在司法过程中的统一性以及个案中的司法公正。近年来，各级检察机关已经而且正在进行着业务管理机制的创新和探索，譬如建立侦查指挥中心等，这些机制对缓解检察权地方化问题有一

---

① 我国学说有广义的法律监督权和狭义的法律监督权之争。但宪法学者认为，检察机关是"国家的法律监督机关"，是一种全称判断概念，不能把它解释为检察机关是一个全面监督国家法律实施的机关，而是说它职权的范围仅限于对法律的遵守和执行情况进行监督。其实，早在制定刑法、刑事诉讼法的时候，彭真委员长就已对法律监督作了刑事犯罪方面的限制。韩大元：《关于检察机关性质的宪法文本解读》（上），《人民检察》2005年第7期。张智辉：《法律监督辨析》，《人民检察》2000年第5期。

定效果，但效果有限。

检察机制中的管理行政化问题。当前我国检察机关沿用的主要是自上而下的行政领导管理方法，检察职能与行政管理职能混合并以行政为主导。尽管这有利于促进检察业务中的效率目标，但也产生不少问题。具体表现为：一是在人事管理上，对检察官的管理套用的是党政机关的行政管理体系，虽然检察官法将检察官分为四等十二级，但检察官的选拔、任用、晋升、管理、待遇等并没有脱离行政管理模式。行政级别成为一种主要竞争性资源，导致许多检察官潜生官本位意识；二是在业务管理中，检察机关仿照行政机关设置了上命下从的逐级审批制度。依法独立行使检察权的核心主体定位在于检察院，而非检察官。案件的处理决定都要由主办人、部门负责人、分管检察长，甚至检察长、检委会层层把关，检察官的相对独立性、主观能动性往往在个案中受挫，并容易造成重复劳动、效率低下；三是在检察长与检委会权力配置上，检察长对检委会有强大的制约权，即提请人事任免权、会议当然主持权和最后排众请示权。这在一定程度上造就了检察长主导并实际凌驾于检委会之上，破坏了检委会民主集中制的真正贯彻。这种行政化的管理模式为地方干预检察权提供了便利。

检察权行使中的"超载问题"。检察机关是国家的法律监督机关，这是检察机关的宪法属性。发挥检察机关对政治制度、经济体制、社会政策等方面的支持和保障功能，这是检察体制在社会功能上的应有之义。但是，在当下权力结构中，检察权在具体行使过程中添附多项服务职能或功利性指标，出现不合理的"超载"状况。一些服务职能与检察权的职权性、有限性、中立性等往往具有一定的冲突。在我国司法制度史中，检察权曾在新中国成立初期的土地改革、反右斗争、"大跃进"发挥保障功能。当前，在西部大开发、扶贫、招商引资、安全保卫、城市拆迁等方面，许多检察机关都需要积极作为。在正常检察工作与服务职能或功利性指标之间如何实现平衡，这是令许多检察实务部门头疼的问题。

（二）检察体制的改革与现代化

中国检察体制现代化需与我国当前经济发展水平、政治格局、社会意识状况等相适应。为此，中国检察体制改革不能背离我国宪政的根本制度，不能产生严重危及社会秩序的后果。整体而言，中国检察体制改革应坚持三个基本原则：坚持和完善人大监督原则；坚持和完善党的领导原则；坚持和完善检察权的独立行使原则。具体而言，应从以下几方面进行完善：

首先，促进检察一体化，完善相关保障机制。检察一体化对排除地方权力和其他权力对检察工作的干预、提高检察效率、防止检察权滥用等方面有着积极的作用。虽然我国《宪法》和《人民检察院组织法》都对检察机关上下级领导关系进行了规定,但都过于原则,没有对上级检察机关领导下级检察机关的范围、权限、程序、方式、后果等进行规范,从而使检察机关上下级领导关系仅限于业务领导,在强势的地方领导之下,往往显得软弱无力。从立法上看,可明确规定上级检察机关对下级检察机关领导的范围、权限、程序、方式、后果,保证检察权的统一正确行使;同时,可设立检察专区并实行省以下垂直领导。改变按照行政区划设置检察院,使检察机关并不必然与地方权力的辖区一致。其有利于防止地方权力对检察权的干预;同时可集中和调度智力、人力和技术资源,对辖区内的职务犯罪案件进行重点突破。需要注意的是,检察一体化在当下司法改革中,需要建立或完善以下保障机制:建立检察机关财政保障机制;改革检察机关人事任免制度。①

其次,促进检察官相对独立,明确权责统一性要求。检察内部体制改革必须尊重检察官的相对独立,发挥检察官的主观能动性。第一,上级检察机关应依照法定程序和方式行使指令权,主要是运用审查、劝告、承认的方法,行使指挥监督权,以使上级的指挥监督权和检察官的独立性相协调。第二,上级的指令权的内容要受到法定主义和客观公正义务的限制。第三,除了完善主诉检察官制度外,法律应当赋予检察官在一定条件下对抗上级指令权的途径,譬如,赋予我国检察官要求上级行使事务承继和转移权的消极抗命权。在检察官相对独立中,明确检察长权责居于重要地位。具体而言,应建立检察官责任制和检察官直接对检察长负责制,要求检察官承担服从义务;赋予检察官一定范围的自由裁量权,检察官裁量的范围就是检察长指令的范围,法定主义的领域就是检察长指令的禁区;赋予检察官向检察长自由表达意见权;贯彻检委会民主集中制原则,免除检察长的最后排众请示权,即检察长可以主持检委会并对重大检察问题的讨论行使一票表决权,但不应存在现行有关立法中设置的最后排众请示权或检察实践中出现的检察长一票否决权;检察院党委和检察长均不能包办具体的检察业务,代替检察委员会。

再次,合理调整诉讼构造,明确检察官客观性义务。合理调整诉讼构造要求:一是发挥审前程序中检察机关对公安机关的制约和引导功能;二是发挥审判程序中检察机关对法院审判的法律监督职能;三是发挥法院对检察权行使过程的适当控制,尤其是对检察机关的逮捕决定权,应允许犯罪嫌疑人事后提请人民法院予以司法审查。明确检察官客观性义务,可促进检察官在诉讼结构调整中"角色适应"。客观性义务下,不仅要求检察官在证据收集、证据开示等方面坚

---

① 卢均晓:《检察机关领导体制改革论纲》,http://www.modernlaw.com.cn/3/3/03-16/3938.html,访问时间:2007年10月20日。

持客观公正、全面细致立场；还要求在批捕权、公诉权等的行使上坚持中立性理念，不得任意处分。在我国，检察官客观性义务可以检察机关法律监督的地位和职能为出发点，检察机关一方面代表国家控诉犯罪，追究被控诉人的刑事责任，以维护国家的法律秩序；另一方面通过公诉权与侦查权、审判权的相互作用，发挥控制侦查程序、启动刑事审判程序和限定刑事审判范围等作用，以维护整个诉讼活动的正常进行。①

最后，合理调整检察权能，明确检察官社会化职能。在检察体制改革中，应强化和完备检察机关的职权、职能。这一方面有助于解决检察机关起诉裁量权种类极具局限性问题、对民事和行政诉讼领域的介入深度有限问题以及对社会事务的其他方面干预力度过度问题。对以上三个问题"度"的把握直接影响检察机关与相关机关的关系，以及与社会生活之间的距离。从发展角度，检察机关起诉裁量权可从起诉和不起诉扩大至包含刑事调解、没收犯罪工具和犯罪所得、无报酬的公益劳动等在内的多种裁量措施；检察机关的职权范围从刑事诉讼领域向民事和行政诉讼领域扩展，尤其是参与民事、行政公益诉讼；检察机关对社会生活的干预力度应以检察机关在诉讼领域的职权为基础，除此之外，检察机关干预一般社会事务的职能应该法定化。

第三节 司法行政体制现代化

司法行政权就是服务或辅助法院裁判权的行政权力。司法行政体制作为司法体制的重要组成部分，与社会现代化的发展相适应，也一直在发生深刻的变革。理性分析司法行政体制在中国法制现代化的进程脉络，分析其中经验与教训，对于完善我国当代司法行政体制，解决一系列司法实践中的困境具有重要意义。

一、司法行政体制的现代化进程

（一）司法行政体制的形成

在清末改制中，中国司法体制发生了显著的变化，现代意义上的司法行政体制得以产生，而现代司法行政体制得以产生的前提就是司法从行政中分离出来，

---

① 朱孝清：《中国检察制度的几个问题》，《中国法学》2007年第2期。

改变了中国社会长期以来立法、行政、司法三种权限不清,行政权、立法权、司法权三权缺乏分立的状态。1908年8月,清政府公布了《钦定宪法大纲》,它首次在中国历史上提出:"以议院协赞立法、以政府辅弼行政、以法院遵律司法",实行三权分立。这是中国历史第一次提出司法权从行政权中分离出来。① 根据西方三权分立的原则,清末改制实行立法、司法、行政分立制。以议会为立法机构,内阁为行政机构,大理院或裁判所为司法机构,三者独立行使职权,三者相互制约。沈家本认为,司法要独立,必须首先改变行政兼理司法的官制,只有两者分离,并防止行政干预司法,才能使它们各守职责,尽其所长。另外司法行政也必须与司法审判分开,司法行政权不能干涉司法审判权。法部与大理院也应当职责分明。法部掌司法行政,大理院掌司法审判。因此,大理院为最高裁判,而法部只能监督裁判。②

1912年,中华民国政府在南京成立,南京临时政府设有司法部,负责法院、检察院的司法行政事务。1916~1927年的北洋政府时期也设立了司法部,负责法院、检察院的司法行政事务。③ 北洋政府时期还颁布了《中华民国监狱规则》和《看守所暂行规则》,看守所附属于审检厅、审检所,羁押未决犯,已决犯由司法部管理。1927年,蒋介石建立南京国民政府之后,沿袭了北洋政府使用的看守所及监狱管理制度。

1928年10月,国民政府按照所谓五权分立原则设立行政院、立法院、司法院、考试院、监察院五院。在国民政府时期,司法行政机关在隶属司法院和隶属于行政院之间游移,有时隶属于司法院,也有时隶属于行政院。1928~1931年底,司法行政部属于司法院领导。司法行政部隶属于行政院以后,法官、检察官由司法行政部任命。委任人员由最高法院院长及检察署检察长分别任命,并报司法行政部备案。在这个时期,检察机关与法院同属司法院,检察机关内设在法院内,从属于法院,这样检察院的司法行政工作都包括在法院的司法行政工作之中。

(二) 现代司法行政体制的演进

中国现代司法行政体制始于新中国成立后,从时间上可以划分为以下几个阶段:

1949~1954年宪法颁布前。新中国成立之初,司法行政机关根据《中共中

---

① 孙业群:《司法行政权的历史、现实与未来》,法律出版社2004年版,第16页。
② 孙业群:《司法行政权的历史、现实与未来》,法律出版社2004年版,第17~18页。
③ 张培田:《法与司法的演进及改革考论》,中国政法大学出版社2002年版,第189~190页。

央关于废除国民党的六法全书与确定解放区的司法原则的指示》、《中国人民政治协商会议共同纲领》和《中央人民政府组织法》的规定设立。《中央人民政府司法部试行组织条例》第二条规定了司法部的职能。司法部主持全国司法行政事宜。新中国成立之初至1954年宪法颁布前，司法行政机关负责法院的司法行政事务。司法行政机关建置在中央、行政大区，中央司法部直管河北、山西、北京、天津、内蒙古自治区的司法行政工作。检察机关自我管理自身的司法行政事务。

1954年宪法颁布后至1959年司法部被撤销之前。1954年《宪法》规定人民法院、人民检察院实行审检并立，人民法院行使审判权，人民检察院行使检察权。人民法院、人民检察院由原属于人民政府组成部分转变为向国家权力机关各级人民代表大会负责并报告工作的司法机关，形成"一府两院制"。其中检察署自我管理自身的司法行政事务。法院的司法行政工作由司法部负责。1954年9月，根据1954年宪法规定，中央人民政府司法部改称为中华人民共和国司法部，隶属国务院领导。20世纪50年代，司法行政机关主管地方各级人民法院的思想建设、组织建设、业务建设和物资装备工作。司法行政工作是围绕着法院审判工作开展的。司法行政工作和司法审判工作是国家司法工作整体的两个方面，为完成国家司法工作的基本任务，司法行政机关和人民法院分别行使国家的司法管理职能和国家的审判职能。一管行政，一管办案，分工不同，各负专责。20世纪50年代，尽管机构设置和职能不稳定，但司法部作为司法行政机关的性质和地位是确定的。司法部普通法院司和专门法院管理司主管法院司法行政业务。1959年4月，在第二届全国人民代表大会第一次会议上，在"司法改革已经基本完成，各级人民法院已经健全，人民法院的干部已经充实和加强，司法部已无单独设立必要"的理由下，司法部被撤销，与司法部同时被撤销的还有监察部。原司法部的工作交由最高人民法院管理。紧接着，各省、自治区、直辖市司法厅（局）亦随之被撤销。从中央到地方，司法行政与审判的"分立制"改变为"合一制"。与法院不同，检察机关的司法行政事务直至1968年检察机关被撤销之前都是由检察机关自行管理的。根据1954年9月通过的《中华人民共和国人民检察院组织法》第二十二条规定："各级人民检察院的人员编制和办公机构由最高人民检察院另行规定。"可见，1968年检察院被撤销以前，检察院的司法行政是自行管理的。

1959年9月司法部被撤销至1979年恢复前。在1959年9月司法部被撤销至1979年重建之前这一段时间里，最初是在最高人民法院设司法行政厅，各高级人民法院设司法行政处；以后因国家紧缩编制的原因，最高人民法院的司法行政厅改为司法行政处，最终缩编为司法行政组。1963年以后，因人民调解工作、公证工作的需要，最高人民法院司法行政组重新改为处，但是由于人民调解及公证涉及的事项众多，后又将司法行政处升格为司法行政厅。

1979年司法部恢复重建以后至1982年6月国务院机构改革前。1979年恢复司法部之后，司法行政机关恢复重建了中央和省、自治区、直辖市这两级机构，而且还新建了地（市、州）和县级的司法行政机关，并在乡、镇和城市街道配备了司法助理员，形成了从中央到基层政权多层次的司法行政机构系统。1982年以前，司法行政机构在社会主义民主法制建设中担负着组织、宣传、教育和后勤保障等项重要工作，当时的政法负责人彭真同志表示，要把司法部建成政法系统的组织部、宣传部、教育部和后勤部。总之，1979年司法部恢复重建直至1982年8月机构改革，司法部负责法院的司法行政工作，司法行政机关建制到中央、省、地（市）和县四级。检察院的司法行政工作则自行管理。

1982年6月国务院机构改革以后。1982年8月各级人民法院的司法行政工作，包括各级人民法院的设置、人员编制和办公机构的设立、财务装备、司法统计等移交给各级人民法院自管。1983年9月，根据《国务院关于将公安部劳改局、劳教局及其编制划归司法部的通知》，公安机关将劳动改造机关整建制地移交回司法行政机关管理和领导，同时劳动教养工作也划归司法行政机关管理和领导。1998年国务院机构改革方案规定，公安部监所管理局保留对看守所、拘役所的业务指导职能，增加对治安拘留所、收容教育所、强制戒毒所和安康医院等限制人身自由场所的业务指导职能。另外，1997年，司法部成立了直属的司法部法律援助中心，负责全国法律援助工作。2000年1月，司法部将法学教育交归教育部管理，只保留中央司法警官学院。2001年11月，司法部成立了司法考试司，主管司法考试工作。

二、司法行政体制的改革与现代化

（一）司法行政体制存在的问题

我国现行司法行政体制是在移植、效仿苏联司法行政体制模式的基础上建立起来的，经过长时间的社会发展进程，由于当下的社会环境及国家权力结构与确立我国司法行政体制当初的情况相比，已经发生显著变化，旧有体制的某些特征与现代司法行政体制的应有模式存在冲突。比如，现行司法行政权配置中对司法行政权的性质缺乏准确定位，存在模糊认识，实践中造成司法行政权职能配置不合理的问题。由于对司法权的性质和特点缺乏深刻的认识，模糊了审判业务与司法行政工作的界限，人民法院在执行审判业务的同时也掌管司法行政工作，造成人民法院中非审判人员数量过多，占用了许多宝贵的资源，直接影响审判工作。另外，我国现行司法体制沿袭行政体制，司法机关实际上一直被当作政府的某个部门来对待，对司法机关和司法人员的管理几乎等同于行政机关和行政人员。司法机关内部管理也都采用行政化方式管理，最终直接造成人民法院的行政化现象。人民法院行政化的倾向主要表现在人民法院行使了大量的司法行政权，直接淡化、冲击了人民法院的审判功能。目前人民法院行使的司法行政权主要有：民事执行和部分刑罚执行；对法官人选的考察与推荐以及现任法官的考评、晋升、福利等以及法官的培训、法官惩戒；对人民法院法官序列以外人员的管理，包括人民法院行政人员、辅助人员的编制、工作分配、考评、福利等；对财物的管理及后勤保障，如人民法院经费预算与执行；司法系统以及具体人民法院的机关事务管理；与案件审判直接相关的司法行政工作，包括立案登记、诉讼费用、司法鉴定管理工作。人民法院集司法审判、执行和司法行政管理于一身，同时对这种权力过分集中的现象，缺乏有效的监督制约，正基于此，在审判实践中出现了许多不尽如人意之处。因此，要实现人民法院的专业化，实现审判机关追求的公正及效率两大目标，人民法院应当将内部的司法行政事务分离出来，专注于审判事务。此外，在实践中，由于对司法行政权运行的规律和特点缺乏深刻的认识，造成原本应当由司法行政机关负责的事项由其他权力部门负责，如生效裁判的执行工作，按照权力属性及国外的通行实践来看，应当由司法行政部门负责为宜。但在我国，民事生效裁判工作则由法院负责执行，而管制等非监禁刑罚由公安部门负责执行。对司法行政权运行的规律和特点缺乏深刻的认识，造成了实践中的一些弊端，还表现在同样的司法行政工作，其他部门和司法行政部门分别负责。如公安部门负责审前羁押工作，而司法行政部门负责戒毒工作。

还由于司法行政权配置不合理，造成实践中对司法权缺少足够的监督，使相关的监督制约机制存在缺陷，具体表现在：首先，司法体制上分权制衡不够，某些部门的权力过于集中，挤占了原本应当属于司法行政机关的事项。其次，缺少有效的外部监督机制，由于我国公安司法机关中某些部门权力过大，缺少外部制约机制，实践中产生了许多问题。

（二）司法行政体制的完善

完善我国司法行政体制，应当在明确司法行政权的准确定位，立足司法行政权权力配置的现实，参照国外司法行政权权能配置的一般原则及配置模式，在符合司法行政权权力运行规律前提下进行。具体来说，应从以下方面展开：

第一，由司法行政部门行使法院及检察机关现有的部分司法行政事务。当前我国审判机关及检察机关在新的历史条件下，自身承担的审判及检察职能日趋繁重,但由于我国司法行政权能配置的不合理状况,导致两机关同时尚需承担大量的行政性事务,这种局面必定会影响两机关有效履行审判及检察职能,因为两机关承担司法行政职能的状况必定会占用宝贵的资金及人员投入。因此,应当将司法行政事务逐步从审判、检察工作中分离出来,改由司法行政部门管理。

第二,由司法行政机关统一行使刑罚执行权。目前我国刑罚执行权主体处于多元、分散的状况,即由人民法院、公安机关和监狱管理部门分别行使刑罚执行权。但是,这种刑罚执行权主体处于多元、分散的刑罚执行模式状况不利于节省司法资源,同时也严重影响了刑罚执行效果。因此,改变目前我国刑罚执行权主体多元与分散的状况和司法实践中缓刑、管制、假释等非监禁刑以及罚金、没收财产刑等刑罚执行不力的状况,其根本出路在于司法行政机关统一行使刑罚执行权,这种做法首先有利于降低刑罚执行成本,提高刑罚效果。如果刑罚的执行权由若干个机关分别行使,刑罚的执行成本必然增加。同一性质的工作由一个机关管辖,改由司法行政机关统一行使刑罚执行权,可以降低刑罚执行成本,提高刑罚效果。其次,刑罚执行权由司法行政机关统一行使,有利于司法权力的合理分工。有利于强化公安机关打击犯罪、维护治安的主要职责以及人民法院行使审判的职能。

第三,审执分离,由司法行政部门统一行使民事强制执行权。近年来,执行难以成为司法实践中的突出问题。种种执行难现象严重影响到民众对司法审判的信心以及人民法院的公众形象。学术界及司法实务部门始终关注执行难问题,寻找执行难的具体原因。一般认为,执行难的主要原因包括地方保护主义、执行人员素质不高以及义务人法律意识淡漠、拒绝履行义务等诸多方面。但从根本而言,现行执行体制上的缺陷是造成执行难的主要原因,而体制缺陷的根本原因在于对于强制执行权的认识存在偏差,造成了司法实践中的执行体制缺陷。要改革上述缺陷,必须明确强制执行权的性质。目前,关于强制执行权的性质有观点认为民事执行是国家司法机关即法院所实施的行为,民事执行权是国家赋予的司法职能的一部分,民事执行行为应当属于司法行为。①

我国现行强制执行体制是以上述观点为制度基础的,在该观点支配之下,执行权定位为司法行为,这样,人民法院的强制执行权自然划归自身业务的组成部分,将强制执行行为归入法院的工作之中。法院在内部设置有关执行庭,配置执行人员。当然,与法院内的审判业务部门相比,执行庭的级别、地位以及执行人员地位相对较低,而这种局面导致法院内部的执行工作难以实现应有的效果。此外,由于法院工作自身的特点,法院之间保持相对独立的地位,这样难以承担统

---

① 孙业群:《司法行政权的历史、现实与未来》,法律出版社2004年版,第252~253页。

一管理、统一协调的执行职能。外地法院委托执行的案件，当地法院执行庭或者执行人员如果处于种种原因不予配合，那么外地法院难以找到解决该问题的有效途径。除了执行效果不佳之外，现行执行体制还缺少对执行人员相应的制约机制，容易滋生执行中的腐败现象。法院既拥有与执行相关问题的裁决权，同时又拥有实施该裁决的权力，执行人员的权力过大，缺少制约，容易滋生腐败。

基于上述情况，改革我国的执行体制成为一个相当现实的课题，改革的出路应当在于明确执行权的性质，实行审判业务与执行业务的分离，由人民法院专司裁判权，而将执行权交给司法行政部门执掌。之所以要实行执行权与法院裁判权的分离，是基于执行权的性质。从其权力属性而言，执行权属于行政权的范畴，行政权的一个显著特点在于上命下从，令行禁止，通过行使权力的主动性及强制性追求相关权力行为的效率。目前世界多数国家将民事执行交给司法行政部门。如在英美法系国家，民事执行由司法行政部门负责，同样，在多数大陆法系国家，民事执行也是由司法行政部门负责的。

第四，由司法行政机关对司法鉴定实行统一管理。鉴定体制往往是与一国的司法体制紧密相连的。20世纪90年代以前，英国的鉴定体制具有分散性特征。而与此相反，大陆法系国家的鉴定体制则具有集中性特征。20世纪90年代初期，英国内政部开始对传统分散型的司法体制进行改革。到1995年4月，新的方案出台，英国全国7个大型法庭科学实验室都归内政部统一管理。① 我国现行的司法鉴定管理体制属于典型的部门分割、分散管理模式。我国法律对鉴定机构鉴定权的授予、人才条件、设备要求、资信程度都没有统一的规定，导致司法实践中条块分割、各自为政的现象非常严重。对比大陆法系及英美法系的司法鉴定状况可以看出，国外司法鉴定主要由司法行政部门进行统一管理。因此，为了克服我国司法鉴定体制中的缺陷，有必要借鉴国外有关国家的做法，建立统一的司法鉴定体系。由司法行政机关作为司法鉴定主管机构是比较合理的、科学的。由司法行政机关对司法鉴定实行全行业的统一指导、管理和监督，是一种与司法体制改革方向相适应的合理模式。②

第五，实行侦押分离，强化司法行政机关对审前羁押的监督管理。我国20世纪50年代，监狱、看守所和劳动改造队都曾归司法部管理，后交公安部管理，1983年5月监狱和劳教所又整建制划归司法部，但看守所仍由公安机关管理。目前隶属于公安机关的看守所是审前羁押的专门场所，为切实保护犯罪嫌疑人的权利，减少乃至避免羁押时对其所造成的不应有的侵害，必须改变羁押处所由公

---

① 中国人民公安大学侦查系刑侦教研室编：《中外刑事侦查概论》，中国政法大学出版社1999年版，第269页。

② 樊崇义、陈永生：《论我国刑事鉴定制度的改革与完善》，《中国刑事法杂志》2000年第4期。

安机关管理的状况。实行侦押分离,符合国际上对未决犯大都是由独立于侦查机关以外的监管部门羁押的做法。《公民权利和政治权利国际公约》第九条规定:"因刑事罪名而被逮捕或拘留的人,应迅速解送到法官或依法执行司法权力之其他官员,并应于合理期限内审讯或释放。"就目前而言,应当改变公安机关看守所羁押犯罪嫌疑人的现状,由司法行政机关负责执行羁押较为可行。

第六,改革司法行政的律师管理体制。我国对律师的行业管理采取司法行政机关监督指导和律师协会行业管理相结合,即所谓"两结合"体制。有的地方如北京已初步形成司法行政机关宏观管理下的律师行业管理体制。从我国目前律师业的发展状况来看,尚不具备完全实行行业自治管理体制的条件。尽管当今我国律师协会的作用在不断增强,但是尚无法做到像国外律师协会那样实现完全的律师自治。在市场经济体制中,律师自治组织作为向社会提供法律服务的中介机构,其两个基本的特点是自主性、自律性。这一特点决定了采用司法行政机关全面具体全面管理律师工作的行政管理方式既不符合律师自身特点、性质,影响律师事业的发展,同时又使司法行政机关的精力过多集中于具体事务而不能更好地行使监督指导律师工作的职能。

1993年12月国务院批复的《司法部关于深化律师工作改革的方案》中对律师管理体制的改革提出了具体的改革目标,即"从我国的国情和律师工作的实际出发,建立司法行政机关与律师协会行业管理相结合的管理体制。经过一段时期的实践后,逐步向司法行政机关宏观管理下的律师协会行业管理体制过渡。"2002年司法部印发的《中国律师事业五年(2002~2006年)发展纲要》指出:司法行政机关的管理,重点是负责"准入、导向、协调、监管"四个方面的工作;要保证律师协会不断强化行业自律管理的作用。应当说加强律师协会的行业管理职能是律师管理体制改革的目标是相当明确的。[①] 新的律师组织形式需要与之相适应的管理体制,而律师协会作为律师的自治性组织,直接掌握律师的工作规律,能适时指导律师工作,律师协会由执业律师组成更贴近律师和律师事务所,了解律师的情况和需要,能制定切合实际、行之有效的规章,促进律师行业的自律,切实保护律师的合法权益,更好地为律师事务所服务,便于对律师执业实行行业管理,同时还可以有效克服行政管理模式的弊端。这种做法既符合律师工作特点,又与律师体制改革的要求相适应。

充分发挥律师协会在律师管理中的作用,不断提高整个律师行业的职业道德水平,是现代律师行业管理的总体趋势。因此,根据律师行业的性质和我国目前律师行业发展的具体状况,应当规范和完善"两结合"的管理体制。建立"两

---

① 李本森:《律师法修改的困境与出路》,《中国律师》2004年第11期。

结合"的管理体制需要解决下列问题：一是明确司法行政部门和律师协会之间的权力分配。关于司法行政机关与律师协会在律师管理上的职能划分可以考虑作如下的调整：司法行政机关主管律师、律师事务所以及律师行业宏观政策管理。其余的过去司法行政机关履行的具体管理职责，比如关于律师实习、律师岗前培训、律师违反一般职业规范的处罚等都可以交给律师协会来行使，这样就可以大大扩展律师协会的自律管理的实质内容。① 二是加强律师协会的建设，提高律师协会行业管理能力。另外，律师管理体制的改革涉及司法行政机关和律师协会自身职能的调整，律师协会将在多大程度上在律师管理上有所作为，完全取决于实际上掌握《律师法》修改权和对律师协会具有监督指导职能的司法行政管理机关能够多大限度的让渡权力，这也需要司法行政管理机关拿出很大的魄力。② 由于我国律师协会建立时间较短，是在司法行政机关的扶持下创立的，一直在司法行政机关的影子下开展工作，依附性强，自治能力不足。各级律师协会在机构、人员及其他方面都存在很多困难，因而如果要真正担负起律师行业管理的责任，律师协会自身需要加强建设，为最终真正实现行业自治管理创造条件，准备力量。

---

① 任卫红：《律师管理体制刍议》，载《律师职业行为规则与律师事务所管理研讨会论文集》，2005年10月。

② 李本森：《律师法修改的困境与出路》，《中国律师》2004年第11期。

第十六章

司法程序现代化

内容提要：法治理念"程序优于实质"的逻辑必然要求将司法程序的现代化作为司法现代化乃至法制现代化的重要内容。司法程序现代化有自身的多重蕴涵，也需在形式、价值与实践维度上树立评判标准。按其具体对象，司法程序现代化可以被划分为刑事诉讼程序、民事诉讼程序、行政诉讼程序与证据制度的现代化四个方面。各个程序与制度都有着独特的中国语境与发展历史，有着"反制"现代化的消极制约因素，也有着自己的理念、目标取向与途径。本章将对这些细节化的内涵逐一加以分析。

法治取决于一定形式的正当过程，正当过程又主要通过程序来体现。以法治为方向和目标的中国的司法现代化无疑应建立在司法程序现代化的扎实基础之上。司法程序按照其所涉及的争议性质上的差别，可以分为刑事诉讼程序、民事诉讼程序和行政诉讼程序。本章先从一般意义上探讨司法程序现代化，然后区分不同的诉讼程序分别论述，最后探讨证据制度的现代化。

第一节 司法程序现代化概述

一、司法程序现代化的基本蕴涵

司法程序现代化的社会变迁背景。以现代化最初的动力来源为尺度，存在内生型与外生型两种现代化模式的区别。前者是指社会现代化的最初动力产生于本社会内部的现代化类型;后者是指社会现代化的最初动力来自于社会外部严峻挑战的现代化类型。① 司法程序现代化同样可以区分为以上两种模式,但无论哪种司法程序现代化都是由当时的社会变迁的情况所决定并与之相适应的。中国的司法程序现代化属于外生型。如果将 1906 年沈家本主持编成《大清刑事民事诉讼法草案》看做中国司法程序现代化的起点,中国司法程序现代化至今已历经百年。在这百年历程中,中国的司法程序现代化经历了取法欧美到取法苏联再到取法欧美的曲折过程,每次转折都打上了那个时代社会变迁的深深烙印。时至今日,仍处于发展过程中的中国司法程序现代化也由当前的社会变迁所决定并与之相适应:目前中国社会整体处于转型时期,矛盾多发的现实要求司法程序致力于防止和化解矛盾;社会整体对民主和人权的重视要求司法程序必须更为民主、更为保障人权;加入 WTO 并日益融入全球化要求中国的司法程序必须与国际接轨;等等。

司法程序现代化的逻辑起点。司法程序现代化并非对传统司法程序的彻底否定,现代司法程序也并非完全与传统司法程序相割裂、相对立。虽然传统司法程序是在古代特定的社会历史条件下产生和发展起来的,但其始终包含或体现了一个国家、一个民族所独具的文化和精神。因此,司法程序现代化不应割裂与传统的联系,其逻辑起点理应是对传统司法程序的扬弃。中国古代司法制度几千年来自成一套体系,具有迥异于西方现代司法制度的特质。因此,相对于其他国家而言,在司法程序现代化的过程中如何处理好与传统的关系对中国而言更为重要。一方面,由于传统在意识形态领域内是一种巨大的保守力量,我们的司法程序现代化不可忽视传统的消极作用,不能因为传统的根深蒂固而过于保守、不思进取。另一方面,司法程序现代化还应注意到传统的积极作用。从抽象层面来说,传统司法程序毕竟是中国内生的司法程序,其内含了中国社会和中华民族对司法程序的一些基本观点;从具体层面来说,中国传统司法程序中也包含了一些先进的理念和制度,例如"亲亲相隐"、"慎刑狱"、"死刑复奏制度"等等,中国的司法程序现代化应当注意到传统司法程序给我们带来的这些启示。

司法程序现代化的过程。虽然司法程序现代化的趋势不可逆转,但其过程并非一帆风顺,而是充满了曲折和反复,尤其当司法程序现代化以一种突变的方式进行时。这一方面可以法国刑事司法程序的现代化过程为例证。法国在 1789 年资产阶级大革命后首先选择了与其本身所具有的纠问式诉讼程序迥然相反的英国

---

① 公丕祥:《法制现代化的挑战》,武汉大学出版社 2006 年版,第 409~410 页。

对抗式诉讼程序作为其改革的蓝本，并模仿英国建立了陪审制、自由心证等制度，然而历史证明，这种从一个极端到另一个极端的突变式的刑事司法程序的变革由于遭遇了来自各方面的阻力而最终失败。在经历多次反复之后，法国的刑事司法程序最终在现代化的道路上选择了适合自己的职权主义诉讼模式。中国的司法程序现代化也面临着同样的问题。面向未来，在坚定中国司法程序现代化不可逆转的趋势的同时，也不难想象在这一过程中可能遇到艰难险阻。中国的司法程序现代化是一种与传统断裂的、突变式的司法程序现代化，传统对于现代化的阻力相对于其他国家更为强大，这也需要我们在司法程序现代化的道路上正视困难，坚定信心。

司法程序现代化的内容。司法程序现代化是一个系统工程，涉及司法程序的方方面面，缺一不可。从诉讼程序的性质来说，司法程序的现代化必须同时包含刑事、民事和行政诉讼程序的现代化；按照形式与实质的区别，司法程序现代化既应当包括形式上的诉讼程序法律的健全和体系化，同时还应包括司法实践对法律所规定的司法程序的正确和规范运用；按照司法程序的阶段来说，司法程序现代化既应当包括集中体现司法程序平等、公正等理念的法庭审理程序的现代化，还应包括法庭审理程序之外的审前程序、准备程序和判决之后的执行程序的现代化；按照司法程序的种类来说，司法程序现代化既应包括具有完整的"两造对立，法官居中"诉讼构造的普通程序的现代化，还应包括各种简易程序在内的特殊程序的现代化等。中国的司法程序现代化目前已经取得一些成就，同时还面临着一些重大难题，这些成就与难题之间的矛盾从某种意义上来说正是部分而非全面现代化所造成的。例如，前些年的司法改革将重点放在了法庭审理程序的完善上，在将当事人主义和对抗式引入庭审程序的同时却忽视了对审前程序和准备程序的相应改造，导致具备现代气息的法庭审理程序因审前程序和准备程序的不完善而无用武之地。面对今后的中国司法程序现代化的进程，我们应当具备全局意识，通过全面的制度完善和程序建设来达到事半功倍的效果。

司法程序现代化的成果。司法程序现代化是一个漫长的、渐进性的进化过程，因此很难在现在给司法程序现代化设置一个终点和结果，但可以肯定的是，中国司法程序现代化也不能以西方国家目前所确立的先进的司法程序作为终点和结果，司法程序现代化不等于"西方化"。当然，目前无法对司法程序现代化设置终点和结果并不意味着现代化的过程没有实际的标准可以对现代化的成果加以衡量，司法程序现代化的成果是建立现代司法程序。我们认为，现代司法程序应当以形式、价值和实践三大标准来衡量，具体的标准详见下文的论述。

二、司法程序现代化的标准

（一）形式标准

所谓司法程序现代化的形式标准是指现代化对程序法在形式上的要求，即现代司法程序在形式上所应当具备的优良品性。与形式相对应的是实质或者价值，因此司法程序现代化的形式标准并不涉及司法程序的实质合理性或司法程序本身所力图实现的价值目标。在法律上，所谓形式是强调系统的法律条文。① 具体到司法程序领域，对形式的注重同样是现代司法程序区别于传统司法程序的显著特征，形式标准应当成为考核司法程序现代化的第一个指标。具体而言，司法程序现代化的形式标准应当包括以下两个方面：

第一，周延性。周延性是指法律应当对所有的司法程序及其具体内容进行规范，司法程序中所有的诉讼行为都应当由法律加以调整，法律所规定的司法程序的外延应当等于或大于司法实践中适用的司法程序，不得存在"法外程序"。形式理性要求"法律必须实际上是一个由法律命题构成的'没有漏洞（Gapless）'的体系，或者，至少必须被认为是这样一个没有空隙的体系"。② 周延性是司法程序现代化的一个基本前提，只有在司法程序均由法律规定的情况下才能探讨司法程序现代化的其他标准，否则在司法程序并非由法律规定而是可以随意创制的情况下，传统与现代之间的比较就失去了基础。

用周延性来衡量我国的司法程序现代化，可以发现，虽然通过许多年的努力，基本建立起以三大诉讼法为基干的程序法体系，彻底改变了我国传统司法程序中司法官任意创制程序的状况，但距离周延性的要求仍道路漫漫。首先，诉讼法典立法粗疏，一方面对于一些应当规定的诉讼程序未予规定，另一方面一些程序即使已经规定也因内容过于抽象原则而存在漏洞。其次，存在司法解释创新诉讼程序的情况，而这种创新程序却长期游离于诉讼法，这也是对周延性要求的一种背离。最后，司法实践中存在一些例如暂缓起诉、辩诉交易、刑事和解等等司法创新的法外程序，暂且不论司法创新的这些法外程序对于推动中国司法程序现代化是否具有积极意义，但这些法外程序的存在却毫无疑问地对周延性这一要求提出了严重的挑战。

---

① 苏力：《法治及其本土资源（修订版）》，中国政法大学出版社2004年版，第82页，注释7。
② 郑戈：《韦伯论西方法律的独特性》，载李猛主编：《韦伯：法律与价值》，上海人民出版社2001年版，第80页。

第二，体系性。体系性是指相互依赖、相互制约、相互作用的各个要素结合在一起而组成的具有一定结构、特定功能和共同目的的有机体。现代司法程序是由既相互依赖又相互作用的不同性质、不同种类、不同阶段的诉讼程序组成的有机体，具有一定的内部结构、特定功能和共同目的，因此，体系性应当成为衡量司法程序现代化的第二个形式标准。如果说周延性是从划定司法程序与非司法程序之间的界限着眼的话，那么体系性则是对司法程序内部的相互关系和逻辑结构的要求。

司法程序的体系性是指司法程序作为一个有机整体在其内部结构上应当具有的严密性、逻辑性与和谐性。具体而言，应当包括以下三个方面：（1）严密性。一方面，关于司法程序的法律规范应当严谨而不能模糊不清。另一方面，司法程序的设置应该严密而没有漏洞，在程序处理上应当涵括了所有的可能性。当然，司法实践中总是会出现一些在法律中无法预先明确规定的情形，但程序法律同样应从逻辑上明确处理这些未预先规定情形的基本方法和基本原则。（2）逻辑性。司法程序的设置应当符合逻辑，遵循科学的推理方法，程序本身和程序的结果应具有可预测性。一方面，程序之间应当层次分明、环环相扣。按照诉讼阶段来说，每一阶段的终结与是否进入下一阶段应当具有连贯性和统一性；按照诉讼种类来说，普通程序处理的案件类型和特别程序处理的案件类型应当有很好的契合性，防止出现既不能用普通程序也不能适用特别程序的案件。另一方面，程序的具体内容也应当既有实质内容又有辅助内容，例如，对于程序本身的规定必须辅以对违反程序的制裁的规定，而对于当事人权利的规定则必须辅以权利救济和保障权利实现措施的规定。（3）和谐性。司法程序内部应当是一个排除了冲突和矛盾的和谐体系，既不存在不同诉讼程序之间的矛盾，在同一诉讼程序内部也不存在冲突。

用体系性来衡量我国司法程序现代化，可以发现，虽然我国已经基本建立了司法程序体系，但这种初具规模的司法程序体系并不具有严格意义上的体系性，司法程序内部仍有许多不协调之处需要完善。在严密性方面，粗疏的程序规定使司法实践中有过大的自由裁量权；在逻辑性方面，缺少程序性制裁和权利救济的规定；在和谐性方面，我国司法程序也存在较大的问题，不但不同法律之间的规定有矛盾，而且在同一部法律中也存在前后不一致的规定。另外还存在司法解释与法律相冲突的情况。

（二）价值标准

价值是哲学上的基本范畴，是指任何客体的存在、属性、作用等对于主体（人类或一定具体的人）的意义（它有时被简单地表述为"客体满足主体的需要")。① 价值是一个关系范畴，它反映了主体与客体之间的关系，揭示了人的实践活动的动机和目的。价值是法律的重要考量标准。作为法律的重要组成部分，司法程序同样可以以价值的视角进行研究，可以以价值标准进行衡量。美国学者贝勒斯认为，"研究法律程序的另一种方法是要审思程序的价值和利益。这些价值或利益与它们对审判结果的准确性的影响是不同的……即使公正、尊严和参与等价值并未增进判决的准确性，法律程序也要维护这些价值。我们可把这种方法称作一种程序内在价值分析方法。"② 的确如贝勒斯所言，司法程序所追求的价值对司法程序的表现形式有非常大甚至决定性的影响，不同价值目标指引下的司法程序可能呈现出完全不同的面貌。可以这么认为，在司法程序从传统向现代的演进过程中，价值目标的变化起到了先行和指引的作用，而追求的价值目标上的区别本身也成为传统司法程序与现代司法程序的重要区别之一。因此，价值标准应当是司法程序现代化的标准之一，现代司法程序以哪些价值为其追求的目标，反过来这些价值目标便成为衡量司法程序是否现代化的价值标准。

1. 公正

公正即正义，是自古至今所有法律制度所追求的基本价值之一。具体到现代司法程序中，我们认为，现代司法程序中的公正是指司法程序符合社会普遍认可的公正标准，既在程序运行过程中体现公正，又在实体结果上有助于实体公正的实现。程序公正，是指司法程序本身必须符合公正的要求，是一种"过程价值"，也是程序本身所追求的价值目标。实体公正，是指司法程序的结果符合实体法律关于公正的要求，是一种"结果价值"，也是程序作为工具所追求的价值目标。实体公正要求裁判结果依据证据事实，正确适用实体法律规范，对涉讼人作出其所应得的处理。这里需要指出的是，司法程序价值目标中的实体公正仅仅要求程序的结果符合实体法的要求，至于这种结果是否真正符合观念之中为大众所承认的"公正"观念，则不是仅由司法程序所能决定，还取决于实体法的制定是否体现了这种"公正"观念等其他因素。

具体来说，衡量现代司法程序的公正价值标准可以细化为以下内容：

第一，裁判者中立。在现代司法程序"两造对立，裁判者居中"的构造中，中立是对裁判者最基本的要求。裁判者中立是相对于当事人和案件而言的，要求裁判者与双方当事人保持相同的司法距离，对案件保持超然和客观的态度。具体而言，裁判者中立包括以下两项具体要求：裁判者同争议的事实和利益没有关联

---

① 虽然关于价值的概念有"属性说"、"兴趣说"和"关系说"等学说，但目前"关系说"已经成为通说。参见李德顺：《"价值"与"人的价值"辨析》，《天津社会科学》1994年第6期。

② [美]贝勒斯：《法律的原则——个规范的分析》，张文显等译，中国大百科全书出版社1996年版，第32页。

性，裁判者既不能裁判有关自己的争讼，也不能与案件结果或争议各方有任何利益上或者其他方面的关系；裁判者不得对任何一方面当事人存有歧视或偏爱。①

第二，当事人平等。当事人平等也是维持现代司法程序构造的基本要求。当事人平等包括两方面的具体要求：当事人享有平等的诉讼权利；司法机关对当事人诉讼权利的行使平等保护。司法机关在诉讼程序进行中应给予双方当事人平等的机会、便利和手段，对各方的意见和证据予以平等的关注，并在制作裁判时将各方的观点考虑在内。②

第三，程序参与。程序参与是指程序所涉及其利益的人或者他们的代表，能够参加诉讼，对与自己的人身、财产等权利相关的事项，有知悉权和发表意见权；国家有义务保障当事人的程序参与权。程序参与包含以下具体要求：程序所涉及其利益的人或其代表，在办案机关作出与其利益相关的决定时，能够到场并陈述意见；程序所涉及其利益的人或其代表有参与诉讼的顺畅途径；程序所涉及其利益的人或其代表有充分的机会实质性地参与诉讼活动并影响裁判结果。③

第四，程序公开。程序公开是指诉讼程序的每一步骤都应当以当事人和社会公共看得见的方式进行。具体而言，程序公开包括以下要求：从公开的对象来说，程序公开包括对当事人的公开和对社会的公开；从公开的阶段来说，程序公开包括审理阶段的公开和裁判阶段的公开；从公开的内容来说，审判公开包括实体性事项的公开和程序性事项的公开。现代司法程序对程序公开的要求其实质在于通过公开的机制来保障当事人的合法权益、防止司法腐败和权力滥用，以实现司法公正。当然，程序公开也有一定的限度，对于一些不适宜公开的事项不能公开。

2. 和谐

和谐通常是指事物之间协调、均衡、有序的状态。社会和谐就是社会共同体内各个方面、各种要素处于一种相互协调、相互促进的状态。社会和谐作为一种理想的社会状态，是古今中外人类永恒的价值追求。具体来说，现代司法程序的和谐应当体现在以下两方面：一是司法程序应当有助于解决个案纠纷从而促进社会的和谐。从起源来看，司法程序首先是用来"定纷止争"的，即在经过一系列司法程序之后对纠纷作出一个确定的、合理的决定，通过司法的权威来对争议事项给出一个最终的定论。二是司法程序的过程也应当体现和谐。一方面，司法程序本身是否实现了程序公正直接影响到人们对最终作出的判决的接受程度，而司法程序本身的不公正除了影响对涉案纠纷的解决以外，还有可能引起人们对司

---

① 樊崇义主编：《诉讼原理》，法律出版社2003年版，第170~171页。
② 陈瑞华：《刑事审判原理论》，北京大学出版社1997年版，第66页。
③ 宋英辉主编：《刑事诉讼原理》（第二版），法律出版社2007年版，第102页。

法程序的质疑和对司法机关的不信任,这将导致更大的社会矛盾从而影响社会和谐。另一方面,司法程序的具体操作不应该激化当事人之间的矛盾,相反,应该致力于化解当事人之间的矛盾。

3. 效率

与公正与和谐不同,效率是在步入近现代社会后,法律制度所追求的一项价值目标。司法程序中的效率是指以最少的司法资源的投入去取得最大的司法效益和社会效益。现代司法程序中的效率体现在两方面:一是对于当事人的诉讼及时性。司法活动相对于需要由司法权进行裁判的纠纷始终是滞后的,在司法与生俱来的滞后性的现实无法改变的情况下,就更加要求司法程序尽量及时完成,以避免因纠纷得不到解决而造成的社会关系不稳定给社会和当事人造成的损害。二是司法程序中应努力减少司法资源的浪费,以最少的投入获取最大的利益。既要防止由于错案引起的司法资源的浪费,也要在正常必需的诉讼程序中节省司法资源。这一方面与前述司法程序的及时性有密切联系,因为诉讼及时带来的直接效果就是诉讼效率的提高。

公正、和谐和效率是现代司法程序所应追求的价值目标,但这三者并非在任何时候都可以同时兼顾,而是需要根据不同情况进行权衡,因此,现代司法程序必须具有与价值权衡相适应的调适能力,以便根据不同的情况进行调节,而这种调适能力主要体现在现代司法程序的多样化和复杂化上。例如,与普通程序相比,简易程序更为注重对效率价值的追求,当对一些案件的处理效率更为重要时就可以选择简易程序;再如,与正式的审判相比,调解更为注重对和谐价值的追求,当对一些案件的处理和谐更为重要时就可以选择调解。

从目前的情况来看,我国司法程序的设置与完善基本遵循上述三个标准。就公正而言,原先较为关注实体公正和秩序,但随着理论研究的深入,程序公正和自由也逐渐在司法程序中得到重视。就和谐而言,除了我国司法程序传统上较为重视调解外,原先对和谐价值关注不够,但近年来,随着党的十六届六中全会明确提出"构建社会主义和谐社会"后,包括司法程序在内的法制建设均开始对和谐价值的研究。就效率而言,也通过近些年来一些简易程序的设立有所体现。当然,上述这些成果都只是初步的,我国司法程序仍应以公正、和谐和效率为价值指引,在现代化的道路上大步往前。

(三)实践标准

上文所探讨的形式标准和价值标准更多的是从对程序法律的要求来说的,而实践标准则是对法律运用于实践的要求,前两者是一种静态的标准,而后者则是一种动态的标准。相对于形式标准和价值标准,实践标准是司法程序现代化更高的标准,一个形式和内容具备现代气息的程序法律如果不能在实践中有效实施,就不能称之为司法程序现代化。概而言之,司法程序现代化的实践标准是指司法程序在实际的运作过程中,既能够按照程序法律的要求进行,体现程序法律的意旨,又能在实践中按照实际的需要和社会的发展变化作出合理地调适。

第一,程序法律所规定的内容及其蕴涵的理念和原则应当普遍地适用于司法实践,普遍地适用于所有案件和所有人。从主体来看,一方面,司法机关能够严格按照程序法律的要求,在司法程序中合理运用而不滥用法律赋予的权力,履行自己的职责;另一方面,与司法机关相对应的涉讼人能够成为司法程序的主体,能真正行使法律赋予的程序权利来维护自己的利益。

第二,司法程序应当在司法实践中不断发展。司法程序现代化是随着社会的不断发展而不断演进的过程,从目前来看,没有哪个国家的司法程序已经到达至善至美的境界,所有国家的司法程序都需要通过在实践中的不断适用来寻找其与社会需求之间的差距并不断完善。因此,现代司法程序应当具有不断发展的特征。

以实践标准的两个方面来考量我国司法程序,可以发现我国司法程序在普适性方面存在非常大的问题。在司法实践中不按照法律规定的程序实施,相反,存在大量的"法外程序"的情况。这种情况的存在,除却一些人为的因素外,还可能是由于法律规定的程序与我国实际情况相脱节导致司法实践对法律所规定的程序无从适用、无法适用引起的。因此,为了使我国的司法程序能够具有普适性,除了强化法律所规定的程序的权威性以及提高司法人员的素质之外,还应当根据我国的现实情况来修改完善司法程序,使之能够达到其预设的目的。

三、司法程序现代化概览

在中国司法程序现代化的百余年历程中,中国司法程序的发展经历了多次转折,从最初的学习英美到新中国成立后取法苏联再到"文革"期间的全面停滞,每一次转折都给中国司法程序现代化的进程蒙上了阴影。可喜的是,十一届三中全会后的拨乱反正使中国司法程序现代化又重新回到了正常的轨道上来。经过近三十年的发展,无论是形式、内容还是实践,司法程序的建设都取得了长足的进步,可以说已经在司法程序现代化的前进道路上迈出了坚实的一步。总体而言,中国的司法程序现代化取得了以下几个方面的成就:

一是从程序立法来说,三大诉讼法及相关司法解释的制定基本构建了我国司法程序的框架。自1979年以来,三大诉讼法相继制定、颁布并实施,之后又相继颁布了一系列司法解释。虽然这些诉讼立法和司法解释仍存在诸多问题,但不可否认的是这些法律和司法解释构建了司法程序的基本框架并成为我们继续司法程序现代化进程的基础。

二是一系列现代司法程序的理念与原则在我国得以基本确立。司法程序所秉承的理念与原则的现代化是司法程序现代化的前提。一些现代司法程序的基本理念与原则,例如程序正义、无罪推定、证据裁判、程序公开等等,已经在我国得以基本确立。一些理念与原则虽然在实践中实施的效果不太理想,但至少其已在形式上得到了承认,已经成为司法程序所必须履行和遵守的理念与原则。

三是诉讼构造的优化。我国诉讼构造的优化集中体现在法庭审理程序中诉讼构造和庭审方式的变化,即从之前的法官负责收集证据、主导和推动审理程序转变为由当事人主导推动庭审程序而法官消极中立的等腰三角形构造。

四是当事人主体地位的确立。我国传统司法程序一直将当事人视作诉讼客体而非主体,近些年来的诉讼法制建设和司法改革逐渐确立当事人在司法程序中的主体地位。一方面,当事人在司法程序中开始享有充分的权利;另一方面,当事人能够充分了解诉讼程序的进程、开始主导诉讼程序的进行并可以处分自己的诉讼权利和实体权利。

五是司法程序对社会的公开程度和社会参与的程度提高。司法程序对社会的公开程度以及社会对司法程序的参与程度是衡量司法程序进步与民主的重要指标。在这一方面,我国通过规定审判公开、陪审制度和人民监督员制度等有了长足的进步,虽然目前有些制度的形式意义大于实质意义,但至少已经为社会了解和参与司法程序提供了途径。

六是司法程序开始与国际接轨。随着我国与国际交往的日益增多,司法程序也开始与国际接轨,一方面开始引入借鉴世界通行的其他国家先进的理念和制度,另一方面也开始发展我国的涉外司法程序和与其他国家之间的司法协助程序。

虽然已经取得了上述成就,但我国的司法程序现代化仍旧处于刚刚起步的阶段,可以想见的是,在未来司法程序现代化的发展历程中仍有许多问题需要我们解决。总体而言,我们认为,在未来司法程序现代化的过程中首先要处理好以下几组关系:国外经验与中国实践的关系;中国传统与现代化的关系;司法程序现代化与司法主体、司法体制现代化的关系。

第二节 刑事诉讼程序现代化

如果以清末修律为起点,中国刑事诉讼程序现代化已经历了上百年的进程。

从最初的被西方列强以坚船利炮打开国门后被动地引入欧美刑事司法制度到新中国成立后全面借鉴苏联再到十一届三中全会后开始探索具有自身特色的刑事诉讼程序，中国的刑事诉讼程序现代化在多次反复中曲折前进，而其中十一届三中全会以后的时期无疑是最为重要的阶段。

一、刑事诉讼程序现代化发展进程

清末修律是中国刑事诉讼程序的现代化发展进程的第一个阶段。清朝末年，西学东渐使西方法律文化在中国得到广泛的传播，并对中国传统法律体系产生巨大冲击。清政府为挽救统治危机，开始借鉴西方法律制度修订法律。基于其变法图存的急迫政治目的，清末修律采用"全盘西化"的方式，立法者借鉴西方国家刑事司法制度的理念和具体程序来设计中国的刑事诉讼程序。1906年，沈家本等编订了《大清刑事民事诉讼法（草案）》，但由于受到保守势力的反对该部法律未能颁布。1910年，沈家本编成了《刑事诉讼律（草案）》，但未来得及施行清政府即已灭亡。尽管这两部法律都未能付诸实施，但其规定已经具备了现代刑事诉讼程序的雏形。虽然当时制定的法律具有理想化的色彩，但其中所闪现的法律面前人人平等、辩护、审判公开等理念和制度开始为人们所知悉和接受，这都为以后的发展提供了准备。另外，清末修律中对刑事诉讼程序法律的制定也打破了中国传统的诸法合体、民刑不分、实体法和程序法不分的格局，为刑事诉讼程序法律的独立发展奠定了基础，对于中国刑事诉讼程序现代化具有开创性的意义。

民国时期是刑事诉讼程序现代化的第二阶段。辛亥革命以后，南京临时政府由于执政时间不长，未及制订完备的刑事诉讼法。北洋政府统治时期，广东政府颁布了《刑事诉讼律》，而北京政府也颁布了《刑事诉讼条例》，这两部法律都是对清末修律中制定的《刑事诉讼律》稍加修改而承袭下来的。国民政府时期，于1928年和1935年两次颁布和施行了《中华民国刑事诉讼法》和《中华民国刑事诉讼法施行法》。国民政府的《刑事诉讼法》是在沿袭北洋政府的《刑事诉讼条例》的基础上制定的，具有大陆法系的基本特征，法律条文中体现了程序公正、保障人权等现代刑事诉讼法理念，但该部法律在实践中并未得到严格的执行。

新中国成立后，我国刑事诉讼程序现代化进入了第三个发展阶段。新中国成立前夕，中共中央宣布废除国民党的六法全书，与旧司法彻底决裂。尽管当时尚未制定专门的刑事诉讼法典，但1954年的《宪法》和随后颁布的一系列相关法律确立了一些刑事诉讼原则和制度。① 之后，随着 1954 年第一届全国人民代表大会第一次会议的召开和我国第一部宪法的颁行，又陆续颁布了《中华人民共和国人民法院组织法》、《中华人民共和国人民检察院组织法》和《中华人民共和国逮捕拘留条例》等与刑事诉讼程序相关的法律。这些法律明确规定了公检法机关在刑事诉讼中分别行使侦查权、检察权和审判权，对一切公民在适用法律上一律平等等原则以及辩护、陪审、合议、两审终审和死刑复核等制度和程序。这些法律原则和制度虽然是仿照苏联而建立起来的，但也已经具备了现代刑事诉讼程序的基本特征，并为后来制定刑事诉讼法典准备了条件。

十一届三中全会以后，我国刑事诉讼程序现代化进程进入了一个崭新的阶段。这一阶段的发展有两个历史性的标志：1979 年《中华人民共和国刑事诉讼法》的制定和 1996 年《刑事诉讼法》的全面修订。1979 年制定并颁布施行的《刑事诉讼法》是新中国成立以来的第一部刑事诉讼法典。1996 年刑事诉讼法的修订是在 1979 年刑事诉讼法的基础上，针对社会发展的趋势和实践中出现的急需解决的问题而进行的。这次修改引入借鉴了西方国家，尤其是英美法系国家当事人主义诉讼模式的一些做法，淡化了我国刑事诉讼程序强职权主义的属性。1996 年之后，经过十余年的发展，目前全国人大已经将刑事诉讼法的再修改列入到议事日程当中。可以想见的是，刑事诉讼法经过再次修订必将更加完善，而中国的刑事诉讼程序现代化进程也必将稳步向前。

二、刑事诉讼理念的现代化

刑事诉讼程序现代化不仅体现在其在制度层面上的发展变迁，更是一次思想观念、价值目标、思维模式和情感意向的"新陈代谢"，而且理念的革新往往能够突破现有制度的窠臼，常常先于制度变革并成为制度变革的强大的内在动力。

（一）控制犯罪与保障人权的统一

控制犯罪与保障人权是现代刑事诉讼程序的两大目标，二者之间存在相辅相成的关系，若只注重惩罚犯罪，忽视保障人权容易导致诉讼程序被沦为政策的实现工具，诱发刑讯逼供和滥捕滥判等现象，最终既不能保障人权，又不能准确有效地惩罚犯罪；若片面强调保障人权，忽视惩罚犯罪，则容易导致放纵犯罪，社

---

① 例如，1951 年颁布的《中华人民共和国人民法院暂行组织条例》、《中华人民共和国最高人民检察署暂行组织条例》和《各级地方人民检察署组织通则》等法规明确规定了人民法院审判案件，实行公开审判、回避、辩护等诉讼制度。

会秩序难以稳定，反过来又难以保障社会成员的人权。控制犯罪与保障人权两者不可偏废，我国刑事诉讼程序理念的现代化的一个重要体现即从单一的控制犯罪向控制犯罪与保障人权相统一转变。

中国传统的刑事司法理念偏重于维护统治秩序的实体功能，在控制犯罪与保障人权中片面强调控制犯罪而忽视人权保障。清末修律以来，改革者意识到人权保障对刑事诉讼程序的重要意义，在其所制定的刑事诉讼程序法律中确立例如设立律师辩护制度并主张废除刑讯逼供等保障人权的制度，尽管这些法律并没有在实践中得到很好的执行。新中国成立后，保障人权仍然作为刑事诉讼的重要理念被确立。[①] 但在"文革"期间，保障人权被视为"资产阶级的精神污染"而被摒弃，直至1979年，保障人权的理念重新被提出。1996年刑事诉讼法修改着重加强了人权保障的内容，2004年修改后的宪法确立了保障人权的内容，从而使保障人权成为宪法原则。

虽然控制犯罪与保障人权相统一已成为我国刑事诉讼立法和司法的指导思想，但近年来我国刑事诉讼程序立法与实践中仍然存在一定程度偏重于控制犯罪的失衡状态。改变这种失衡状态，需要兼顾控制犯罪与保障人权，当二者发生冲突而无法同时实现时，应当综合权衡各方利益，在二者之间寻求平衡，以作出有利于实现刑事诉讼根本目的的选择。

（二）实体公正与程序公正并重

司法公正包含实体公正与程序公正两方面含义，实体公正是指通过刑事诉讼能够准确、及时、适当地惩罚犯罪，并保护无辜者不受到刑罚；程序公正，是指司法程序本身必须符合公正的要求，是一种"过程价值"，也是程序本身所追求的价值目标。总体而言，实体公正与程序公正是统一的，实体公正通过公正的程序得以实现，程序公正保障公正实体结果的产生，二者相辅相成，在诉讼中缺失其中任何一种都是存在缺陷的。

中国传统刑事诉讼程序重实体而轻程序。在古代刑事诉讼中，法律允许通过刑讯逼供、超期羁押等来实现惩罚犯罪的实体目标。清末修律时期，改革者已经逐渐意识到程序的独立价值，认为片面强调实体公正而忽视程序公正最终也难以实现司法公正。十一届三中全会以后，刑事诉讼中的程序公正逐渐受到重视。虽然1979年新中国第一部《刑事诉讼法》并没有将程序公正提升到与实体公正并

---

① 1954年颁布了《宪法》、《中华人民共和国法院组织法》、《中华人民共和国检察院组织法》以及《中华人民共和国逮捕拘留条例》，这些法律确立了平等原则、公开审判原则以及被告人有权获得辩护原则，体现了对犯罪嫌疑人、被告人的人权保障。

重的地位，但其中也体现了一系列反映程序公正的原则和制度，1996年刑事诉讼法修改在很大程度上体现了对程序公正的重视。

由于我国长期以来存在着"重实体、轻程序"的倾向，二者之间尚未达到并重的状态，在一些具体问题中对实体公正和程序公正的权衡处理也存在一些问题。当下，我国应当进一步提升程序公正的地位，建立健全刑事诉讼程序规范，并构建相关的保障措施以确保程序主体遵守程序规范，譬如建立程序性制裁制度。在一些具体制度的构建中，构建非法实物证据的裁量排除制度、相对的一事不再理规则等，从而体现实体公正与程序公正并重的思想。①

（三）公正优先，兼顾效率

公正与效率是刑事诉讼程序中一对重要的理念。公正要求国家机关准确地认定案件事实和适用刑罚并在程序的过程中体现公正，司法程序中的效率是指以最少的司法资源的投入去取得最大的司法效益和社会效益。由于公正的实现必须以大量的司法资源的投入为前提，而实践中受经济和社会资源等因素的制约，对司法的投入总是非常有限的，因而公正与效率往往不可兼顾。

中国传统刑事诉讼控审合一以及纠问式的诉讼结构都体现出便宜权力行使的倾向，故传统诉讼理念强调效率而忽视公正。② 新中国成立后很长一段时间内，刑事诉讼的正常程序被打破，单纯追求缩短办案时间，刑事诉讼程序在很大程度上成为一种形式上"走过场"。"文革"结束后，我国刑事诉讼程序从片面追求效率回复到追求公正兼顾效率的正常道路上来。近年来，随着犯罪数量的增长与司法资源有限的矛盾开始凸显，如何利用有限的司法资源实现社会效果的最大化又成为当前司法改革的重要课题。例如，扩大了简易程序的适用范围，明确规定了控辩双方对庭前证言笔录无异议的，证人可以不出庭作证等等。

在公正与效率二者的关系中，公正居于更为核心和重要的地位。但我们并不能因此简单地得出效率仅为一种附属价值的结论，在当今社会犯罪案件高发与司法资源相对不足的矛盾突出之背景下，实现效率保障诉讼及时同样具有重要的意义。我国刑事诉讼现代化的一个重要目标即协调公正与效率的关系，一方面，完善刑事诉讼的程序设置，保障诉讼公正的实现；另一方面，提升刑事诉讼程序处理刑事案件的能力，在确保案件质量的前提下，尽量提高其处理案件的数量。

---

① 参见陈光中主编：《中华人民共和国刑事诉讼法再修改专家建议稿与论证》，中国法制出版社2006年版，代序言。

② 此处的效率仅指其狭义上的概念，事实上仅仅追求快速审理难以保障诉讼结果质量，冤假错案的产生并不具有效益，从根本上又妨碍了效率的实现。

三、刑事诉讼原则的现代化

刑事诉讼原则联结于理念与具体法律制度往往是将现代化的刑事诉讼理念转变为现代化的刑事诉讼制度的桥梁。刑事诉讼原则是一个系统，内涵丰富，现代刑事诉讼程序一般包括程序法定、司法独立、国家追诉、程序参与、程序公开和一事不再理等一系列原则。自清末修律以来，无罪推定、原被告人对等、公开等原则就已体现在当时的立法之中。① 新中国成立后颁布的一些与刑事诉讼有关的法律也确立了司法独立、公开审判等现代刑事诉讼原则。② 虽然这些原则在"文化大革命"期间被彻底抛弃，但1979年《刑事诉讼法》的颁布才又重新确立我国刑事诉讼法原则体系，1996年修正后的《刑事诉讼法》又予以完善了，并从具体制度予以落实。以下将择若干在我国刑事诉讼程序中已经有所体现的为刑事诉讼程序所特有的原则加以阐述。

（一）无罪推定原则

无罪推定原则的基本含义是，任何人，在未经依法确定有罪以前，应假定其无罪。无罪推定原则是现代刑事司法中的一项重要原则，已为世界各国刑事诉讼法所承认，并成为联合国刑事司法规定的最低限度标准之一。③

在中国，无罪推定原则的确立和发展同样经历了曲折的历程。古代刑事司法并不承认被告人在审判中具有无罪的身份，为了查明犯罪可以对其拘禁和刑讯。清末修律以来立法中体现的废除刑讯、建立律师辩护制度等都从一定程度上体现出无罪推定的思想。新中国成立以后，有关无罪推定原则的争论十分激烈，"文革"时期无罪推定等原则理念被视为"资产阶级的黑货"，从而成为法学研究的禁区，直至90年代，无罪推定原则再次成为学术界和立法部门所关注的焦点。1996年修订后的《刑事诉讼法》在基本原则部分规定："未经人民法院依法判决，对任何人都不得确定有罪。"虽然关于在我国是否已经明确规定了无罪推定原则仍有争议，但毫无疑问的是这一规定已经吸收了无罪推定的合理内核，并在具体制度上有所体现，表现在：取消了检察机关免予起诉的权利；以起诉为界限

---

① 参见李春雷：《中国近代刑事诉讼制度变革研究（1895~1928）》，北京大学出版社2004年版，第73~77页。
② 参见陈光中主编：《刑事诉讼法》，北京大学出版社、高等教育出版社2002年版，第48~49页。
③ 1948年12月10日联合国大会通过的《世界人权宣言》首次在联合国文件中确立了无罪推定的原则。《宣言》第11条第1款规定："凡受刑事控告者，在未经获得辩护上所需的一切保证的公开审判而依法证实有罪以前，有权被视为无罪。"

区别犯罪嫌疑人和被告人的称谓；确立了"疑罪从无"的制度，确立了罪疑不起诉和证据不足、指控犯罪不能成立的无罪判决。

然而，当前无罪推定原则的贯彻仍然存在不足，譬如犯罪嫌疑人、被告人应当如实回答问题的义务与无罪推定原则存在着冲突。在司法实践中，有罪推定仍然占据着一席之地，刑讯逼供等仍存在于隐性法律之中。扭转立法和司法实践中的有罪推定传统观念，摆脱原有司法习惯的不良影响正是刑事诉讼现代化过程中的一个重要环节。

（二）反对强迫自证其罪原则

反对强迫自证其罪原则主要包括以下内容：被告人没有义务为追诉方向法庭提出任何可能使自己陷入不利境地的陈述和其他证据；被告人有权拒绝回答追诉官员和法官的讯问，有权在讯问中始终保持沉默；犯罪嫌疑人、被告人有权就案件事实作出有利于或不利于自己的陈述，但这种陈述须出于其真实意愿，并在意识到其行为后果的情况下作出，法院不得把非出于自愿而是迫于外部强制或压力所作出的陈述作为定案根据。①

我国传统刑事诉讼强调获取被追诉人的口供，"无供不录案，罪从供定"、"犯罪必取输服供问"等做法使口供成为定案所必须获取的证据。重口供，将刑讯逼供规范化、制度化、法律化是封建时代刑事诉讼证据制度的重大特点。清末修律时已经认识到刑讯逼供的弊端，并为废除刑讯作出了努力，民国时期刑讯逼供在立法上被废除。新中国成立后，我国坚持"重证据，重调查研究，不轻信口供"，在彻底否定刑讯逼供的同时建立了一系列侦查讯问程序以保证口供的自愿性，从讯问主体、讯问时间、地点以及讯问方法上规范了讯问程序，并规定了违法收集的口供不得作为定案证据。此外，1996年《刑事诉讼法》还将律师介入刑事诉讼的时间提前到侦查机关第一次讯问后，这些规定在制度上对公民不得强迫自证其罪具有重要的保障功能。

但是，当前我国刑事程序立法和司法实践中对反对强迫自证其罪原则的贯彻仍然亟待完善：一是欠缺沉默权规则。尽管我国刑事诉讼程序中已经体现了反对强迫自证其罪原则的基本精神，但对作为该原则核心内容的沉默权规则的确立仍存在较大分歧。从长远来看，我国应当结合现实国情确立具有中国特色的沉默权规则。二是反对强迫自证其罪的主体仅限于犯罪嫌疑人、被告人，对于证人则不能引用该项原则保护自己。三是司法实践中刑讯逼供等现象仍然存在。

---

① See Christopher Osakwe "*The Bill of Rights for the Criminal Defendant in American Law*" in *Human Rights in Criminal Procedure*, Martinus Nihoff Publishers, 1982, pp. 274 – 275.

（三）有效辩护原则

有效辩护原则已为各国宪法和刑事诉讼法所普遍确认，并为联合国刑事司法准则所承认，因而成为刑事诉讼中当然的原则。① 有效辩护原则至少包含了三层含义：犯罪嫌疑人、被告人在诉讼过程中应当享有充分的辩护权；犯罪嫌疑人、被告人可以委托、聘请辩护人为其辩护；国家应当保障犯罪嫌疑人、被告人的辩护权，对无力聘请律师的当事人提供法律援助。

在中国封建社会纠问式诉讼程序中被追诉者只作为诉讼客体和证据手段，而不具有诉讼主体的法律地位，有效辩护无从谈起。1910年草拟的《刑事诉讼律》第一次确立了辩护制度，并设立律师辩护制度，但真正的近现代意义的辩护制度，一直没有在我国推开。② 新中国成立后，我国第一部宪法规定了"被告人有权获得辩护"，并将这一宪法原则落实在《人民法院组织法》中。但辩护制度在推行不到两年后就遭到彻底地破坏，直至1979年《刑事诉讼法》再次肯定了被告人的辩护权。在历经近二十年的实践后，辩护制度得到完善和发展，1996年修正的《刑事诉讼法》也对辩护制度进行了完善：将律师介入刑事诉讼的时间从审判阶段的"开庭前七天"提前到第一次讯问或采取强制措施时；扩大了律师或其他辩护人的辩护权利，从"辩护律师可以查阅本案材料，了解案情"的一般性规定到明确规定了赋予律师和其他辩护人都"有权查阅、复制案件材料、了解案情的权利"以及赋予律师调查取证权和申请调取证据之权利；拓宽了指定辩护的范围，建立了相对完善的法律援助制度。辩护制度与律师制度的逐步完善反映了有效辩护原则在我国刑事诉讼程序中得到具体化和落实。

然而有效辩护原则在贯彻落实中还存在以下问题：司法实践中获得律师帮助的犯罪嫌疑人或被告人比例较小；律师帮助权、辩护权受到制度与观念等因素的限制，会见难、阅卷难已经成为侦查程序中突出的问题；指定辩护的范围仍然过小，目前的指定辩护仅限于审判阶段，而在审前阶段并不存在指定辩护适用的空间。此外，还由于传统的刑事诉讼理念、传统强职权主义因素以及控辩关系的失衡都使律师辩护在一定程度上流于形式。③ 因此，尽管我国已经确立了有效辩护的基本规范，在制度完善和落实这一原则方面仍然需要经历长期的努力和改革。

（四）强制性措施限制适用与适度原则

刑事诉讼中不可避免地要行使强制力，而强制性措施的适用必然直接关系到

---

① 联合国：《公民权利和政治权利国际公约》第14条明确规定了有效辩护原则的内涵。
② 樊崇义：《我国辩护制度的历史性改革》，《中国律师》1996年第3期。
③ 徐鹤喃：《关于律师辩护制度发展路径的思考》，《法学杂志》2007年第2期。

公民的人格、财产等宪法性权利，因而其适用必须受到严格的限制并保持适度。其包含两方面要求，即一方面强制措施的适用必须具备特定的实体条件并遵循特定的程序而为之；另一方面，适用强制措施必须遵循必要性原则，即在可以适用多种强制措施能达到同样的效果时，应当适用对公民权利限制较小的手段。强制性措施限制适用于适度原则已为当代各国刑事诉讼法和联合国刑事司法准则所接受。①

我国传统刑事诉讼将被告人作为诉讼的客体，法律允许对被告人适用刑讯、长期羁押，对强制性措施的适用毫无限制。清末修律过程中详细规定了对被告人的传唤、拘摄及羁押的条件与程序，并且规定了保释制度。② 新中国成立初期，我国刑事诉讼法设定了具备现代雏形的强制措施体系，但这一体系在"文革"时期被破坏，1979 年的《刑事诉讼法》重新确立了刑事诉讼强制措施的措施，1996 年《刑事诉讼法》进一步明确了强制措施适用的实体条件和程序条件，废除公安机关长期采用的"收容审查"措施，相应地扩大了拘留的适用对象，放宽了逮捕的适用条件；赋予犯罪嫌疑人自采取强制措施之日起有聘请律师的权利，允许被逮捕的犯罪嫌疑人及其律师申请取保候审。

当前我国刑事诉讼强制措施适用仍存权力行使缺乏约束的问题，具体表现在以下三个方面：强制措施的实体条件设定过于抽象，国家专门机关享有宽泛的自由裁量权；强制措施适用的程序规范存在缺陷，缺乏司法审查制度导致了实践中羁押性强制措施的大量适用，并且犯罪嫌疑人、被告人欠缺相应的救济程序；实践中法外"强制措施"适用的情形大量存在，留置盘查、行政拘留以及"双规"、"两指"措施被作为"强制措施"而被适用于刑事诉讼过程中。

从宏观角度来看，当前我国已经基本形成了现代的刑事诉讼原则体系结构，刑事诉讼原则体系的完整性、严密性、层次性以及科学性都有相当地增强。但仍然存在一些问题：有的原则在我国还未得到确立，如一事不再理原则等；有的原则的内容部分得到了确立，但离全面确立仍有一定距离，例如司法独立原则、无罪推定原则等；还有的原则只是在形式上得到确立，但在司法实践中或没有具体制度得以体现和保障，或具体制度难以执行，例如直接言词原则、有效辩护原则等等。我国刑事诉讼原则的完善应主要从以下两个方面展开：加强对刑事诉讼原则内容的理论研究，使对刑事诉讼原则的内容的理解更为全面和深入，并在立法中全面确立刑事诉讼原则的内容；完善体现和保障刑事诉讼原则的各项具体制度，使其具有司法实践中的可操作性，真正将各项刑事诉讼原则贯彻到司法实践中。

---

① 参见《公民权利和政治权利国际公约》第 9 条。
② 参见尤志安：《清末刑事司法改革研究》，中国人民公安大学出版社 2004 年版，第 262～268 页。

四、刑事诉讼构造的科学化

刑事诉讼构造是指刑事诉讼法所确立的进行刑事诉讼的基本方式及控诉、辩护、裁判三方在刑事诉讼中形成的法律关系的基本格局。① 其存在"纵向构造"和"横向构造"之分。纵向构造着眼于三方诉讼主体在整个诉讼程序流程中的动态关系;横向构造则更加强调三方诉讼主体在各个程序横断面上的静态关系。我国的刑事诉讼构造也经历着一个从传统型诉讼构造到现代型诉讼构造的转型过程。这一转型过程主要表现为刑事诉讼构造中的强职权主义的因素逐渐弱化,以及当事人主义中的合理因素不断增加。

(一)纵向构造

我国传统刑事诉讼程序并未严格划分侦查、起诉与审判各阶段,古代判官包揽了侦查、纠问、裁断及执行的所有权力。直至清末,侦查、起诉和审判才作为三个阶段逐渐分离。1979 年《刑事诉讼法》确立了具有相对独立的侦、控、审三个阶段的诉讼程序,1996 年修正的《刑事诉讼法》予以进一步完善。

侦控构造。侦控构造是指刑事程序中侦查主体与公诉主体的关系。在我国传统刑事诉讼程序中并不区分侦查主体与公诉主体,因此并不存在侦控构造的问题。1954 年宪法明确了检察机关的法律监督机关的地位,成为与法院并列的司法机构。1961 年,我国为了精简机构而对公检法三机关实行合署办公,而后检察机关被撤销,其职能由公安机关行使。直至 1978 年恢复检察机关,侦控合一的构造才被打破。1979 年刑事诉讼法明确规定公安机关、检察机关和审判机关三者为分工负责、互相配合、互相制约的关系,这一原则为 1982 年的宪法所吸收,进而上升为一项宪法性原则。我国当前的侦控构造包含侦控双方的分立和制约。侦控分立是指公安机关与检察机关分别行使侦查权与控诉权,各自拥有独立性而不能任意加以干涉。侦控制约是指侦控双方在分立的基础上相互制约,检察机关监督公安机关的侦查行为以及公安机关对检察机关作出决定不服可以要求复议或复核。这种侦控关系构造有利于发挥侦查机关的积极性,提高侦查效率,但也存在问题,其中最明显的缺陷是使侦查与起诉各自为政,侦查机关的侦查活动与检察机关的侦查监督相脱节,其后果是检察机关无法从公诉角度对侦查机关的侦查活动进行有效引导,这会造成损害检察机关追诉效果的后果,也在某种程度上损害诉讼效率,同时也不利于侦查人员提高自身素质及办案水平。

---

① 宋英辉主编:《刑事诉讼原理》(第二版),法律出版社 2007 年版,第 218 页。

控审构造。控审构造是指起诉与审判在刑事诉讼程序中的关系。现代刑事控审构造可以分为起诉状一本主义与卷宗移送主义。我国 1979 年刑事诉讼法确立了卷宗移送机制。该模式尽管能够使法官在开庭审判之前了解案件基本情况和证据,从而提高审判的效率,但其也容易导致法官根据检察机关制作的书面卷宗作出预判,从而使庭审过程流于形式,因而深受诟病。1996 年修正后的刑事诉讼法为了克服这一弊端,在起诉状一本主义与案卷移送主义之间选择了一种折中的方式,即检察机关在起诉时连同起诉书一起移送证据目录、证人名单和主要证据复印件或者照片。但这种"有限卷宗移送"的控审关系一方面不能有效防止法官从起诉材料中形成预断,另一方面亦难以发挥其整理和明确讼争要点的功能、证据排除功能和特殊证据的提前通知和检验功能。此外,由于没有设立证据展示制度,检察机关仅移送起诉书与主要证据复印件或照片,律师无法从法院查阅所有证据材料,从而使律师辩护权受到限制。

目前我国刑事诉讼纵向构造使"公检法三机关"相对独立地从事诉讼活动,导致侦查程序中侦查权的行使欠缺必要的监督和制约,程序违法现象屡屡发生。建立现代刑事诉讼程序必须改革审前程序及审理前准备程序,应当建立以审判为中心的诉讼程序构造,实行令状主义,使司法权介入审前程序并对侦查权和公诉权予以制约,维持审前程序诉讼构造的平衡。此外,构建以审判为中心的刑事诉讼程序还须改革当前庭前准备程序中的"有限的卷宗移送"方式和相关制度。①

(二) 横向构造

横向构造即控诉、辩护与审判三种职能在特定诉讼阶段中的法律地位以及之间的关系,主要包括审前程序横向构造和审判程序横向构造。

审前程序横向构造。我国审前程序呈现出浓厚的行政化色彩。侦查权的行使主要依靠侦查机关的内部控制,缺乏外部机制制约。侦查机关享有广泛、多样的侦查手段且很少受限制,除了逮捕受到较为严格的实体条件和审批程序的限制外,其他侦查手段一般都可以自行决定且不受其他机关的制约。而犯罪嫌疑人却处于弱势地位,其负有如实陈述的义务,辩护权亦受到种种限制,难以与侦查机关形成实质性的对抗。近年来,我国对侦查程序进行了一定的改革完善,在侦查程序中采用了大量的技术侦查措施,在一定程度上转变了"由供到证"的侦查模式。此外,强化了辩护职能和侦查程序的公开,例如近两年来在检察机关自侦案件中增设的讯问时全程录音录像制度。从刑事诉讼程序的现代化发展方向来看,应当着重加强侦查程序的诉讼化改造,对侦查权予以适当限制,通过实行令

---

① 宋英辉:《论合理诉讼构造与我国刑事程序的完善》,《湖南社会科学》2003 年第 4 期。

状原则使司法机关能够对侦查机关的权力形成有效的司法控制。同时，提升犯罪嫌疑人及其辩护人在侦查程序中的法律地位，确立犯罪嫌疑人的沉默权、讯问时律师在场权，完善和保障律师帮助权。

审判程序横向构造。审判程序构造是控、辩、裁三方在审判程序中的法律地位以及相互关系。现代刑事诉讼审判程序构造的核心内容是审判中立、控审分离和控辩平等。然而，我国传统刑事诉讼采用行政兼理司法的形式，古代判官包揽案件的侦查、控诉和审判职能，而被追告人仅作为诉讼客体和查明案件事实的手段而存在，诉讼程序呈二元主客体构造。1979 年《刑事诉讼法》在我国确立了强职权主义诉讼模式，控诉权强而辩护权弱，审判权泛行政化，其具体表现例如庭前实行实体审查、审理过程中法官主导程序等。强职权主义模式在一定程度上与现代刑事诉讼程序的理念相违背，实践中产生了多种弊端。因此，1996 年修正的《刑事诉讼法》弱化了强职权主义，并引进、吸收了诸多当事人主义刑事诉讼模式的内容，形成以职权主义为基调的混合式诉讼模式，例如废除庭前法官对案件的实质审查及庭审前法官庭外调查活动、取消了公安机关收容审查的权力与检察机关的免予起诉的权力、提高犯罪嫌疑人和被告人的诉讼地位等方面。经过 1996 年的修正，基本上确立了裁判者中立、控审分离和控辩平等对抗的刑事诉讼构造。但在相关的制度保障和设置上，也仍然存在不完善之处，包括裁判者中立尚未完全实现、控审分离未能彻底贯彻和控辩双方难以形成实质性的平等对抗等方面。

五、刑事诉讼程序的体系化与多样化

简易程序的确立与丰富。在现代刑事诉讼程序中，交付正式审判并不总是最优的方案，世界各国正在积极探索多样化的案件分流程序，以适应解决各种刑事诉讼案件的需要。我国的刑事简易程序经历了从无到有、从单一化到多元化的发展历程。清末修律时期，清政府仿照日本制定《违警律》，从而标志着近代简易刑事程序立法的萌芽。① 北洋政府统治时期颁布的《地方审判厅刑事简易庭暂行规则》十条和《审检厅处理简易案件暂行细则》九条和国民政府 1928 年颁布并于 1935 年修订的《刑事诉讼法》都对刑事简易程序作出了规定。新中国成立以后，虽然立法中并没有规定简易程序，但当时的司法程序中存在一些简易程序的实践。1979 年刑事诉讼法并未建立独立的刑事简易程序，仅仅规定了自诉案件

---

① 晚清《违警律》适用于最长能处 30 天的拘留与最多能处 30 元的罚金以内的轻罪。此后，为了使《违警律》得到较好地实施，清政府随后还制定了《违警律实施办法》与《违警律条文解释》。

和其他轻微刑事案件可由审判员一人独任审判，实践中曾经存在着一种"速决程序"。[①] 1996 年修正后的刑事诉讼法在我国首次确立了简易程序，取代了以往"从重从快的程序"不规范的操作，对一些轻微、简单的刑事案件适用简易程序以代替复杂正式的审判程序。2003 年，最高人民法院、最高人民检察院与司法部联合颁布了《关于适用普通程序审理"被告人认罪案件"的若干意见（试行）》，确立了对被告人认罪的案件适用相对简易的审判程序，即"普通程序简化审程序"。简易程序的确立以及"普通程序简化审程序"的建立标志着我国的审判程序从单一化走向多元化。但目前我国的刑事简易程序仍然存在一些问题，包括：刑事简易程序的适用率较低；刑事简易程序的设置单一，难以适应繁简不同的刑事案件审理的需要；刑事简易程序对被追诉人的程序保障不足，主要表现在对被告人程序选择权的忽视；"普通程序简化审程序"仍然只是司法解释的规定，游离于正式的法律之外。从未来的完善道路来看，我国应致力于建立多样化的、多层次的、科学的刑事简易程序，从而适应多层次快速审理案件的需要。

死刑复核程序的科学化。死刑复核程序是我国人民法院对判处死刑的案件进行审查核准的一道特殊的诉讼程序，是我国正确适用死刑、保障无辜的一道强有力的诉讼屏障。新中国成立后，中央政府陆续颁布了一系列死刑复核程序方面的工作文件，1979 年《刑事诉讼法》第一次以基本法律的形式肯定了由最高人民法院行使死刑复核权，后鉴于严峻的治安环境，死刑复核权曾一度下放到高级人民法院，直至 2007 年死刑复核权才收归最高人民法院行使。从程序的方式来看，死刑复核程序一直采取一种类似于行政审批性质的方式，大部分死刑复核程序都采用了不公开的书面审查形式。2007 年最高人民法院、最高人民检察院、公安部、司法部联合颁布了《关于进一步严格依法办案确保办理死刑案件质量的意见》，《意见》对死刑复核程序制定了更完备具体的程序规范，为保障被告人在死刑复核程序中的程序权利提供了法律基础。这些变化都是死刑复核程序进步和完善的重要表现。今后的死刑复核程序的完善将主要通过对死刑复核程序变革目前阅卷为主的审理方式，允许除仅对法律适用问题存在不同意见的案件可以采用书面阅卷的方式审理之外，其他死刑案件的复核程序应采取开庭审理的方式。另外还应当对死刑复核程序进行诉讼化改造，增加被告人的参与程度，并赋予其律师帮助权。与此同时，规定检察机关介入死刑复核程序，强化对抗机制。

[①] "速决程序"的法律依据是 1983 年 9 月全国人大常委会通过的《关于迅速审判严重危害社会治安的犯罪分子的程序的决定》，该《决定》规定了对于犯有杀人、强奸、抢劫、爆炸和其他严重危害公共安全的应当判处死刑的犯罪分子，主要犯罪事实清楚，证据确凿，民愤极大的，应当迅速、及时审判，可以不受 1979 年刑事诉讼法关于送达和期限的限制，简化了刑事案件的审理程序。"速决程序"体现出从重从快处理刑事案件的立法精神，然而程序的过度简化是以牺牲被告人的诉讼权利来实现快速办案的目标。

刑事和解程序的构建。刑事和解程序是加害人与被害人直接对话、协商，通过赔偿和宽宥达成双方的和解，从而修复被犯罪破坏的社会关系的方式处理刑事案件的刑事司法程序。我国传统刑事法律将犯罪视为一种对社会秩序的破坏，因此在刑事诉讼中一直坚持国家追诉主义与实体真实主义。近年来，随着西方恢复性司法理念得到广泛的传播，部分地区的实务部门在现行法律的框架下开始积极探索以刑事和解程序处理刑事案件的方式。[①] 目前，我国刑事和解程序主要适用于轻伤害案件、未成年人和在校学生犯罪案件以及因民间纠纷引发的刑事案件等，在和解方式上主要有加害人与被害人自行和解模式、司法调解模式以及人民调解员调解三种基本模式。虽然刑事和解符合刑事诉讼程序现代化的趋势，但目前的刑事和解实践中亦存在着许多问题，包括刑事和解实践缺少相应的立法支持；刑事和解实践缺少必要的社会支持；目前的刑事和解实践主要注重于加害人对被害人的经济赔偿，而加害人与被害人之间的沟通和矛盾消弭的程序并不完善，对加害人的后期帮教与行为矫治也难以落实。刑事和解程序的发展完善应致力于解决上述问题。

未成年人诉讼程序的逐步独立。当今，将未成年人刑事诉讼程序作为相对独立的程序已经成为世界现代刑事诉讼的一个显著特征。我国传统刑事法律并不严格区分未成年人犯罪与成年人犯罪，在司法程序上对未成年人的特殊保障也一直很薄弱，1979年与1996年《刑事诉讼法》未将未成年人刑事诉讼程序作为相对独立的程序予以规定，但在有些具体制度的规定上体现了对未成年被告人的区别对待。20世纪90年代以后，对未成年人的司法保障有所加强，丰富了未成年人刑事诉讼程序的内容。在实践中，一些地方司法机关也开始探索未成年人案件审理特殊化的运作形式。同时也应当看到，我国的未成年人刑事诉讼程序的规定仍然存在较多不足：在立法上，未成年人刑事诉讼程序缺少相对独立的法律地位；司法实践中，我国的未成年人刑事司法程序多为对普通审判程序的一定的特殊化以及在定罪量刑上一定的轻缓化处理，我国未成年人刑事诉讼程序欠缺有效的社会保障对未成年人的保护和矫正效果并不理想，未成年人再犯率仍然居高。因此有必要在刑事诉讼法中以专章规定"未成年人刑事诉讼程序"。同时，建立健全必要的社会支持机构，整合社会资源，完善未成年人刑事诉讼程序的配套机制。

六、刑事诉讼中的人权保障

被追诉人的人权保障。我国传统刑事诉讼程序将被追诉人视作刑事诉讼的客

---

① 北京、江苏、浙江、上海、湖南、山东等地先后制定了相应的规范性文件，并在不同程度上开始探索刑事和解的实践运作。

体而不关注对被追诉人的人权保障。清末修律时期，随着人权理念的兴起，刑事诉讼律开始注意到对涉案人权益的维护。新中国成立之初，也确立了平等原则、程序公开原则和辩护原则等对被追诉人权益保障的程序原则，但其后一段时期，人权保障不再得到重视。1979年刑事诉讼法再次确立了保障被追诉人人权的基本内容，并在1996年修改刑事诉讼法时重点加强了人权保障的内容，修正后的刑事诉讼法从以下几个方面加强了对被追诉人人权的保障：区别"犯罪嫌疑人"和"被告人"的称谓，并规定"疑罪从无"的处理原则；犯罪嫌疑人接受法律帮助的时间提前；取消检察机关"免予起诉"的权利，防止犯罪嫌疑人在被剥夺获得审判、不能行使辩护、上诉等诉讼权利情形下被定罪；健全了法律援助制度，防止被追诉人因经济困难或其他原因不能获得有效的辩护；改革完善了庭审制度，强化了控辩双方的实质对抗。相比较西方法治国家的刑事诉讼程序，我国目前对被追诉人的人权保障尚不全面，与刑事诉讼国际准则中对人权保障的要求也还有一定的差距。譬如，沉默权的缺失、辩护权不充分以及追诉权的过分强大都成为被追诉人人权保障的障碍。加强我国刑事司法程序对人权的保障需要从立法上进行改革并从观念上予以更新。

被害人的权利保障。在纠问式诉讼模式中，被害人没有独立的诉讼地位，其往往作为审判官查明案件事实的辅助人参加诉讼。我国1979年《刑事诉讼法》未将被害人作为刑事诉讼程序中的当事人，但赋予了被害人有限的诉讼权利、义务。1996年修正的《刑事诉讼法》进一步提高了被害人的诉讼地位，赋予被害人诉讼当事人的地位，并扩大了被害人的诉讼权利。我国现行刑事诉讼法对被害人的保护较为全面，其在一定程度上克服了对被害人人权保障不力的弊端。从实践中看，我国刑事诉讼程序在被害人的诉讼权利的保障方面的确取得了明显地进步，但由于受制于种种因素，仍存一定不足，具体表现在：被害人的程序参与权利受到限制，对于公检法机关作出涉及到自身利益的决定难以产生富有成效的影响；缺失有效的被害人国家补偿制度。加强对被害人权利的保障应从多方面采取措施，包括赋予被害人更多的程序参与诉讼权利、在诉讼程序中体现出对被害人权益的保护、建立健全对被害人损失的赔偿和补偿机制等等。

诉讼参与人的权利保障。随着刑事诉讼程序现代化进程的推进，刑事诉讼程序不仅强化了对诉讼当事人的权利保障，也逐步彰显了对诉讼参与人的权利保障。我国1979年刑事诉讼法规定了控告人、检举人如果不愿意公开自己的姓名，在侦查期间，应当为他保守秘密，但除此以外并未明确规定其他保障措施。修正后的刑事诉讼法从实体上与程序上丰富了证人保障制度的内容，明确规定了国家机关有义务保障证人及其近亲属的安全，并规定了对侵害证人权益或干扰证人作证的行为予以惩罚。此外，1997年刑法也增加了保护证人作证的条款。但实践中仍存在一些问题,例如缺乏具体的权利保障机制、缺少事前保护证人的预防机制、对证人的保护尚不全面等方面。鉴于以上,应通过具体规定证人的保护机制、强化对证人的事前保护、在法庭审理中引入一些技术化的手段等方面加强对包括证人在内的其他诉讼参与人的保护。

第三节 民事诉讼程序现代化

从知识传统的角度上看,我国民事诉讼法基本的概念、术语、原则、制度与理论框架主要渊源于西方民事诉讼法制。一般认为中国近现代的民事诉讼法是清末移植和吸收大陆法系国家民诉法典模式的产物,确切地说,是在19世纪后期随着西方法学的输入,特别是在20世纪初期开始的近代法典编纂运动的历史背景下出现的。新中国成立后,苏联民事诉讼法对新中国民事诉讼法也产生了重要影响。

一、传统民事案件处理程序的特征与弊端

与封建集权的政治格局、小农经济生产方式、家族伦理意识等相关,中国传统诉讼法制具有其鲜明特色。在处理民事关系与民事纠纷上,虽然没有形成独立形式的诉讼法,甚至是杂糅在实体法尤其是刑法中,但也有其特殊的程序结构、裁决方法和司法技术。传统民事案件处理程序的基本特征是,官方单方主导,以情理为基础,以责罚为后盾,以调处为方式,重视伦理的纠纷解决功能。具体而言,可归纳为以下三个方面:一是在程序结构上的司法全能主义。兼任司法职权的行政官独擅司法权力,由此形成以集权性、专断性和非对抗性为特征的司法全能主义。司法全能主义下,容易降低程序规则的自治性、确定性和规范性;从其实际运行来看,往往受制司法官员个人魅力、意志、司法习惯乃至偏好,形成权力的恣意。二是裁决方法的伦理主义。具体表现之一是强调程序和谐主义,即将民事纠纷视为人际之间的病理现象,强调人际之间的和谐秩序,由此,无论观念还是制度,倾向于压制、调和,实现"息讼",迫不得已就用刑法规范予以处理。具体表现之二是强调裁决过程的伦理主义。以伦理作为裁决的重要方法,可强化纠纷解决对礼法秩序的维护功能,但必然伴生处理程序在逻辑上和技术上的反形式化特征。有时为了保障人伦秩序,往往抛却法定规则的强制规定,甚至牺牲事实真相、混淆权利归属,造成人际歧视。三是立法技术上的保守主义。自鸦片战争后,修例逐步偏离唐律以来的技术传统,既不定期,也不规范。其在律典

上的僵化和落伍、在司法技术上的保守立场，伴随法律内容上的不合理，甚至残酷性，更加剧了启蒙思想家们对传统法制的批评，也成为列强推行"领事裁判"、"租界司法"、"观审"的一个口实。①

传统民事案件处理程序中的司法官员的非专业化和司法审判程序的不确定性、司法论证中非逻辑性和任意性等弊端逐渐凸显，这与纠纷解决的程度、当事人可接受性等之间的紧张关系构成清末民事诉讼法制现代化的内源性动力。其直接后果是，到清末，民事领域的社会矛盾集中，户役、婚姻、田宅、钱债、继承等民事案件大量发生。司法官"大事化小"的调解倾向与一些争讼者将"小事闹大"的诉讼行为选择往往形成社会关系的紧张和无序。同时，在中国沦为半殖民地半封建社会的进程中，政治制度的失控、社会阶层的危机、外来侵略的影响等，构成清末民事诉讼法制现代化的外源性刺激。历来追求和谐的传统诉讼法制出现无可挽回的颓势。

二、中国民事诉讼程序现代化发展进程

（一）清末变法中民事诉讼程序现代化变革的意义与局限

清末变法的主要内容之一即是变革中华法系的固有司法制度，引进西方近代先进的司法制度。清廷成立修订法律馆，聘请外国法律专家，进行民事习惯调查，起草《大清刑事民事诉讼法草案》和《大清民事诉讼法草案》。1904年4月，修订法律大臣沈家本、伍廷芳呈上《大清刑事民事诉讼法草案》并《奏进呈诉讼法拟请先行试办析》，阐述了立法体例及其理念：一是在立法理念上，主张效仿西方先立诉讼法制，尤其是英美法系体例，后收治外法权。二是在立法技术上将刑事、民事诉讼法内容进行区别。正如沈家本等在奏折中所言，"谨就中国现时程度，公共商定阐明诉讼法，分别刑事、民事，探讨日久，始克告成"。②三是在草案内容上，依次划分总纲、刑事规则、民事规则、刑事民事通用规则、中外交涉案件共五章，二百六十条。《大清刑事民事诉讼法草案》对传统司法体制形成了重大冲击，学术界公认其为中国诉讼法制现代化和独立化的开端，是中国诉讼法制发达史上的一个里程碑。③ 但由于传统习惯的影响、草案立法技术的生疏、英美法制与中国本土的不适应性等因素，遭受来自各地督抚大臣的反对而

---

① ［美］威罗贝：《外人在华特权和利益》，王绍坊译，三联书店1957年版，第368页。
② 朱寿朋编：《光绪朝东华录》（第5册），中华书局1958年版，总第5504~5506页。
③ 陈刚：《民事诉讼法制的现代化》，中国检察出版社2002年版，第12页。

搁浅。1907年张之洞在《遵旨覆议新编刑事民事诉讼法析》中,对草案中二百六十条进行了全面的反驳,仅反驳意见就有五十九条,认为"该法大体采用西法,于中法本原,似有乖违,中国情形,亦未尽合。诚恐难挽法权,转滋狱讼"①。

为此,清朝政府吸取教训,以1890年日本民事诉讼法为蓝本,聘请日本法律顾问松冈义主笔起草,完成《大清民事诉讼法草案》。在1911年沈家本、俞廉三上奏的草案文本中,共四编,八百条。之所以制定独立的民事诉讼法,起草者认为是顺应保护私权的世界潮流。在立法内容上,草案主要规定了审判衙门、当事人、普通诉讼程序和特别普通诉讼程序四编。应当说,《大清民事诉讼法草案》,"开我国将民事诉讼法单独立法之先河",在法律结构上勾画了现代民事诉讼法律体系的轮廓,在立法技术与理念上都较《大清刑事民事诉讼法草案》有所超越,标志着中国民事诉讼立法实质走上独立化和现代化,但置身清廷统治垂危,民主革命将起之际,用心良苦,终是无力回天,沦为废案。②

清末变法中民事诉讼程序现代化变革的历史意义在于,它依据西方诉讼法制对我国传统民事诉讼法制进行了制度性改造,提出了一系列民事诉讼程序现代化的方案;尽管这次变法之后清廷就灭亡了,但是这次变法的直接结果,就是为民国建立近现代的民事诉讼制度做好了一定准备。但局限性在于,由于主体力量本身在实用主义和皇权秩序上的矛盾心态,诉讼法制变革在传统和现代化之间徘徊不安,只是在形式上完成了与西方的诉讼法制接轨,而难以在实质意义上触动传统诉讼文化的根基。

(二)民国时期民事诉讼程序现代化变革的进程与教训

《大清民事诉讼法草案》等民律草案为民国初年所承继沿用。北洋政府制定的《民事诉讼条例》和南京国民政府制定的《民事诉讼法》及其修正案对中国民事诉讼程序现代化的推动作用较大。《民事诉讼法条例》自1922年7月1日起在全国施行。该条例共五编,七百五十五条。③ 总体而言,该条例在借鉴德国最新立法、法理的同时,更多的参考了较晚颁行的奥地利、匈牙利民事诉讼法,并兼采英美立法,以矫正德国法的缺陷。1931年南京国民政府制定的《民事诉讼法》是我国第一部在全国范围内公布施行的民事诉讼法典。该法以北洋政府制定的《民事诉讼条例》为蓝本,以追求诉讼快捷、节约诉讼资源为主要立法宗

---

① 朱寿朋编:《光绪朝东华录》(第5册),中华书局1958年版,总第5732~5734页。
② 陈刚主编:《中国民事诉讼法制百年进程》,中国法制出版社2004年版,第137页。
③ 谢振民编著:《中华民国立法史》,张知本校订,中国政法大学出版社2000年版,第994页。

旨。该法共六百条，分"总则"、"第一审程序"、"上诉审程序"、"再审程序"、"特别诉讼程序"五章。

应当说，与清末变法中激进式的大规模的法律修撰相比，民国时期民事诉讼法制现代化变革的特点，可以概括为：姿态更为沉稳、内容更为理性、技术更为全面。尤其是对调解制度的确认和完善，反映了立法者对民事纠纷解决机制多样性以及法律本土实际文化的重视。但是，由于军阀混乱和各地社会经济发展的不平衡性，"对于若干较发达之地区，且为国民政府有效控制者，审检系统较为更整，法制运作显示一定功能，且对社会经济及文化的发展，发生一定效果。但在大多数落后地区，就一般平民而言，现代法律的保障，在当时并非普遍存在"。① 更为严峻的是，民国时期地方割据、动荡、腐败、专制、独裁问题极其严重，法律监督、舆论监督、分权制衡机制、监察检查等配套机制，或者被排除消解；或者名存而实亡。在许多民事案件中，非程序主义、人治主义现象严重，证据细则也多处于"花瓶"境地。

（三）新中国在民事诉讼程序现代化中的波折与进展

新中国民事诉讼程序现代化中的进程与革命根据地时期、抗日民主政权时期以及解放战争时期民事法律发展状况有一定的渊源关系。受历史条件限制，这些时期并未制定民事诉讼法典，但制定了一些单行的民事诉讼方面的法规和含有民事诉讼法规范内容的法律。大致确立了系统的司法机关，重证据，公开审判，合议和陪审，两审终审，巡回审判和调解原则等内容。在司法实践中，"马锡五审判方式"被推广，强调"深入农村、调查研究、群众参加、解决问题、就地办案、不拘形式"。

新中国成立以后，苏联法学对中国法学界产生了重要影响，民事诉讼法也不例外。苏联的民事诉讼法律关系理论和国家干预理论，与计划经济匹配的职权主义诉讼模式等在中国获得广泛传播，对中国民事诉讼程序立法和理论研究产生重要影响。新中国成立后民事诉讼程序现代化道路虽几经波折，但总体而言，是一条逐步明晰、具有确定性的法制化道路。

具体而言，其发展脉络如下：1950年12月中央政府法制委员会即根据以往经验草拟了《中华人民共和国诉讼程序通则（草案）》，内容包括管辖、审判、执行等一系列的诉讼程序问题。不过《通则》采用了民事诉讼与刑事诉讼合一的体例，而且未能公布施行。同时，为改变一些司法人员仍然沿用民国时期旧制

---

① 黄静嘉：《本世纪中国法制之现代化与台湾法制的发展》，载张晋藩主编：《二十世纪中国法治回眸》，法律出版社1998年版，第69页。

度审理民事案件状况,废除国民党的"伪法统"并建立新中国的民事诉讼制度,新中国进行了一场以思想整肃为主要内容的司法改革运动。这次司法改革运动对于真正的诉讼程序本身,则没有做过多的涉及。最高人民法院在总结审判经验的基础上,于1956年10月制定了《关于各级人民法院民事案件审判程序总结》(以下简称《总结》),内容包括接受、审理案件前的准备工作、审理、裁判、上诉、再审和执行七个部分。《总结》是新中国成立以后,制定的第一个系统的有关民事诉讼的法律规范。1957年最高人民法院在《总结》的基础上制定了《民事案件审判程序(草案)》,1963年最高人民法院在第一次全国民事审判工作会议上又提出了《关于民事审判工作若干问题的意见》,作为《总结》的补充。《关于民事审判工作若干问题的意见》第一次提出了"调查研究,就地解决,调解为主"的民事审判工作的十二字方针。1964年最高人民法院在向第三届全国人民代表大会所作的工作报告中,又将其发展为"依靠群众,调查研究,调解为主,就地解决"的十六字方针。在"文革"阶段,法律虚无主义横行,许多民事案件处理阶级化。直到十一届三中全会后,民事诉讼程序才出现真正转型:极强的政治功能被削弱,保护公民和单位、组织的合法权益被强调。1991年,新中国第一部《民事诉讼法》结束试行时期,甫告订立。之后,随着市场经济的进一步发展,审判方式改革、司法解释等对解决司法实践中的一些突出问题发挥了重要作用。

三、当代民事诉讼程序现代化的进路

从目前学术界以及实务界关于民事诉讼程序的诸多争议来看,焦点问题在于:一是现有立法体系和司法改革在现代化进路中发挥的功能如何;二是中国当代民事诉讼程序现代化究竟应当依据什么样的进路。

发掘传统因素中的现代性;祛除封建性因素的持续影响,克服现代化的后果;推进民事诉讼程序现代化进程中西方因素与本土化的融合,这是新中国民事诉讼程序现代化道路必须解决的三大难题。由此,中国当代民事诉讼程序现代化,不仅是法律规范、法律程序和法律意识形态的现代化问题,而且与中国转型社会发展的制度需求、中国纠纷解决方式的变革方向密切相关。这种法律现代化的思路,与在社会秩序上承认"自发自生秩序"的优先性、在法制道路上承认"地方性知识"的有限理性相一致。试图通过现代化构造完美无瑕的制度是一种"致命的自负"。[①]当下民事诉讼程序现代化道路,同样面临内源性动力和外源性刺激。与清末时期、

---

① 参见[英]哈耶克:《自由秩序原理》(上),邓正来译,三联书店1997年版,第61页。

民国时期、新中国成立初期等历史阶段不同的是，当下无论政治时局、物质文化基础、法律交融等方面都具有一定优势；但同样存在时代局限，譬如，来自转型时期的社会复杂性和多样性的影响，而且，从内源性和外源性两种力量来看，它们在推进力量的性质、变革进程的次序和实际演化的程度上是有差别的。①

对现行民事诉讼法进行全面修订，构建一部适应中国国情的、符合现代民事诉讼理念的民事诉讼法已是刻不容缓。正因为此，在民事诉讼法修改过程中，学术界对于民事诉讼指导思想比较一致的意见有：尊重当事人的程序主体地位；贯彻程序本位的理念；借鉴国外先进立法，融合法治本土资源；与时俱进，增加民事诉讼的科技因素等。中国当代民事诉讼程序现代化的走向、核心或基本的表现在于程序结构、程序价值和程序种类上的现代化上。

（一）程序价值现代化

应当说，宏观而论，纵览中国民事诉讼程序现代化过程，其价值选择主要围绕两个维度进行：一是从诉讼主体角度对程序法作出价值评价；二是从社会公众角度对程序法作出的价值评价。前者涉及对公权力的制约以及对私权利的保障；后者涉及国家利益、社会公共利益、集团利益的维护。这两个维度的价值评价，孰轻孰重，孰先孰后，实际上构成中国民事诉讼程序从传统走向现代化的基本矛盾。具体而言，民事诉讼程序价值的现代化，是一程序价值实现实体公正的基本前提。当前，程序公正所包含的程序公开、法官中立、当事人平等、当事人处分原则、直接言词原则、程序参与原则、程序安定性等要素，实体公正所包含的对事实认定、法律适用正确的追求等为学术界所普遍认可，追求程序公正和实体公正的有机统一被认为是诉讼制度或程序真正永恒的生命基础。民事诉讼程序价值现代化，还表现在从对效率的追求或舍弃到追求公正优先、同时兼顾效率的过渡上。这时，法的效益价值，并不仅仅表现为经济效益的增加，还至少包括着权力运作效率的提高和社会公正的维护等。低效率本身，在一定程度上也会损害程序公正和实体公正。追求当事人举证和法院依职权调查取证的统一、追求"庭前程序"和"庭审程序"的统一成为当前学术界追求民事诉讼程中公正与效率平衡的重点。

此外，作为民事诉讼程序价值目标平衡的现实问题，对民事诉讼程序的司法改革应得以规范。统一、理性的司法改革应当遵循的程序是：第一，进行广泛深入的讨论和论证或可控性实证试点；第二，确定改革方案，提交立法机关；第

---

① 这与中国法制图景的困惑与选择相伴相生。许多学者反思其中："（1）"技术主义"法律移植方式；（2）对"西方法制图景"的盲目推崇；（3）对法律本土性资源整合不足；（4）"规则"与"事实"脱节；等。参见邓正来：《中国法学向何处去——建构"中国法律理想图景"时代的论纲》，《政法论坛》2005年第1、2、3、4期。

三,通过立法,修改法律;第四,在法律范围内深化司法改革。在"现代化"的名义下,不遵循司法理性,突破,甚至直接违反法律进行司法改革,容易破坏法制权威,与现代化的实质是相悖的。

(二) 程序结构现代化

民事诉讼程序结构反映的是法院和当事人在民事诉讼过程中的各种关系,其本质在于是当事人的诉权优越于审判权,还是审判权凌驾于诉权之上。从实然角度看,当代民事诉讼程序相对于传统民事案件处理程序中的司法全能主义、民国时期民事案件中的擅断主义而言,其程序结构由"超职权主义"向尊重当事人诉权、增强当事人对抗性转变,代表了程序结构现代化的进路。民事程序结构现代化对许多具体制度具有直接影响,譬如,当事人制度、起诉制度、证据制度、撤诉制度、保全制度、辩论制度、庭审制度、审判监督制度等,而这些层面上的具体制度,都在不同方面以不同角度反映和体现着民事程序结构现代化的内在要求。

这一进路首先反映在民事诉讼立法对诉讼模式的推进上。1982年颁布实施的《中华人民共和国民事诉讼法(试行)》具有明显的计划经济时代特征,确立了我国民事诉讼中"超职权主义的诉讼模式":法院的权力被强化,包揽调查收集证据,可以追加当事人,变更当事人的诉请和诉因,变相调解,依职权启动、中止和终止诉讼程序的运行等。"超职权主义"程序结构的特点在于,强调法院对诉讼案件的包办和干预,而将当事人视为诉讼中的客体以及被法院纠问的对象。1991年我国颁布的《中华人民共和国民事诉讼法》反映了市场经济的发展以及对私权保障的社会需求,明显地弱化了程序中国家职权的特性,更加尊重当事人的自主意志:缩小了法院调查收集证据的范围;确立了"自愿调解"的诉讼原则;缩小了法院对财产保全的职权裁定范围,强化了当事人申请的作用;确立了先予执行的必要条件和必须有当事人的申请;在二审程序、执行程序和管辖的规定中,强化了当事人合意的作用。

目前,我国民事程序结构现代化进程处于对程序结构的反思与重塑阶段。现行民事诉讼法对法院职权的弱化仅仅是量上的变化,并不意味着我国民事诉讼程序结构发生了实质性的转换。法官和当事人之间的主导和被动的关系没有根本性变化。①以当事人主义为标本,摒弃超职权主义,越过职权主义,对我国民事诉

---

① 应当看到,法院可以在当事人主张之外寻找裁判根据的事实,法院还可以在当事人主张之外调查收集证据;并依据此作为根据对案件作出裁判。譬如,法院认为审理案件需要的证据,法院应当调查收集证据;在当事人没有申请的情况下,法院和检察院认为判决、裁定确有错误,仍然可以主动启动再审程序等。常怡、张永泉:《民事程序结构现代化研究》,载陈光中主编:《依法治国,司法公正——诉讼法理论与实践(1999年卷)》,上海社会科学院出版社2000年版。

讼模式进行权利化改造，进而实现民事诉讼模式从职权出发型转向诉权出发型，这是我国民事程序结构现代化的基本方向。在民事诉讼法修改的诸多建议中，程序结构的调整集中在充分尊重和保障当事人的诉权，使当事人正在争议或受到侵害的权利可以通过诉讼的途径得到救济。具体而言，在程序启动和运行上，保障当事人的主体地位和自由意志；同时，还应体现出民事诉讼的便民性与近民性，关注社会弱势群体的要求，构建一个易于了解、"可接近"的司法程序。实际上，民事程序结构现代化在保障当事人处分权利上具有"度"的权衡性。反观两大法系立法，不难发现这样的趋势：现代民事诉讼不再纯粹是当事人个人利益之争，尤其是公益诉讼案件涉及社会不特定的主体的利益，绝对的放任当事人主义逐步转向相对的限制当事人主义。以当事人的处分权为主导，强调司法理性对基本事实认定合法性的保障功能，强调以诚实信用约束当事人私人偏见，重视社会常识的应用，掌握法律话语、道德话语、治疗性话语的相互转换，这些因素成为现代民事诉讼在保障当事人处分权利上的要点。①

(三) 程序种类现代化

在现代法律中，程序的多元化构成为当事人提供了多样化的程序保障方式。当事人在程序的复合构造中，可对解决纠纷的方式进行二次选择。其结果是，审判之外的纠纷解决方式与审判往往一起内含于诉讼过程之中，交叉运用、前后接续。② 应当说，由于文化背景、制度设计和案件性质等的不同，各国纠纷解决方式的选择偏好和类型分布存在很大的差异，不同方式之间甚至组合成多种复合形态。不同的程序种类，在民事纠纷解决中，其程序结构、价值取向、具体权利配置等差异较大。其中，合意本位与强制本位，当事人主义与职权主义，程序规范导向与实体规范导向，手续简便化与手续严格化，情节重视与法条重视，常识偏向与专业偏向，这些基本要素的高低错落、浓淡轻重的排列决定了纠纷解决方式的基本品性。

程序种类现代化，不仅要求对现有普通程序种类和特别程序种类加以改造，而且应根据现实需要增设、合并、裁剪程序种类。在中国法制现代化过程中，建立在法治基础上的多元化纠纷解决机制更符合社会和法治的可持续发展的需要。当前，学术界针对程序种类现代化的问题主要围绕其中的多样性而展开，譬如，为克服"诉讼爆炸"增设小额诉讼程序、速裁程序；为转型时期公益保护增设

---

① [美] 萨丽·安格尔·梅丽：《诉讼的话语——生活在美国社会低层人的法律意识》，郭星华等译，北京大学出版社2007年版，第152~158页。

② 邱联恭：《程序选择权论》，台湾三民书局2000年版，第8页。

公益诉讼;为促进和谐、减少对抗改良诉讼和解程序,完善民事审判与人民调解制度的衔接;为完善法律适用统一性增设第三审;为实现司法权威等单设民事强制执行法等。① 当前,在程序种类的现代化问题上争议较大,最迫切需要解决的是诉讼和解程序问题。学术界和实务界比较一致的主张是:在明确司法裁判与诉讼和解关系的基础上,化解纷争、促进和谐,成为当下完善纠纷、矛盾和冲突解决机制、推进司法体制改革的基本方向和重要目标。2002 年最高人民法院《关于审理涉及人民调解协议民事案件的若干规定》和 2004 年最高人民法院《关于人民法院民事调解工作若干问题的规定》为实现民事审判与人民调解、民事和解与民事调解之间的衔接提供了规范性的指引功能。尽管学术界围绕和解与调解区分的必要性、和解中选择"合意判决模式"还是"笔录生效模式"等进行了旷日持久的争论,但基本共识在于,与民事审判方式改革相应,在民事诉讼中充分贯彻处分原则,强化当事人的诉讼主体地位,以此作为扩大当前民事和解改革的基本方向,当然,与传统司法裁决过分调解强调法院审判权的职权行为性一样,在诉讼和解中过分强调案件相关主体合意解决纠纷的自治性,同样有其理论弱点和实践劣势。正如学者季卫东所指出的,"所谓交涉,不是单纯的利益交易,而是指'在法律荫影之下的交涉'"。② 在扩大诉讼和解过程中,为避免风险,应坚持实质性自愿原则、司法保障原则、程序参与原则、公共利益保护原则等。

另外,在民事诉讼程序现代化中,不能盲目追求"法典驱动主义",或者说,"民事诉讼法典情结"。仅仅依赖立法修改来实现民事程序现代化是远远不够的。中国当代民事诉讼程序现代化的进程,不仅是一次公权与诉讼自治权的重新分工与整合,而且体现民事诉讼法对社会的一种适应性、现实社会对民事诉讼法的一种回应性。民事诉讼程序现代化,不仅要重视从立法上完善程序结构、程序价值、程序种类,还应在裁决思维、司法技术上实现现代化。

第四节 行政诉讼程序现代化

行政诉讼程序是宪政的试金石,反映一国法治水平的高低。在中国传统封建体制中,尽管拥有《政典》、《官刑》、《唐六典》等管理吏治的行政法规,以及

---

① 张卫平:《中华人民共和国民事诉讼法修改之我见》,《法商研究》2006 年第 6 期。
② 季卫东:《法治秩序的建构》,中国政法大学出版社 1999 年版,第 385 页。

"登闻鼓"、"直诉"等为民伸冤制度等，但是，以"民告官"为特色、通过制约行政权以保护民众权益的行政诉讼制度一直无法找到生存的土壤，相关行政诉讼程序可谓处于空白状况。主要原因在于，在君主集权专制制度下身份等级、官尊民卑的观念根深蒂固，由此决定了传统中国行政法制的基本特征是人治法，属于行政人治和行政专权，不具备完备的权力分立与制约机制。① 目前，学术界通说认为，"行政诉讼"，无论是作为一种术语的引进还是作为一种制度的推行，都是清末变法中对欧洲大陆法系和日本法相关制度借鉴的结果。我国自清末才开始出现建立近代行政诉讼制度的尝试，至民国初年有关制度和机构正式建立，此后又不断完善和发展。在新中国成立后，行政诉讼程序的建设曾一度停滞，直至20世纪80年代，行政诉讼程序在中国大陆得以复苏和发展。

一、行政诉讼程序现代化发展进程

（一）清末变法中《行政裁判院官制草案》的意义与局限

随着西方的宪政思想在中国逐渐传播并产生影响，清政府迫于内忧外患，颁布"预备立宪"诏书，并布置仿行宪政事宜。1906年，《行政裁判院官制草案》正式上奏朝廷。作为中国历史上第一部与行政诉讼相关的法案，《行政裁判院官制草案》不仅规定了"行政裁判院"拥有审判行政各官员办理违法致被控案件的权力、提起诉讼形式、裁决方式、裁判官身份独立原则与保障等内容，而且比较系统地移植了西方行政诉讼程序的诸多原则，综合起来看，主要有：受案范围的列举主义原则；不得请求再审的原则；案件受理的直接诉讼主义与申诉前置主义原则；审判人员的回避原则等。

《行政裁判院官制草案》第一次在法律上允许民众通过行政审判机制来"告官"，并且从法律地位上赋予原告与被告同等的法律权利，这是传统中国法律机制和理念的重大突破，标志着民众私权利能够通过制度化的渠道对抗公权力的时代即要开始。其后的北洋政府、南京国民政府甚至新中国的《行政诉讼法》都受到了《草案》的影响。② 有学者认为"就本草案之特色言之，……可谓开我国行政争讼制度之先河，深值研究中国近代行政争讼制度学者之注意"。③ 但是，

---

① 刘旺洪：《行政与法治——中国行政法制现代化研究》，南京师范大学出版社1998年版，第94页。
② 沈大明：《晚清〈行政裁判院官制草案〉的意义与影响》，《上海交通大学学报》（哲学社会科学版）2006年第6期。
③ 蔡志方：《行政救济与行政法学》，三民书局1993年版，第253页。

受当时政治时局、修律水平等因素影响，《行政裁判院官制草案》也存在诸多不足，譬如，修律的主要动机在于捍卫王权统治，消弭社会危机，而不是真正还权于民、实行宪政；受案范围所保护的主要对象是人民的财产权利，而对于人民之人身权利却未提及。晚清政府被迫忙于各种社会危机和动乱，加上缺乏宪政方面的大环境，直到清朝崩溃之时，草案中的改革方案终难兑现。从司法实施层面来看，草案并未获得有效实施。

（二）民国时期《行政诉讼法》的意义与局限

清朝末年未能实现的颁行"行政诉讼法"、建立行政裁判院的努力在中华民国时期得以继续并最终实现。1912年3月11日公布的《中华民国临时约法》第十条规定："人民对于官吏违法损害权利之行为，有陈诉于平政院之权"；第四十九条规定："法院依法律审判民事诉讼及刑事诉讼，但关于行政诉讼及其他特别诉讼，别以法律定之"。从词语表达的起源来看，这是我国最早的"行政"和"诉讼"合为一体的正式表述。这也是中国第一次在宪法性规范中确认行政诉讼制度。

1914年公布的《行政诉讼条例》（同年修正为《行政诉讼法》）是中国第一部较为完整周备的行政诉讼法规。它采用了德国、奥地利以及日本等国行政诉讼中通用的一些原则与制度，譬如，行政诉讼只能针对行政机关违法决定或处分提起，而把不当行政决定或处分排除在行政诉讼之外；实行公开审判原则、回避制、合议制与诉讼代理制；案件审理以言词主义为原则，以书面审理为例外；明确允许诉讼中止等。[①] 修正后的《行政诉讼法》采纳奥地利的概括主义立法例，将行政诉讼受案范围扩及所有损害人民权利的违法处分；在审级上，明确实行一审终审；在裁决权限上，明确平政院不仅有权撤销，而且有权变更行政官署的原处分或原决定；对于行政诉讼的受理，兼采直接诉讼主义和诉愿前置主义；在举证责任上，采用原告、被告对等的举证责任；在审理方式上，规定实行职权主义，譬如，规定撤诉许可主义；规定对行政官署损害人民利益行为，人民没有在法定期限内提起行政诉讼的，或按照《诉愿法》没有在法定诉愿期间提起诉愿的，"肃政厅"可以在法定诉讼或诉愿过后的60天内，以原告身份提起行政诉讼。

目前学术界普遍认为，北洋政府《行政诉讼法》因综合了各国比较先进的内容而在立法内容、基本理念与原则、立法技术等方面都较为进步。其在受案范围、裁决方式、权力制约等方面，具有许多对保护人民权利、节约诉讼成本的典

---

① 武乾：《论北洋政府的行政诉讼制度》，《中国法学》1999年第5期。

型意义。但是，其职权主义的审理方式，原告、被告对等的举证责任设置，疏于救济程序的设置等也遭受诸多批评。其平政院制度也有两大弊端：一是平政院为一级一审制，除中央平政院外，地方并无行政诉讼机关，平政院一旦作出裁决，即为终审，缺乏上诉救济途径；二是平政院易受行政控制，难以确保独立。

但是，这并不妨碍北洋政府《行政诉讼法》对后来行政诉讼立法的积极影响。1932 年 11 月，南京国民政府在北洋政府《行政诉讼法》的基础上颁布《行政法院组织法》和《行政诉讼法》，具体规定行政法院的职权和程序。与北洋政府时期的平政院相比，南京国民政府行政法院有以下几个方面改进：第一，从性质上看，行政法院隶属于司法院，在此采用普通诉讼与行政诉讼并立的二元司法体制；第二，从受案范围和审级制度上看，采纳了法国的概括式规定，即凡属行政处分，不论其关于何种事项，均可提起行政诉讼，并可附带提起损害赔偿之诉；行政法院虽仍实行一审终审制，但兼采德国、奥地利制度，规定当事人可以提起再审之诉；第三，被告行政官署不派诉讼代理人，或不提出答辩书，经行政法院另定期限，以书面催告，而仍延置不理者，则行政法院得以职权调查事实，径为判决；第四，关于行政诉讼准用民事诉讼法的规定，使该法更为完密；第五，对判决之执行采用行政手续而非司法程序等。同样，民国在行政诉讼程序现代化进程中的教训在于，社会动荡、军阀纷争，共和与宪政往往成为争权夺利的招牌，"三权"分立与制衡往往徒具形式。以司法权制衡行政权，在许多个案中显露海市蜃楼般的梦幻。

（三）新中国行政诉讼程序现代化的波折与进展

在新中国成立以前，中国共产党在革命根据地的建设中曾制定过一些行政法律文件，建立过某些行政法制度。譬如，对于当时政府机构建设的"精兵简政"制度，对于军政工作人员的奖惩制度等。为了监督行政工作人员遵纪守法和保护人民群众免受某些行政工作人员违法乱纪行为的侵犯，各根据地还曾建立过各种行政法制监督制度，如人民群众的申诉、控告、检举制度等。但是，那时的任务是革命，是战争，而不是建设，革命和战争需要的是权威、服从和铁的纪律，而不是民主和法治。[①] 1949 年新中国成立后，包括行政诉讼程序在内的行政法制的发展大致可以分为四个阶段。

一是行政法制的初创阶段。时间界限大致是从 1949～1957 年。当时行政法规内容多以规定组织机构、职能设置、基本权利为主；其中，1949 年的《共同纲领》和 1954 年的第一部宪法明确了公民对任何违法失职的国家机关及其工作

---

① 姜明安：《中国行政法治发展进程回顾》，《政法论坛》2005 年第 5 期。

人员有控告的权利、取得赔偿的权利,但缺乏有效的程序设置,在配套措施上也不完善。

二是行政法制被破坏,处于停滞、倒退阶段。时间界限大致是从 1957~1978 年。1957 年"反右",开始批判"法律至上"。对"法律至上"的批判在某种意义上可以认为是对民主与行政法制的否定。"文革"过程中,受法律虚无主义影响,行政权力恶性扩展,缺乏最基本控制,遑论行政诉讼程序。

三是行政法的恢复阶段。时间界限大致是从 1978~1989 年。十一届三中全会拨乱反正。1982 年制定了新宪法,并先后制定了许多单行的行政法规,但由于没有完整的行政诉讼法,行政诉讼还是比照民事诉讼进行的。

四是行政法制处于发展并向新模式转化阶段。时间界限大致是从 1989 年至今。随着计划经济向市场经济纵深过渡,政府与市场主体的矛盾突出,需要行政诉讼法予以保障。1989 年我国通过了《中华人民共和国行政诉讼法》,于 1990 年 10 月 1 日起施行。《行政诉讼法》建立了"民告官"的司法权监督和制约行政权的司法审查制度。它是我国当代行政诉讼程序现代化进程的里程碑。它对后来《行政复议条例》、《国家公务员暂行条例》、《国家赔偿法》、《行政处罚法》等行政法律、法规的出台以及法律功能的实现也起到了促进作用。2000 年 3 月最高人民法院发布《关于执行〈中华人民共和国行政诉讼法〉若干问题的解释》以解决司法实践中系列突出问题。

二、当代行政诉讼程序的基本特征及其制度缺陷

(一) 当代行政诉讼程序的基本特征分析

首先,在制度功能上,行政诉讼程序被定位于监督行政机关依法行政,法院依据法律、法规对具体行政行为的合法性进行审查,以保障公民、法人或者其他组织的合法权益不受违法行政行为的侵害。

其次,在诉讼原则上,以法定性为分析蓝本,行政诉讼程序确立了一系列体现现代行政诉讼程序基本要求与中国本土结合的原则,譬如,人民法院独立行使审判权原则;以事实为根据,以法律为准绳原则;合议、回避、公开审判和两审终审原则;当事人诉讼法律地位平等原则;使用本民族语言文字进行诉讼原则;辩论原则;人民检察院对行政诉讼进行法律监督原则;人民法院对行政机关的具体行政行为进行合法性审查原则。

最后,在相关程序设计上,确立了一系列具体的特色性制度:一是起诉资格限制于认为具体行政行为侵犯其合法权益的行政相对人,而不包括为集体利益或

公共利益、第三人利益之诉；二是确立审查具体行政行为合法性的原则，不涵括抽象行政行为，由此决定了人民法院司法审查的对象、范围、内容、程序及标准。三是确立行政诉讼的被告负举证责任的规则，这对于方便原告和有效控制行政机关有着重要意义；四是在行政诉讼裁判执行措施上确立对行政机关和个人的直接的物质强制执行措施，体现对行政相对方权利配置的倾向性；五是区别于民事诉讼确立行政诉讼程序"不适用调解"的法律规则。

《行政诉讼法》从颁布到实施十多年以来，在程序现代化上，为人们调整和政府的关系、保障合法权利提供了一个非常重要的渠道；对于改革中国社会现有权力结构、缓解权力与权利之间的紧张压力，也产生了积极的作用；还在一定程度上改变了长久以来人们"官贵民贱"观念，扩大了"民告官"的可欲性和现实性。目前，《行政诉讼法》发挥的下列现实功能为学术界所广泛认同：解决了大量行政纠纷，维护了社会稳定；保障了人权，增强了公民的权利意识；强化了行政机关的责任感，提高了执法水平；促进了行政法律制度的建立和健全；推动了宪政进程和依法治国方略的形成；促进了行政法学的繁荣等。[①]

（二）当代行政诉讼程序的制度缺陷分析

从两大法系行政诉讼程序来看，各国正在发生一系列"现代化"的转变：诉讼类型从单一的客观之诉到客观之诉与主观之诉的并重；审查原则从偏重行政行为的合法性审查发展到合法性审查与合理性审查的融合；受案范围从严格的具体列举主义发展到列举主义与概括主义相结合；审查标准从单一性审查标准发展到多元性审查标准；救济方式从偏重事后救济发展到事前救济与事后救济的兼顾；现代行政诉讼中的法官作用已经从消极走向积极；等等。[②]

相形之下，我国行政诉讼程序在"现代化"上，尤其在处理外来文化与本土文化、传统与现代性、个人权利保障与行政权力维护、形式理性与价值理性关系上，积累了一定经验，但也存在诸多"先天缺陷"和"后天失调"。正如有学者检讨的，"行政诉讼是在中国宪法'麻木不仁'的状态下，为规范政府执法行为、树立政府法治理念而确立的，其必然存在某些不可自愈的'先天缺陷'，而这与其'后天失调'所共同导致的运行不济，则使得该制度未能在中国法治建设进程中彰显应有价值。行政诉讼的失灵，在一定程度上可以说是一种宪政意义上的'受挫'。……应然与实然的困惑、现实与理想的冲突，迫使我们不得不检

[①] 应松年、薛刚凌：《行政诉讼十年回顾——行政诉讼的成就、价值、问题与完善》，《行政法学研究》1999年第4期。

[②] 张坤世、欧爱民：《现代行政诉讼制度发展的特点——兼与我国相关制度比较》，《国家行政学院学报》2002年第5期。

讨现行体制的内在瑕疵与缺陷，并寻求适当弥补方式，实现行政诉讼与宪法诉讼的内在契合。"①

在行政诉讼程序设计与实践中，学者们和实务部门进行了系统反思，要点有：一是在程序法治主义上，现有《行政诉讼法》对行政规范性文件司法审查权的或缺，加上权力机关对"违宪审查"的疲软，行政机关复议监督的流于形式，这些因素限制了行政诉讼程序在宪政道路上积极作为。二是在程序结构上，立法设计为强职权主义，但"行政法庭"的审判体制模式下行政审判环境较差，司法不独立问题严峻；法院对行政决定的强制执行的审查程序是否过于笼统和单薄；在裁判方法上，诉讼过程中法官在法律解释和法律推理上技术贫乏。三是在程序价值上，保护相对人的合法权益、监督行政权以及维护行政法律秩序并未实现有效平衡；尤其是在受案范围上，受案范围过窄导致合理审查权行使范围狭窄。四是在程序类型上，行政诉讼程序的类型化尚不发达，限制了行政诉讼制度功能的充分发挥。另外，在司法实践中，行政相对人"不会告"、"不愿告"、"不敢告"；法院"受理难"、"审理难"、"执行难"等种种问题大量存在，这与上述行政诉讼程序的弊病具有密切关系。

三、当代行政诉讼程序现代化的制约因素

对行政诉讼程序现代化进程影响最大的是权利观念与法制意识的现代化、国家权力制约机制的合理建立、司法实现较高程度独立三个方面。② 它们是中国行政诉讼程序现代化的现实基础，也是中国行政诉讼程序现代化构建的重点和难点。

在权利观念与法制意识方面，由于历史上行政司法合一，"官民"法律地位不平等的传统观念，特定阶层法律意识薄弱、基层社会中官本文化的实际影响等原因，公民对行政诉讼程序的信赖程度和依赖程度并不"高昂"。司法实践中各种"与民争利"的异质行为不断地减损着行政诉讼程序的现代化目标。权利观念与法制意识的培育，不仅要求检讨传统官本文化，更需要对民族心理结构的一次重构：强化私权，弱化公权；从义务本位到权利本位。当然，这一进程，关键在于国家和政府在权力面前的姿态。在行政诉讼中"与民争利"还是"让利于民"，以及在行政诉讼中是"驾驭审判"还是"客观应诉"，直接影响公民对行政诉讼程序的认同感以及对诉讼结果的可接受性。

在国家权力制约机制方面，无论是清末，还是民国时期，还是当代中国，行

---

① 胡肖华：《从行政诉讼到宪法诉讼——中国法治建设的瓶颈之治》，《中国法学》2007 年第 1 期。
② 凌霄：《行政诉讼法制现代化的现实基础》，《社会科学》2001 年第 2 期。

政诉讼程序地位和作用与政府公共权力受规制的程度和水平密切相关。这是制约行政诉讼程序现代化的瓶颈。当前，市场经济的发展正在培育从外部制约政府权力的经济力量、权利力量；但是，权力控制的策略建构在中国转型社会中是一个复杂的系统工程。行政诉讼程序现代化进程伴随着与国家主义观念体系的不懈对抗。国家主义理念关于国家与公民关系在司法领域所持的基本立场是国家高于个人，国家主义通过颂扬一种集体的统一性来增加抗拒传统与习俗的力量，国家主义所持的国家高于社会的倾向力图将国家和政府视为整个社会的道德中心，重新建立社会共识的基础。① 国家主义对强调法律至上、控制政府的行政诉讼程序现代化具有内在破坏性。在司法实践中，国家主义还容易衍生一系列与法治国和法制现代化相冲突的观念形态，譬如：重国家、轻社会，重权力、轻权利，重人治、轻法治，重集权、轻分权，重集体、轻个体，重实体、轻程序等。

在司法独立方面应明确，行政审判较之于民事审判、刑事审判，具有特殊的意义。我国行政诉讼审判模式是在普通法院内设行政审判庭。随着时间的推移，我国的行政诉讼中遭遇了太多的地方干预与阻力，人民法院行使审判权的非独立性，难以保障行政审判工作的公正性，这是行政诉讼现代化面临的一大难题。司法独立的原则未在具体制度上得以体现，直接影响行政诉讼程序的有效展开。在"法院不敢得罪政府"的语境下，行政诉讼程序现代化所需要的法律权威原则也根本难以确立。更坏的结果是，当法院在行政诉讼程序中对政府的支持功能大于监督功能，实际上形成一股合力对付行政相对人，这恰是侵蚀行政诉讼存在基础的表现。

在行政法制中，政府及民众的普遍守法才是实现行政诉讼程序现代化的灵魂。这是因为，任何权利与权力皆有被滥用的可能。事实上，不论是权利的享有者还是权力的行使者都不是天使，"如果人是天使，就不需要任何政府；如果是天使统治人，就不需要对政府有任何外来的或内在的控制"②。通过公正的、科学的行政诉讼程序双向制约权力和权利的滥用是最佳选择。正因为此，在中国当前语境下，行政诉讼程序现代化是中国政治体制改革的突破口。较之民事诉讼程序、刑事诉讼程序现代化进程，行政诉讼程序现代化道路显得更需时力。

四、当代行政诉讼程序现代化的走向

在现代法治国家，为了有效地实现司法权对行政权的监督和制约，迅速且公

---

① Niklas Luhmann *Political Theory in the Welfare State*, Translated by John Bednarz Jr. Berlin Walter de Gruyter, 1990, p. 32.
② [美]汉密尔顿等：《联邦党人文集》，程逢如等译，商务印书馆1980年版，第264页。

正地保障人们合法权利，必须重视行政诉讼程序现代化进程和走向。行政诉讼程序现代化是行政诉讼法律文化从传统人治型体系向现代法治型体系创造性转变的过程。在其具体进路上，不仅需要权利观念与法制意识的现代化、国家权力制约机制的合理建立、司法实现较高程度独立，更需要它们与行政诉讼程序内部程序结构、程序价值、程序种类、裁决思维、司法技术等方面的现代化发展密切结合。从当下我国行政诉讼程序改革的方向与步骤看，以下转变被学术界认为符合现代化转型。

（一）程序价值现代化

我国行政诉讼法在目的设计上侧重保障公民、法人或者其他组织的合法权益，这是行政诉讼程序现代化的一个基本要求。最高人民法院发布《关于执行〈中华人民共和国行政诉讼法〉若干问题的解释》等一系列司法解释在程序价值上对《行政诉讼法》有所丰富。结合学术界的理论研究成果，不难发现，中国行政诉讼程序在发展道路上正努力寻求公共利益和私人权益之间的价值平衡。以下三种价值之间的平衡问题成为学术界和实务界关注的焦点：保护相对人的合法权益，具体包括行政实体权利、行政程序权利、行政利益、行政救济权等；监督行政权，具体包括监督行政权的设定、监督行政权的运作、监督行政自由裁量权；维护行政法律秩序，具体包括对行政机关合法行政行为的肯定和对违法行政行为的纠正。这些价值的实现，很大程度上要求行政诉讼程序积极吸纳程序法定、程序公开、程序参与、程序安定等诸多现代程序法原则。

司法对行政的干预程度涉及到行政权和司法权的关系，这也是行政诉讼法最核心的问题。当前，受案范围过窄导致大量的行政争议案件无法进入行政诉讼程序，是现行行政诉讼法最为突出的问题之一，集中反映了行政诉讼程序价值目标之间平衡的难点。当前，通过修改行政诉讼法扩大行政诉讼的受案范围，成为理论界和实务界的共识。从法律修改视角，法院受理案件的范围由原先的列举规定改为概括规定，对法院不予受理的事项仍使用列举规定；除国务院的行为外，其他抽象行为都在法院的受理范围之内。

（二）程序结构现代化

针对现行立法中强职权主义行政审判模式，究竟是采用职权主义还是当事人主义，学术界争议较大。主张采取职权主义的主要理由是，发挥职权探知功能有利于保障作为弱者的原告能够与行政机关形成有效的对抗。但随着社会发展，现代行政不再拘泥于传统的高权行政而包含了行政指导、行政合同等非权力行政，特定行政行为并不具有公共性或公共性极为微弱；公民在行政过程中与行政机关的地位日趋平等。"契约行政"、"合意行政"、"服务行政"、"合作行政"逐步取代过去的"强权行政"、"单方行政"、"命令性行政"。行政诉讼中争议双方地位以及处分权限与传统行政诉讼有所不同。由此，在行政诉讼程序中，职权主义和当事人主义两大行政审判模式走向互相融合成为一种趋势。保留职权主义程序结构和职权调查原则，增强行政诉讼中争议双方处分权限，这应成为中国行政诉讼程序结构的一个变革方向。

（三）程序种类现代化

行政诉讼的类型化具有提供适当的权利保护类型、统一处理和筛选适当的诉讼方式以及调整行政权与司法权的功能。我国行政诉讼的类型化尚不发达，限制了行政诉讼制度功能的充分发挥。如果将来我国诉讼类型得以扩展，那么现有行政诉讼程序中的许多重大问题，如当事人制度、审查方式、证据制度、审级制度、执行制度等都将面临新的课题。目前，在行政诉讼法修改意见中，学术界在讨论程序种类时，争议较大，而又与中国行政诉讼程序现代化密切相关的问题，一是是否明确公益行政诉讼；二是是否补充简易程序；三是如何处理司法裁决与行政和解的关系。在公益行政诉讼上，学术界普遍主张将公益行政诉讼纳入立法，并主张在公益行政诉讼的原告资格的规定上，采取提起公益诉讼以检察机关为主，以公民、法人或其他组织为辅的原则。在简易程序上，许多学者主张确立独任制等行政诉讼简易程序，①并可促进以下积极价值：节约诉讼成本、扩大行政诉讼受案范围、适应司法公正与效率改革需要、减少讼累等。在行政和解上，传统行政法理论和立法持坚决的排斥态度。行政权的法定性、行政权不可处分性（羁束性）、行政权的威权性构成行政和解的三重障碍。目前，许多学者主张在行政诉讼法中明确有限和解。这是行政和解制度化建设中的最大特色之处。即行政和解针对的只能是自由裁量领域，而对于合法行政行为，考虑公共利益保护原则和行政权威的需要，不存在和解基础；作为实体保障，行政和解应确立规范化的合法性审查程序。

第五节　证据制度现代化

证据制度的现代化，是司法制度现代化不可或缺的重要内容。随着时代的进

---

① 马怀德主编：《司法改革与行政诉讼制度的完善——〈行政诉讼法〉修改建议稿及理由说明书》，中国政法大学出版社2004年版，第347～350页。

步、发展和民主、法制观念的逐步增强，证据制度的现代化特征也日益明显。

一、证据制度现代化发展进程

从证据制度的现代化发展历程来看，我国证据制度经历了从封建时期以口供至上和刑讯为突出特征的证据制度，到中国近代逐渐走向文明的证据制度，再到历经曲折和发展的新中国证据制度等不同的发展阶段。虽然其中难免有一定的曲折和反复，但总体来说，证据制度正逐渐走向文明，走向现代化。

我国封建时代的证据制度主要有以下几方面特点：一是口供至上。口供被视为"证据之王"。除了少数案件可以"据众证定罪"外，一般的案件都必须有因犯的供词才能定罪判刑。[①] 二是采用刑讯逼供。与口供至上相适应，刑讯逼供合法化，成为获取口供的最常用的手段。三是轻神判重人判。奴隶社会时期的"以五声听狱讼，求民情"的审判方法也为封建社会所采用。集封建法律之大成的《唐律疏议》有叙述："依狱官令，察狱之官，先备五听，又验诸证信。"

清末修律以来，我国证据制度开始逐步现代化。清末修律时证据制度的内容较为充实和全面，具体体现在以下方面：一是刑事证据制度同民事证据制度开始分别规定，明文排除了刑讯逼供在民事诉讼领域的适用，而在刑事诉讼领域，刑讯逼供亦在很大程度上被限制使用；二是确立了鉴定、勘验、证据保全等新的证据规范；三是明确了民事诉讼和刑事诉讼的举证责任分担原则、证据调查原则、证据裁判原则及自由心证原则。之后的北洋政府统治时期，证据制度现代化进一步展开。主要表现在以下方面：一是证据裁判原则的确立；二是"谁主张，谁举证"原则确立，在民事诉讼中主要是当事人就其主张的事实有举证责任，在刑事诉讼中检察官负责被告犯罪成立的举证责任，被告人对自己的无罪不负举证责任；三是直接审理原则的确立，即无论是在刑事诉讼还是在民事诉讼中，作为最终裁判资料的证据都必须经法院审判人员的直接审查；四是言词辩论原则，即法院对证据的调查应当给予当事人辩论的机会，未经辩论的证据一般不得作为判决基础；五是自由心证原则，即证据的证明力由法院自由判断。另外，在这一时期，如非法证据排除规则、最佳证据规则、补强证据规则等证据规则也得到初步确立。

新中国成立以后，我国证据制度得到了全面的发展。我国当代证据制度的特点表现为：一是查明案件事实真相，是国家专门机关运用证据认定案情的目的；二是依靠群众，深入调查研究，取得确实、充分的证据，是国家专门机关运用证据认定案情的方法和要求；三是重证据而不轻信口供，严禁刑讯逼供，是国家专

[①] 卞建林主编：《证据法学》，中国政法大学出版社 2000 年版，第 46 页。

门机关运用证据,认定案情所必须遵循的一项重要原则;四是国家专门机关运用证据,认定案情必须严格依照法定程序进行,必须依法客观、全面地收集证据。

二、证据制度的现状

证据制度是指法规规定的关于在诉讼中如何收集证据、如何审查和判断证据、如何运用证据认定案情的制度和规则体系。① 目前,我国已经确立了现代证据制度的一些制度和规则。

证据规则。我国已经初步确立如下几种证据规则:相关性规则;非法证据排除规则;传闻证据排除规则;意见规则;最佳证据规则;补强证据规则。② 但是综合来看,我国的证据规则体系还存在以下不足之处:没有统一的证据法典,有关的证据规则只能从三大诉讼法和相关的司法解释中找到,而且规则相互之间存在一定冲突;我国证据规则的规定过于粗疏,缺少明确性;没有与证据规则相配套的证据规则适用程序,导致司法实践中证据规则发挥不了应有的作用。

证明责任。我国三大诉讼法关于证明责任的规定不尽相同。在刑事诉讼中,我国《刑事诉讼法》虽然没有直接规定公诉案件证明责任的承担者,但是学界一般认为,《刑事诉讼法》第一百六十二条的规定实际上表明了证明责任的主体。在刑事公诉案件中,证明责任由控诉方承担,这是我国刑事诉讼中关于证明责任分配和承担的核心原则。在民事诉讼中,我国《民事诉讼法》第六十四条第一款规定:"当事人对自己提出的主张,有责任提供证据。"早期学者认为本条确定了我国举证责任分配的一般原则,即"谁主张,谁举证"。但随着客观证明责任概念在我国的兴起,有学者认为此条只是对行为意义上举证责任分配的规定,并没有解决客观证明责任的分配问题。③ 在行政诉讼中,《行政诉讼法》第三十二条规定:"被告对作出的具体行政行为负有举证责任,应当提供作出该具体行政行为的证据和所依据的规范性文件。"可以看出,我国立法上明确了作为被告的行政机关对具体行政行为负有证明责任,这是行政诉讼证明责任分配的基本原则。

---

① 陈光中主编:《刑事诉讼法》,北京大学出版社、高等教育出版社2002年版,第134页。
② 以上证据规则的规定参见《刑事诉讼法》第四十二条、第四十六条、第四十七条;最高人民法院《关于执行〈中华人民共和国刑事诉讼法〉若干问题的解释》第五十三条、第五十八条、第六十一条、第一百三十六条、第一百三十九条;《民事诉讼法》第六十六条、第六十八条、第六十九条;《关于民事诉讼证据的若干规定》第十条、第六十八条;《行政诉讼法》第三十一条、第三十三条;《关于行政诉讼证据若干问题的规定》第三条、第四十六条。
③ 李浩:《民事举证责任研究》,中国政法大学出版社1993年版,第134页;陈刚:《证明责任法研究》,中国人民大学出版社2000年版,第230~232页。

证明标准。我国三大诉讼法关于证明标准的规定也不尽相同。在刑事诉讼中,《刑事诉讼法》第一百六十二条第一项规定:"案件事实清楚,证据确实、充分,依据法律认定被告人有罪的,应当作出有罪判决。"可见,"犯罪事实清楚,证据确实、充分"是我国刑事诉讼的证明标准。传统上,我国民事诉讼证明标准也采用"客观真实"标准,即"事实清楚、证据确实充分"。现行《行政诉讼法》对证明标准的规定也是间接的,体现在行政诉讼法第五十四条:"人民法院经过审理,认为具体行政行为证据确凿,适用法律、法规正确,符合法定程序的,判决维持;具体行政行为主要证据不足、适用法律法规错误、违反法定程序、超越职权、滥用职权等情形之一的,判决撤销或部分撤销,并可以判决被告重新作出具体行政行为。"

证据的收集。在刑事诉讼中,证据收集的主要主体是侦查机关和辩护人。首先,侦查机关收集证据最重要的原则是必须依照法律程序进行。《刑事诉讼法》第四十三条规定:"审判人员、检察人员、侦查人员必须依照法定程序,收集能够证实犯罪嫌疑人、被告人有罪或者无罪、犯罪情节轻重的各种证据。严禁刑讯逼供和以威胁、引诱、欺骗以及其他非法方法收集证据。"其次,关于辩护律师收集证据的规定,体现在我国《刑事诉讼法》第三十七条:"辩护律师经证人或者其他有关单位和个人同意,可以向他们收集与本案有关的材料,也可以申请人民检察院、人民法院收集、调查证据,或者申请人民法院通知证人出庭作证。"

在民事诉讼中,证据收集的主体包括两大类:当事人及其代理人和人民法院。提出证据本是当事人进行民事诉讼的一种义务,大多数的民事证据,都应由当事人提出,但由于我国民事审判还没有完全摆脱职权主义审判的藩篱,当事人收集证据能力较弱,民事诉讼法对当事人收集证据的具体措施、手段以及如何排除证据收集中的障碍都未作出保障性规定。与之相对应的是,我国人民法院则享有较大的调查取证权。

基于行政诉讼的特殊性,通常来说,行政诉讼的被告在诉讼中不得再收集证据,但《关于行政诉讼证据若干问题的规定》第二十八条也规定了证据收集的例外,即有下列情形之一的被告经过人民法院准许可以补充相关证据:被告在作出具体行政行为时已经收集证据,但因不可抗力等正当事由不能提供的;原告或第三人在诉讼过程中,提出了其在被告实施行为过程中没有提出的反驳理由或证据的。

三、证据制度现代化展望

我国证据制度的现代化离不开各项具体证据制度的完善。

（一）非法证据排除规则

我国已经部分确立了非法证据排除规则，但尚不全面，而且在司法实践中并未能得到真正贯彻落实，非法获取证据的行为仍然存在。要实现非法证据排除规则的现代化，需要解决以下两个问题：

第一，哪些证据属于应当排除的非法证据。我们认为以下三类证据应当属于需要排除的非法证据的范围：一是以下列方法获取的犯罪嫌疑人、被告人供述，被害人陈述，证人证言等言词证据：（1）刑讯；（2）威胁、欺骗；（3）使人疲劳、饥渴；（4）服用药物、催眠。二是以非法侵入公民住宅的方法而进行的搜查、扣押行为所获取的实物证据。三是未经合法授权而进行的监听、采样、电讯截留等行为所获取的证据。理论界还存在争议的是"毒树之果"应否列为排除的证据之一。我们认为，"毒树之果"不应该排除，理由是：我国目前犯罪形势十分严峻、司法资源相对紧缺、公安司法人员素质参差不齐、侦查技术手段严重滞后，在这种情况下，如果排除"毒树之果"，那么必将导致刑事审判中可以利用的证据大大减少，从而影响刑事诉讼的顺利进行。并且，毕竟"毒树之果"是通过合法的方式取得的，本身并没有侵犯相关人的权利，即使作为发源地的美国也会规定一些排除的例外使得"毒树之果"通常不会被排除。

第二，非法证据应当排除到什么程度。对这个问题，通常有两种学术观点，另一种是"完全排除说"，另一种是"原则排除说"。① 我们认为应采用"原则排除说"，即对于非法获得的证据应当区别对待，非法言词证据应当自动排除，而对于非法取得的实物证据实行裁量排除。采取"原则排除说"的原因首先在于，对所有被依法认定为非法取得的言词证据应一律加以排除，这样能够较为彻底地否定刑讯逼供等非法取证行为，使被追诉人从各种各样的肉体与精神折磨的痛苦中解脱出来，并且还能促使执法人员严格依照宪法和法律的规定行使权力。其次，非法取得的实物证据，相比非法言词证据，具有一个突出的特点，即发生虚假的可能性较小，可信度较高。即使是采取违法的方法去收集，如违法搜查、扣押，一般也不会改变物证本来的属性和状态。但一定程度上采纳非法取得的实物证据并不意味着所有非法取得的实物证据均可采纳。非法取得的实物证据毕竟是通过非法程序获得的，不加限制地采纳此种证据，同样会危及宪法与法律的权威、损伤司法尊严。因此，有必要赋予司法官员一定的裁量权，允许其根据个案的具体情形，进行权衡裁断。

---

① 杨宇冠：《非法证据排除规则》，中国人民公安大学出版社2002年版，第231~234页。

（二）传闻证据规则

虽说我国《刑事诉讼法》第四十七条的规定具有传闻证据规则的一些特征，但我国并没有确立真正意义上的传闻证据规则。要在我国建立现代化的传闻证据规则，应借鉴其他国家的立法，可以就传闻证据规则作出如下规定："证人在庭审以外作出的陈述，除法律另有规定的以外，一律不得在法庭上提出和作为定案的根据。"至于例外情形，结合理论和实践，具有以下情形之一的，证人证言可以在法庭提出：证人已经死亡；证人患严重疾病，无法出庭作证；证人下落不明；证人不在中国境内，回国作证有困难的；证人路途遥远，交通不便利的；证人证言已在庭前展示中经过检察官、辩护人和被告人查看，并且均没有异议的。

（三）证据规则的适用程序

在我国实现证据制度的现代化，让制定的证据规则发挥应有的作用，必须在我国建立现代化的证据规则适用程序。例如，我国虽然已经建立了非法言词证据的排除规则，但是在司法实践中，面对被告人翻供并指控追诉人员刑讯逼供时，法庭往往要求辩护方承担举证责任，致使此项规则基本上对审前阶段非法取证活动不具有多大的威慑作用。① 具体来讲，我国应该在证据资格的审查程序、证据资格的审查主体和证据资格审查的救济程序三方面建立证据规则的适用程序：

证据资格的审查程序。由于只有具备证据资格的材料才能作为法庭严格证明的证据，因此，必须在开庭程序之前设立一个独立的证据审查程序，对审理过程中可能出现的证据资格问题预先进行审查，从而减少正式法庭审理的停顿和迟延。

证据资格的审查主体。在实行陪审团审判的英美国家，证据规则的适用属于法官的职责。我国不实行陪审团制度，审判人员同时负责事实问题和法律问题的裁判。因此，要避免不具有证据资格的材料对审判人员心证的影响，我国必须由合议庭成员以外的审判人员在证据资格审查程序中审查证据的资格。

证据资格审查的救济程序。由于证据资格审查直接决定着法庭调查证据的范围，对证据资格问题的不当认定必然直接影响最终的实体裁判。因此，证据资格的审查也必须置于法院审级制度的约束之下。在中间裁断的救济问题上，主要有两种模式：一种是即时救济型，另一种是集中救济型。前者是指利害关系人对其不服的裁定直接诉诸于救济手段。而后者则必须等到判决作出后，附随对判决的上诉提请救济。在英美法国家，对证据资格裁判的救济属于后者。考虑到我国司

---

① 宋英辉、汤维建主编：《证据法学研究述评》，中国人民公安大学出版社2006年版，第276页。

法实践中辩护方的利益往往被忽视的现状，我国应该实行即时救济模式的救济程序。

（四）证明的相关程序

1. 证据的收集

由于三大诉讼法证据收集的主体不尽相同，所以对我国证据收集制度的现代化进行分别论述。

首先是刑事诉讼证据收集。我国刑事证据收集方面的缺陷在于侦查机关享有很大的证据收集权，而辩护方收集证据能力较弱，不论是形式上还是实质上都不具有与侦查机关对等的地位。所以，可以通过以下改革措施来改善我国辩护律师收集证据能力弱的问题：鼓励单位向律师提供有关证据；检察院、法院在是否允许律师向被害人等调查取证问题上，应持较为宽松的态度；切实保障律师申请检察院、法院调查取证的权利。

其次是民事诉讼证据收集，具体包括当事人和法院收集证据两个方面。当事人收集证据，可以在以下两个方面进行改进：一方面，证据收集方法上应建立调查令制度。调查令的申请主体应当是民事诉讼中的当事人，申请理由可以包括：申请调查的证据属于国家有关部门保存，当事人无法自行取得的；当事人确因客观原因不能自行收集的其他证据。申请调查令的适用对象应限于书证、物证、视听资料等物质性的证据材料。理由是：调查令是以一方当事人进行证据收集的方式存在，而证人一般要接受双方当事人直接询问，所以证人证言等言词证据不能使用调查令来收集。另外，还应当赋予调查令强制性的效力，被调查的单位和个人有义务协助调查令主体调查证据。另一方面，应当建立强制证人出庭作证制度。目前我国司法实践中证人出庭作证存在很多问题。为了强化证人出庭作证，可以做以下几方面规定：建立证人宣誓制度。证人出庭作证之前，应当宣誓不作伪证。建立证人权益保障制度。一方面，对证人作证所引起的交通费、住宿费、误工费等必要费用，要切实给予补偿；另一方面，证人出庭作证前后，证人及其近亲属的人身、财产安全要受到保护。严格伪证责任与证人无正当理由拒不作证的法律责任，完善惩戒制度。对于法院调查收集证据，可以从以下两个方面进行改进：一方面，规范法院依职权调查取证。原则上，法院在一般情况下，应当严格遵循现行规定，不主动调查取证。但出现以下情况，法院可以依职权调查取证：程序事项与涉及有损国家、社会公共利益或者他人合法权益的事实；依职权命令进行鉴定、勘验；人事诉讼中涉及身份关系的事实。另一方面，完善法院依当事人申请收集证据制度。法院在依当事人申请进行调查收集证据的过程中，应当严格遵守法律的程序规定，保障当事人之间的诉讼权益的平等性，维护法律的统一和权威。具体说来，可以从以下几方面着手：当事人提出申请时，必须详细说明不能收集证据的理由，并提供相应的证据线索，而是否决定实施证据收集则由法院裁定；在一方申请法院收集证据后，应当允许另一方对此提出异议；如果要求第三人提供协助将导致更为重要的社会价值受到分割时，应赋予第三人拒绝的权利；建立专职调查收集证据的调查法官队伍。

最后是行政诉讼证据收集。一方面，在证据收集的时间上，在行政行为作出之后，除法律明确规定的例外情况，严格规定不能再允许行政主体重新收集证据，如果允许，将是对行政程序的严重违反。另一方面，收集证据的程序必须合法。行政主体应当遵守法定的步骤、顺序、方式、时限对证据进行收集、审查和采纳，并使之成为事实认定的根据。除了严重违反法定程序收集的证据材料属于非法证据之外，其他如以偷拍、偷录、窃听等手段收集侵害他人合法权益的证据材料和以利诱、欺诈、胁迫、暴力等不正当手段收集的证据材料，以及以违反法律禁止性规定或者侵犯他人合法权益的方法取得的证据，都属于非法证据。

2. 质证程序

我国的质证程序存在一些缺陷，需要进一步改进。在质证程序的模式选择上，我国应当结合两大法系质证程序各自的长处和优点，实行审判长指挥下的交叉质询方式。在具体操作上，可按原告、被告或控辩双方的先后顺序就相对一方出示的证据以及法院收集、调查的证据进行质证和辩论。在调整我国的整个诉讼结构的同时，应当十分重视质证程序模式的构建和设置，使我国证据法中质证程序模式朝着弱式职权主义和当事人主义的方向发展，即在质证程序中，法官应当处于主持质证活动的开展和最后裁决的地位，引导当事人或控辩双方围绕事实争执点，出示各自证据，互相质证、辩论，直接对抗；法官则居于一种中立、超然地位，在认真听取、观察、判断证据真伪后，认定证据和查明事实。

教育部哲学社会科学研究重大课题攻关项目成果出版列表

书　名	首席专家
《马克思主义基础理论若干重大问题研究》	陈先达
《马克思主义理论学科体系建构与建设研究》	张雷声
《人文社会科学研究成果评价体系研究》	刘大椿
《中国工业化、城镇化进程中的农村土地问题研究》	曲福田
《东北老工业基地改造与振兴研究》	程　伟
《全面建设小康社会进程中的我国就业发展战略研究》	曾湘泉
《自主创新战略与国际竞争力研究》	吴贵生
《转轨经济中的反行政性垄断与促进竞争政策研究》	于良春
《中国现代服务经济理论与发展战略研究》	陈　宪
《当代中国人精神生活研究》	童世骏
《弘扬与培育民族精神研究》	杨叔子
《当代科学哲学的发展趋势》	郭贵春
《面向知识表示与推理的自然语言逻辑》	鞠实儿
《当代宗教冲突与对话研究》	张志刚
《马克思主义文艺理论中国化研究》	朱立元
《历史题材创新和改编中的重大问题研究》	童庆炳
《现代中西高校公共艺术教育比较研究》	曾繁仁
《楚地出土戰國簡册［十四種］》	陳　偉
《中国市场经济发展研究》	刘　伟
《全球经济调整中的中国经济增长与宏观调控体系研究》	黄　达
《中国特大都市圈与世界制造业中心研究》	李廉水
《中国产业竞争力研究》	赵彦云
《东北老工业基地资源型城市发展接续产业问题研究》	宋冬林
《中国民营经济制度创新与发展》	李维安
《中国加入区域经济一体化研究》	黄卫平
《金融体制改革和货币问题研究》	王广谦
《人民币均衡汇率问题研究》	姜波克
《我国土地制度与社会经济协调发展研究》	黄祖辉

书名	首席专家
《南水北调工程与中部地区经济社会可持续发展研究》	杨云彦
《我国民法典体系问题研究》	王利明
《中国司法制度的基础理论问题研究》	陈光中
《多元化纠纷解决机制与和谐社会的构建》	范 愉
《中国和平发展的重大国际法律问题研究》	曾令良
《中国法制现代化的理论与实践》	徐显明
《生活质量的指标构建与现状评价》	周长城
《中国公民人文素质研究》	石亚军
《城市化进程中的重大社会问题及其对策研究》	李 强
《中国农村与农民问题前沿研究》	徐 勇
《中国边疆治理研究》	周 平
《中国大众媒介的传播效果与公信力研究》	喻国明
《媒介素养：理念、认知、参与》	陆 晔
《创新型国家的知识信息服务体系研究》	胡昌平
《新闻传媒发展与建构和谐社会关系研究》	罗以澄
《教育投入、资源配置与人力资本收益》	闵维方
《创新人才与教育创新研究》	林崇德
《中国农村教育发展指标体系研究》	袁桂林
《高校思想政治理论课程建设研究》	顾海良
《网络思想政治教育研究》	张再兴
《高校招生考试制度改革研究》	刘海峰
《基础教育改革与中国教育学理论重建研究》	叶 澜
《公共财政框架下公共教育财政制度研究》	王善迈
《中国青少年心理健康素质调查研究》	沈德立
《处境不利儿童的心理发展现状与教育对策研究》	申继亮
《WTO主要成员贸易政策体系与对策研究》	张汉林
《中国和平发展的国际环境分析》	叶自成
*《马克思主义整体性研究》	逄锦聚
*《中国现代服务经济理论与发展战略研究》	陈 宪
*《面向公共服务的电子政务管理体系研究》	孙宝文
*《西方文论中国化与中国文论建设》	王一川

书　名	首席专家
*《中国抗战在世界反法西斯战争中的历史地位》	胡德坤
*《近代中国的知识与制度转型》	桑　兵
*《中国水资源的经济学思考》	伍新木
*《转型时期消费需求升级与产业发展研究》	臧旭恒
*《中国政治文明与宪政建设》	谢庆奎
*《知识产权制度的变革与发展研究》	吴汉东
*《中国能源安全若干法律与政策问题研究》	黄　进
*《农村土地问题立法研究》	陈小君
*《中国转型期的社会风险及公共危机管理研究》	丁烈云
*《边疆多民族地区构建社会主义和谐社会研究》	张先亮
*《数字传播技术与媒体产业发展研究》	黄升民
*《数字信息资源规划、管理与利用研究》	马费成
*《非传统安全合作与中俄关系》	冯绍雷
*《中国的中亚区域经济与能源合作战略研究》	安尼瓦尔·阿木提
*《冷战时期美国重大外交政策研究》	沈志华
……	

* 为即将出版图书